L'ART
DU
XVe SIÈCLE
des Parler à Dürer

Principaux ouvrages de Jan Białostocki :

Les Musées de Pologne. Gdansk, Kraków, Warszawa (Les primitifs flamands, I. Corpus, IX), Bruxelles, 1966.

Europäische Malerei in polnischen Sammlungen, 1300-1800, (en collaboration avec M. Walicki), Varsovie, 1957.

Spätmittelalter und beginnende Neuzeit (Propyläen Kunstgeschichte), Berlin, 1972.

The Art of the Renaissance in Eastern Europe. Hungary-Boemia-Poland, Oxford, 1976.

Stil und Ikonographie. Studien zur Kunstwissenschaft. Dresde, 1966 ; Cologne, 1981.

Dürer and his Critics, Baden-Baden, 1982.

The Message of Images. Studies in the History of Art, Vienne, 1988.

Le volume de Mélanges qui lui fut dédié, *Ars auro prior*, paru à Varsovie en 1981, comporte une liste complète des écrits de Białostocki jusqu'à cette date.

ENCYCLOPÉDIES D'AUJOURD'HUI

Jan Białostocki

L'ART DU XVe SIÈCLE

des Parler à Dürer

Traduit de l'anglais et de l'italien
par Pierre-Emmanuel Dauzat

La Pochothèque
LE LIVRE DE POCHE

Jan Białostocki (1921-1988)

Après des études de littérature française, de philosophie et d'histoire de l'art à l'Université de Varsovie, Jan Białostocki s'illustra dans la résistance au nazisme et, à son retour des camps, devint en 1945 conservateur au Département de peinture européenne du Musée de Varsovie, où il travailla pendant quarante ans, tout en enseignant parallèlement à l'Université. Son combat pour le triomphe des valeurs démocratiques fut une constante de sa vie. Ainsi, aux grandes heures de *Solidarnosc*, il fut élu vice-président de la Confédération des artistes et intellectuels et présida le premier Congrès de la Culture polonaise libre en 1981.

Sa curiosité et sa vigueur intellectuelle lui permirent d'aborder les domaines les plus variés de l'histoire de l'art, de la fin du Moyen Âge au XIXe siècle, avec une prédilection pour Rembrandt, Dürer et Rubens. Il se présentait comme un continuateur d'Erwin Panofsky, et ses études iconographiques resteront un modèle du genre. Dans le demi-millier de titres que compte sa bibliographie, on découvre aussi un vif intérêt pour les questions de théorie de l'art et de définition historiographique.

L'immense rayonnement scientifique de Jan Białostocki fut consacré, entre autres, par plusieurs doctorats *honoris causa* (Bruxelles, Groningue, Mayence), par sa nomination à la vice-présidence du Comité international d'histoire de l'art et à la présidence du Conseil international de la philosophie et des sciences humaines de l'Unesco. Le Collège de France s'honora de sa visite pour un cycle de conférences en 1978.

Sommaire

Avant-Propos

Le XVe siècle n'est pas seulement le *Quattrocento*. L'image d'une Florence arrachant l'Europe à des siècles d'obscurité médiévale et imposant partout un nouvel idéal humaniste reste un lieu commun tenace, qui empêche de voir la vitalité d'une période foisonnante et complexe, impossible à étiqueter. Si elle faisait bien sentir le décalage chronologique et les différences idéologiques et stylistiques avec la Renaissance italienne, la belle définition de Johan Huizinga, l'« automne du Moyen Âge », empêcha par contrecoup de mettre l'accent sur la puissance du réalisme eyckien, sur le naturalisme de Sluter, sur le succès foudroyant des estampes de Schongauer ou sur la puissance narrative des tapisseries et des enluminures, bref, sur les nouveautés ou sur les éblouissants produits de luxe qui valurent aux artistes septentrionaux un prestige incontesté, même au sud des Alpes. C'est donc à un tableau de l'« autre XVe siècle » que nous invite Jan Białostocki (1921-1988), historien de l'art polonais, qui dirigea à Varsovie tout à la fois le Département de peinture européenne du Musée National depuis 1945 et l'Institut d'Art de son Université.

Dans cette synthèse – publiée en Italie après sa mort mais écrite à l'origine en anglais par ce chercheur qui maîtrisait sept langues –, Białostocki déplace l'attention sur les phénomènes artistiques, religieux et politiques dans l'ensemble de l'Europe, de l'Espagne à la Lituanie, de l'Angleterre à la Hongrie. Aucun pays n'est privilégié et l'Italie n'apparaît volontairement qu'en arrière-plan, comme une contre-épreuve ou un défi. L'enquête commence par une analyse de ce qu'il est convenu d'appeler le « gothique international », qui trouve une de ses plus fortes affirmations, à la fin du XIVe siècle, avec une famille d'architectes et de sculpteurs souabes, les Parler, et elle s'achève avec Dürer, qui unit la tension septentrionale vers un réalisme analytique à la recherche italienne de l'harmonie et du mouvement. Entre les deux, sans diluer les personnalités dans des mouvements vagues et sans fausses fenêtres, Białostocki aborde tous les arts, s'interroge sur la naissance de nouveaux types iconographiques et évoque la polyphonie des styles, la variété des modes de production artistique dans les cours ou dans les villes marchandes au faîte de leur prospérité, les tiraillements entre un goût pour la beauté précieuse, pour l'exubérance du vivant ou de l'ornement et une fascination angoissée pour le macabre et la possible Apocalypse.

En découvrant ce livre-testament, le public français, qui n'a pu avoir accès aux autres ouvrages de Białostocki sur la fin du Moyen Âge (*Spätmittelalter und beginnende Neuzeit*, Berlin, 1972 ; *The Art of the Renaissance in Eastern Europe. Hungary-Boemia-Poland*, Oxford, 1976), se familiarisera aussi avec l'œuvre d'un des plus grands historiens de l'art du XXe siècle.

Philippe SÉNÉCHAL

L'ART
DU
XVe SIÈCLE
des Parler à Dürer

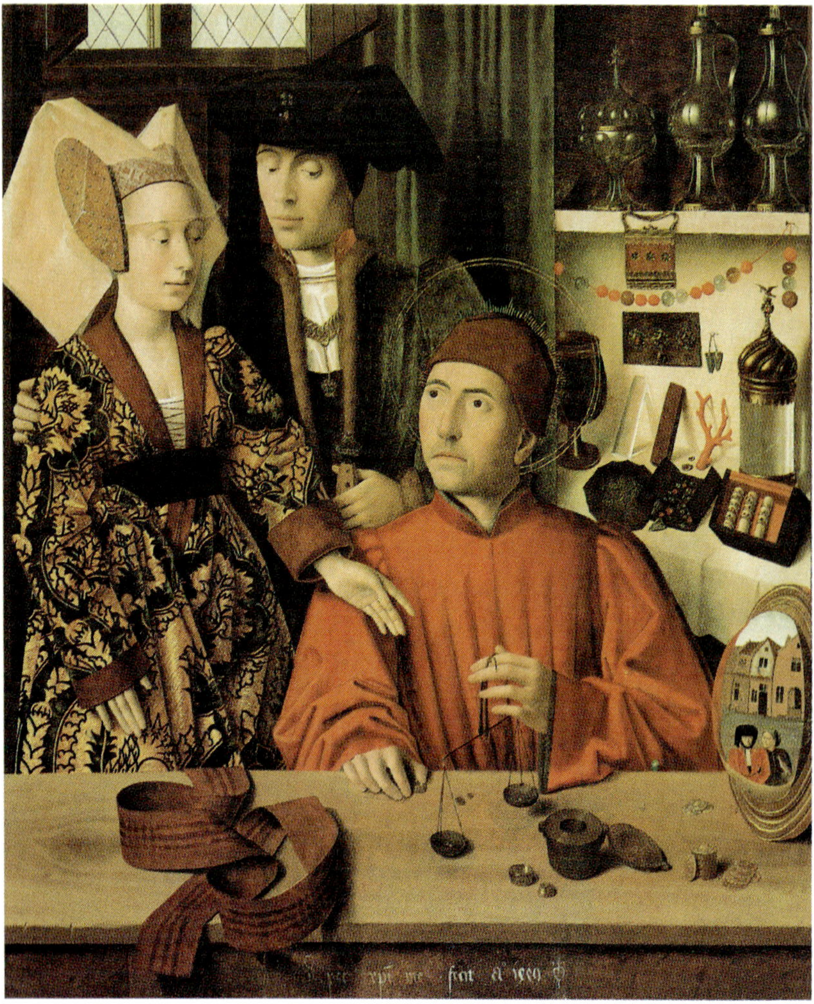

Petrus Christus, *La Boutique de saint Éloi*, 1449. New York, The Metropolitan Museum of Art, Lehman Collection.

Chapitre premier

UNE PÉRIODE DE GRANDS CHANGEMENTS : L'EUROPE AUTOUR DE 1400

À l'aube du XVe siècle, les structures fondamentales de la société traversaient une crise profonde en Europe occidentale. Les deux formes d'organisation essentielles des sphères religieuse et temporelle, qui dominaient depuis près de quinze cents ans, semblaient se désintégrer et perdre leur autorité. La papauté était déchirée par des conflits internes : le schisme d'Occident, qui, en déplaçant le siège du souverain pontife de Rome en Avignon, ébranla la tradition et contribua à remettre en cause tout l'appareil institutionnel établi de la vie politique et religieuse.

Après les fastes du règne de l'empereur Charles IV de Luxembourg, dont le mécénat culturel créa les fondements de développements artistiques durables en Europe centrale, l'Empire amorça un déclin rapide, dont – malgré les succès temporaires de Sigismond de Luxembourg – il ne devait pas se remettre avant la fin du siècle. L'Empire ne devait réellement se redresser qu'entre les mains des Habsbourg, avec Maximilien Ier puis avec son petit-fils, Charles Quint.

Au cours du XVe siècle, l'autorité de l'Empire fut au plus bas. Wenceslas, le fils de Charles IV, fut déposé dans la première année du siècle. Totalement démunis, ses successeurs se retrouvèrent à la merci de certains Électeurs, qui faisaient ou défaisaient les Empereurs au gré de leurs intérêts particuliers. Rien ne put rétablir l'autorité impériale : pas même les traditionnelles expéditions en Italie, ni même le couronnement de Sigismond de Luxembourg, tour à tour sacré roi d'Italie (1431), puis empereur romain en 1433 (Sigismond sera d'ailleurs le dernier empereur couronné à Rome). La papauté et l'Empire ne devaient exercer aucune influence véritable sur le cours de l'histoire de ce siècle. En 1415, le sort réservé à Hus et aux Hussites, au concile de Constance, provoqua une longue guerre intestine qui déchira la Bohême des années durant et que le pape et l'empereur se révélèrent incapables de juguler.

Le troisième élément séculaire de l'ordre européen, le royaume de France, naguère encore assez puissant et influent pour obliger la papauté à quitter Rome pour Avignon, se retrouva lui aussi en fâcheuse posture. Engagé dans un interminable conflit, qui devait durer cent ans, avec un voisin anglais agressif, il fut en même temps déchiré par les oncles ambitieux et égoïstes du jeune Charles VI. Non seulement confronté à l'invasion anglaise mais aussi au séparatisme bourguignon, qui était fondé sur des formes de vie qui prenaient pour modèle le passé chevaleresque, le royaume de France ne dut apparemment sa survie qu'à des facteurs quasi irrationnels. À l'aube du XVe siècle, le centre traditionnel présentait une image désastreuse de déclin, de désenchantement et de désintégration d'un ordre qui s'était maintenu des siècles durant sans grosse modification.

Apparemment, l'avenir appartenait désormais à des éléments nouveaux, tant politiques que sociaux, qui prenaient le pouvoir. Il est vrai que la culture et notamment les arts plastiques des premières décennies du siècle étaient florissants dans les cours princières, mais d'autres changements importants se préparaient, touchant la géographie, la structure sociale et la vie artistique.

Les parties excentriques de l'Europe faisaient désormais figure de territoires politiques, économiques et culturels d'importance. En Espagne, Ferdinand de Castille poursuivit l'œuvre d'unification après être devenu roi d'Aragon en 1412 ; son fils, Alphonse V, prit possession de la Sicile et de Naples en 1435. Et en 1479, sous le règne de Ferdinand et d'Isabelle, l'Espagne acheva son unité et se consolida : la nation put alors se lancer dans son ultime lutte pour se libérer de l'occupation arabe qui durait depuis des siècles : Málaga fut libérée en 1489 et Grenade en 1492. Avant de se rendre, les Arabes de la ville andalouse de Grenade trouvèrent le moyen de créer au XIVe siècle un ensemble d'édifices et de jardins qui sont une merveille d'imagination et constituent l'ultime contribution de l'Islam aux arts d'Europe occidentale.

Au XVe siècle, la péninsule Ibérique devait jouer un rôle artistique important. Non seulement elle donna le jour à des artistes qui allaient jouer un rôle de premier plan dans l'évolution générale, mais elle apporta au paysage artistique européen une contribution d'une originalité qui n'avait d'égale que sa compétence.

À l'autre extrémité de l'Europe surgit une nouvelle puissance, un État d'une dimension peu commune, avec la réunion de la

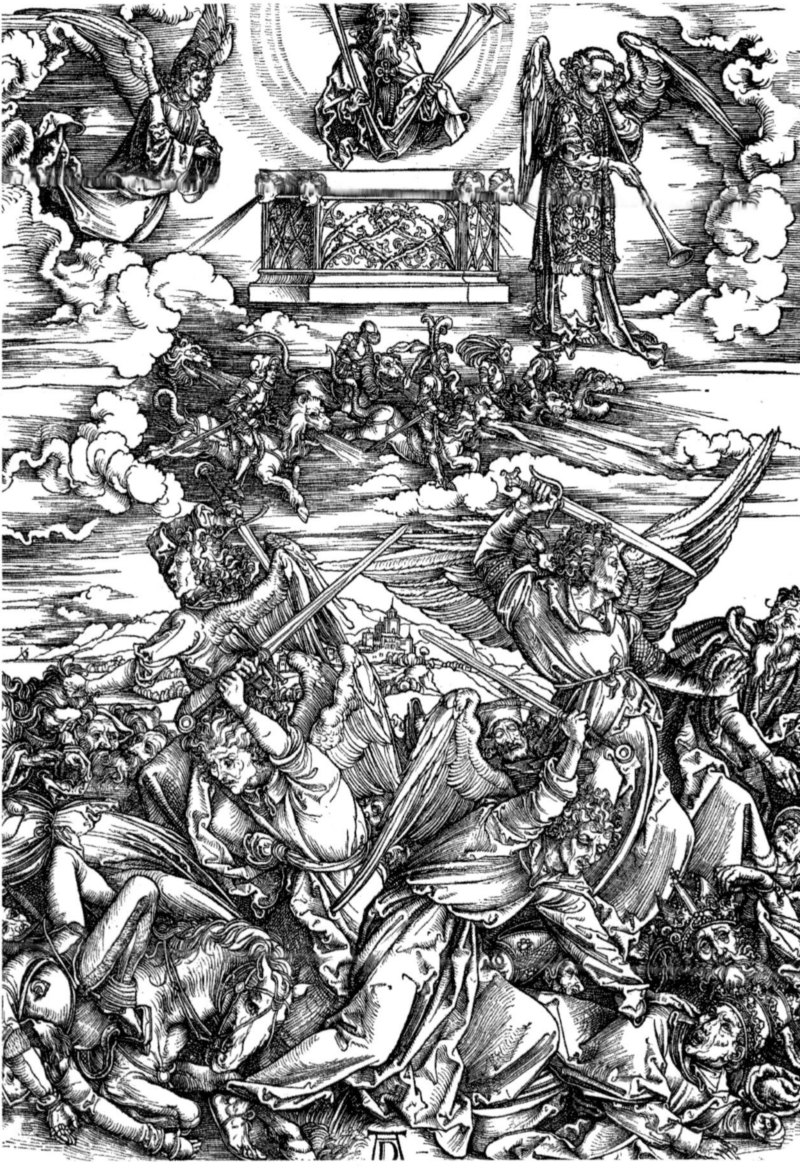

Albrecht Dürer, *Les Quatre Anges de l'Apocalypse* (1496-1498), gravure sur bois. Nuremberg, Germanisches Nationalmuseum.

Pologne et de la Lituanie en 1386, reconfirmée en 1401. Le prince lituanien Ladislas Jagellon devint roi de l'immense confédération qui allait désormais du duché de Brandebourg, à l'ouest, aux immenses territoires qui s'étendaient au-delà du Dniepr, en Ukraine. En 1410, les Polonais et les Lituaniens associèrent leurs forces pour écraser la puissance des Chevaliers Teutoniques en Prusse orientale à la bataille de Grunwald (également connue sous le nom de bataille de Tannenberg), et en 1466 la Pologne parvint à placer sous son contrôle et sa souveraineté la formidable puissance militaire germanique. Parallèlement à la désintégration de l'Europe occidentale et centrale firent leur apparition de nouvelles structures – à l'Ouest mais surtout à l'Est – qui devaient jouer à l'avenir des rôles importants. Au nord, en Scandinavie, trois royaumes signèrent en 1397 l'Union de Kalmar, créant ainsi, pour une période relativement courte, un puissant royaume dont le monarque était élu.

Dans le sud de l'Europe, l'Italie était entrée dès l'aube du *Trecento* dans une ère de développement culturel brillant : à compter du XIVe siècle, l'humanisme encouragea une vogue d'intérêt pour l'Antiquité qui s'étendit peu à peu à tous les domaines d'expression artistique. Cette disposition, s'ajoutant à un sens aigu de la réalité, devait nourrir un art classicisant qui allait servir de modèle et de norme à tous les pays européens du siècle suivant.

Sous la maison de Lancastre, du temps de sa supériorité politique, l'Angleterre domina le nord et l'ouest de la France jusqu'au milieu du XVe siècle, mais sans en obtenir de résultats durables. Patrie de formes spécifiques tardives du gothique architectural (*decorated style* et style perpendiculaire), elle joua un rôle important dans le développement de l'architecture. Mais en 1470, la dynastie d'York extermina les Lancastre et les Anglais se désengagèrent considérablement du continent.

Le millénaire Empire d'Orient connut des changements dramatiques. Au milieu du XVe siècle, les Balkans et Constantinople tombèrent entre les mains des Turcs, sonnant ainsi le glas de l'Empire chrétien d'Orient. Les Turcs progressèrent vers le nord et vers l'ouest au point de s'imposer comme l'un des facteurs cruciaux de la vie politique en Europe pendant plusieurs siècles, tandis que des structures et des tendances nouvelles se manifestaient dans la vie sociale. Au fil de sanglantes batailles le monde de la chevalerie perdit son éclat, soit qu'elle pérît de ses propres mains (Azincourt, 1415), soit qu'elle succombât à la puissance des Turcs (Nikopol, 1396). Les armées, composées d'hommes issus de couches sociales plus modestes, devinrent la terreur des puissances chevaleresques traditionnelles : en Bohême, l'insurrection hussite mit de longues années en danger la noblesse germanique, tandis que dans le sud du pays, les paysans suisses écrasèrent la chevalerie à Sempach et à Näfels en 1386 et en 1388. Premier État bourgeois et paysan, la Suisse s'affirma comme une solution de rechange exceptionnelle.

La dissolution de structures en place de longue date s'accompagna de mouvements révolutionnaires en de nombreux domaines, tandis que le malaise social s'exprima, dans la paysannerie, par un regain d'efforts désespérés et vains pour changer sa situation. Mais rares sont les révoltes paysannes qui aboutirent comme en Suisse : en Angleterre, la révolte conduite par Wat Tyler en 1381 fut un échec, au même titre qu'en France la jacquerie de 1358. En revanche, le pouvoir urbain devint un facteur de poids dans la vie politique européenne. Et pas seulement en Italie, qui demeure, ici, hors de notre centre d'intérêt. En Allemagne, en Angleterre, en France, aux Pays-Bas, en Scandinavie, les villes tissèrent entre elles des liens commerciaux pour édifier une nouvelle structure spécifique, la Hanse.

Échappant aux divisions ecclésiastiques, nationales et politiques, les cités du XVe siècle sont donc le facteur essentiel du développement culturel. À maintes reprises, cependant, les citadins se soulevèrent : ainsi à Bruges (1302), dans diverses villes des Flandres (1323-1328), à Gand (1337-1375) et à Tournai (1423-1428). L'autorité déclinante de l'Église laissa se développer de puissants mouvements religieux qui ambitionnaient de réformer l'Église et se mêlaient souvent de revendications sociales. Ces mouvements qui s'appuyaient sur les villes n'allaient pas sans attentes utopiques et millénaristes et, dans la seconde moitié du siècle, ils gagnèrent également des partisans dans les campagnes. La dissolution de l'ordre établi et des types d'organisation traditionnels fit naître diverses formes de millénarisme et inspira de puissantes espérances apocalyptiques dont la meilleure expression artistique est la série de bois gravés de Dürer sur le thème de l'Apocalypse, à la fin du siècle.

De ce tourbillon émergent les grandes lignes des nouveaux États modernes, qui ne prendront leur forme définitive que beaucoup plus tard. Un premier élément en est la formation d'une bourgeoisie intellectuelle et instruite, composée d'administrateurs exercés, de juristes et de clercs. La seconde moitié du XIVe siècle vit aussi la naissance en Europe d'un grand nombre d'universités : c'est ainsi qu'en 1348, à Prague, Charles IV fonda la première

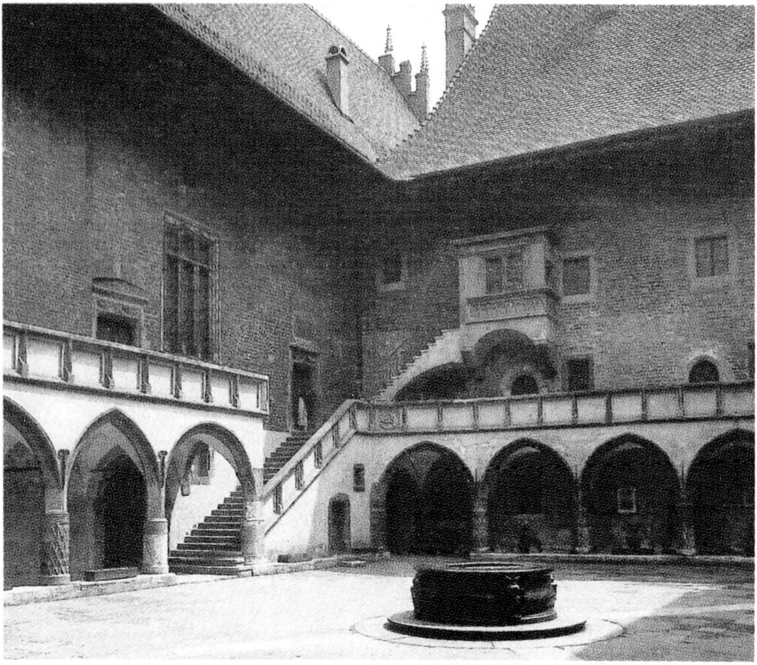

La cour du « Collegium Maius » de l'Université Jagellon de Cracovie, 1492-1497 et 1518-1540.

université d'Europe centrale. Suivirent peu après celles de Cracovie en Pologne (1364) et de Vienne (1365) ; en Hongrie, l'université de Pécs vit le jour en 1367, tandis que se multiplièrent les universités allemandes : Heidelberg (1386), Cologne (1388), Erfurt (1392), Leipzig (1409) et Rostock (1419). Au XVe siècle, l'université n'était donc plus le monopole de l'Europe méridionale ou occidentale et plusieurs nouvelles grandes écoles virent le jour au fil de ce siècle en Allemagne, en Pologne et en Hongrie (Buda, 1475) mais aussi au Danemark (Copenhague, 1479).

Ces universités devinrent dès lors, à des degrés divers, des foyers de développement culturel et scientifique, bien des humanistes italiens s'activant en divers endroits au nord des Alpes. À la fin de notre période, l'humanisme septentrional, avec Érasme de Rotterdam, s'était taillé une place analogue à celle de l'humanisme italien.

Parmi les bourgeois, certaines familles de banquiers se bâtirent de véritables fortunes : en Italie, certes, mais aussi dans le Nord (les Fugger et les Welser, à Augsbourg) ; et elles jouèrent un rôle d'une extrême importance dans la vie économique de même que sur la scène politique, infléchissant sensiblement par leurs prêts les décisions des rois et des princes.

Les villes se substituèrent largement aux cours princières dans le rôle de mécènes protégeant les arts et les études et elles contribuèrent à moderniser la vie sociale en créant les piliers de l'État que sont l'éducation, la justice et la protection sociale.

Après que la Peste Noire eut prélevé un lourd tribut au XIVe siècle, le retour périodique de la peste demeura un danger constant qui rappelait sans cesse la précarité de la vie humaine : en 1416, le duc Jean de Berry, mécène et bibliophile passionné, et divers artistes de sa cour, Pol, Jean et Hermann de Limbourg, furent emportés par une épidémie. En 1510, à Venise, une nouvelle épidémie emporta Giorgione en quelques jours.

Après les ravages de la Peste Noire dans les villes et les campagnes d'Europe, la population urbaine demeura à un niveau inférieur à celui qui était le sien dans le Haut Moyen Âge : en 1348, la population anglaise comptait plus de 3,5 millions d'habitants ; à l'aube du XVe siècle, elle dépassait à peine les deux millions. De même, Zurich passa de 12 375 habitants en 1350 à 4713 en 1468[1].

Les guerres incessantes, l'insécurité, l'alourdissement des impôts et l'accroissement des droits de douane sont autant de facteurs du déclin économique dont souffrit l'Europe occidentale au XVe siècle. La période historique qui nous intéresse ne fut donc pas une ère de prospérité, de paix et de bonheur, mais un temps de misères et de crise économique profonde, « suivi d'une redressement économique modeste et incomplet »[2]. Et pourtant, dans le domaine des arts plastiques, cette période a produit quelques-unes des œuvres les plus célèbres et les plus durables.

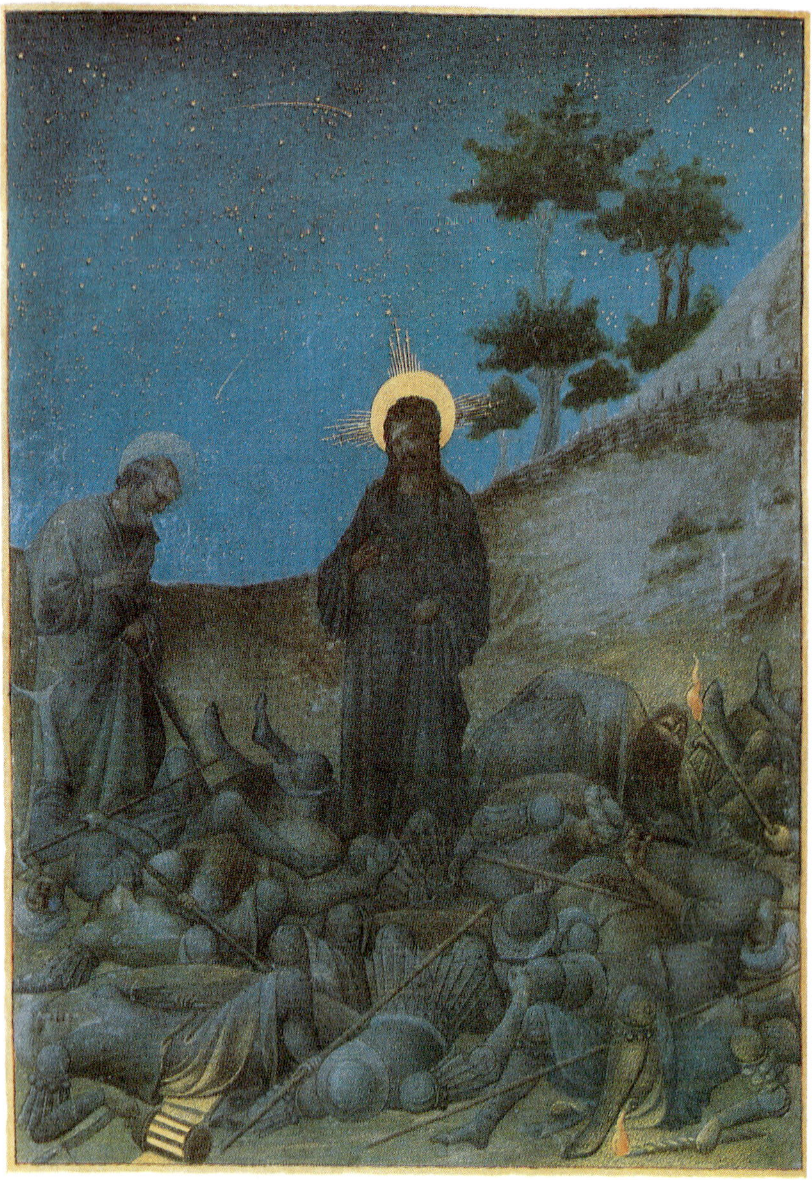

Frères de Limbourg (Hermann de Limbourg?), 1416. *L'Arrestation du Christ*, enluminure du fol. 142 v., *Les Très Riches Heures du duc de Berry*. Chantilly, Musée Condé.

Chapitre II

LES FONDEMENTS DE L'ART DU XVe SIÈCLE : LES PREMIÈRES DÉCENNIES

1. Introduction

« Si l'on se mettait en quête de l'aspect de la pensée qui marque le plus clairement la différence entre l'Europe de 1250 et celle de 1450, probablement serait-ce l'essor de l'esprit national », lit-on dans un ouvrage classique sur l'histoire générale de cette période[1]. C'est sur cette toile de fond que se produit autour de 1400 un phénomène artistique, à savoir l'apparition d'œuvres d'art fort semblables en divers centres de l'Europe occidentale et centrale. Généralement qualifié de gothique, le style architectural et décoratif qui s'était formé dans la seconde moitié du XIIe siècle devint, au fil des deux siècles suivants, le langage artistique général de l'Europe entière, du Portugal à la Pologne. Mais, alors qu'à l'intérieur de ce style général, il n'était pas difficile de repérer des différences entre l'art ibérique et celui de la Bohême, l'art autrichien ou l'art anglais des périodes antérieures, le style spécifique qui s'affirma dans la seconde moitié du XIVe siècle et culmina à l'aube du *Quattrocento* possédait tant de cohésion et d'unité que les historiens d'art ont pris l'habitude de parler à cet égard de « gothique international ».

Quelques exemples suffisent à montrer combien les spécialistes perdent leur assurance quand ils traitent des produits artistiques de l'époque. Ainsi Erwin Panofsky a-t-il attribué à l'École de Valence le célèbre *Diptyque Carrand* de Florence, qui est en fait l'une des œuvres maîtresses de l'École de Paris[2].

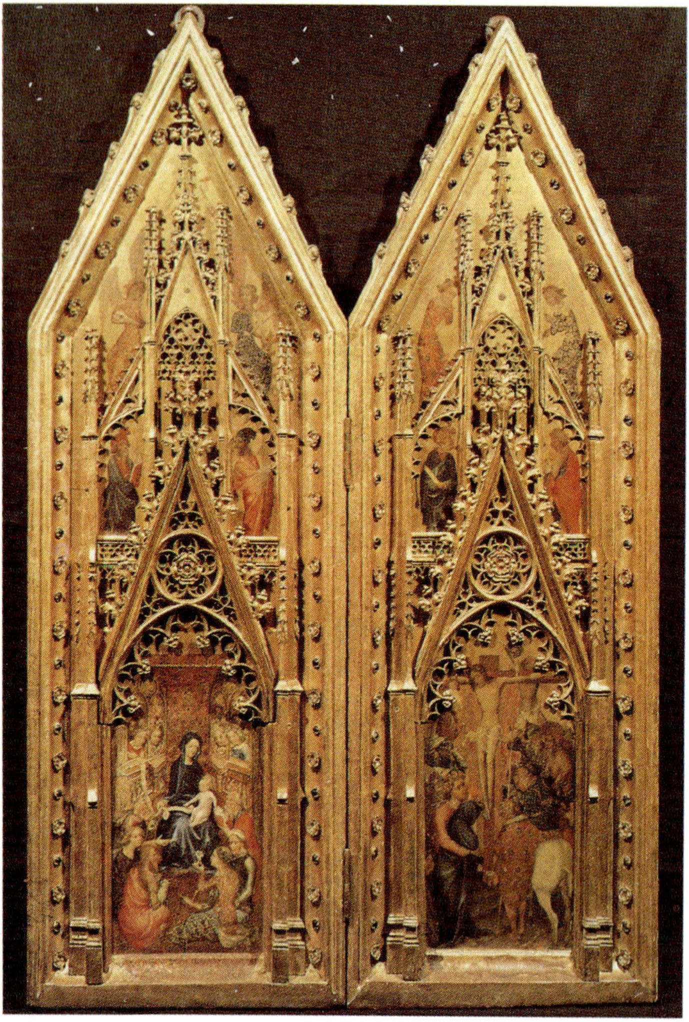

École de Paris, vers 1400. *Vierge à l'Enfant, avec les anges. Crucifixion* (*Diptyque Carrand*) ; *tempera* et bois doré. Florence, Museo Nazionale del Bargello.

Il est par ailleurs révélateur de comparer des œuvres découvertes en différents coins de l'Europe fort éloignés les uns des autres et qui font apparaître de profondes similitudes entre les produits de différents milieux. Si nous examinons les délicates et charmantes statues de la Vierge – le type même de « la belle

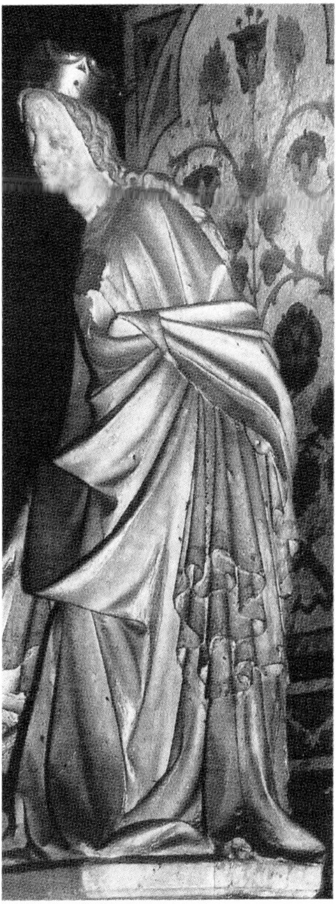

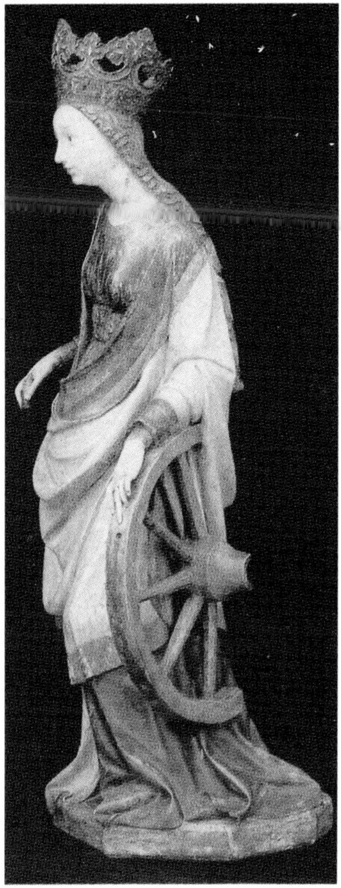

1/ *Sainte Catherine*, 1390-1400. Ihlava, église Saint-Jacques.
2/ *Sainte Catherine*, 1410-1415. Ptuj, Pokrajinski Muzej.

Madone » pour les historiens d'art – découvertes à Krumlov, en Bohême méridionale (Kunsthistorisches Museum, Vienne), à Toruń, dans le nord de la Pologne (perdue), à Bonn (Landesmuseum), à Wrocław (Musée national de Varsovie), les statues de sainte Catherine trouvées à Ihlava (en Bohême) ou à Wrocław (actuellement à Poznań) ou, enfin, les effigies des saintes Catherine et Barbe de Ptujska Gora (aujourd'hui à Ptuj, en Slovénie), la conclusion s'impose tout naturellement : nous avons affaire à des œuvres d'art qui représentent un style international. Bien qu'elles proviennent assurément de centres artistiques différents, elles n'en

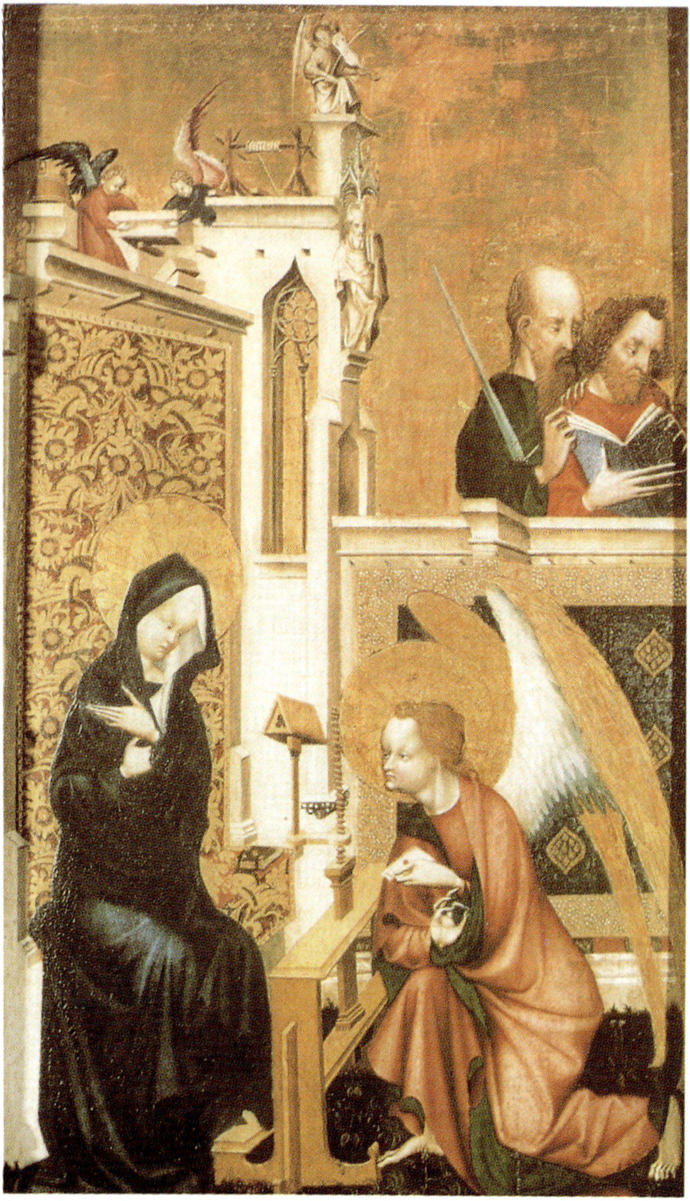

Maître de Heiligenkreuz, vers 1400. *L'Annonciation* ; peinture sur bois. Vienne, Kunsthistorisches Museum.

présentent pas moins des traits stylistiques fort proches, voire identiques.

Ces analogies se retrouvent partout : dans la peinture comme dans la sculpture, mais aussi dans les enluminures, les tapisseries, l'orfèvrerie et la décoration architecturale. Elles se laissent plus facilement voir et percevoir que décrire. La fluidité de leurs lignes, le lyrisme des couleurs et la subtilité de la composition, la délicatesse des figures féminines sont loin d'épuiser la richesse de la texture artistique d'œuvres réalisées dans les dernières décennies du *Trecento* ou les premières décennies du siècle suivant. On a aussi coutume de dire que cet art élégant est un art de cour et, de fait, les cours royales ou princières d'Europe comptent certainement parmi les grands centres de mécénat qui ont nourri l'essor de ce style.

La complexité décorative, où la virtuosité calligraphique ou linéaire va de pair avec la délicatesse des couleurs, ne représente qu'un aspect de cet art. L'intérêt profond dont il témoigne pour la réalité de la nature en est un autre. Dans les jardins féeriques, où la Vierge trône entourée d'anges en adoration, surgissent des petits animaux et des oiseaux qui attestent une observation attentive de leurs formes. Dans la scène du *Christ en prière au Jardin des Oliviers* (vers 1350, Prague, Galerie Nationale), le Maître de Vyšší Brod, qui fut l'un des précurseurs en Bohême du style international, a mis beaucoup d'application à représenter diverses espèces d'oiseaux posés dans des arbres sphériques assez symboliques et décoratifs. Dans l'*Annonciation* du Maître de Heiligenkreuz (vers 1410, Kunsthistorisches Museum, Vienne), les figures de la Vierge et de l'Ange sont longues et raffinées, sur un fond doré qui évoque un *sacrum* surhumain, tandis que l'épisode symbolique de la construction d'une « nouvelle église » – celle du Nouveau Testament – par les anges est représenté avec tous les menus détails techniques et tous les instruments des maçons. L'ensemble fait penser à une maison de poupée, mais les détails sont observés et montrés avec une précision méticuleuse. Dans le retable de Niederwildungen de Konrad von Soest (vers 1403), la Nativité est dépeinte sur le panneau de gauche : la Vierge repose avec son enfant sur la couche, suivant la tradition iconographique orientale, tandis que saint Joseph accroupi attise le feu sur lequel il réchauffe le repas du Divin Enfant. Dans les miniatures d'un peintre anonyme pour le maréchal de Boucicaut, l'un des personnages les plus typiques de l'élite politique française autour de 1400, l'intérêt porté à la décoration et à la lumière a sans conteste enrichi un langage formel d'une grande subtilité. L'observation

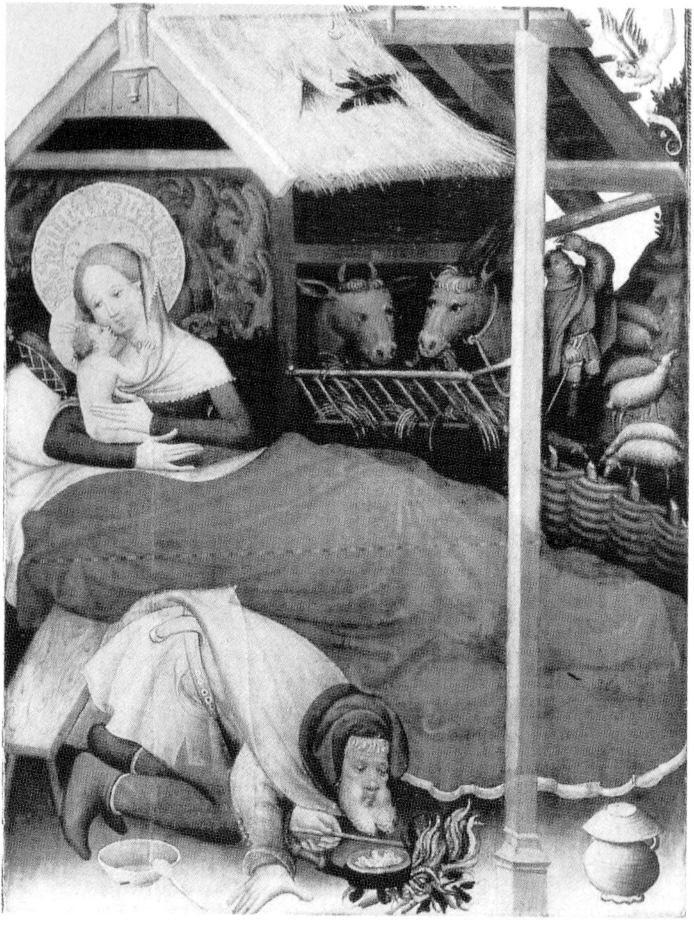

Konrad von Soest, autour de 1403. Panneau de la *Nativité* du retable de Niederwildungen, église Saint-Nicolas.

méticuleuse des détails témoigne d'un sens profond de la réalité. Dans la *Nativité* des *Heures de Boucicaut* (le lit oriental demeure, mais la Vierge n'y est plus allongée : elle est agenouillée en adoration devant l'Enfant qui a pris sa place), l'appentis est protégé de face et sur un côté par une palissade d'écorces enroulées autour de pieux. Ainsi sommes-nous en présence d'un merveilleux exemple de réalisme documentaire dans un univers magique de rêve et de piété.

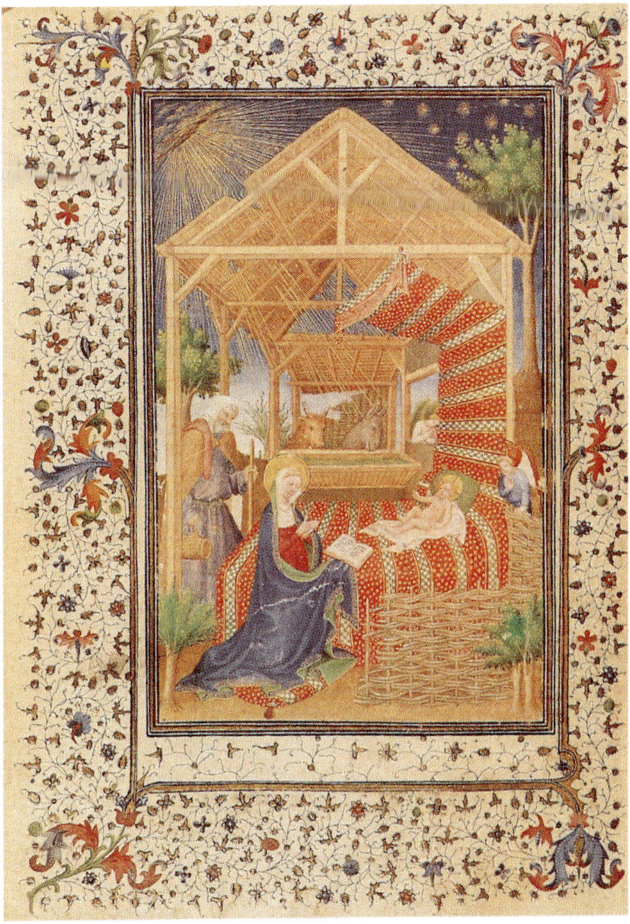

Maître des Heures du maréchal de Boucicaut, vers 1409. *L'Adoration de l'Enfant Jésus.* Enluminure du fol. 73 v. Paris, Musée Jacquemart-André.

L'art qui a mûri en Europe occidentale vers 1400 présente une autre caractéristique : la capacité et le désir des artistes de représenter et d'exprimer une large gamme de sentiments et d'expériences, si inhabituels, dramatiques, voire horribles fussent-ils. Le meilleur exemple en est une miniature inoubliable des *Très Riches Heures* du duc de Berry *(Ego Sum)*, dans laquelle Hermann (?) de Limbourg a représenté l'arrestation du Christ en pleine nuit, à Gethsémani : les soldats sont tombés à terre, tandis que le visage noir du Seigneur domine la scène sur fond de ciel étoilé. Le même manuscrit contient une autre scène qui représente la mort du Christ en croix.

Parfois, un usage très particulier de la « perspective inversée » a une fonction expressive comme, par exemple, dans l'enluminure du Maître de Rohan *(La Fuite de la Sainte Famille)* ou dans le retable de Sainte-Barbe de Maître Francke à Helsinki. Les grandes figures des personnages les plus puissants sont représentées dans l'espace intermédiaire, tandis que les petites figures des paysans sont reléguées au second plan. Le même Maître de Rohan introduisit dans ses représentations l'expérience pathétique de la mort et de la souffrance sans pour autant renoncer à ses lignes mélodieuses ni au raffinement des couleurs. Ainsi peut-on dire qu'à l'aube du XVe siècle, l'art européen exprimait dans une grande élégance de formes une étonnante capacité d'observation de la nature et une multiplicité d'intérêts pour représenter l'espace et toute la sensibilité humaine.

Le XVe siècle ne fut pas seulement le siècle de la peste et du Schisme d'Occident, mais aussi celui des grandes révoltes, des premières tentatives de réforme, des mouvements populaires parmi les paysans et les citadins. Mais toutes ces tentatives révolutionnaires avortèrent, les riches s'enrichissant, tandis que les pauvres devenaient plus pauvres encore et que les écarts sociaux se creusaient. À cette époque, l'art était donc avant tout un art pour les princes et les rois, pour les riches et le haut clergé. Nous sommes ainsi habitués à expliquer son raffinement par ses origines sociales. Mais il est fort possible que l'élégance et la linéarité de ce style soient d'abord liées aux tâches que devait maîtriser l'artiste à cette époque : des tâches non pas monumentales, mais assez délicates et décoratives – enluminures, statuettes d'ivoire, d'albâtre et de grès, petits diptyques à l'usage privé des mécènes, pièces d'orfèvrerie, bijoux et objets liturgiques. Autrement dit, c'était typiquement le genre d'œuvres qui inspiraient le plus grand raffinement et l'encourageaient à rechercher des formes linéaires mélodieuses, à faire preuve d'une grande subtilité dans le choix des couleurs. Ainsi dans *L'Homme de douleurs* de Maître Francke, où la figure émaciée et pâle du Christ après son martyre est traitée par des moyens artistiques d'une grande subtilité. La représentation de la Passion, ici proposée selon un mode dramatique et lyrique, passe d'un plan narratif à un plan existentiel, et d'une dimension temporelle à une dimension intemporelle. Telle est la beauté propre à l'image divine du Dieu souffrant : image née dans le contexte de la cour et de sa vie luxueuse et raffinée, puis

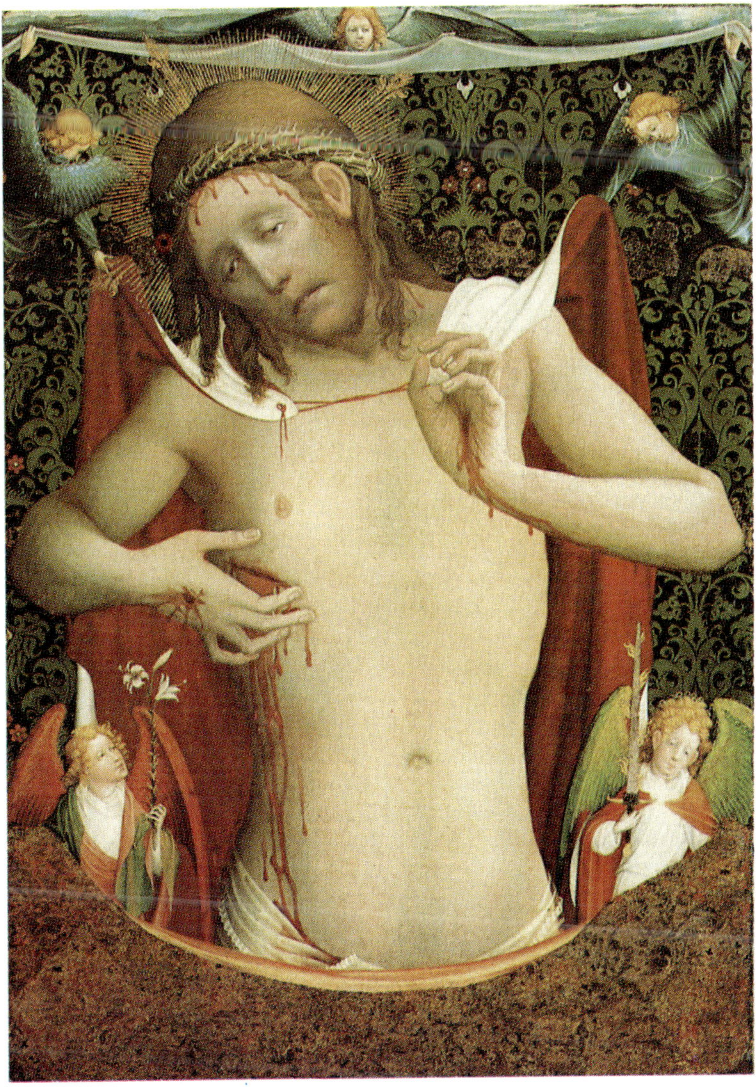

Maître Francke, vers 1430. *L'Homme de douleurs*; peinture sur bois. Hambourg, Kunsthalle.

transposée en une image de cour céleste et divine. C'est particulièrement visible dans l'exemple cité ici, car les commanditaires de Maître Francke n'étaient ni des princes ni des courtisans, mais des bourgeois de Hambourg.

L'art du XVe siècle ne fut pas seulement international mais également « inter-social », car son langage s'est imposé dans les divers pays d'Europe mais aussi dans les centres sociaux et professionnels les plus divers. Dans ce panorama d'une trompeuse uniformité, il n'en est pas moins possible de repérer une certaine différenciation, qui devient plus claire encore si nous ne confinons pas nos observations à quelques œuvres d'art bien choisies, mais essayons plutôt de nous intéresser au paysage artistique dans toute sa diversité et toute sa complexité. Dans les pages qui suivent, nous aborderons donc trois centres artistiques importants à l'aube du XVe siècle : l'art des Parler en Bohême, l'art de cour à Paris et l'art franco-flamand de Bourgogne. Puis nous évoquerons l'évolution artistique dans d'autres centres : en Allemagne, en Autriche, en Espagne et en Angleterre.

2. Les Parler et le « beau style » en Bohême

Les Parler sont des architectes parmi les plus novateurs de la seconde moitié du XIVe siècle ; ils étaient originaires de Souabe, où ils avaient travaillé à l'église Sainte-Croix de Schwäbisch Gmünd. Dans les premières années de la seconde moitié du siècle, Peter Parler exerça son activité à Nuremberg et il est possible que, de passage dans cette ville pour l'inauguration de la Frauenkirche en 1358, Charles IV l'ait invité à Prague (même si l'on s'accorde généralement à penser qu'il y vint plus tôt)[3]. Quoi qu'il en soit, Prague devint alors le grand centre du « style Parler », en architecture aussi bien qu'en sculpture. À l'aube du XVe siècle, la grande époque d'activité de Parler appartenait au passé. Peter Parler s'éteignit en 1399 après avoir construit le système de voûtes révolutionnaire du chœur de la cathédrale Saint-Guy de Prague et avoir orné son triforium (1374-1385) de vingt-quatre bustes : l'empereur et ses quatre épouses, les dignitaires de l'Église, les directeurs du chantier et les architectes eux-mêmes. Ces bustes, qui étaient en partie l'œuvre du maître lui-même, en partie celle de ses collaborateurs, étaient doublement novateurs : d'abord parce qu'ils représentaient des contemporains associés à l'édification de l'église, au lieu des saints patrons que l'on plaçait généralement dans les lieux de culte ; mais aussi, parce que ces effigies se distinguaient par un naturel étonnant – il s'agissait moins de représenter un type que de rendre les traits et les expressions des personnages représentés.

En même temps, l'atelier de Parler réalisa les statues funéraires des prédécesseurs du roi Charles IV sur le trône de Bohême. Mêlant les effets naturalistes à une composition d'un caractère monumental, les visages – qui doivent bien plus à l'imagination de l'artiste qu'à quelque expérience directe de la réalité – sont de magistrales études de caractère. Les manteaux royaux sont sculptés en plis épais mais moelleux.

Dans la sacristie de la cathédrale, un autre sculpteur de la famille Parler, Heinrich IV, a introduit une atmosphère différente avec la statue équestre de saint Wenceslas à laquelle il travailla suivant un document de 1373. À l'opposé du naturalisme et de la monumentalité des bustes et des tombes, la statue de saint Wenceslas se distingue par son élégance raffinée, ses proportions allongées et l'expression vive et alerte de son visage.

On emploie généralement l'expression de « beau style » pour caractériser l'art qui fleurit en Bohême à cette époque. Qui, de Peter Parler, sur ses vieux jours, de Heinrich IV Parler, ou encore des fils de Peter, Wenzell et Johann, contribua de la manière la plus décisive à cette orientation spécifique de la sculpture bohémienne ? La question demeure en suspens. En revanche, ses produits les plus représentatifs sont sans conteste les « belles Madones » et le groupe correspondant des « belles Pietà ».

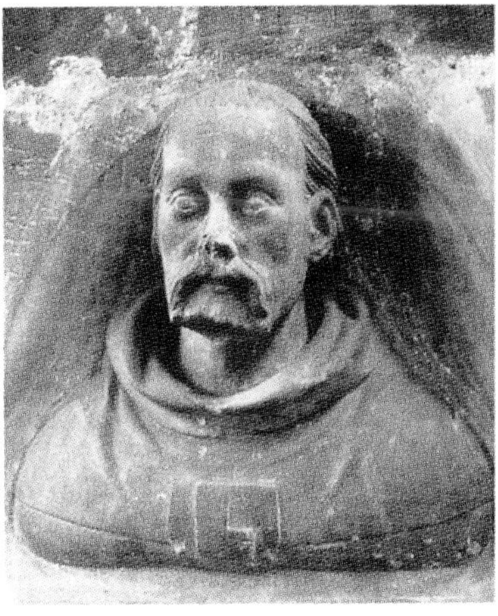

Peter Parler, 1378-1379, *Autoportrait*, grès. Prague, cathédrale Saint-Guy.

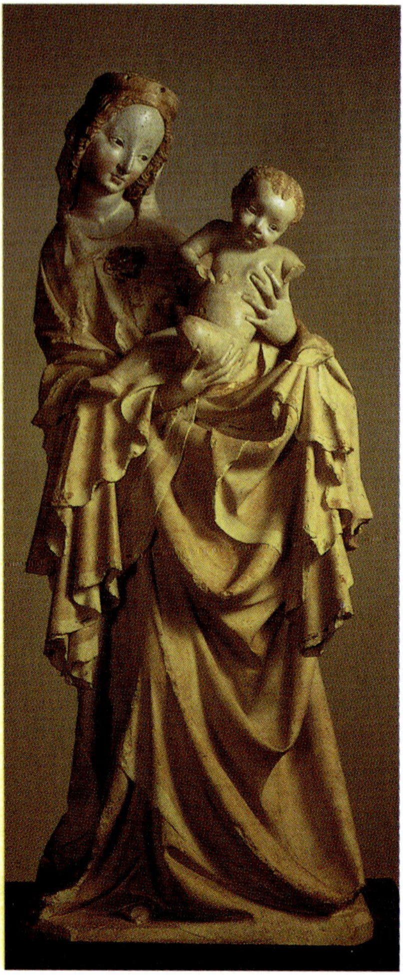 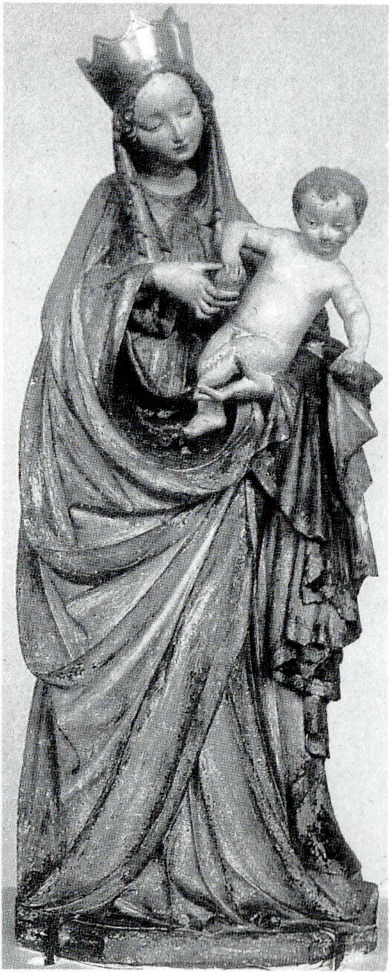

1/ La *Vierge à l'Enfant* de Krumlov, vers 1400. Vienne, Kunsthistorisches Museum.
2/ La *Vierge à l'Enfant* de Wrocław, vers 1400. Varsovie, Muzeum Narodowe.

Diverses opinions ont été formulées quant aux origines de ces « belles Madones », qui ne sont jamais datées et auxquelles aucune circonstance précise ne permet d'assigner une date. Elles apparaissent certainement un peu avant 1400 et connaissent une grande vogue au tournant du siècle. Mais celle-ci ne durera pas. D'aucunes ont été attribuées à Peter, d'autres à Heinrich Parler, mais leur distribution couvre une région assez vaste. Et la majorité des spécialistes sont demeurés sceptiques devant ces attributions ou devant l'idée d'un « Maître des belles Madones » qui aurait quitté la Rhénanie pour la Prusse avant de rejoindre la Silésie puis la Bohême.

Il semble que l'Autriche et la Bohême aient été les grands centres de production de ce type spécifique, bien que l'on trouve aussi des pièces importantes dans le nord de la Pologne et en Prusse. Ce style plonge ses racines dans l'art de Parler et dans la sculpture française du XIVe siècle[4]. Mais nulle part on ne retrouve cette version spécifique de la Vierge que représente le type de la « Belle Madone », qui associe le drapé fluide et monumental, commun à la tradition de Parler et au cercle de Beauneveu et de Sluter en Bourgogne, et la fragilité lyrique caractéristique de la Vierge. La finesse de son visage, qui est presque celui d'une enfant, émerge de l'ample tourbillon de sa robe avec une beauté divine et parfaite qui s'oppose à l'univers abstrait de la matière. Mère doucement penchée sur le Divin Enfant, elle est en même temps la Reine des cieux coiffée d'une grande couronne dorée : mélange exceptionnel de maternité lyrique et émotive, de dignité, de douceur et de monumentalité, où les habits prennent une dimension sacrée. Le manteau de la Vierge porte la marque de sa dignité royale tandis que le petit Jésus à l'air vif souligne l'humanité du Dieu incarné[5].

Parmi ces belles Madones, il est possible de distinguer un petit nombre de types à certaines variations dans l'usage de motifs fondamentaux : notamment, la partie inférieure du grand pli central dont la forme rappelle celle d'une épingle à cheveux, le creux profond de la partie supérieure, et le drapé en cascades de part et d'autre de la statue, ou sur un côté seulement. En revanche, l'unité des matériaux et des dimensions a de quoi surprendre. À quelques exceptions près, elles sont toutes en calcaire et mesurent toutes entre 112 et 125 cm de haut. Cette taille réduite ne fait que rehausser le caractère précieux, délicat et intime de ces statues très certainement vouées à l'adoration des particuliers, aux prières privées des dévots.

Originaires de la même région d'Europe centrale – Bohême, Silésie, Autriche –, les représentations de la Pietà dans le même style sont encore plus petites. Dans ce modèle iconographique, toutefois, le lyrisme du « beau style » s'oppose à la nature dramatique de la scène représentée. Mais si la sculpture allemande du XIVe siècle soulignait les qualités pénibles, tragiques et cruelles de la représentation, les « belles Pietà » chassent au contraire l'image

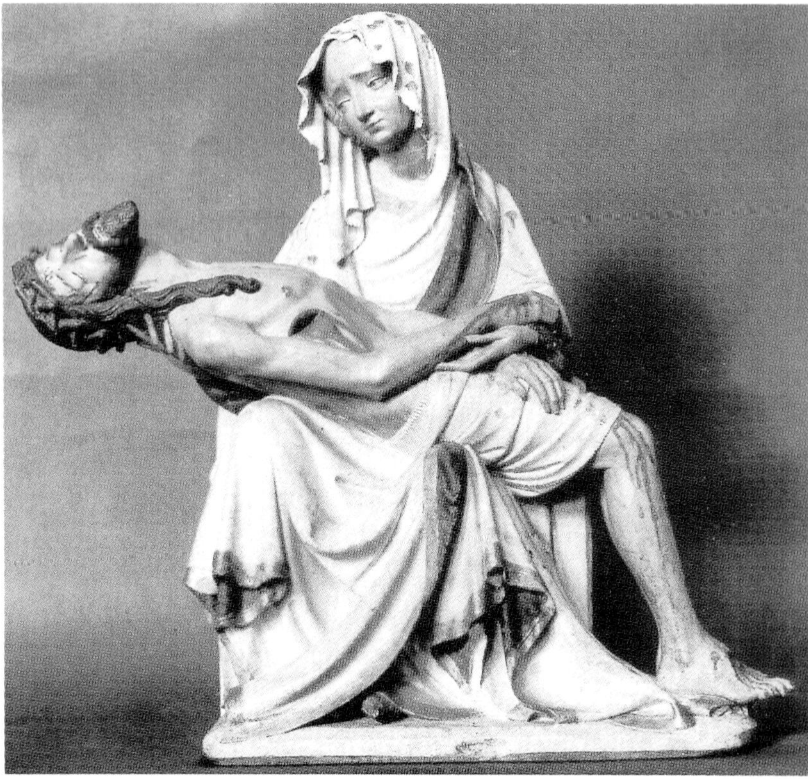

Maître d'Allemagne méridionale, vers 1390, *Pietà*. Marbourg, église Sainte-Élisabeth.

du Dieu mort et de la douleur maternelle pour la transposer dans un monde de formes élégantes, au modelé délicat, fluide et linéaire. Il devait être plus facile au dévot d'apprécier la Passion du Christ et la détresse de Sa Mère en contemplant ces compositions d'une beauté douce et harmonieuse.

Parler et les traditions que son atelier introduisit à Prague ne sont pas la seule source du « beau style » de Bohême. Il est en effet une autre source d'importance : la peinture, sous forme de miniatures ou sur panneaux. Dans la seconde moitié du XIVe siècle, la peinture tchèque prit une telle place dans l'art européen qu'on pourrait la comparer à la peinture italienne, française et flamande. Sous le règne de Charles IV, diverses individualités marquèrent la peinture de Bohême. Ainsi est-ce au Maître de Vyšší Brod que l'on doit les compositions les plus fines et les plus précieuses, où il

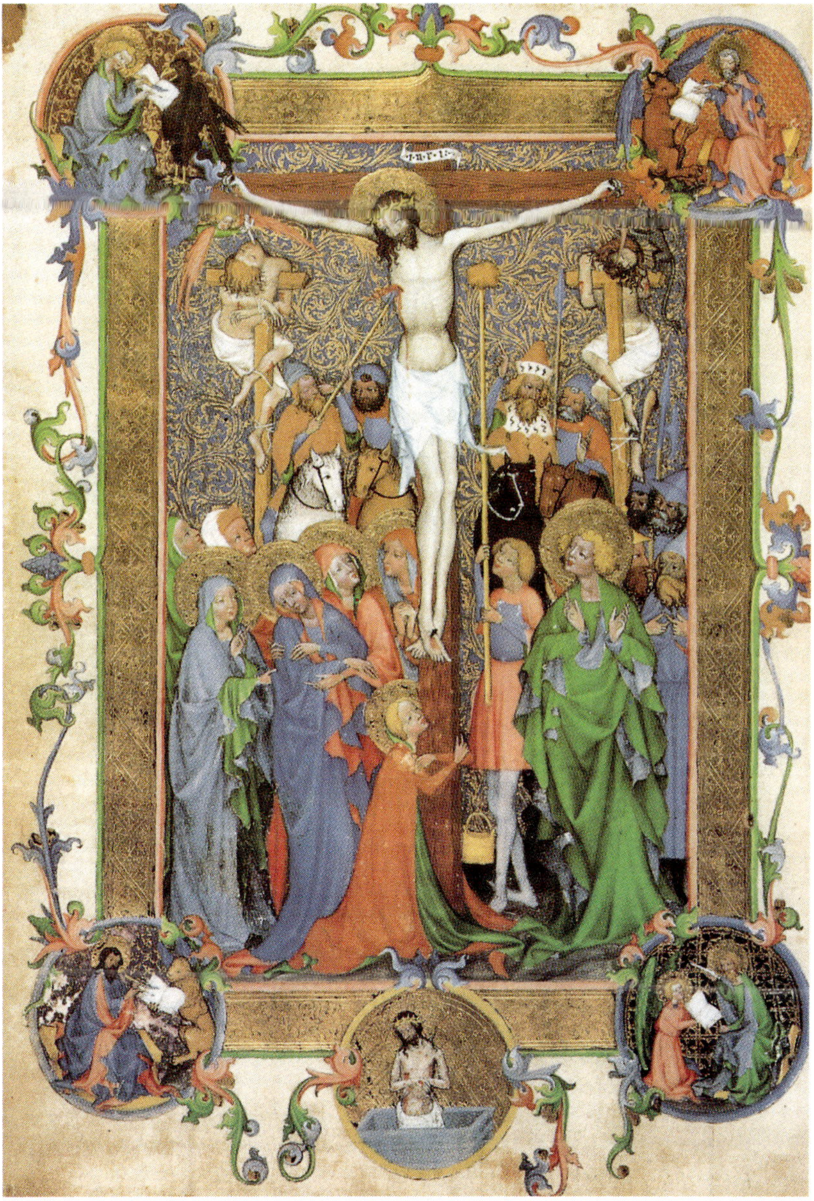

Crucifixion. Enluminure du fol. 149 v. du Missel Hasenburg, 1409. Vienne, Österreichische Nationalbibliothek, cod. 1844.

sut transformer les modèles byzantin et siennois en un langage décoratif et linéaire. Maître Théodoric, pour sa part, introduisit un style massif entièrement différent, influencé par la sculpture : ses portraits de saints du château de Karlštejn ont un côté volumineux et robuste auquel l'usage des couleurs donne un caractère tridimensionnel. Enfin, le Maître de Třeboň, qui fut le plus grand de tous, officia en Bohême méridionale, jouant de l'ombre et de la lumière et usant de toute la gamme des rouges incandescents et des verts lumineux émergeant d'une ombre épaisse. Son clair-obscur souligne la dimension spatiale des volumes tout en donnant à l'image son caractère expressif. L'élégance du Maître de Vyšší Brod ouvrit la voie à l'émotivité, voire à une expérience quasi mystique dans la Passion du Christ vue par le Maître de Třeboň.

Sous le règne de Wenceslas, fils de Charles IV, fleurit à Prague une excellente école d'enluminures. En peinture, le « beau style » connut ainsi son apogée avec diverses œuvres : la Bible de Korczek (vers 1405, la première partie se trouvant à Vienne, Nationalbibl. ; la seconde, à Karlsruhe), le *Martyrologe* de Gérone (Musée de la cathédrale) et le Missel de Hasenburg (1409, Vienne, Nationalbibl.). Toutes ces œuvres trahissent l'influence de la France, qui était alors, par son importance, le deuxième centre du style international, le mécénat de Jean, duc de Berry, jouant alors un rôle positif dans une période de décadence politique.

3. Le mécénat artistique en France

C'est en France, le plus grand centre artistique du Moyen Âge, que l'art roman fut le plus diversifié et trouva son apogée. C'est encore en France que le gothique fit son apparition et accoucha d'extraordinaires édifices artistiques sous la forme de grandes cathédrales magnifiquement décorées de sculptures, de vitraux et de chapiteaux ornementés et fleuris.

La situation politique se compliqua dans la seconde moitié du XIVe siècle, l'interminable conflit qui l'opposait à l'Angleterre prenant alors un tour défavorable. Les troupes anglaises occupaient de vastes portions de territoire tandis que de fortes tensions centrifuges menaçaient l'unité de l'État. Le déchirement entre les Armagnacs et les Bourguignons, mais aussi les révoltes des paysans et le soulèvement des pauvres de Paris sous la direction d'Étienne Marcel vinrent ajouter encore au chaos.

On a peine à croire que, dans une conjoncture politique aussi difficile, les arts plastiques et l'architecture aient ainsi fleuri en France à la fin du XIVe et à l'aube du XVe siècle et qu'à certains égards ce fût l'une des périodes les plus fructueuses. Le mécénat de Charles V et – plus tard – de Charles VI et de ses frères puis de ses oncles joua un rôle fondamental. Malgré les dégâts et les destructions des périodes ultérieures, ce qui nous est parvenu atteste un goût exquis et un véritable intérêt pour l'art. Le mécénat fleurit dans plusieurs cours grâce à l'importance politique et à l'indépendance considérable des trois fils de Jean le Bon : Louis Ier, duc d'Anjou, Jean, duc de Berry et Philippe le Hardi, duc de Bourgogne, les cours des deux derniers prenant une importance artistique capitale. Nonobstant des situations politiques diverses, les cours ne cessèrent d'échanger les artistes et leur production.

L'ironie de l'histoire, c'est que des diverses œuvres artistiques réalisées dans la pierre, le métal, les pierres précieuses et le papier, ce soient surtout les délicieuses images, si faciles à détruire, des livres et des manuscrits qui témoignent aujourd'hui des fastes et des raffinements de l'époque, plutôt que les constructions monumentales, les statues ou les chefs-d'œuvre d'orfèvrerie. Certes, nous sont restés certains édifices, des sculptures, quelques reliquaires épars, mais c'est avant tout leurs livres enluminés qui fit le renom des princes français.

De tous, c'est Jean de Berry qui se montra le plus intéressé par la production et l'acquisition de manuscrits enluminés, qu'il reçut de ses frères et de ses neveux ou échangea avec eux. Aucune période de l'histoire de l'art ne connut une telle vogue de manuscrits à peinture de si haute qualité : la dernière avant que l'introduction de la presse à imprimer ne mît fin à cette forme de production artistique. Mais il ne faut pas seulement en chercher les raisons dans la sphère artistique. Les mêmes tendances générales à l'individualisation de l'expérience religieuse, qui favorisèrent l'essor des images pieuses, mirent en évidence les aspects humains et émotionnels de la religion et inspirèrent une foule d'images lyriques et dramatiques de la Vierge, du Christ crucifié et de la Pietà, fort populaire à cette époque, firent des livres de dévotion à usage privé un domaine d'activité privilégié pour les peintres.

Ces livres de dévotion rassemblaient divers types de textes, dont l'un des plus populaires était le psautier, comme ceux qu'enlumina l'excellent sculpteur André Beauneveu pour Jean de Berry entre 1384 et 1387. Mais, de tous, le plus populaire était un type de livre très particulier que l'on appelait le Livre d'Heures. Recueil de prières pour les laïques, inspiré des psautiers, il était

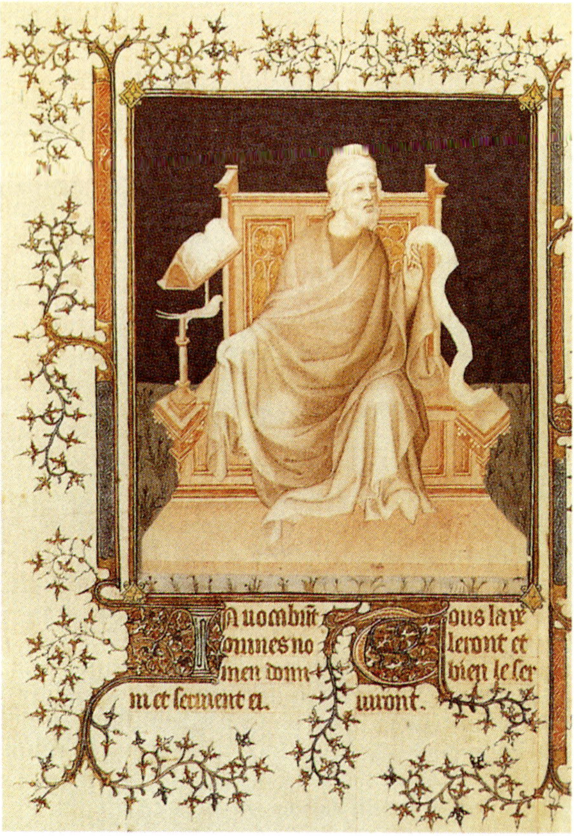

André Beauneveu, 1380-1385. *Le Prophète Sophonie*, enluminure du fol. 17 v. du *Psautier de Jean de Berry*. Paris, Bibliothèque Nationale, ms. fr. 1309.

l'équivalent du bréviaire pour les hommes d'Église. Il contenait des prières pour les huit heures canoniales, en particulier des prières adressées à la Vierge. Mais le contenu de ces Livres d'Heures était fort variable. Le calendrier liturgique – qui représentait un élément assez nouveau – joua un rôle artistique important, obligeant les artistes à représenter la nature et ses diverses métamorphoses au gré des saisons. L'exemple le plus fameux est l'œuvre des frères Limbourg : *Les Très riches heures du duc de Berry* (aujourd'hui à Chantilly).

Mais cette œuvre des frères de Limbourg marque plus l'apogée

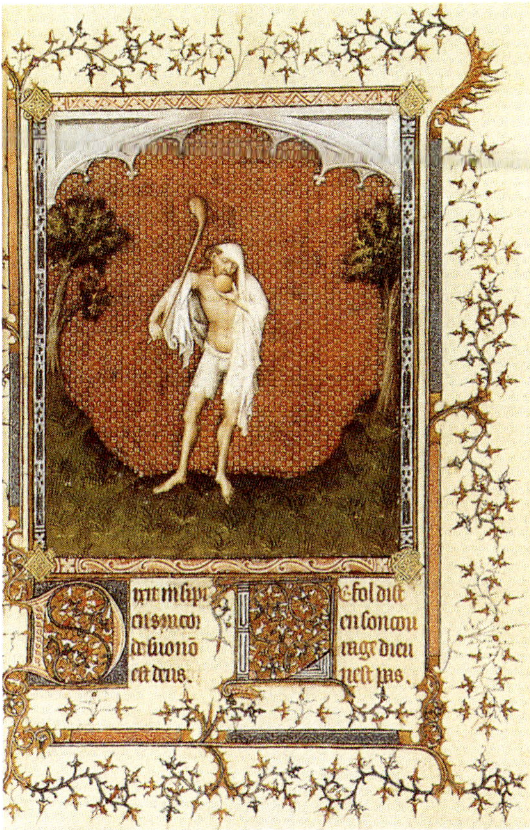

Jacquemart de Hesdin, 1380-1385. *Le Fou*, enluminure du fol. 106 du *Psautier de Jean de Berry*. Paris, Bibliothèque Nationale, ms. fr. 13091.

que la naissance de cet intérêt pour la représentation de la réalité dont témoignent les ouvrages enluminés franco-flamands. Peu de temps auparavant, les avaient précédés sur cette voie divers maîtres éminents, qui tous travaillèrent pour des mécènes français et qui, probablement, venaient tous des Pays-Bas. Jean de Bruges (ou Jean Boudolf) ne fit pas seulement des enluminures pour Charles V, mais conçut également en 1376 les cartons d'une magnifique série de tapisseries, *L'Apocalypse de saint Jean* (Angers, Musée des Tapisseries)[6]. André Beauneveu – qui fut avant tout un sculpteur et que nous retrouverons bientôt – venait de Valenciennes : il produisit vingt-quatre images monumentales de prophètes et d'apôtres sur le trône, où la grisaille subtile des figures contraste avec l'ornementation colorée du fond. Jacquemart de Hesdin, qui fut au service de Jean de Berry à partir de 1384 et mourut à Bourges en 1409, fut le premier à introduire la réalité du paysage dans les enluminures.

Certainement averti des réalisations italiennes dans la représentation de l'espace libre et de l'architecture, il commença par des compositions décoratives sur fond rouge à deux dimensions (ainsi le *Fou* du fol. 106 du manuscrit 13091 de la Bibliothèque Nationale, à Paris) pour produire ensuite des images spatiales toujours plus convaincantes et organisées, sur un mode presque géométrique, où l'épisode est relaté avec une grande économie de moyens tandis que le paysage est réduit à ses éléments essentiels : dépouillé de tout détail naturaliste, il fuit dans la profondeur de l'espace pictural.

L'artiste le plus extraordinaire reste cependant le peintre anonyme, auquel on a donné le nom de son grand œuvre, le *Livre d'Heures* qu'il enlumina pour Jean de Meingre, maréchal de Boucicaut, homme puissant malgré ses origines bourgeoises. Fait prisonnier à Nicopolis, le maréchal de Boucicaut fut libéré contre le versement d'une rançon puis, de 1401 à 1408, fut gouverneur de Gênes. De nouveau prisonnier à Azincourt (1415), il mourut en captivité en 1421, entre les mains des Anglais. Au cours de sa vie assez active et tumultueuse, Boucicaut n'en trouva pas moins le temps de s'intéresser aux Livres d'Heures. Même si cet intérêt ne devait rien à des raisons esthétiques car, si l'on en croit son biographe contemporain, « il ne se passait de jours sans qu'il dît ses Heures et mainte prière et fît ses suffrages aux saints »[7]. Il est fort probable que le peintre de ce chef-d'œuvre soit un certain Jacques Coene, originaire de Bruges, dont les archives permettent de suivre les activités entre 1398 et 1404 et dont on sait qu'il travailla en 1404 pour le duc de Bourgogne, Philippe le Hardi.

Mais quelle que soit l'identité du Maître du maréchal de Boucicaut, il est singulier qu'un aussi extraordinaire talent ne fût pas lié à l'un des grands mécènes de son temps. Car dans le domaine des enluminures, sa contribution à la représentation de la nature fut essentielle. Dans les enluminures qu'il réalisa pour le *Livre d'Heures* du maréchal, entre 1405 et 1408 probablement, le peintre anonyme employa des techniques tout à fait inédites pour donner une image naturelle du monde. Pour la première fois dans la peinture européenne depuis l'Antiquité, la lumière et l'atmosphère prirent une telle importance. La ligne d'horizon s'abaisse, l'espace

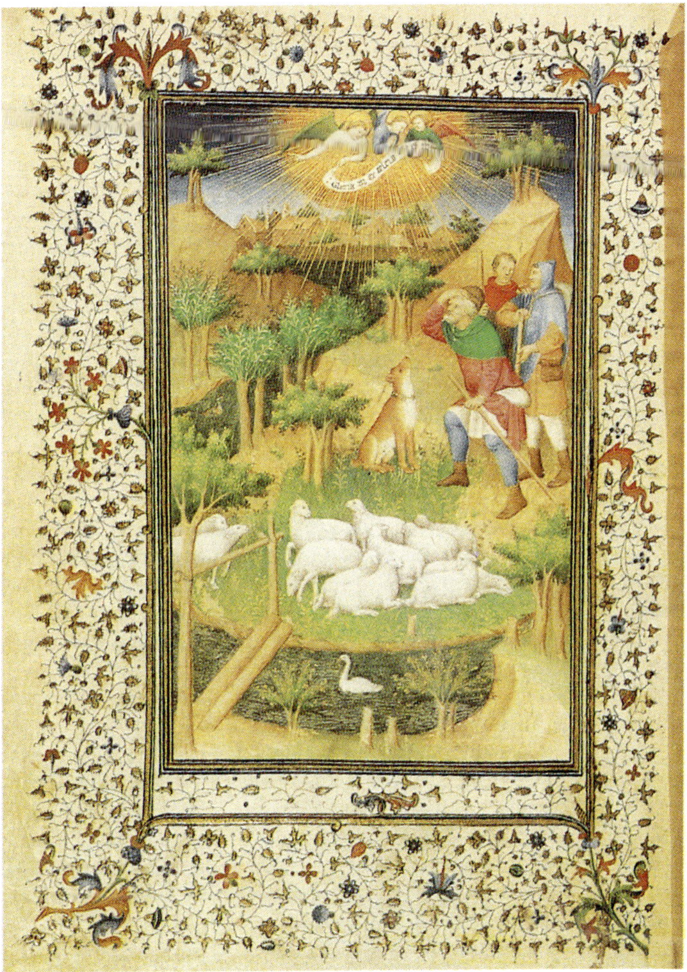

Maître du maréchal de Boucicaut, vers 1409. *L'Annonce aux Bergers*, fol. 79 du *Livre d'Heures*. Paris, Musée Jacquemart-André.

fuit, les formes des montagnes, des maisons, des arbres et des personnages diminuent en fonction de la distance jusqu'à devenir à peine distinctes. Ils se fondent alors dans un lointain nuage ou dans la poussière, se dissolvent pour ainsi dire dans le néant, à travers le rideau doré des rayons du soleil ou de la figure de Dieu.

Dans la *Visitation*, dans l'*Adoration de l'Enfant*, dans la *Vision de David* ou dans l'*Annonce aux bergers*, les rayons de lumière pénètrent partout au point de former une espèce de rideau qui est certes symbolique dans ses origines, mais n'en contribue pas moins à créer une vision très différente de la réalité naturelle. Le Maître n'est certainement pas toujours convaincant dans son application des techniques de la perspective linéaire : les lignes perpendiculaires au plan de l'image convergent en plusieurs points de manière assez fantasque. En revanche, il fait montre d'un talent merveilleux quand il joue de l'ombre, de la lumière et de la couleur pour modeler des formes tridimensionnelles. Le troupeau de moutons, dans l'*Annonce aux bergers*, et le chien que déroute l'apparition des anges au-dessus de sa tête sont le fruit d'une expérience visuelle inédite, affranchie des modèles traditionnels.

Non moins originaux et novateurs sont les intérieurs, extrêmement suggestifs, peints par le Maître du maréchal de Boucicaut, dans le *Livre d'Heures* mais aussi et surtout dans son œuvre plus tardive, la miniature qui représente Pierre Salmon en pleine conversation avec Charles VI (dans le manuscrit intitulé *Dialogues de Pierre Salmon*, après 1411). L'image est détachée de ce qui l'entoure par des colonnes et un linteau, si bien que l'espace est délimité non par l'image elle-même, mais par les éléments matériels qui y sont représentés et constituent une sorte de passage entre le plan de la page et la profondeur d'une réalité à trois dimensions, une sorte de « diaphragme », suivant le mot de Panofsky[8]. Le roi est assis sur son lit « fleurdelysé » à droite, où se situe également le point ou la zone de convergence. Les volets ouverts de la fenêtre se projettent vers l'avant et sont décrits avec un luxe de détails qui évoquent, de manière saisissante, les intérieurs eyckiens, deux décennies plus tard. C'est le tout premier exemple de la conception flamande d'un espace intérieur clos. Aux bords de l'image, il n'est pas une seule forme qui soit complète : à gauche, la colonne coupe en partie la figure du dignitaire (Jean sans Peur?) qui tient à la main un marteau de commandant ; et à droite, une autre colonne coupe le dos de Pierre Salmon ; en bas, le tapis décoré de lignes brisées est une fois de plus coupé par le bord de l'image tandis qu'en haut, le linteau masque en partie le baldaquin. Partout, l'image et – par implication – l'espace représenté semblent se prolonger à l'infini dans toutes les directions au-delà du cadre de l'image, qui apparaît au fond comme une petite section d'une réalité continue et infinie.

Tellement soucieux de suggérer l'espace, le Maître de Boucicaut a en même temps cédé à son goût des surfaces richement

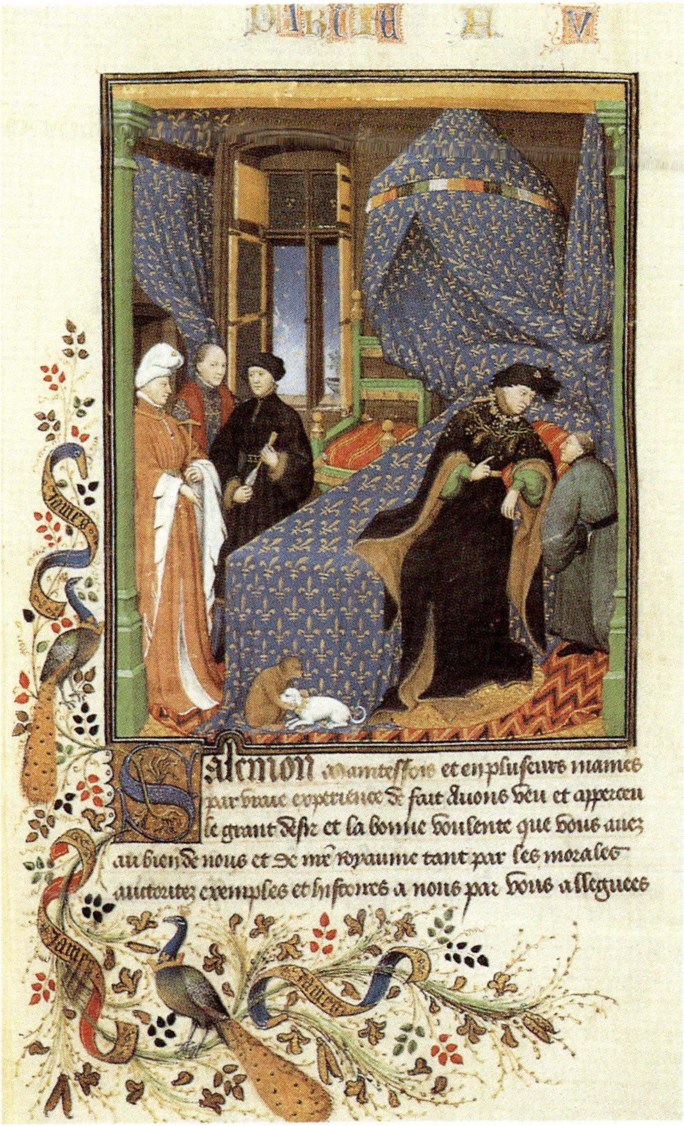

Maître du maréchal de Boucicaut, vers 1411. *Pierre Salmon en conversation avec Charles VI.* Enluminure du fol. 4 des *Dialogues de Pierre Salmon*, Genève, Bibliothèque Publique et Universitaire, ms. fr. 165.

décorées. Dans l'enluminure évoquée plus haut, le lit royal, mais aussi le baldaquin et le mur d'entrée sont recouverts d'un magnifique tissu bleu semé de fleurs de lys. On retrouve des tendances analogues dans diverses miniatures des *Heures de Boucicaut*, avec toutes sortes de tapisseries, de rideaux ou de tentures, souvent ornés d'armoiries malheureusement repeintes quand le manuscrit a changé de propriétaire.

Quand le Maître de Boucicaut a peint l'enluminure de Pierre Salmon en conversation avec Charles VI, une équipe d'enlumineurs de Nimègue – neveux de Jean Malouel, peintre à la cour de Bourgogne – travaillait pour le duc Jean de Berry. Hermann et Jean de Limbourg étudièrent l'orfèvrerie à Paris et devinrent maîtres en 1399. Et à partir de 1402, Pol et Jean – certainement formés par leur oncle Malouel – furent au service de Philippe le Hardi, duc de Bourgogne, assassiné en 1404. À compter de 1410, les trois frères résidèrent à Bourges dans la maison que leur avait donnée le duc de Berry ; puis ils travaillèrent à l'Hôtel de Nesle, la résidence du duc à Paris. Les trois artistes furent emportés par la peste en 1416, la même année que leur exceptionnel mécène, le duc de Berry.

Vraisemblablement, les frères de Limbourg ne furent pas seulement enlumineurs mais aussi orfèvres ; du moins pouvons-nous le supposer. De tous les manuscrits enluminés pour Jean de Berry, le plus exceptionnel se trouve au Musée Condé de Chantilly.

Les *Heures* de Chantilly expriment à merveille les trois caractères de l'art européen à l'aube du XVe siècle : le raffinement de cour et l'élégance, les tendances décoratives et des préoccupations naturalistes profondes. Je n'essaierai pas d'établir la part respective de chacun des frères de Limbourg, même si l'on a pu dire qu'ils s'étaient partagé les tâches[9]. Mais sans doute tenaient-ils de leur Gueldre natale le sentiment de la nature et leur don d'observation, tandis que le raffinement quasi rituel de la vie de la cour nourrit leur souci de souligner l'élégance, de mettre en valeur les figures allongées et la splendeur de leurs costumes et de leurs parures.

Le sujet précis des illustrations de calendrier leur donna l'occasion d'introduire autre chose encore : un esprit encyclopédique et universel, qui voit le monde dans toute sa structure cosmique et sa hiérarchie sociale. Chacune des illustrations présente un microcosme où la vie sur terre, stratifiée suivant le système social dominant, s'inscrit en même temps dans un ordre cosmique bien établi, sous l'égide de divinités astrales et des signes du zodiaque. Des châteaux féodaux dominent la vie des petites gens ; mais leur position symbolique n'entre nullement en conflit avec le réalisme de leur représentation en tant que châteaux véritables de Jean de Berry.

Le château en toile de fond et l'ordre cosmique qu'expriment les signes astraux sont les seuls éléments constants du cycle annuel. Autrement, tout change : la nature, les couleurs, les activités humaines, la lumière et le temps. Certaines images ne nous montrent que les princes et leurs suites qui se divertissent ; d'autres uniquement des travailleurs qui vaquent à leurs occupations quotidiennes. Mais il en est aussi où les aristocrates côtoient des petites gens au travail ou qui se livrent à des plaisirs simples. Dans l'enluminure du mois d'août, par exemple, la suite princière à cheval s'en va à la chasse au faucon tandis qu'au loin des paysans mettent la moisson en bottes et les entassent sur une charrette. Au milieu, des garçons ont retiré leurs vêtements et se baignent dans le lac. Dans ce paysage ensoleillé sur fond de vie naturelle de petites gens par temps chaud, la cavalcade des chasseurs en costumes de cour extravagants apparaît comme une singulière intrusion d'un pays étranger et bizarre. Ce qui n'était au début qu'une série de petits motifs réalistes à l'arrière-plan, autour des personnages d'aristocrates, est maintenant devenu le cadre général auquel la cavalcade des courtisans imprime un caractère artificiel et théâtral.

Mais seule une partie des images de calendrier est l'œuvre des frères de Limbourg. À leur mort, l'ouvrage n'en était qu'au mois d'août et, même parmi les enluminures consacrées aux premiers mois de l'année, la partie inférieure de l'enluminure de mars et la partie supérieure de celle de juin étaient inachevées. Un autre grand maître a dû travailler aux peintures des manuscrits au milieu du siècle – probablement pour le roi de France –, ajoutant les éléments manquants ou réalisant les enluminures des mois d'octobre et de décembre et, pour partie, celle de septembre.

Mais ce maître lui-même ne parvint à achever l'ouvrage et c'est donc Jean Colombe qui y mit la dernière main entre 1485 et 1489, alors que le manuscrit appartenait déjà au duc de Savoie, y ajoutant la partie inférieure de septembre et l'enluminure de novembre. Ainsi ne saurait-on attribuer aux frères de Limbourg, comme on le faisait encore récemment, la fascinante maturité dont témoignent les mois d'octobre et de décembre, la profondeur de l'espace, leur naturalisme appliqué et les ombres portées : il faut au contraire y reconnaître l'œuvre d'un maître plus tardif, ainsi que Luciano Bellosi l'a établi de manière très probante dans un

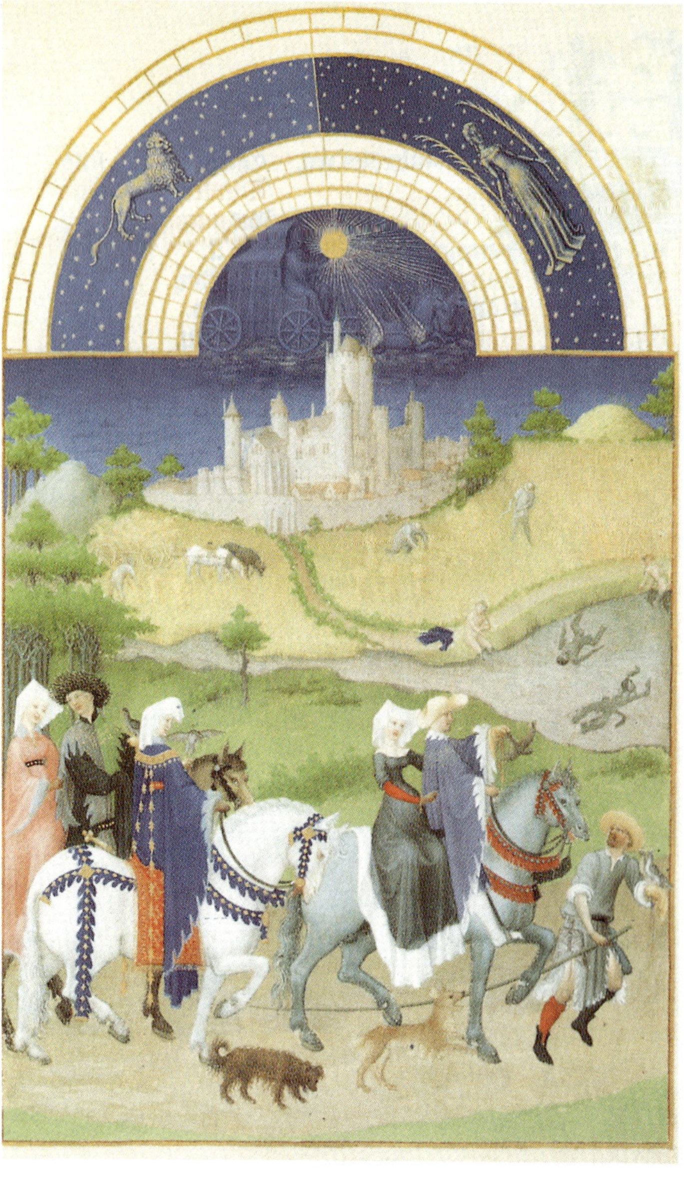

Frères de Limbourg (Jean de Limbourg?), début 1416. *Le mois d'août*. Enluminure du fol. 8 v. des *Très Riches Heures du duc de Berry*. Chantilly, Musée Condé.

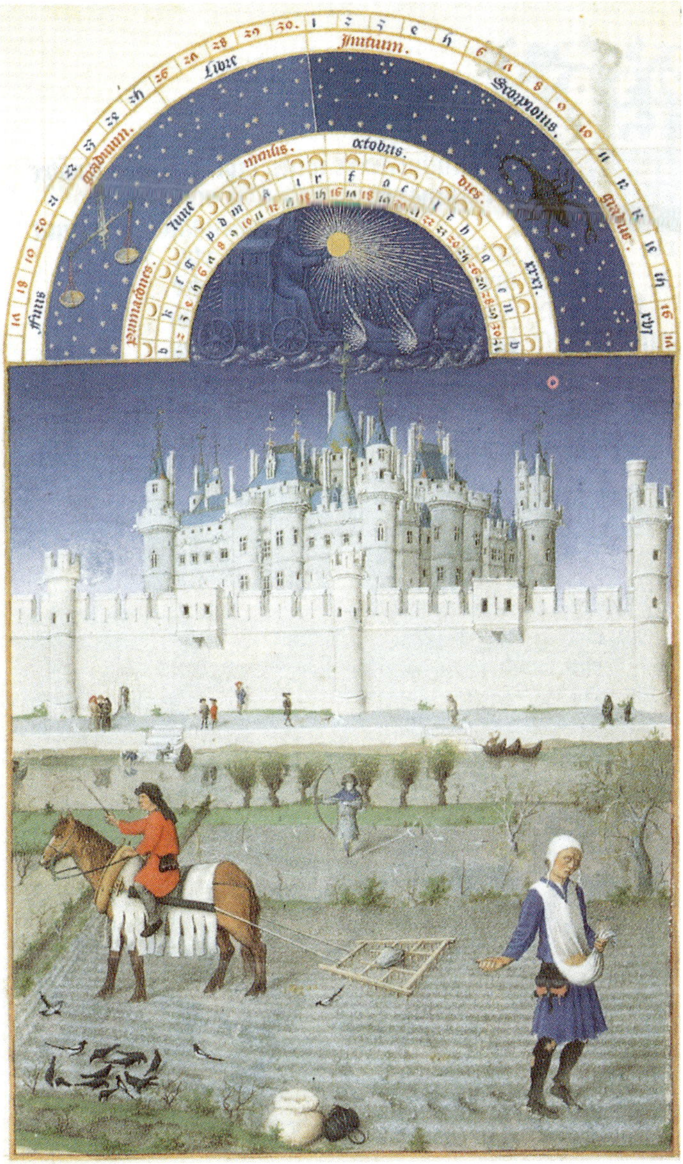

Continuateur des frères de Limbourg, ou Maître du second cahier. *Le mois d'octobre*. Enluminure du fol. 10 v. des *Très Riches Heures du duc de Berry*. Chantilly, Musée Condé.

article de 1975[10]. Ce qui explique pourquoi les châteaux des enluminures des mois de septembre à décembre ne sont pas ceux de Jean de Berry, mais ceux du roi.

Dans les premières enluminures, cependant, nous pouvons admirer les résidences de Jean de Berry : les châteaux de Lusignan, de Dourdan, de Poitiers et d'Étampes. Dans la *Tentation du Christ*, on reconnaît le château de Mehun-sur-Yèvre, celui auquel le duc tenait le plus. L'Hôtel de Nesle, sa résidence parisienne à partir de 1381, sur la rive gauche de la Seine en face du Louvre, devait probablement figurer sur l'une des enluminures que les frères Limbourg n'eurent pas le temps de peindre. Il fut mis à sac en 1411, au cours des émeutes fomentées par les Bourguignons contre le parti des Armagnacs, auquel le duc appartenait. Pleine d'œuvres d'art, son autre demeure de Bicêtre fut incendiée et, pour finir, assiégée par son neveu Jean sans Peur à Bourges, Jean de Berry dut faire fondre une partie de ses joyaux en or, retirés de la Sainte-Chapelle de Bourges. Aussi ne reste-t-il plus grand-chose de ses possessions et de ses trésors artistiques, à l'époque sans pareils en Europe occidentale.

Quand il reconstruisit l'ancien château de Poitiers, partiellement détruit en 1345 au cours de la guerre contre les Anglais, Jean de Berry fit aménager une grande salle pourvue d'une cheminée monumentale décorée d'un élégant motif sculpté dans la pierre, où pour la première fois apparaissent en France des formes fluides et curvilignes. C'est donc vers 1388 que Guy de Dammartin réalisa ce mur magnifique dont les formes, influencées par le *« decorated gothic style »* anglais, s'expliquent sans doute par le séjour forcé de Jean de Berry en Angleterre entre 1360 et 1367. Retenu en otage, sans doute apprit-il à admirer l'architecture anglaise, très en avance sur son temps[11]. L'entrée fut décorée de statues monumentales du roi et de la reine de France, mais aussi du duc de Berry et de la duchesse. En 1391, le même architecte fut chargé de construire une chapelle funéraire pour le duc : ce fut la Sainte-Chapelle du château de Bourges, qui fut achevée en 1405 par son frère Drouet. Inspirée de la Sainte-Chapelle de Paris, elle nous est connue par des dessins anciens car elle fut détruite en 1765-1766. On peut néanmoins s'en faire une idée en examinant une autre Sainte-Chapelle que fonda le duc de Berry, à Riom, et qui fut l'œuvre du même architecte : une nef spacieuse semblable à une cage de verre, dont les murs sont entièrement occupés par des vitraux.

Les constructions tant religieuses que séculières de Jean de Berry étaient toutes remplies de statues, dont peu nous sont par-

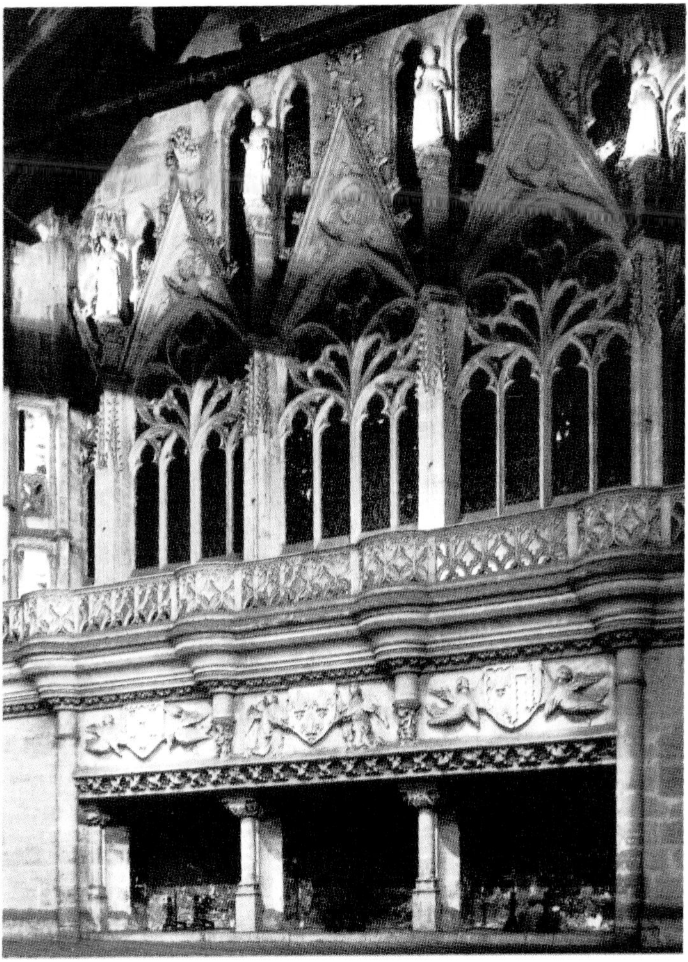

Guy de Dammartin. La cheminée et les sculptures décoratives de la grande salle du château de Poitiers.

venues. Dans un premier temps, son grand sculpteur fut André Beauneveu, artiste natif de Valenciennes dont nous avons déjà évoqué les enluminures pour le *Psautier* ducal. Dans les années 1360, Beauneveu travailla aux sépultures royales de Saint-Denis pour Charles V avant de poursuivre ses activités dans les Flandres (Malines, Cambrai, Gand et Ypres). De 1386 à sa mort, vers 1402, Beauneveu fut le sculpteur et le peintre attitré de Jean de Berry

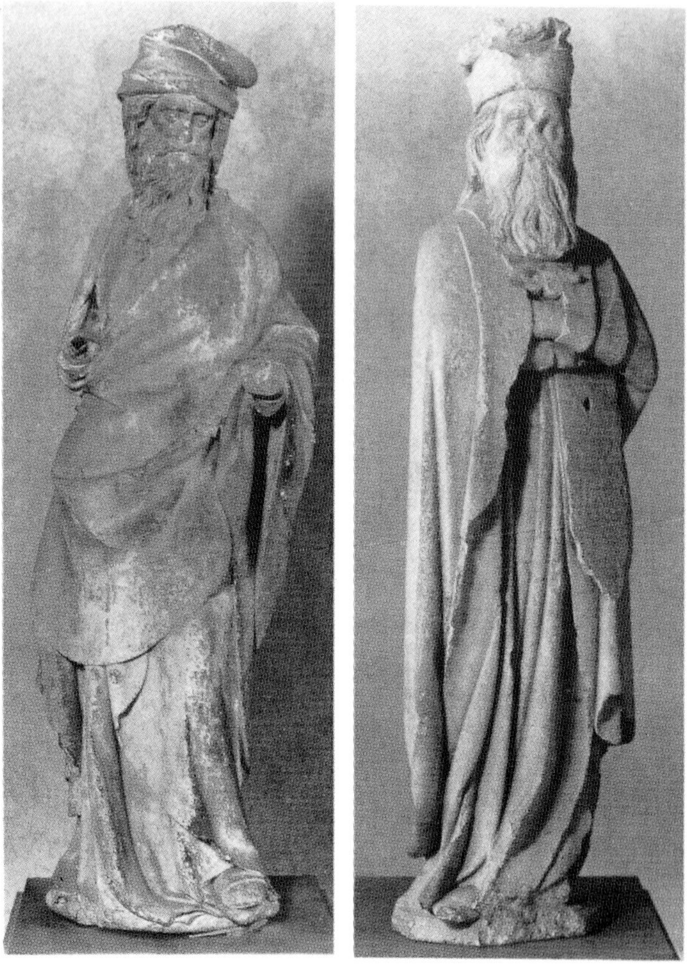

André Beauneveu, autour de 1400. *Prophètes*, probablement de la Sainte-Chapelle de Bourges. Bourges, Musée Jacques-Cœur.

et s'occupa de la décoration de Mehun-sur-Yèvre, de Bourges et d'autres fondations. Il ne reste pas grand-chose de son œuvre, hormis quelques statues de prophètes, provenant très vraisemblablement de la Sainte-Chapelle de Bourges, qui attestent l'excellente qualité de son art. Dans ce groupe, l'un des prophètes est considéré comme son œuvre et rappelle l'un des prophètes de ses miniatures : on y retrouve les formes fluides, lyriques et pourtant volumineuses typiques de maint centre européen autour de 1400.

Entre cet apôtre méditatif, élégamment courbé, dont la draperie ceint le corps en une diagonale de plis gracieux, et les statues de la tour de la cathédrale de Saint-Étienne à Vienne, dans les années 1370, il est une certaine similitude. Celles-ci étaient en fait des éléments de décoration architecturale au même titre que les œuvres de Beauneveu. Avec son dynamisme lyrique, le prophète, exécuté entre 1392 et 1402, demeure subordonné à l'arrière-plan architectural, tandis que les belles Madones d'Europe centrale, qui sont de cette même période, sont déjà clairement des œuvres indépendantes. Mais entre l'Occident et l'Orient, il semble qu'il y ait eu des liens étroits : il n'est, pour s'en convaincre, qu'à comparer la tête compacte et vigoureuse, presque cubiste, mais subtilement modelée de Mehun-sur-Yèvre (Louvre), qui appartient au même cercle artistique, avec une tête de Moïse, qui date de la même époque et qui servit jadis de support à la *Belle Madone* de Toruń.

Après la mort de Beauneveu (avant le 23 février 1403), c'est son collaborateur Jean de Cambrai (vers 1355-vers 1438) qui fut chargé de réaliser le tombeau et les monuments commémoratifs du duc : c'est lui qui sculpta le gisant sur la tombe, ornée de pleurants, suivant la coutume bourguignonne. Fort abîmée, l'œuvre n'en trahit pas moins une manière énergique, expressive mais synthétique. Jean de Cambrai fut aussi l'auteur des deux figures du duc et de la duchesse Jeanne de Boulogne agenouillés, en adoration devant la statue de Notre-Dame-la-Blanche jadis dans l'abside de la chapelle. La tête du duc, conservée à Bourges, gravement endommagée, ne permet plus de se faire une idée sérieuse de cette œuvre, dont les dessins inspirés de Holbein nous laissent cependant entrevoir la beauté.

Un document indique que, le 21 novembre 1393, Jean de Beaumetz, peintre et « valet de chambre de Monseigneur » le duc de Bourgogne, et le sculpteur Claus Sluter furent remboursés des frais de leur voyage de Dijon à Mehun-sur-Yèvre, qu'ils avaient accompli pour y voir certaines peintures, sculptures et décorations exécutées sur ordre de monseigneur de Berry. Pour Claus Sluter, ce fut sans doute l'occasion de rencontrer son collègue Beauneveu. Mais le fait témoigne surtout de l'exemplarité des entreprises artistiques ducales.

Quand Jean de Cambrai se mit au travail sur le tombeau du duc, c'est l'exemple bourguignon qui retenait son attention, comme celle de son mécène : le tombeau, formé d'un gisant

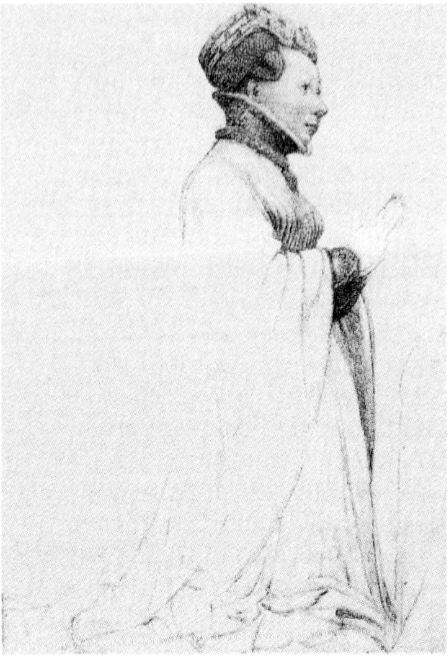 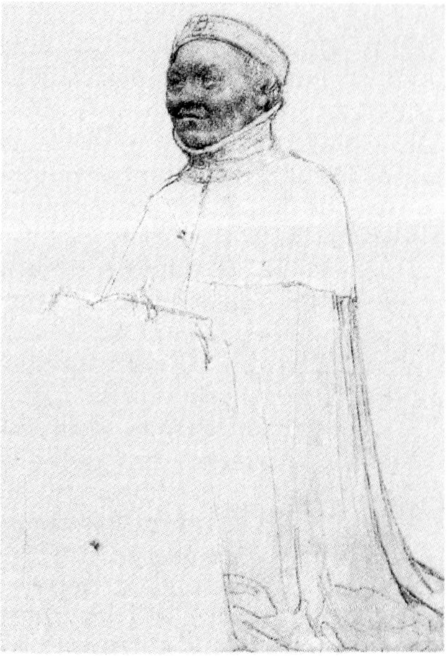

Hans Holbein le Jeune. *Jeanne de Boulogne* et *Jean de Berry*, dessins des statues de la Sainte-Chapelle de Bourges. Bâle, Öffentliche Kunstsammlung.

entouré de pleurants, s'inspire en effet de celui de Philippe le Hardi (mort en 1404) à Dijon. La Bourgogne était devenue un important centre artistique toujours plus autonome en même temps qu'une entité politique puissante et séparée.

4. L'art en Bourgogne et aux Pays-Bas

La Bourgogne, que le roi Jean le Bon donna en 1363 à l'un de ses fils, Philippe le Hardi, acquit une indépendance considérable à la faveur des troubles connus sous le nom de guerre de Cent Ans, qui opposèrent la France à l'Angleterre. Philippe, qui avait épousé Marguerite de Flandre et comptait ainsi ajouter ce duché à ses possessions, développa de fortes tendances séparatistes. En 1384, son autorité ne couvrait pas seulement la Flandre, mais aussi l'Artois, Nevers, Rethel et la Franche-Comté. Pendant près d'un siècle, le grand duché fut ainsi l'une des puissances politiques et culturelles de l'Europe. La puissance militaire de la Bourgogne dut cependant s'incliner devant les armées suisses dans les années 1475-1477, qui virent la mort de Charles le Téméraire.

Philippe le Hardi régna assez longtemps et posa, pour la Bourgogne, les bases solides d'un rôle politique et culturel de premier plan. À sa mort, en 1404, c'est son fils Jean sans Peur qui lui succéda. Sous le règne de ces deux premiers ducs, la Bourgogne demeura le centre de l'État et ce n'est qu'en 1419, après que l'assassinat de Jean sans Peur eut fait le jeu des Français, que son fils Philippe le Bon, devenu souverain, déplaça sa capitale vers le nord pour résider en Flandre, surtout à Lille. Paris tomba entre les mains des Anglais en 1420 et la situation politique et culturelle de la région connut un grand changement entre les deuxième et troisième décennies du siècle.

La mort de Wenceslas de Bohême en 1419 et la disparition presque simultanée, en 1422, des deux adversaires, Henry V de Lancastre et Charles VI, après le traité de Troyes (1420) désastreux pour les Français, confirment l'idée d'une ligne de partage. Entre 1363 et 1419, la Bourgogne, et surtout Dijon, devint grâce au mécénat de la cour un centre artistique important. En 1393, nous l'avons vu, les artistes qui travaillaient à Dijon pour Philippe le Hardi reçurent pour mission d'aller voir les œuvres exécutées pour Jean de Berry. L'un deux, Claus Sluter, travaillait à la décoration sculpturale du grand ensemble monumental de la Chartreuse de Champmol, à Dijon. Authentique génie, il fut peut-être le plus grand artiste d'Europe occidentale au tournant du XIVe au XVe siècle.

Comme tant d'artistes actifs à cette époque en France et en Bourgogne, Sluter était originaire des Pays-Bas, mais à la différence des autres, il venait d'une province septentrionale, la Hollande. Né à Haarlem entre 1355 et 1360, il travailla d'abord à Bruxelles puis s'installa en 1385 à Dijon où il réalisa ses œuvres majeures entre 1389, année où il succéda à Jean de Marville comme maître d'œuvre, et sa mort, en 1406[12]. Le duc avait choisi la Chartreuse de Champmol pour abriter sa sépulture et, à partir de 1383, Drouet de Dammartin se chargea de la construction du monastère (presque entièrement détruit au cours de la Révolution française).

Le tombeau ducal suit le modèle des tombeaux royaux de Saint-Denis, mais se caractérise par un motif spécifique qui apparut d'abord en Bourgogne puis se répandit ailleurs : une série de pleurants. Illustration du cortège funèbre, ils sont également une représentation symbolique des divers groupes sociaux, mais aussi des classes et des corps de métier, à commencer par les moines qui pleurent le souverain disparu. Claus Sluter puis son neveu, Claus de Werve, achevèrent l'entreprise de Jean de Mar-

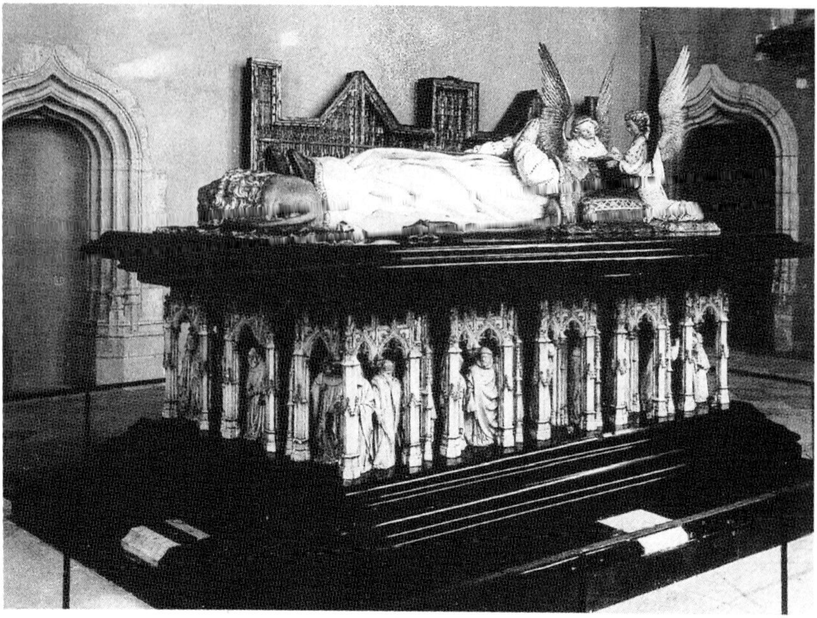

1/ Jean de Marville, Claus Sluter, Claus de Werve, après 1404. *Tombeau de Philippe le Hardi.* Dijon, Musée des Beaux-Arts.

2/ *Les pleurants*, sur un côté du *Tombeau de Philippe le Hardi.*

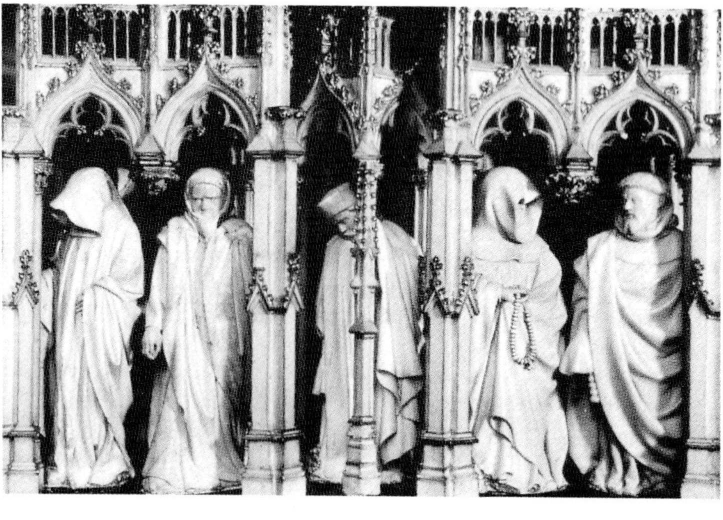

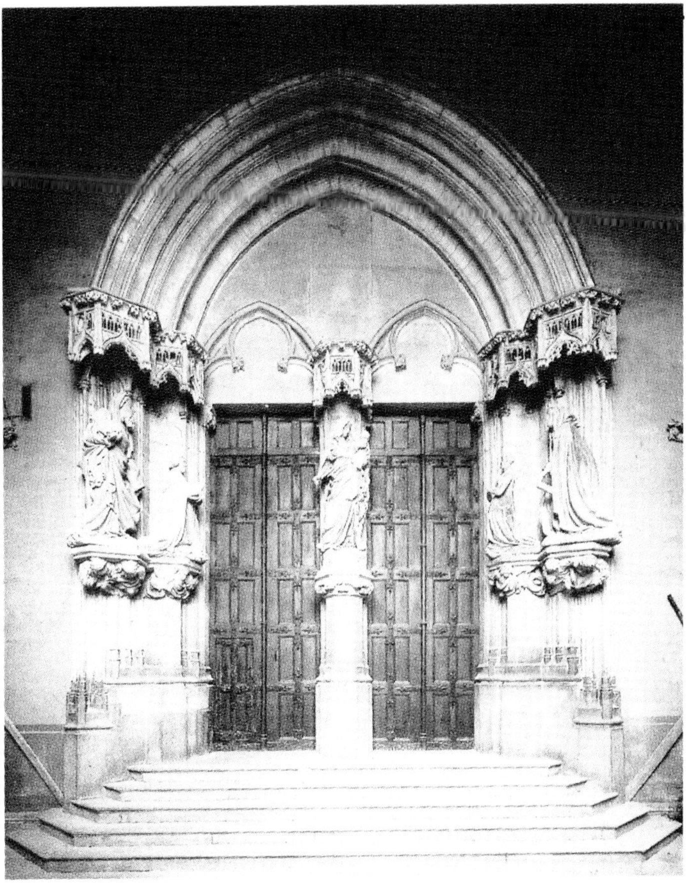

Jean de Marville et Claus Sluter, 1385-1393. Portail de la Chartreuse de Champmol à Dijon.

ville. La statue en albâtre du défunt a beaucoup souffert, tandis que les figures des pleurants, parfaitement conservées, sont pour la plupart postérieures à la mort de Sluter : elles sont l'œuvre de Claus de Werve, qui s'inspira probablement de ses modèles.

Nous sommes mieux à même d'apprécier le deuxième monument de Philippe le Hardi – le portail sculpté de la Chartreuse de Champmol – qui a survécu non sans dommage à la destruction du reste de l'édifice. Sluter a conçu de manière fort inhabituelle la décoration sculptée de l'arche gothique qui sert d'entrée. Sur le pilier central qui partage celle-ci en deux trône une statue de la Vierge dans une attitude extrêmement vivante. Sur les pesantes consoles de la corniche, on reconnaît les figures agenouillées du duc et de la duchesse sous la protection de saint Jean-Baptiste et de sainte Catherine. Jamais encore un portail n'avait été le théâtre d'une telle scène d'adoration. Les statues sont comme encadrées entre des gables gothiques et les consoles sur lesquelles elles se dressent ou s'agenouillent.

Mais leur rapport avec l'architecture n'en est pas moins très lâche. La statuaire forme un groupe autonome, disposé à l'horizontale à la manière d'une *sacra conversazione* (sur un mode qui devait bientôt devenir fréquent en sculpture comme en peinture), indépendamment du rythme vertical de l'architecture. Les figures des donateurs agenouillés – partiellement endommagées, surtout celle de la duchesse Marguerite de Flandre – sont conçues sur un mode sobre et direct tandis que les saints expriment un puissant mouvement spirituel intérieur.

Les tombes du duc et de sa femme – des gisants entourés de pleurants – se trouvaient à l'intérieur de l'église, dans le chœur des moines. L'usage voulait qu'une autre effigie fût placée au-dessus ou à proximité, représentant les mêmes personnages debout, priant pour le salut de leur âme. Dans la Sainte-Chapelle de Bourges, les belles figures agenouillées du duc de Berry et de Jeanne de Boulogne (qui nous sont connues par le charmant dessin de Hans Holbein le Jeune) étaient en adoration devant la statue de Notre-Dame-la-Blanche, à l'autel, tandis que les tombes, avec leurs gisants, se trouvaient dans la chapelle. À Dijon, la scène d'adoration se trouve, non plus à l'autel, mais au portail. Ainsi est souligné plus fortement encore le caractère funéraire de la Chartreuse. Dans les statues du portail, le style fluide et coulant du XVe siècle – encore si délicat dans les œuvres de Beauneveu – est devenu dynamique et fort au point que l'on peut presque parler de version nouvelle. À la fragilité et à la délicatesse du style international, les statues de Sluter opposent les caractéristiques sobres et prosaïques des donateurs (la grâce de la duchesse et la sensuelle jovialité du duc) mais aussi le mouvement dramatique des formes volumineuses et tridimensionnelles des saints. Cette manière de rendre dynamique la sculpture monumentale trouve sa perfection dans la dernière œuvre de Sluter pour Champmol, le *Puits de Moïse* (ou *Puits de la Vie*), à l'origine surmonté d'une *Crucifixion*, dans le grand cloître de la Chartreuse.

Les destructions de 1789 ont ravagé le monastère et la fontaine a perdu sa forme originelle. La *Crucifixion avec la Vierge, saint Jean et sainte Madeleine* a disparu, à l'exception du torse et de la tête très abîmés du Christ, que l'on a retrouvés au fond du puits.

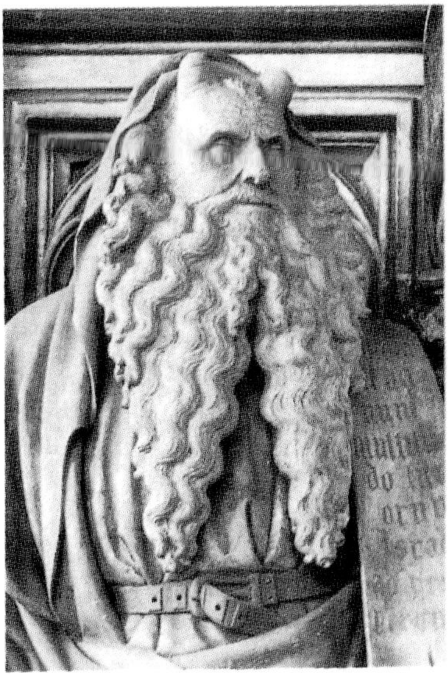

En haut : Claus Sluter, 1395-1406. Moïse, figure du *Puits de Moïse*, Chartreuse de Champmol, à Dijon. *En bas* : les figures de *Prophètes* du *Puits*.

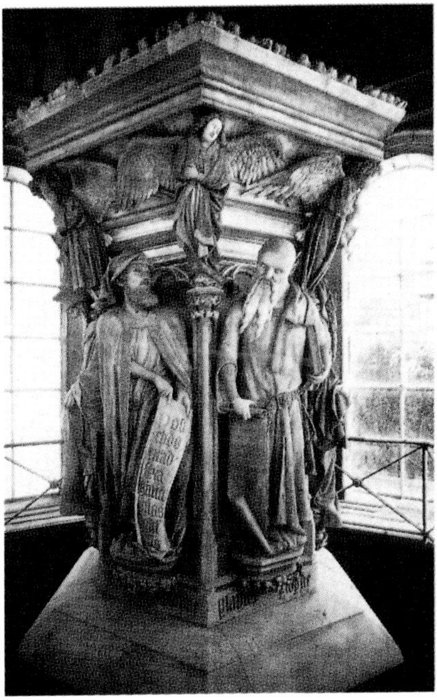

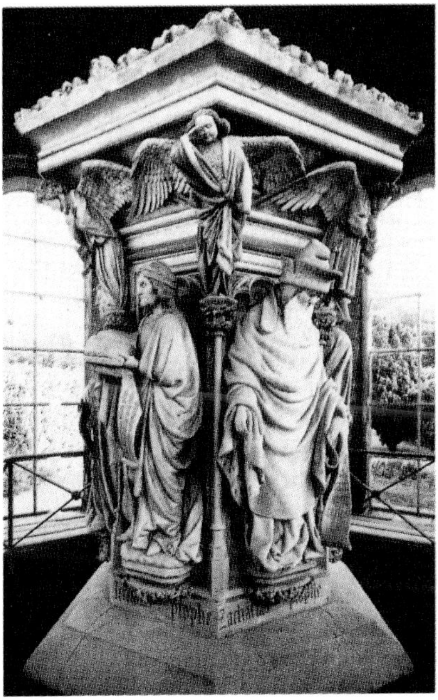

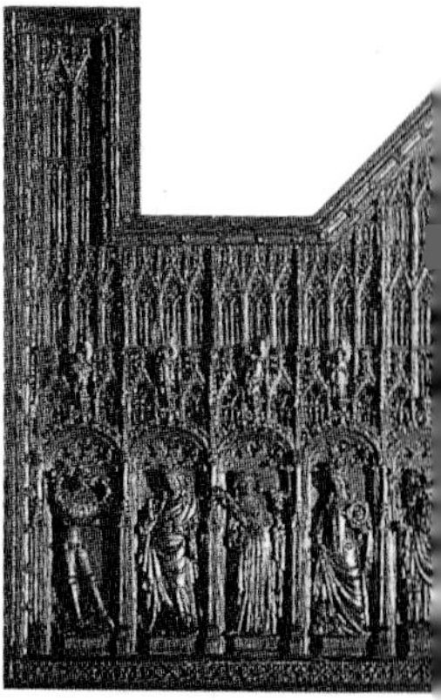

Jacques de Baerze, 1394-1399. Intérieur sculpté du *Polyptyque de la Chartreuse de Champmol* (ensemble et détail). Dijon, Musée des Beaux-Arts.

À l'origine la *Crucifixion* était placée au-dessus de la base hexagonale décorée des figures des prophètes et située sur le puits. L'ensemble dominait la grande cour carrée du cloître, où se trouvait le cimetière des moines. Dressée au-dessus du puits, la croix, symbole de rédemption, couronnait la source, symbole de la vie nouvelle accordée à ceux qui ont voué à Dieu leur vie ici-bas. L'eau seule ne suffisait à garantir la vie éternelle : il fallait, en plus, le sang du Christ versé sur la croix. L'ensemble que formaient la *Crucifixion* et le puits symbolisait donc le salut qu'avait apporté à l'humanité le sacrifice du Christ.

David, Moïse, Jérémie, Zacharie, Daniel et Isaïe : l'abondance des archives nous permet de savoir avec exactitude l'ordre dans lequel Sluter exécuta les statues des prophètes entre 1401 et 1405, même s'il nous est difficile de nous faire une idée d'ensemble. La construction avait près de sept mètres de haut et fut peinte par Jean Malouel, le peintre du duc, et dorée par Hermann de Cologne. Si elle a perdu son caractère monumental, elle n'en trahit pas moins une telle maîtrise artistique, une telle puissance de l'imagination et une telle pénétration psychologique que plus d'un critique a pensé à Michel-Ange en considérant les œuvres de Claus Sluter.

Unis et divers, les prophètes forment une famille où chacun, cependant, a une personnalité propre et exprime à sa façon l'autorité que donnent la sagesse, l'âge vénérable, l'expérience et l'illumination divine. Dans la statue de David, par exemple, les plis épais des draperies tombent suivant un rythme simple et sévère ; chez Moïse, dont le visage inspiré émerge des plis et d'une longue barbe dynamique et symbolique, ils forment au contraire une série de vagues d'une frénétique vivacité. Les visages, sur lesquels on

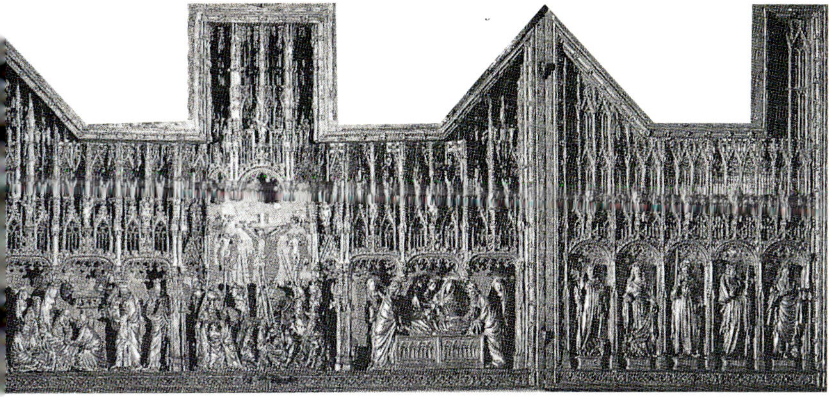

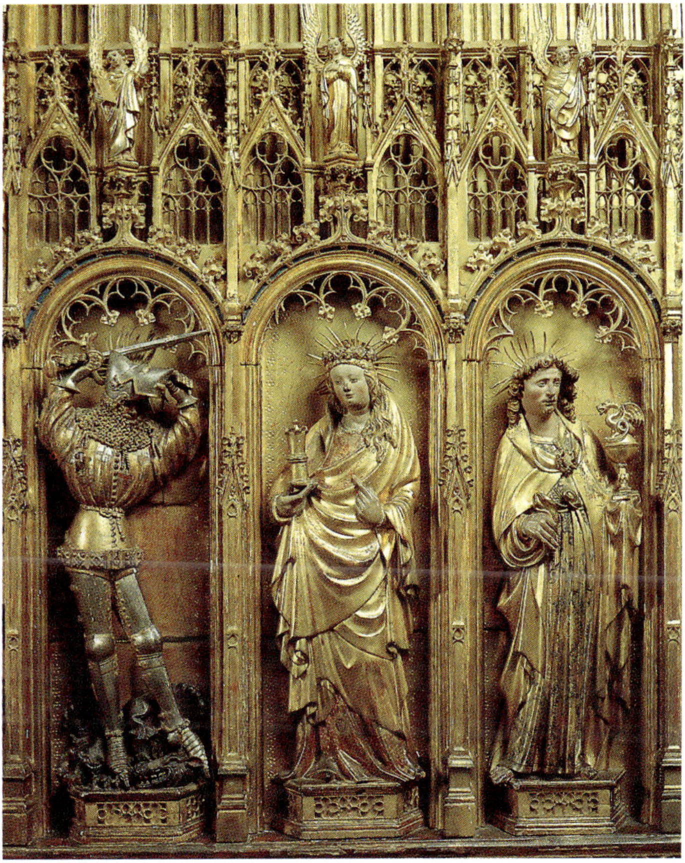

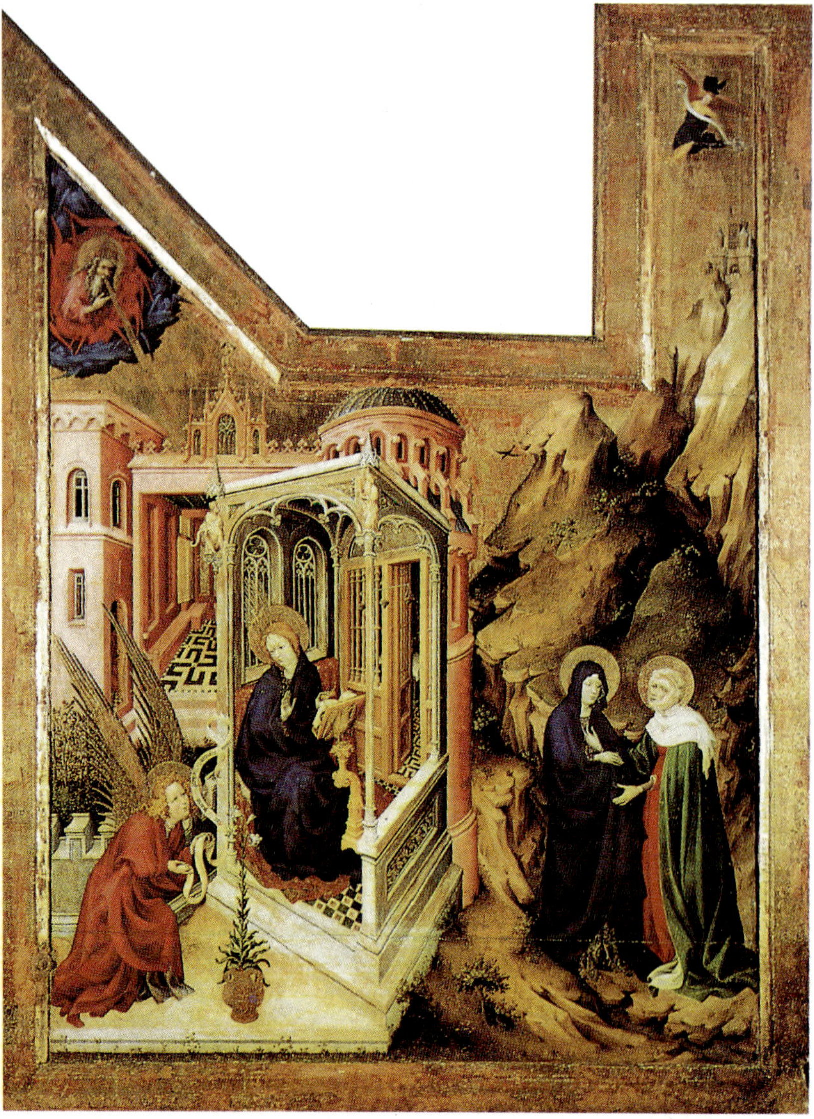

Melchior Broederlam, 1394-1395. L'*Annonciation* et la *Visitation*. Panneau peint du *Polyptyque de la Chartreuse de Champmol*. Dijon, Musée des Beaux-Arts.

peut lire leur âge, présentent une extraordinaire galerie de penseurs qui semblent considérer le monde extérieur, alors qu'ils sont en fait concentrés sur leur vision intérieure. Aucun problème technique de représentation ne semble avoir arrêté l'artiste, dont la vision trouva une expression complète dans un cycle de six statues, où le dynamisme des volumes paraît traduire la puissance de la pensée.

L'élégance de cour, propre au style international, est ici totalement dépassée. Exactement contemporains des « belles Madones » d'Europe centrale et orientale, les prophètes se situent à l'opposé même de leur grâce et de leur délicatesse. Leur concentration empreinte de gravité sied au message de ceux qui annonçaient la Passion du Christ et la Rédemption de l'humanité.

Il ne reste presque rien de la polychromie de Malouel sur les prophètes de Sluter. Nous ne savons pas grand-chose de la peinture à la cour de Bourgogne au cours de son séjour à Dijon, bien qu'elle fût sans doute d'une importance considérable. Malouel, mais aussi Jean de Beaumetz, Henri Bellechose et Melchior Broederlam travaillèrent tous pour le duc, mais seuls nous sont par-

Melchior Broederlam, 1394-1399. *La Présentation au Temple* et *La Fuite en Égypte.* Peintures sur panneau du *Polyptyque de la Chartreuse de Champmol.* Dijon, Musée des Beaux-Arts.

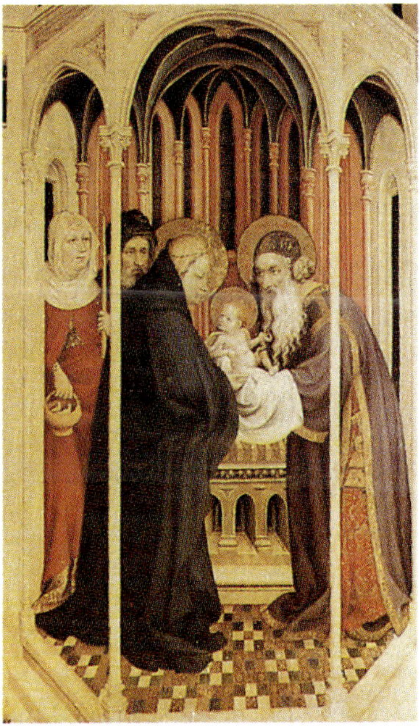

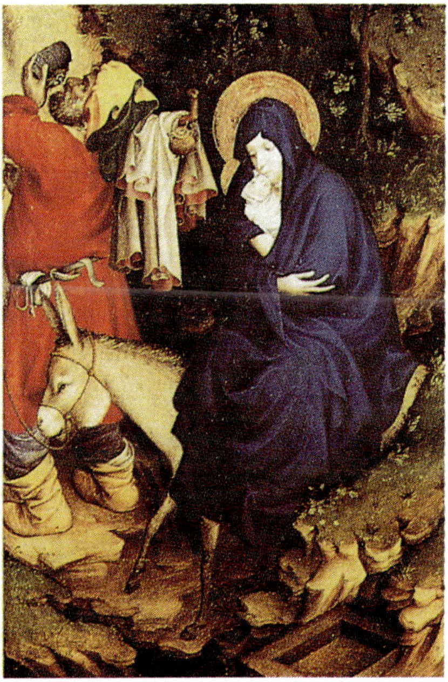

venus quelques éléments épars de leur art. De même que les sculpteurs, tous ces peintres étaient néerlandais : Malouel (le gendre des de Limbourg) était originaire de Nimègue, Beaumetz de l'Artois, Bellechose du Brabant et Broederlam d'Ypres. Tous peignirent des sujets religieux pour la Chartreuse : de toutes les œuvres conservées, il n'en est pas de plus importante que les volets que peignit Melchior Broederlam pour le retable de bois sculpté de Jacques de Baerze, qui se trouve actuellement au Musée de Dijon. Les peintures et les sculptures sont tout aussi importantes, parce que nous avons ici affaire au premier exemple conservé de retable néerlandais qui devait connaître un grand succès dans plus d'un pays européen, et avant tout en Allemagne.

Grand triptyque de forme plutôt horizontale, il est peint à l'extérieur, sculpté à l'intérieur. Ouvert, l'intérieur présente une scène magnifique, toute resplendissante de l'or qui recouvre en proportions égales les personnages et les ornements. Au centre sont représentés trois épisodes – au milieu, la *Crucifixion* ; à gauche, la *Nativité* ; à droite, la *Déposition* – qui occupent la moitié de la hauteur tandis que la partie supérieure est occupée par le rythme dense des gâbles et des angelots qui tiennent leurs phylactères. La partie inférieure des volets représente de chaque côté cinq figures de saints dans leurs niches, tandis que la partie supérieure fait écho par sa composition au panneau central : une texture scintillante d'ornements gothiques dorés. On en retire l'impression que cette œuvre précieuse, achevée dans les années 1394-1399, consacre un effort pour créer dans le bois une imitation agrandie des reliquaires en or traditionnels dans les régions du Rhin et de la Meuse. Outre les Pays-Bas, on trouve aussi en Allemagne et en Westphalie, en Basse-Saxe et à Hambourg des compositions du même type consistant en une série de saints surmontés d'une zone ornementale.

Les volets refermés, apparaissent alors les peintures de Melchior Broederlam. Le retable avait été expédié de Dendermonde, où travaillait de Baerze, à Ypres, où se trouvait l'atelier de Broederlam et le peintre s'occupa non seulement des peintures, mais aussi de la polychromie et de la dorure des sculptures. À l'éclat et au brillant de l'intérieur s'oppose la vision colorée, profonde et féerique de l'extérieur. Des montagnes fantastiques inspirées de Sienne dominent la composition et occupent toute la surface.

L'élégant manteau bleu foncé de la Vierge, le mouvement maniéré de l'ange, la distinction courtoise de la *Visitation* sont juxtaposés à d'autres détails méticuleusement observés et aux

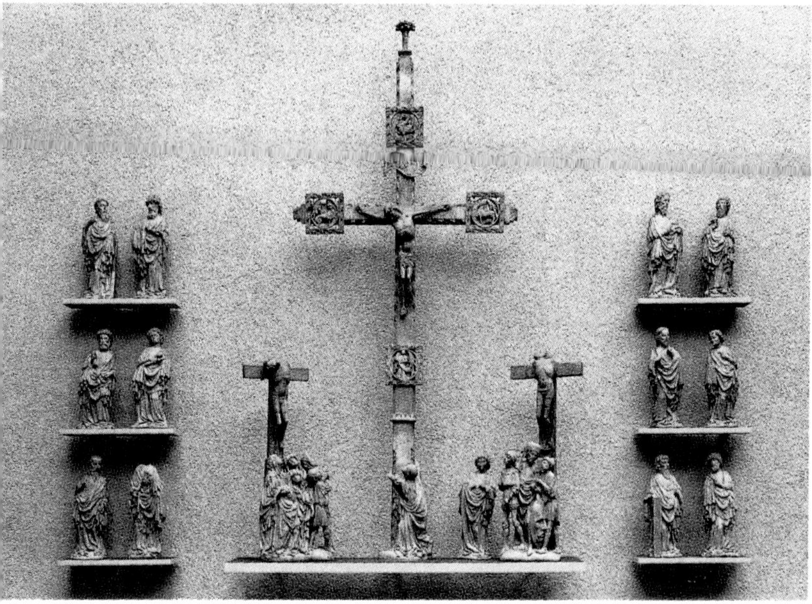

Atelier de Lille (?), début du xve siècle. *Autel de la Crucifixion* (dit aussi « *Autel de Rimini* »). Francfort, Liebighaus.

outils de charpentier de saint Joseph. La partie gauche de chaque volet montre une « maison de poupée » à l'espace profond et aux murs éventrés à travers lesquels le spectateur peut voir la *Présentation au Temple* et l'*Annonciation*. Il n'est de meilleur exemple – l'un des rares qui ait échappé à la destruction – pour se faire une idée de la peinture sur bois autour de 1400. Nous voyons sans mal l'usage qui est fait d'un style et de motifs typiques que nous connaissons par les enluminures (voir les œuvres de Jacquemart de Hesdin) dans la peinture de retables. On ne saurait surévaluer le lien étroit qui existe entre la vogue des livres illustrés et la peinture sur bois : on y retrouve en effet la même combinaison d'observation naturaliste des détails et de fluidité des formes, un même souci de construire par la couleur et le clair-obscur une image convaincante de l'espace et une atmosphère visionnaire. À voir le raffinement et la profonde culture visuelle de cet art autour de 1400, on comprend que la nouvelle image révolutionnaire de la réalité ait vu le jour, après 1420, dans les ateliers de grands maîtres néerlandais, qui préféraient désormais rester dans leur pays, moins sensibles qu'autrefois à l'attrait des cours de France et de Bourgogne.

Nouveau siège du duc de Bourgogne, Lille devint un centre fort important : c'est probablement là que vit le jour l'œuvre d'art qui illustre le mieux les deux tendances décrites jusqu'ici : raffinement et préciosité, d'une part, expressivité dramatique et naturaliste de l'autre. Je veux parler de l'autel d'albâtre exporté à Rimini à l'aube du XVe siècle et qui se trouve aujourd'hui au Liebighaus de Francfort. Attribuée jadis à un anonyme « Maître de Rimini », cette œuvre, qui date de 1420 environ, a été récemment assignée à un centre du nord de la France ou de la Bourgogne. Ainsi, il semble qu'il y ait eu jadis nombre de retables d'albâtre analogues, dont nous ne connaissons plus que quelques figures éparses[13].

Les sculptures de l'autel de Rimini témoignent d'une excellente maîtrise technique. Les apôtres, le groupe de la *Crucifixion* et celui des participants sont délicatement sculptés dans l'albâtre. Leur individualité est incroyablement marquée par les expressions du visage, tandis que leur force et leur simplicité presque classique

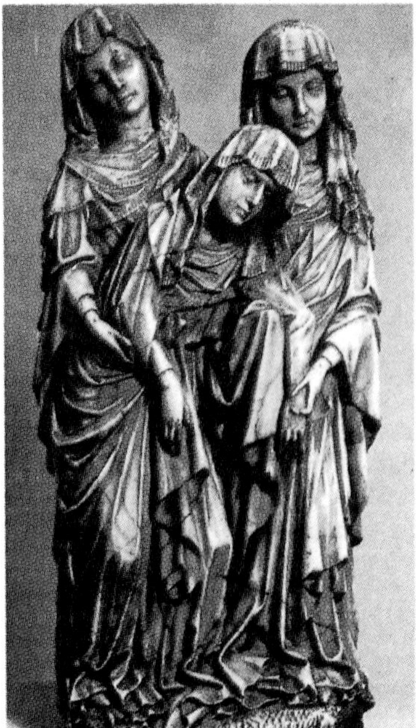

Atelier de Paris, vers 1430. *Vierge affligée*, albâtre, en provenance d'une *Crucifixion* perdue. Varsovie, Muzeum Narodowe.

s'opposent à l'élégance raffinée du matériau employé. La Madeleine, qui étreint de manière dramatique le pied de la croix tandis que les plis de sa robe forment une ligne rythmique mélodieuse et coulante, et la tête héroïque du Stephaton mettent en évidence la grande force d'expression du maître.

Au Moyen Âge comme tout au long du XVe siècle, les ateliers anglais de Nottingham approvisionnèrent le continent en sculptures d'albâtre. Au cours de la période de domination naissante des Pays-Bas, dont il est ici question, la région franco-flamande, mais aussi la région parisienne et la Bourgogne produisirent ensemble des œuvres de cette nature qu'elles exportaient souvent dans des contrées fort lointaines. En 1431, l'abbé du couvent de Notre-Dame-des-Sables de Wrocław acheta à un marchand parisien une *Crucifixion*, dont seul a survécu un groupe de Vierges affligées (actuellement au Muzeum Narodowe de Varsovie). En comparaison de la diversité des expressions que l'on trouve dans l'autel de Francfort, les Vierges de Wrocław paraissent bien plus « raffinées et nobles, liées au gothique de cour, éminemment aristocratiques »[14]. La tradition parisienne de l'art de cour n'a pas encore subi la forte influence des Pays-Bas, d'où allait bientôt surgir le grand art réaliste de cette région. Il est clair, en revanche, que l'autel de Rimini, exécuté vers 1430, trahit l'influence des peintures de Robert Campin, qui appartient déjà à une autre période.

5. L'art en Allemagne et dans les autres pays européens

Une certaine uniformité se dessine dans la peinture sur bois autour de 1400 dans toutes les cours européennes. En Angleterre, et que son auteur soit de nationalité française ou anglaise, le diptyque de Wilton House présente le roi Richard II sous la protection de saints en adoration devant la Vierge entourée par le chœur bleu des anges : le summum de la perfection dans l'expression lyrique et la composition décorative. À Dijon, le *tondo* de la *Grande Pietà*, attribuée à Jean Malouel (aujourd'hui au Louvre), est un excellent exemple de beauté formelle et d'expression profonde suivant une combinaison propre à l'époque. En Espagne, Luis Borrassá (vers 1360-1426), artiste actif à Barcelone et auteur de nombreux retables (11 sûrs, tandis que 20 autres lui sont attribués), mêlait une délicatesse d'origine siennoise au caractère

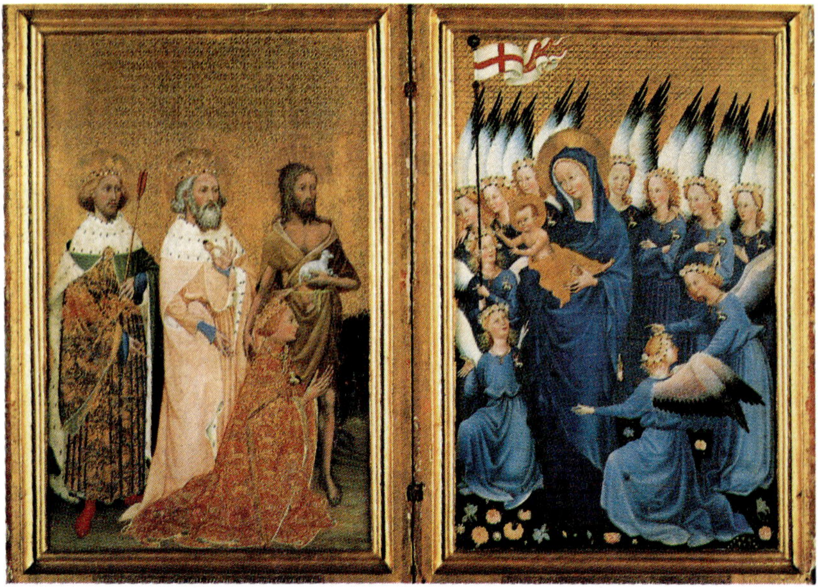

Maître anglais ou français, vers 1400. *Richard II présenté à la Vierge. « Diptyque Wilton »*. Londres, National Gallery.

concret de la narration et de l'expression qui était la marque de l'art franco-flamand et néerlandais. La meilleure illustration en est les retables qu'il peignit pour le monastère de Manresa à Tarrasa et, surtout, le retable qu'il fit pour le couvent des Clarisses de Vich en 1414-1415. On retrouve des modèles décoratifs analogues, une semblable combinaison d'intérêt pour la nature et de capacité mûrement développée à construire une structure artistique autonome dans les centres lointains de l'Europe orientale : en Hongrie, par exemple, avec le retable monumental que Thomas di Kolozsvár (Cluj) réalisa pour le Hronský Sväty Benadik (Garamszentbeneder) en 1427, actuellement à Esztergom.

Au cœur du monde chrétien occidental, les pays germaniques présentaient une variété extrêmement riche de paysages culturels, qui nourrit la diversité de la production artistique. Dans le domaine de la peinture sur bois, des maîtres importants travaillèrent en Autriche : le Maître de Heiligenkreuz, par exemple ; Hans de Tübingen, qui fut également, peut-être, le maître de la flamboyante *Sainte Trinité* de Londres ; Maître Wenceslas, qui peignit dans le

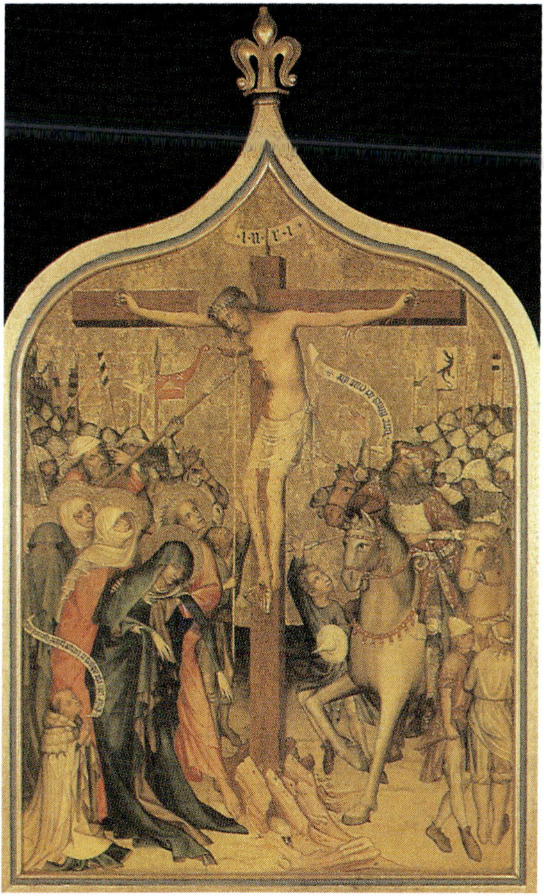

Luis Borrassá, autour de 1414-1415. *Retable du couvent des Clarisses.* Vich, Museu Episcopal.

style de cour les fresques d'un calendrier qui rappelle, à certains égards, l'art des frères de Limbourg, à la frontière du monde transalpin, à la Torre dell'Aquila de Trente (1404-1407). Les ateliers de Basse-Saxe et de Westphalie produisirent de grands retables un peu monotones, mêlant des figures dorées de saints en ordre rythmique à une narration colorée, dont le meilleur exemple est le *Panneau doré de Lüneburg*, à Hanovre. Mais la tradition la plus

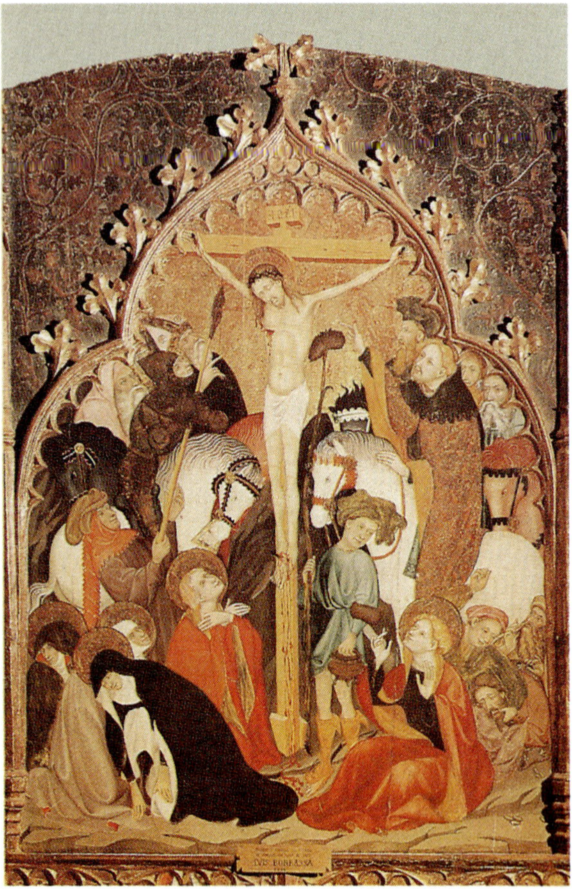

Thomas de Kolozsvár, 1427. Retable de *la Crucifixion*. Esztergom, Kereszteny Museum.

célèbre et, peut-être, la plus durable s'était développée à Cologne, où d'importants ateliers locaux s'activèrent tout au long des XIVe et XVe siècles.

Tous les spécialistes sont d'accord pour dire qu'à peine 2 % de la production jadis abondante des peintres germaniques du Moyen Âge a été conservée[15]. Les œuvres que nous possédons nous sont sans doute parvenues de manière fort accidentelle. Les statistiques relatives aux œuvres conservées indiquent que la peinture de

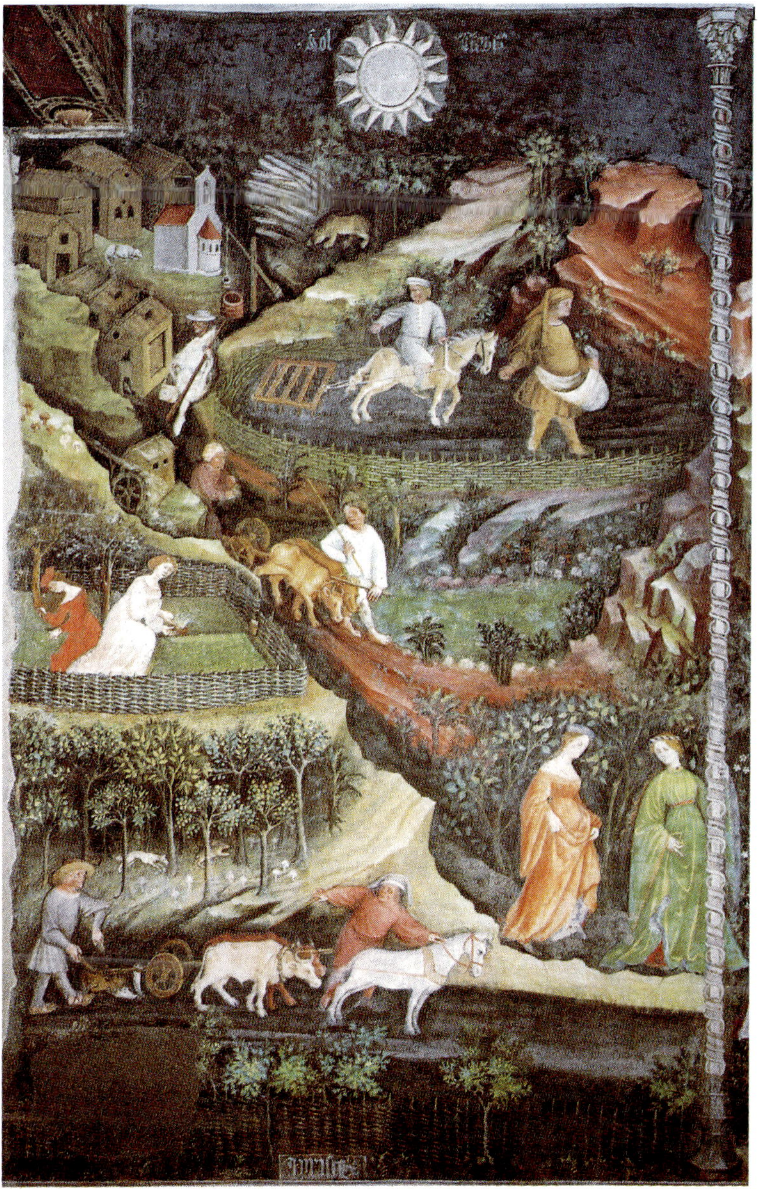

Maître Wenceslas. *Le mois de mai*, fresque du cycle du Calendrier. Trente, Torre dell'Aquila.

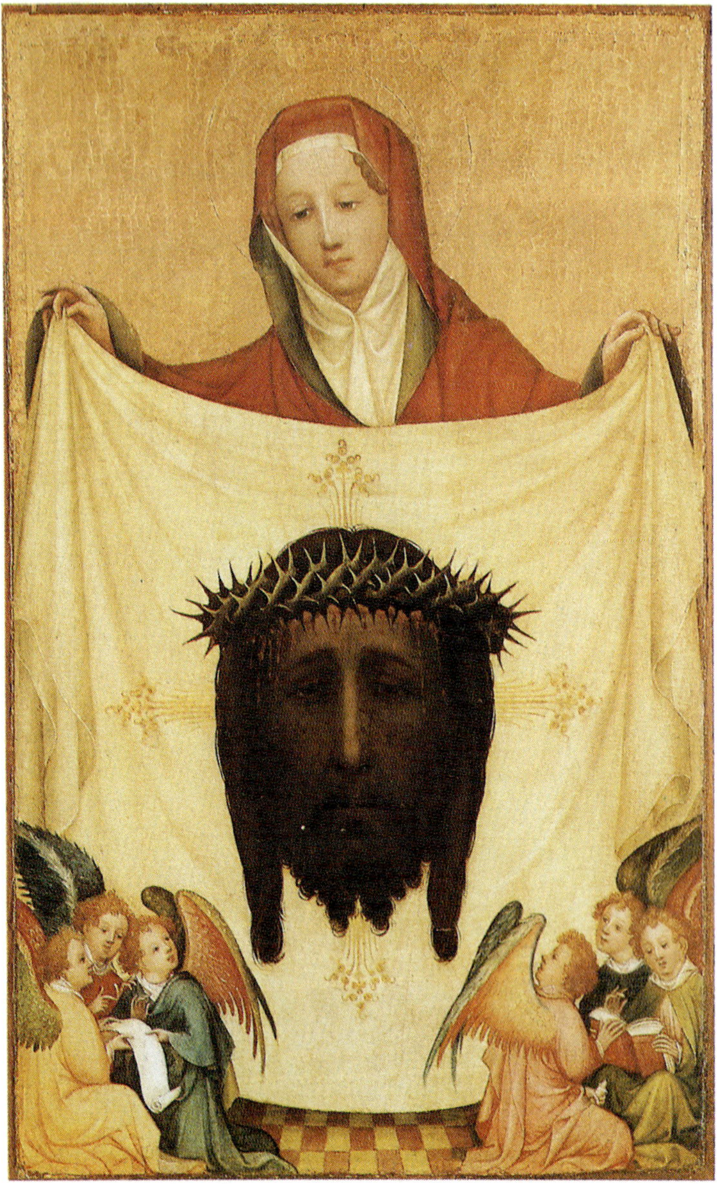

Maître de la sainte Véronique, autour de 1400. *Sainte Véronique*, peinture sur bois. Munich, Alte Pinakothek.

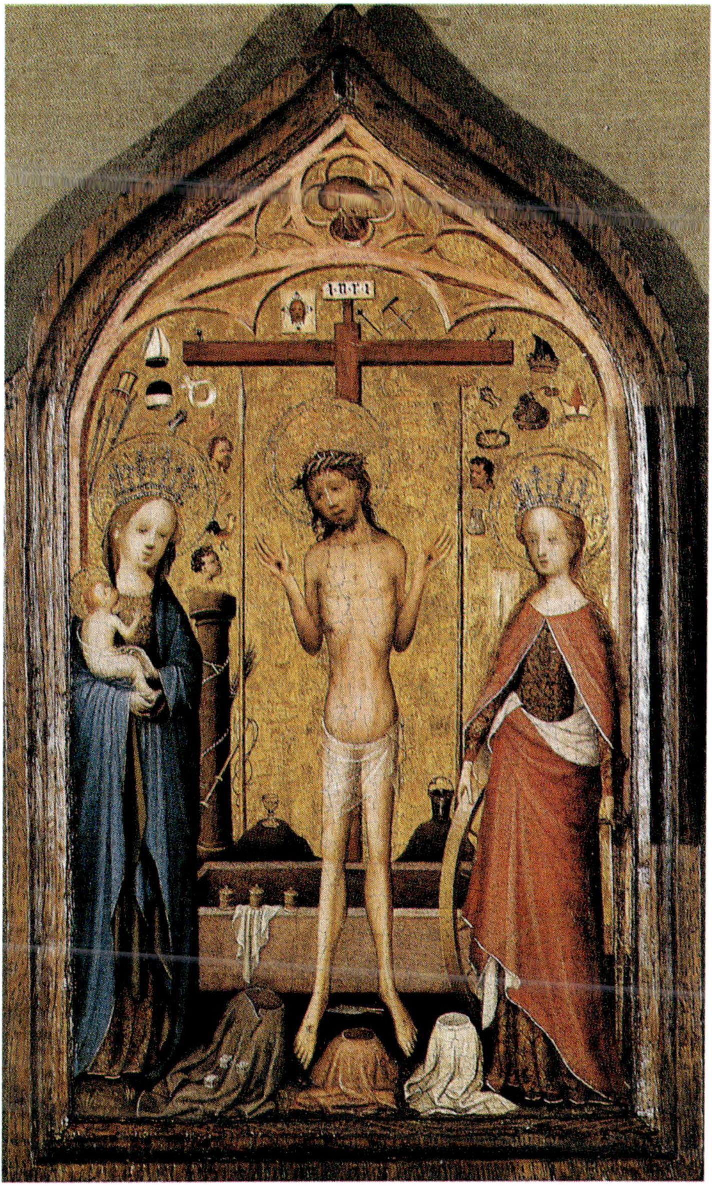

Maître de la sainte Véronique. Le *Christ de douleur*, peinture sur bois. Anvers, Musée Royal des Beaux-Arts.

Cologne (344 œuvres avant 1500) est, d'un point de vue numérique, deux fois plus importante que la production des autres centres (avant Allgäu, Lübeck et le Rhin supérieur). Dans cette masse considérable, la chance a préservé des groupes d'œuvres de personnalités d'exception auxquelles on a attribué des noms de convention, faute de pouvoir les rattacher à des noms connus par les archives. Le Maître de la Véronique de Munich, le plus important de la période considérée à Cologne, fut un talent original, dont l'influence se fit sentir à Cologne et dans les régions voisines d'Allemagne septentrionale dans le premier quart du siècle.

L'œuvre de cet artiste anonyme montre qu'il savait ce qui se passait dans les centres franco-flamands. Dans son œuvre éponyme, la *Sainte Véronique* de Munich, les groupes dynamiques des anges dans les angles inférieurs, qui tranchent sur l'immobilité solennelle de la sainte qui porte l'image de la Sainte Face, semblent provenir du répertoire des enlumineurs du duc de Berry[16]. Mais l'originalité du Maître de la Véronique est frappante, tant il semble avoir fait son profit de l'évolution de l'art occidental au cours de la période précédente. Il est rarement narratif, malgré les scènes classiques de la *Passion* sur les volets du petit triptyque de Kreuzlingen et les deux *Crucifixions* (au moins) qu'on lui doit. Ses œuvres sont pour la plupart des œuvres de piété, voire des représentations symboliques, toutes pleines d'une simplicité ingénue et enfantine, mais aussi d'une émotion profonde. L'artiste excellait dans les petits formats destinés à la dévotion privée comme dans les retables monumentaux, bien que l'atmosphère intime propre au panneau du *Christ de douleurs entre la Vierge et sainte Catherine* d'Anvers semble prédominer. Dans cette petite œuvre, comme dans l'immense *Crucifixion* symbolique de Cologne, les figures démesurément émaciées, précieuses et colorées des saints sont diposées dans l'espace sur le resplendissant fond doré du *sacrum*. Bien que l'ombre et la lumière soulignent la plasticité des plis, la scène représentée semble appartenir, non pas à la réalité quotidienne, mais à un monde sacré conçu en termes féeriques.

Nous avons vu ce que l'art français et bourguignon du xve siècle devait à l'étranger, plus précisément aux Pays-Bas, dans les domaines de la peinture et de la sculpture. Mais les artistes néerlandais ne se dirigèrent pas seulement vers les centres occidentaux du mécénat royal ou princier. Ils allèrent aussi à l'est et il semble que l'un deux soit devenu le meilleur représentant de la peinture dans la grande ville commerciale de Hambourg. Suivant une hypothèse, il s'agirait d'un moine dominicain originaire

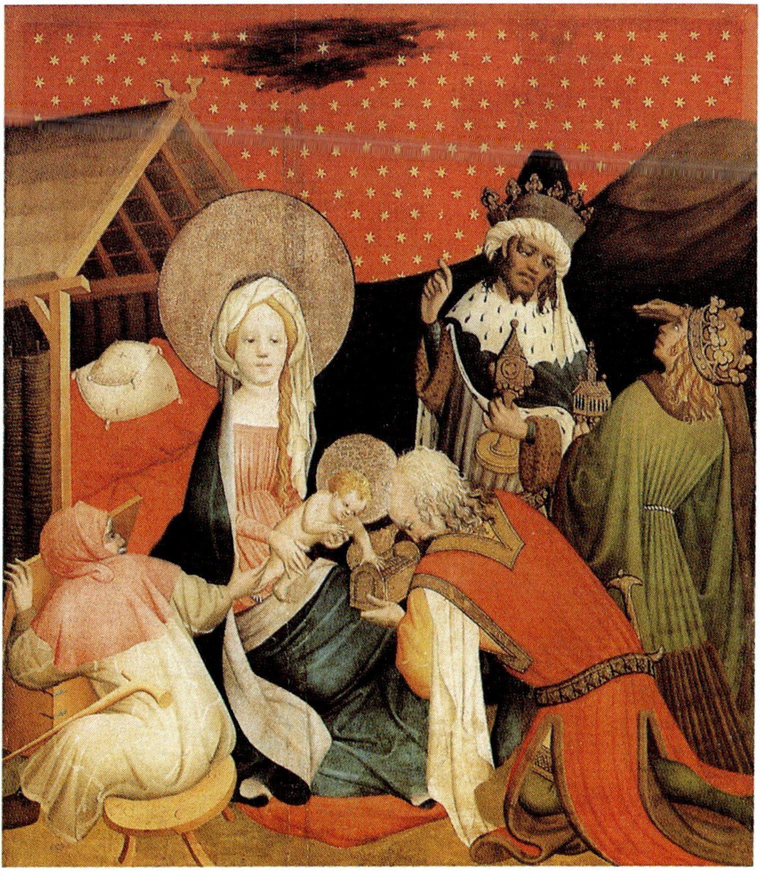

Maître Francke, vers 1424. *L'Adoration des Mages*, panneau peint de l'autel de la Compagnie des marins d'Angleterre. Hambourg, Kunsthalle.

de Zutphen, en qui certains ont voulu reconnaître le Maître Francke du *Christ de douleurs*. Son activité artistique montre comment un art raffiné, formé dans les milieux aristocratiques, se transporta dans un univers de marchands et de marins sans perdre sa qualité.

Dans une cité prospère comme Hambourg, qui à partir de 1410 ravit à Lübeck sa prépondérance dans la Hanse, les églises existantes furent agrandies de tours, de chapelles et de nefs supplémentaires et enrichies de précieux vases liturgiques. Diverses confréries religieuses commandèrent des chapelles, entretenant sans doute une certaine émulation en ce qui concerne la richesse et la qualité artistique des peintures, des autels et des instruments du culte.

Un excellent exemple de mécénat des confréries est le retable de l'autel consacré à saint Thomas de Canterbury, fondé par les *Englandfahrer* (les marins qui naviguaient vers l'Angleterre) dans l'église du monastère Saint-Jean de Hambourg et commandé à Maître Francke, le 4 décembre 1424, pour 100 marks de Lübeck[17]. Partiellement conservé, à la Kunsthalle de Hambourg, ce retable est sans conteste l'un des chefs-d'œuvre de la peinture à l'aube du XVe siècle, dont le style, qui s'était formé dans des ateliers liés à des cours princières, fut ici transformé par un moine qui travaillait pour une compagnie de marchands. Il fallut à Maître Francke plusieurs années pour achever le polyptyque qui, suivant les documents dont on dipose, fut installé dans la chapelle dans le courant de l'automne 1436.

Comparé aux œuvres antérieures des artistes d'Allemagne septentrionale, qui représentent le « style international » autour de 1400, le chef-d'œuvre de Maître Francke paraît en retrait par rapport au mode narratif féerique et décoratif, qui fut le propre, par exemple, du Maître de la Véronique et de Konrad von Soest, mais aussi bien plus terre-à-terre. Nous avons vu comment, dans son retable de Niederwildungen, Konrad von Soest avait mêlé l'harmonie des couleurs et la fluidité des lignes à des détails de la vie quotidienne pittoresques et bien observés, mais que le monde du *sacrum* était toujours prédominant. En revanche, dans le retable de la Compagnie des marins d'Angleterre, c'est moins le monde de l'art que la dure réalité qui prédomine. La présentation solennelle de la *Nativité* et l'*Adoration des Mages* sont racontées avec un certain lyrisme, un nuage noir recouvrant un coin de ciel étoilé ; mais cela reste un exemple rare. Les étoiles dorées sur un ciel rouge et irréel réduisent la force de l'illusion créée au premier plan de la représentation, qui ne contrarie nullement l'effet iconique et hiératique de l'ensemble. Par contre, la face cachée des volets intérieurs, qui présentent la *Passion du Christ* sur fond or, introduit une narration dramatique et expressive, qui devait connaître un grand succès dans la peinture allemande de la fin du XVe siècle et de l'aube du siècle suivant.

Dans la scène de la *Flagellation*, les visages de brutes, légèrement déformés, des soldats et des bourreaux, le réalisme scrupuleux de la représentation des détails architecturaux et du mobilier contrastent vivement avec le raffinement des costumes. Ce qui est

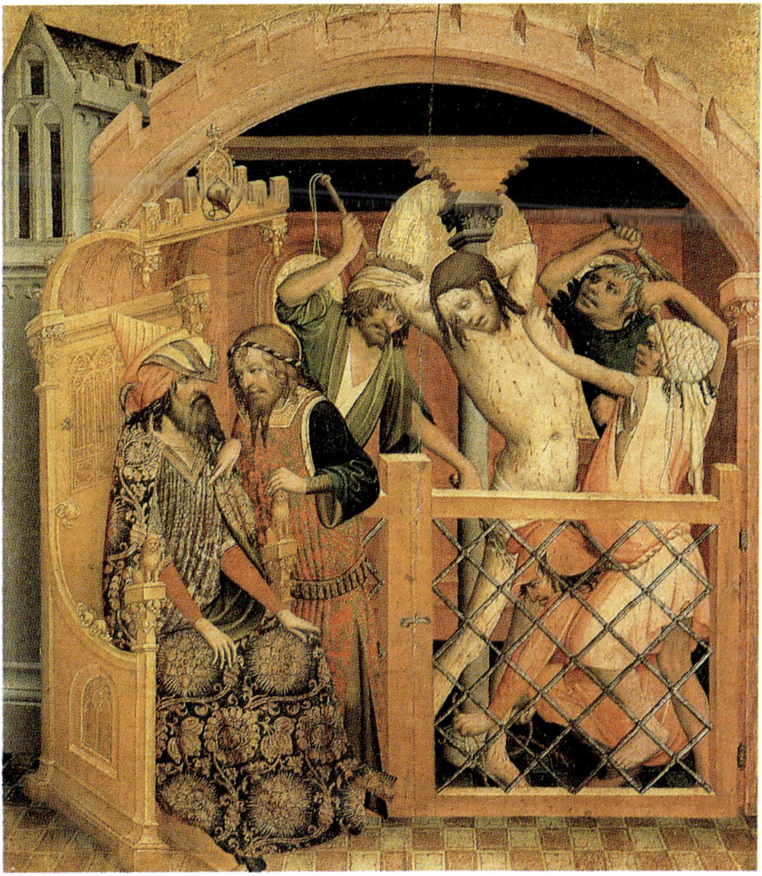

Maître Francke, vers 1424. *La Flagellation*, panneau peint de l'autel de la Compagnie des marins d'Angleterre. Hambourg, Kunsthalle.

tout à fait insolite dans le style international, c'est le caractère fortement marqué et individualisé, proche du grotesque, des visages qui trahissent surtout les signes de qualités morales négatives. L'espace est peu profond, ce qui est courant, tandis que l'impression de profondeur est essentiellement acquise – sous l'influence du Maître de Boucicaut peut-être, par la superposition *en coulisse* d'une portion de l'espace sur l'autre : l'auréole dorée du Christ est conçue comme un bouclier suspendu derrière la colonne de la *Flagellation*, mais face au mur rouge du palais de Pilate, où se déroule l'action. Nous sommes tout près des solutions

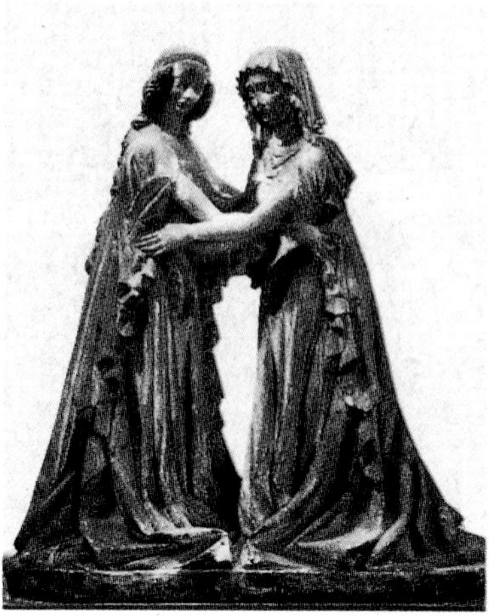

Page de droite : Madern Gerthner, autour de 1425. *L'Adoration des Mages* et décoration sculptée du portail de la Liebfrauenkirche de Francfort.

Maître de Passau, début du XVe siècle. *La Visitation.* Sculpture en bois. Nuremberg, Germanisches Nationalmuseum.

qui devaient apparaître – au moment même où Maître Francke achevait son œuvre – sous une forme plus mûre avec les chefs-d'œuvre des grands peintres néerlandais qui marquèrent l'aube d'une autre période dans l'art du XVe siècle. Encore incapable de construire une image convaincante d'un espace à trois dimensions[18], Maître Francke n'en fut pas moins sans égal dans l'expressivité dramatique de la narration. C'est là une qualité que l'on trouve rarement chez Van Eyck, que nous admirons pour la force persuasive de ses évocations de la réalité. Maître Francke était-il vraiment d'origine néerlandaise, ou était-il simplement un Allemand qui aurait subi l'influence des peintres des Pays-Bas ?

Le style international s'exprima aussi parfois dans la décoration architecturale. En France, par exemple, dans le monumental et extraordinaire (quoique partiellement endommagé) *Couronnement de la Vierge* du Château de La Ferté-Milon, près de Neuilly (entre 1392 et 1407). En Allemagne, nous avons le tympan de l'*Adoration des Mages*, sur le portail sud de la Liebenfrauenkirche de Francfort, réalisée autour de 1425 et attribuée à l'architecte francfortais Madern Gerthner. Un paysage rocheux tout en hauteur occupe entièrement l'espace du relief, tandis que le cortège des Mages est disposé de telle façon qu'on dirait qu'ils convergent de diverses directions ; la scène rappelle vivement l'enluminure qui a pu servir de modèle au sculpteur, lequel travailla peut-être sous la houlette de Gerthner. La représentation foncièrement picturale de la scène est au fond étrangère à la sculpture. L'élégance vesti-

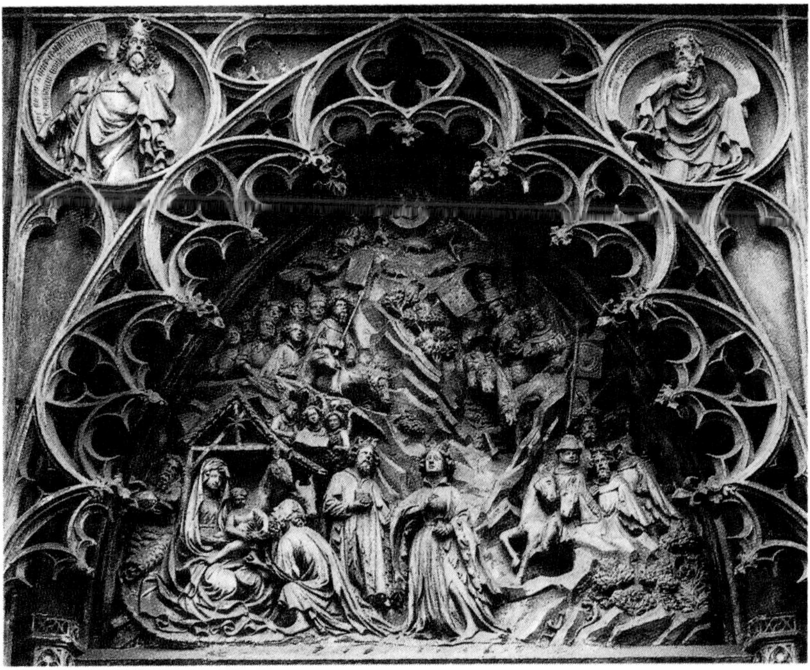

mentaire de la cour de Bourgogne était déjà populaire en Allemagne[19], ainsi que permet d'en juger le polyptyque d'Ostenberg. La tradition locale, dans le domaine de la sculpture, donna en Allemagne d'excellentes statues religieuses de pierre et de bois, plutôt que de monumentales décorations architecturales. Entre autres exemples, il faut citer le charmant groupe de la *Visitation de Passau*, à Nuremberg, ou la frêle et sobre statue de la Vierge qui faisait partie d'une *Annonciation* attribuée à un artiste autrichien anonyme connu sous le nom de Maître de Grosslobming (vers 1415). Bien plus que dans la pierre sculptée associée à des édifices, ce courant artistique s'exprima dans des objets précieux moins destinés au public qu'à la dévotion privée, et dont les plus beaux fleurons sont des ouvrages de joaillerie et d'orfèvrerie utilisés à des fins religieuses aussi bien que séculières. Avec sa décoration gothique de pierre, le portail de Francfort fait penser à un splendide travail d'orfèvrerie.

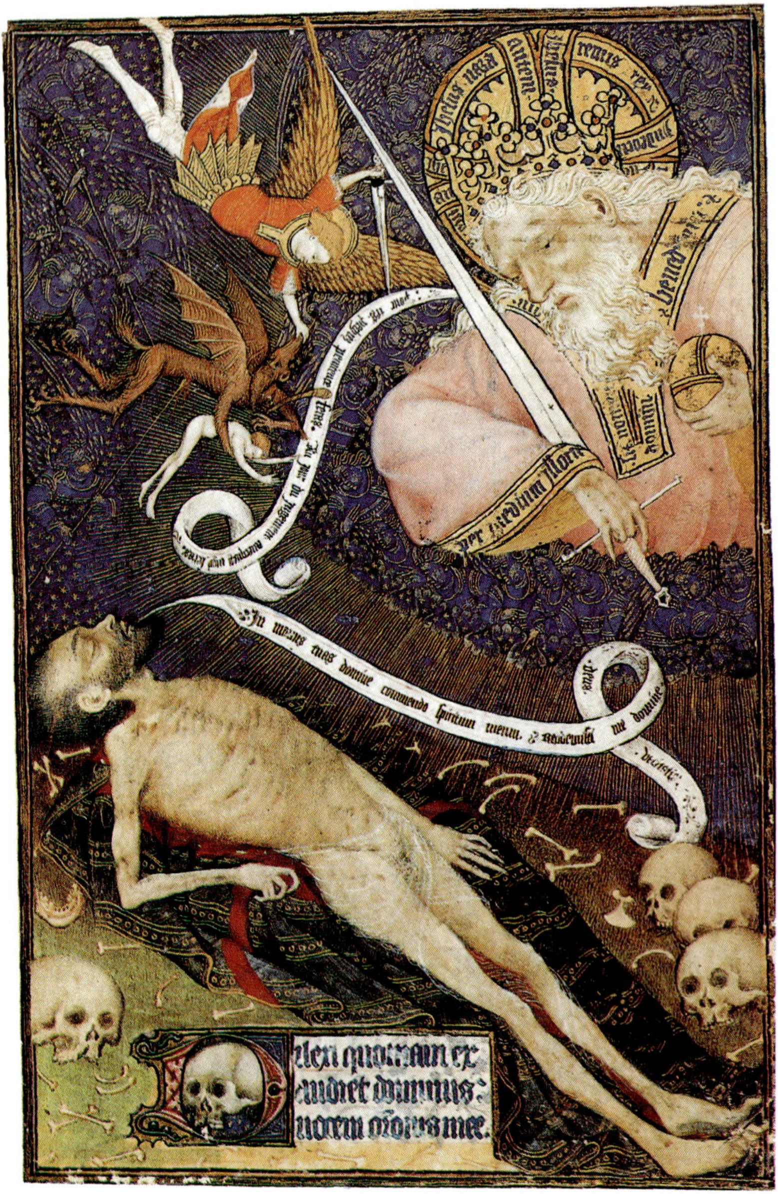

Maître des Heures de Rohan, 1418-1420. *La mort du chrétien*; enluminure du fol. 159 du manuscrit des *Heures de Rohan*, 1418-1420. Paris, Bibliothèque Nationale, ms. lat. 9471.

Chapitre III

FONCTIONS ET PROBLÈMES DE L'ART À L'AUBE DU XVe SIÈCLE

1. Structures sociales et techniques

Dans les premières décennies du XVe siècle, les grandes œuvres artistiques furent le fait des enlumineurs de manuscrits, des orfèvres, des sculpteurs qui taillaient le bois ou la pierre, des peintres sur panneaux ou à fresque, et enfin des artisans qui travaillaient le métal, la céramique, les tissus, le cuir et les os.

Dans l'art des XIIIe et XIVe siècles, la forme d'organisation dominante était celle de l'atelier-agence : un atelier centré sur l'activité architecturale, destiné à créer des édifices avec leur décoration et, de ce fait, contraint de se déplacer d'un lieu à l'autre au gré des besoins et des commandes. Dans les pays germaniques, la *Bauhütte* était un atelier polyvalent prêt à réaliser tout ce qu'il fallait construire et à décorer tout édifice, ecclésiastique ou profane.

Dans la seconde moitié du XIVe siècle, cette forme spécifique d'organisation de la production artistique se désintégrait lentement. Le temps des immenses cathédrales était révolu, les liens étroits qui naguère unissaient la sculpture et l'architecture se relâchaient. L'individualisme croissant exigeait un certain nombre de chapelles privées ; et les demeures aristocratiques avaient besoin de statues, de peintures et de mobilier liturgique pour leurs chapelles. La religiosité et l'essor de la dévotion à divers saints nourrit la demande de multiples représentations de saints, tant peintes que sculptées, en argent ou en émail. Les ateliers spécialisés dans la taille de la pierre, jadis consacrés à l'architecture monumentale, se tournèrent vers des tâches plus raffinées, plus précieuses et de plus petites dimensions telles que les riches décorations des portails, les tabernacles, les stalles, les baldaquins ou les chapelles funéraires et produisirent également de petites statues autonomes.

Le XVe siècle fut une période de transformations importantes dans l'organisation d'une partie considérable des artistes, en particulier des sculpteurs. Les artistes s'organisèrent en guildes et en corporations, qui défendaient les intérêts de leurs membres mais aussi les contrôlaient pour veiller à la qualité de leur travail, tant sur le plan des matériaux employés que sur le chapitre de leur habileté professionnelle. Généralement, les artistes n'étaient pas assez nombreux pour organiser leurs propres corporations et il leur fallait donc s'associer aux représentants d'autres corps de métiers : selliers, orfèvres, pharmaciens ou marchands.

Dans les développements ultérieurs de l'art au XVe siècle, les corporations prirent une importance fondamentale. Cette organisation consistait en un système d'ateliers implantés dans la ville, autorisés et contrôlés à bien des égards par des corporations socialement reconnues. Il s'agissait d'ateliers réguliers établis à un endroit précis et qui recevaient les commandes ; parfois, ils produisaient également des œuvres d'art d'un caractère fonctionnel spécifique, sans commande précise, pour satisfaire un éventuel acheteur. Les caractéristiques stylistiques des objets produits dans ces ateliers étaient naturellement semblables, compte tenu des échanges d'expérience qui se produisaient inévitablement entre les membres de la corporation de la ville.

Bien que très élaboré et fort durable, le système des corporations fut moins répandu qu'on ne l'a dit parfois. Par exemple, il n'y eut jamais de guildes à Nuremberg, à Lunebourg et dans certaines autres villes. Et si elles prirent de l'importance et gagnèrent en cohésion au fil du XVe siècle, il n'en demeurait pas moins possible de se soustraire à leurs réglementations. Quelques-uns des artistes les plus éminents s'assurèrent une position plus avantageuse en entrant au service de princes amateurs d'art et de mécènes. André Beauneveu et Claus Sluter, les deux sculpteurs franco-flamands les plus extraordinaires autour de 1400, furent l'un et l'autre des artistes de cour, respectivement au service du duc de Berry et de celui de Bourgogne. C'était une situation qui offrait tous les avantages : rémunération assurée, aucune nécessité d'affronter la concurrence, bonnes conditions pour s'adonner à ses activités professionnelles ; et qui est sans doute pour une part dans la grande qualité des œuvres de ces deux artistes.

La situation est analogue dans le domaine des enluminures. L'excellence des enluminures parisiennes était déjà reconnue au temps de Dante et elle connut son apogée entre 1380 et 1420. Les ateliers étaient fort nombreux à Paris. En 1391, peintres et sculpteurs fondèrent dans la ville la Compagnie de Saint-Luc. Mais « dès 1304, nous le savons, il existait une charge particulière de "peintre du roi" et plus tard, au cours du XIVe siècle, la reine et les ducs de Valois eurent un ou plusieurs peintres pourvus de titres officiels, rémunérés, et bénéficiant d'avantages annexes, comme nous dirions aujourd'hui, comme un logement et un lieu de travail »[1]. Les manuscrits les plus importants furent ceux qu'enluminèrent les peintres du duc de Berry, qui travaillaient dans des ateliers situés dans ses diverses résidences, à Bourges, par exemple, ou à l'Hôtel de Nesle à Paris. Beauneveu, qui fut un excellent sculpteur, peignit aussi une extraordinaire série d'enluminures pour le *Psautier* ducal et introduisit ainsi dans l'art de l'enluminure un esprit quasi architectural ; parfois même, ces artistes assumaient diverses fonctions à la cour.

D'autre part, le peintre Jean Bondol (ou Boudolf) de Bruges, l'auteur de l'enluminure dédicatoire de la Bible présentée à Charles V par Jean de Vaudetar, se consacra au « projet décoratif [...] le plus monumental de tous ceux qui virent le jour au XIVe siècle dans les pays du Nord » (Panofsky)[2], c'est-à-dire à l'exécution de dessins pour l'extraordinaire tenture de l'*Apocalypse d'Angers* (avant 1384). L'organisation des artistes et leur spécialisation n'avaient donc rien d'intangible.

Les cours favorisèrent le développement des arts autour de 1400, surtout quand il fallait recourir à des matériaux coûteux ou quand les artistes avaient besoin de beaucoup de temps ; tel était le cas pour l'enluminure des manuscrits. Malheureusement, la destruction d'œuvres précieuses en or du fait des impératifs de la guerre, comme dans le cas du trésor du duc de Berry qu'il fallut fondre pendant le siège de Bourges, a laissé subsister peu de traces d'activités artistiques d'une grande importance. Dans ses *Commentari*, Lorenzo Ghiberti rapporte l'histoire de l'orfèvre Gusmin de Cologne qui vit la destruction de l'œuvre de sa vie sur ordre du même duc d'Anjou pour lequel il l'avait faite et qui avait alors besoin d'argent. Seul le nom de cet artiste, probablement réputé au début du XVe siècle, est parvenu jusqu'à nous par l'un des manuscrits du texte de Ghiberti.

En Europe du Nord, la personnalité des artistes ne laissa pas toujours des traces durables. La seule signature du XIVe siècle se trouve dans un manuscrit de 1327 : « Jehan Pucelle, Ancian de

Cens, Jaquet Maci, il hont enluminé ce livre ci» ; l'inscription déjà évoquée du manuscrit illustré par Bondol ne porte pas de signature. L'inscription que nous venons de citer indique le nom du grand peintre Pucelle et ceux de deux autres peintres plus obscurs. De même qu'en d'autres champs de la production artistique à la fin du Moyen Âge, la collaboration tenait une place importante, surtout dans l'illustration des manuscrits. Plusieurs artistes pouvaient se partager le travail sous la houlette de l'un d'entre eux qui assumait le rôle principal de dessinateur ou de directeur de l'ouvrage. L'excellente équipe des trois frères de Limbourg, formés dans le même climat artistique, était bien sûr on ne peut mieux armée pour jouer pareil rôle dans le développement de l'enluminure européenne.

Principal objet du mécénat artistique dans la France du XVe siècle, l'illustration des manuscrits n'était pas une technique nouvelle mais était au contraire l'héritière d'une tradition millénaire. Elle fleurit à la faveur de l'intérêt des ducs de Valois pour les beaux livres et fut le domaine de découvertes fondamentales en ce qui concerne la représentation de la nature. Mais la collection de livres n'était pas l'apanage de la famille royale ou des milieux princiers. L'usage et la possession de livres de prières splendides et richement illustrés devint un genre d'ambition pour les snobs de toutes les couches sociales qui vivaient dans une certaine opulence. Dans un texte poétique contemporain, dû à Eustache Deschamps, une coquette prétend que pour conserver son rang à l'église,

> Heures me fault de Nostre-Dame
> Qui soient de soutil ouvraige
> D'or et d'azur, riches et cointes
> Bien ordonnées et bien pointes,
> De fin drap d'or très bien couvertes[3]...

Une aussi forte demande de livres ne produisit pas toujours des œuvres de grande qualité mais se solda par la multiplication des manuscrits enluminés et favorisa la naissance, dans les dernières décennies du siècle, de nouveaux ateliers dans les centres des Pays-Bas qui, au XVe siècle, appartenaient au duché de Bourgogne, tels que Lille, Mons ou Bruges. La chute de Paris, et l'occupation du nord de la France par les Anglais, fut l'une des raisons de ce déplacement vers le Nord.

La demande de livres était liée à la passion des collectionneurs, au besoin de prestige des milieux aristocratiques, mais aussi à la formation en Europe occidentale d'un intérêt public d'un nouveau type pour les arts. Fonctionnaires et administrateurs civils, savants, humanistes, juristes et enseignants, qui appartenaient encore généralement au clergé, constituaient une « intelligentsia » qui avait reçu une éducation diverse. Ce groupe social allait jouer un rôle important à l'avenir. Ses membres s'intéressaient aux livres, plus encore au texte qu'aux illustrations peut-être, mais témoignaient parfois d'une attention et d'un goût certains pour les arts. L'iconographie populaire de saint Jérôme au XVe siècle est riche en images d'intellectuels de ce genre, dont le saint était le patron, dans leurs ateliers pleins de livres, de lutrins et d'outillage pour le travail intellectuel[4].

Ces intellectuels eurent aussi quelque responsabilité dans le développement de la peinture sur bois qui allait devenir la forme d'art la plus populaire, après que l'apparition de l'imprimerie eut rapidement fait disparaître le livre enluminé. Les panneaux peints étaient bien sûr apparus plus tôt, en particulier comme devants d'autels, mais ce n'est que dans la seconde moitié du XIVe siècle qu'ils jouèrent un rôle de premier plan en Europe du Nord, surtout comme éléments de grands retables peints ou associant peinture et sculpture. C'est dans ce type de peinture que le style international donna quelques-unes de ses meilleures œuvres telles que le retable de Niederwildungen, de Konrad von Soest, ou celui de Thomas de Kolozsvár, à Garamszentbenedek. La peinture sur bois allait occuper une place dominante dans le développement des arts en Europe au cours des décennies suivantes.

2. Préciosité sacrée et profane

Le premier de l'an 1404, la reine Isabeau de Bavière offrit à son mari, Charles VI, roi de France, un présent assez insolite : haute de 62 cm, cette sculpture en or, en émail et en pierres précieuses sur un socle en argent doré représentait Charles VI et son maréchal agenouillés, en adoration devant la Vierge ; au-dessous de la plate-forme sur laquelle ils se tiennent, un palefrenier s'occupe de la monture royale (d'où le nom de la pièce, baptisée le *Cheval d'or*). Des anges en suspens au-dessus de la Vierge portent une couronne. L'Enfant Jésus, assis sur les genoux de sa mère, tourne la tête vers sainte Catherine accompagnée de saint Jean-Baptiste et de saint Jean l'Évangéliste, tous trois représentés comme des enfants.

Dans les temps difficiles que traversait la France, cependant, ce splendide joyau ne devait pas rester longtemps entre les mains du roi. À peine un an et demi plus tard, il dut le céder au frère de la reine, Louis le Barbu de Bavière, pour s'acquitter d'une dette d'argent. L'extraordinaire objet fut aussitôt transporté en Bavière, où il fut d'abord offert à Sainte-Marie d'Ingolstadt ; plus tard, au début du XVIe siècle, il vint grossir le trésor de la chapelle de l'église d'Altötting, lieu de pèlerinage, où il resta – à l'exception d'une brève interruption – jusqu'à nos jours, échappant à d'innombrables occasions d'être fondu. Ce chef-d'œuvre est peut-être l'exemple le plus représentatif de cette forme de production artistique et des risques que couraient de tels objets.

Tel était le destin typique de ces objets en raison des matériaux précieux dans lesquels ils étaient faits mais aussi à cause de certains traits spécifiques. Pour commencer, il s'agissait d'une commande : le roi de France devait être représenté en prière. Mais nous savons que vers 1400 des ateliers parisiens produisaient des joyaux analogues pour le marché, ce qui peut paraître fantastique quand on sait le coût des matériaux nécessaires[5]. Par ses dimensions, le *Goldenes Rössl*, ainsi que l'appellent les Allemands, ne satisfait pas à la seconde caractéristique habituelle de ces joyaux : car cette statue est relativement grande. Or, en règle générale, c'est le goût des objets précieux, petits et délicats qui l'emportait. Les enluminures des manuscrits, les diptyques en ivoire ou les peintures sur bois, les sculptures en pierres précieuses, en nacre iridescente, en corne noire, en buis et en noisetier, ou encore les chefs-d'œuvre des orfèvres étaient nécessairement de petites dimensions. L'une de leurs indispensables qualités devait être l'habileté de leurs auteurs à triompher des difficultés techniques, à produire de fascinantes « maisons de poupée » qui forçaient l'admiration par la splendeur des couleurs et des matériaux scintillants mais aussi par la qualité du dessin et de l'exécution.

Nous trouvons une attitude analogue en peinture. Le diptyque de Wilton House, déjà évoqué, est un bel exemple de peinture qui demeure en même temps un objet précieux où la représentation des personnages dans l'espace est en harmonie avec l'effet décoratif et coloré. Il n'y a ni profondeur, ni couches d'espace superposées ; la trame des anges bleus, semblable à une tapisserie, souligne la surface de la partie droite, de même que la rangée solennelle des saints sur la partie gauche.

La petite dimension s'accorde à la fonction privée et intime de ces œuvres, instruments de dévotion du seul possesseur et de sa plus proche famille. Depuis des temps immémoriaux, les reliques

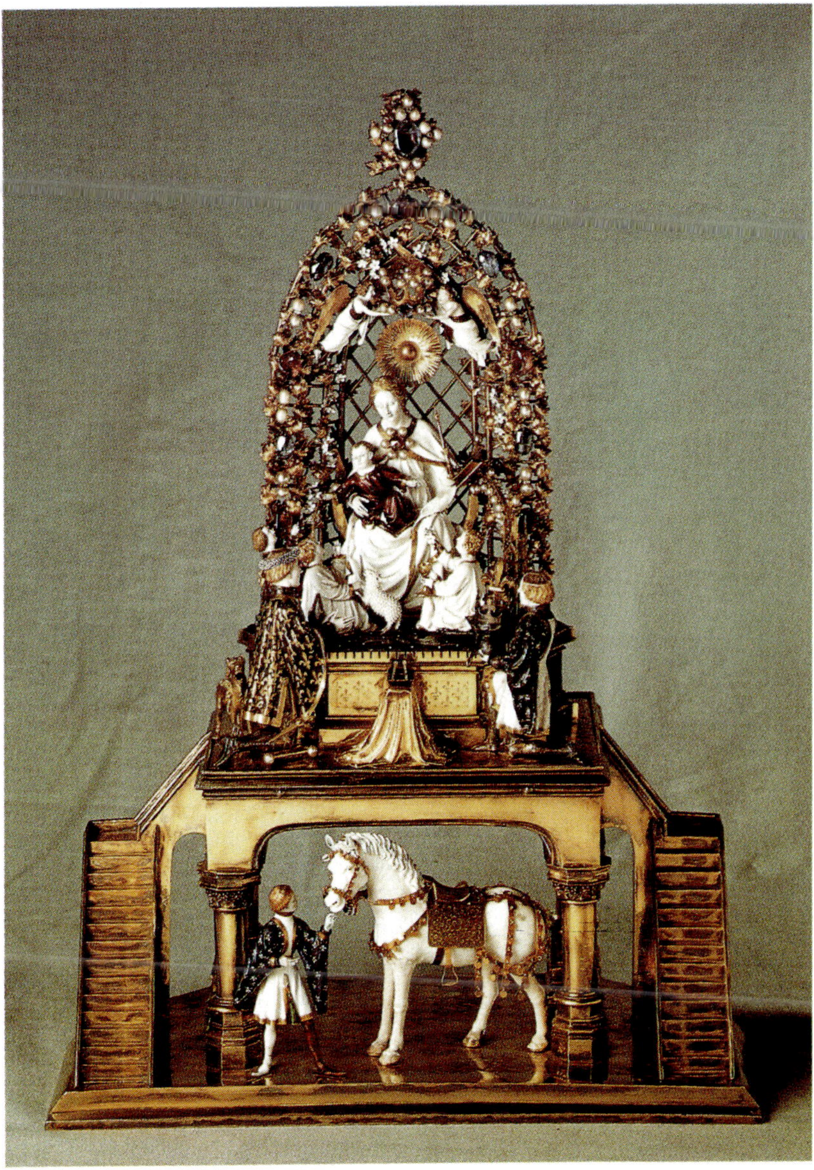

Orfèvre français, autour de 1404. *Le roi Charles VI en adoration devant la Vierge à l'Enfant (« Goldenes Rössl »).* Or, émail et pierres précieuses. Altötting, église du Pèlerinage.

des saints trouvaient place dans des œuvres d'art d'une grande richesse, offertes à l'adoration des générations successives et des foules. Les arts décoratifs créèrent alors des ouvrages liés à la dévotion individuelle à l'intention des plus hautes couches de la société. Loin d'être au service des seuls saints, la préciosité sacrée accompagnait le dévot sous forme de retable de voyage ou de *Livre d'Heures* et créait des joyaux sacrés fantastiques afin d'enrichir et d'embellir la chapelle privée du prince.

Parmi ceux-ci, il existe un reliquaire pour la Sainte Épine de la couronne du Christ, peut-être réalisé pour Louis, duc d'Orléans, vers 1400. Cette pièce splendide, actuellement au British Museum, ne mesure que 30,5 cm, moitié moins que le *Cheval d'or* d'Altötting. L'épine, qui est placée à la verticale au centre de la composition où l'on reconnaît le Christ en juge du Jugement dernier, sort d'un saphir qui se trouve entre les figures émaillées de la Vierge et de saint Joseph : «*Ista est una spinea corone domini nostri Ihesu Christi*», indique l'inscription placée juste au-dessous[6]. Les bustes des douze apôtres sont insérés dans le châssis de la représentation précieuse.

Les inventaires nous apprennent que l'offre de ces merveilleux exemples de maestria des orfèvres n'était pas aussi exceptionnelle que nous pourrions le penser. Un autre chef-d'œuvre des orfèvres parisiens, auquel un Italien, au temps de Mathias Corvin, ajouta une structure pourvue de deux sphinx, faisait partie du trésor de la cathédrale d'Esztergom au XVIe siècle : Marguerite de Flandre en fit présent à son mari, Philippe le Hardi de Bourgogne, pour le premier de l'an 1402. Nous le savons grâce à l'inventaire dressé après la mort de Philippe le Hardi, en 1404. Comme toujours très précise, cette description mérite d'être citée : «Item, une longuete croix d'or sur ung entablement d'argent doré en façon de maçonnerie, sur lequel entablement a ung ymaige d'or de Nostre Seigneur emaillé de blanc, lié à l'étache, estant entre trois pilliers de maçonnerie, esquelz pilliers a en chacun un petit ymaige d'un prophete et sur lesditz pilliers est le Crucifiement, Nostre Dame et saint Jehan, et est la dite croix garnie de cinq balais, deux moiens camahyeux et de quarante et une grossetes perles et de plusieurs autres moiennes perles environ, et la donna madame a mondit seigneur au jour de l'an IIII et deux, pesant XII^m II°»[7].

Alors que les deux œuvres précédentes avaient un caractère joyeux ou gaiement solennel, la *Crucifixion* a des tons dramatiques et émouvants. Tout en utilisant la technique des joyaux, il s'agit ici d'illustrer un thème tragique de la Passion du Christ, très populaire dans les arts à partir du XIVe siècle, et de le développer

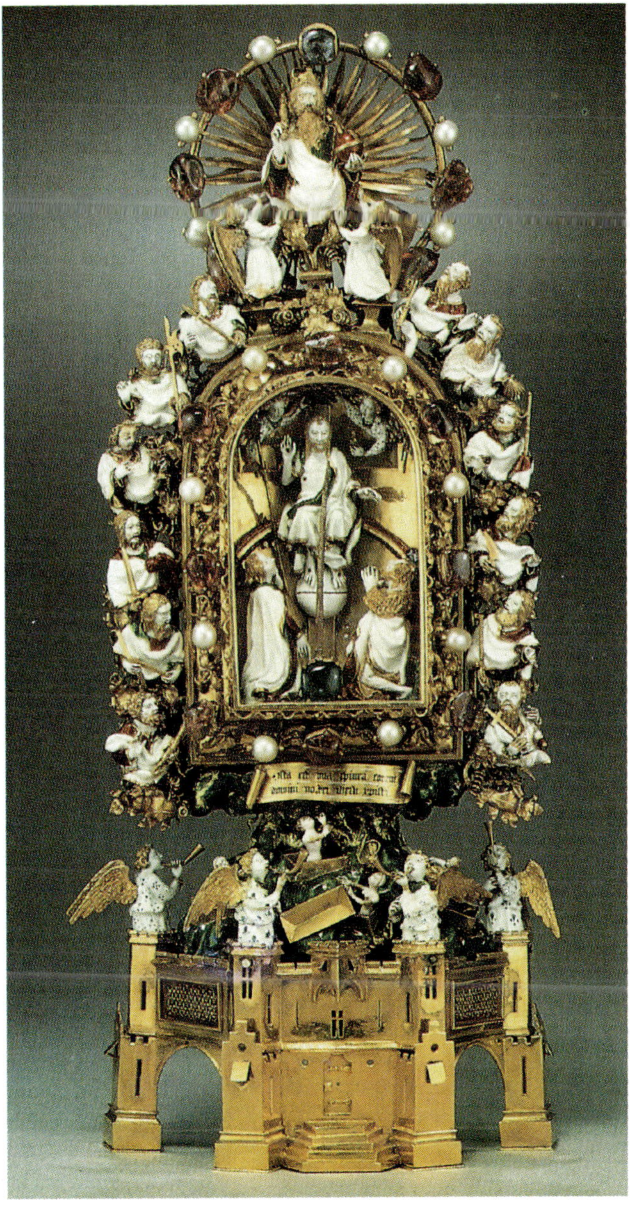

Orfèvre français, autour de 1400. Reliquaire de *la Sainte Épine*. Or, émaux et pierres précieuses. Londres, British Museum.

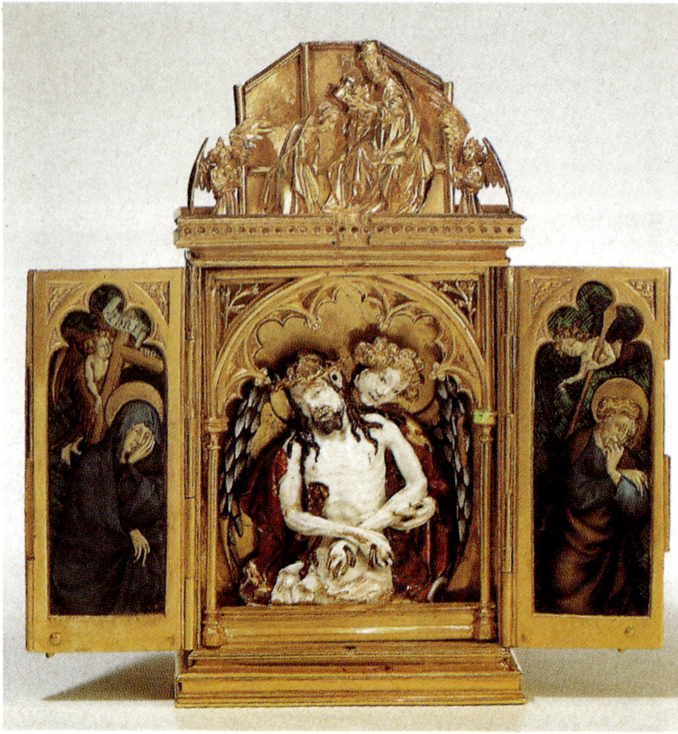

Orfèvre français, autour de 1400. « *Imago Pietatis* » : triptyque en or et en émaux. Amsterdam, Rijksmuseum.

de manière émouvante. Le rocher du Golgotha, dans lequel a été inséré le crâne d'Adam, est soutenu par une délicate voûte gothique, comme une construction dans laquelle on aperçoit le Christ attaché à la colonne de la Flagellation. D'aucuns ont suggéré qu'il s'agissait du Christ prisonnier chez le Grand Prêtre[8]. À son corps impuissant et à la tête penchée en avant et désespérée s'opposent la splendeur des joyaux disposés tout autour et la beauté de la surface émaillée.

Destinés à éveiller chez le dévot les sentiments humains les plus spontanés, les images de dévotion étaient rarement travaillées de manière aussi coûteuse et complexe d'un point de vue technique : au Rijksmuseum d'Amsterdam se trouve un tout petit reliquaire en forme de triptyque de 12,7 cm de haut et de 12,5 cm de large avec les volets ouverts. Au centre, une *Imago Pietatis* donne à voir un buste du Christ mort porté par un angelot émaillé.

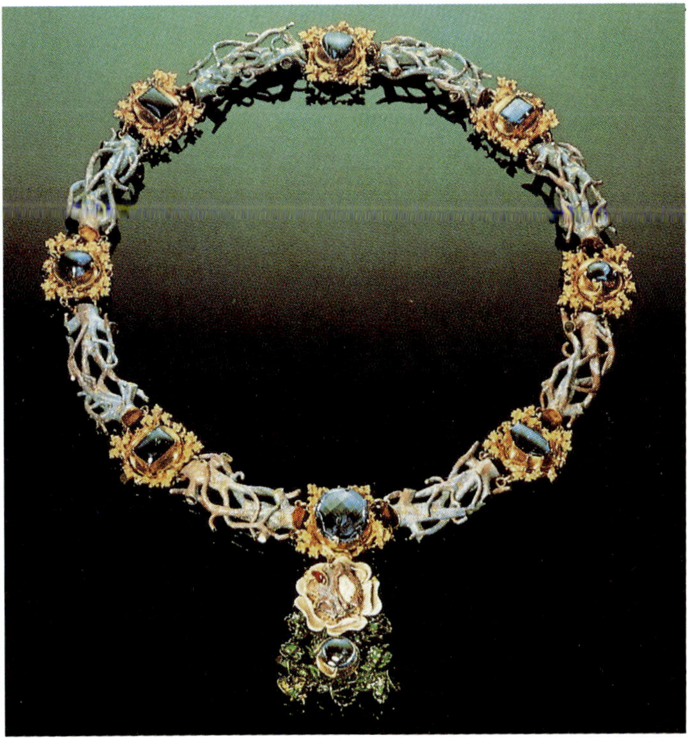

« Collier Hohenlohe ». Or, émail et pierres précieuses. Stuttgart, Württembergisches Landesmuseum.

Sur les volets, la Vierge et saint Joseph sont en émail translucide. Le petit chef-d'œuvre est surmonté d'un microscopique *Couronnement de la Vierge*.

Le même thème est traité de manière plus complète dans une pièce encore plus petite : un camée hexagonal en onyx (Florence, Museo degli Argenti, vers 1400), où le groupe blanc des anges et du Christ se détache sur fond noir. Le corps du Sauveur mort s'affale, soutenu par un ange incliné dans un mouvement ondoyant, ce qui donne au groupe un dynamisme coulant mais aussi un désagréable sentiment de chute aussitôt arrêtée comme dans une image instantanée ou une image fixe sélectionnée dans une séquence de film.

Les fins religieuses justifiaient amplement les frais de main-d'œuvre et le coût des matériaux, mais la préciosité profane n'était certainement pas moins prolifique, bien que le nombre d'œuvres

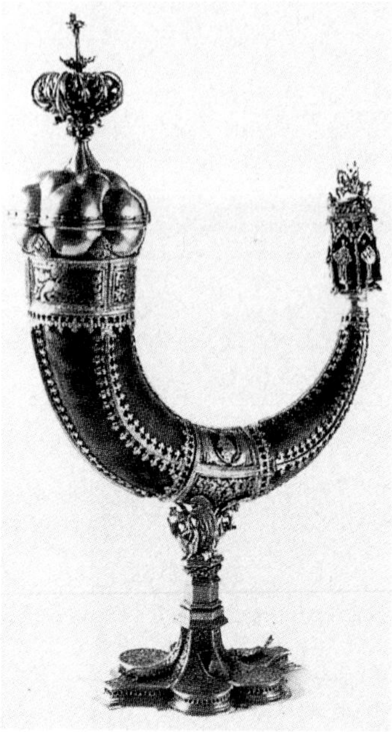

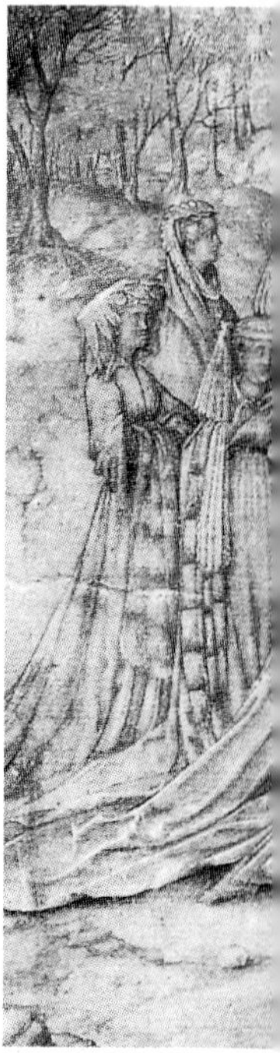

1/ Atelier bourguignon ou rhénan, autour de 1400. Corne avec monture de métal précieux et travaillé, avec des ajouts du début du XVe siècle. Esztergom, Trésor de la cathédrale.

2/ Dessinateur des Pays-Bas (?), autour de 1417. *Partie de pêche à la cour de Guillaume II de Hollande* (?). Paris, Musée du Louvre, Département des Arts graphiques.

profanes qui nous sont parvenues soit plus limité encore. L'un des plus beaux exemples, et des mieux conservés, de cette quête de la splendeur dans l'art non religieux est le *Collier Hohenlohe*, qui se trouve aujourd'hui au Württembergisches Landesmuseum de Stuttgart. Il s'agit d'une riche chaîne composée d'éléments en or émaillé et en pierres et à laquelle est suspendu un mystérieux médaillon fait d'une rose à six pétales avec une tête à l'intérieur, dans laquelle on a reconnu tantôt celle de Jean sans Peur, tantôt celle d'un fou. Les trois branches qui forment le collier, conçues de manière naturaliste autant que décorative, sont censées représenter le *bâton noueux*, emblème de Louis d'Orléans et du parti des Armagnacs. L'interprétation de cet énigmatique collier oscille entre l'idée de la chaîne du fou – allusion au *Roman de la Rose*, chevaleresque et allégorique – et l'idée qu'il s'agirait de l'expression d'un programme politique[9].

Un programme d'une telle complexité, et pour le moins difficile à élucider, est plutôt inhabituel. La préciosité profane s'exprimait généralement dans une splendeur plus franche, par exemple dans des objets taillés dans des cornes de bœuf et décorés d'une

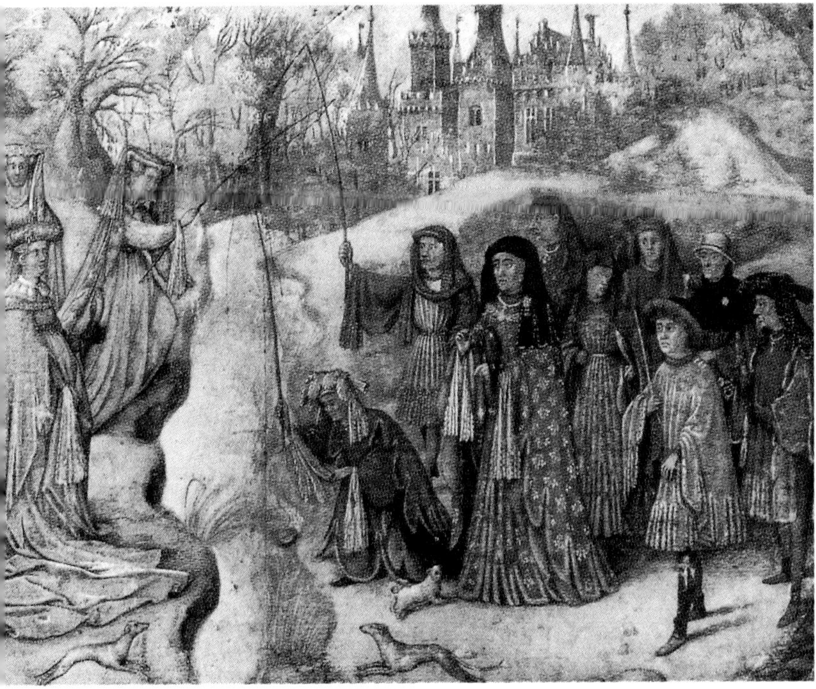

coûteuse structure de métal. À l'aube du XVe siècle, un objet de ce genre appartenait à Sigismond de Luxembourg, empereur allemand et roi de Hongrie et de Bohême. À l'origine destiné à un usage profane, il en était fait dès le XVIe siècle un usage liturgique à la cathédrale d'Esztergom. Les armes de l'archevêque hongrois Paloczi y furent ajoutées au début du XVe siècle et le travail fut probablement réalisé en Bourgogne ou en Rhénanie[10]. Le langage ornemental gothique prend une saveur presque classique dans les images sculptées : un homme à cheval sur un griffon et une femme sur un lion.

Sans doute est-ce le costume qui contribua le plus à la forme artistique que prit la vie de cour autour de 1400. Dans son ouvrage classique, *L'Automne du Moyen Âge*, Johan Huizinga considère à juste titre que, dans toute l'histoire culturelle de l'Europe, jamais il n'y eut costume plus fantastique ni plus anticonformiste[11]. D'innombrables représentations de dames élégantes et de gentilshommes offrent à notre admiration les chausses qui montaient jusqu'à la cuisse, les manches aux amples revers pendants, les chapeaux hauts, les grandes houppelandes et les très longs habits avec leurs traînes. Ces courtisans ainsi habillés évoluent dans un *locus amoenus* idyllique et poétique, dans des jardins pleins de fleurs, d'arbres, d'oiseaux et d'animaux[12] : un paradis terrestre qui contraste de façon spectaculaire avec la réalité violente et brutale de l'histoire. Huizinga a bien décrit « l'âpre saveur de la vie » de ce temps. L'expérience de cette réalité était trop forte pour ne pas capter l'œil de l'artiste et ne pas retenir son attention, l'amener à trouver les moyens d'une représentation véridique.

3. Réalité et expression

L'art du XIVe siècle, d'où sortit le style international, ne se résumait pas seulement à l'élégance de cour, au raffinement lyrique et à la décoration fluide des formes. Dès le début du XIVe siècle se répandent les formes vigoureuses de Giotto avec les fresques de Florence, de Padoue, de Sienne et d'Assise. Les formes tridimensionnelles modelées par la lumière deviennent toujours plus suggestives. Des images puissantes et sans concessions de la nature humaine apparaissent dans la seconde moitié du siècle dans le même climat qu'avait connu Parler et qui avait accouché du « beau style » en sculpture. L'extraordinaire série de bustes-portraits du triforium de la cathédrale Saint-Guy à Prague et les magnifiques gisants (pourtant très abîmés) des rois Přemyslid de Bohême préfigurent le même mélange de naturalisme et de stylisation que l'on devait retrouver dans les œuvres de Sluter. Dans l'art de Parler, l'élégance va de pair avec une capacité narrative simple et directe. Et la simplicité presque gauche, voire un peu lourde, qui est typique des tableaux de Maître Théodoric au château de Karlštejn, trouve un parallèle dans les œuvres d'un autre artiste, architecte et sculpteur, actif à Halle : Konrad von Einbeck (vers 1360-vers 1428), qui se forma très probablement dans l'entourage des Parler à Prague.

La vision de l'homme propre à von Einbeck est directe, presque rude, dépourvue de toute stylisation, mais empreinte d'émotivité. Son *Autoportrait* de l'église Saint-Maurice de Halle montre une tête compacte, pleine d'énergie, tandis que son *Homme de douleurs* et la *Vierge de douleurs* sacrifient la beauté à l'expressivité. De grosses larmes de pierre pendent aux paupières du vieux visage de paysanne de la Madone.

L'expression l'emporte sur la tendance esthétique. Parfois, il

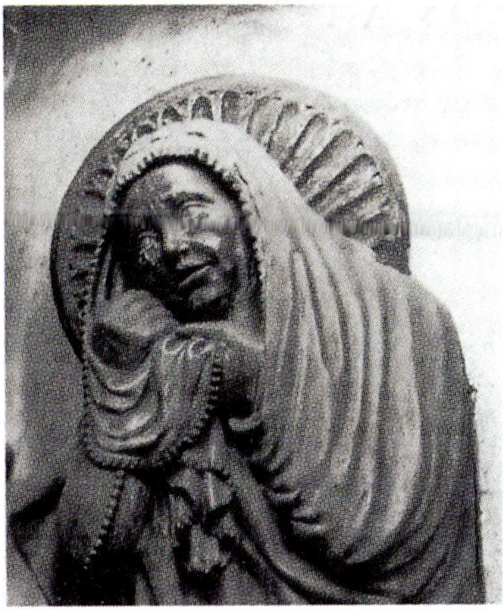

Conrad von Einbeck, début du XVe siècle. *La Vierge des douleurs.* Halle, église Saint-Maurice.

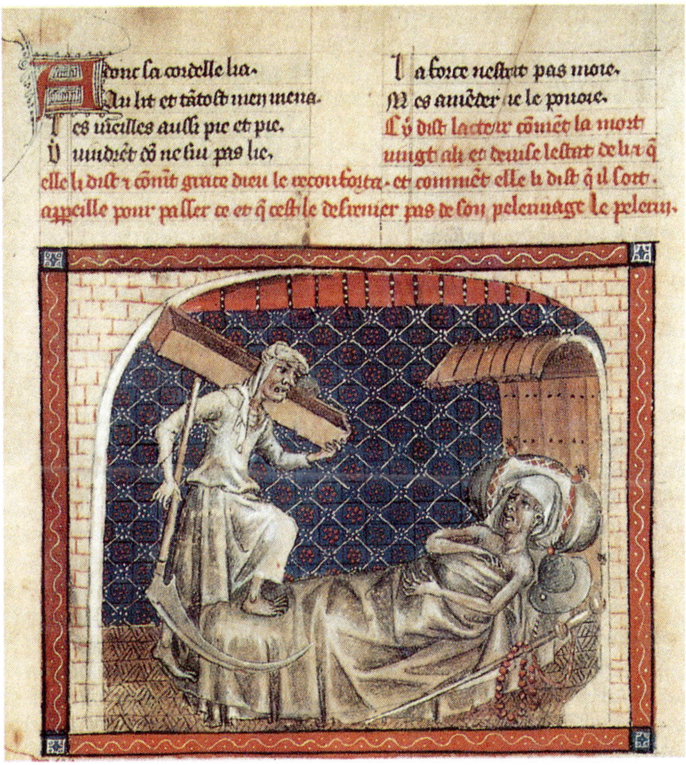

Enlumineur des Pays-Bas. *La Mort* : enluminure du fol. 112 du manuscrit du *Songe du pèlerinage de la vie humaine.* Bruxelles, Bibliothèque Royale, ms. 10176-8.

s'agit presque d'un choix programmatique de la part des enlumineurs tenants de ce que les historiens d'art ont appelé le « réalisme préeyckien »[13]. La laideur y devient un élément significatif. L'événement le plus redouté et le plus haï, la mort, apparaît sous des traits horribles dans un manuscrit de Bruxelles, *Le Songe du pèlerinage de la vie humaine*, probablement enluminé par un peintre hollandais travaillant à Paris. La mort est « une femme décharnée, les traits du visage tordus, tenant une énorme faux dans la main droite et portant un cercueil sur l'épaule gauche ». Delaissé, à qui j'emprunte cette description[14], met l'accent sur l'originalité de l'enluminure qui consiste en « une vision du réel en laideur, une complaisance à représenter l'horrible et le tragique, tant par un dessin rudimentaire mais très osé que par le coloris presque répugnant ».

On est tenté de rattacher ce style artistique pour le moins insolite à un milieu social spécifique, mais ce serait se fourvoyer : il n'est qu'à se tourner, en effet, vers les *Petites Heures* enluminées vers 1380 pour le duc de Berry. Quoique bien plus parfaites grâce au talent consommé de l'artiste dans la composition de ses images, ces enluminures révèlent une individualité expressive qui partage avec des œuvres plus tardives – celles du « réalisme préeyckien » – un même intérêt pour la laideur dramatique, l'exagération des mouvements et les gestes violents.

Ces images qui représentent la *Trahison*, le *Christ devant Pilate* et la *Crucifixion* présentent une rare combinaison d'actions mobiles et dramatiques, de types et de gestes grotesques ou pathétiques mais aussi de drapés doux et mélodieux avec de délicates compositions de couleurs qui contrastent vivement avec les couleurs criardes et déplaisantes du Pèlerinage de Bruxelles. Dans les *Petites Heures*, la laideur est, suivant la tradition, associée au péché ; les soldats et les bourreaux du Christ sont laids tandis que les individus que nous montre le *Pèlerinage* sont des plus laids et répugnants. Si l'on pense que le Maître du Pèlerinage était un Hollandais actif à Paris, le Maître de la Passion, qui a peint les *Petites Heures*, était probablement l'héritier de l'atelier du plus grand enlumineur français du XIVe siècle, Jean Pucelle. Même ici, au cœur de la tradition de cour, s'affirment cependant des tendances au naturalisme et à l'expressivité[15].

Les frères de Limbourg ont participé à la conquête de cette image vraie de la nature qui nous paraît aujourd'hui appartenir à un stade ultérieur du développement artistique, mais leur art demeure l'une des contributions les plus importantes en ce domaine. L'enluminure de février, attribuée à Pol de Limbourg,

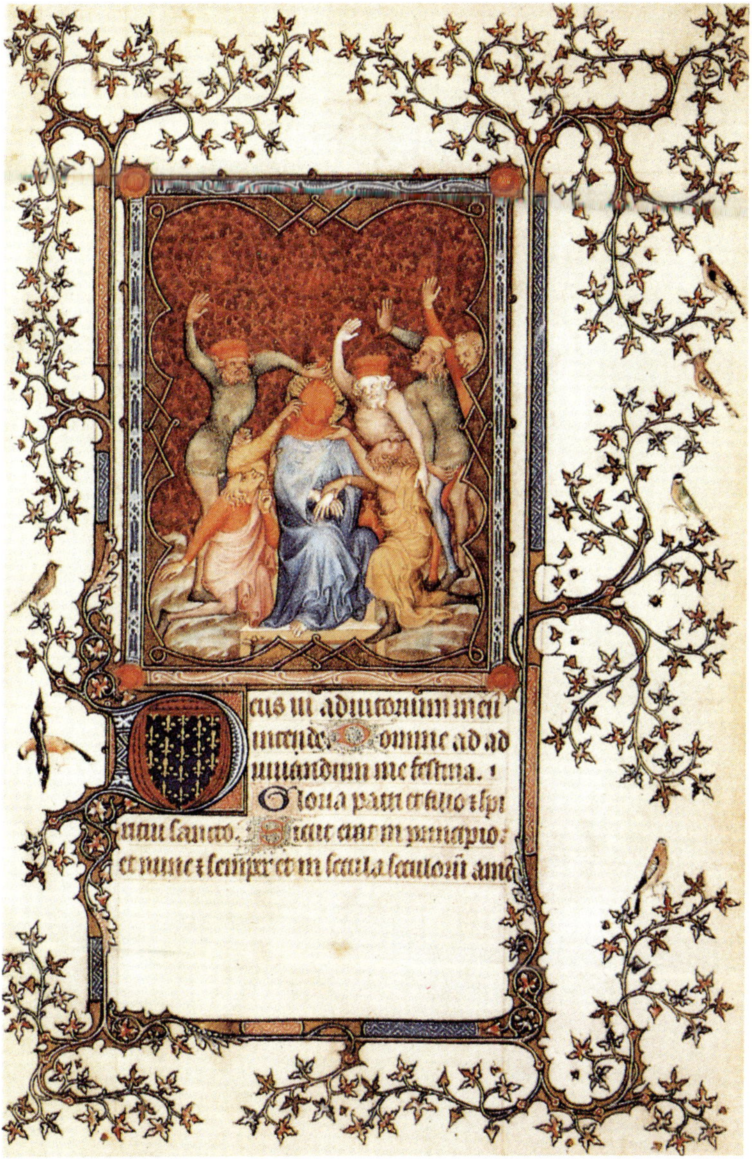

« Maître de la Passion ». *Le Christ bafoué*; enluminure du fol. 82 du manuscrit des *Petites Heures de Jean de Berry*. Paris, Bibliothèque Nationale, ms. lat. 18014.

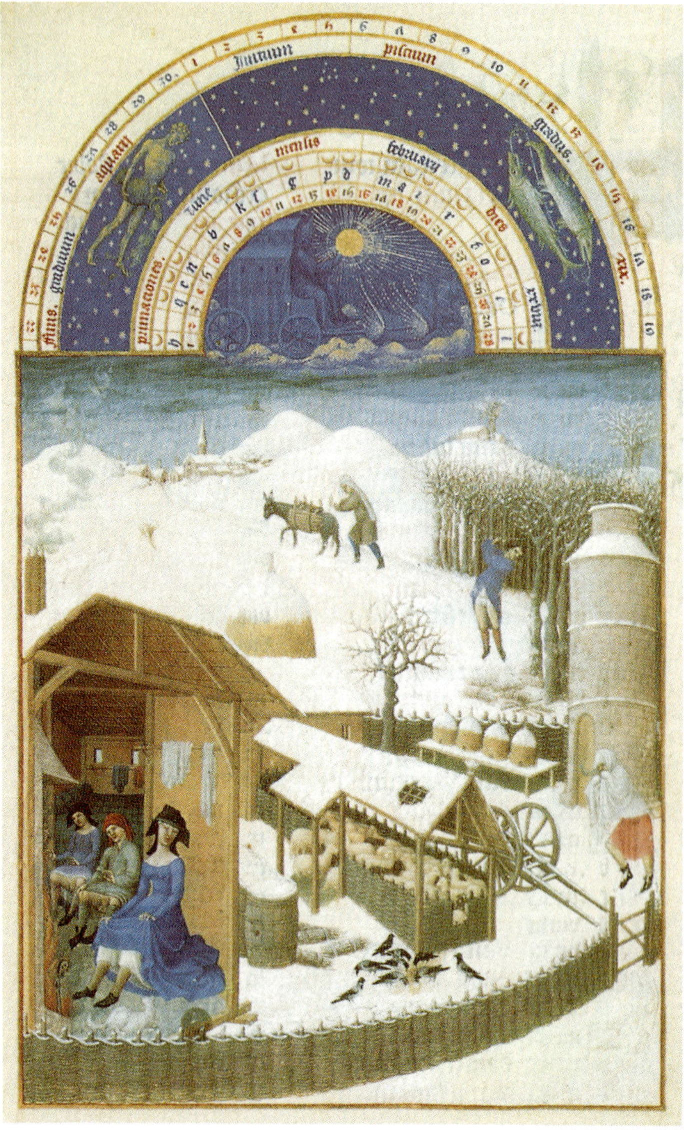

Frères de Limbourg (Pol de Limbourg?), avant 1416. *Le mois de février*; enluminure du fol. 2 v. des *Très Riches Heures du duc de Berry*. Chantilly, Musée Condé.

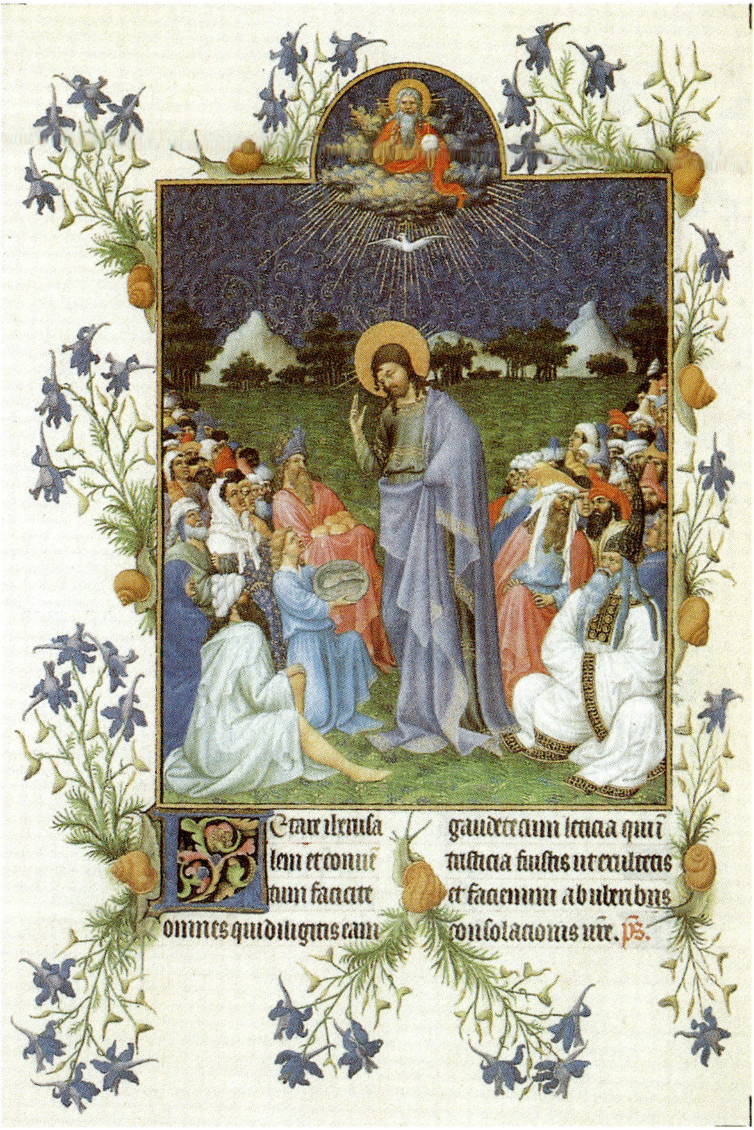

Maître du Bréviaire. Enluminure des marges de la *Multiplication des pains et des poissons*, œuvre des frères de Limbourg, fol. 168 v. des *Très Riches Heures du duc de Berry*. Chantilly, Musée Condé.

présente en fait un nombre sans précédent de motifs fondés sur une observation attentive de la nature et de ses phénomènes tout en tenant compte de l'iconographie des saisons héritée de la tradition. Dans d'autres parties du manuscrit apparaissent des détails merveilleux, par exemple les surprenantes représentations d'escargots et de delphiniums peintes en marge de la *Multiplication des pains et des poissons* par le Maître du Bréviaire qui collabora avec les frères de Limbourg. L'enluminure de février ne le cède en rien aux études lombardes contemporaines de la nature, mais les observations minutieuses de la nature s'y fondent pour donner une image convaincante d'une journée d'hiver. Malgré la hauteur traditionnelle de l'horizon, l'espace s'étend au loin. La vie des hommes et des animaux qui luttent pour survivre au froid est décrite en détail. L'empreinte des hommes et des animaux dans la neige, la vapeur condensée qui sort de la bouche de l'homme qui se trouve dehors, le mouvement lent et lourd de l'homme qui conduit l'âne vers le village lointain, perdu dans la neige sous un bas ciel d'hiver : tout concourt à construire une image neuve du monde hivernal.

Millard Meiss souligne à juste titre le caractère artificiel de la maison, à gauche, privée de son mur de façade pour que l'on en voie l'intérieur : la différence est considérable entre ces images, qui annoncent l'art de Bruegel, et les *Mois* archaïques et idéogrammatiques que peignit Wenzel, à la Torre dell'Aquila à Trente[16]. Des scènes telles que le *Christ conduit au prétoire* (fol. 143) et *Jésus qui porte la Croix* (fol. 147) prouvent que l'observation portait aussi sur le monde construit par l'homme, sur la cité ; cette tendance a pu se nourrir de l'œuvre d'Italiens comme Simone Martini ou Ambrogio Lorenzetti. Les modèles traditionnels des compositions, des gestes, des types et des visages survécurent tout au long du XVe siècle grâce à leur conservation dans des livres de modèles : largement employés, ils contribuèrent à l'unité stylistique créée vers 1400. Le livre de modèles de Vienne est un excellent exemple d'une certaine variété, mais aussi des limites inhérentes à un stock de motifs adaptables au gré des circonstances.

Malgré cela, l'observation l'emporta sur la tradition et jusque dans les livres de modèles apparaissent parfois des dessins non conventionnels et tout juste inventés, comme l'homme qui conduit son bœuf, dans le livre de modèles de Jacques Daliwe conservé à Berlin, à côté d'une multitude de formes élégantes, lyriques et raffinées. Les livres de modèles, dont la technique fut enrichie de passages d'aquarelle et de céruse à côté des traits de plume, se

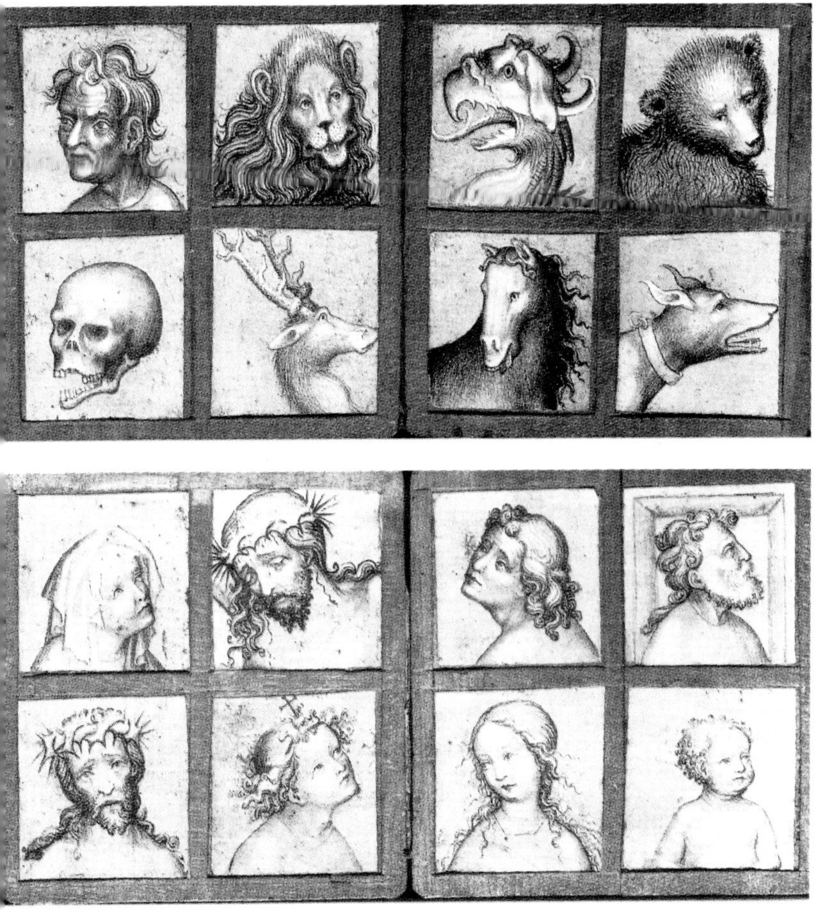

Atelier de Bohême, premier quart du xve siècle. *Livre des modèles de Vienne.* Vienne, Kunsthistorisches Museum.

diversifièrent au point d'approcher de ce que nous appellerions un livre d'esquisses.

Parmi les divers aspects que révèle l'étude de la nature et de l'homme, l'un des plus importants réside dans l'expression d'expériences et de sentiments profonds, violents et émouvants. Entre les *Petites Heures* et la période qui vit apparaître parmi les enlumineurs actifs en France un autre grand maître dans l'art de l'expression dramatique et de la caractérisation appuyée, il est une génération d'écart. Le représentant le plus remarquable du courant expressionniste dans l'art du début du XVᵉ siècle, le Maître des Grandes Heures de Rohan, n'était sans doute pas français : on lui a prêté des origines allemandes ou espagnoles, sans produire cependant des preuves concluantes. S'il réalisa son chef-d'œuvre pour la famille d'Anjou, il ne semble pas que cet artiste ait été longtemps attaché à des cours d'importance.

Les *Grandes Heures de Rohan* ont été peintes autour de 1418 ou de 1420. Si l'on se fie aux détails analysés par Millard Meiss, le Maître de Rohan aurait fort peu peint de sa propre main[17]. Sans doute fut-il plutôt un superviseur et un organisateur hors pair, qui conçut des centaines d'images, mais ne prit le pinceau qu'à titre exceptionnel. Tout ce manuscrit – comme d'autres – est empreint de sa forte personnalité, même s'il s'est naturellement approprié maint résultat de ses prédécesseurs, du Maître de Boucicaut comme des frères de Limbourg. Le Maître de Rohan recourut à divers expédients afin de représenter la réalité tridimensionnelle de la nature dans laquelle les hommes vivent leurs drames, mais ce qui l'intéressait par-dessus tout c'était le message dramatique ; que les représentations qui véhiculaient le message fussent conformes à la vision du monde généralement acceptée, il ne s'en souciait guère. Si éloignée soit-elle du spectateur, la figure de Dieu reste la plus grande : les choses et les personnes sont représentées en fonction de leur importance émotive et/ou idéale, sans considération de leur position dans l'espace suivant la perspective qui suppose un point de vue unique.

Les visages sont loin d'être beaux. Dans la fameuse enluminure de la *Mort d'un chrétien*, la grosse tête triste de Dieu le Père domine le chœur des anges azur qui forment la toile de fond décorative. L'homme gît à terre, « encore attaché au magnifique linceul par ses doigts crispés pareils aux pattes d'une araignée à l'extrémité d'un bras émacié »[18]. L'homme gît, nu et solitaire, parmi des ossements et des crânes, face à la terrible vision de Dieu qui occupe la moitié du ciel. Le corps décharné porte les stigmates de l'ultime combat. En haut, un grotesque démon et saint Michel, porté par des anges azur et dorés qui émergent du fond, se disputent l'âme de l'homme, représentée comme une petite créature maigre et infantile.

Dieu, apitoyé et triste, considère le misérable être humain, dont la prière inscrite sur un rouleau est respectueusement libellée en latin, la langue de Dieu. Le Tout-Puissant répond par des paroles de réconfort et d'espérance – en français, dans la langue familière du trépassé : « Pour tes pechiez penitence feras. Au jour du jugement avecques moy seras ». Quand on regarde cette conversation dramatique, il est difficile de ne pas penser à la *Création de l'homme* de Michel-Ange, où Dieu donne à l'homme une vie provisoire tandis que, dans notre scène, Dieu fait à l'homme vertueux la promesse de la vie éternelle.

L'idée de la mort obsédait le Maître de Rohan : dans toutes les enluminures qu'il exécuta prédominent les corps morts. Et jusque dans les images les plus éloignées de ce thème, comme celle de la *Vierge à l'Enfant* dans les *Heures de Buz* de la Harvard College Library (vers 1415, fol. 155), on trouve des traces de son intervention personnelle : l'Enfant Jésus assis sur les genoux de sa Mère a les yeux clos. Ses petites mains tombent sans force et sa Mère baise le visage de l'Enfant avec une angoisse qui rappelle celle d'autres mères dans le Massacre des Innocents.

Cet intérêt quasi morbide pour la mort est du reste un aspect caractéristique de l'art médiéval le plus tardif. Ce qui surprend davantage, c'est qu'il s'exprime aussi dans des œuvres où dominent autrement l'élégance et la quête de la beauté des formes.

4. Dans l'ombre de la mort

> Io son la Morte, principessa grande,
> Che la superbia umana in basso pono :
> Per tutto il mundo 'l mio nome si spande.
> Trema la terra tutta nel mio suono...

Ces vers sont d'un poète italien du XIVe siècle[19]. La littérature française de la même époque trahit un intérêt analogue, qui devient prédominant au milieu du siècle dans la poésie de François Villon. Dans l'iconographie, la mort, sous l'aspect d'un cadavre, fit son apparition dans le contexte du « Triomphe de la mort ». Pétrarque exerça en ce domaine une influence considérable avec ses *Trionfi* et le conte de la rencontre des Trois Vifs et des Trois Morts contribua au développement des *danses macabres* médiévales plus tardives. Vers le milieu du XIVe siècle, un artiste français peignit la représentation la plus expressive qui soit des *Trois Morts*[20]. Sous l'empire de la cruelle réalité de la peste, de la « mort noire », qui balaya l'Europe au milieu du siècle, les artistes se montrèrent toujours plus soucieux de représenter des cadavres et des squelettes. À l'aube du XVe siècle, la mort n'était plus une

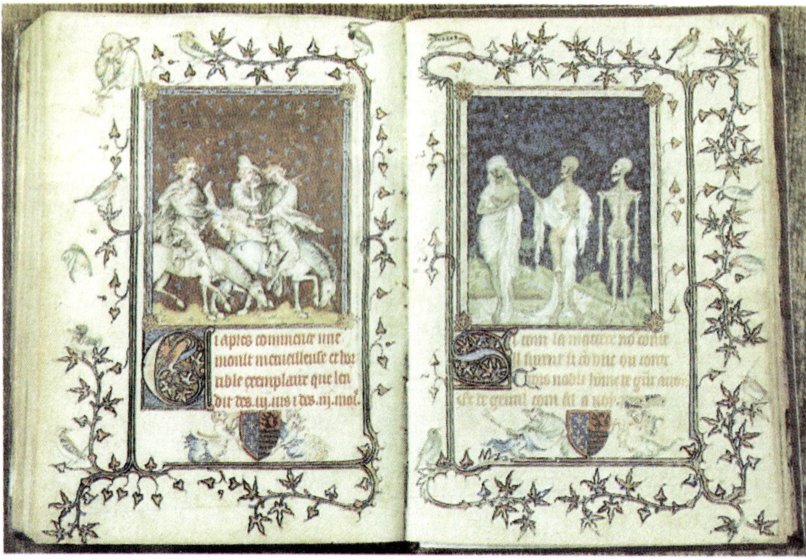

rareté dans les représentations historiques et on la retrouvait également dans l'art funéraire, où elle était restée discrète jusque-là. Dans l'art du Haut Moyen Âge, les défunts étaient représentés allongés mais étaient généralement dépourvus des stigmates de la mort. Il est vrai qu'ici ou là dans le Nord et de manière habituelle en Italie à partir du XIVe siècle, les gisants ont les yeux clos. Mais il est très rare que d'autres traits invitent à y voir le signe de la mort plutôt que du sommeil ou du repos. Ce n'est qu'à compter de la seconde moitié du siècle que firent leur apparition dans l'art funéraire européen des cadavres avec leur suaire, le visage généralement en partie recouvert. La plaque de métal gravé de Wouter Copman, mort à Bruges en 1387, fait partie des tout premiers exemples d'œuvres de cette espèce où les morts sont représentés comme tels. À partir de cette époque, les figures enveloppées dans leur linceul se font de plus en plus fréquentes : entre autres œuvres du début du XVe siècle, on peut citer l'impressionnante effigie de Jacques Germain (mort en 1424) – un relief de pierre – dans l'église des Carmélites de Dijon[21].

C'est en Italie que furent représentés pour la première fois les signes visibles de la mort physique. Dans les effigies tombales de Clément IV (mort en 1272), œuvre de Pietro Oderisi et peut-être d'Arnolfo, et de Guillaume de Bray (mort en 1282), œuvre d'Arnolfo – respectivement Saint-François à Viterbe et Saint-Dominique dans l'église d'Orvieto –, nous trouvons pour la première fois des visages sur lesquels le sculpteur a cherché à imprimer l'expression de la mort. On retrouve une conception assez voisine dans l'art septentrional du XVe siècle, avec le gisant d'Ulrich Kastenmayer (mort en 1431) sur sa tombe de Straubing, sculptée avant sa mort : il n'a pas les yeux clos, mais sa tête est légèrement inclinée et ses mains jointes croisées sur ses genoux sont à peine capables de retenir le rosaire en train de glisser.

Les corps des défunts sont représentés comme pour souligner le contraste entre les deux natures qui s'expriment dans le corps vivant et le cadavre. Dans l'art de la fin du Moyen Âge apparaît un genre spécifique de tombes à deux niveaux : en haut, l'élément immortel ; en bas, la part mortelle. Suivant l'hypothèse d'Ernst Kantorowicz à propos des tombeaux royaux, ce double concept

Page de gauche : Enlumineur français, avant 1349. *Les trois vifs et les trois morts* ; enluminures des fol. 321 v. et 322 r. du *Psautier de Bonne de Luxembourg*. New York, Metropolitan Museum of Art, The Cloisters Collection.

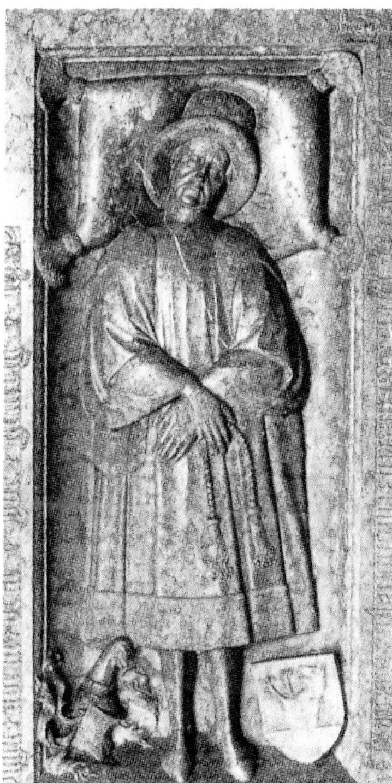

Sculpteur allemand, autour de 1431. *Pierre tombale d'Ulrich Kastenmeyer.* Straubing, église Saint-Jacques.

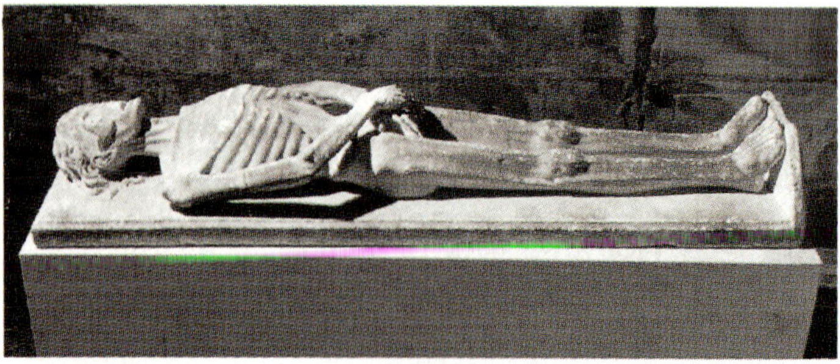

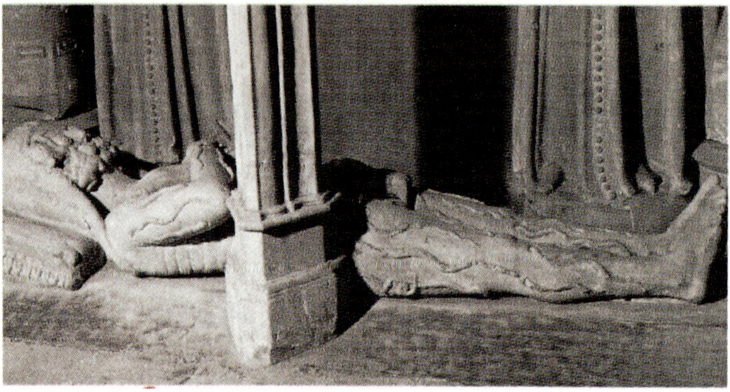

1/ Sculpteur français de la fin du XIVe siècle. *Tombeau de Guillaume de Harcigny, médecin du roi de France.* Laon, chapelle des Templiers.
2/ *Tombeau de François La Sarra*, dernière décennie du XIVe siècle. La Sarraz, chapelle du château.

exprime l'idée de l'individu périssable par opposition à l'impérissable dignité qu'il a provisoirement représentée[22]. Mais la tombe peut aussi représenter l'idée de l'opposition, du conflit entre le matériel et le spirituel chez l'homme, le premier étant voué à la décomposition quand l'autre est assuré de la vie éternelle. Conservées ou non, les inscriptions tombales prouvent, sans doute possible, que ces monuments cherchent à exprimer l'idée moraliste du caractère transitoire de la gloire mondaine et des valeurs matérielles par opposition à la permanence des valeurs morales et spirituelles.

Ces exemples de représentations de la mort firent leur apparition à la fin du XIVe siècle. Fort abîmée, la tombe de Lowthorpe, dans le Yorkshire, montre un homme et son épouse qui reposent tout près l'un de l'autre : entre eux s'élève l'épaisse racine d'un arbre qui de ses minces ramifications recouvre symétriquement les corps des défunts. Avec une symétrie analogue, de gros crapauds tournent autour des défunts. On a pu dater cette tombe de l'an 1389. En 1393 mourut Guillaume de Harcigny, médecin du roi de France Charles IV. Sa tombe, dans la chapelle des Templiers à Laon, représente de manière saisissante la décomposition du corps humain, mais sa rigidité aboutit à une sorte de simplification expressionniste, quasi cubiste, malgré la spiritualité pathétique et dramatique qui se dégage de la tête.

La grande tombe à plusieurs niveaux du cardinal Jean de Lagrange, mort en 1402, se trouvait dans l'église Saint-Martial d'Avignon. De rares vestiges attestent aujourd'hui de la qualité de l'œuvre, mais un dessin ancien permet de se faire une idée de sa disposition originelle. Le cardinal était plusieurs fois représenté sur cette tombe imposante : tout en bas, son corps nu émacié, que le suaire recouvre en partie seulement, est bien celui d'un mort.

Le dualisme de ce genre de tombes – les *transis* – où le corps mort s'oppose à la « représentation au vif » s'exprime de diverses manières. En France comme en Allemagne et en Angleterre, plus d'un tombeau exprime cette idée de la juxtaposition du corporel et du spirituel. Mais il est des variations, parfois même fort étranges. Les corps morts ne sont pas toujours associés à des vivants. Déjà le corps enveloppé dans son linceul de Wouter Copman, à Bruges, était conçu comme une simple pierre tombale et il existe quantité d'autres pierres tombales et d'épitaphes plus tardives qui ne sont liées à aucune autre image du défunt, mais le représentent sous forme de cadavre ou de squelette.

Le plus important de ces monuments, et l'un des tout premiers, est la somptueuse tombe de François La Sarra dans la chapelle de son château de La Sarraz, au nord de Lausanne. La Sarra mourut en 1363, mais sa tombe est généralement datée des années 1390-1400. C'est un monument tellement insolite qu'on est même tenté de penser qu'elle a été réaménagée par la suite et, de fait, la tombe fut déplacée plus d'une fois. Le défunt est représenté allongé sur le sarcophage, nu, le corps et le visage couverts de crapauds, de gros vers et de petits serpents. Quatre personnes, deux hommes au premier plan et deux femmes au second, veillent le corps, les mains jointes. Les arcades du sarcophage abritent également des effigies des parents en prière. Aucun signe religieux, aucun élément positif ne figure sur cette tombe, à l'exception des coquillages posés sur le coussin qui pourraient faire allusion à l'idée d'immortalité. L'élément spirituel et divin est introduit par les personnages qui prient Dieu pour le salut de l'âme du défunt, pour le rachat de ses péchés, mais aussi par la représen-

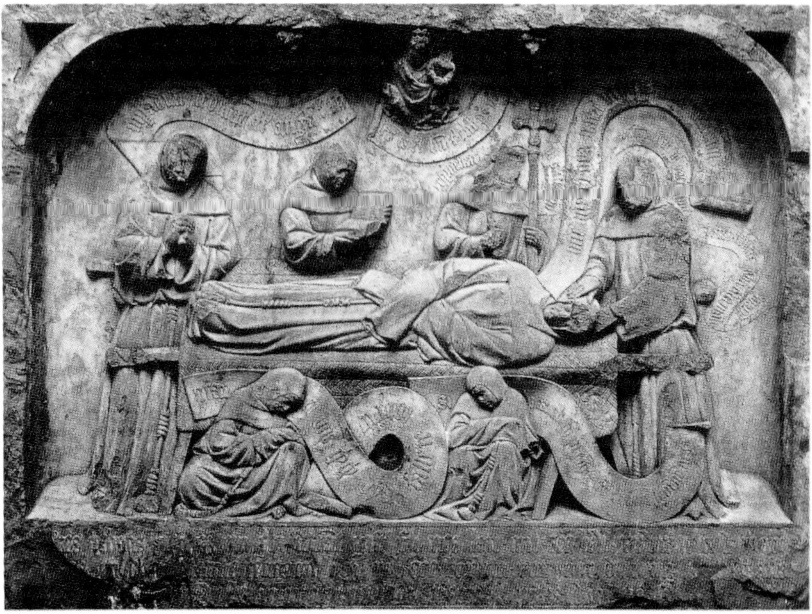

Sculpteur de Tournai, après 1425. *Pierre tombale de Jean Fiefvès*. Bruxelles, Musée Royal du Cinquantenaire.

Sculpteur de Tournai, après 1438. *Pierre tombale de Jean du Bos et de Catherine Bernard*. Tournai, cathédrale.

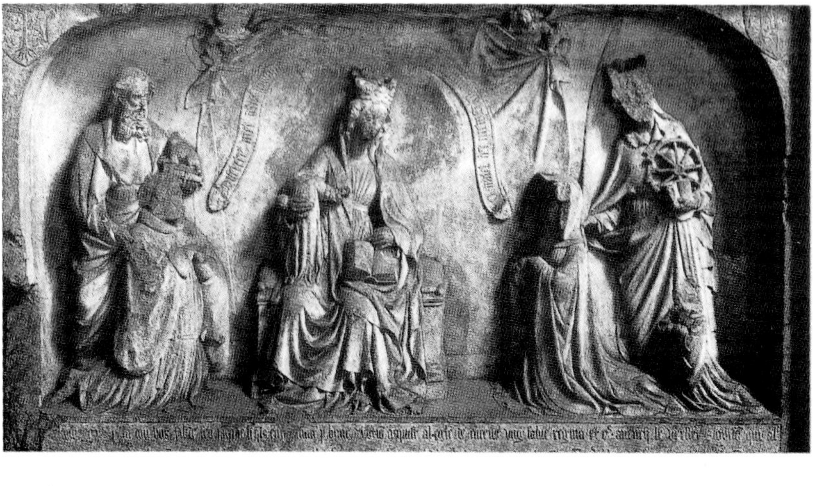

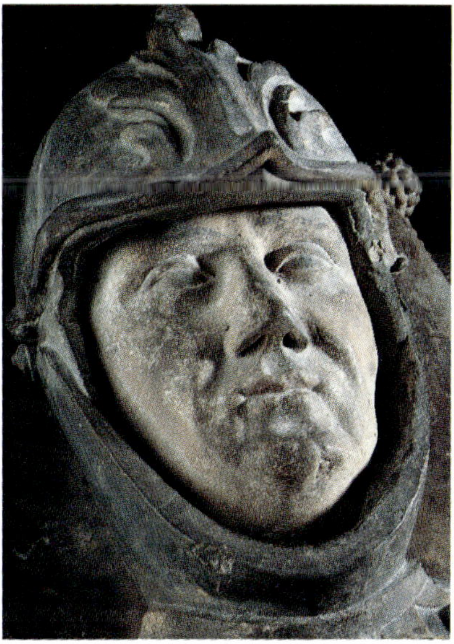

Sculpteur français, autour de 1480. *Tombeau de Philippe Pot*, provenant de l'abbaye de Cîteaux. Paris, Musée du Louvre. *En haut* : le visage, détail.

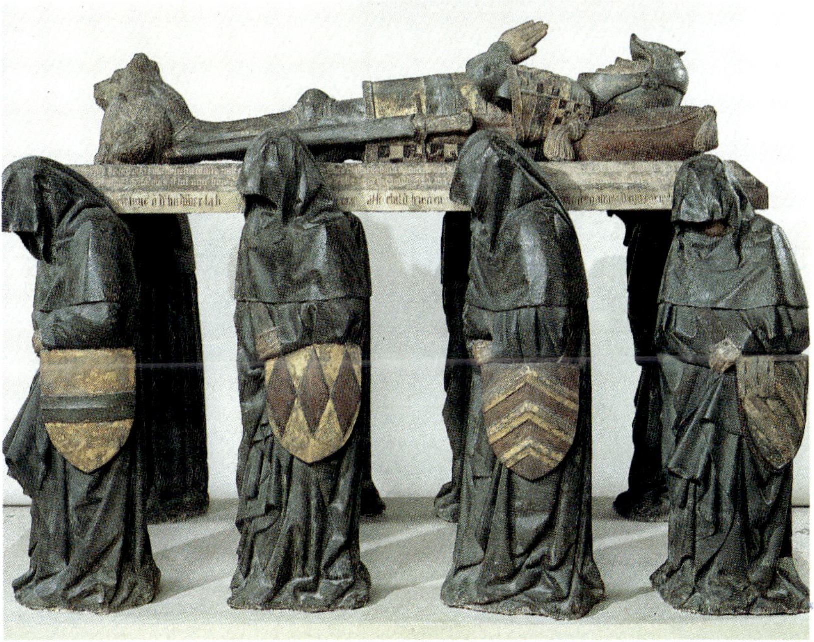

tation de son humilité que symbolise probablement l'insolite pullulement de la vermine[23].

Les tombes de ce genre se firent toujours plus nombreuses à la fin du siècle, mais elles n'étaient certainement pas la forme dominante dans sa première moitié. Le style élégant et fluide avait produit la bonne formule pour la commémoration des morts sous la forme d'épitaphes en relief, comme celles que rendirent populaires les sculptures sorties des ateliers de Tournai. Parfois leur composition reprenait la disposition typique de la *Sainte Conversation* : la Vierge à l'Enfant au centre, les saints sur les côtés, le donateur – dans les épitaphes, les défunts – représenté comme un homme en prière sous la protection des saints agenouillés devant la Vierge.

Mais il existe aussi d'autres types, dont le plus intéressant est celui qui représente des rites funéraires, telle l'épitaphe en relief de Jean Fiefvès (Tournai, peu après 1425). Au contraire des autres épitaphes qui représentent le défunt vivant et en adoration, on voit ici un défunt bien mort, en adoration, les mains couvertes par de très longues manches, entouré de moines qui prient ou qui méditent. Le modèle de la composition est celui de la *Lamentation du Christ* ou de la *Mort de la Vierge*. L'image est celle de la paix et du repos.

Les moines qui s'affairent autour de la dépouille de Jean Fiefvès représentent les vivants qui commémorent le défunt ou lui prodiguent les derniers soins. En Bourgogne, nous l'avons vu, la même idée avait produit une splendide création artistique connue sous le nom de « pleurants ». On les retrouve à Dijon sur la tombe de Philippe le Hardi, œuvre de Claus Sluter : si le maître en a exécuté certains, la majorité est de son successeur, Claus de Werve. Les pleurants offraient au sculpteur la possibilité de faire étalage de ses talents pour représenter toute la gamme des caractères en montrant toute la diversité des personnages en deuil (en Bourgogne, il s'agissait uniquement de moines). Les acteurs sont différents dans d'autres régions artistiques, mais l'idée persista de montrer les vivants qui pleurent le défunt. Sans doute est-ce le souvenir de vraies funérailles qui inspirait les sculpteurs.

Une ambiguïté subsiste dans la représentation du défunt. S'il est pleuré par les vivants, il est rare que ses traits soient sans équivoque ceux d'un mort. Jusque dans la représentation la plus saisissante de tombeau avec vivants éplorés – celui de Philippe Pot à l'abbaye de Cîteaux (vers 1480), aujourd'hui au Louvre – où la douleur des pleurants est la preuve que le héros transporté par les moines est bien mort, le défunt prie, les mains jointes, ce qui est une manière de nier sa condition. Il est clair que réalisme et symbolisme font ici bon ménage et que jusque dans cette période de représentations crues de la mort et de la décomposition de la chair, les artistes avaient toujours le souci de représenter l'idée de la vie éternelle qui attend le chrétien fidèle après la mort. Les horreurs de la décomposition étaient soulignées pour conforter le désir ardent du Paradis.

5. Espace et décoration en architecture

L'architecture gothique est née en France et c'est en France qu'elle trouva son épanouissement le plus complet avec les grandes cathédrales du XIIIe siècle. Adoptée en d'autres pays, elle produisit au XIVe siècle des types et des formes spécifiques. Durant le Bas Moyen Âge, c'est en Angleterre, en Bohême, en Allemagne et en Espagne qu'apparurent les solutions architecturales les plus originales et les plus intéressantes. Pour l'histoire de l'art, les grandes églises épiscopales importent moins que les églises paroissiales ou les abbatiales des villes riches ou des ordres mendiants mais aussi les édifices séculiers.

Au début du gothique, la forme d'église dominante est la basilique avec une nef centrale très haute et des nefs latérales plus basses, tandis que le recours systématique à des vitraux donne aux murs de la nef une grande luminosité. Mais aux XIVe et XVe siècles se propagea dans de nombreux pays mais surtout en Allemagne un nouveau type d'église : l'église-halle, où il n'y a plus de différence de hauteur entre les nefs.

Ce type d'église avait déjà une longue histoire derrière lui mais il ne devint courant qu'aux XIIIe et XIVe siècles : en Allemagne, par exemple, avec la cathédrale de Paderborn, en 1230 ; à Greifswald, avec Sainte-Marie, dans les années 1260-1270 ; à Marbourg, Sainte-Élisabeth, en 1283 ; à Soest, la Wiesenkirche, en 1331. L'église-halle est souvent interprétée comme la négation de l'ordre hiérarchique qui domine la structure de la basilique : l'intérieur est plus proche de la terre et paraît propice à la prière, mais son espace qui s'ouvre dans maintes directions, sa luminosité et la diversité des perspectives possibles à travers la forêt des colonnes participent d'une même atmosphère mystique de dévotion dans laquelle les hommes pouvaient sentir l'omniprésence de la divinité. Il s'agit là d'un sentiment très différent du sentiment de subordination que

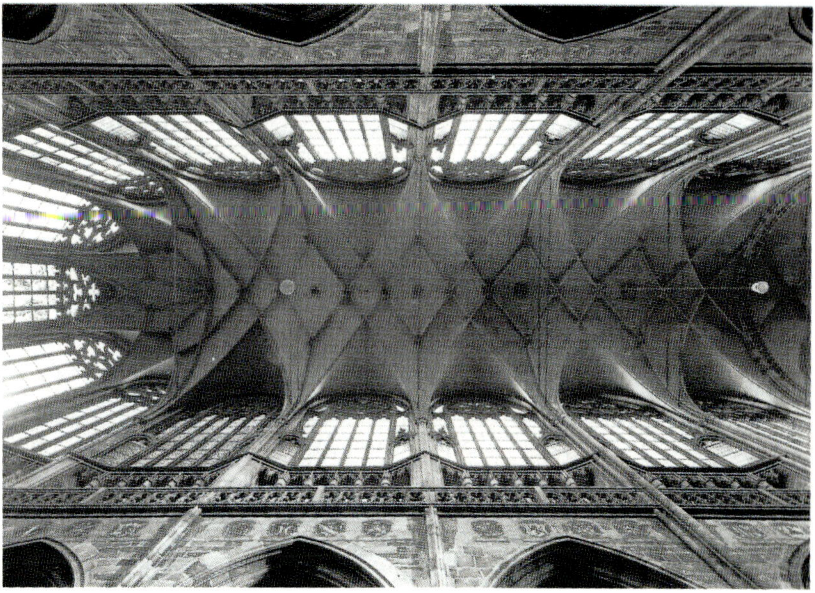

Peter Parler, 1385. Voûte du chœur de la cathédrale Saint-Guy de Prague.

l'on éprouve dans les cathédrales gothiques, où Dieu, séparé de l'homme, réside dans les sphères supérieures de la lumière colorée qui pénètre par les vitraux.

À Gmünd, en Souabe, en 1351, le chœur est pour la première fois conçu comme une structure en halle, où les nefs latérales entourent l'abside de la nef centrale. Les voûtes se firent toujours plus décorées du jour où Peter Parler introduisit l'interpénétration des nervures, qui se croisent comme des ciseaux et forment la première voûte en réseau au-dessus du chœur sur le continent. L'église-halle et la vogue des voûtes décorées apparaissent ainsi comme les caractéristiques principales de l'architecture religieuse au XVe siècle.

On trouve dans l'architecture du premier quart de siècle certaines tendances qui font écho à celles qui dominaient les arts plastiques, à savoir l'élégance, la recherche de la préciosité, de la beauté et du raffinement. En 1408, le grand architecte bavarois Hans von Burghausen entreprit de construire un nouveau chœur pour l'église romane Sainte-Marie de Salzbourg, ancienne église paroissiale devenue propriété des franciscains au XVIe siècle. Cette splendide architecture illustre la tendance générale en Europe centrale à l'aube du XVe siècle. À l'opposé de la nef romane assez

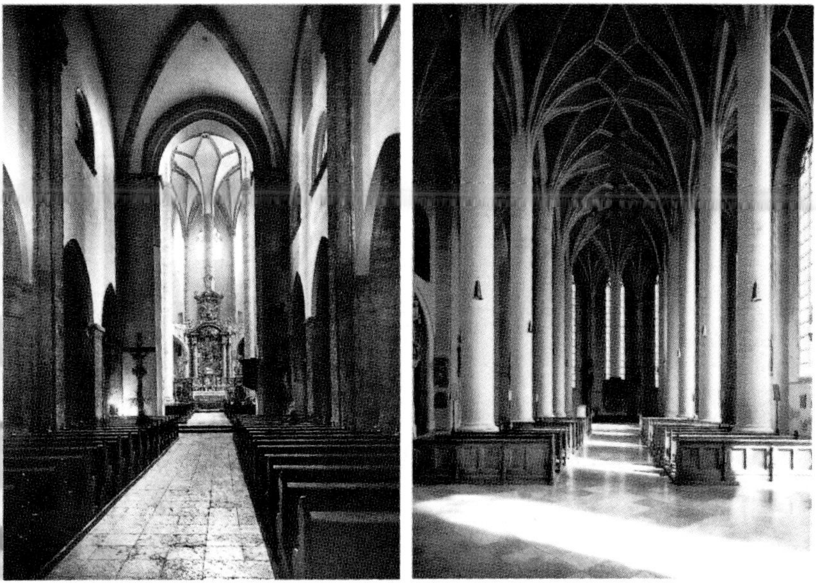

1/ Hans von Burghausen, après 1408. Nouvel agencement du chœur de l'église Sainte-Marie de Salzbourg.

2/ Hans von Burghausen, vers 1408. Intérieur de l'église de l'Hôpital du Saint-Esprit à Landshut.

basse, le chœur ne se différencie point par la hauteur de ses divers éléments spatiaux ; ce qui n'est nullement inattendu, car il s'agit là d'une forme à l'époque très généralement acceptée dans cette région. L'effet exceptionnel du chœur de Salzbourg tient au contraire à la nature du contraste entre les deux parties de l'église. De la nef romane tardive, assez obscure avec ses murs massifs et ses petites fenêtres, l'œil du spectateur pénètre dans un espace inondé de lumière, où des voûtes raides en étoile reposent sur de grandes et minces demi-colonnes.

À aucun moment on n'a l'impression d'un espace clos. Le chœur est plus large que la nef centrale et les nefs latérales réunies. Il est même plus haut. À l'origine, les baies étaient bien plus grandes (il fallut les réduire quand les édifices à l'entour se firent plus hauts) et l'intensité de la lumière dans le chœur devait être d'autant plus forte. Les contreforts sont à l'intérieur même de l'édifice, formant des travées où nichent les chapelles (leur forme actuelle est le fruit d'un réaménagement baroque, auquel on doit aussi l'excellent autel de Fischer von Erlach).

Le chœur semble être un univers autonome, en tous points

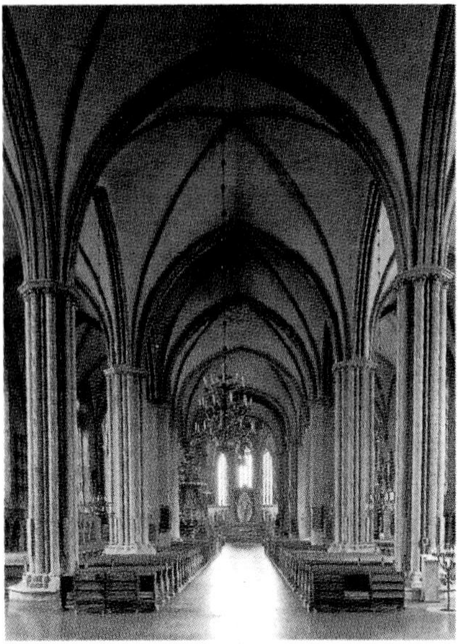

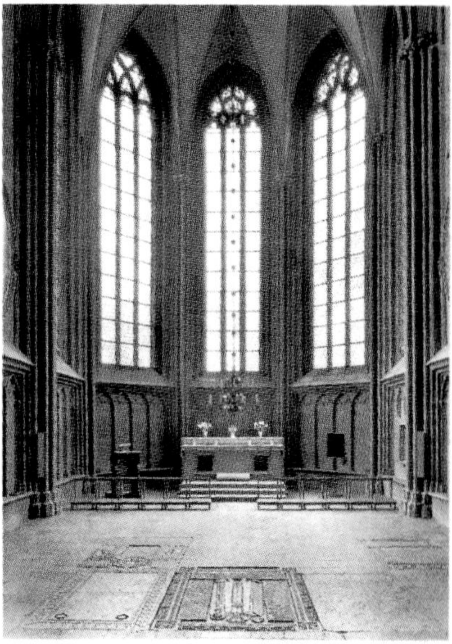

Nef centrale et vues intérieures du chœur de la cathédrale de Linköping, commencé vers 1408 par Maître Gierlach de Cologne et achevé vers la fin du XVe siècle.

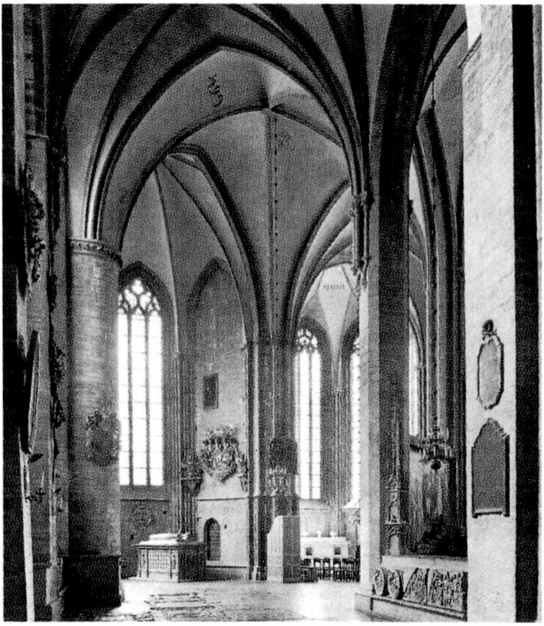

indépendant de la nef, voire en opposition : il est tout à la fois plus haut, plus spacieux et plus lumineux. Sa disposition quasi centrale souligne encore son caractère sacré. Il est vrai que la voûte du chœur est soutenue par cinq colonnes engagées rondes et fines, mais le fait qu'une colonne soit placée au milieu, dans l'axe même de l'église, souligne encore cette impression de centralité. Quoique assez rare, ce type de solution n'est pas unique. À cette même époque, l'architecte Hans von Burghausen y recourut dans l'église de l'hospice du Saint-Esprit à Landshut où, toutefois, la colonne du déambulatoire, placé au centre, apparaît à l'extrémité de la perspective de la nef de l'église-halle. Dans le cas des églises de Landshut et de Salzbourg, les baies sont distribuées de telle façon dans l'abside que l'une d'elles se situe dans l'axe même de l'église : du fait de cette composition, la colonne placée au centre est comme soulignée par la lumière que donne la baie. Il en résulte une quasi-dématérialisation visuelle de la colonne, qui rehausse le caractère sacré, mystique de l'espace.

Il n'existe aucun document permettant d'établir si, à Salzbourg, cette construction était à l'origine destinée à remplacer une nef analogue en accord avec le principe de l'église-halle, ou même de la nef romane, ou s'il s'agissait au contraire de juxtaposer les deux unités architecturales, dans toute leur diversité, telles que nous les voyons aujourd'hui. Même si l'idée de départ était différente, il semble cependant que la disposition finale du chœur de Salzbourg était déjà inscrite dans la décision d'opposer les deux éléments[24]. On retrouve des solutions analogues dans des ouvrages contemporains. À partir de 1408, la cathédrale de Linköping, en Suède, fut pourvue d'un chœur insolite par les soins de Maître Gierlach de Cologne ; mais l'ouvrage ne fut terminé qu'à la fin du siècle. Depuis la nef, le regard traverse les arcs de l'abside jusqu'à l'espace lumineux du chœur qui l'entoure et qui semble s'étendre dans de multiples directions.

À l'autre extrémité de l'Europe, dans l'Église Noire de Brașov en Transylvanie, commença à la fin du XIVe siècle la construction d'un chœur à piliers octogonaux, extrêmement hauts et fins avec des baies lancéolées qui s'étendent sur toute la hauteur du mur. Le corps principal de l'église – une église-halle mais avec des tribunes – est un ajout plus tardif du XVe siècle ; bien plus large, il laisse voir une sorte de coupe transversale à travers le chœur : le contour obscur des piliers effilés scande de manière scénographique la vision dématérialisée du sanctuaire resplendissant de lumière. Une fois encore, il est permis de penser que ces oppositions ont été voulues par ceux qui ont conçu l'architecture de

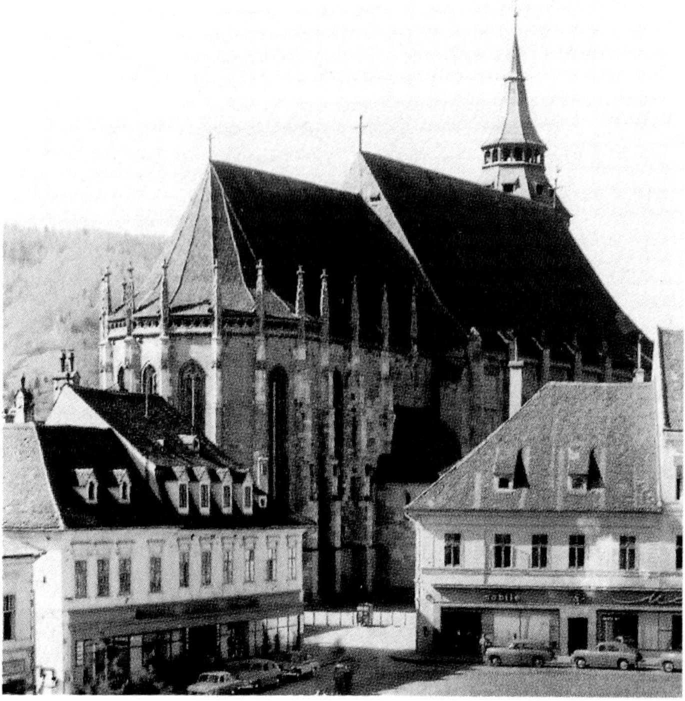

Vue extérieure du chœur de l'« Église Noire » de Brașov, en Transylvanie.

ces églises. Mais celles-ci restèrent l'exception et les caractéristiques de l'église-halle ressortent mieux dans des ouvrages plus homogènes.

Hans von Burghausen avait déjà, si l'on peut dire, dématérialisé les supports, incroyablement fins, de son chef-d'œuvre : l'église Saint-Martin de Landshut où, loin de faire partie d'un mur qui séparerait la nef centrale des nefs latérales (il n'existe pas de paroi de ce genre), les piliers se dressent à l'intérieur du vaste espace unifié et lumineux de l'église.

À peu près à la même époque fut érigée bien plus à l'est une autre importante église-halle : l'église Saint-Jacob de Neisse, en Silésie, province passée de la Pologne à la Bohême au xive siècle. La construction de cette église fondée par le duc Wacław de

Legnica, archevêque de Wrocław, se prolongea de 1401 à 1430. Les piliers de cette église sont placés plus près les uns des autres, ce qui donne à leur alignement un caractère plus matériel aux yeux du spectateur, au contraire de l'église de Landshut, dont l'intérieur est lumineux, ouvert à la lumière extérieure. À Neisse, l'architecture crée un univers à part auquel contribue le matériau particulier des piliers dans la construction desquels alternent les portions de briques rouges et les bandes de pierre grise. Il en résulte une impression de couleur tandis que l'alternance de matériaux souligne l'élément horizontal qui s'oppose à la verticalité que suggèrent les piliers et les arches étroites qui les séparent.

L'usage décoratif de la diversité structurelle des matériaux, qui apparaît à Neisse avec une certaine retenue, est plus raffiné et parfois plus somptueux dans l'œuvre de Heinrich Brunsberg. Actif dans la région de la mer Baltique au tournant du XIVe et du XVe siècle, on peut le considérer comme l'un des architectes les plus représentatifs des tendances décoratives typiques de l'art autour de 1400. Voici quelques exemples de formes ou d'œuvres architecturales considérées comme l'expression du style international de la période et dans lesquelles on peut voir des phéno-

1/ Hans von Burghausen. Intérieur de Saint-Martin de Landshut.

2/ Intérieur de Saint-Jacob de Neisse en Silésie (1401-1430).

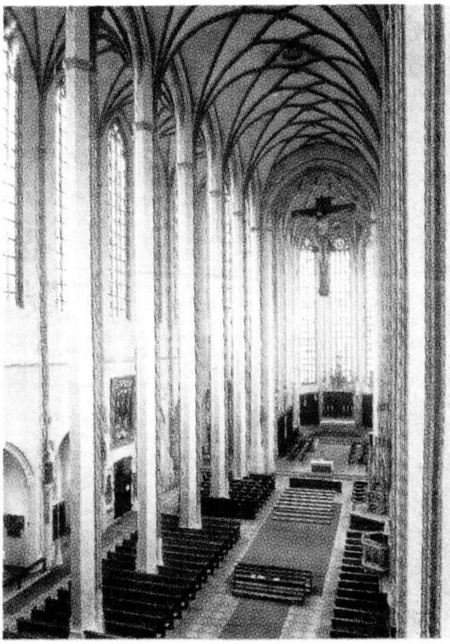

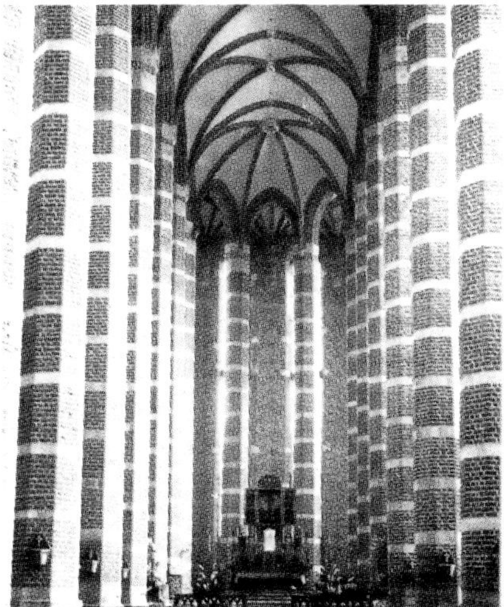

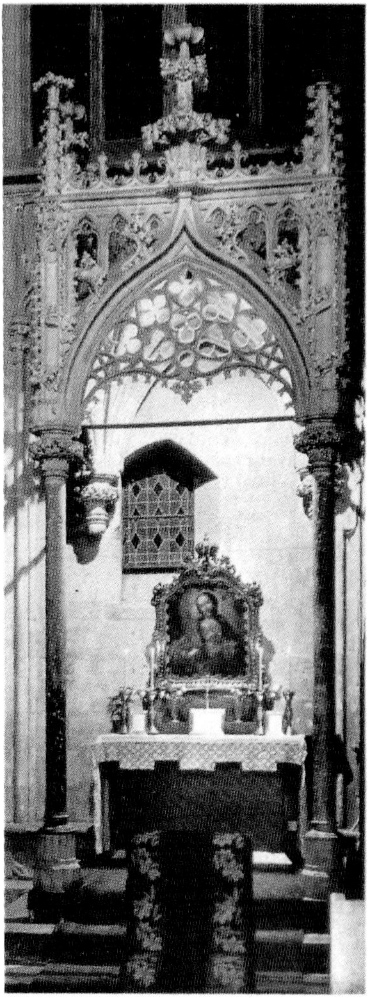

Baldaquin de Puchheim (avant 1434), cathédrale Saint-Étienne de Vienne.

mènes au moins parallèles à ces tendances : les formes capricieuses et précieuses du baldaquin de Puchheim (avant 1434) dans la cathédrale Saint-Étienne de Vienne, les éléments décoratifs du tympan du transept sud de la cathédrale Saint-Guy de Prague (1390) ou la décoration à dentelle que Madern Gertener employa pour son portail de l'église Notre-Dame de Francfort et dans la cathédrale de Mayence[25].

Mais l'œuvre de Brunsberg ne se résume pas seulement à des

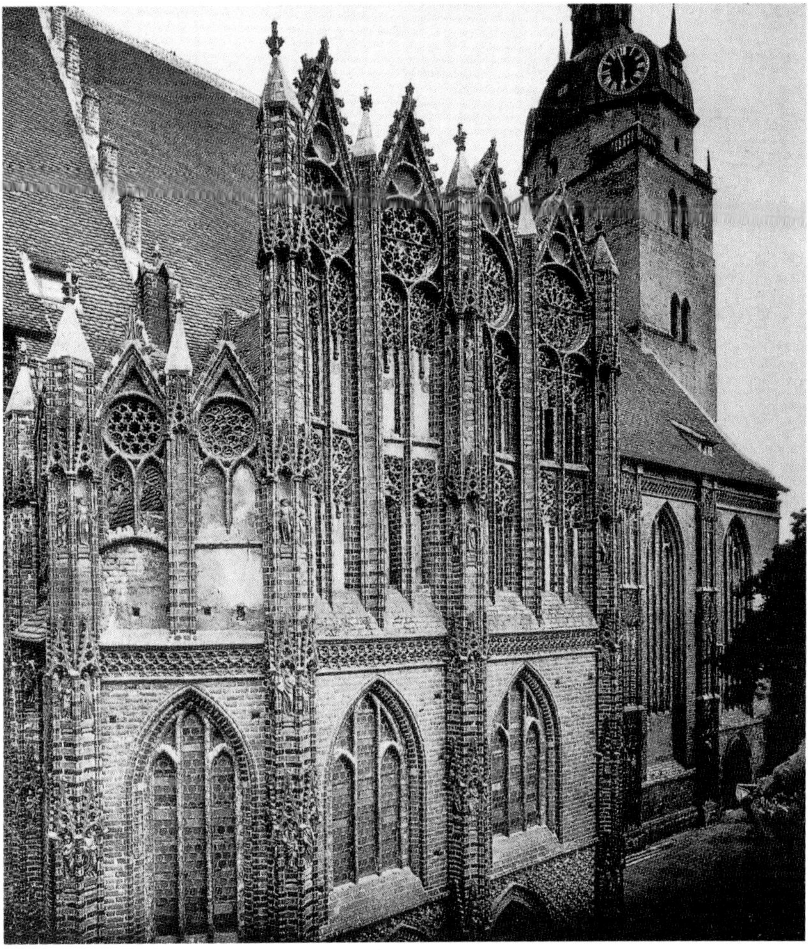

Heinrich Brunsberg, après 1395. Décorations en briques à l'extérieur de l'église Sainte-Catherine de Brandebourg.

détails ou à des éléments particuliers comme ceux que l'on vient d'énumérer ; toutes ses constructions sont autant d'exemples d'une architecture conçue comme des objets précieux : témoins les chœurs de Sainte-Catherine de Brandebourg (vers 1395), de Sainte-Marie de Stargard (vers 1400), de Sainte-Marie de Chojna (après 1400) ou les hôtels de ville de Stargard, de Chojna et de Tangermünde. C'est lui qui définit et propagea dans la région de la Baltique l'église-halle, avec ses chapelles entre les contreforts,

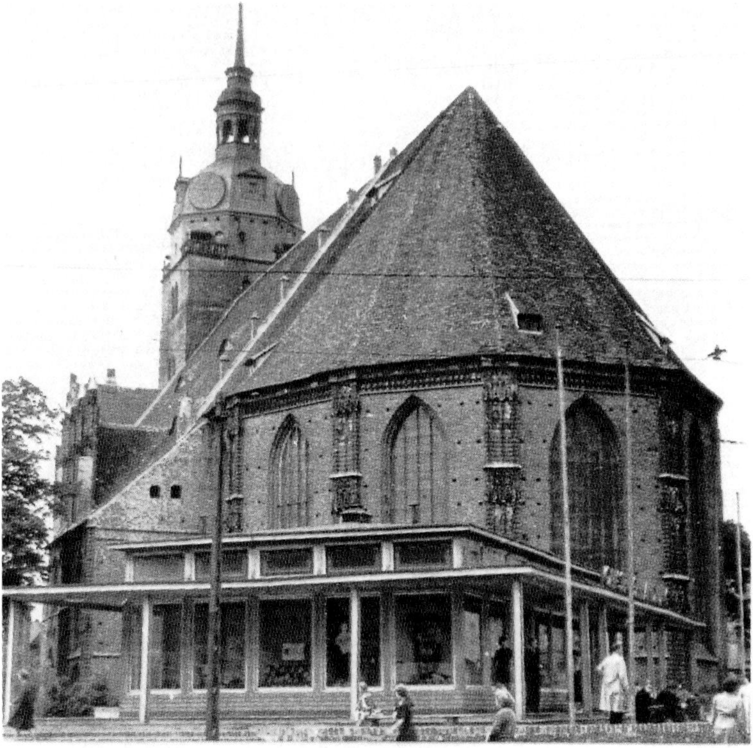

Heinrich Brunsberg, après 1395. Vue extérieure du chœur de Sainte-Catherine de Brandebourg.

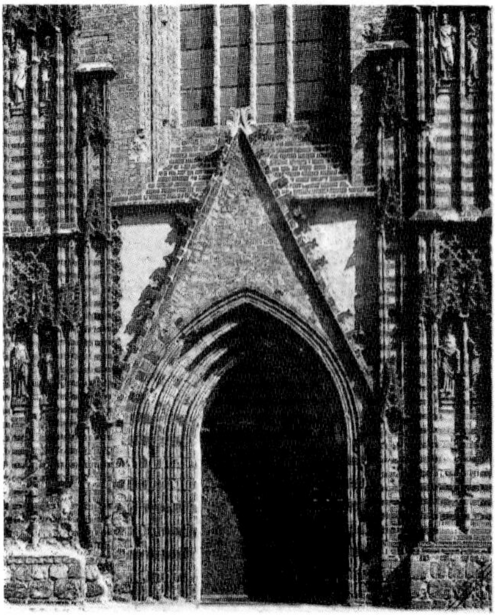

Heinrich Brunsberg, après 1395. Décorations en briques à l'extérieur de l'église Sainte-Catherine de Brandebourg.

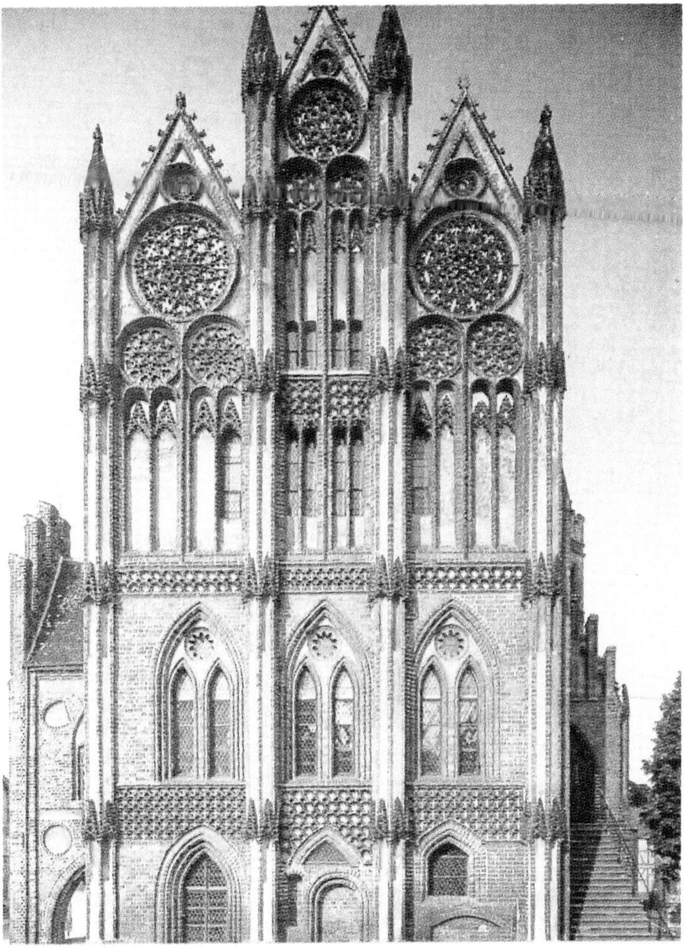

Heinrich Brunsberg, autour de 1430. Hôtel de ville de Tangermünde.

et il fut aussi le premier à faire un usage décoratif de la brique. L'usage architectural, traditionnellement prosaïque, de la brique dans le style nord-européen se fit alors plus élégant, raffiné et précieux. Le contraste est saisissant entre le concept quasi cubiste des volumes dans la vue extérieure du chœur de Sainte-Catherine de Brandebourg et la dentelle transparente de ses tympans délicats avec leurs nervures en briques. Le vernis brillant qui les recouvre les transforme en joyaux colorés d'échelle monumentale. Tel est

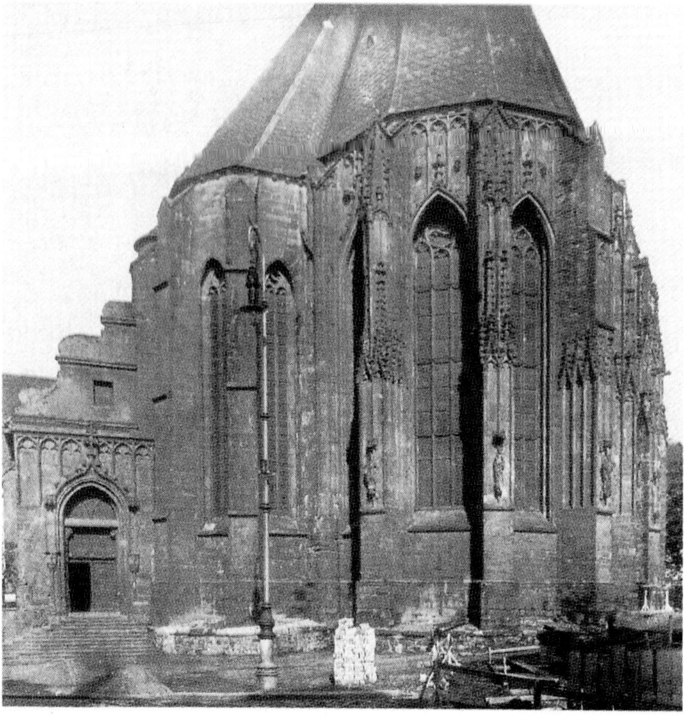

Chœur de l'église Saint-Maurice, à Halle (1388-1411).

le cas de sa façade de l'hôtel de ville de Tangermünde (vers 1430), réduite à trois espaces, seulement, mais d'une délicatesse exquise du fait des proportions de l'ornementation et des ajours en briques, pareils à des joyaux.

Brunsberg limita son activité à la région de la mer Baltique, mais l'on trouve des tendances similaires plus au sud, dans une série de chœurs d'églises du centre de l'Allemagne : à Saint-Maurice de Halle (1388-1411), dans l'église du château d'Altenburg (1413), à Saint-Nicolas de Zerbst (1430) ainsi qu'en d'autres églises. Leurs contreforts sont décorés de statues, de pinacles et de dentelles ; les espaces autour des baies, de modénatures verticales. Leur décoration extérieure est tellement marquante qu'on a parlé à leur propos de « façade du chœur »[26]. En ce sens, elles sont proches des tendances de Brunsberg, bien que la décoration soit en pierre, non en brique.

À l'est de la Baltique se trouvait l'État des Chevaliers Teutoniques, dont la puissance touchait cependant à sa fin. À la bataille de Grünwald, en 1410, les Polonais et les Lituaniens avaient eu raison de la prépondérance militaire de l'Ordre, qui amorça alors un rapide déclin. Mais c'est précisément dans cette ultime phase de sa puissance que cet ordre religieux et chevaleresque éleva un monument à sa propre histoire : un château que l'on ne peut comparer qu'aux chefs-d'œuvre architecturaux du XIVe siècle que sont le Palais des Papes en Avignon et la résidence des derniers souverains arabes d'Europe, à Grenade.

Façade de la grande salle du château des Chevaliers Teutoniques de Malbork (Marienburg).

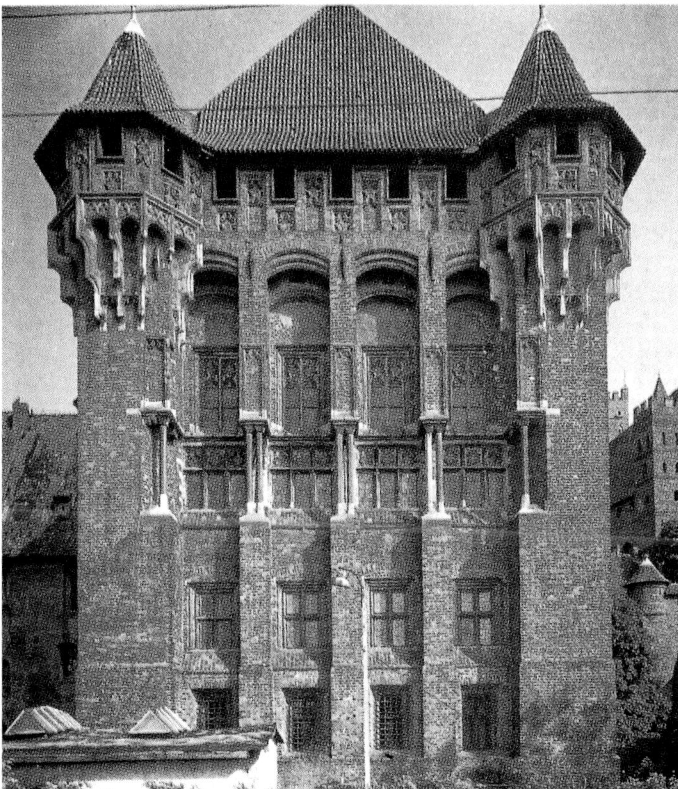

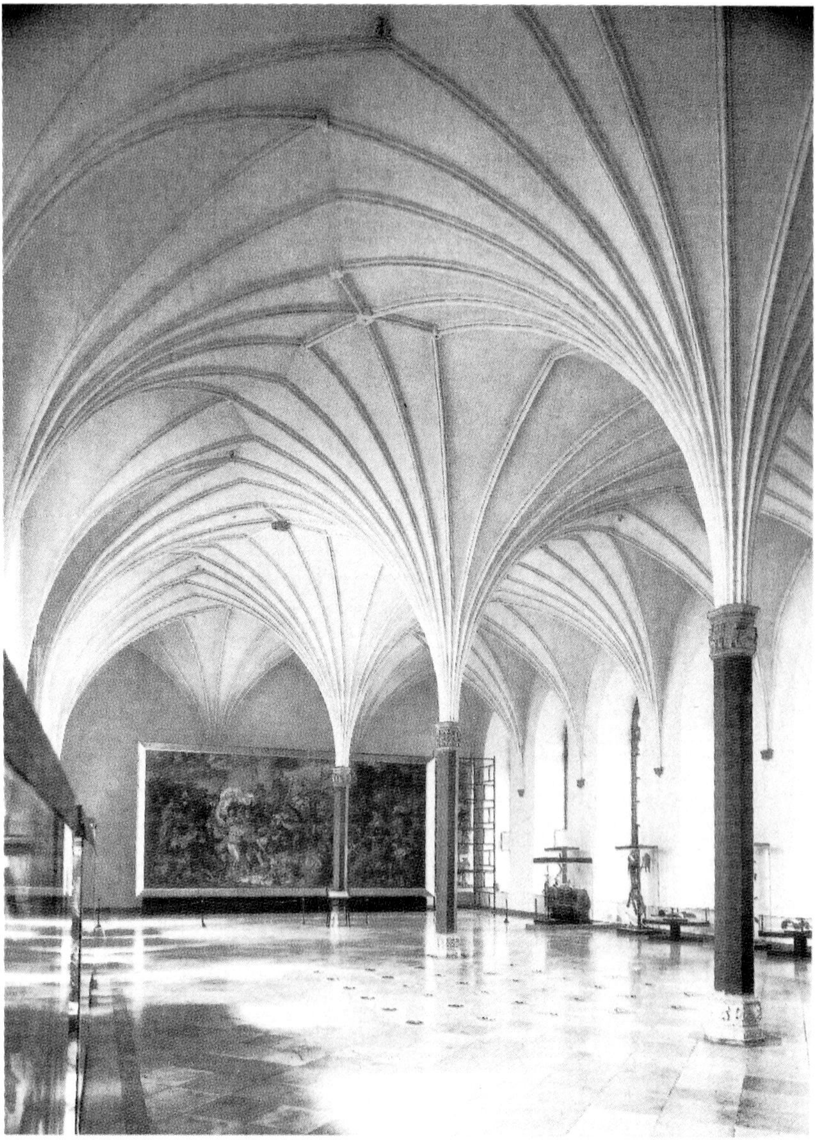

Intérieur de la grande salle (réfectoire d'été) au château des Chevaliers Teutoniques de Malbork (Marienburg), 1393-1399.

Ultime élément d'un vaste ensemble de constructions, le palais du Grand Maître de l'Ordre fut construit à Malbork (Marienburg) entre 1393 et 1399. Très probablement venu de l'ouest, l'architecte a mêlé les traditions françaises aux traditions locales, qui avaient trouvé à s'exprimer dans plusieurs châteaux et églises de l'Ordre. Dans le château, le caractère défensif va de pair avec la splendeur et l'élégance : c'est la forme la plus haute de l'architecture de briques en Europe du Nord. L'espace de la grande salle (*Sommer-remter*, ou réfectoire d'été), avec ses murs quasi transparents, s'ouvre sur l'extérieur par deux rangées de fenêtres sous une série

Décoration sculptée de la porte nord (porte dorée) de Sainte-Élisabeth de Košice (début du XVe siècle).

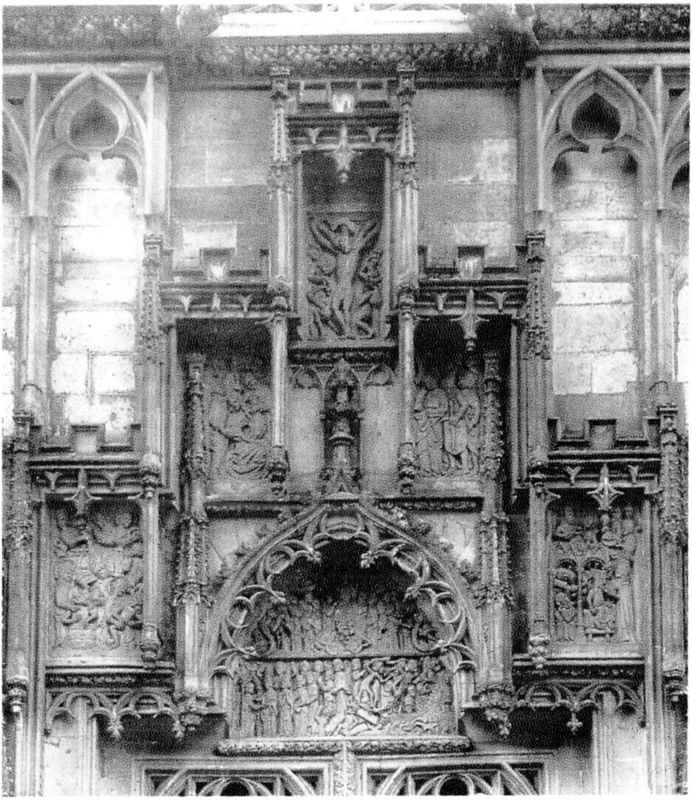

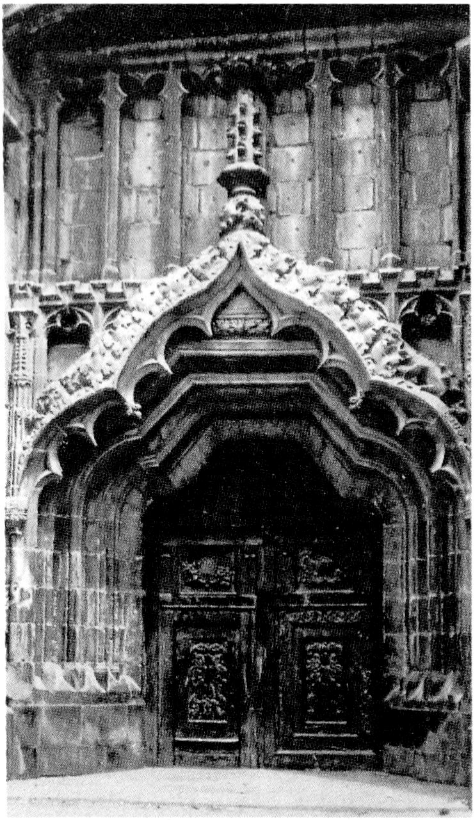

Porte sud-ouest de l'« Église Noire » de Braşov, Transylvanie (milieu du XVe siècle).

de voûtes en étoile qui jaillissent de piliers polygonaux du centre desquels se déploient les nervures des voûtes, pareilles à des palmes. Probablement inspirée des salles capitulaires anglaises, cette technique assure l'unité parfaite de l'intérieur. À l'extérieur, les contreforts massifs s'arrêtent à hauteur des fenêtres afin de ne pas faire d'ombre à l'intérieur et font place à des colonnettes qui, pour être fonctionnelles, n'en introduisent pas moins une touche de raffinement en allégeant la pesanteur de la monumentale façade de briques.

Les préoccupations décoratives de cette époque ne s'expriment pas seulement dans la diversité des voûtes mais aussi dans la façon dont les architectes traitaient cet élément important de la construction qu'est le portail. La conception traditionnelle du portail élaborée au début du gothique fut alors remise en cause et les divers éléments de sa structure devinrent jusqu'à un certain point indépendants, permettant ainsi un jeu de formes excitant. Le chantier de l'église paroissiale Sainte-Élisabeth (devenue cathédrale) de Košice, construite entre 1380 et 1440, joua un rôle important dans ce processus. Exécutés dans la première moitié du XVe siècle, les trois portails de cette église devinrent ensuite des modèles imités dans le centre et le sud-est de l'Europe.

La configuration extérieure ne respecte pas la forme du portail qu'elle reproduisait jadis : les divers plans de l'espace sont disposés de telle façon que les structures s'interpénètrent et se croisent pour produire des ensembles complexes, polyphoniques mais harmonieux. Il est parfois difficile de trouver des points de contact et des liens de dépendance entre des œuvres similaires. Moins riches quoique assez beaux, deux portails de Sainte-Catherine de Cracovie sont désormais datés de 1400 et pourraient donc être antérieurs à ceux de Košice[27]. Mais il n'est pas douteux que les variantes imaginatives de Transylvanie – à Cluj (Saint-Michel) et à Braşov (l'Église Noire) – sont inspirées des portails du centre slovaque (qui appartenait alors à la Haute Hongrie) de Košice.

Le portail sud-ouest de l'Église Noire de Braşov, qui témoigne d'une imagination étonnamment libre, mérite une mention spéciale : la cannelure profonde de l'encadrement du portail, qui se projette comme un arc en ogive arrondi, est associée à un triple arc en ogive superposé, dont le bord supérieur est orné d'une guirlande de feuilles tandis que le bord inférieur est comme festonné de petits arcs. Le tout sur fond de modénatures verticales et de délicates découpures de pierre mêlées en un jeu compliqué.

À Cluj, à Cracovie et à Košice, la linéarité est plus affirmée, les formes plus rectangulaires, et les lignes plus nettement brisées, annonçant ainsi les évolutions ultérieures. Le style délicat de la décoration, qui demeure raffiné et précieux, amorçait sa métamorphose vers les formes qui allaient dominer au milieu du siècle, et qu'on allait aussi retrouver dans les drapés des sculptures comme en peinture. Nous sommes en présence du « style angulaire », illustré par des artistes qui firent leur apparition sur la scène européenne au début de la quatrième décennie du siècle.

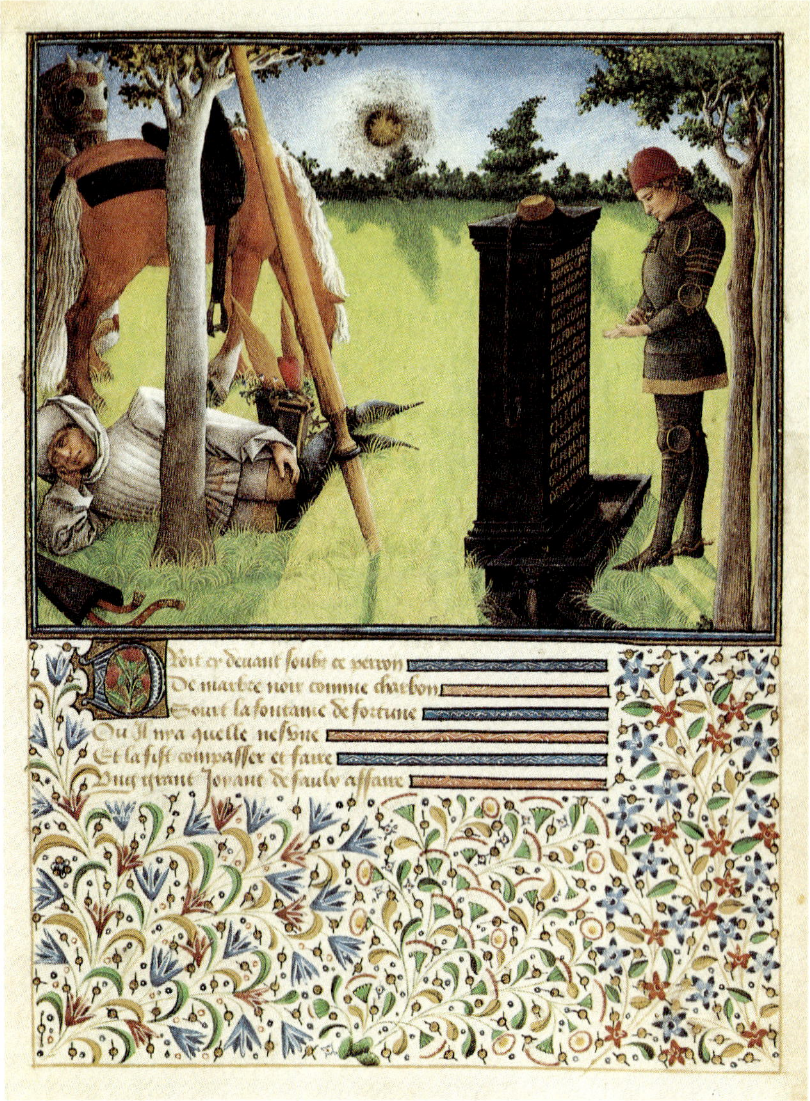

Maître du roi René, vers 1457-1465. *Cuer lit l'inscription sur le mur magique*; enluminure du fol. 15 du *Livre du Cuer d'Amour Espris*. Vienne, Österreichische Nationalbibliothek, ms. 2597.

Chapitre IV

LA NOUVELLE IMAGE DE LA NATURE ET DE L'HOMME

1. Réalité et symbole

Au cours du premier quart du siècle, c'est dans la sculpture et dans l'enluminure que furent obtenus les résultats les plus notables. Dans les décennies centrales du XVe siècle, la peinture sur bois passa au premier plan, suivant les exemples de Malouel et de Broederlam, et prit assurément une importance qui éclipsa la production sortie des ateliers de sculpture.

Les retables peints prirent des dimensions toujours plus monumentales et firent appel à une technique employant toujours plus d'huile et de vernis comme médium, donc des instruments artistiques encore inconnus jusque-là. Cette technique nouvelle permit de représenter la réalité avec toute la diversité nécessaire en ce qui concerne le contenu, l'espace et la lumière, et rendit possibles des visions suggestives d'objets à trois dimensions, composés de matériaux divers, mais aussi d'êtres humains situés et agissant dans l'espace, diversement éclairés au gré des saisons et des heures de la journée. Nous sommes en présence d'un style très différent du style précieux et beau qui avait cours autour de l'an 1400.

Désormais, les êtres humains sont représentés dans leurs réactions aux stimuli extérieurs, laissant libre cours à leurs sentiments, à leurs désirs et à leurs passions. L'art se défit de sa tendance à créer avant tout des œuvres belles et émouvantes. Tandis que la beauté, parfois compliquée et capricieuse, dominait dans les œuvres créées au tournant du siècle et dans les premières décennies du XVe siècle, c'est surtout la vérité qui, dorénavant, devint le domaine de prédilection de l'artiste. Les peintres peignaient la réalité vraie du monde, sans chercher à en éliminer la laideur ; ils

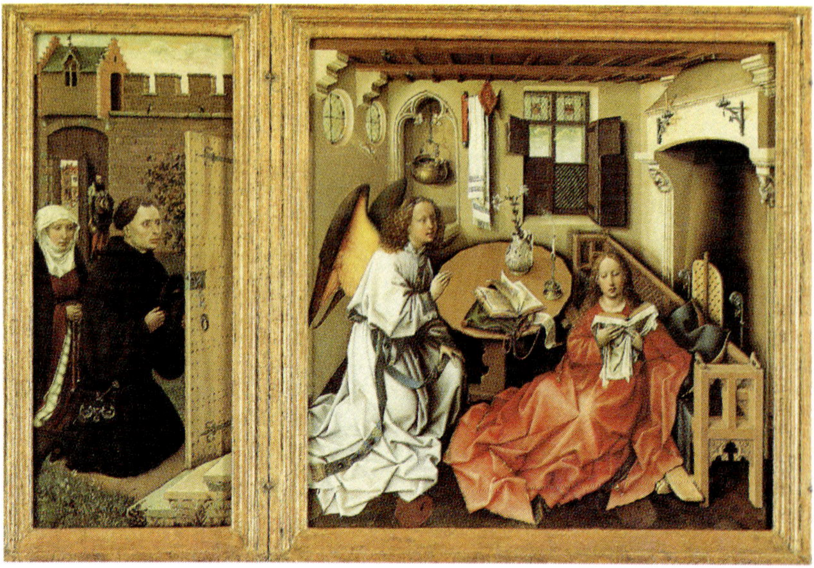

n'omettaient aucun aspect de la réalité, sans renoncer pour autant au désir de créer des œuvres d'art parfaites. Les choses à représenter ne devaient plus être nécessairement belles : il importait plutôt que l'œuvre d'art fût suggestive et cohérente. Pour construire son microcosme, le peintre devait se concentrer sur ses qualités typiques, saisir l'univers dans sa diversité changeante.

Pour longtemps encore, les peintures restèrent des objets colorés et précieux ; la technique de l'huile, l'application du vernis et la surface lisse des panneaux enduits d'une préparation ajoutaient une certaine splendeur à la préciosité. D'autre part, les représentations devenaient tellement suggestives, la profondeur de l'espace attirait si bien le regard, la réalité de la chose représentée, des émotions exprimées et des actions décrites prenait une évidence si pénétrante qu'il fallait de grands talents pour maîtriser avec les instruments et les moyens artistiques cette vision du monde, dont on avait eu une révélation soudaine, sans subordonner l'ordre de la réalité à l'ordre de l'art, comme cela avait été le cas dans plus d'une œuvre du « beau style ».

Cette capacité enchanteresse de créer une vision convaincante de la réalité et de la revêtir des ornements de la composition artistique s'était déjà manifestée dans les œuvres de plusieurs pein-

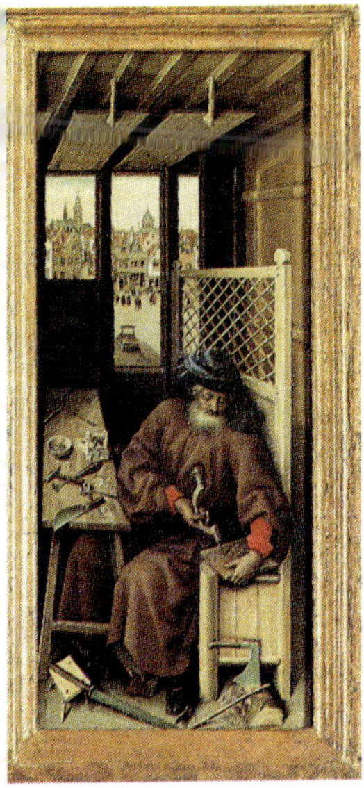

Maître de Flémalle (Robert Campin?). Retable de *Mérode*, avec la scène de l'*Annonciation* entre *Saint Joseph dans son atelier de charpentier* et le *Donateur en prière*. New York, The Metropolitan Museum of Art, The Cloisters Collection.

tres néerlandais peu avant 1430 ; par la suite, elle se propagea en Allemagne, en France et en Espagne. Il est intéressant de constater que ce nouveau style, cette nouvelle capacité apparut dans le Nord au moment même où en Italie les premiers maîtres du XVe siècle introduisaient des innovations décisives touchant la représentation de l'espace, les proportions humaines et le mouvement. De tous les peintres des Pays-Bas, le plus représentatif est sans conteste Jan Van Eyck. Ses œuvres étaient connues et très appréciées en Italie, où visiblement elles répondaient bien aux attentes des connaisseurs et du public. Il est significatif que le seul jugement flatteur sur les œuvres de Van Eyck et de son contemporain (un peu plus tardif) Rogier Van der Weyden soit venu d'Italie, alors que les deux peintres étaient encore vivants, ou juste après leur disparition. L'humaniste Bartolomeo Fazio devait en effet évoquer les caractéristiques de leurs œuvres dans son histoire des hommes illustres et, dans une phraséologie humaniste, il souligna les compétences – en particulier la géométrie et le savoir hérité des Anciens – qui s'accordaient si bien avec les attentes des humanistes italiens.

Fazio achève sa description de l'œuvre de Van Eyck en exprimant son admiration pour une qualité qui, certes, répondait aux exigences d'Alberti, mais qui ne s'était pas encore épanouie en Italie : qu'il sût peindre des miroirs et l'image du monde qui s'y reflétait. « *Sed nihil propre admirabilius in eodem opere quam speculum in eadem tabula depictum, in quo quaecunque inibi descripta sunt tamquam in vero speculo prospicias*[1]. »

Les chefs-d'œuvre de cette peinture qui ambitionnait d'être le miroir de la réalité furent peints sur commande de mécènes issus de l'aristocratie, du clergé ou de la haute bourgeoisie, généralement proches de la cour des princes. Jan Van Eyck fut peintre de cour auprès du duc de Bourgogne de 1425 à 1441, c'est-à-dire jusqu'à sa mort. Mais les portraits exceptés, on n'a gardé aucune trace de ses œuvres profanes, ce qui affecte certainement l'image que nous avons de cet art et renforce l'impression de solennité et de sacralité propre à son réalisme.

De fait, la représentation du monde chez les premiers maîtres néerlandais présente des qualités spécifiques : Robert Campin (généralement identifié à l'auteur de l'œuvre réunie autour des tableaux sur bois censés provenir de l'abbaye de Flémalle, d'où son surnom de Maître de Flémalle), Jacques Daret, Jan Van Eyck, Petrus Christus, Rogier Van der Weyden, Dirk Bouts, Hans Memling, Hugo Van der Goes, Gérard David, Geertgen tot Sint Jans. Le spectateur se trouve confronté à une image suggestive de la réalité qui naît de l'application de ces nouveaux moyens techniques que nous avons brièvement énumérés. La représentation des hommes et des choses n'est pas seulement réaliste et vivante, leur existence a quelque chose de magique et de puissant, qui vient de ce que les éléments constitutifs de cette réalité transmettent des messages déguisés sous les dehors de la vie quotidienne et des choses ordinaires.

La diversification des formes architecturales peut, par exemple, exprimer l'idée d'opposition entre l'Ancien et le Nouveau Testament, mais aussi l'accomplissement, dans le Nouveau Testament, de faits préfigurés par l'Ancien. La représentation des phénomènes naturels révèle souvent une signification métaphorique. Dans *La Vierge dans l'église* de Van Eyck (Berlin), la lumière vient du nord parce que – nous pouvons en avoir la certitude – la nef gothique et le chœur qui y sont représentés doivent être orientés comme à leur habitude. Du coup, suivant la suggestion de Panofsky, il fallait une lumière non pas naturelle, mais divine[2].

Dans le retable de Mérode – que l'on attribue généralement au Maître de Flémalle, sans qu'il y ait unanimité à ce sujet –, il est une foule d'objets représentés, tant à l'intérieur qu'à l'extérieur de la scène de l'*Annonciation* : la bougie qui vient de s'éteindre, sur

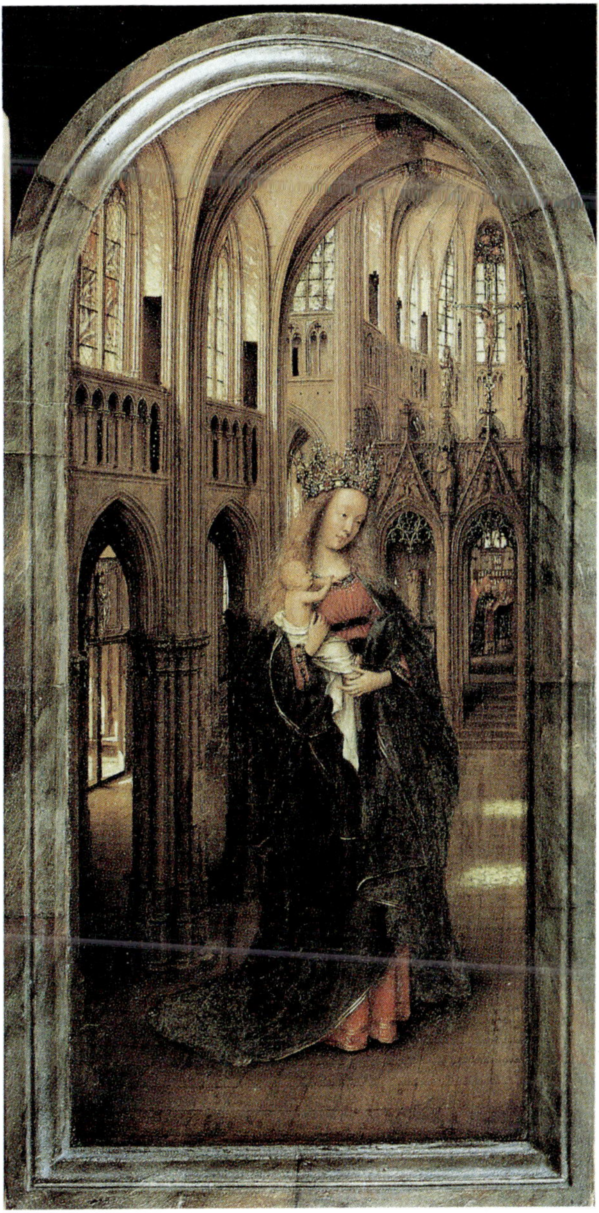

Jan Van Eyck. *La Vierge dans l'église*; peinture sur bois. Berlin, Stiftung Preussischer Kulturbesitz, Museum Dahlem.

le panneau central, les pièges à souris, le pressoir à vin que fabrique saint Joseph dans la partie droite, mais aussi, dans la partie gauche, le messager qui arrive d'une autre cité. Le symbolisme de tous ces détails enrichit et complique le message plus général qu'exprime la peinture.

La qualité particulière de ce type de symbolisme tient à ce que les vecteurs du message symbolique n'apparaissent pas comme des signes conventionnels, mais comme des personnes, comme des objets, dont la présence au sein du tableau n'appelle pas, semble-t-il, de justifications spécifiques, puisqu'ils s'accommodent fort bien d'une vision réaliste du monde. Ainsi a-t-on dit de ce symbolisme qu'il était « dissimulé » et, dans une certaine mesure, son interprétation doit demeurer toujours controversée. Tout au long du Moyen Âge, une tradition vivante voulait que toutes les choses du monde pussent jouer un rôle symbolique pour la pensée chrétienne. La théorie du symbolisme universel, qui se fondait sur la philosophie néo-platonicienne, avait été formulée au XIIᵉ siècle par Hugues de Saint-Victor (« toute la nature exprime Dieu »). Au XVᵉ siècle, le grand théologien Jean Gerson exprima à son tour la théorie symbolique, que l'on peut considérer comme le fondement théorique du « symbolisme dissimulé », dans les termes suivants : « Nous pouvons ainsi apprendre à transcender mentalement le visible vers l'invisible, le corporel vers le spirituel. Telle est la fin de l'image »[3].

Ces théories et ces opinions nous autorisent à penser que les premiers tableaux des Pays-Bas ont été peints dans l'intention de montrer les choses visibles à partir desquelles l'esprit du spectateur pourrait accéder au monde spirituel. Mais les problèmes d'interprétation demeurent compliqués, parce que, selon cette théorie du symbolisme universel, chaque chose peut revêtir un grand nombre de significations. Comment aurait-on pu espérer la finesse et la culture nécessaires pour une lecture correcte des symboles chez des spectateurs qui n'appartenaient point au groupe d'intellectuels instruits de la théologie ? Un tel symbolisme devait rester d'une portée assez restreinte ; sans doute était-ce un phénomène réservé à une toute petite élite.

Il était certainement bien plus facile d'exprimer le message inhérent à la réalité représentée en recourant aux moyens artistiques propres à la composition et au dessin. Le célèbre retable que Rogier Van der Weyden réalisa pour la guilde des archers de Louvain – jadis à Notre-Dame-hors-ville, aujourd'hui au Prado, à Madrid – en est une parfaite illustration. Dans la scène de la *Déposition*, sur fond de saints alignés pour assister à l'événement, le

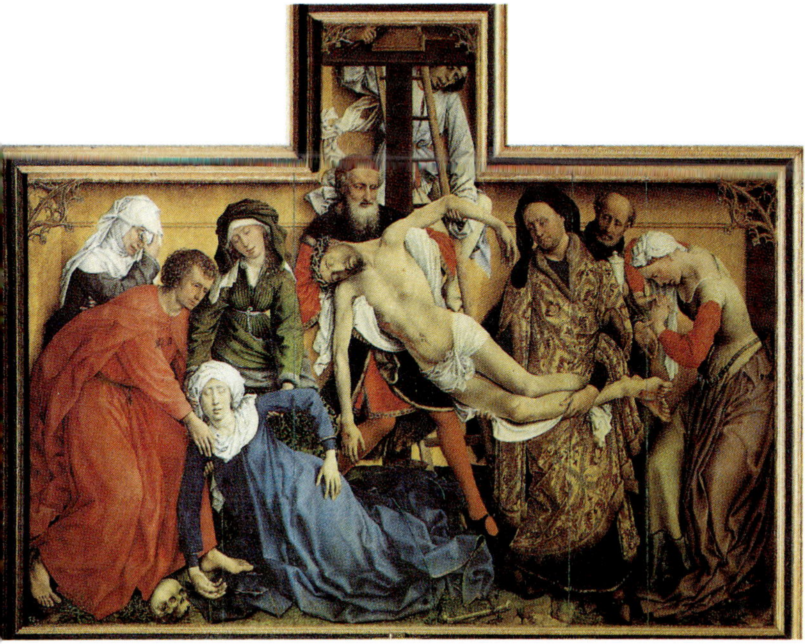

Rogier Van der Weyden, avant 1443. *Déposition* ; retable de la chapelle de la Guilde des Archers à Louvain. Madrid, Musée du Prado.

corps du Christ, mort et déposé, et le corps de la Vierge, accablée par la douleur, ont pratiquement la même inflexion : le corps et les jambes, mais aussi les bras et les mains sont dans une position analogue. La seule différence, c'est que la tête du Christ penche vers le bas, comme pour marquer qu'il est bien mort, tandis que celle de la Vierge, soutenue par l'une des saintes femmes, reste en position verticale.

Pour rendre crédible une thèse, que les lecteurs d'aujourd'hui pourraient trouver difficile à comprendre, il est nécessaire de produire des arguments savants et des citations. Dans le retable de Rogier Van der Weyden – von Simson en a fait la démonstration –, la peinture représenterait l'idée de participation de la Vierge à la Rédemption : sa « Compassion » et sa « Co-rédemption »[4]. Il est toutefois permis de penser que la forme visuelle avait assez de force pour transmettre directement le message au pieux spectateur du XVe siècle. La variation formelle spécifique d'une scène aussi populaire et parmi les plus fréquemment représentées devait être aisément comprise. Et pas seulement comprise, mais aussi et avant tout directement éprouvée. La capacité de décrire la réalité, propre aux maîtres des Pays-Bas, leur permettait de révéler aux croyants les événements de la vie du Christ et des saints avec une telle force de suggestion qu'ils devaient marquer en profondeur l'esprit des dévots.

La structure de la *Déposition* du Prado est assez complexe. Nous voyons se dérouler sous nos yeux la scène de l'Évangile, sur la terre caillouteuse du Golgotha, mais si nous levons les yeux, nous réalisons que le fond, sur toute sa longueur, n'est pas occupé par le ciel ni par une surface abstraite et dorée, mais par la paroi dorée d'une enveloppe de bois, laquelle suggère que nous sommes devant une niche assez peu profonde – comme une scène de théâtre –, fermée à l'arrière et de côté. En conclusion, la représentation peinte imite la représentation sculptée et polychrome. Les ajours dans le goût du gothique tardif qui ornent les angles supérieurs de l'encadrement extérieur de l'espace représenté, semblent en apporter la confirmation.

D'autre part, les personnages eux-mêmes n'imitent aucunement la sculpture. La couleur de leur chair trahit l'émotion et réverbère la lumière comme la reflète la peau de l'homme. Le visage de la Vierge qui s'évanouit est pâle et froid, tandis que l'obscurité de la mort assombrit la tête du Christ. La représentation du corps nu du Sauveur témoigne de la très grande expérience anatomique de Van der Weyden. Le bras droit du Christ qui pend à la verticale et effleure presque la main gauche de la Vierge est saisissant de vraisemblance : les lumières, les ombres et les couleurs sont employées de manière à donner forme aux modelés et, par sa justesse, la représentation anatomique supporte parfaitement la comparaison avec les œuvres italiennes contemporaines.

L'idée de suggérer que nous sommes en présence d'un retable sculpté ne peut s'expliquer qu'en supposant que le peintre voulait prouver qu'il était capable de donner par ses propres moyens l'impression d'une œuvre sculptée à trois dimensions. On peut rappeler, à cet égard, qu'autour de 1400, il était encore naturel que le centre du retable fût confié à un sculpteur (ainsi, le retable de Jacques de Baerze, à Dijon), les volets seuls étant l'œuvre de peintres (comme ceux de Melchior Broederlam, dans ce même triptyque). Le retable de Van der Weyden, à Louvain, a dû être réalisé à un stade crucial des progrès de la compétition idéale entre sculpteurs sur bois et peintres dans l'art des Pays-Bas. Le triomphe des peintres s'exprima au cours des décennies centrales du siècle, et avant tout dans le développement de triptyques à volets pouvant être rabattus.

2. L'âge des triptyques peints

De même que la façade de l'église dans la première période du gothique, le retable devint au XVe siècle la voie royale pour transmettre les significations religieuses aux fidèles à travers des images. La narration de l'histoire sacrée et la présentation de la vérité religieuse à travers des symboles et des allégories exigeaient quelque structure préétablie. Dans le Haut Moyen Âge, celle-ci était assurée par la composition architecturale des portails ainsi que par une série de chapiteaux sculptés et de fenêtres décorées de vitraux. Au XVe siècle, le message ne se trouve plus à l'extérieur, mais à l'intérieur même de l'église, non plus au portail mais à l'autel ; des chapiteaux élevés et des piliers, il s'est rapproché des fidèles. Une structure nouvelle, placée dans l'espace intérieur des fidèles, vit le jour avec l'autel pourvu de son *retable*. Loin d'être tributaire de l'architecture, il constituait un microcosme autonome, un lieu central au sein de l'église, qui focalisait l'attention des fidèles à un double titre : comme reliquaire sacré resplendissant, plein d'or et de couleurs, mais aussi comme lieu de dispensation de la vérité religieuse et de la morale. Tout au long du XVe siècle, le retable demeura le travail le plus important des artistes, qui en réalisèrent de tous les types et de toutes les tailles : des petits diptyques ou triptyques, comme le diptyque Wilton ou le diptyque Carrand, dont les princes se servaient dans leur oratoire et qu'ils emportaient avec eux en voyage, aux retables de taille moyenne exécutés pour les chapelles – des châteaux, des églises citadines et des bâtiments civils –, sans oublier les immenses retables qui occupaient le mur intérieur des grandes chapelles et des nefs spacieuses dans les cathédrales, ou qui s'élevaient au milieu des chœurs. Dans les seuls Pays-Bas, on connaît plus de 100 triptyques réalisés au XVe siècle.

La base sociale du mécénat s'élargit considérablement au regard de ce qu'elle était au début du siècle. En peinture, les commandes importantes ne venaient plus tant des cours princières que du haut clergé, des commis de l'État et des riches marchands – du Nord ou de l'Italie, où l'on admirait fort la peinture des Pays-Bas – mais aussi des confréries, des corporations de commerçants et des guildes. Des peintures plus ou moins compliquées, conçues pour révéler progressivement un magnifique ensemble d'images, étaient commandées pour les chapelles familiales ou tel ou tel corps social. Aux Pays-Bas, la peinture supplanta pour longtemps la sculpture. Il fallut attendre le début du XVIe siècle pour que sculpteurs et peintres unissent à nouveau leurs efforts dans les ateliers d'Anvers et de Bruxelles, qui produisirent une multitude de retables pour l'exportation. Au XVe siècle, les triptyques les plus importants des Pays-Bas ne possédaient pas de sculpture, alors que celle-ci conserva toujours une place importante en Allemagne et, dans une certaine mesure, en Espagne.

Aux Pays-Bas, la prédominance de la peinture se passait fort bien du support tridimensionnel de la sculpture. Les peintres étaient aussi habiles à créer des images que des sculptures peintes. Dans la *Déposition* de Rogier Van der Weyden, nous avons vu un exemple d'interpénétration de peinture et de sculpture. En règle générale persistait un évident dualisme dans le traitement des diverses parties du triptyque, qui soulignait, non pas tant le moment de la fusion, que la forte différenciation entre le monde de la sculpture, limité et lié à l'architecture, et le monde ouvert et infini de la représentation picturale. Ceci apparaît avec une grande force dans le plus énigmatique et célèbre des tableaux peints du XVe siècle : œuvre des Van Eyck, à la cathédrale Saint-Bavon de Gand (après avoir été un temps à l'église paroissiale Saint-Joseph), il représente l'*Adoration de l'Agneau* et il est connu sous le nom de retable de Gand.

J'ai employé le pluriel parce qu'une longue tradition prétend que deux peintres furent à l'origine du retable : Hubert et Jan Van Eyck ; mais de Hubert, nous ne savons pas grand-chose, sinon qu'il est mort en 1426, six ans avant que le retable de Gand ne fût achevé (en 1432). Il porte une inscription, dont l'interprétation matérielle et sémantique demeure controversée, et qui indique que l'ouvrage fut commencé par Hubert et achevé par Jan, à la demande de Joos Vijd, conseiller municipal de Gand et noble qui assumait aussi certaines charges à la cour de Philippe le Bon. Des volumes entiers ont été consacrés aux hypothétiques origines de cette œuvre, sans aboutir toutefois à des conclusions qui fassent l'unanimité. Une chose semble néanmoins certaine, c'est qu'elle marqua le point de départ de la peinture aux Pays-Bas et que les multiples qualités de cet art trouvèrent une expression excellente dès cette première grande œuvre.

Jakob Burckhardt dit un jour que les images du retable de Gand suffiraient à emplir une chapelle entière. Burckhardt pensait suivant la tradition italienne, où les peintures murales des chapelles furent l'une des formes d'expression artistiques les plus populaires du XVe siècle. Dans le Nord, ce fut le retable. La grande structure du retable de Gand dominait la chapelle assez modeste dans laquelle Joos Vijd et son épouse, Elisabetta Borluut, avaient

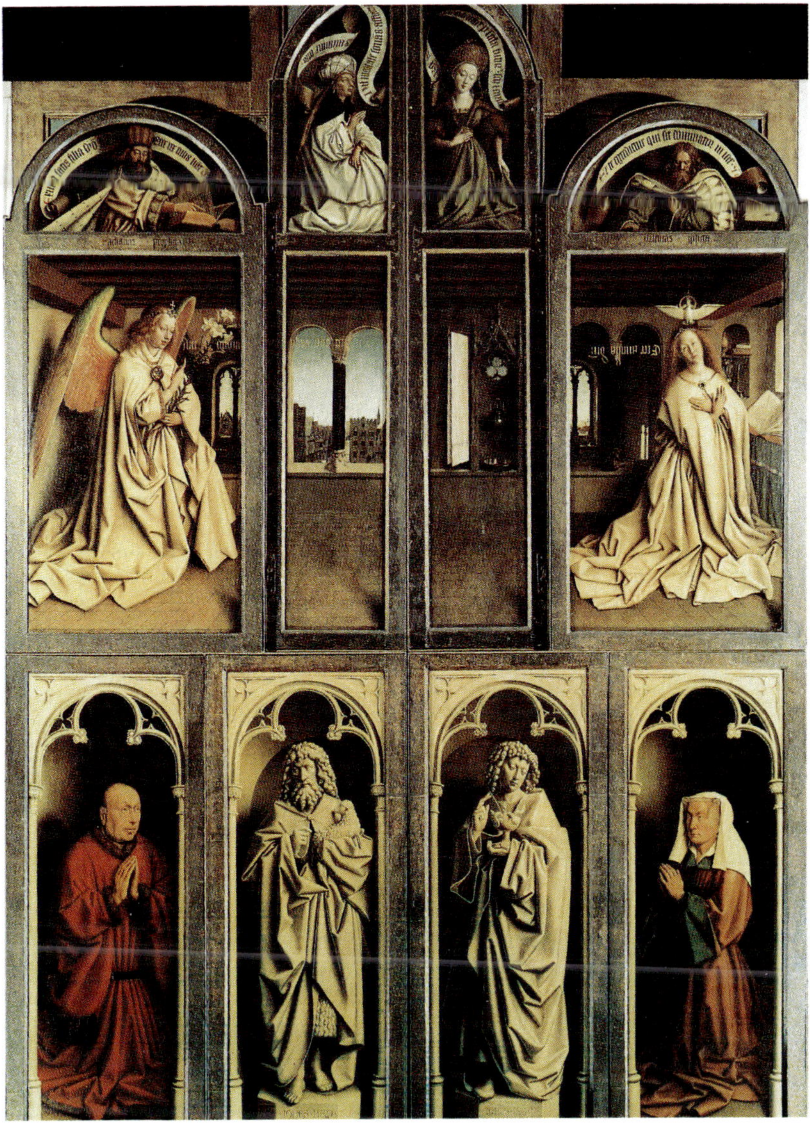

Jan Van Eyck (et Hubert Van Eyck?), 1432. Extérieur peint du retable de l'*Agneau mystique* avec la scène de l'*Annonciation* et les images des *Donateurs en prière* aux côtés des figures en grisaille de *saint Jean-Baptiste* et de *saint Jean l'Évangéliste*. Gand, Saint-Bavon.

« établi à perpétuité le service d'une messe journalière pour le salut de leur âme et de celle de leurs ancêtres »[5]. La puissante façade du retable est conçue comme un élément architectural, un semblant de mur où des niches ont été aménagées : dans le mur peint sont ainsi représentées des pierres. Sans doute était-ce une façon d'établir un lien avec le site de la chapelle et son architecture.

Dans la partie inférieure, quatre niches fermées avec des arches semi-circulaires ornées de découpures simples abritent les statues de deux saints, au centre, et sur les côtés les effigies des donateurs agenouillés. Dans la partie supérieure, on a affaire à une autre conception : à travers les cloisons, qui projettent leur ombre dans l'espace intérieur, nous voyons une salle assez basse de plafond qui donne sur la place par une loggia. C'est le théâtre de l'*Annonciation*. Au-dessus du plafond, deux prophètes et deux sibylles délivrent leurs prophéties sur la venue du Christ. L'amorce du processus de la Rédemption est ainsi représentée et annonce son accomplissement dans les images qui se trouvent à l'intérieur du retable.

Cette composition se caractérise par une diversité, extrêmement raffinée, des « niveaux de réalité ». Dans la partie supérieure est représentée une réalité imaginaire : le palais céleste de la Vierge. Au-dessous s'exprime un contraste très marqué entre les deux saints, Jean-Baptiste (patron de l'église et de la ville) et l'évangéliste Jean (probablement le patron de la chapelle) et les donateurs. Les deux saints peints en grisaille sont sans doute possible représentés comme des sculptures. Leurs effigies se dressent sur un socle octogonal, leurs amples manteaux se brisent en plis nets et cristallins qui marquent le « style anguleux », par opposition aux draperies coulantes du « beau style » antérieur. Les statues sont représentées comme si elles étaient taillées dans la pierre et non polychromes, les yeux dépourvus de pupille soulignant encore leur qualité sculpturale. La tête n'est pas différenciée, par la nature du matériau, des draperies qui recouvrent le corps. Tout ceci tranche nettement sur le caractère vivant des donateurs. Loin de l'angulosité emphatique de la sculpture, les plis de leurs épais vêtements de laine tombent en un rythme régulier. À la forme presque antique de la tête des saints patrons – l'un représentant l'idéal de la jeunesse, l'autre la sagesse de la maturité – les visages des donateurs opposent des traits soignés. Les caractéristiques individuelles des visages contribuent à leur vivacité : ces visages débordent en effet de vie et d'expression. Nous pouvons même nous risquer à une tentative d'interprétation psychologique.

Cette vue du retable – plus précisément, de la partie extérieure des deux volets – est une sorte d'introduction qui annonce la perfection religieuse et artistique de l'intérieur. C'était la partie dite «fériale», visible tous les jours de la semaine, la seule autorisée pendant le Carême. Les jours de fête, les retables révélaient leur richesse intérieure, leur splendeur et leurs mystères religieux. À Gand, les peintures intérieures devaient faire très forte impression. «C'est une peinture splendide, très bien conçue, et surtout Ève, Marie et Dieu le Père sont fort bons», nota Dürer dans son *Journal de voyage aux Pays-Bas*[6] après avoir vu le retable de Gand en 1521, moins d'un siècle après son achèvement. À cette époque, il était déja fort célèbre.

La conception de la structure interne est à l'opposé de la partie extérieure. À l'extérieur, le niveau le plus bas se compose d'une série de niches individuelles qui abritent l'effigie des donateurs et des saints au-dessus desquels on reconnaît une seule et même grande pièce. À l'intérieur, la situation est inversée : le niveau supérieur se compose de sept panneaux de formes variables. Les trois du centre, associés par la perspective du sol, représentent Dieu (avec les attributs du Père mais aussi du Fils), la Vierge et saint Jean-Baptiste. Plus loin, sur les côtés, deux panneaux représentent des anges qui jouent de la musique ou qui chantent alors qu'aux extrémités Adam et Ève, nus, logés dans d'étroites niches, sont surmontés de deux petites scènes qui représentent l'histoire de Caïn et Abel en grisaille, comme en relief.

Au-dessous de cette série de grandes images – les trois saintes figures du centre resplendissant dans leurs fastueux habits, leurs pierres précieuses et leurs couronnes – la partie inférieure représente un vaste paysage qui s'étend sur la totalité du retable et où se déroule la sainte action qui a valu son nom au retable : *L'Adoration de l'Agneau mystique*, debout sur l'autel au milieu du panneau central. De toutes parts approchent des groupes de saints, de chevaliers, de juges, d'ermites et de vierges saintes qui viennent adorer le symbole de la Rédemption. Ce qui était annoncé à l'extérieur s'accomplit à l'intérieur. La présence des premiers pécheurs, Adam et Ève – nus et représentés d'une manière qui souligne leur humanité mais aussi placés au niveau le plus élevé à proximité de la Personne Divine –, démontre la puissance de l'amour divin et l'immensité de la Rédemption qui englobe non seulement les saints mais aussi, à travers ses premiers représentants, l'humanité tout entière.

La majestueuse vision, scintillante et colorée, de Dieu contraste avec l'absolue nudité de l'homme. Tous sont représentés par Van Eyck avec un art consommé et sans précédent. Dürer ne fut pas le seul à admirer sa représentation de nos premiers parents nus :

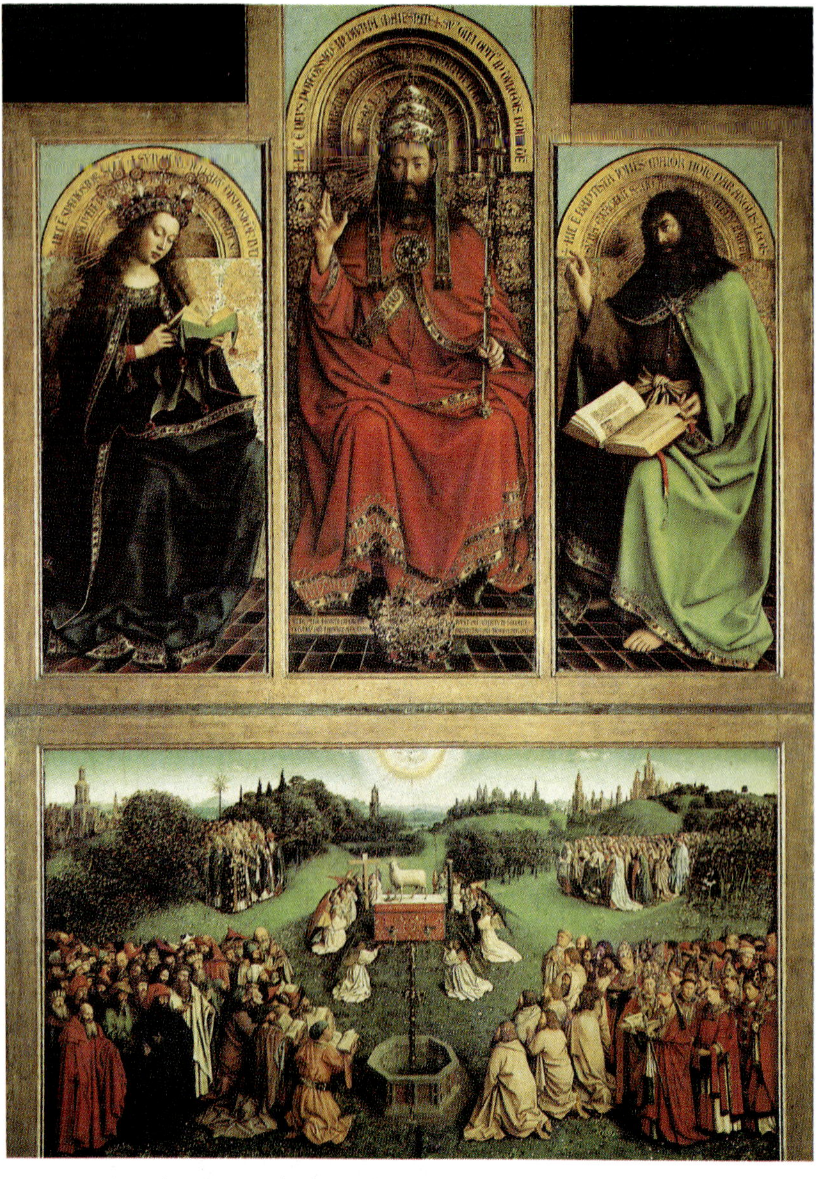

Partie intérieure centrale du retable de Gand, avec l'*Adoration de l'Agneau mystique* sous l'image de *Dieu le Père entre la Vierge et saint Jean-Baptiste*.

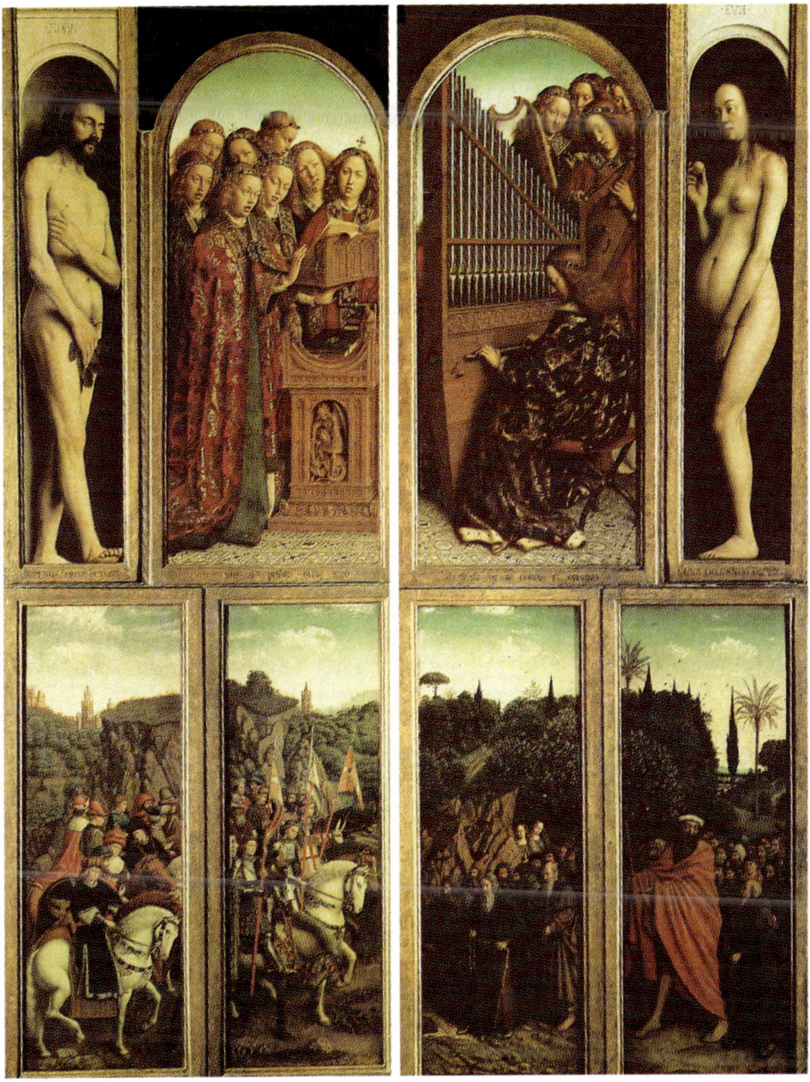

L'intérieur des volets peints, avec les images d'*Adam et Ève* aux côtés d'*Anges musiciens*; au-dessous, les panneaux des *Juges* et des *Soldats du Christ*, des *Ermites* et des *Pèlerins*.

la chapelle Vijd tout entière devait être appelée Chapelle d'Adam et Ève. Les deux corps nus, représentés en raccourci et du bas, apparaissent comme l'ouverture symbolique d'un nouveau chapitre dans l'histoire de l'art. Les maîtres du style international s'intéressaient avant toute chose au drapé : toute leur attention allait à la beauté du costume, peut-être conçu sur un mode symbolique. Désormais, la vraie nature de l'homme se révèle dans sa nudité. Sa représentation dépend bien plus largement de phénomènes naturels : l'ombre portée des bras d'Adam et le modelé de son corps sont plus marqués que dans les images des saints. À l'image de l'homme dévoilée dans la partie supérieure répond celle de la nature dans la partie inférieure du retable.

Les illustrateurs de manuscrits avaient fait œuvre de pionniers en représentant des espaces ouverts et des paysages, mais aussi la végétation et la lumière ; mais entre les minuscules images des manuscrits et le vaste panorama de *L'Adoration de l'Agneau mystique*, la distance est considérable. Ainsi que l'a observé Erwin Panofsky il y a bien longtemps, toute la singularité de la peinture de Van Eyck tient au mariage des visions microscopique et macroscopique[7]. L'image du monde, dans toute son immensité, avec ses arbres exotiques et les tours magnifiques de l'immense ville – la Jérusalem céleste –, est représentée avec une grande force, chaque détail, chaque infime fragment abondant en observations correctes et précises. Van Eyck sut unir la pénétration des miniatures septentrionales et les compositions monumentales des peintres méridionaux.

Cet élément typique de l'approche picturale des enluminures explique pourquoi on associe souvent le nom de Jan Van Eyck à quelques-unes des enluminures contemporaines les plus extraordinaires des Pays-Bas.

Ainsi, les enluminures qui ornent le *Livre d'Heures de Milan et de Turin*, dont une partie considérable – alors conservée à Turin – a été détruite en 1904 dans l'incendie de la Biblioteca Nazionale Universitaria. Commencé pour Jean de Berry en 1400, le manuscrit était inachevé à sa mort ; il fut plus tard enrichi de diverses enluminures qui rappellent étonnamment le style de Van Eyck. Deux images, notamment, sont très proches des œuvres de Jan : la *Naissance de saint Jean-Baptiste* et *La Messe des morts*, même si tous les spécialistes ne sont pas d'accord pour les lui attribuer[8]. Dans la *Naissance de saint Jean-Baptiste*, la représentation la plus convaincante de la salle, et celle de l'intérieur de l'église, dans *La Messe des morts*, sont associées à de tout petits et magnifiques paysages disposés en pied de page, sous le texte. Le *Baptême du*

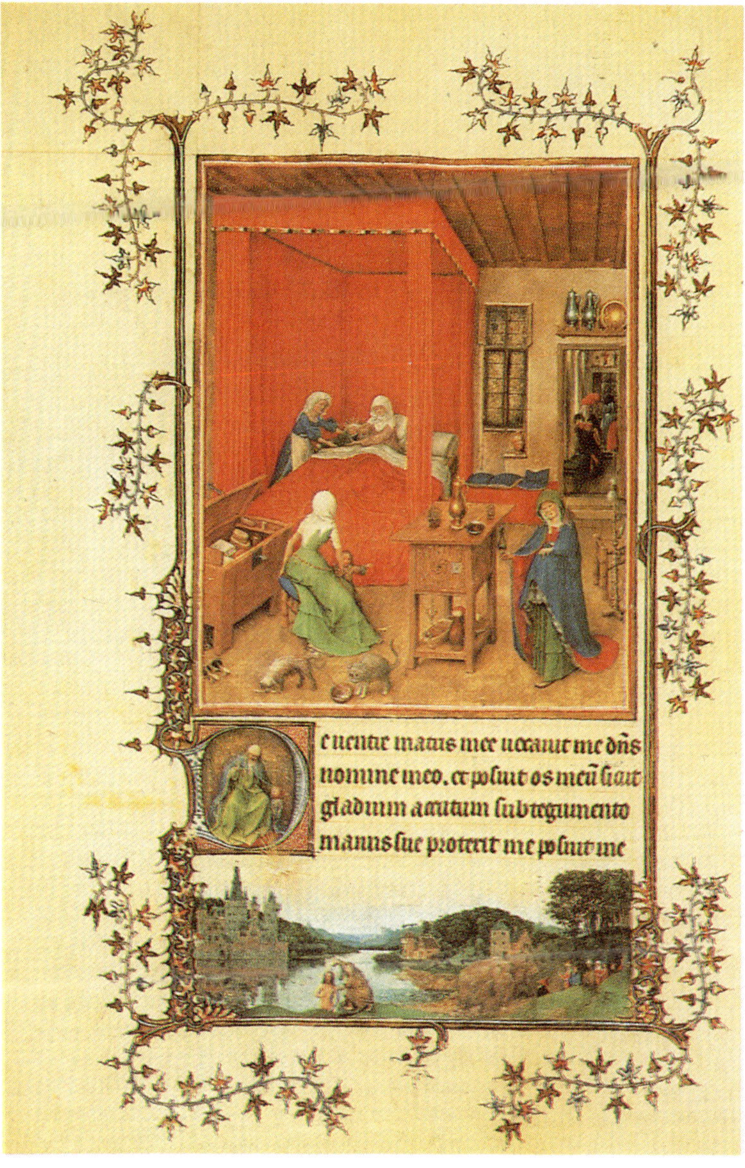

Attribué à Jan Van Eyck. Page enluminée, avec la scène de la *Naissance de Jean-Baptiste* et le *Baptême du Christ*, des *Heures de Milan-Turin*. Turin, Museo Civico.

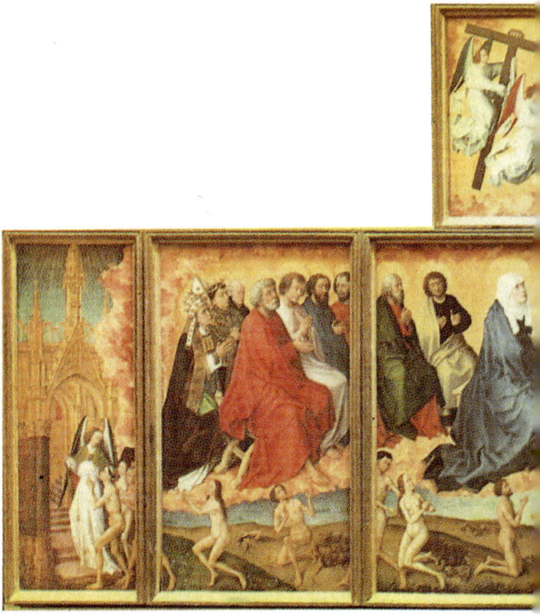

Rogier Van der Weyden. Le retable du *Jugement dernier*, commandé autour de 1445. Beaune, Hôtel-Dieu.

Christ, notamment, est un prodige de beauté. Le paysage s'éloigne vers l'horizon tandis que l'eau calme et opalescente du fleuve reflète le ciel pâle et serein ainsi que la masse obscure et ténébreuse du château.

Si Van Eyck s'efforça de montrer dans ses œuvres le monde visible et ses transformations au gré des saisons et des heures, il est rare qu'il ait représenté des événements. Il accordait la préférence aux scènes d'adoration ou de contemplation. Son contemporain plus jeune, Rogier Van der Weyden, devait s'intéresser davantage, quant à lui, au mouvement dramatique et à l'expression. Entre 1443 et 1452, Rogier peignit sur commande de Nicolas Rolin, chancelier de Bourgogne, le triptyque du *Jugement dernier* destiné à l'Hôtel-Dieu de Beaune. Les Rolin fondèrent l'hospice et, après la mort du chancelier en 1462, son épouse se fit sœur infirmière à l'hospice jusqu'à sa mort, en 1470. Le retable était destiné à la salle principale de l'hospice, afin que les malades pussent le voir depuis leur lit pendant les services religieux. Avec le retable de Gand, c'est l'un des rares exemples d'œuvres qui restent à l'endroit pour lequel elles ont été faites. Des grisailles imitant la sculpture apparaissent, comme d'habitude, à l'extérieur

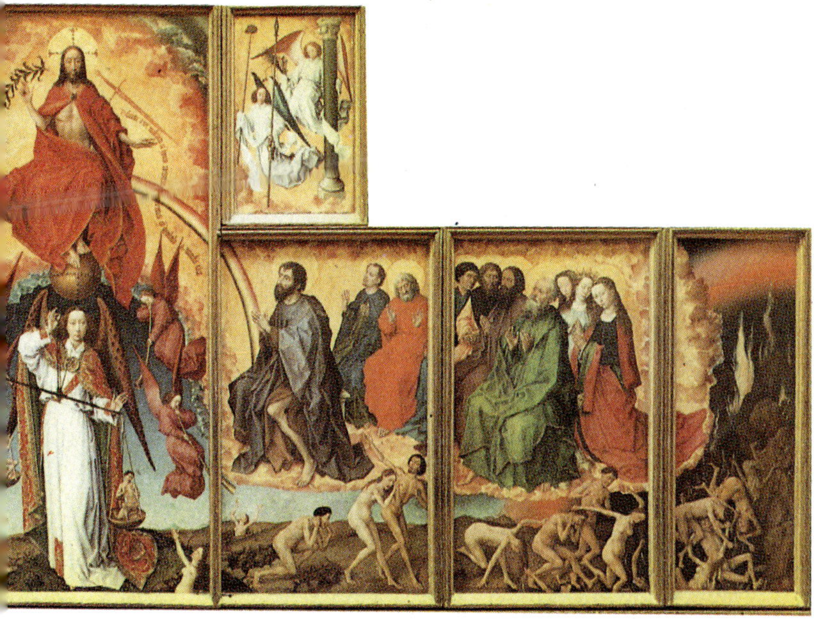

des volets, au centre. À gauche et à droite, dans de grandes niches, sont agenouillés les donateurs, Rolin et son épouse, dont les armes sont transportées par des anges, comme s'il s'agissait de saints.

Quant à la vision que Rogier Van der Weyden devait créer sur les panneaux intérieurs du triptyque, on ne saurait la rattacher à aucune expérience visuelle. Dans la peinture du *Jugement dernier*, l'artiste s'est nourri de la tradition iconographique en même temps que de son imagination. Celle-ci était particulièrement vive et il n'est donc pas resté entièrement fidèle à la tradition. Certes, il s'agissait d'un thème populaire à la fin du Moyen Âge et à la Renaissance, mais la volonté de représenter le Jugement en recourant à une nouvelle approche fondée sur l'observation de la réalité n'allait pas sans créer quelques problèmes. Sur fond de ciel embrasé, le Juge suprême assis sur l'arc-en-ciel surveille saint Michel qui rend son jugement. Plus bas, sur fond de nuages ardents, trônent les saints et les apôtres qui forment une cour céleste. À terre, les morts se relèvent, tandis que saint Michel pèse sur sa balance les bonnes et les mauvaises actions de chacun sous forme de petits personnages nus – avec l'inscription *peccata* et *virtutes*. Le verdict est empreint d'une telle force que les hommes

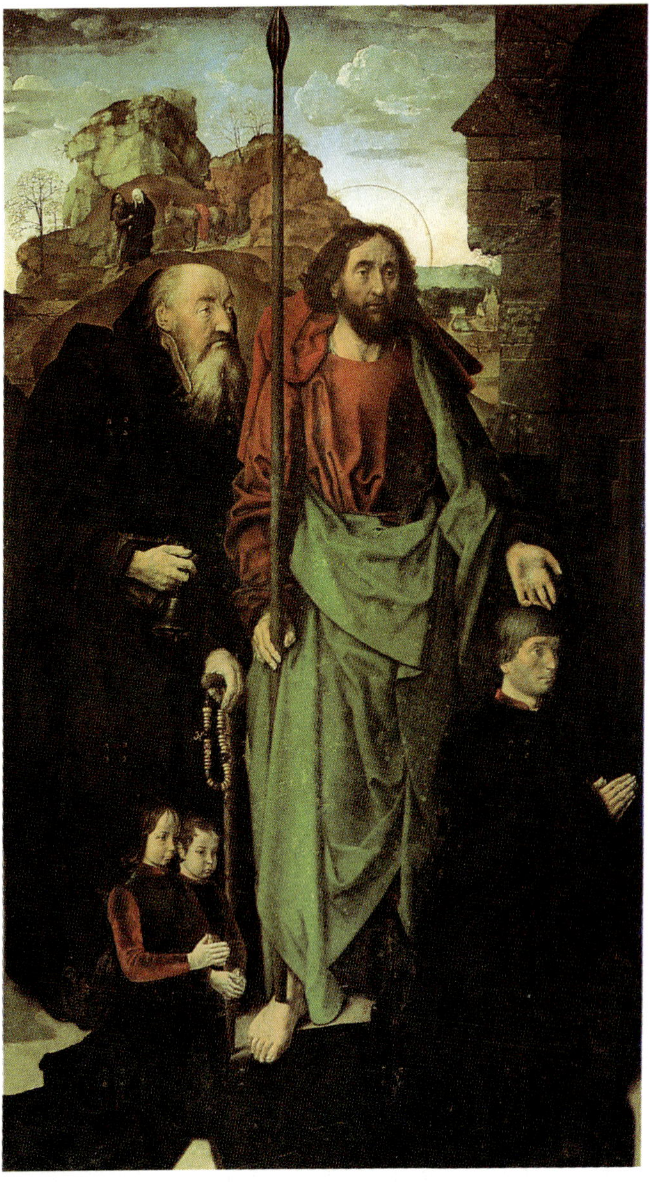

Hugo Van der Goes, avant 1476. *Triptyque Portinari*, détail du panneau gauche avec la *Famille du donateur et saint Antoine abbé*. Florence, Galerie des Offices.

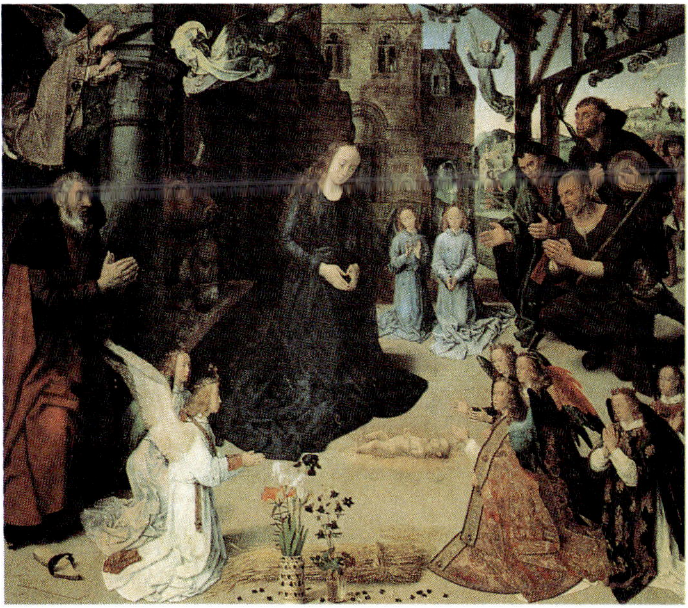

Triptyque Portinari, panneau central avec la scène de l'*Adoration des bergers*. Florence, Galerie des Offices.

et les femmes, dirigés par leur conscience, sont précipités vers le feu éternel, du côté droit – par rapport au spectateur – ou du côté gauche, où un ange les fait entrer par la porte des cieux. Les démons n'ont pas droit de cité dans la peinture et, à cet égard, cette œuvre de Rogier diffère de toutes les autres représentations du Jugement dernier. Aucune contrainte physique n'est nécessaire pour précipiter les pécheurs dans le feu de l'enfer. L'horrible expression des visages exprime le drame intérieur qui se déroule dans la tête de chaque homme convaincu de l'équité du verdict.

Dans le retable de Gand, le registre inférieur se caractérisait par l'unité de la vision ; dans celui de Beaune, on retrouve une telle unité dans la parte intérieure du triptyque destinée aux jours de fête. Seul l'extérieur est composé de six images différentes. Cette difficulté devait être finalement surmontée dans un autre triptyque, le triptyque Portinari, que le Maître de Gand, Hugo Van der Goes, peignit entre 1474 et 1476 : l'intérieur atteste de l'unité de la conception tandis qu'à l'extérieur deux niches spacieuses et arrondies représentent l'*Annonciation* en grisaille. Les deux images des volets demeurent séparées, mais elles représentent une seule et même action.

Si tout ce que représentait Van Eyck est empreint d'une humeur contemplative et paisible, l'impétueuse imagination de Van der Goes devait introduire tension et nervosité dans les mêmes scènes d'adoration et de méditation. Cette tendance ne concerne pas seulement l'expression et les gestes des personnes représentées, mais aussi la composition de la scène. Peint pour Tommaso Portinari, représentant des Médicis à Bruges, et destiné à sa chapelle familiale de Sainte-Marie-Nouvelle, à Florence, ce triptyque de dimensions monumentales montre la *Nativité* et l'*Adoration des bergers* en une seule composition. Sur les volets, Portinari, sa femme et ses enfants sont agenouillés sous la protection des saints patrons. Dans cette partie de la composition, l'œuvre suit un rythme ascendant, avec des accents verticaux, que soulignent encore l'architecture, à gauche, et, à droite, les arbres dépouillés dans un paysage de montagnes. Le panneau central, toutefois, avec la Vierge Marie en adoration devant l'Enfant au milieu de la scène, est d'une composition plus capricieuse, avec des changements d'échelle inattendus (entre les anges, par exemple) et le vide ménagé autour du Christ. Le devant de cette zone est délimité par des anges si frêles qu'on dirait des enfants revêtus des habits liturgiques, des vases de fleurs symboliques, et un faisceau d'épis. Du fond surgissent, avec une grande énergie, les bergers, à l'aspect éminemment terrestre, aux côtés d'anges recueillis qui forment un vif contraste avec la rudesse des premiers. Le monde terrestre et le monde divin se touchent au point de se fondre, de même que les lumières, la lumière surnaturelle qui irradie de l'Enfant illuminant les anges qui planent au-dessus de la mangeoire sur le fond noir d'une architecture en ruine.

Parmi les peintres des pays voisins, ce sont surtout les Français qui suivirent de près l'évolution de l'art aux Pays-Bas. En France comme aux Pays-Bas, on observe en effet l'absence des parties sculptées dans les triptyques et le lien entre ce qui se faisait en Provence, par exemple, et les sources flamandes est parfois si étroit que l'on a plus d'une fois imaginé la venue de peintres originaires des Pays-Bas pour expliquer une aussi grande similitude artistique.

Probablement du fait des troubles politiques du Nord, c'est plutôt le centre et le midi de la France qui produisirent des retables importants, même s'il ne faut jamais perdre de vue que les œuvres qui nous sont connues ne représentent qu'une petite partie de la richesse artistique originale du pays. Dans la dernière section de ce chapitre, nous évoquerons le plus grand peintre français du milieu du XVe siècle, Jean Fouquet, dont l'art se caractérise par l'union originale et équilibrée d'éléments nordiques et italiens.

Pour l'heure, je voudrais parler de peintres actifs dans les décennies centrales du siècle, l'un des tout premiers étant l'auteur anonyme du triptyque de Sainte-Madeleine, à Aix-en Provence, connu sous le nom de Maître de l'Annonciation d'Aix[9].

Ce triptyque fut peint entre 1443 et 1445 pour Pierre Corpici, drapier aixois, qui en avait fait la demande dans son testament, et il devait être placé sur un autel, à l'endroit de sa sépulture, dans l'église Saint-Sauveur (seule est restée sur place la partie centrale, tandis que trois musées se partagent les volets – et l'un de ceux-ci a été coupé en deux). Le peintre anonyme, qui n'a pu être identifié malgré de nombreux efforts, avait de toute évidence une connaissance approfondie de l'art néerlandais, en particulier de la tradition de Campin-Flémalle. Mais nonobstant sa prouesse technique, le maître inconnu qui œuvra en Provence (les ornements architecturaux trahissent des modèles locaux) ne fut pas aussi convaincant, dans la composition du panneau central, que son maître des Pays-Bas. D'autre part, grâce à la maîtrise dont il était capable pour modeler les volumes en jouant de la lumière, il sut donner à son œuvre une certaine monumentalité et un caractère cubiste, qui n'était pas rare en Provence.

De même que chez Van Eyck et chez le Maître de Flémalle, l'architecture a une fois de plus une fonction symbolique. L'*Annonciation* se déroule non pas dans l'église, mais dans l'entrée décorée de statues de prophètes (inspirées de Sluter) qui représentent naturellement l'Ancien Testament, tandis que la nef de l'église représente le Nouveau. La perspective de la nef est telle que nous regardons l'intérieur de la hauteur des fenêtres. Force nous est alors de considérer que la Vierge est d'une taille surhumaine, comme la Vierge de Van Eyck, à Berlin.

D'extraordinaires volets représentent les prophètes Isaïe et Jérémie, dans des niches dont l'arc est occupé par des étagères couvertes de livres, de boîtes, de brocs et de documents peints avec un merveilleux savoir-faire illusionniste qui tient du prodige, en accord avec la tradition eyckienne. Les effigies monumentales des prophètes, qui s'inspirent sans conteste des sculptures de Sluter, sont cependant conçues autrement que les saints de Van Eyck, sur la face extérieure du retable de Gand. De même que les deux saints Jean, les prophètes du triptyque d'Aix reposent eux aussi sur des bases octogonales pourvues d'inscriptions, mais ils sont représentés, de manière plutôt irrationnelle, comme des personnages contemporains et vivants.

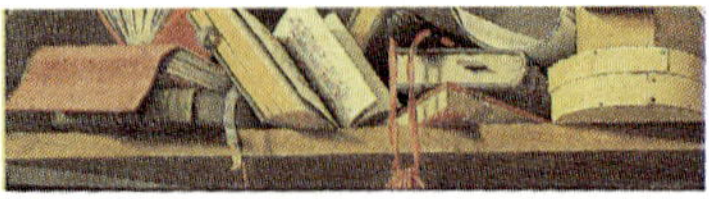

1

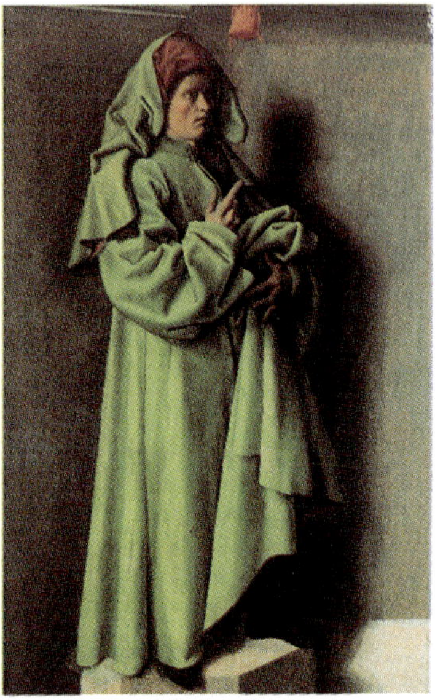

2

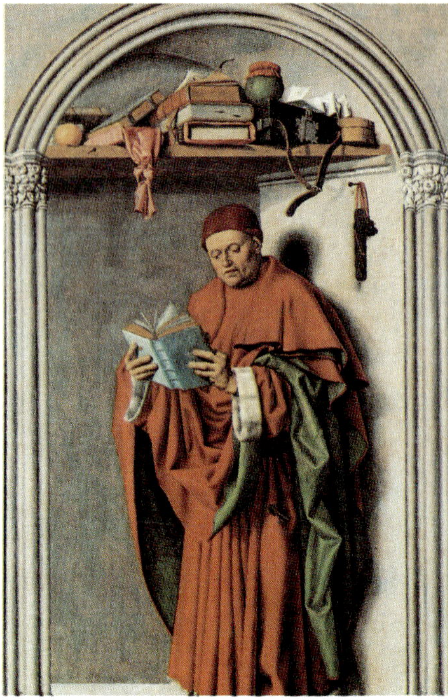

Maître de l'Annonciation d'Aix (Barthélemy d'Eyck ?), 1443-1447. Le triptyque de l'*Annonciation*.

1/ Partie supérieure du volet gauche, avec la *Nature morte aux livres*. Amsterdam, Rijksmuseum.

2/ Volet gauche, avec l'image du *Prophète Isaïe*. Rotterdam, Musée Boymans van Beuningen.

3/ Volet droit, avec l'image du *Prophète Jérémie*. Bruxelles, Musées Royaux des Beaux-Arts.

Moins d'une décennie après, en 1454, fut peint à Villeneuve-lès-Avignon un autre retable d'importance. Bien que cette œuvre soit de dimensions considérables (183 – 220 cm), elle ne consiste qu'en un seul grand panneau. Ce n'est pas un retable à volets, mais plutôt une exception que nous ne saurions négliger ici, pour de multiples raisons tant artistiques que documentaires. C'est le seul retable pour lequel nous possédions un contrat précis décrivant avec un luxe de détails les exigences du prêtre Jean de Montagnac et la marge de manœuvre laissée au peintre, Enguerrand Quarton, natif de la région de Laon. À la demande de Mon-

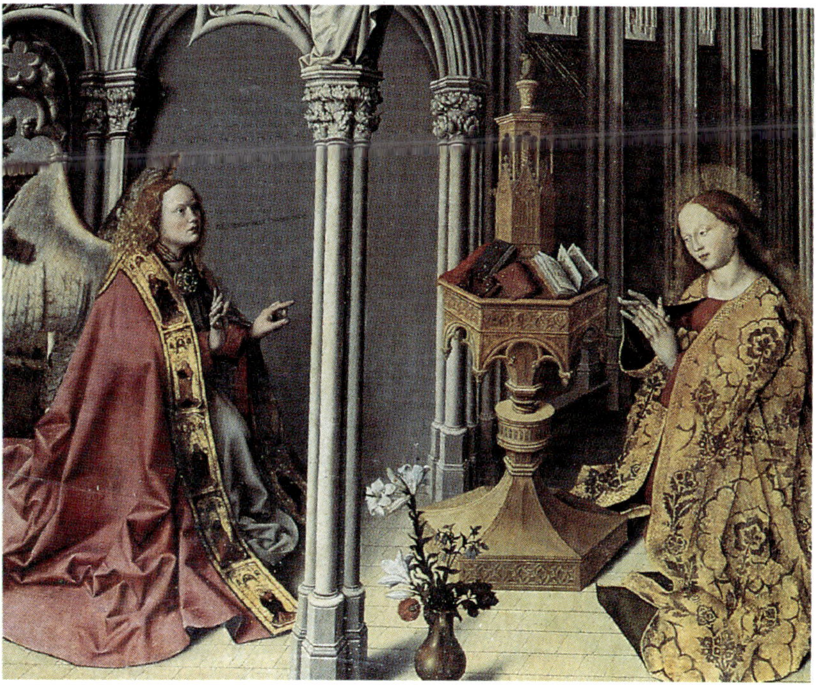

La partie centrale du triptyque avec la scène de l'*Annonciation*. Aix-en-Provence, église Sainte-Madeleine.

tagnac, le peintre s'engagea en 1453 à peindre le *Couronnement de la Vierge* pour la Chartreuse de Villeneuve-lès-Avignon. Voici quelques-unes des stipulations du contrat signé le 24 avril 1453[10] :

« Premierement y doist estre la forme de paradiz, et en ce paradiz doit estre la sainte trinité, et du pere au filz ne doit avoir nulle difference, et le saint esperit en forme d'une columbe, et notre dame devant, selon qu'il semblera mieulx audit maistre Enguerand ; à laquelle Notre Dame la Sainte trinité mettra la couronne sur la teste ;

« Item, les vestemens doivent estre riches ; cellui de Notre Dame doit estre de drap de Dams blanc figuré selon l'adviz dudit maistre Enguerand, et alentour de la Sainte trinité doivent estre cherubins et seraphins ;

« Item, du cousté de Notre Dame doist estre l'ange Gabriel avec certaine quantité d'anges, et de l'austre cousté, Saint Michiel, aussi avec une quantité d'anges, selon qu'il semblera mieulx audit maistre Enguerand;

«Item, de l'autre part, Saint Jehan Baptiste avec autres patriarches et prophètes, selon l'adviz dudit maistre Enguerand.»

Et puis en outre :

«Item, doit avoir en paradiz dessusdit de tous estas du monde à l'ordonnance dudit mestre Enguerand;

«Item, dessus ledit paradiz doit estre le chiel auquel sera e soleil et la lune selon l'adviz dudit maistre Enguerand. (...)

«Item, du costé du soleil couchant doit estre la forme de l'église Saint Pierre de Romme, et devant ladicte eglise a l'issue a une pome de ping de cuivre, et d'ilec on descend par grans degrez en une grande place tirant au pont Saint Ange;

«Item, du cousté senestre de ladicte place a une partie de la muraille de Romme, et de l'austre cousté sont maisons et boutiques de toutes manières de gens; au bout de ladicte place est le chastel Saint Ange et ung pont sur le Timbre qui tire en ladicte cité de Romme.»

Et en conclusion :

«Item, en Purgatoire et en Enfert aura de tous estas, selon l'adviz dudit maistre Enguerand;

«Item, ledit retable doit estre fait tout à fines couleurs d'uille, et l'azur doit estre fin asur d'Accre, excepté cellui qu'on mettra en la bordure, lequel doit estre de fin asur d'Alamaigne, et l'or qui y entrera tant en la bordure comme entour le retable doit estre fin or et bruny;

«Item, ledit maistre Enguerant monstrera toute sa science en la Sainte Trinité et en la benoite Vierge Marie, et du demourant selon sa conscience».

Quarton y appliqua tous ses talents, ainsi qu'on peut en juger à l'œuvre achevée, qui unit une monumentalité quasi hiératique, que Henri Focillon associa à la tradition des tympans sculptés romans et gothiques[11], à une exécution propre à la peinture; ainsi de la représentation d'un paysage infini et de vues de villes débordant d'une atmosphère colorée, que Roberto Longhi a comparées aux lointaines visions de la nature de Piero della Francesca[12]. Une vision colorée et volumétrique est comme suspendue au-dessus de l'immense panorama du monde, baigné d'air et de lumière. Quarton sait apparier et harmoniser des éléments apparemment opposés de manière à créer une œuvre aussi forte que charmante.

En Allemagne, la leçon des Pays-Bas fut reçue de bonne heure, surtout à l'Ouest, le long du Rhin, de Cologne jusqu'à la Suisse. L'année même de l'achèvement du retable de Gand, Lukas Moser,

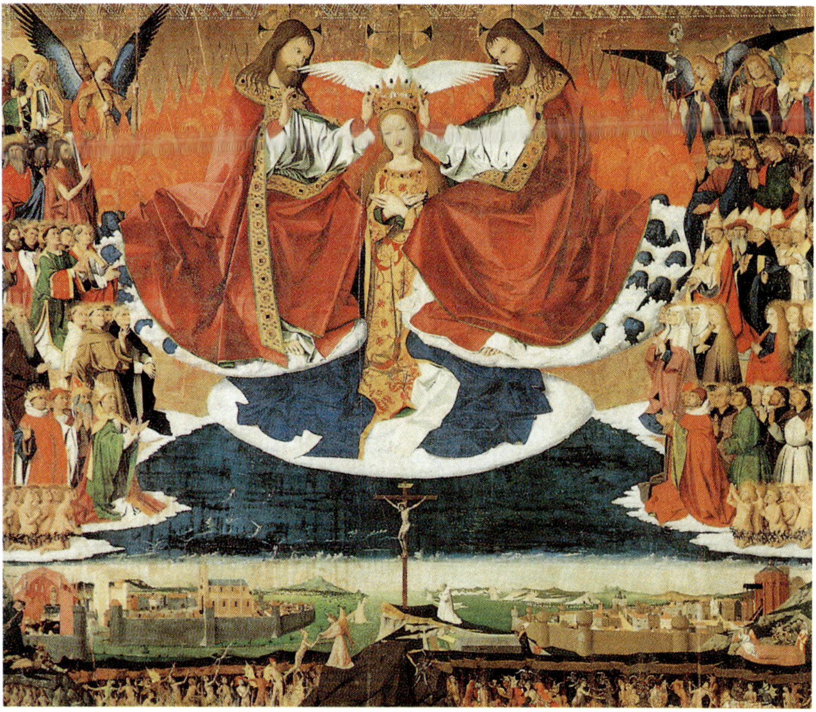

Enguerrand Quarton, 1454. *Le Couronnement de la Vierge.* Villeneuve-lès-Avignon, Musée Municipal.

artiste par ailleurs quasi inconnu, signa, data et accompagna d'une énigmatique inscription un petit retable à la manière allemande mêlant sculpture à l'intérieur et peinture à l'extérieur ; l'ensemble présente un curieux mélange de traditionalisme et d'innovation sous l'effet, manifestement, de l'influence flamande. Ce petit retable a la forme d'un arc en ogive, probablement suggéré par des peintures murales récentes ou par les images peintes sur le jubé qui sépare le chœur de la nef dans l'église paroissiale de Tiefenbronn, dans la Forêt Noire, pour laquelle il fut peint. Le retable représente la *Légende de sainte Marie-Madeleine*, et notamment sa traversée de la mer en bateau. Le ciel est doré, mais la surface de la mer sur laquelle évoluent quelques embarcations poussées par la brise est froncée par un filet de vaguelettes blanches en écailles de poissons.

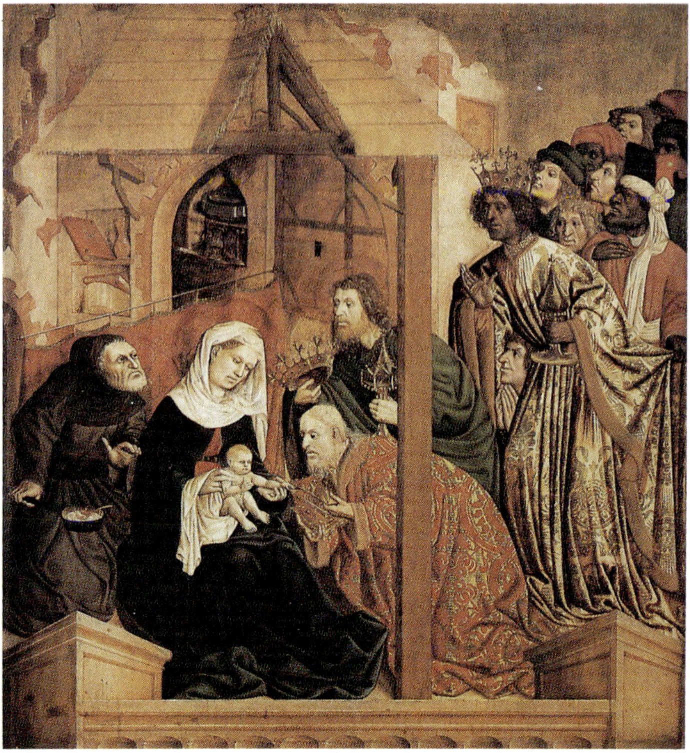

Maître du panneau du retable de Landsberg (atelier de Hans Multscher), 1437. L'*Adoration des Mages*. Berlin, Stiftung Preussischer Kulturbesitz, Museum Dahlem.

Plus marquante encore est la manière dont sont représentés les murs et les éléments métalliques, avec un sens de la diversification des matériaux et une grande capacité d'apporter une solution picturale convaincante. Mais le plus remarquable reste qu'à travers les quatre volets extérieurs du triptyque on retrouve une vue continue analogue à celle de la partie inférieure du retable de Gand, strictement contemporain.

Il est vrai que, dans la lunette supérieure, la *Cène de Béthanie* est représentée conformément à la tradition picturale qui conservait encore des liens avec le style international. Comme dans l'œuvre de Maître Francke, les échos de l'art raffiné de la cour française sont pénétrés d'un sens aigu de la réalité : cette dualité était fort répandue en Allemagne. Ainsi dans les volets peints du retable sculpté de l'hospice de Landsberg (plus tard à Wurzach, d'où son appellation de *Retable de Wurzach*) exécuté en 1437 et signé par un sculpteur d'Ulm, Hans Multscher. La question de sa participation à la peinture des volets reste fort controversée, mais l'idée s'est imposée récemment que Multscher avait été responsable de l'ensemble de l'œuvre, en sa qualité de sculpteur, et qu'il avait fait appel à un maître non identifié pour exécuter les panneaux peints. Que nous l'appelions Maître du retable de Landsberg ou Pseudo-Multscher importe peu : il illustre parfaitement la tendance à la représentation matérielle et volumétrique des choses associée à une narration vive jouée par des personnages un peu pesants mais expressifs. Quand bien même Multscher aurait dessiné lui-même les panneaux, l'empreinte de la vision individuelle du peintre est indéniable[13].

On retrouve un mélange stylistique analogue dans les œuvres du plus grand maître de Cologne au milieu du XVe siècle, Stefan Lochner, originaire de Souabe et actif à Cologne de 1442 jusqu'à

Stephan Lochner, autour de 1442. L'*Adoration des Mages*. Cathédrale de Cologne.

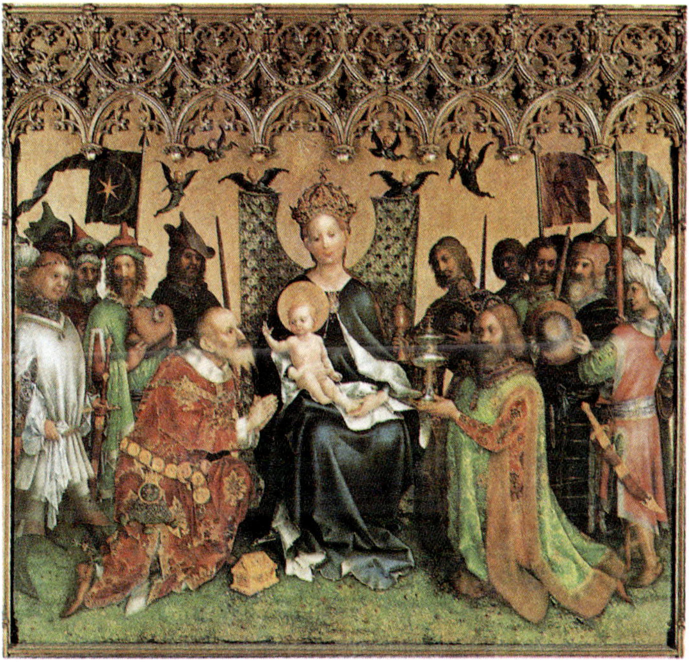

sa mort prématurée en 1451. Toutefois, si chez Moser et chez l'auteur du retable de Landsberg domine la tendance à la description fidèle de la réalité, on peut considérer à juste raison que l'œuvre de Lochner appartient à la phase ultime du style de cour. Le plus important de ses ouvrages est un grand triptyque peint autour de 1442, aujourd'hui dans la cathédrale de Cologne, mais à l'origine destiné à la chapelle du Conseil municipal.

Quoique célèbre à l'époque de la visite de Dürer à Cologne en 1520, il n'était pas facilement accessible, au point même que le maître allemand dut payer pour entrer dans la chapelle. Orné de riches décorations et de sculptures au sommet des volets, le triptyque représentait les patrons de la ville et entendait certainement symboliser la richesse et l'importance de cette cité hanséatique très active à l'époque. Cologne possédait les reliques des trois Rois Mages et il était donc opportun que le panneau central du retable représentât l'*Adoration des Mages*, composée de façon symétrique comme dans le schéma de la Sainte Conversation. La Vierge délicate et chaste est assise sur son trône, au centre, et dans son dos le drap est soulevé par des angelots qui volettent sur la splendeur du fond doré. Sur les volets du triptyque sont représentés les deux saints patrons de la ville : à gauche, sainte Ursule parmi ses Vierges, à droite saint Géréon à la tête de ses chevaliers. De cette façon, les deux sexes, mais aussi tous les âges et toutes les races humaines sont associés aux saints et aux rois qui adorent le Divin Enfant, dont la naissance est annoncée sur la partie externe des volets. L'*Annonciation* a lieu dans la chambre de la Vierge, dont le mur du fond est recouvert d'un brocart richement décoré, qui remplace de manière réaliste le fond abstrait traditionnel.

La renommée de Lochner éclipsa celle de nombre de ses contemporains ; malheureusement, l'histoire n'a pas conservé le nom d'un autre peintre extraordinaire qui travaillait au cœur de la Rhénanie et qui était plus en harmonie avec la recherche eyckienne de la matérialité du réel, du modelé du monde tridimensionnel à travers l'ombre et la lumière, et de la caractérisation, toute en délicatesse, de la surface et de la structure dans toute leur diversité. Deux cycles nous sont parvenus : dont un, au Musée de Darmstadt, qui représente des scènes de la *Passion du Christ* et qui a valu à cet artiste autrement anonyme le nom de Maître de la Passion de Darmstadt.

Des formes architecturales modèlent l'espace de ses œuvres, où les personnages vont et viennent dans des compositions d'une profondeur bien plus marquée que celles de Lochner, qui

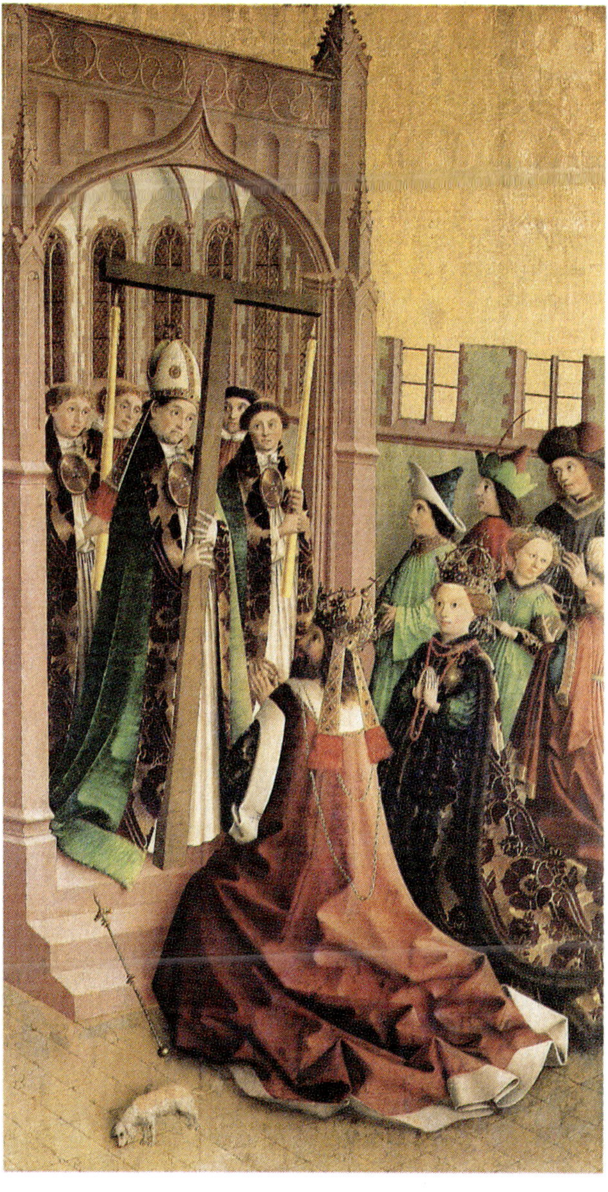

Maître de la Passion de Darmstadt, vers 1435-1450. L'*Adoration de la Croix.*
Berlin, Stiftung Preussischer Kulturbesitz, Museum Dahlem.

demeurent très en surface. Entre autres caractéristiques propres à ce Maître, il faut signaler sa façon de modeler les volumes, conçus comme des formes cristallines de cubes à facettes. Le clair-obscur souligne de manière convaincante les formes de la réalité représentée. Son œuvre la plus importante est le retable peint vers 1450 pour l'église paroissiale de Bad Orb, où ne reste plus que le panneau central de la *Crucifixion*, tandis que les volets ont été transférés de longue date au musée de Berlin.

Dans le sud de la Rhénanie domina la forte personnalité de Konrad Witz, originaire de Rottweil en Souabe, qui, à partir de 1434, travailla à Bâle puis à Genève, où il mourut en 1446, sinon un peu plus tôt. Sa production, telle que nous la connaissons, consiste en quelques retables, le plus souvent démembrés comme celui qui se trouve au Musée de Genève et qui est dédié à saint Pierre. Witz travaillait dans le voisinage immédiat de la Bourgogne et connaissait très certainement la production des Pays-Bas, attachée avant tout à une représentation convaincante de l'espace, des volumes et des personnages humains en action. Si l'on compare ses œuvres à celles de ses contemporains, à Moser par exemple ou aux maîtres anonymes du retable de Landsberg et de la Passion de Darmstadt, ses solutions paraissent plus drastiques et radicales. On a souvent l'impression de voir une sculpture de bois qui évolue dans l'espace plutôt que des êtres humains. Un vigoureux sentiment de la diversité des textures et des matières contraste avec les retombées artificielles et anguleuses que forment les plis des habits des sujets représentés. Des personnages petits et trapus, dépeints avec une naïveté presque enfantine, se dressent les uns à côté des autres dans un espace fortement raccourci, comme dans la *Sainte Catherine* et la *Sainte Marie Madeleine* (1440-1443 environ, Strasbourg).

La dernière œuvre de Witz, un retable dédié à saint Pierre, est aussi, probablement, la plus importante : elle fut peinte en 1444 pour le cardinal François de Mies, partisan du pape conciliaire Félix V. Les deux volets conservés représentent des épisodes de la vie du saint. Le plus célèbre mêle deux passages des Évangiles, la *Pêche miraculeuse* et le *Christ marchant sur les eaux*, tous deux directement liés à saint Pierre et soulignant sa mission de « pêcheur d'âmes ».

Le lac de Génésareth est représenté dans un souci de répondre au mieux aux sentiments des spectateurs : la scène se déroule sur la rive du lac de Genève, c'est-à-dire dans une réalité qui est mieux connue des fidèles. D'aucuns y ont même perçu l'intention de soutenir la cause du pape Félix V contre le pape Eugène IV ; ce

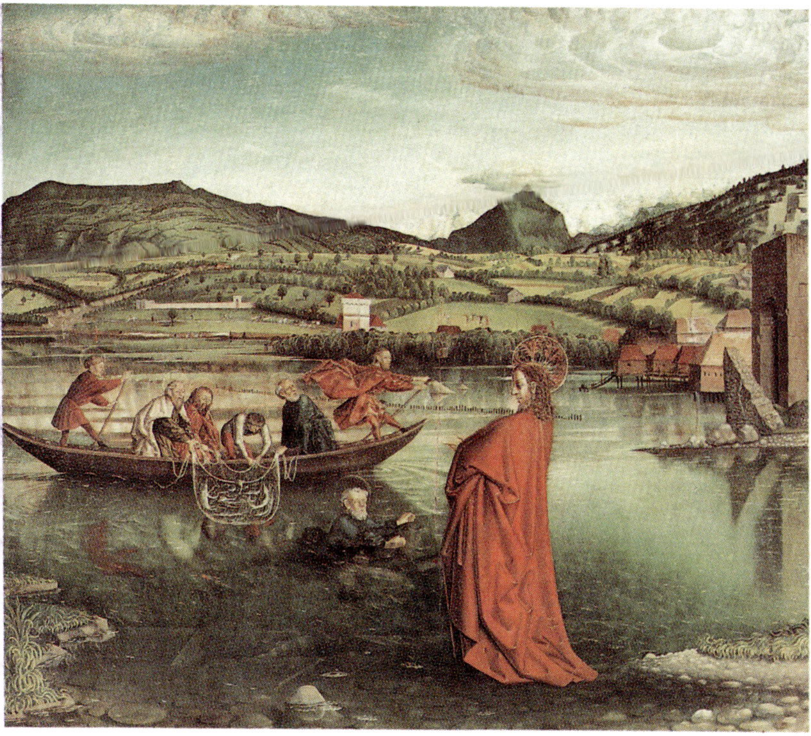

Konrad Witz, 1444. *La Pêche miraculeuse*. Genève, Musée d'Art et d'Histoire.

qui est de l'ordre des choses possibles, étant donné le détachement de chevaliers que l'on aperçoit sur l'autre rive du lac sous l'étendard de la Savoie, c'est-à-dire de la maison à laquelle appartenait Félix V[14]. C'est la première fois, semble-t-il, qu'un paysage identifiable était représenté dans la peinture européenne ; la finesse avec laquelle l'eau et les pierres, les champs et les bois, les rochers et les maisons sont caractérisés, donnant à l'ensemble une grande force de suggestion. On voit bien la transparence de l'eau en même temps que le reflet des choses à la surface. De plus Witz a su suggérer l'espace : la ligne d'horizon n'est pas très haute et les dimensions des personnages et des objets diminuent suivant une échelle très naturelle. Il ne s'agit donc pas seulement du premier paysage identifiable : c'est aussi l'une des représentations les plus convaincantes de la nature.

Les découvertes et les modèles des Pays-Bas connurent une très large diffusion. La France et l'Allemagne ne furent pas seules

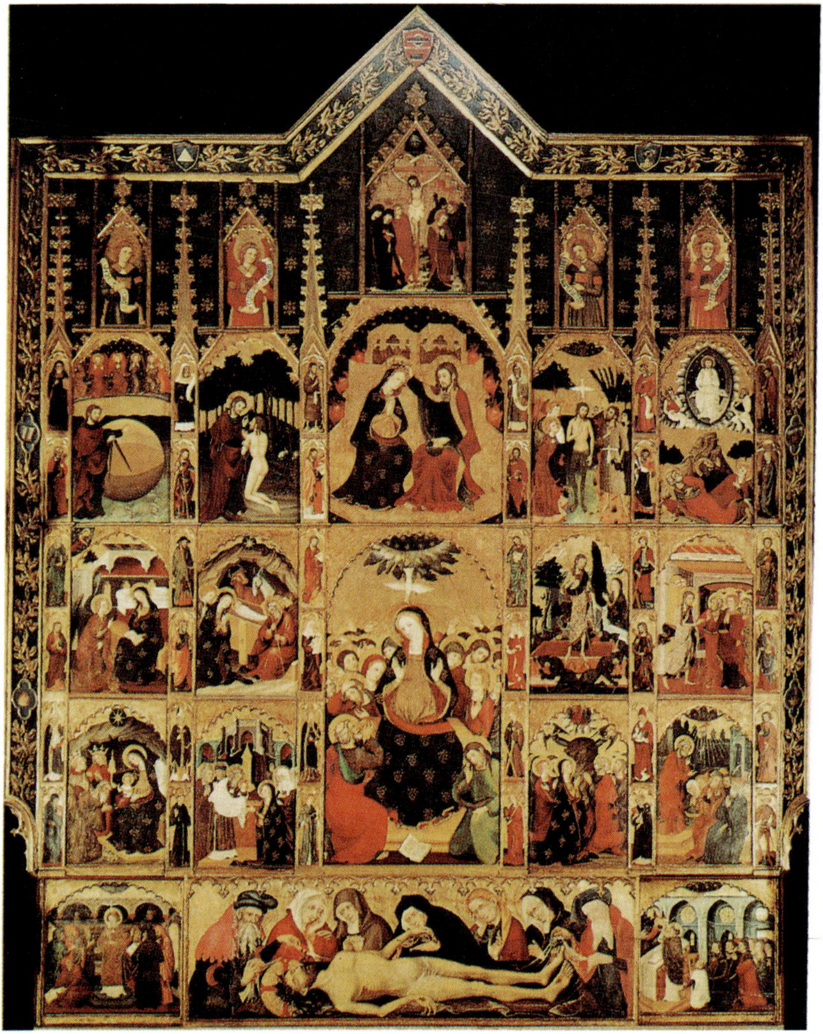

Pedro Serra, 1394. Retable de *la Pentecôte*. Collégiale de Manresa ; dans la prédelle, la *Déploration sur le Christ mort*, de Luis Borrassá, 1411.

touchées par les réalisations de Van Eyck, de Campin et de ses successeurs. L'intensité des activités commerciales outre-mer aidant, les Pays-Bas nouèrent des relations étroites avec de lointains pays européens. Ainsi l'influence néerlandaise fut-elle très

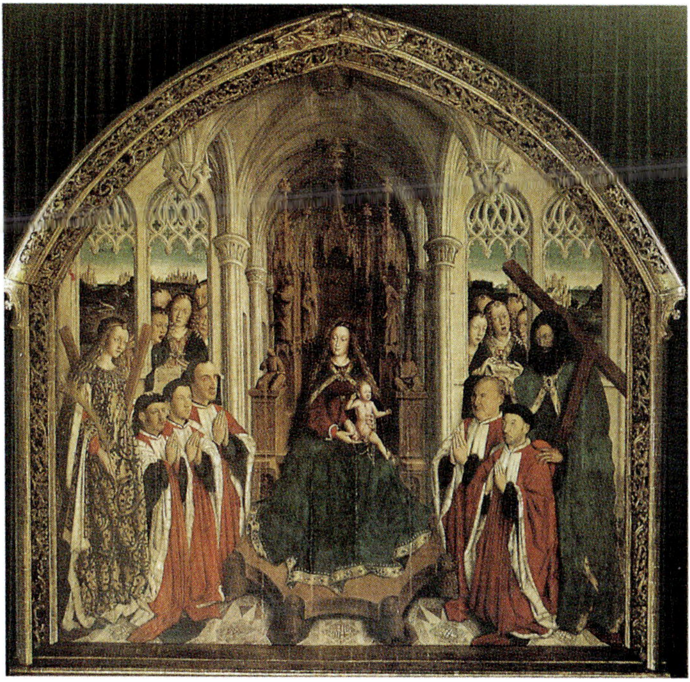

Lluis Dalmau, 1445. *La Vierge des conseillers*. Barcelone, Museu de Arte de Catalunja.

sensible en Sicile et dans l'Italie du Sud, mais sans doute est-ce dans la péninsule Ibérique que l'impact des maîtres flamands fut le plus durable. Jan Van Eyck s'y rendit au cours de ses voyages diplomatiques et séjourna une année entre l'Espagne et le Portugal (1428-1429). Artistes et œuvres voyagèrent ensemble depuis les Pays-Bas jusqu'en Catalogne, à Valence et en Castille. À la première vague eyckienne succédèrent les échos d'autres maîtres plus tardifs : Rogier Van der Weyden, Dirk Bouts, Van der Goes, qui tous contribuèrent à déterminer le caractère de la peinture espagnole, jusque-là très exposée à l'influence italienne, d'abord sous sa forme giottesque puis sous les formes proprement italiennes du style international.

L'Espagne du XVe siècle connut une forte demande de retables. Mais le *retablo* espagnol suivit une évolution spécifique : s'il ne s'ouvrait pas, comme les retables italiens, il se distinguait de ceux-ci – tout au moins au XVe siècle – par sa division en un grand nombre de panneaux relativement petits séparés par d'étroits

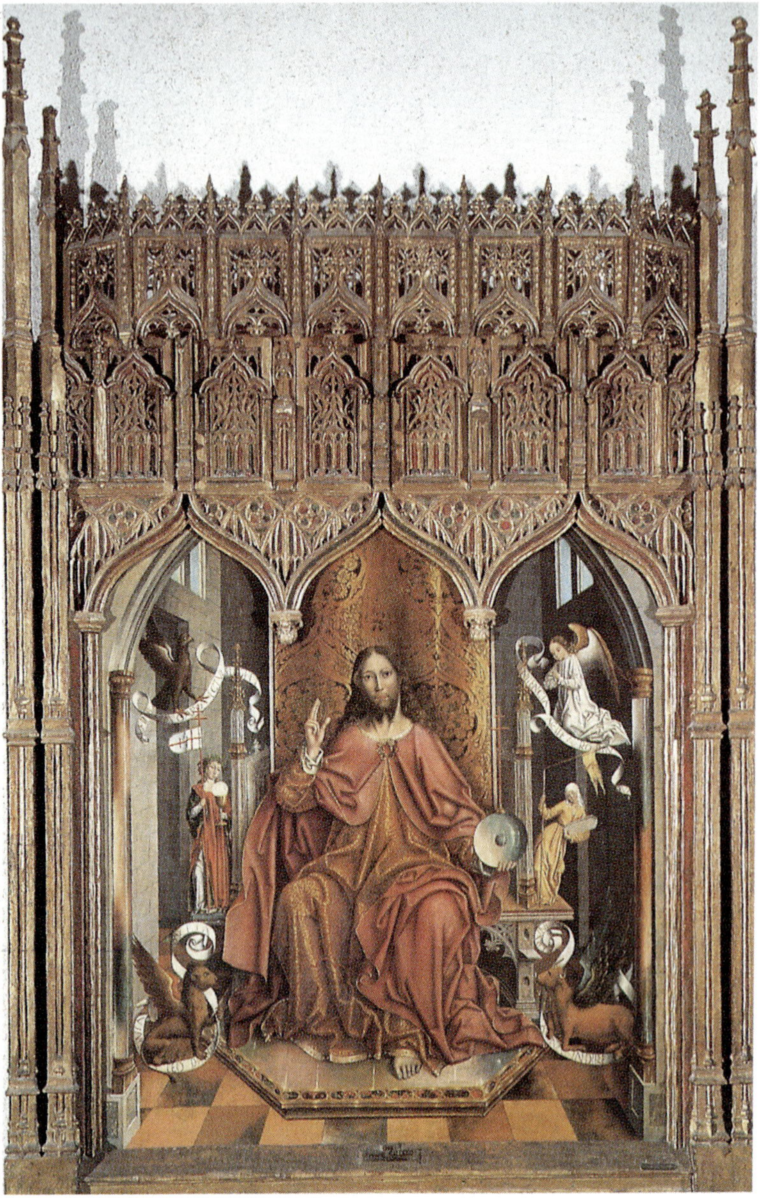

Fernando Gallego, vers 1466-1467. *Le Christ sur le trône.* Madrid, Museo del Prado.

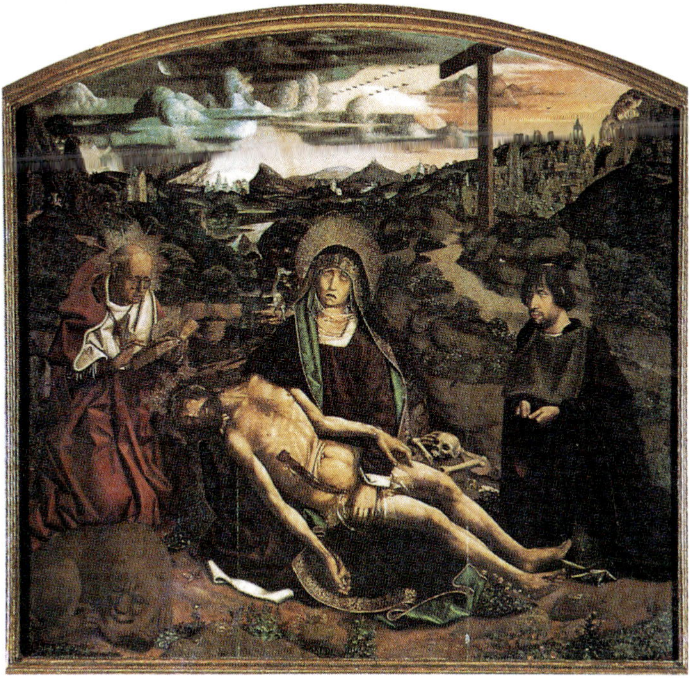

Batolomé Bermejo, 1490. *Pietà*. Barcelone, sacristie de la cathédrale.

encadrements architecturaux, chaque œuvre comprenant habituellement des petits tableaux de saints isolés. Sous l'influence flamande apparurent également de grands retables formés d'un panneau unique comme la *Vierge des conseillers*, œuvre profondément eyckienne, que Lluis Dalmau peignit en 1445 à Barcelone.

Il s'agit là de l'exemple le plus clair de l'influence artistique flamande en Espagne ; nous pouvons y retrouver des échos du retable de Gand et d'autres œuvres de Jan Van Eyck bien que l'œuvre soit d'une qualité médiocre tant elle sent l'imitation.

Fernando Gallego, peintre de Salamanque, assimila la leçon des Flamands avec bien plus de maturité. Dans les années 1466-1467, le jeune Gallego travailla à Samora, où l'on pense qu'il aurait peint le *Christ sur le trône*, ultérieurement transporté à Saint-Laurent de Toro (aujourd'hui au Prado, Madrid), pour y être inséré dans un grand *retablo*[15]. Comme c'est assez souvent le cas en

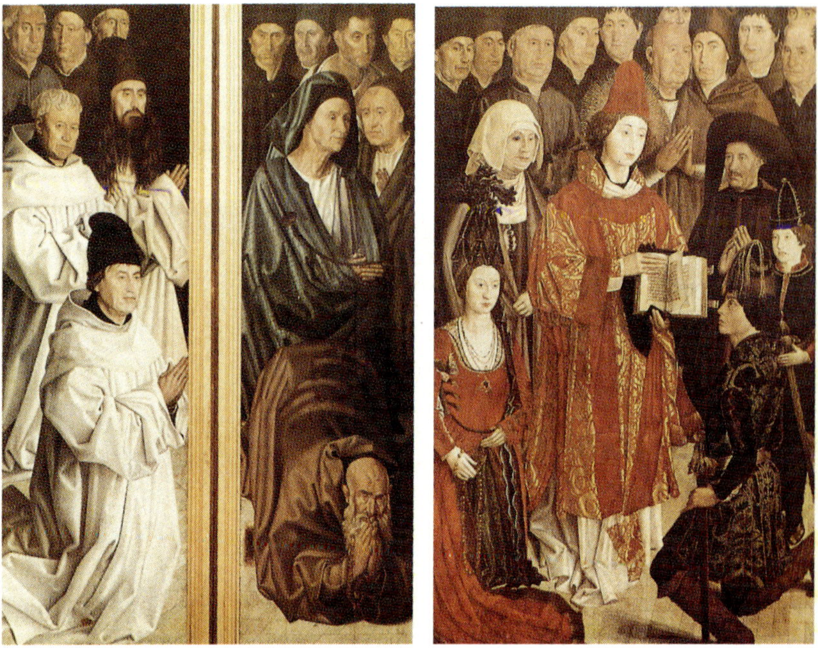

Nuno Gonçalves, avant 1481. *Polyptyque de saint Vincent*

Espagne, l'influence de Van Eyck et de Bouts se manifeste par l'intensité et l'expressivité du dessin, des couleurs profondes et saturées et une représentation suggestive de la profondeur. En vérité, cette œuvre est tellement eyckienne qu'on l'attribuait encore à un peintre flamand à l'Exposition des Primitifs flamands de 1907. La maîtrise technique d'origine flamande est particulièrement sensible dans la représentation du globe terrestre de verre.

Parmi les œuvres de la fin du XVe siècle, la *Pietà* de Bartolomé Bermejo, dans la sacristie de la cathédrale de Barcelone, occupe une place à part. Œuvre tardive, datée du 23 avril 1490, elle synthétise les acquis artistiques de la peinture du XVe siècle. La richesse du paysage n'atténue aucunement l'intensité dramatique du thème de la Pietà. Loin de s'opposer à la scène émouvante de la déploration, la représentation parfaite de la nature l'accompagne. Le portrait du donateur, où l'on reconnaît le chanoine Luis Desplà, est d'une qualité excellente, tant l'artiste a su jouer de forts contrastes d'ombre et de lumière pour en dessiner les formes.

Toutefois, aucun maître espagnol du XVe siècle n'a peint un retable à volets d'une richesse, d'une monumentalité et d'une

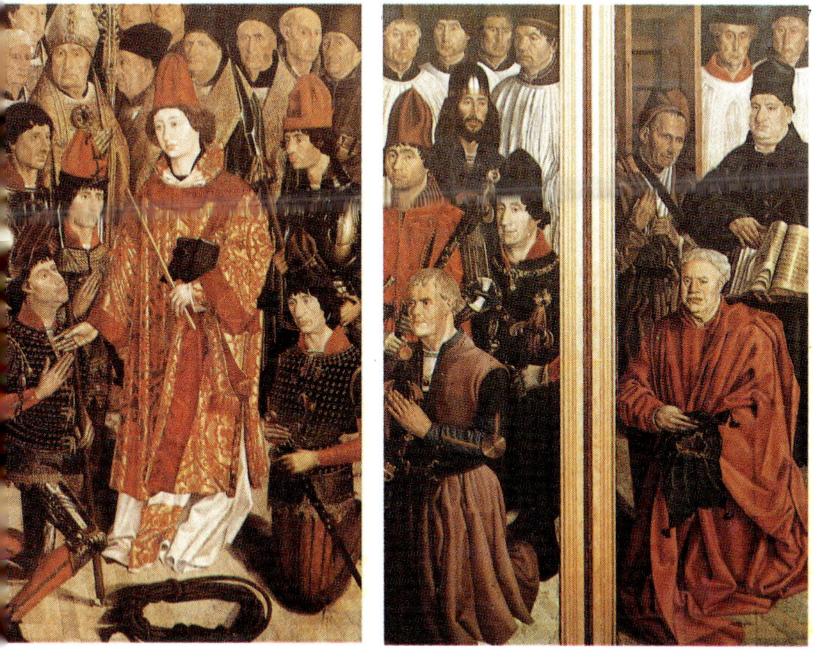

Lisbonne, Museu Nacional de Arte Antiga.

finesse comparables à celles dont fit preuve le Portugais Nuno Gonçalves, qui fut non seulement le plus grand maître portugais de tous les temps, mais aussi l'un des meilleurs peintres du siècle. Quoique bien connu au Portugal et présent dans tous les manuels, ce maître est encore loin d'avoir la popularité et la place qu'il mérite dans l'histoire de la peinture au XVe siècle. Il est triste que de ce maître, fort célèbre de son vivant et encore au XVIe siècle, une seule œuvre nous soit parvenue. Cet unique témoignage est néanmoins suffisant pour apprécier son talent. Ce fameux retable, qui provient du couvent de São Vicente de Fora, à Lisbonne, nous est connu par six volets – deux grands et quatre étroits – qui forment manifestement un ensemble monumental, malgré la disparition de l'élément central. D'aucuns ont pensé qu'il pouvait s'agir d'une sculpture. Parmi les volets existants, deux sont organisés autour de la grande figure centrale de saint Vincent. Sur le panneau de gauche, le roi Alphonse V est agenouillé devant le saint tandis que son fils Jean et le prince défunt Henri le Navigateur se tiennent debout. Sur le panneau de droite, aux pieds du saint, sont agenouillés deux commandants. Enfin, sur les autres volets, divers groupes représentatifs de la société portugaise s'associent à l'adoration de saint Vincent. Ainsi qu'on l'a dernièrement suggéré, peut-être le retable avait-il été peint afin de commémorer la croisade portugaise contre les Arabes mais aussi la prise d'Arzila et de Tanger, au Maroc, en 1471. Cette croisade avait été placée sous la protection de saint Vincent. Toutes les couches de la société prennent part à l'action, y compris, sur le second volet étroit de gauche, les pêcheurs qui transportèrent les troupes sur leurs bateaux du Portugal au Maroc[16].

Pour de multiples raisons, les volets sont tout à fait extraordinaires. Fort suggestifs, ils mettent le spectateur en face d'une réalité minutieusement décrite. À la réflexion, le caractère artificiel de la composition saute aux yeux; le carrelage attire le regard dans la profondeur de l'œuvre, mais rien n'indique un intérieur : le fond noir est neutre. La lumière vient de droite, mais elle n'est pas toujours cohérente. La peinture montre uniquement des êtres humains pourvus d'attributs identifiables : armes, cordes, livres et reliques, sans que soit suggéré le moindre contexte, le moindre fond ou la moindre situation. Mais la variété, la force et l'expressivité des visages, la diversité des qualités sociales, psychologiques et intellectuelles, des costumes, des gestes et des comportements sont telles que des générations de chercheurs et de critiques se sont appliquées à étudier et à déchiffrer le contenu multiple de l'œuvre.

Gonçalves use des sources flamandes d'une manière qui atteste sa parfaite maîtrise technique en même temps qu'elle trahit une forte personnalité, qui a laissé sur ces fameux volets une empreinte incomparable.

Excepté l'effigie du saint, qui est le fruit de l'imagination de l'auteur, le reste du retable ne compte que des portraits : cinquante-huit, au total, qui forment une admirable galerie. Le retable de saint Vincent fut réalisé entre 1471 et 1481. À cette époque, le portrait peint avait déjà derrière lui une longue histoire, sur laquelle Gonçalves avait pu se retourner en examinant les réalisations considérables de ses prédécesseurs.

3. Les portraits : réalité et composition

On pourrait dire que le retable de Nuno Gonçalves représente un cas extrême dans l'histoire du portrait de donateurs. Son polyptyque compte plus de donateurs que de saints, même si les saints demeurent au centre de l'intérêt. Et ces donateurs grouillent litté-

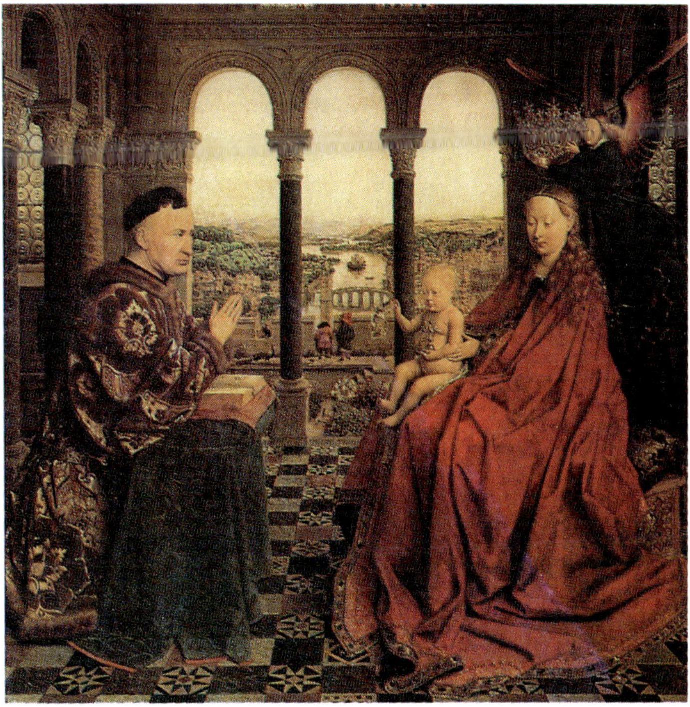

Jan Van Eyck. *La Vierge au chancelier Rolin.* Paris, Musée du Louvre.

ralement sur les volets et attirent l'attention du spectateur. À l'origine, à l'aube du XVe siècle, le donateur apparaissait humblement agenouillé devant la majesté de la scène religieuse. Puis il prit de l'importance et déjà, dans l'œuvre de Jan Van Eyck, s'établit une certaine équivalence de taille et d'importance : dans la *Vierge au chancelier Rolin* (au Louvre), nous pouvons ainsi observer le face à face d'un homme puissant ici-bas – le chancelier du duc de Bourgogne – et de la Reine des Cieux, délicate mais royale. La présence de Rolin dans la chambre de la Vierge, ouverte par une loggia sur un jardin enchanteur et paradisiaque (comme si Van Eyck avait voulu évoquer les jardins arabes de Grenade qu'il avait visités en 1429), a un caractère concret et parfaitement matériel. Comme dans les autres aspects de son art, Van Eyck combine également dans ses portraits une extrême fidélité aux détails et la capacité d'élaborer une forme monumentale générale. Ses por-

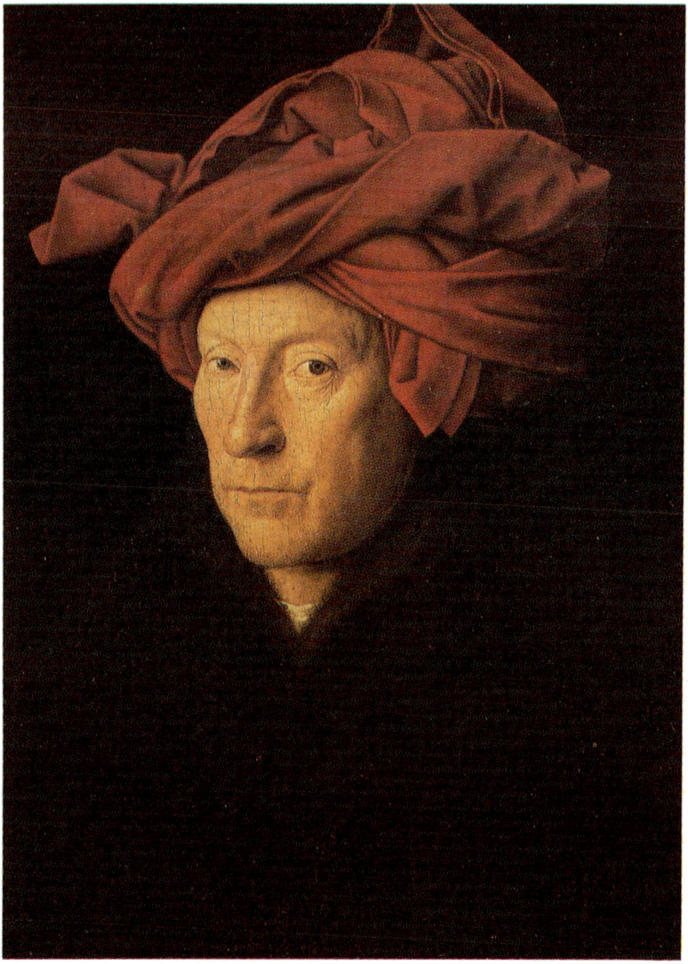

Jan Van Eyck. *L'Homme au turban rouge*. Londres, National Gallery.

traits indépendants, qui font suite aux premiers tableaux de ce genre exécutés au XIVe siècle, représentent des membres de groupes sociaux dominants (comme toutes ses autres effigies de donateurs) : des dignitaires et des officiels de la cour, des membres du haut clergé, des riches marchands comme l'Italien Giovanni Arnolfini, mais aussi des artisans de renom tels que l'orfèvre Jan

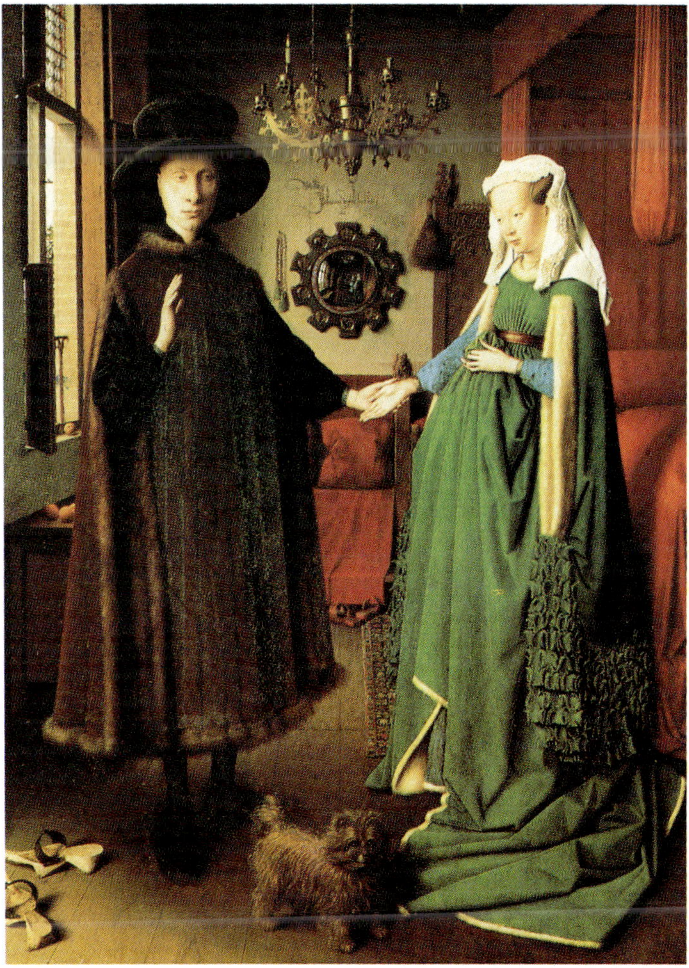

Jan Van Eyck, 1434. *Les Époux Arnolfini.* Londres, National Gallery.

de Leeuw (à Vienne). Tantôt, l'image visuelle seule nous renseigne sur la personne représentée : tel est le cas de l'homme au turban rouge et du portrait du cardinal Albergati (il est possible que les cadres, aujourd'hui disparus, fussent porteurs d'indications supplémentaires). Tantôt, il y a diverses inscriptions qu'il n'est pas facile d'interpréter – ainsi dans *Thymoteos* – et qui donnent des renseignements capitaux sur l'image humaine à travers « l'éloquence des symboles ».

C'est de ce genre que relève l'expression symbolique dans le portrait des *Époux Arnolfini* (Londres), l'une des plus célèbres peintures du XVe siècle. Deux personnes, entourées de symboles du mariage, amorcent leur vie de couple dans un cadre domestique suggestif, mais sous l'égide de signes religieux et en accomplissant des rites solennels. Le tableau est bien plus qu'un portrait, mais sa première fonction reste de représenter deux personnes « unies par la Foi », ainsi que l'observe une source du XVIe siècle.

Le portrait peint conquiert un nouvel espace et, non content de s'émanciper du contexte de la composition religieuse, il devient autonome. C'est donc dans ce cadre que sont montrés les personnages. Dans ce tableau, les Arnolfini sont deux : l'homme et la femme dans un espace unique. Il est vrai que cet espace possède toujours un caractère quasi sacré, mais, quoique placé en un point central, le miroir avec les scènes de la Crucifixion demeure relativement petit. Les donateurs deviennent plus grands et le monde sacré se rétrécit ; il se dissimule et emprunte la forme des objets quotidiens qui, à leur tour, prennent un caractère sacré spécifique.

C'est généralement dans ce contexte qu'étaient représentés les couples au XVe siècle. L'élégant jeune couple qui visite l'atelier de saint Éloi dans le tableau de Petrus Christus de 1449 (New York) est presque aussi important que le saint et il est difficile de dire s'ils ne sont là que pour faire de la figuration auprès du saint orfèvre ou s'ils sont, comme lui, les acteurs d'une scène allégorique. Peut-être, comme on l'a suggéré, le message de l'œuvre s'adresse-t-il aux clients des orfèvres, d'autant que le tableau fut sans doute commandé pour leur autel dans la chapelle de la corporation des forgerons auxquels il appartenait ; dans le miroir convexe se reflète la rue qui longe l'atelier du saint, tandis que « deux époux élégants » semblent « flâner avec leur faucon, symbole respecté des classes aisées »[17]. Le réalisme est fortement présent dans l'œuvre de Christus, quelle que soit l'intention morale, ou le prétexte, qui la motive. La description des produits dans l'atelier de l'orfèvre privilégie leur diversité matérielle ainsi que la variété des structures ; de même, le splendide brocart de la robe de la femme donne aux objets représentés une réalité très appuyée.

La force de cette réalité se trouve tempérée par une tendance décorative dans les œuvres de Rogier Van der Weyden et, plus

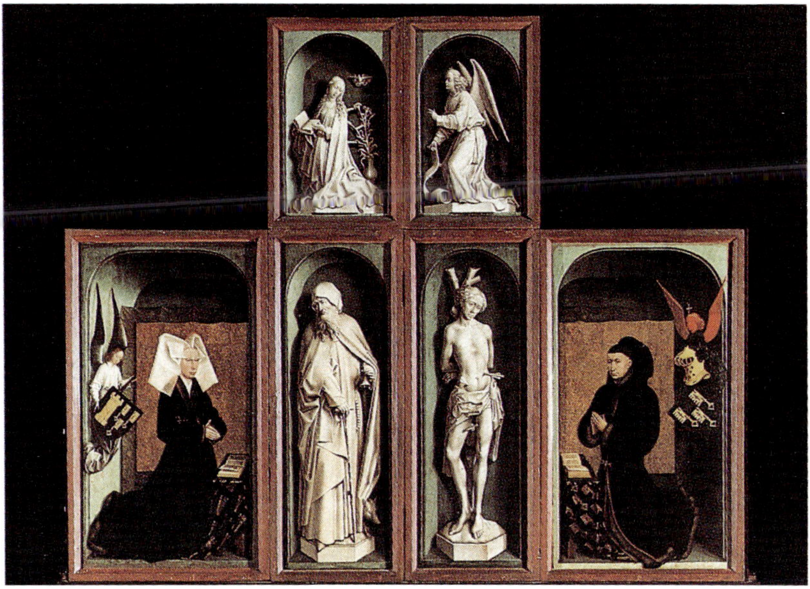

Rogier Van der Weyden. Portrait du *Chancelier Rolin*, partie extérieure du volet gauche du retable du *Jugement dernier*. Beaune, Hôtel-Dieu.

nettement encore, dans celles des maîtres allemands. Les portraits de Rogier sont d'un raffinement extrême. Si nous comparons le portrait du chancelier Nicolas Rolin de Van Eyck (au Louvre) à celui que Van der Weyden peignit à l'extérieur sur les volets du retable de Beaune, la différence d'approche saute aux yeux. La silhouette noire de son habit de velours se détache sur la tenture suspendue derrière lui et qui ferme la vue. Un contour décoratif semble disposé à la surface du panneau, l'espace qui entoure le chancelier est peu profond, les armoiries, que transporte un ange, se résument à un seul signe : tout appartient à la même réalité symbolique et décorative, si différente de la réalité profonde et atmosphérique de Van Eyck.

Plus proche de la conception de Van Eyck est le subtil visage de Pierre Bladelin, admis dans l'espace sacré : il adore le Divin Enfant devant les ruines d'un splendide édifice païen transformé en étable. Un bel équilibre règne entre la représentation de la personne humaine et l'organisation harmonieuse de la surface peinte dans une série de portraits de jeunes femmes (dont la plus noble et celle qui témoigne de la plus grande maturité artistique semble être la *Jeune Dame* de la National Gallery of Art de

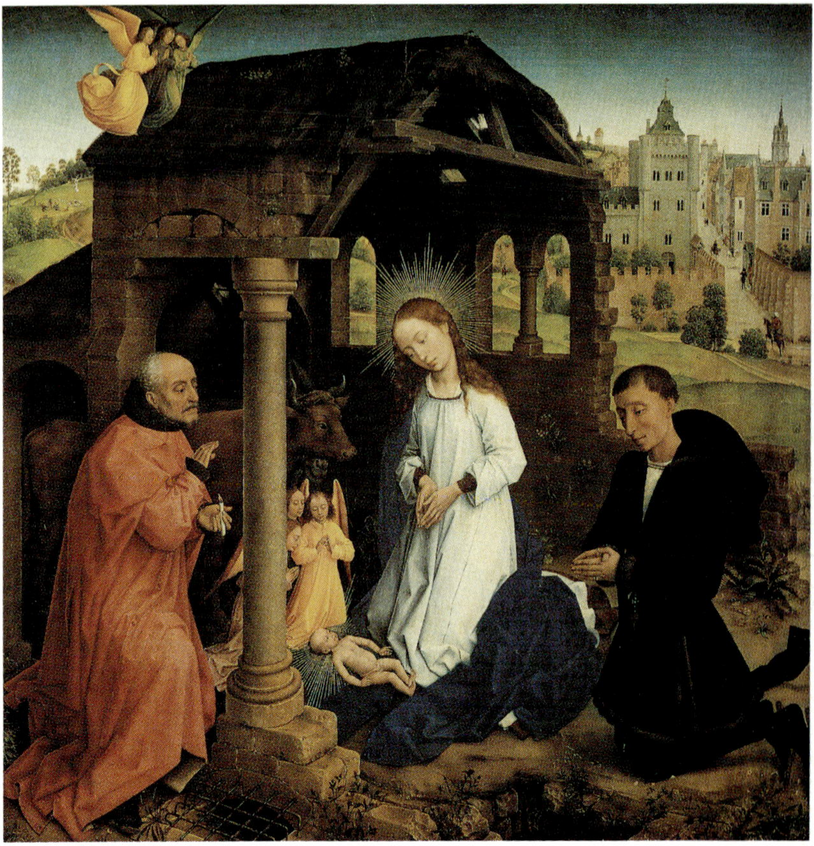

Rogier Van der Weyden. *L'Adoration de l'Enfant*; panneau central du *Retable Bladelin*. Berlin, Stiftung Preussischer Kulturbesitz, Museum Dahlem.

Washington). Les yeux baissés et les mains jointes suggèrent une attitude de prière. Mais les lèvres épaisses sont sensuelles et son expression méditative ne saurait dissimuler tout à fait la vivacité de son tempérament. La disposition complexe des doigts crée une forme décorative, qu'accentue encore une large ceinture rouge – seul accent de couleur soutenue dans cette œuvre où les seules autres couleurs sont le noir, le marron foncé et les tons de la chair.

Hors de l'Italie et des Pays-Bas, les tendances décoratives étaient plus nettes encore. Le magistral portrait de jeune homme

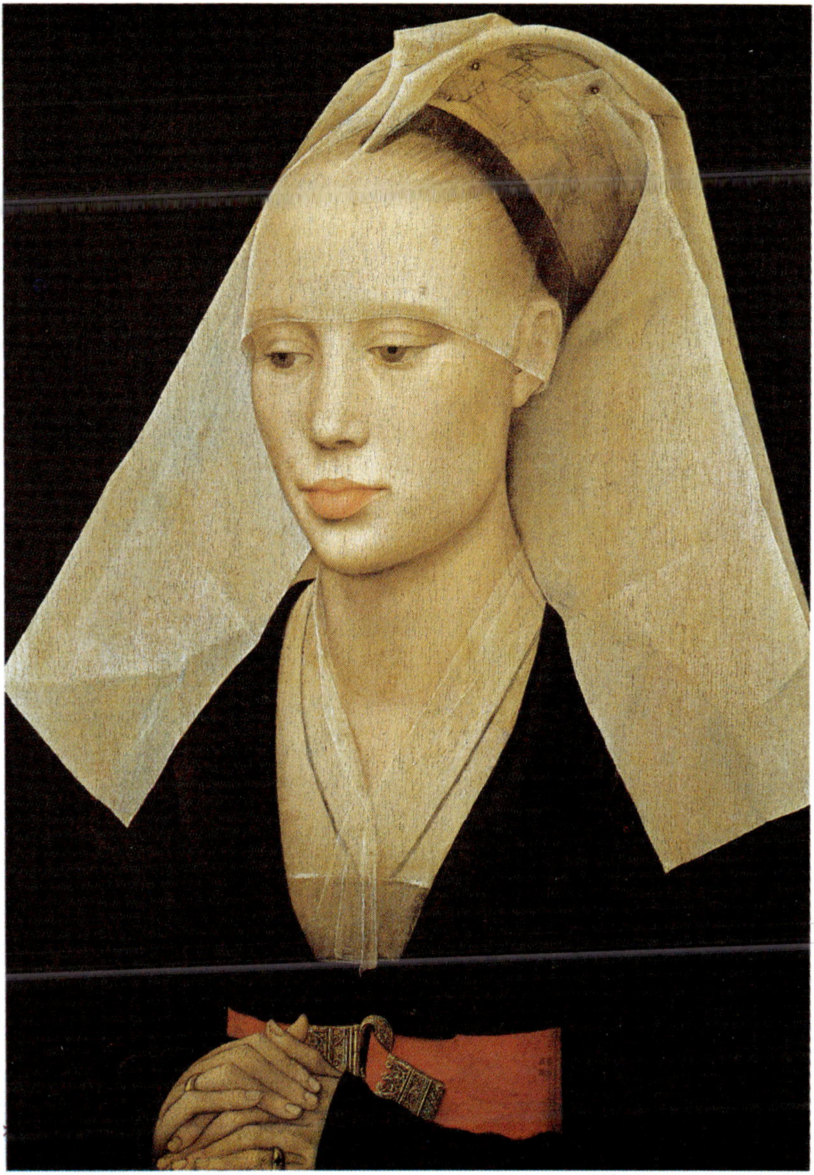

Rogier Van der Weyden. *Portrait de jeune femme.* Washington, National Gallery of Art.

– à Vaduz, œuvre d'un peintre inconnu, probablement portugais – adopte le modelé flamand de la tête à travers un jeu d'ombre et de lumière et oppose cette forme tridimensionnelle à la forme sombre de l'habit. La tête et son effet plastique sont équilibrés par l'inscription calligraphique, fort raffinée et imaginative, de la date : 1456. Celle-ci ne semble pas appartenir au fond, mais souligne plutôt le premier plan du tableau et neutralise en partie l'effet plastique du portrait[18].

L'inscription acquiert au contraire une vie propre dans le double portrait d'un jeune couple au Musée de Gotha, œuvre d'un artiste, graveur et dessinateur allemand anonyme surnommé

Maître (portugais ?) de 1456 ou Barthélemy d'Eyck ? *Portrait de jeune homme.* Vaduz, collection du prince de Liechtenstein.

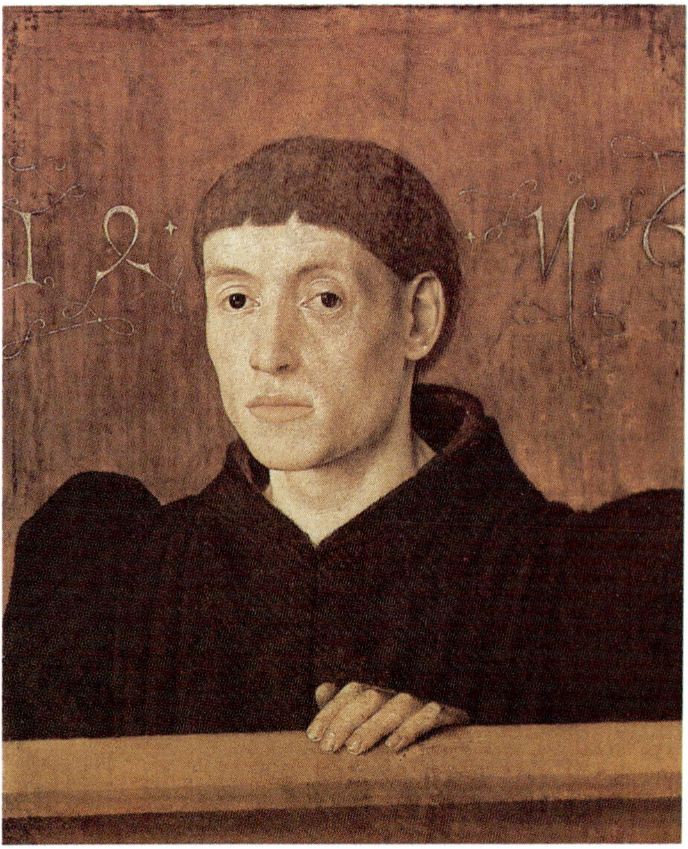

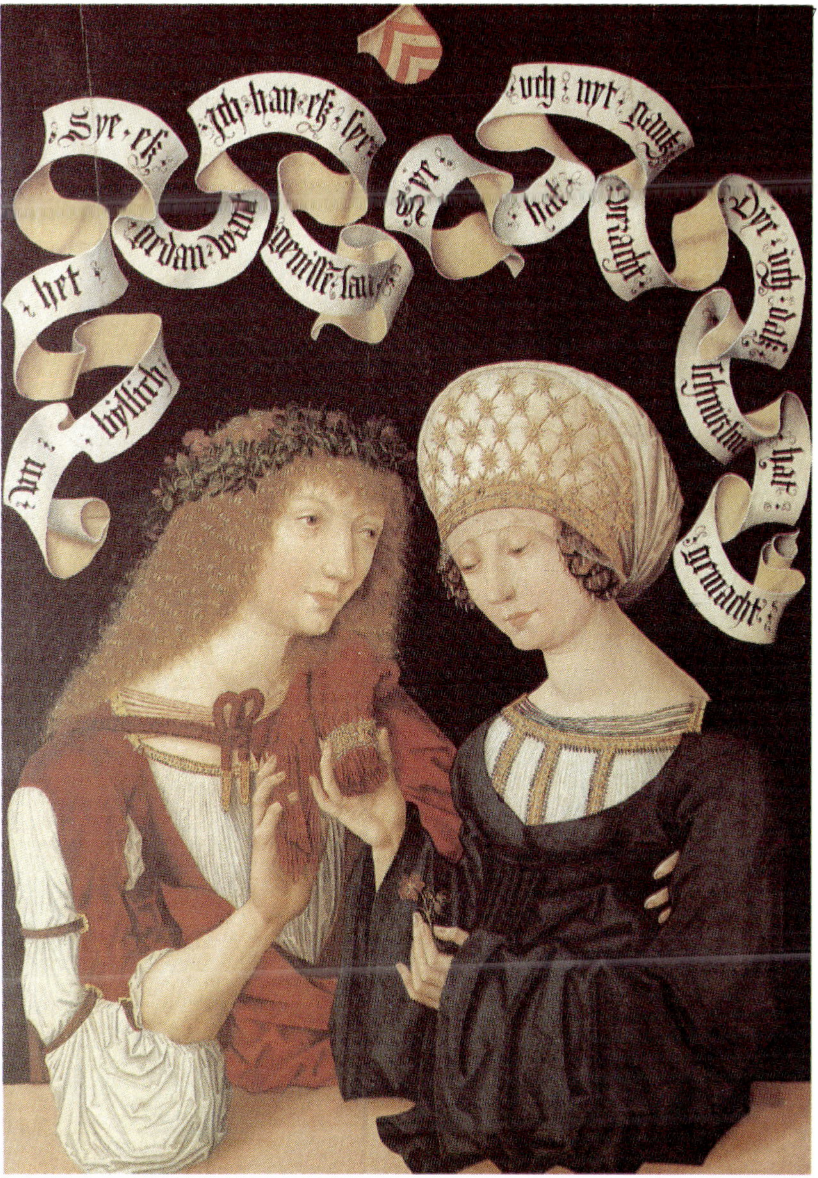

Maître du Livre de raison. *Portrait d'un jeune couple.* Musée de Gotha.

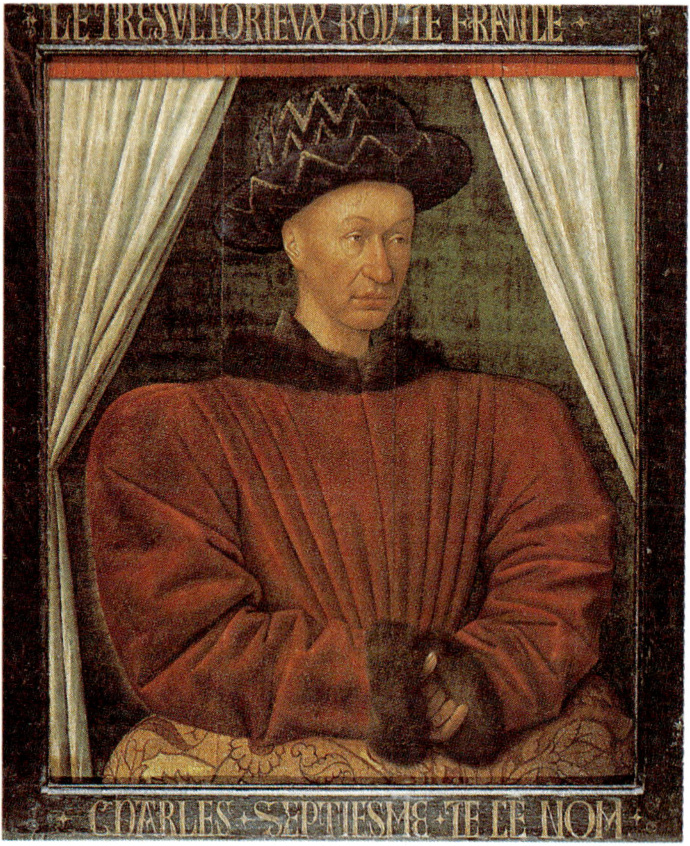

Jean Fouquet. *Portrait du roi Charles VII*. Paris, Musée du Louvre.

Maître du Livre de raison (*Hausbuchmeister*, dont le livre, illustré de ses dessins, est conservé au château de Wolfegg). Dans ce portrait, peint autour de 1480, un jeune homme et une jeune femme sortent de derrière un parapet. Ils sont très élégamment habillés et les habits forment une cascade de plis anguleux et serrés. Au-dessus de leurs têtes, un ruban pourvu d'une inscription se déploie dans l'espace sur fond noir. Dans ce cas, l'inscription ne souligne pas la surface ; elle est elle-même conçue de manière tridimensionnelle. Cependant, comme elle est suspendue de manière quelque peu irrationnelle, elle donne aussi aux personnages quelque chose de surréel. La signification de cette inscription est loin d'être claire, mais elle semble insister sur la réciprocité des intérêts et des sentiments du jeune couple. On reconnaît généralement dans cette œuvre une image de fiançailles (la coiffe de la jeune femme suggère toutefois qu'elle est déjà mariée). On ne saurait non plus exclure un message allégorique et moraliste. L'effet décoratif de l'ensemble – une composition expressive en vert et jaune – est superbe.

Si nous juxtaposons les portraits peints en France de Jean Fouquet et ces peintures allemandes, nous nous retrouvons dans des mondes bien différents. En comparaison des portraits analytiques flamands, son œuvre possède une certaine qualité de synthèse[19] ; à la nervosité et à la mobilité expressive allemandes, elle oppose une simplicité noble et tranquille. Dans l'œuvre de Fouquet se réalise un heureux compromis entre la description détaillée de la nature, propre aux pays du Nord, et la vision monumentale italienne. Charles VII apparaît comme un individu bien concret, mais en même temps le peintre donne à sa composition un caractère solennel et digne. Le portrait du souverain est dévoilé par des rideaux tirés. Le roi a bel et bien une apparence royale, mais son air las et mélancolique trahit son humanité. Nous sommes en présence d'une excellente combinaison de portrait officiel et d'étude analytique d'un homme.

Dans les œuvres de Fouquet, et surtout dans celles qu'il fit après les trois années de son séjour en Italie entre 1444 et 1450, nous retrouvons cette même fusion entre les détails naturalistes à la manière septentrionale et une conception monumentale à l'italienne. Son art est le fruit de la rencontre, plutôt rare au XVe siècle, entre le Nord et le Sud : il est la combinaison la plus fructueuse des tendances de fond qui prévalaient dans les deux centres artistiques les plus importants de l'Europe.

4. Rencontres entre le Nord et le Sud

Dans son *Trattato sull'architettura*, Filarete mentionne, parmi les noms de peintres les plus excellents, celui de Fouquet, même s'il le déforme terriblement. Mais la mention, qui concerne le maître à l'époque de son séjour à Rome – il n'avait pas encore trente ans –, est fort élogieuse : « *ancora se vive, è buono maestro, maxime de ritrarre del naturale. Il quale fe a Roma papa Eugenio et due altri de' suoi appresso di lui ; che veramente parevano vivi proprio. I quali dipinse insù uno panno, il quale fu conlocato nella sagrestia della Minerva. Io dico cosi, perché a mio tempo gli dipinse*[20] ».

Étant donné que le pape Eugène IV mourut en février 1447, Fouquet dut se rendre à Rome au plus tard en 1446. Dans l'Italie de la première Renaissance, son talent pour dépeindre l'apparence humaine, qu'il tenait des modèles néerlandais de réalisme analytique, a dû faire forte impression sur les connaisseurs. Les personnages dont il faisait le portrait « *veramente parevano vivi proprio* », étaient criants de vérité. Les Italiens du XVe siècle furent toujours admiratifs devant la peinture septentrionale et nous savons que plusieurs œuvres de Van Eyck, fort appréciées, trouvèrent place dans des collections italiennes. En 1450, Van der Weyden se rendit à son tour en Italie, où il laissa quelques œuvres, et c'est pour l'Italien Francesco d'Este qu'il peignit l'un de ses plus fins portraits (aujourd'hui à New York).

Mais Fouquet fut certainement impressionné par ce qu'il vit en Italie, où s'élaborait une nouvelle approche de l'essence même de l'art. Les efforts italiens pour peindre la réalité allaient de pair avec une approche scientifique des problèmes de la représentation, qui porta ses fruits dès le tournant du premier au deuxième quart du siècle dans la construction d'une perspective correcte. D'autre part, l'idéal de *doctus artifex*, qu'Alberti et Ghiberti postulaient dans leurs écrits et qui se fondait sur la tradition humaniste, s'accompagnait d'une connaissance profonde de l'Antiquité classique et de son expression artistique. Pour parvenir à une représentation convaincante de la nature, pour raconter une histoire riche en exemples de vertu et en grands modèles moraux, il convenait d'imiter les Anciens qui avaient déjà trouvé les bons moyens d'accéder à la vérité et à la beauté dans leur art. Pour un homme du Nord, comme Fouquet, le contact avec le monde tout juste redécouvert et ressuscité de l'Antiquité a dû faire l'effet d'une révélation, analogue à celle que connut, cinquante ans plus tard, un autre génie du Nord, Albrecht Dürer.

Le jeune maître adopta à la fois la perspective et les formes nouvelles de l'architecture et de la décoration, bien que Fouquet ait rarement fait un usage correct de la perspective et qu'il ait introduit des ornements et des ordres antiques dans les formes de l'architecture gothique. C'est aussi des Italiens que Fouquet apprit comment rendre convaincante l'histoire évoquée dans un tableau. Naturellement, il était nourri de la tradition de l'enluminure française et de la peinture des Pays-Bas qu'il avait découverte en France. Mais c'est la concentration « programmatique » italienne sur

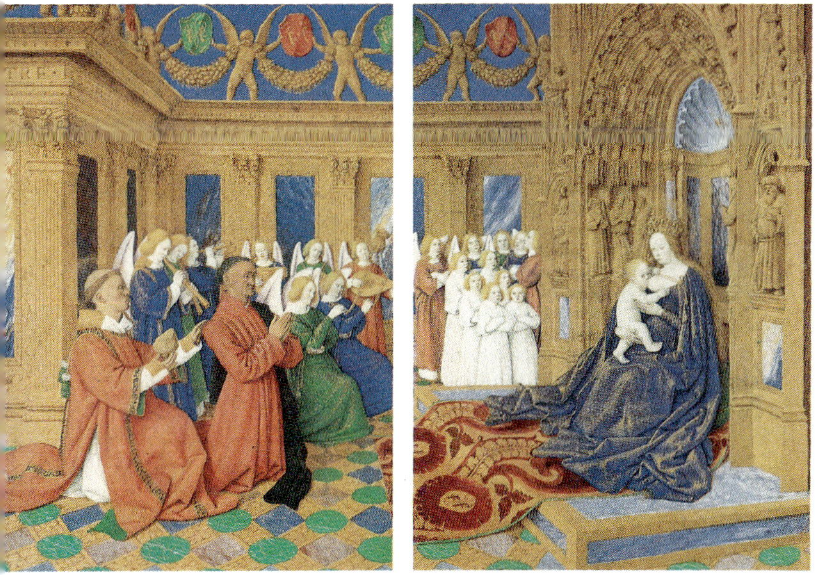

Jean Fouquet, 1452-1460. *Étienne Chevalier en adoration devant la Vierge à l'Enfant.* Page enluminée des *Heures d'Étienne Chevalier.* Chantilly, Musée Condé.

la représentation convaincante de l'*istoria* qui lui a donné les moyens de représenter des centaines d'images d'action dans des enluminures qu'il réalisa lui-même ou dont il supervisa l'exécution d'après ses dessins. Après quoi il retourna en France et ouvrit à Tours un prospère atelier d'enluminures.

Les sujets auxquels il lui fallut s'attaquer étaient aussi, jusqu'à un certain point, antiques, sinon d'inspiration antique, ce qui trahit bien sûr les dispositions humanistes des mécènes de Fouquet : les *Antiquités judaïques* de Flavius Josèphe, l'*Histoire antique jusqu'à Jules César,* l'*Histoire romaine* de Tite-Live, le manuscrit de Boccace : *Des cas des nobles hommes et femmes malheureuses* – bref, autant de sujets accompagnés d'enluminures de Fouquet ou de son atelier et qui attestent d'une telle attitude.

Du point de vue artistique, l'œuvre la plus importante est le *Livre d'Heures d'Étienne Chevalier,* que le maître exécuta peu après son retour d'Italie vers 1453. Les quarante-sept enluminures que nous connaissons sont profondément marquées par l'esprit de l'art italien et représentent une adaptation des formes de la première Renaissance au nord des Alpes.

La rencontre de diverses traditions stylistiques qui se fondent au point de ne faire plus qu'une, leur « synthèse » apparaît on ne peut plus clairement dans deux enluminures qui se font face[21]. Étienne Chevalier, trésorier du roi de la monarchie française ressuscitée et sortie victorieuse de la longue lutte contre les Anglais, est agenouillé, sous la protection de son saint patron, saint Étienne, devant la Vierge qui porte l'Enfant Jésus sur ses genoux et qui est assise devant une façade gothique. Nous voyons une section de l'espace organisée rationnellement grâce à l'entablement élevé construit suivant les formes albertiennes et articulé par une série de pilastres composites cannelés. Un groupe d'anges à l'aspect de *putti* italiens se dressent sur la corniche, visible sur fond de ciel bleu, et portent de grosses guirlandes entremêlées d'écus aux initiales de Chevalier. Son nom apparaît également sur la frise de l'entablement. Par leur forme, les lettres appartiennent clairement à la tradition gothique, de même que le monumental portail de droite, où il n'y a pas d'entrée. Au lieu d'une porte, nous voyons une niche dont les formes sont à nouveau clairement celles du XVe siècle : une grande coquille festonnée de couleur gris-violet couronne la niche, au-dessus de la tête de la Vierge. Assise à la place de la porte, elle représente symboliquement la *porta coeli*. Derrière le donateur agenouillé, un orchestre d'anges rappelle les anges italiens de Fra Angelico. Leur idéalisation divine contraste avec la réalité terrestre d'Étienne Chevalier.

Probablement est-ce dans cette enluminure que les éléments italianisants sont les plus forts et les plus évidents, mais ils sont présents partout. L'Arche d'Alliance que transportent les Hébreux au son des trompettes pendant le siège de Jéricho (dans les *Antiquités judaïques*) a encore une forme italienne typique du XVe siècle. Mais en l'occurrence c'est de la tradition septentrionale que Fouquet tient son habileté à construire une image convaincante de l'espace libre. Les murs écroulés de Jéricho laissent paraître une pittoresque cité française médiévale, par-delà laquelle nous apercevons des prés et des jardins, coupés par le ruban bleu d'une rivière qui s'écoule paisiblement (sans doute Fouquet s'est-il inspiré de la vallée de la Loire). Ce paysage lumineux apporte une touche de tranquille éternité dans une image d'affrontements humains. Fouquet mêle la perspective linéaire italienne, le clair-obscur septentrional et les moyens atmosphériques permettant de modeler l'espace et le volume. Ses rivières reflètent des ciels lumineux, ses lointaines collines se dissolvent dans le brouillard. Il

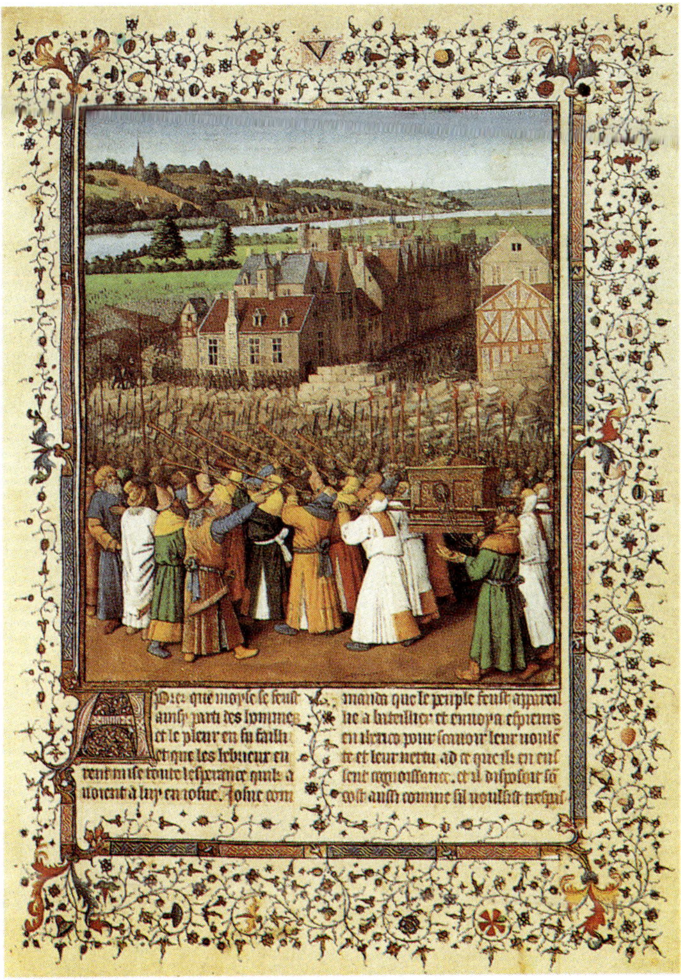

Jean Fouquet, autour de 1470. *La Chute de Jéricho*; enluminure du fol. 89 du manuscrit des *Antiquités judaïques*. Paris, Bibliothèque Nationale, ms. fr. 247.

recourt aussi à une astuce ingénieuse pour représenter le mouvement de telle façon qu'on dirait que l'espace s'étend dans toutes les directions ; dans cette enluminure, et de façon plus évidente encore en d'autres, la cohorte des soldats arrive du fond, sur la droite, défile devant les spectateurs puis s'enfonce à gauche.

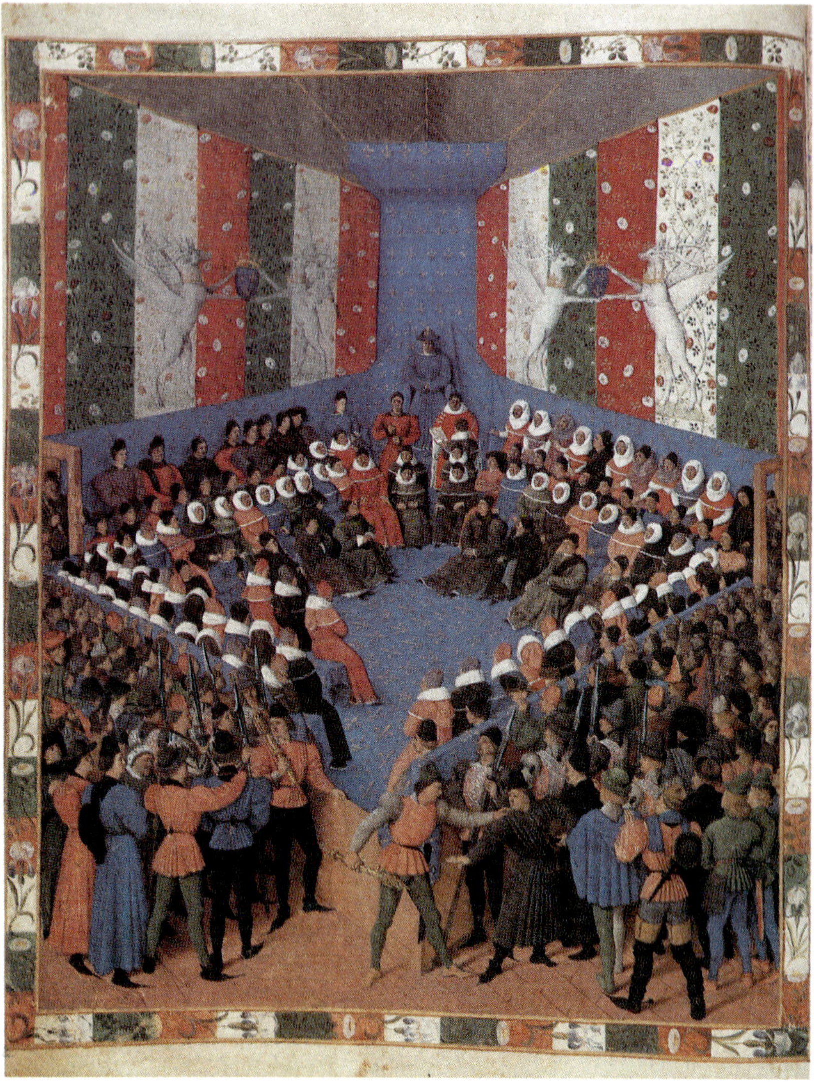

Jean Fouquet, 1458. *Le Jugement du duc d'Alençon*; enluminure du fol. 2 v. du manuscrit *Des cas des nobles hommes et femmes malheureuses*, de Jean Boccace. Munich, Bayerische Staatsbibliothek, Cod. Gall. 369.

Page de droite : Jean Fouquet, 1450. *Le diptyque de Melun*; à gauche, *Étienne Chevalier protégé par saint Étienne.* Berlin, Stiftung Preussischer Kulturbesitz ; à droite, la *Vierge à l'Enfant.* Anvers, Musée Royal des Beaux-Arts.

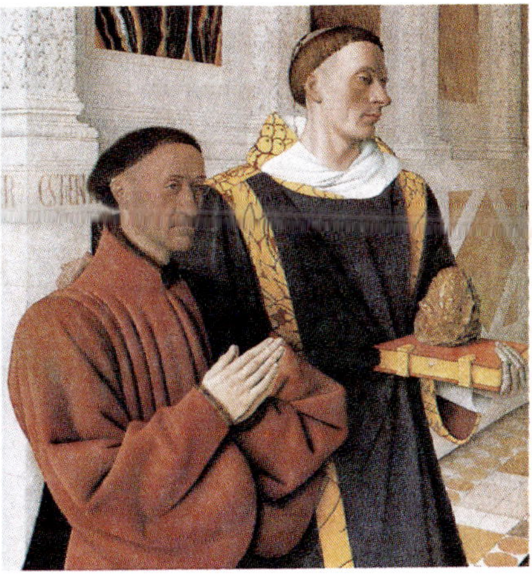
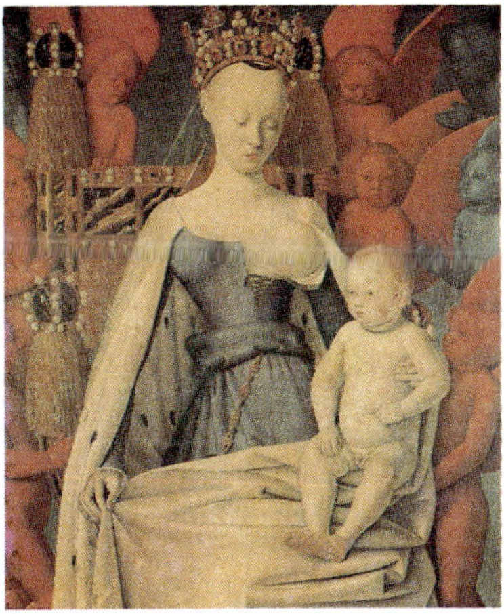

Ces enluminures montrent très clairement le talent avec lequel Fouquet savait raconter une *istoria*. Mais il ne s'en tint pas à des événements du lointain passé. L'une de ses enluminures représente un événement d'une actualité immédiate : le procès du duc d'Alençon à Vendôme, en 1458, peint un an plus tard pour le manuscrit de Boccace (actuellement à Munich). La composition est gouvernée par la forme géométrique du losange que dessinent les bancs du tribunal. L'événement récent se résume à des formes rigides quasi héraldiques : ce n'est qu'au premier plan, en marge de cette structure, de cet ordre hiérarchique, que se déroulent des épisodes pleins de vie. Plus le regard s'enfonce en profondeur et s'élève, plus les formes deviennent ordonnées et hiérarchiques. Un ordre féodal préétabli règne encore en maître sur la réalité de la vie, chaotique et fortuite.

Les spécialistes insistent sur les liens de Fouquet avec la tradition monumentale de la sculpture française et avec l'art décoratif des tapisseries[22]. Cette qualité monumentale apparaît parfois dans des enluminures mais elle n'aurait pu mieux s'exprimer que dans ses peintures sur bois, dont très peu d'exemples nous sont parvenus. Parmi ceux-ci, le triptyque de Melun – commande d'Étienne Chevalier, que nous avons déjà rencontré, pour sa chapelle funéraire dans la cathédrale de Melun – reprend l'idée des enluminures représentant le donateur devant la Vierge suivant le modèle des *Heures*. Les formes sculpturales de la Vierge (Anvers), son sein nu traité comme une sphère à la manière des cubistes mettent on ne peut plus clairement en évidence les liens possibles de Fouquet avec la sculpture. La Vierge est assise sur son trône, orné de boules de cristal où se reflète la fenêtre symbolique : *« fenestra vitrea sole radiata »*[23]. Quant au fond, il consiste en anges rouge et turquoise, les anges du jour et de la nuit, qui forment une surface continue pareille à une tapisserie.

Peut-être l'énigmatique Maître du roi René d'Anjou fut-il un élève de Fouquet. Ce qui les rattache, c'est précisément cette conception sculpturale et synthétique de la forme, mais surtout un intérêt profond pour la lumière et son utilisation afin de construire l'image picturale. Le maître anonyme qui travailla pour René d'Anjou a créé des enluminures d'une saisissante originalité, qui donnent une forme moderne au roman chevaleresque du roi René, le *Livre du Cuer d'Amour Espris* (Vienne)[24]. Ce manuscrit représente l'un des phénomènes les plus insolites de l'art du XVe siècle. Dans les scènes de plein air comme dans les intérieurs, le peintre fait preuve d'une telle connaissance de la lumière et se montre si habile à traduire des impressions naturelles en expressions picturales que l'on a pu comparer ses œuvres à celles des peintres du clair-obscur du XVIIe siècle ou aux toiles des impressionnistes au XIXe. Cette dernière approche est à l'œuvre dans la célèbre enluminure où l'on voit Cuer à l'aube en train de lire l'inscription du mur magique, tandis que les ombres colorées sont comme projetées vers le spectateur. Le réalisme dans l'observation de la nature va de pair avec l'imagination poétique.

L'intérieur nocturne de la scène « Amour donne le cœur du roi à Désir » est aussi révolutionnaire en son genre que la scène précédente. La pièce obscure, que seule illumine une lumière cachée au spectateur – une chandelle placée sous un petit banc -, est éminemment suggestive. La perspective linéaire – si approximative soit-elle – et le clair-obscur donnent une image de l'espace convaincante. La diversité de la texture des tapis, des tissus et des draps est fort subtilement caractérisée.

L'image est découpée à l'intérieur de l'espace comme le fragment d'un *continuum* qui s'étend dans toutes les directions. Placée à terre et dans un coin, la source de lumière crée un effet des plus insolites, les visages étant éclairés par la droite. Dans cette vision poétique, intime et pleine de couleurs, la réalité fantastique d'un Amour, qui surgit avec ses ailes, et d'un cœur symbolique n'a rien d'inattendu.

Suivant une hypothèse récente, le Maître du roi René aurait pu mettre la main aux enluminures – du moins à certaines parties – des *Très Riches Heures du duc de Berry*, laissées inachevées à la mort du duc, avant que Jean Colombe ne vînt finalement les

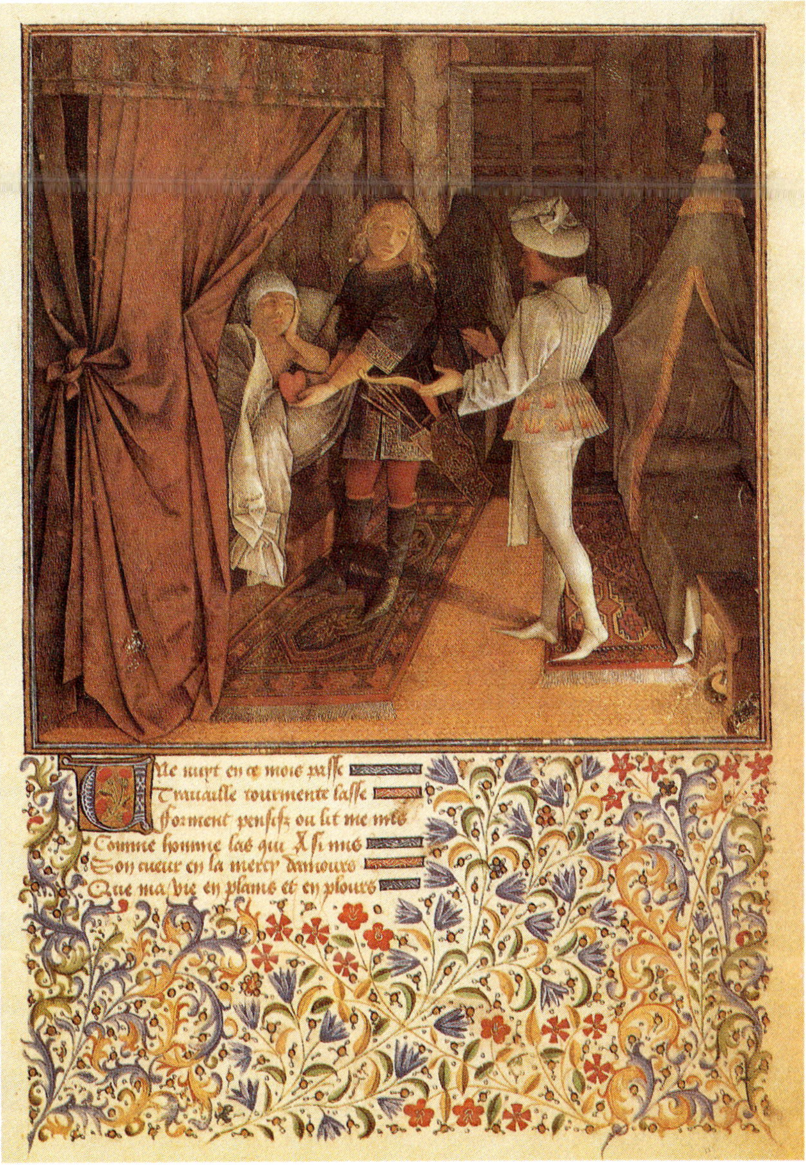

Maître du roi René, vers 1457-1465. *Amour se rend près du roi malade d'amour et lui retire le cœur*; enluminure du fol. 2 du *Livre du Cuer d'Amour Espris.* Vienne, Österreichische Nationalbibliothek, ms. 2597.

terminer plus tard dans le siècle[25]. L'une des deux enluminures qui lui sont attribuées est celle de *Décembre*, une scène de chasse qui reprend en partie un dessin italien de Giovannino de' Grassi. Il y a en effet une certaine similitude entre les types humains, les arbres et les buissons de cette enluminure et ceux du *Livre du Cuer*. Et même s'il demeure difficile d'identifier la main du peintre, il est fort possible que le travail laissé inachevé par les frères de Limbourg ait été terminé dans l'atelier où travaillait le Maître du roi René.

La rencontre du Nord et du Sud dans l'art de Fouquet et dans sa tradition se solda par une fusion organique profonde, au point de permettre une comparaison entre les réalisations françaises et celles d'Italiens comme Piero della Francesca et Antonello de Messine. D'une manière générale, l'art de la Renaissance italienne et le monde septentrional entretinrent des relations diverses. Les artistes italiens représentaient un style toujours plus connu et admiré au nord des Alpes, au point qu'on les invitait à travailler dans plusieurs pays. Mais cela ne se fit guère avant 1500. Il est vrai que Francesco Laurana séjourna en France entre 1475 et 1481 pour y construire la Chapelle Saint-Lazare dans la cathédrale La Major de Marseille, mais cet exemple demeure isolé. De fait, il est assez extraordinaire que l'importation d'artistes italiens ait été bien plus fréquente en Europe centrale et, surtout, en Europe de l'Est.

Des artistes italiens, représentants du style international, travaillèrent à Vienne autour de 1400 : un fragment de fresque, où l'on reconnaît la Vierge et le donateur, à l'origine dans l'entrée de la Singertor dans la cathédrale Saint-Étienne de Vienne, est conservé au Musée Historique de la ville. À la même époque ou un peu plus tard, des maîtres hongrois fortement influencés par les Italiens peignirent à fresque les niches du chœur de l'église paroissiale de la cité intérieure de Pest. Mais la Hongrie était un cas exceptionnel. Dès le XIVe siècle, les rois de la dynastie angevine avaient tissé des liens culturels avec l'Italie. Leur implication dans la vie politique fit venir en Hongrie un certain nombre d'humanistes et d'artistes. Et cette situation perdura sous le règne de Sigismond de Luxembourg, également élu empereur allemand en 1411. Des dignitaires ecclésiastiques italiens passèrent commande à des artistes italiens : Manetto Ammanatini, architecte florentin, et le peintre Masolino da Panicale (de 1424 à 1427) travaillèrent pour Filippo Scolari, dont ils édifièrent et décorèrent la résidence. Plus tard, à la mort de Scolari, les deux artistes travaillèrent pour l'empereur et Masolino entra aussi au service de l'évêque Branda Castiglione. Mais de tout cela il ne reste rien.

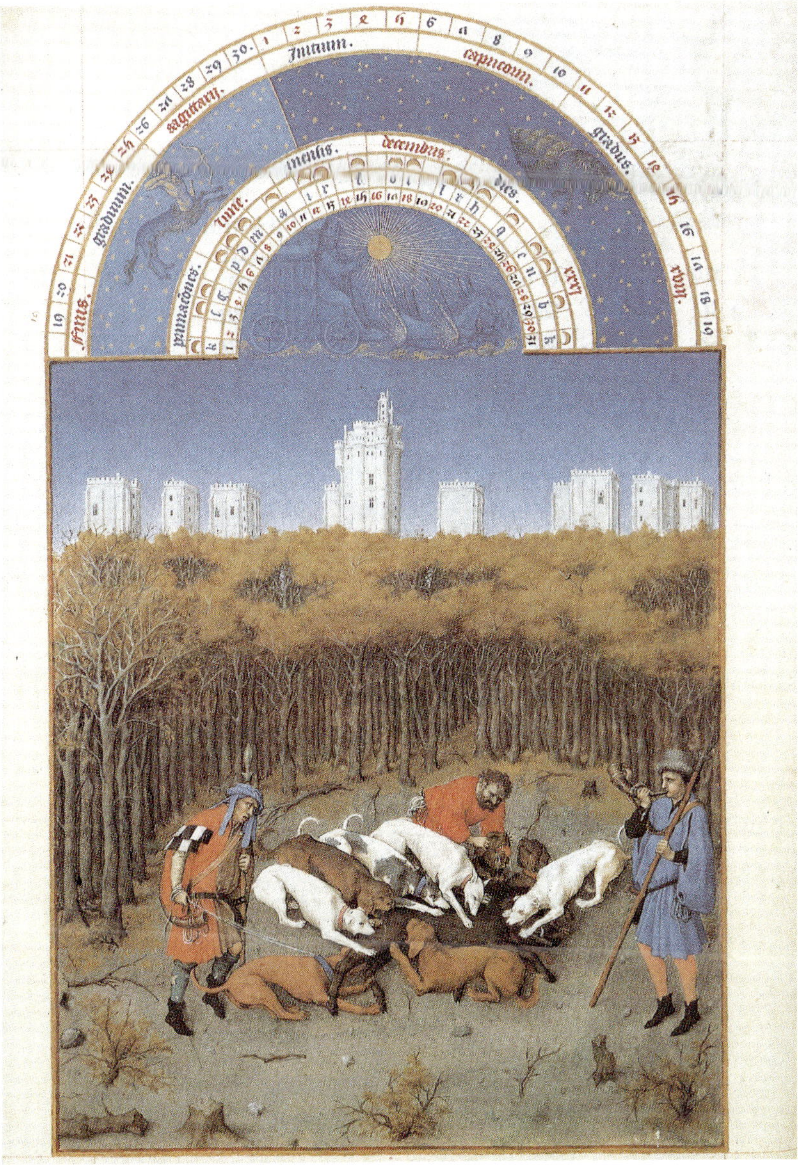

Enluminure du continuateur inconnu (Maître du second cahier) des frères de Limbourg. *Le mois de décembre*; enluminure du fol. 12 v. des *Très Riches Heures du duc de Berry.* Chantilly, Musée Condé.

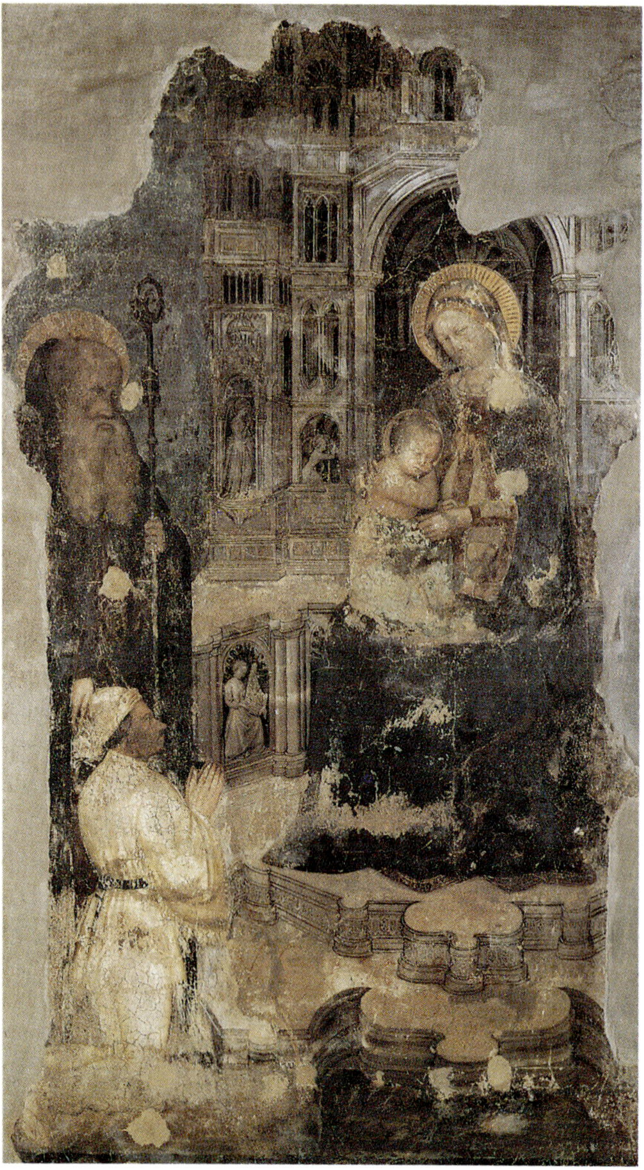

Maître italien, autour de 1400. *La Vierge et le donateur.* Fragment de fresque détachée, provenant de l'entrée de la *Singertor* à la cathédrale Saint-Étienne de Vienne. Vienne, Historisches Museum.

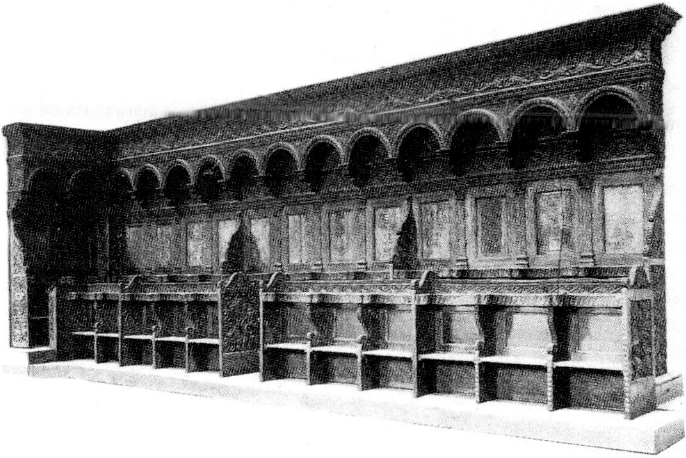

Stalles en bois marqueté (1511), de Nyirbátor. Budapest, Musée National.

La période vraiment féconde de l'influence artistique italienne commença en Hongrie lorsque Mathias Corvin, grand mécène de la culture, monta sur le trône de Hongrie, qu'il occupa de 1458 à 1490. Amateur passionné de livres enluminés et d'idées humanistes, il passa non seulement commande de beaux manuscrits enluminés en Italie (à des maîtres comme Attavante), mais s'occupa également d'organiser un atelier à Buda. Des œuvres d'éminents artistes italiens (Mantegna, Verrocchio) accompagnèrent à Buda divers artistes venus en personne : Benedetto da Majano, Giovanni Dalmata, Caradosso, Chimenti Camicia. À partir de son mariage avec Béatrice d'Aragon, ses contacts avec l'Italie s'intensifièrent encore et son château de Buda fut entièrement reconstruit dans le style italien du XVe siècle.

La destruction de Budapest, survenue plus tard au cours de la guerre contre les Turcs et la longue occupation ottomane, n'a pas laissé subsister grand-chose des splendeurs qui devaient caractériser la demeure du roi sous Corvin. Nous connaissons certains vestiges de sculpture décorative, certains portraits en relief de la reine et du roi (attribués à Gian Cristoforo Romano) et quelques pièces d'orfèvrerie. La Renaissance corvinienne fut une culture artistique très complète, qui engloba tous les champs de l'activité artistique, de l'architecture à la sculpture et à la peinture, en

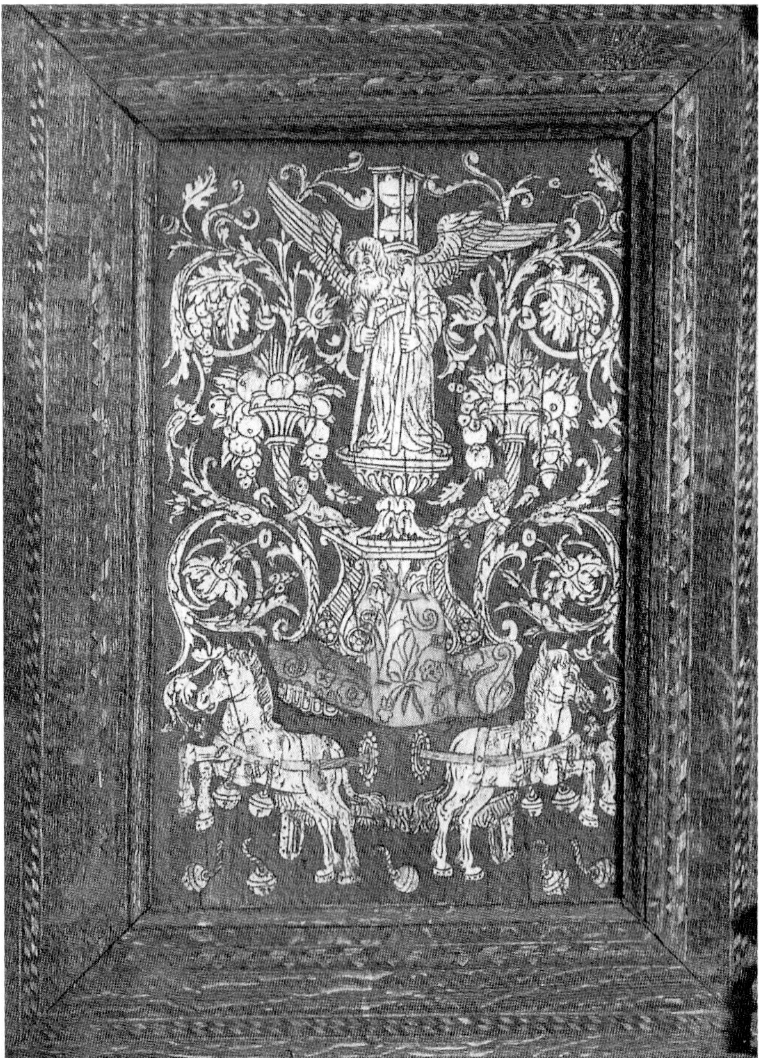

Détail de marqueterie d'une des stalles de Nyirbátor *(page précédente)*.

passant par l'art, très populaire, de la marqueterie en Hongrie qui était en ce temps-là un centre important d'où les idées de la Renaissance rayonnaient vers la Pologne, la Bohême et l'Autriche.

Un architecte de Bologne, Aristotile Fioravanti, passa par Budapest sur la route de Moscou, où il travailla aux ponts et aux murs de défense et bâtit l'église de la Dormition au Kremlin (1475-1479). Un peu plus tard, Marco Friasin et Pietro Antonio Solari érigèrent à Moscou le Palais des Diamants (1487-1491), le tout premier bâtiment civil de style italien conservé au nord des Alpes. Mais ce ne furent là que des initiatives sporadiques, qui ne produisirent pas de traditions plus durables. Dans la seconde moitié du XVe siècle, nous observons aussi un processus inverse : l'impact des arts graphiques du Nord sur l'Italie.

Quand Dürer se rendit en Italie, en 1505, son nom était bien connu des artistes. Sa réputation était due à une nouvelle forme artistique, qui devait jouer un rôle social considérable, à la technique de la multiplication du dessin graphique par l'estampe. Cette technique vit le jour et se développa en Europe septentrionale à partir de la fin du XIVe siècle, mais ce n'est que dans la seconde moitié du XVe siècle qu'elle s'affirma comme une forme d'expression artistique des plus typiques et des plus importantes.

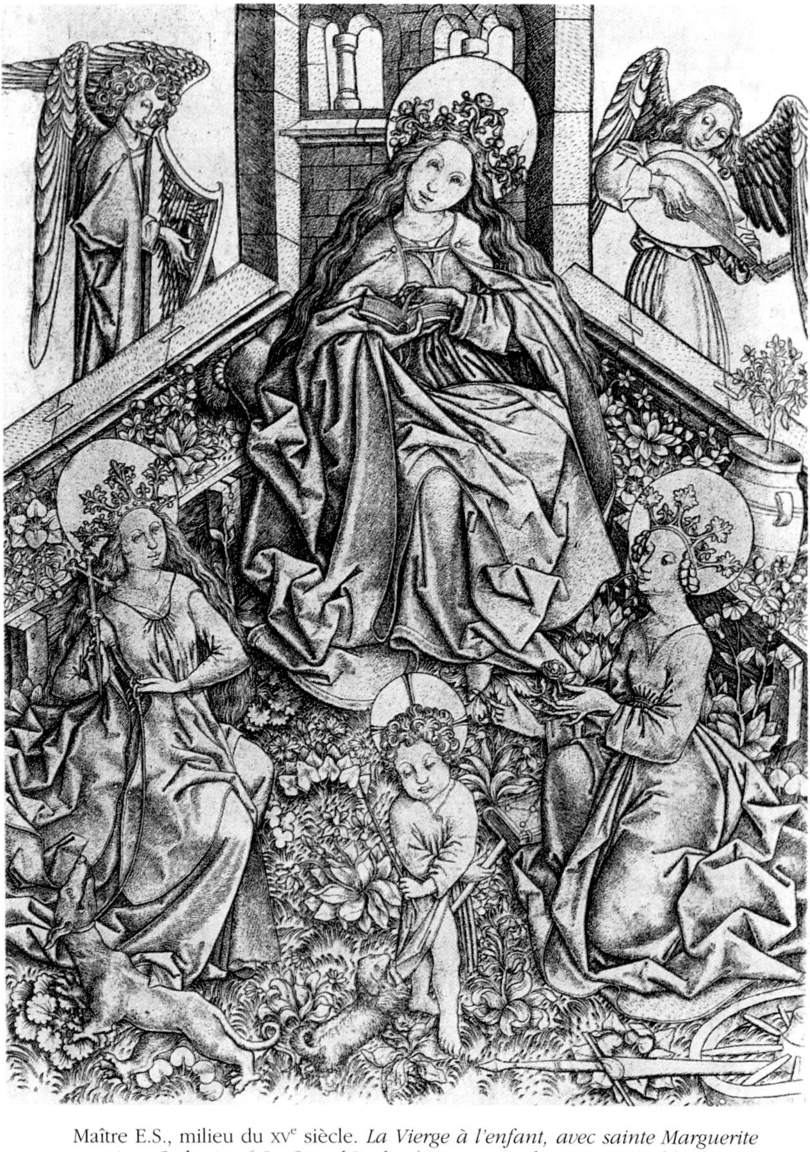

Maître E.S., milieu du XVe siècle. *La Vierge à l'enfant, avec sainte Marguerite et sainte Catherine (« Le Grand Jardin »)*; gravure au burin. Paris, Bibliothèque Nationale, Département des Estampes.

Chapitre V

L'IMAGE IMPRIMÉE ET SON MESSAGE

1. Le développement des mass media graphiques

Dans un essai justement célèbre, Walter Benjamin a décrit l'impact révolutionnaire de l'invention de la reproduction mécanique sur la fonction et la place de l'œuvre d'art aux XIXe et XXe siècles[1]. Il est permis de comparer cette révolution à une autre, qui se produisit au XVe siècle et qui changea plus fondamentalement encore le monde de l'art que ne le fit l'invention de la photographie dans les cent cinquante dernières années.

La photographie donne une reproduction véridique et objective de la réalité, mais elle est essentiellement le moyen de multiplier une image qui existait déjà, sous la forme de techniques graphiques diverses : c'est précisément au XVe siècle que l'invention de ces techniques contribua à la première révolution, la plus profonde, des attitudes envers l'œuvre d'art. Le temps de son unicité était révolu : l'image perdit son caractère individuel et, sa multiplication aidant, commença une vie multiple.

Seuls les princes et les grands dignitaires, les aristocrates et le haut clergé pouvaient goûter les enluminures qui décoraient des manuscrits précieux, peintes avec des couleurs coûteuses et de l'or. Elles restèrent toujours une rareté accessible à une élite sociale fort restreinte. Quant aux peintures sur bois, aux sculptures, aux vitraux et aux textiles, ils décoraient les églises, les chapelles, les monastères et les hôtels de ville. Ils étaient donc visibles des foules, mais ne pouvaient aussi être appréciés qu'en compagnie d'autres personnes : précisément ce que voulait éviter la dévotion à la fin du Moyen Âge. La dévotion était devenue émotive, individualiste, personnelle. Les courants mystiques du XIVe siècle, les mouvements sociaux et religieux du XVe siècle avant la Réforme – comme celui des Frères de la vie commune aux Pays-Bas et en Rhénanie – transformèrent le caractère de l'expérience et de la vie religieuses, qui de cérémonielles et officielles devinrent intimes et privées. Seuls les riches pouvaient cependant se permettre de commander ces petits diptyques, ces livres d'heures enluminés, ces ivoires et des pièces d'orfèvrerie à des fins religieuses, qui jouèrent un rôle si important dans l'art européen autour de 1400. Mais une pareille limite n'était plus tenable : les serviteurs de l'État plus modestes, les artisans, les marchands, le bas clergé et les moines aspiraient désormais à participer. L'éducation de groupes sociaux toujours plus importants progressait et, en Allemagne notamment, elle prit une intensité qui se solda par des changements révolutionnaires dans la production de moyens de communication visuels et littéraires. Pour la première fois dans l'histoire de la culture, d'individuels et coûteux, les « mass media » étaient devenus bon marché et accessibles.

L'impression d'images exigeait en premier lieu la capacité de sculpter ou de graver le négatif dans un matériau adapté mais aussi un matériau qui se prêtât à l'imprimerie. La préparation de matrices de bois avait déjà derrière elle une très longue tradition dans la décoration textile ; le papier, support adapté à l'imprimerie, avait été inventé en Chine ; il arriva en Europe en passant par le Turkestan où, à Samarcande, se développèrent au VIIIe siècle des centres de production du papier. Au IXe siècle, la technique était connue à Byzance, d'où, au XIe siècle, elle se répandit en Sicile, à Gênes, à Venise, en Afrique du Nord et en Espagne. Mais ce n'est qu'au XIVe siècle que la production de papier devint assez intensive pour rendre possible l'essor de l'image imprimée. Les premiers bois gravés remontent en effet à la fin du XIVe ou à l'aube du XVe siècle. Ils étaient généralement colorés et l'image était bordée par des marges de couleur qui délimitaient l'espace du dessin, à l'instar des divisions de plomb dans les vitraux[2].

Les images de dévotion, les saints populaires (telle l'image célèbre de sainte Dorothée), les sujets courants de l'iconographie religieuse comme l'*Annonciation*, la *Nativité* et la *Crucifixion*, les feuillets illustrés en souvenir des pèlerinages comptent parmi les toutes premières gravures sur bois conservées. Ainsi apparut une forme d'art nouvelle : une feuille unique, illustrée. Cette gravure sur bois isolée, relativement facile à préparer (certains monastères

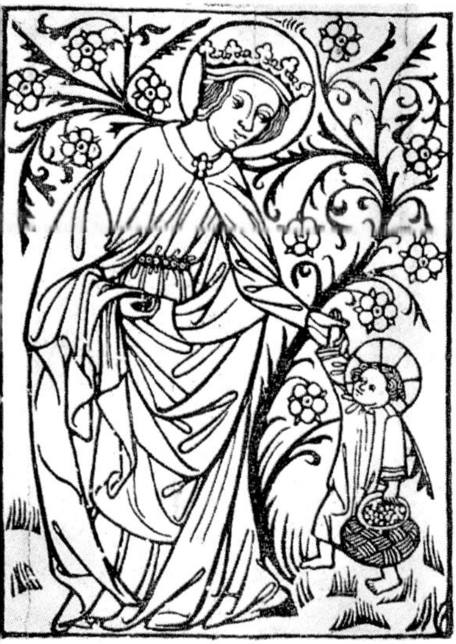

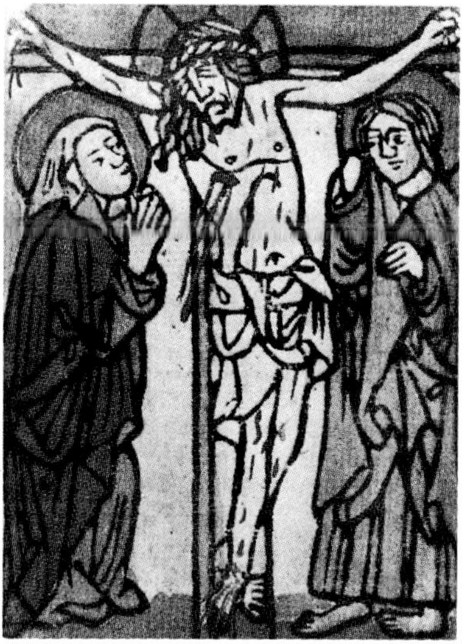

Maître allemand, autour de 1420. *Sainte Dorothée*, gravure sur bois. Munich, Bayerische Staatsbibliothek.

Maître allemand, vers 1390-1410. *Crucifixion*, gravure sur bois. Paris, Bibliothèque Nationale, Département des Estampes.

avaient des ateliers de gravure sur bois) et bon marché permettait de répéter et de diffuser des compositions et des sujets très demandés. Pour la première fois, même les couches les plus modestes de la société européenne purent se permettre d'acquérir des images, que l'on épinglait au mur ou que l'on collait sur des boîtes ou sur des coffres, sinon sur des meubles : bref, ces images s'insinuèrent dans tous les aspects de la vie quotidienne. Encore accessibles aux seuls groupes du sommet de l'échelle sociale à la fin du XIVe siècle, les images connurent une diffusion toujours plus importante au sein de la société au fil du siècle suivant.

La seconde technique graphique faisait appel à un matériau différent : le cuivre. Bien qu'elle se soit développée plus ou moins en même temps que la gravure sur bois – son apparition est légèrement plus tardive –, elle avait des origines différentes, puisqu'elle vit le jour dans les ateliers des artisans qui travaillaient l'or ou l'argent. Ces artisans étaient en effet habitués à décorer des objets d'or et d'argent par des gravures au burin sur la surface métallique. Parfois, le désir les prenait de conserver une estampe de leurs motifs afin de s'en resservir ultérieurement. C'est ainsi, dans la cinquième décennie du XVe siècle, que des orfèvres commencèrent à appliquer leurs talents à des plaques de cuivre, dont l'image pouvait être ensuite imprimée grâce à une presse spéciale, alors que les bois gravés étaient aussi, surtout à l'origine, imprimés à la main.

Les arts graphiques virent le jour en Europe centrale. Si les plus anciennes gravures sur bois que l'on ait conservées sont françaises et allemandes, les gravures sur cuivre semblent originaires d'Allemagne, plus précisément du Rhin supérieur. Et c'est là qu'au XVe siècle la gravure sur cuivre a produit ses œuvres les plus intéressantes et les plus marquantes. Les différences techniques aidant, il était plus facile d'atteindre à une grande qualité technique avec le cuivre qu'avec le bois. Dans la xylographie, la ligne imprimée résulte de la ciselure de la surface du bois : le dessin correspond à la partie en relief épargnée, et le résultat est donc le négatif du travail effectué. Dans la gravure sur cuivre, les lignes reprennent le tracé du burin, ce qui les rend plus fidèles au dessin original, d'autant qu'il est possible de réduire l'épaisseur des traits. En revanche, la production de gravures en taille douce était ainsi plus onéreuse et demandait plus de temps. Parmi les premiers graveurs sur cuivre, il est bien plus facile de distinguer les individualités artistiques, qu'ils soient connus par leurs noms conventionnels (le Maître des Cartes à jouer), par leurs initiales (comme le Maître E. S.) ou encore par leurs noms : comme le grand Martin Schongauer, à Colmar, ou Israhel van Meckenem, à Bocholt.

Il fut un temps, au XVe siècle, où les images s'accompagnaient de textes taillés dans le bloc de bois en même temps que les illustrations, pour former ce que l'on a appelé des *Blockbücher*. Certains livres de dévotion d'un type bien spécifique furent produits de cette façon : ainsi la *Biblia Pauperum* et le *Speculum Humanæ Salvationis*, où les préfigurations des événements rapportés dans l'Évangile sont regroupées autour des images et des effigies des prophètes qui les ont annoncés. On connaît plusieurs éditions allemandes ou néerlandaises de tels compendiums, dont les pages sont composées comme des ensembles décoratifs réunissant, à la manière de polyptyques, plusieurs images parsemées de fragments décoratifs de textes.

La production de *Blockbücher* se poursuivit quelque temps encore après l'invention, dans la seconde moitié du XVe siècle, des caractères mobiles et la diffusion de l'imprimerie, à une vitesse incroyable, à travers l'Europe. En quelques années à peine, la technique se propagea et fut pratiquement utilisée dans tous les pays européens. Ainsi s'ouvrit une période nouvelle dans l'histoire des arts graphiques. À l'époque des feuilles volantes illustrées de

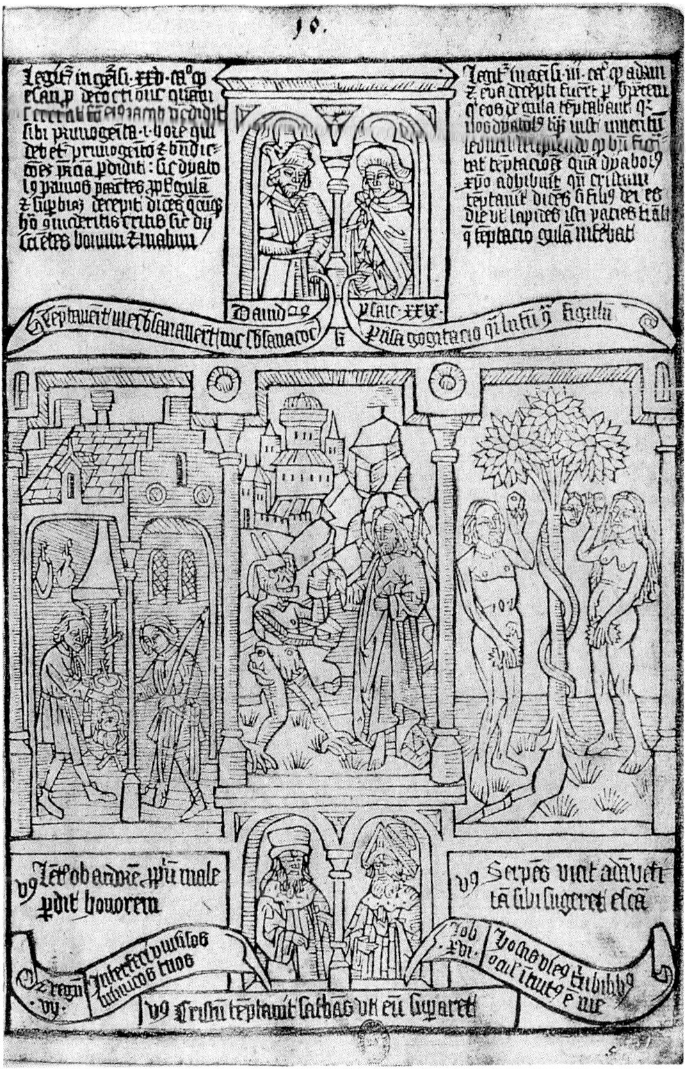

Feuille d'un exemplaire d'une «*Biblia pauperum*» hollandaise de la seconde moitié du XVe siècle. Paris, Bibliothèque Nationale, Département des Estampes.

xylographies succéda celle des livres illustrés de bois gravés : ce qui ne veut pas dire que l'on cessât pour autant d'imprimer les premières. Des siècles durant, la production d'images sur feuilles volantes resta entre les mains des graveurs sur bois, mais celles-ci demeurèrent de qualité médiocre, populaires, tandis que les xylographies illustrant les livres atteignirent très rapidement un raffinement artistique qui n'avait d'égal que leur excellence technique.

La technique du bois gravé demeura davantage liée à l'illustration de livres que la gravure sur cuivre, et ce pour des raisons techniques évidentes. Le négatif taillé dans le bloc de bois était aussi le négatif de l'estampe et pouvait être imprimé en même temps que le texte, alors que les gravures sur métal nécessitaient une presse différente. La gravure sur cuivre étant une gravure en creux, il faut commencer par l'encrer puis par nettoyer la surface, au point que seuls gardent l'encre les traits tracés au burin : l'impression se fait alors au moyen d'une presse assez puissante pour faire sortir l'encre des sillons.

Dans la seconde moitié du XVe siècle apparurent ainsi des champs artistiques et des qualités tout à fait inédits. Les nouveaux « mass media » permirent de multiplier des images qui répondaient à des besoins et à des intentions divers. Qu'elles servissent la dévotion, le savoir ou la curiosité, elles illustraient divers textes imprimés sous forme de livres, servaient de miroir des événements courants – usage pour lequel on faisait rarement appel à la peinture – et, *last but not least*, elles pouvaient offrir des modèles d'iconographie et de style. Du jour où furent inventées les techniques graphiques, les gravures prirent donc une place fort importante dans l'histoire de l'art : non seulement comme des œuvres d'art à part entière, mais aussi, souvent, comme répétitions ou échos d'œuvres existantes, que d'autres artistes pouvaient ensuite reproduire. On ne saurait guère surestimer l'importance culturelle et artistique des arts graphiques.

2. Variété fonctionnelle des premières gravures

Les images de dévotion restèrent longtemps, nous l'avons dit, le domaine d'élection de la gravure sur bois. Certes, à ses débuts, la technique du bois gravé ne se prêtait guère à de grands raffinements ; ce n'est qu'au temps de Dürer qu'elle atteignit à une grande sophistication. Mais dès les origines et malgré toutes les contraintes techniques, elle accoucha d'œuvres d'une excellente qualité artistique.

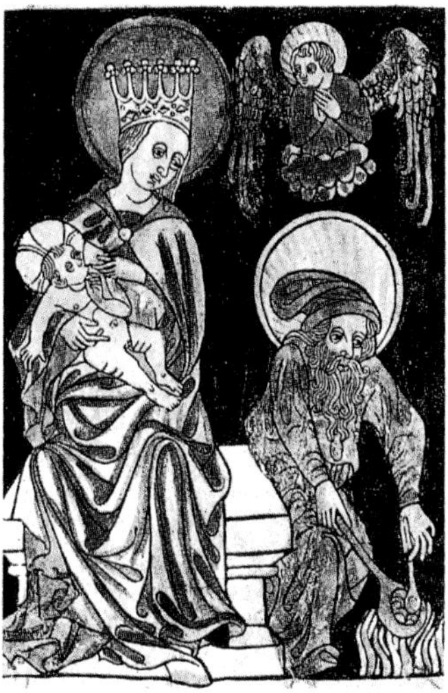

La Sainte Famille, ou *Repos pendant la Fuite en Égypte*. Gravure sur bois, vers 1400. Vienne, Graphische Sammlung Albertina.

Pietà (du type de la « *Belle Pietà* ») du château de Maihingen ; gravure sur bois. Vienne, Graphische Sammlung Albertina.

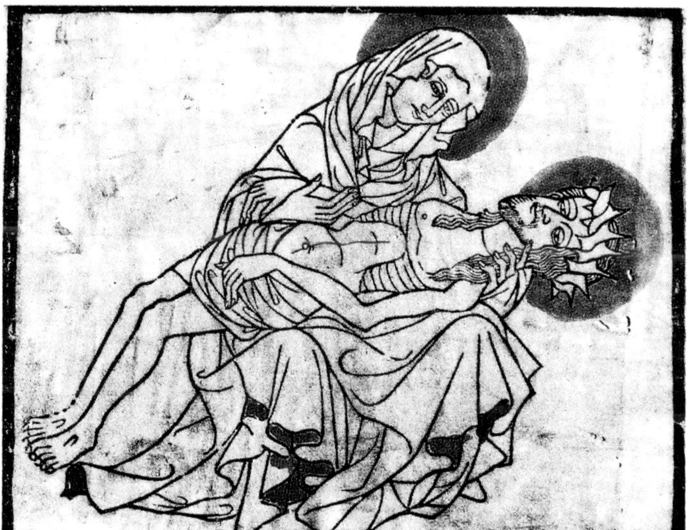

La valeur de ces premières xylographies ne tient pas à la richesse des moyens descriptifs ; elles ne s'intéressent aucunement à la représentation de l'espace, mais elles forcent l'admiration par leur simplicité et leur concision – qui est presque celle d'un signe – ainsi que par leur capacité de se concentrer sur l'essentiel. Résultat de traits noirs d'épaisseur peu variable, elles acquièrent une monumentalité inattendue, souvent renforcée par l'application de couleurs à la main.

Les images de dévotion très populaires et typiques du « style international » survécurent sous forme d'estampes, telles que la « belle Pietà » (du château de Maihingen, aujourd'hui à l'Albertina), où le Christ repose en position horizontale. Les lignes flexibles et fluides de la xylographie attestent une grande maîtrise technique, qui apparaît aussi dans le grand raffinement avec lequel le groupe est disposé à l'intérieur du cadre : bien que l'image n'entretienne aucune relation spatiale avec le fond, elle ne flotte pas, mais occupe solidement la position juste dans le champ de gravité que suggère le cadre.

Un autre sujet typique autour de 1400 était naturellement la *Vierge à l'Enfant.* L'Albertina de Vienne possède une excellente xylographie de la *Sainte Famille*, qui conjugue, pour ainsi dire, deux mondes différents. À gauche, la Vierge à l'Enfant sur son trône semble reproduire une sculpture du « beau style », les plis de sa robe retombant en cascades harmonieuses quoique compliquées. En haut à droite, sur fond noir, un ange expressif émerge d'un nuage ornemental. Au-dessous, à gauche de la Vierge, la chétive figure, presque grotesque, de saint Joseph qui prépare à manger à l'Enfant introduit une touche de vie quotidienne. Au regard de la monumentalité sculpturale et intemporelle de la Vierge, la gaucherie de ses gestes, son mouvement centripète gâtent la symétrie de la composition mais apportent une qualité tellement nécessaire aux images de dévotion : elle fait apparaître le monde divin comme un monde proche du dévot, participant, en quelque sorte, aux mêmes activités et problèmes journaliers que tout un chacun.

L'essor de la xylographie contribua de manière décisive à la vogue des estampes. Les livres avaient besoin d'illustrations et en l'espace de quelques décennies, dans la seconde moitié du XVe siècle, l'Europe fut inondée de centaines de livres sortis des presses d'Allemagne, des Pays-Bas, de France et d'Italie du Nord, souvent ornés de gravures sur bois.

Le commerce de l'imprimerie et des illustrations se développa très vite, de grands ateliers furent créés, moyennant une certaine

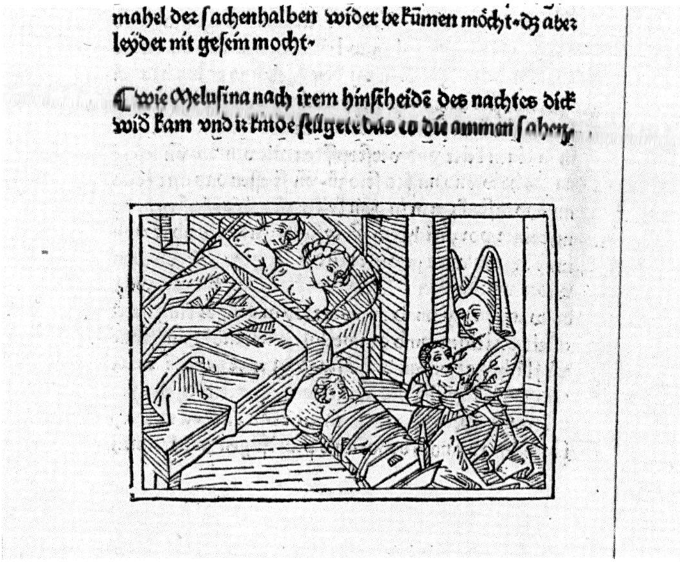

Mélusine allaitant l'enfant; gravure sur bois de l'*Histoire de Frau Melusine*, publiée par J. Bamber, Augsbourg, 1474.

division du travail : des peintres préparaient des dessins que des « copistes » spécialisés adaptaient ensuite à la technique de la gravure sur bois avant qu'on ne pût les tailler dans le bois. L'individualité du dessinateur souffrait terriblement de cette entreprise collective ; et il fallut attendre Dürer, à la fin du siècle, pour que la contribution personnelle de l'artiste devînt visible dans l'iconographie comme dans le style de gravure sur bois.

La révolution xylographique de Dürer fut toutefois préparée par le développement des capacités de raconter et de décrire à travers la gravure sur bois qui s'opéra au cours de la seconde moitié du XVe siècle dans les ateliers des illustrateurs de livres. Des sujets de toutes sortes appelaient des illustrations : des traités de médecine et de géographie, des ouvrages d'histoire sacrée et profane, des légendes de saints ou des romans allégoriques, des « miroirs de la vie humaine » moralisants, sans oublier les manuels pour apprendre à mourir *(Ars moriendi)*, les calendriers et les récits fantastiques (la *Mélancolie*, d'un calendrier édité à Augsbourg en 1480 ; l'*Histoire de Mélusine*, également publiée à Augsbourg en 1474), la poésie, la théologie et les *Danses macabres*.

Divers styles locaux se développèrent dans des centres spécifiques. En règle générale, les éditeurs italiens et français incluaient des gravures sur bois en harmonie avec les caractères d'imprimerie, employant des formes linéaires, succinctes et simplifiées. Dans leur linéarité et leur mouvement expressif, les bois qui illustrent le *Triomphe des neuf preux*, publié à Abbeville en 1487 – Charlemagne, par exemple – reflètent des caractéristiques apparues en Italie au xve siècle. L'Allemagne vit foisonner les centres, dont certains qui avaient des caractéristiques très marquées ; à Ulm, par exemple, les illustrations des livres étaient faites dans un style compact, linéaire et condensé sur l'essentiel, mais beaucoup moins souple que le style français (*Sapho*, 1473), les taches noires des fenêtres, des portes et des souliers se détachant sur de grands fonds blancs et vides. Dans *Le Livre et la vie de l'illustrissime fabuliste Ésope* (J. Zaimer, 1475, Ulm), le style compact confine parfois au « condensé » des sentiments humains : par exemple, dans « Sigismonde pleure la mort de son amant tué en prison », pendant profane et émouvant du thème de la Pietà. La forme la plus pure et la plus ascétique de ce style se trouve peut-être dans l'édition de Térence (1486) par Conrat Dinckmuth, où les fonds blancs sur

Maître des Cartes à jouer, vers 1430-1440. *Trois d'oiseaux* ; gravure au burin. Paris, Bibliothèque Nationale, Département des Estampes.

Charlemagne, gravure sur bois du *Triomphe des neuf preux*, Abbeville. 1487.

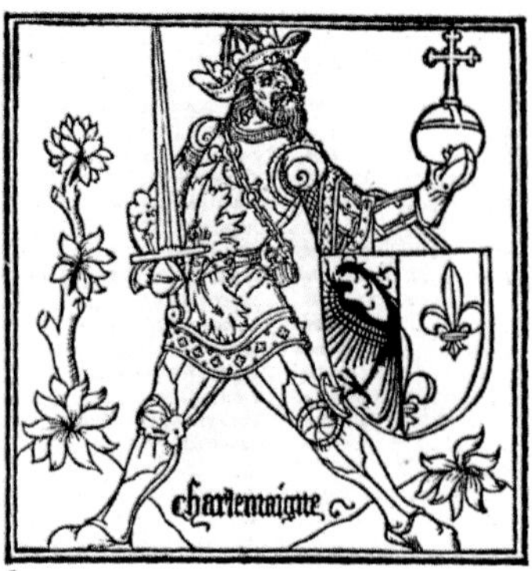

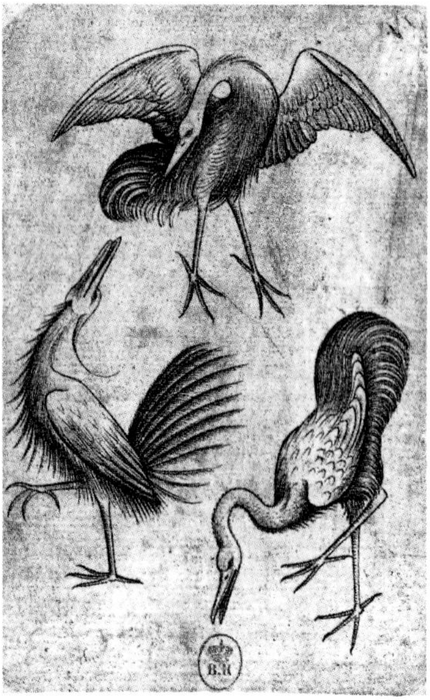

lesquels se détachent les acteurs frêles et allongés jouent un rôle capital.

Si les gravures sur bois restèrent pratiquement le *médium* habituel des livres illustrés, la gravure en taille douce conquit d'autres domaines, par exemple celui des cartes à jouer. Les gens du XVe siècle jouaient avec des cartes différentes des nôtres, quoique semblables dans leur principe. Au lieu des cœurs ou des piques, les séries se distinguaient par les images de créatures vivantes ou de plantes : rapaces, fleurs, oiseaux, cerfs, tantôt des hommes, tantôt des instruments, des outils, des sabres et ainsi de suite ; dans leur composition, et sur un mode assez inattendu, s'exprimaient ainsi des préoccupations naturalistes, plutôt que décoratives et héraldiques.

Dans le « Trois d'oiseaux » (Paris, Bibliothèque Nationale), par exemple, le champ de la carte est occupé par trois hérons blancs, vus dans des positions très différentes. Les trois images, qui constituent un excellent ensemble artistique, n'en forment pas moins un saisissant document anatomique illustrant le mouvement et l'expression des oiseaux représentés. Un peu raides du fait d'une certaine uniformisation, leurs positions étaient probablement le fruit d'une observation aiguë de la réalité ; en même temps, elles avaient dû passer par plusieurs étapes. L'étude de la nature reste assez sensible, mais les images trahissent un évident souci de simplification décorative, voire de composition quasi héraldique (*cf.* l'oiseau du haut). Dans d'autres cas (dans le « Neuf de rapaces », Paris, Bibliothèque Nationale), plusieurs petites plaques de cuivre, portant à chaque fois un animal, furent employées pour produire une seule carte où, certes, le fruit de l'observation de la nature est préservé, mais au détriment de la cohérence. Visiblement, le graveur était plus désireux de ménager ses efforts que soucieux de l'excellence de son art. Ces premières cartes à jouer paraissent refléter des cartes plus anciennes, peintes celles-là, en usage dans la société de cour : par exemple, le jeu de 54 cartes, dit *Ambraser Hofjagdspiel*, exécuté dans le Rhin supérieur vers 1440-1445, aujourd'hui à Vienne et provenant du château d'Ambras près d'Innsbruck.

C'est parmi les cartes à jouer que l'on trouve les premiers exemples de gravure sur cuivre et, au nombre des artistes qui travaillèrent en ce domaine, l'un des premiers maîtres – le Maître des Cartes à jouer – a pu être identifié grâce à l'unité de son œuvre, bien qu'on n'ait pu lui donner un nom. Il n'est guère original, de même que nombre des premiers graveurs qui se proposèrent de transporter dans ce nouveau « médium » les compositions exis-

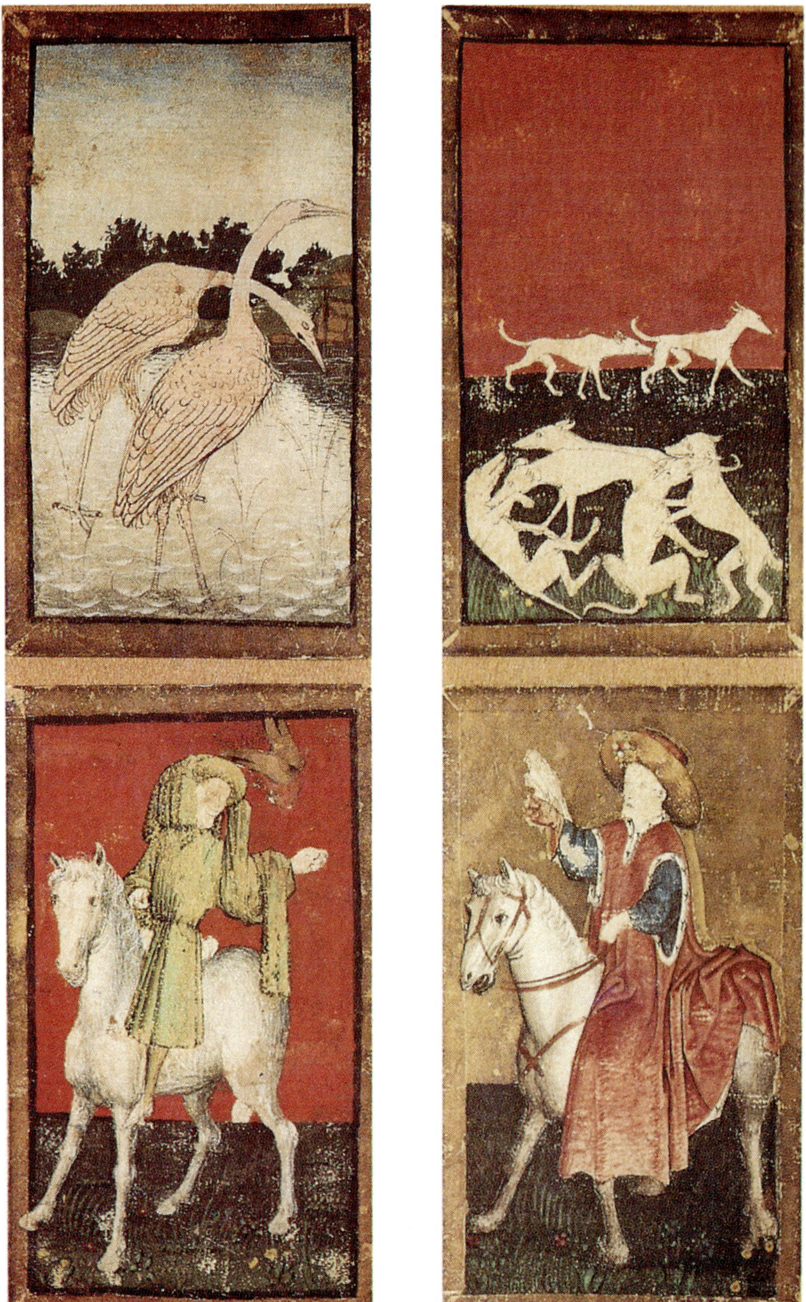

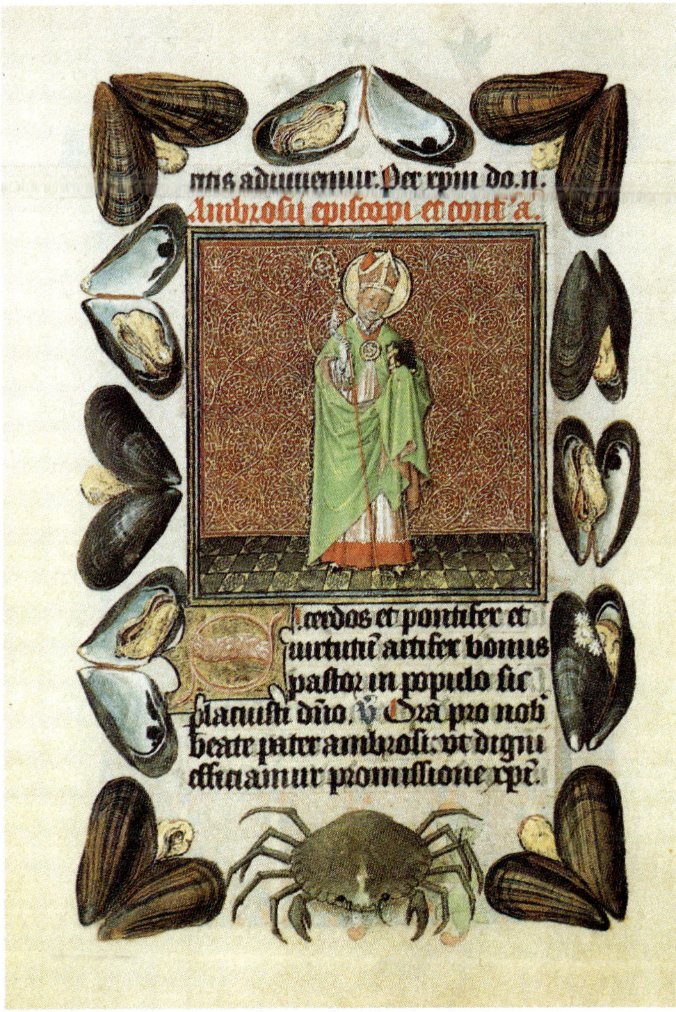

Maître de Catherine de Clèves. *Saint Ambroise*, enluminure du fol. 244 des *Heures de Catherine de Clèves*, New York, Pierpont Morgan Library.

Page de gauche : Maître du Rhin supérieur, vers 1440-1445. Cartes de jeu du *« Ambraser Hofjagdspiel »*; gravures au burin coloriées. Vienne, Kunsthistorisches Museum.

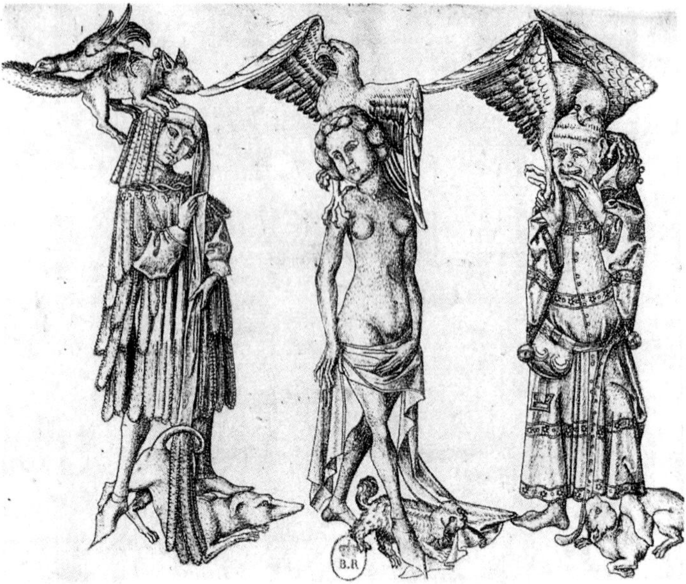

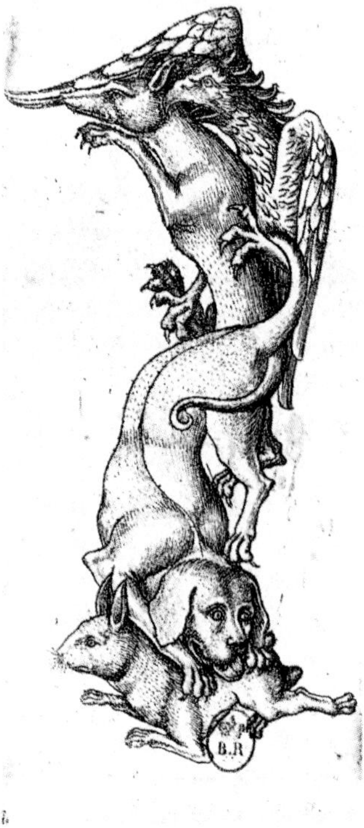

En haut : Maître E.S., 1464-1467. Lettre M de la suite de l'*Alphabet* gravé. Paris, Bibliothèque Nationale, Département des Estampes.

En bas : Lettre I de cette suite.

Page de droite : Lettre V de la même suite.

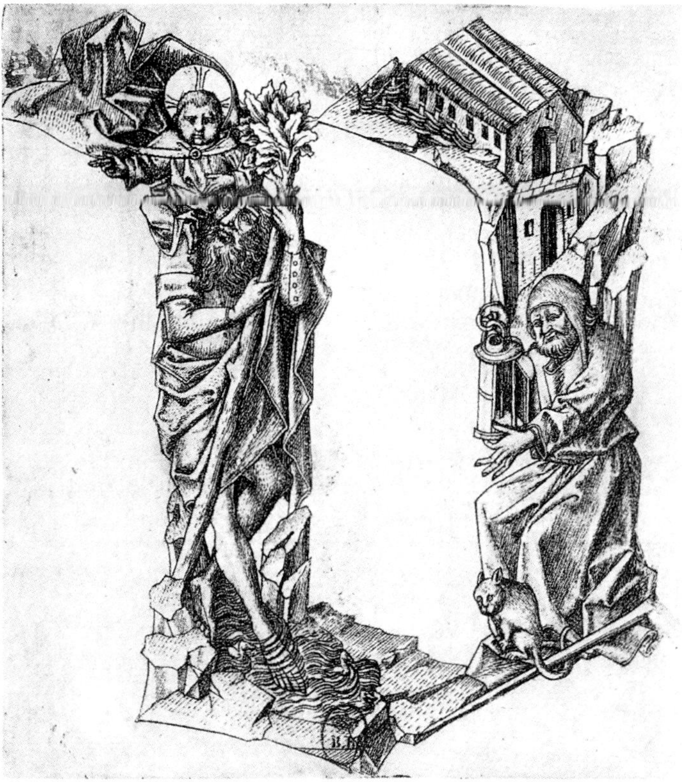

tantes qui s'y prêtaient. Ces images furent alors répétées et servirent apparemment de modèles à des enlumineurs tels que l'excellent maître hollandais connu sous le nom de Maître des Heures de Catherine de Clèves (actif à Nimègue ou à Utrecht vers 1435-1440)[3]. Il est presque surprenant que ce maître, qu'intéressait tant la diversité des objets naturels ou fabriqués par l'homme, ait eu recours à des modèles tout prêts pour certains éléments aux marges de ses enluminures, qui témoignent par ailleurs d'une grande richesse d'observation et d'une grande fidélité dans la reproduction des apparences de la vie quotidienne. Tout en faisant appel à des modèles existants, le Maître des Cartes à jouer mit au point une technique de modelé fort efficace par de petits coups de burin légers et parallèles, qui produisent un effet métallique et argenté, où les volumes sont définis avec une certaine délicatesse.

Un autre maître éminent du Rhin supérieur fit également des

cartes à jouer : comme il signait ses œuvres du monogramme E.S., c'est sous ce surnom qu'il nous est connu. Plus jeune que le Maître des Cartes à jouer, il fut actif entre 1450 et 1467 dans la région du lac de Constance. Sur le plan technique, son art ne présente aucun caractère primitif. Raffiné, l'artiste a le souci de créer un art élégant, tant religieux – non dépourvu d'une profonde dévotion – que profane, en rapport avec la culture et la vie dans les cours flamandes et bourguignonnes. L'influence de la tradition picturale des Pays-Bas est ici évidente. On connaît dix-neuf gravures qui portent son monogramme, mais plus de trois cents ont été rattachées à son nom.

Dynamiques, pleines de mouvement et élégantes, ses cartes ne présentent guère de caractéristiques nouvelles d'importance. De nature religieuse ou profane, ses gravures représentent de vastes paysages ou des intérieurs domestiques qui servent de toile de fond à la narration. Certes, sa perspective n'est pas correcte, et il a tendance à fermer l'espace par deux murs qui forment un angle au centre de l'image ; en revanche, ses narrations et ses descriptions sont vivantes et abondantes *(Le Grand Jardin clos)*. Le maître nous a également laissé une fascinante série d'alphabets : des initiales, dans la tradition des manuscrits enluminés, composées d'hommes et d'animaux, qui sont parfois parfaitement grotesques et portent certains accents de critique sociale.

Ces lettres sont souvent des rébus, elles expriment des proverbes, jouent avec l'ambiguïté des formes et appartiennent au monde fantastique auquel l'art médiéval ménagea toujours une place en marge de thèmes plus sérieux, que ce soit dans l'enluminure ou dans la sculpture architecturale. Les lettres fantastiques du Maître E.S. servirent de modèles aux artisans pour la décoration de meubles, de marqueteries, de céramiques, d'armes et de tissus. Les éléments de chaque initiale sont tirés de mots qui commencent par la lettre en question : par exemple « I », comme *« inimicus, impius »*, se compose « d'un loup, d'un chien et d'un aigle » qui « grimpent l'un sur l'autre » ; ou « M », comme *« mercator, meretrix, matus »*. D'une manière générale, il s'agit d'images qui illustrent sur un mode critique et négatif des phénomènes et des qualités ; mais ce n'est pas toujours le cas : la lettre « V », comme *« via veritatis et vitæ »*, nous montre un saint Christophe portant sur ses épaules l'Enfant Jésus qui lève la main en un geste de bénédiction. À droite, un ermite éclaire la « vraie voie » avec sa lampe[4].

Les mondes réels et fantastiques se fondent dans des sujets allégoriques comme le *Jardin d'amour*, très populaire dans l'art

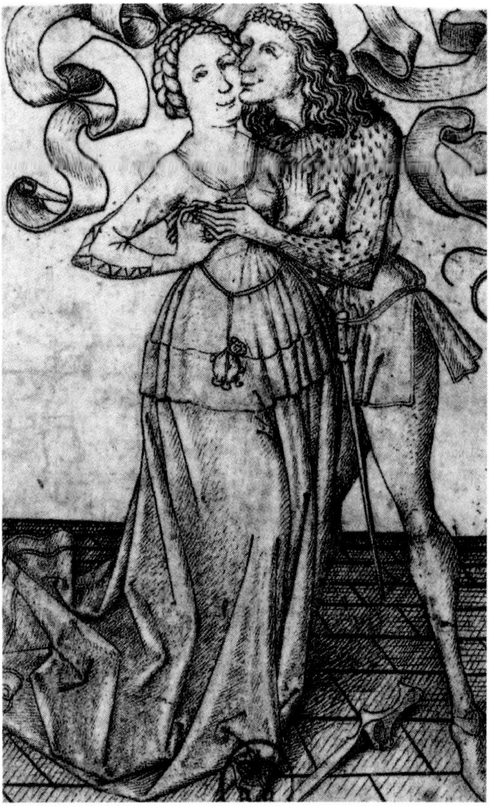

Maître E.S., *Jeune homme et jeune femme*, Bibliothèque Nationale.

du XVe siècle (il existe un groupe de représentations de ce genre attribué au graveur néerlandais anonyme connu sous le nom de Maître des Jardins d'amour, 1440-1450). Le Maître E.S. produisit lui aussi une gravure érotique de cette même veine : un genre de pendant moraliste et profane à son jardin clos. Un mouvement capricieux et maniéré unit une jeune fille coiffée d'une couronne de fleurs et assise sur l'herbe à un garçon qui s'approche d'un pas dansant et, mû par le désir, lui touche la poitrine. Les doigts de la main gauche de la jeune fille trahissent l'ambiguïté de son geste : elle fait mine d'arrêter le garçon, mais elle l'effleure tendrement au lieu de le repousser. Quant à lui, il regarde le spectateur d'un air songeur et l'on devine dans ses grands yeux ouverts et magnifiques un soupçon de mélancolie.

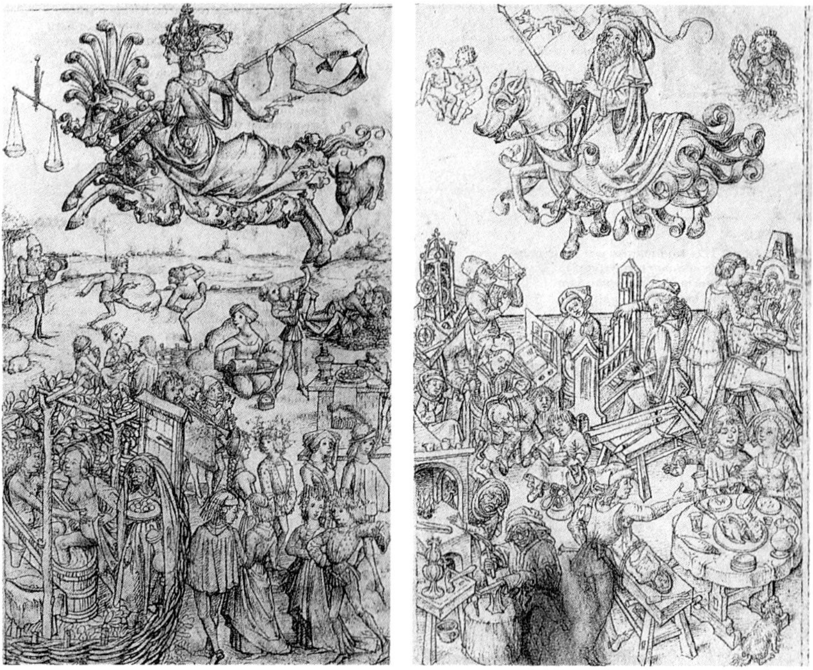

Maître du Livre de raison, vers 1475. *Les enfants de Vénus* (à gauche), *Les enfants de Mercure*. Gravures des fol. 15 a et 16 a du *Livre de raison*. Collection Waldburg-Wolfegg, château de Wolfegg, Allemagne.

3. Chronique de la réalité dans le temps et dans l'espace

La nouvelle technique des « mass media » ouvrit aux artistes de nouveaux espaces d'expression et de représentation. Elle leur permit avant tout de prendre beaucoup plus d'initiative sur le plan des formes artistiques et de l'iconographie. On ne saurait mieux dire qu'Erwin Panofsky : « La magie des arts de reproduction permet à l'individu de reprendre l'initiative : au lieu d'attendre une commande, il peut désormais produire, à un grand nombre d'exemplaires, des œuvres de sa propre invention. Comme presque tout le monde a les moyens de s'acheter une estampe, les images imprimées trouvent un marché comme le livre imprimé ; et, bien que l'artiste graphique (comme l'écrivain lui-même) doive, dans une certaine mesure, tenir compte du goût du "public", ce goût est, à son tour, susceptible d'être éduqué par l'artiste. La technique graphique devient ainsi un véhicule d'expression personnelle, bien avant que cette expression personnelle soit acceptée comme un principe de ce qu'on appelle les arts majeurs »[5].

Dans les œuvres graphiques, des choses dont on s'était apparemment désintéressé ou qui étaient restées confinées en marge de manuscrits, visibles d'une poignée de gens sinon négligées, prirent alors un intérêt nouveau et furent jugées dignes d'être représentées.

Le peintre du double portrait de Gotha, que nous avons déjà rencontré, est aussi l'auteur de dessins qui illustrent le manuscrit encyclopédique connu sous le titre de *Livre de raison*, daté de 1475 et actuellement conservé en Allemagne au château de Wolfegg. Ce Maître du *Livre de raison*, que les spécialistes ont voulu identifier à divers artistes dont le nom est connu (Erhard Reuwich, Heinrich Mang, Nikolaus Nievergalt ou Wolfang Peurer), n'a pas seulement découvert de nouveaux sujets ; il a aussi introduit une nouvelle technique, la pointe sèche. La gravure en taille douce se fait à l'aide d'un outil affilé que l'on appelle le burin, et la pointe sèche peut être exécutée avec tout instrument approprié pour gratter la surface de la plaque de plomb ou de cuivre. Dans l'impression qui résulte du négatif ainsi préparé, les lignes perdent de leur netteté : elles sont souvent légères et brouillées, rappelant l'effet du dessin.

Le Maître du *Livre de raison* était avant tout un excellent dessinateur. Sa série de dessins d'*Enfants des planètes* dans le *Livre de raison* – qui sont en partie de la main du maître, en partie de celle de collaborateurs fidèles à son style[6] – présente un panorama révélateur de la culture gothique tardive sous tous ses aspects, des plus publics au plus intimes. Au-dessous de Saturne, de Vénus, de Mercure, de la Lune ou de Mars à cheval, les enfants – mendiants et artistes, cavaliers et amants, cordonniers et paysans – remplissent l'espace comme autant de représentants symboliques de l'humanité : ingénieux et pécheurs, brutaux et gracieux, attrayants ou repoussants, malins et sots.

Le Maître du *Livre de raison* a laissé un œuvre graphique considérable, tout à fait insolite d'un point de vue tant technique qu'iconographique. Suivant le mot de Panofsky, « le Maître du *Livre de raison* est peut-être le premier artiste qui mérite le titre d'humoriste. Quand, sur une page du *Hausbuch*, il dépeint les diverses activités des hommes et des femmes nés sous la planète Mercure, la Vierge du signe zodiacal [...] est montrée en train d'arranger sa chevelure devant un miroir ; la femme du sculpteur – lequel, comme tous les artisans, est un enfant de Mercure – offre un gobelet à un compagnon, sous l'œil jaloux du mari ; et le peintre, qui travaille à un retable, est agréablement interrompu dans sa besogne par les avances d'une jolie fille[7] ».

Sur les gravures du Maître, les habits des personnages sont brisés en plis anguleux qui n'ont rien de très naturel mais qui étaient conformes à l'art de l'époque ; l'humanité qui s'en dégage, cependant, les sentiments et les pensées qu'expriment ces personnages sont simples et purs comme la vérité. L'artiste rejette en tous points les conventions et les modèles, ce qui n'était pas une mince affaire à une époque tellement asservie aux traditions visuelles et aux modèles dans tous les domaines de la vie.

Il est donc tout naturel que ce Maître ait été attiré par les aspects grotesques et comiques de l'iconographie, qu'il ait choisi de représenter des sujets tels que des enfants qui jouent ou des chiens, pour lesquels il semble avoir toujours eu une tendresse particulière. Les enfants du Maître du *Livre de raison*, écrit Panofsky, « sont irrésistibles. De même son *Chien qui se gratte* nous remplit d'amusement et de sympathie, parce que l'artiste sait nous faire partager la douce béatitude de l'animal, qui, si humble soit-il, est notre frère en Dieu »[8]. Un graveur signant du monogramme « b g » imita le génie anonyme en répétant ses images de genre ou en inventa de nouvelles dans une même veine. Il représenta de pauvres gens qui se querellent ou s'amusent, des enfants qui jouent, des paysans, des fous et des sauvages aux allures fantastiques. Mais ces gravures ont tout l'air de caricatures de la vision du grand artiste.

Le Maître du *Livre de raison* semblait être un homme capable de regarder sans préjugés le monde qui l'entourait. Et peut-être y a-t-il un fond de vérité dans cette hypothèse : son *Aristote chevauché par Phyllis* – sujet certes enraciné dans la tradition moraliste médiévale – aurait été conçu comme une critique de la *« Via antiqua »*, dont Aristote était l'autorité principale, en accord avec les idées des tenants de la *« Via moderna »* (courant progressiste dans la théologie et la philosophie du XVe siècle). C'est au nombre de ces derniers qu'il faut ranger l'humaniste Rudolf Agricola, actif à la cour de Heidelberg, avec lequel le maître anonyme fut probablement en relation[9].

Le Maître du *Livre de raison* fut donc l'un des grands « peintres de la réalité ». L'amour et la mort, qui sont les expériences les plus

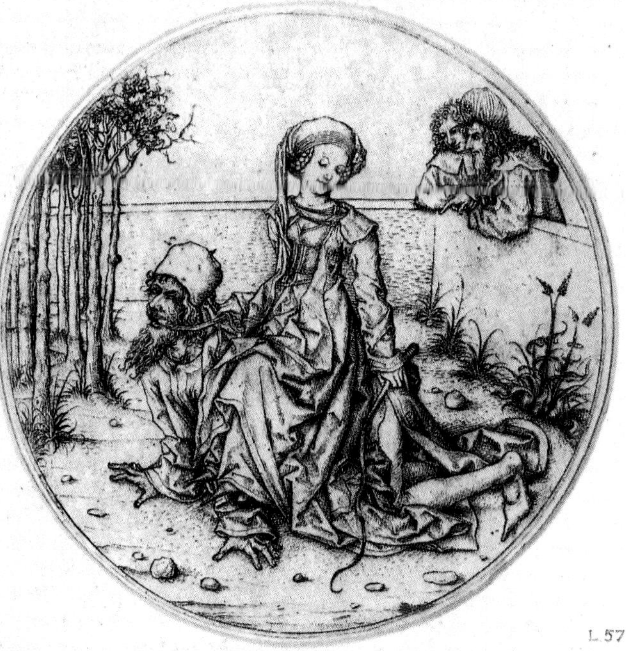

*8.5*Maître du Livre de raison, 1475-1480. *Aristote et Phyllis*; pointe sèche. Amsterdam, Rijksprentenkabinet.

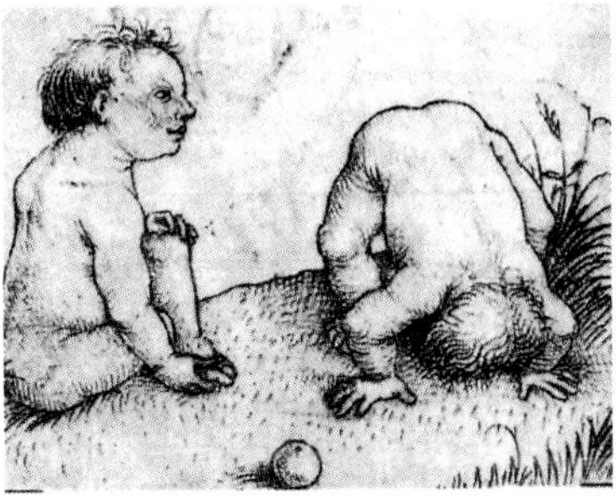

Maître du Livre de raison. *Enfants qui jouent*; pointe sèche. Amsterdam, Rijksprentenkabinet.

élémentaires de l'homme, confèrent toutefois à son art une dimension symbolique. La jeunesse et la vieillesse s'opposent dramatiquement dans la gravure qui représente un autre sujet traditionnel, *Les trois vifs et les trois morts*. Il est intéressant de comparer cette magistrale pointe sèche aux gravures sur bois contemporaines qui rappellent l'inéluctabilité de la mort : les gravures de l'*Ars moriendi* (Ulm, vers 1470), ou une autre tirée de la *Danse macabre* (que publia H. Knoblochzer à Heidelberg, vers 1492). Les xylographies sont sans doute fort expressives avec leur message formulé dans un langage abrégé, fait de formes simples quasiment réduites à des signes (dans la *Danse macabre*, l'ombre portée par un os disposé obliquement sur le mur de l'ossuaire est pour le moins inattendue). Mais dans la gravure du Maître du *Livre de raison*, la terrifiante réalité de la mort est bien présente et remplit d'angoisse le spectateur. Dans cette gravure comme en d'autres semblables, les hommes ne rencontrent pas des personnifications symboliques de la mort, mais des hommes morts, profondément humains, qui expriment une infinie tristesse parce qu'ils ont conscience de la mortalité de toutes les choses humaines.

L'homme du XVe siècle devait affronter cette conscience qui le hantait, mais il ne pouvait s'empêcher de se laisser aller à une curiosité toujours plus grande, qui embrassait le monde dans ses dimensions tant microscopiques que macroscopiques : dans l'espace et dans le temps. Le développement de l'imprimerie stimula la publication d'ouvrages encyclopédiques décrivant le monde dans son extension géographique et historique. Le monde classique, mythique et fantastique aussi bien que légendaire allait de pair avec des attitudes moralistes ; des exemples de vertu et de péché se trouvaient juxtaposés, toujours racontés d'une manière pittoresque, propre à éveiller la curiosité du public.

En 1486, Erhard Reuwich d'Utrecht (pour certains spécialistes, il ne fait qu'un avec le Maître du *Livre de raison*), qui fut actif à Mayence, publia un magnifique livre consacré à la relation d'un voyage que Bernhard von Breidenbach effectua en 1483 : *Le Pèlerinage en Terre Sainte*. Reuwich accompagna l'auteur en voyage et produisit une excellente série de bois gravés présentant à la fois de vastes panoramas topographiques – telle la célèbre vue de

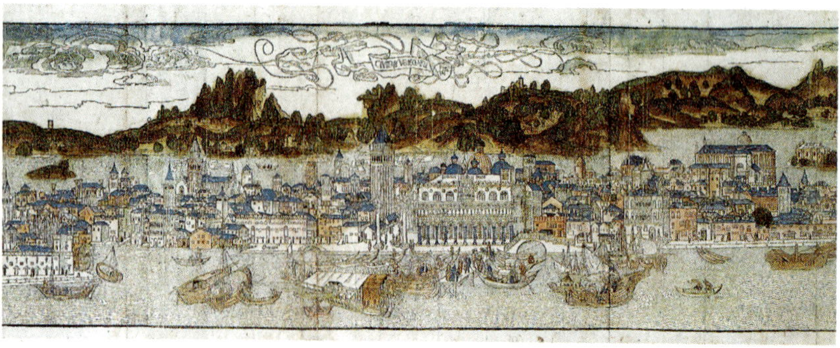

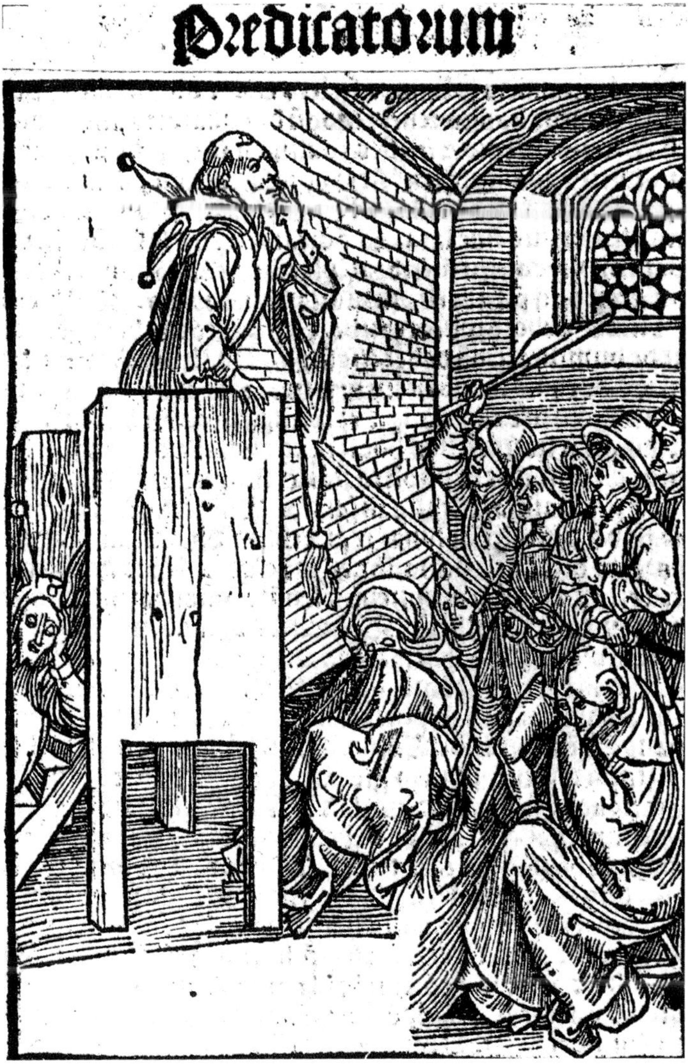

Albrecht Dürer. *Le Prédicateur fou.* Gravure sur bois du livre de Sébastien Brant, *Das Narrenschyff*, Bâle, J. Bergmann von Olpe, 1494.

Page de gauche : Erhard Reuwich. *Vue de Venise*, partie centrale avec le Palais des Doges ; gravure sur bois coloriée de B. von Breidenbach, *Peregrinatio in Terram Sanctam*, Mayence, 1486.

Venise – et des images de populations exotiques, avec leurs us et coutumes. Les xylographies sont conçues comme un récit visuel indépendant et parallèle, non comme une série d'illustrations vis-à-vis du texte. Le saisissant réalisme de Reuwich dans la description de contrées étrangères s'apprécie d'autant mieux quand nous savons qu'il avait coutume, dans les autres publications de caractère topographique, d'employer une même image pour des villes différentes.

Ainsi dans les publications, par ailleurs magnifiques, de Coberger, agrémentées d'illustrations sorties de l'atelier de Michaël Wolgemut et dont la plus importante parut en 1483 : le *Liber Chronicarum cum figuris* de Hartmann Schedel. Illustré de deux mille gravures sur bois, ce livre est l'un des grands monuments des débuts de l'imprimerie avec ses matériaux religieux, historiques, topographiques et allégoriques. La mythologie classique et la légende y sont présentes, mais aussi un évident intérêt pour le monde contemporain, pour les contrées étrangères, pour les coutumes et la vie des peuples lointains. Bien que les mêmes blocs de bois servissent parfois, je l'ai dit, à représenter des villes différentes, certains dessins s'appuyaient sur des sources visuelles dignes de foi et ces vues appartiennent au *corpus* de base des origines de la topographie (*cf.* le chapitre VII, section 1).

Vers la fin du XVe siècle, à Bâle, centre très important de la région du Rhin supérieur, virent le jour des œuvres populaires telles que le recueil moraliste d'histoires du Chevalier de la Tour-Landry *(Der Ritter von Turn)*, traduit de l'original français du XIIIe siècle et publié par M. Furter en 1493 avec 45 xylographies, dont les quatre cinquièmes sont attribués au jeune Dürer en voyage d'apprentissage. De même, c'est en 1494 que Johann Bergmann von Olpe publia la très importante et influente *Nef des fous* de Sébastien Brant. Ce traité moraliste de style humaniste comprenait une centaines de gravures sur bois, dont un tiers était aussi l'œuvre du jeune Dürer. Très connues et maintes fois reprises, ces illustrations contribuèrent à élargir le champ des images de manière à couvrir des domaines toujours plus vastes de l'expérience humaine.

L'histoire contemporaine ou moderne elle-même devint un thème d'illustration. Ainsi les arts graphiques s'impliquèrent-ils profondément dans les combats idéologiques du temps, qui devaient jouer un rôle si important au cours de la Réforme. Batailles et conciles furent représentés peu après les faits, et les événements dramatiques – tel le bûcher de Jan Hus au concile de Constance – laissèrent des traces nouvelles et suggestives (*La Chronique de Constance*, 1483).

4. L'image imprimée, modèle de style et d'iconographie

En 1787 parut à Dresde et à Leipzig le manuel des collectionneurs d'estampes de Huber, sous le titre, *Notices générales des graveurs*. Œuvre de J. W. Mechau, la gravure du frontispice illustre l'apothéose de l'art de la gravure sur cuivre. Sous la protection du pape et de l'empereur, un obélisque s'élève dans les nuages pour honorer cet art. Le médaillon que portent les *putti* représente le plus grand des maîtres, Martin Schongauer, ici promu au tout premier rang dans l'histoire de la gravure[10]. La renommée de ce graveur se répandit très largement à travers ses œuvres, les plus imitées avant Dürer. Dans l'histoire de la technique graphique, son œuvre fut la première qui, de manière évidente, eût exercé une influence considérable sur la postérité immédiate ou plus lointaine, tout en ne cachant pas ce qu'elle devait aux œuvres antérieures des Pays-Bas. Les œuvres de Schongauer montrent ainsi le rôle spécifique d'intermédiaire des médias graphiques et leur importance – qu'on ne saurait guère surestimer – dans le développement de l'art dans ses aspects tant stylistiques qu'iconographiques. L'art de Schongauer recueille les fruits de l'essor de l'art néerlandais au XVe siècle, notamment du travail de Rogier Van der Weyden, et propose aux artistes une large gamme de thèmes et de motifs, dont ils allaient tirer profit dans les années à venir. Toutes signées du monogramme M+S, ses compositions furent même imitées des graveurs : sa célèbre *Mort de la Vierge* reparaît avec des changements négligeables dans une estampe plus tardive signée par Vaclav d'Olomouc (dit Wenzel d'Olmütz, en Allemagne) et datée de 1481, c'est-à-dire exécutée dix ans avant la mort de Schongauer. Cet épisode montre bien que le concept de propriété artistique idéale n'existait pas encore (de fait, ce n'est qu'au XVIIIe siècle que Hogarth obtint du Parlement britannique une loi qui garantissait aux artistes graphiques la protection de leurs droits d'auteurs). Ce qui comptait, au fond, ce n'était pas le dessin, qui pouvait toujours être repris, mais la qualité de l'exécution technique ou la propriété de la plaque au moyen de laquelle on pouvait imprimer et vendre l'estampe.

Wenzel d'Olmütz reprit plusieurs dessins de Schongauer dans ses gravures. Et le plus grand artiste des années suivantes lui-même en fit autant : la *Fuite en Égypte* de Dürer, dans la série de la *Vie de la Vierge*, s'inspire directement de l'estampe de Schongauer sur

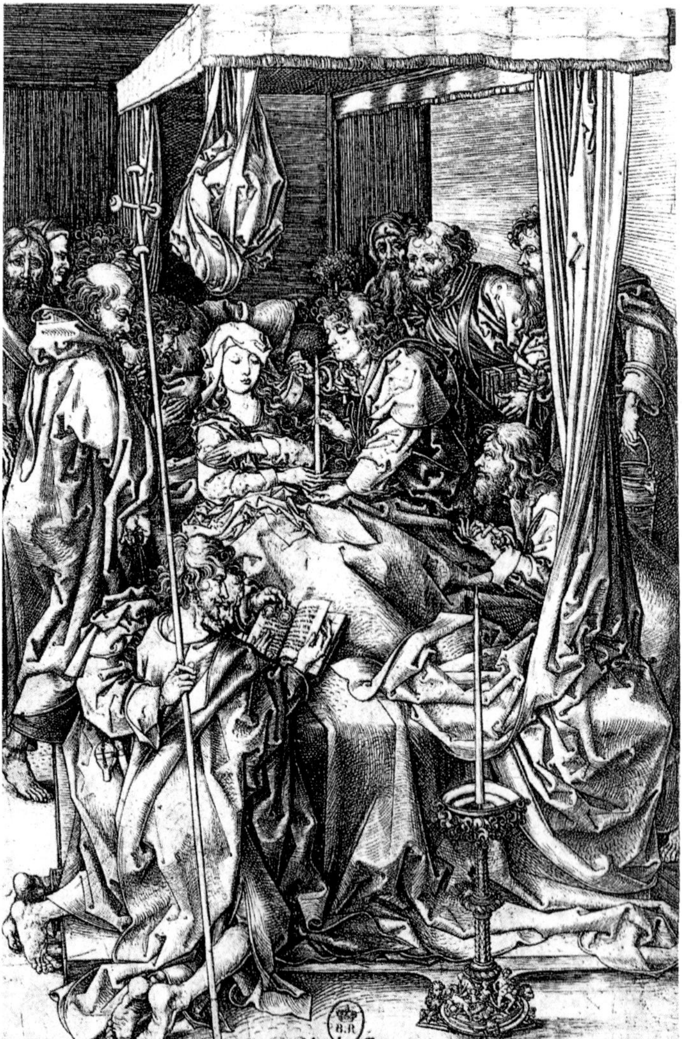

Martin Schongauer, vers 1470-1475. *La Mort de la Vierge*; gravure au burin. Paris, Bibliothèque Nationale, Département des Estampes.

Page de droite : Martin Schongauer, vers 1470-1475. *La Tentation de saint Antoine*, gravure au burin. Paris, Bibliothèque Nationale, Département des Estampes.

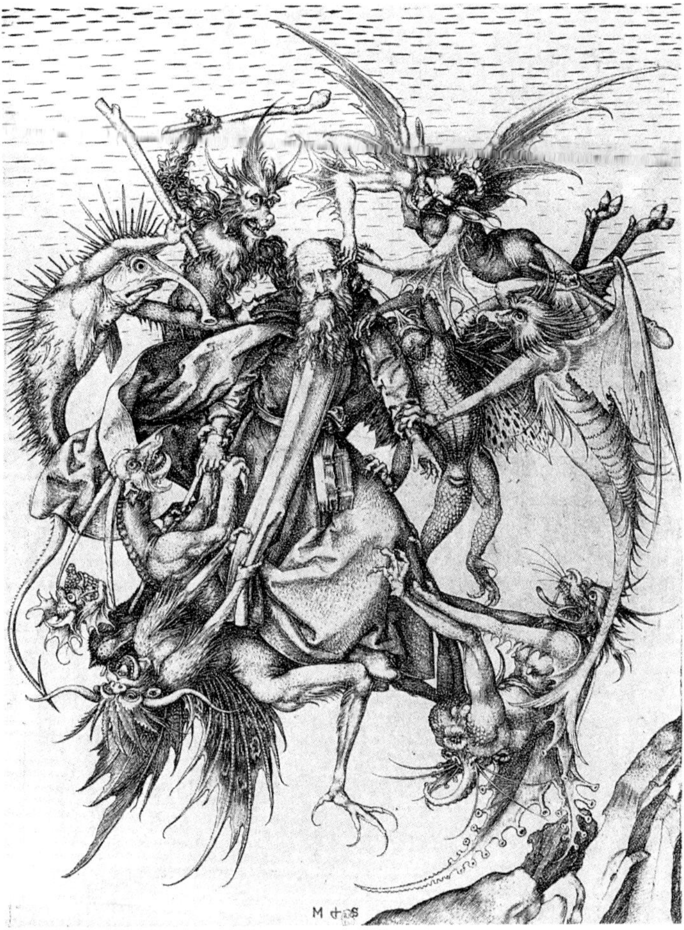

le même sujet. D'autres encore adaptèrent le dessin ou des détails précis des œuvres de Schongauer dans leurs compositions peintes ou gravées.

La renommée de Schongauer était immense. Lorsque Dürer quitta Nuremberg pour son voyage d'apprentissage, il se rendit en Alsace afin d'y entrer en contact avec le plus grand maître de la génération précédente, mais, hélas ! le Maître était mort. Dans ses *Vies*, Vasari parle de Schongauer comme d'un grand maître (tout en indiquant à tort qu'il travaillait à Anvers) : il était connu dans l'Europe entière sous le nom de Martin Schön – le Beau Martin, *il Bel Martino* – et sa gloire ne devait pas échapper à l'attention de Lambert Lombard et de Benvenuto Cellini. Le plus surprenant, c'est l'admiration que lui portait Michel-Ange qui, si l'on en croit son biographe Condivi, avait copié dans un dessin et un tableau, malheureusement perdus, sa *Tentation de saint Antoine*.

Il existe aussi des œuvres d'art décoratives, des objets liturgiques ou des instruments de culte qui sont directement inspirés des dessins de Schongauer popularisés par les gravures. Un tout petit « baiser de paix » en argent, appelé *Agnus Dei* et réalisé dans le Rhin supérieur vers 1500, actuellement au Musée Historique de Bâle (provenant de la première collection publique célèbre rassemblée par l'humaniste Amerbach), est orné de gravures inspirées de deux estampes de Schongauer : *La Prière au Jardin des Oliviers* et l'*Arrestation du Christ*. Les scènes ont été magistralement adaptées à la petite taille et à la forme arrondie du « baiser de paix ». Certains spécialistes pensent que l'artiste lui-même a pu adapter et graver les images, auquel cas le « baiser de paix » serait antérieur à 1491[11].

De même, un sculpteur de l'église abbatiale de Baden-Baden s'est inspiré de la *Sainte Véronique* gravée par Schongauer, et son magnifique dessin d'encensoir servit plus d'une fois de modèle pour la production de tels objets de culte, comme celui d'Edam (aujourd'hui à Haarlem) en Hollande ; son *Chemin de Croix* (de format vertical) correspond au relief de bois de l'église Saint-Thomas de Strasbourg (1460-1470)[12]. Les imitations et les emprunts à l'œuvre graphique de Schongauer sont innombrables. On pourrait se demander pourquoi. Quelles sont les qualités spécifiques de son art qui lui valurent une telle popularité ?

Nous pouvons répondre qu'il a su assimiler l'apport de la grande peinture des Pays-Bas en ce qui concerne la représentation de l'espace, le contenu, le mouvement et l'expression, tout en mettant l'accent sur les qualités humaines, narratives et poétiques[13]. D'une riche diversité de motifs, il évolua vers une simplification suggestive et une composition plus condensée[14] : ainsi donna-t-il à des problèmes iconographiques courants dans l'art du xve siècle des solutions qui satisfaisaient le besoin de participation émotive mais aussi d'une grande lisibilité.

Son œuvre la plus monumentale, la *Grande Montée au Calvaire*, est l'une des expressions les plus achevées de son art et donne un excellent exemple de son œuvre telle que l'a caracté-

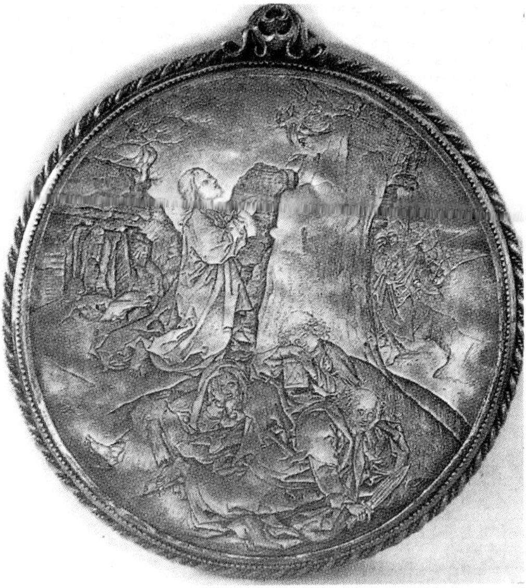

1 et 2/ Maître du Rhin supérieur, autour de 1500. *Agnus Dei*, « baiser de paix » en argent avec gravure au burin d'après une estampe de Schongauer. Bâle, Historisches Museum.

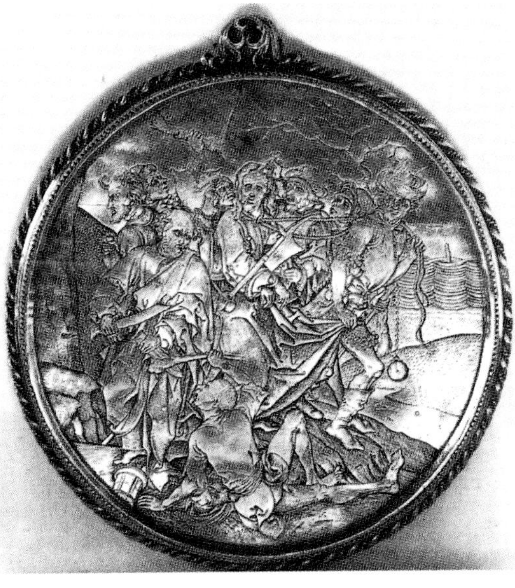

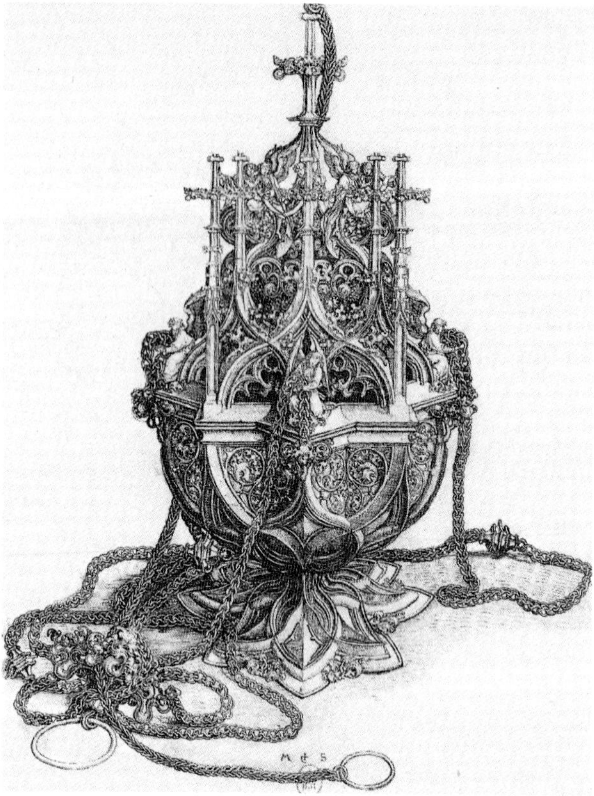

Martin Schongauer, vers 1480-1491. *Encensoir*, gravure au burin. Paris, Bibliothèque Nationale, Département des Estampes.

risée Panofsky : « les gravures de Schongauer s'affirment comme des œuvres achevées, d'un fini sans défaut, d'un équilibre parfait, baignées d'une atmosphère d'inébranlable dignité »[15].

Le mouvement du tragique cortège entraîne la foule de la droite vers la gauche ; sur la marge de droite, nous voyons des cavaliers et des soldats de face qui surgissent de la profondeur de l'espace, passent devant l'observateur et s'éloignent à nouveau. Les lances et les bâtons indiquent divers éléments de la structure de la composition et définissent une sorte d'échafaudage idéal qui organise l'ensemble. Le Christ et la Vierge exceptés, tous les participants sont en plein mouvement ; tous sont brutaux et grotesques, et portent l'empreinte du mal. Seul le Christ, qui est tombé à genoux sous le poids de la Croix, regarde l'observateur dans les

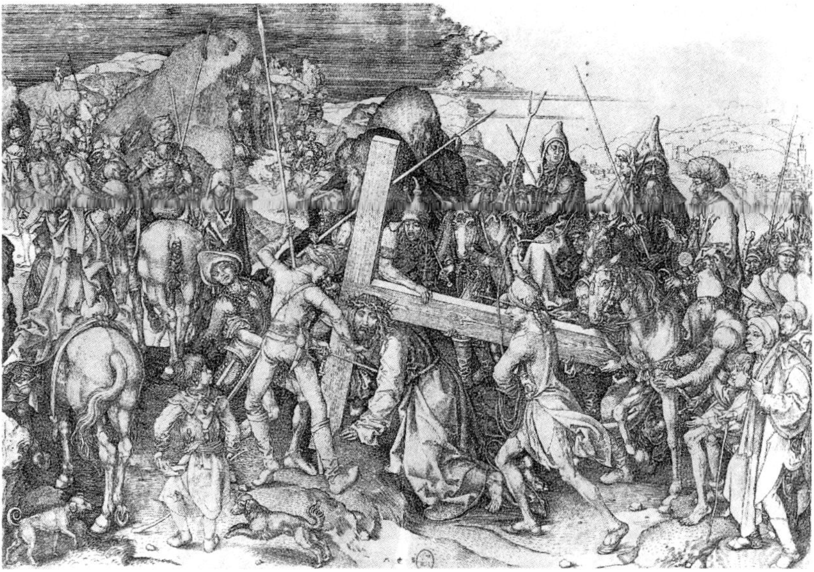

Martin Schongauer, vers 1475. «*La Grande Montée au Calvaire*», gravure au burin. Paris, Bibliothèque Nationale, Département des Estampes.

yeux, établissant ainsi un contact direct et intime avec le dévot, qui a le sentiment d'être élu par le Sauveur pour être le témoin solitaire de Sa Passion. Le caractère général des images pieuses de cette époque s'exprime pleinement dans cette œuvre narrative d'une grande richesse.

À droite, une vue de Jérusalem est esquissée à l'aide de traits diaphanes, pareils aux fils d'une toile d'araignée. À gauche surgissent de sombres nuages évoqués par de longues lignes douces et sans fin. Le «médium» blanc et noir y gagne une incroyable diversité. Le burin de Schongauer définit le pelage des animaux, le bois de la croix, le métal des armes et des armures, la texture des habits, des rochers et des pierres. Il fut certainement le premier artiste capable de traduire les multiples qualités du monde réel dans la gamme restreinte des possibilités expressives de la gravure.

Son champ thématique était considérable : des images pieuses de la Vierge, en passant par le récit épique de la *Montée au Calvaire* ou de la *Mort de la Vierge*, jusqu'au domaine du fantastique. Avec sa fameuse *Tentation de saint Antoine*, que les démons soulèvent dans les airs, il ouvrit la voie au monde démoniaque et monstrueux, qui devait bientôt prendre une réalité terrifiante et grouillante dans les œuvres de Jérôme Bosch.

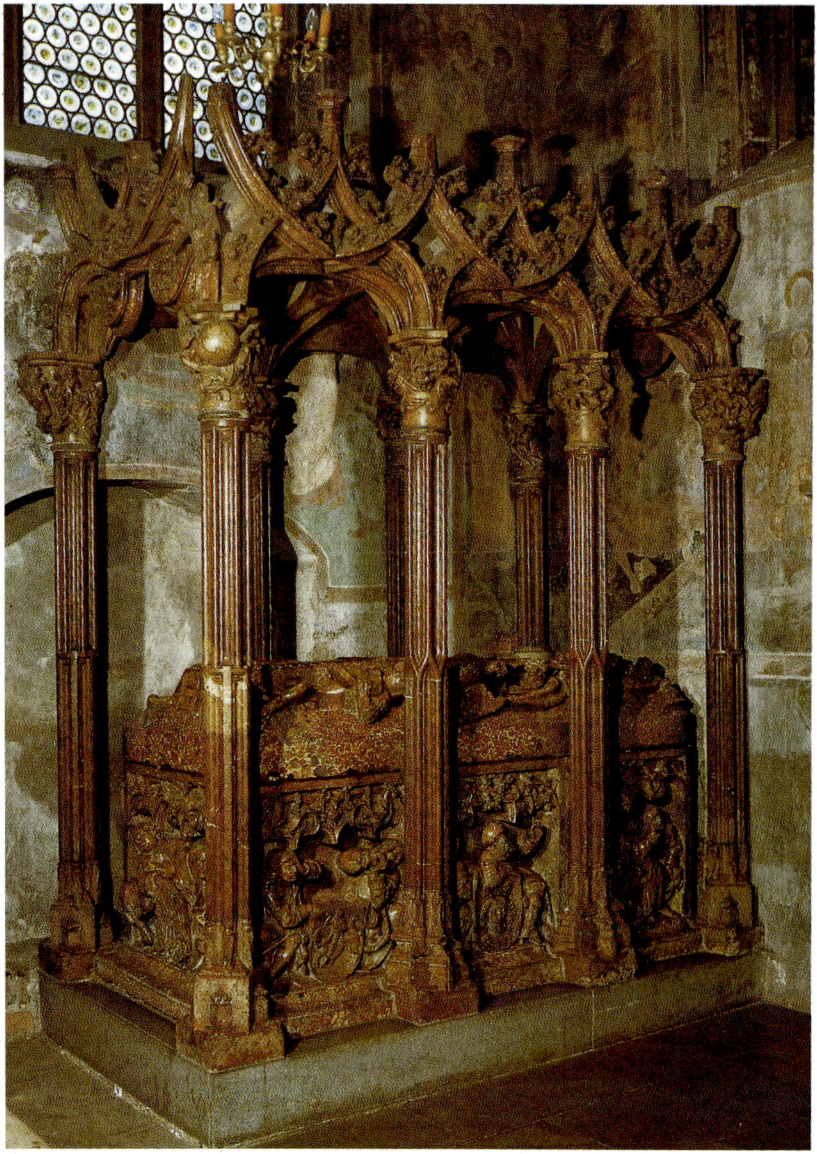

Veit Stoss (1492). Tombeau de Casimir IV Jagellon. Cathédrale de Cracovie.
Page de droite : détail.

Chapitre VI

MORT ET COMMÉMORATION

1. L'image de la mort

Dans les ultimes vers de son *Grand Testament* (1641), François Villon, qui avait une conscience aiguë de la mort, typique des pays du Nord au XVe siècle, nous en offre une image pathétique : la mort ne fait aucune exception, sa venue est certaine quand bien même elle demeure imprévisible, c'est un phénomène général qui n'épargne aucun homme. La conscience de cette universalité était l'un des arguments les plus forts en faveur des idées égalitaires : *mors aequat omnia*. Et chacun devra affronter seul son destin :

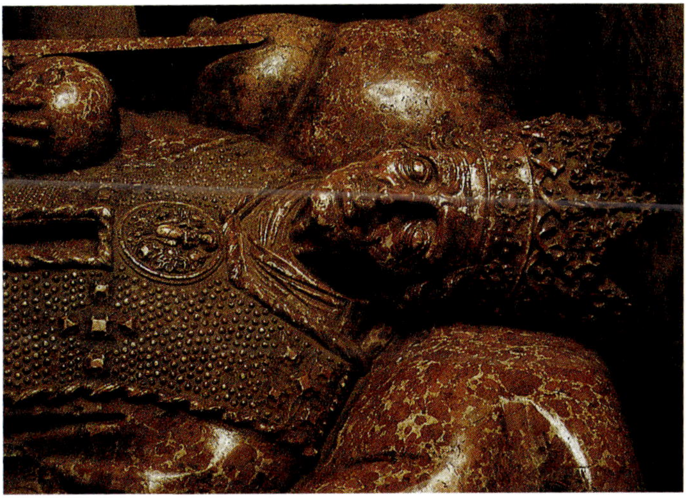

Je cognois que povres et riches
Sages et folz, prestres et laiz,
Nobles, villains, larges et chiches,
Petitz et grans, et beaux et laiz,
Dames a rebrassez colletz,
De quelconque condicion,
Portans atours et bourreletz,
Mort saisit sans exception.

Et meure Paris ou Helaine,
Quiconques meurt, meurt a douleur
Telle qu'il pert vent et alaine ;
Son fiel se creve sur son cuer,
Puis sue, Dieu scet quelle sueur !
Et n'est qui de ses maux l'alege :
Car enfant n'a, frere ne seur,
Qui lors voulsist estre son plege.

La mort le fait fremir, pallir,
Le nez courber, les vaines tendre,
Le col enfler, la chair mollir,
Joinctes et nerfs croistre et estendre[1].

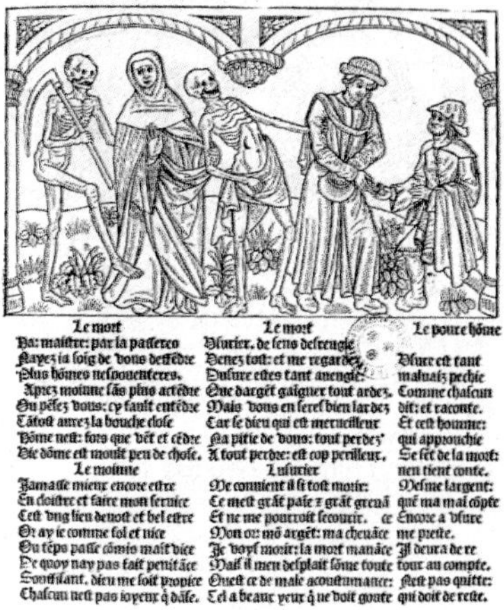

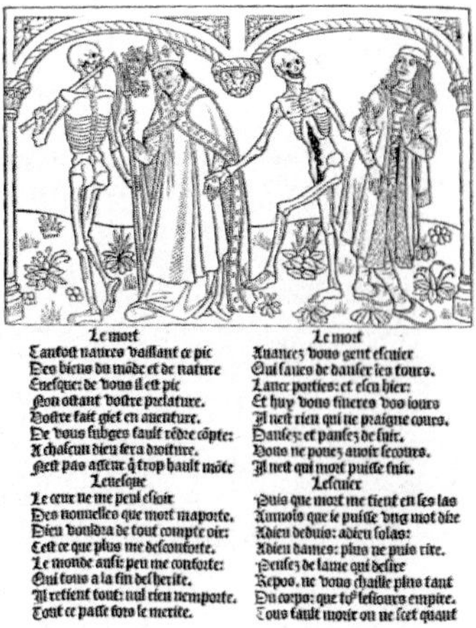

Guy Marchant. *La Mort avec le moine et avec l'usure et le pauvre*; *La Mort avec l'évêque et avec l'écuyer*. Gravure sur bois de *La danse macabre*, Paris, 1485. Grenoble, Bibliothèque Municipale.

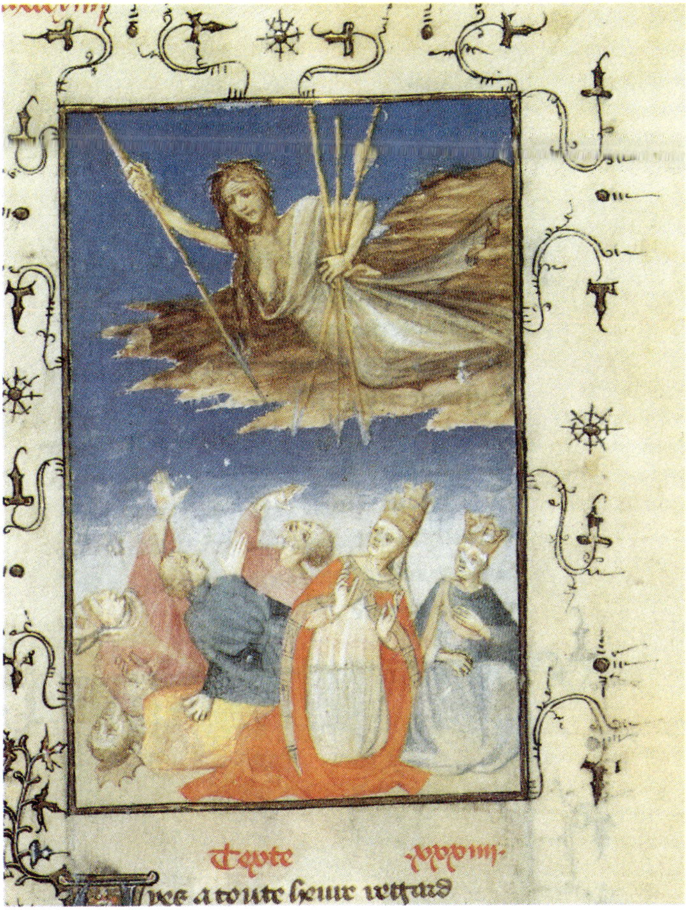

Maître de l'*Épître d'Othéa*, 1405-1408. *Atropos-Mors*; enluminure du fol. 17 de l'*Épître d'Othéa*, de Christine de Pisan. Paris, Bibliothèque Nationale, Département des Manuscrits.

La mort était omniprésente dans le bas Moyen Âge. La *Danse Macabre* ornait les cimetières, comme celui des Innocents à Paris (1424), les chapelles, comme celle de Notre-Dame de Lübeck (1463) ou l'église Saint-Nicolas à Tallin, peinte par Bernt Notke, ainsi que les ossuaires. Des cycles graphiques de gravures sur bois diffusaient largement ces images : la série publiée à Paris en 1486 devint un classique du genre.

La mort en personne – un cadavre qui porte un cercueil sur ses épaules et une faux dans sa main droite – piétine au chevet d'un homme ; elle lui apparaît inopinément au cours de son pèlerinage dans une enluminure qui illustre le manuscrit du *Pèlerinage de la vie humaine* (1395), que nous avons déjà évoqué à propos du réalisme « préeyckien » (Bibliothèque Royale, Bruxelles, MS. 10176-8, fol. 112). Une épouvantable vieille, armée de javelots, rôde dans les airs sur la piste d'un groupe d'éminents dignitaires : le pape, le roi et leur suite, dans l'une des illustrations de l'*Épître d'Othéa* de Christine de Pisan (1405-1408) (Bibliothèque Nationale, Paris, fr. 606, fol. 17)[2].

La représentation de la mort et des cadavres, introduite au XVe siècle, se développa considérablement au cours du siècle suivant. Dès son origine, l'iconographie chrétienne s'était concentrée sur l'image de la mort. C'était la mort de Dieu. La passion dramatique du Christ était l'événement fondamental de l'histoire religieuse chrétienne, qui apportait le salut à l'humanité. Dès lors, l'image de la mort – de la mort cruelle sur une potence cruciforme – domina la pensée chrétienne et son imagination artistique. De l'aube du Moyen Âge jusqu'au Baroque, l'image du Dieu mourant sous les traits d'un homme souffrant resta le thème principal de l'art chrétien. Viennent ensuite les représentations sans nombre du martyre des disciples du Christ : saint Jean-Baptiste décapité, saint Pierre crucifié, le jeune saint Sébastien au corps criblé de flèches (Memling), et bien d'autres. Toutes ces images représentaient la mort dans sa terrible diversité, telle que durent la souffrir les héros chrétiens. La mort devenait l'ultime témoignage de la foi, l'épreuve suprême qui ouvrait accès au monde de la sainteté, honorée et célébrée dans la vie des hommes pieux aussi bien que dans l'art chrétien. Une longue tradition a donc habitué les observateurs et les artistes à considérer et à représenter le cadavre du Christ, déposé de la Croix, pleuré par une cohorte d'anges en des scènes d'*Imago Pietatis*, ou par la Vierge dans d'innombrables versions de la Pietà. Mais les cadavres, nous l'avons vu, apparaissaient également dans l'art funéraire. La représentation des défunts comme des morts, portant tous les stigmates de la décomposition, est un phénomène qui apparut en France au XIVe siècle et se développa par la suite : on en connaît aussi divers exemples en Angleterre et en Allemagne, au XVe siècle et plus tard, en rapport ou non avec la « représentation au vif ».

Le plus souvent, le « transi » n'est en fait qu'un corps émacié, à l'exemple des tombes anglaises de Richard Fleming († 1431) dans la cathédrale de Lincoln et de l'archevêque Henry Chicheley

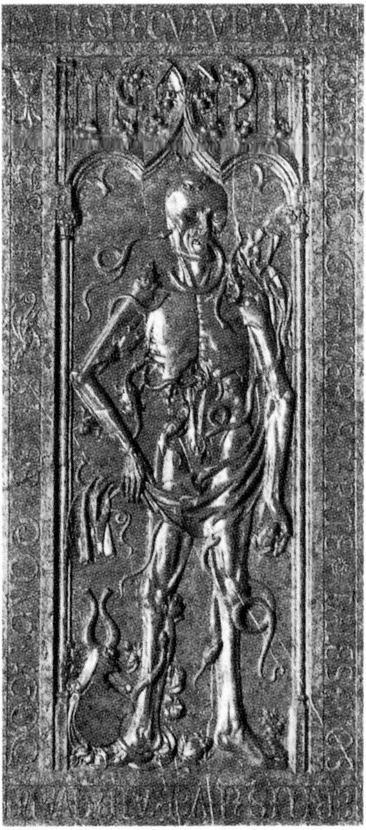

Sculpteur allemand, après 1482. *Pierre tombale de Johannes Gemeiner.* Straubing, église Saint-Jacques.

(† 1443) dans la cathédrale de Canterbury (1424) ; en revanche, dans la tombe de l'évêque margrave Friedrich von Baden († 1517), à Baden-Baden, œuvre de Peter Vischer, c'est un squelette que nous voyons au-dessous de l'évêque qui gît dans ses habits de cérémonie. Parmi les divers transis macabres, on peut citer les pierres tombales de Johannes Gemeiner († 1482 ; Straubing) et de Nikolaus Rœder († 1510) dans la cathédrale de Strasbourg.

Gemeiner est assailli par toutes sortes de reptiles, dont les formes ont aussi des fins décoratives. Quoique mort et partiellement décomposé, il tient de sa main droite l'extrémité du linge qui recouvre son corps : signe de vie qui ajoute une touche macabre à l'ensemble. Dans l'effigie de Rœder, il n'y a pas de serpents, de crapauds ni de vers. La dépouille du riche bourgeois repose sur un tapis, entourée d'inscriptions moralisantes. Ses traits émaciés trahissent le squelette : décharné et solitaire, nu et démuni, il est face à Dieu, implorant la vie éternelle.

La représentation la plus insolite et dramatique a dû être celle du « bon roi » René d'Anjou dans son tombeau de Saint-Maurice, à Angers, que nous connaissons par un dessin de la fin du XVIIe siècle. Dans la partie supérieure de la tombe, qui a été malheureusement détruite, des peintures murales représentaient le malheureux monarque sous la forme d'un squelette assis sur son trône, la tête couronnée inclinée et impuissante, tandis que le sceptre et le globe royaux ont glissé de sa main et sont tombés par terre. Sous lui, les gisants sculptés du roi et de la première reine, Isabelle de Lorraine, reposent en prière, les mains jointes.

Ce tombeau se distingue à trois égards de ce qui était alors la norme : d'abord l'effigie du roi, représenté comme un mort dont la tête se réduit à son crâne, est non pas allongée mais assise ; ensuite, le squelette est placé non pas dessous, mais au-dessus de sa « représentation au vif » ; enfin, le transi assis est pourvu des signes et des symboles de sa dignité royale. Il n'est pas certain que l'effigie du roi mort ait été conçue comme celle du roi René, bien que le fait semble confirmé par une enluminure de 1435, où l'on voit un cadavre pourvu de la couronne royale, émergeant de derrière la bannière de René d'Anjou (British Museum, MS. Edgerton 1070, fol. 53)[3]. Le rouleau où figure le *memento homo* ajoute une idée égalitaire générale caractéristique des représentations du *roi mort* : rappel que le roi n'échappe pas plus qu'aucun autre homme à l'empire de la mort.

Nous ne connaissons pas l'agencement général du tombeau du roi René. Mais nous savons qu'il y avait une seconde représentation du monarque avec sa deuxième femme, à genoux en prière devant la *Crucifixion*, ce qui aurait introduit dans cette composition insolite un élément positif, un espoir de salut.

Telle est précisément l'idée représentée dans le tombeau du chanoine Étienne Yver († 1467) de Notre-Dame de Paris : au-dessus d'un cadavre mangé par les vers, le chanoine en vie émerge de sa tombe au son des trompettes des anges qui annoncent le Jugement dernier. Au-dessus de la tête du ressuscité, l'immense figure du Juge suprême, avec deux épées au lieu d'une et un lys à la bouche, est comme suspendue dans la gloire angélique. L'idée même de la tombe s'exprime à travers des inscriptions relatives au transi et à l'âme ressuscitée : « Les liens de la mort m'enveloppaient et les torrents de Bélial m'épouvantaient (Psaumes, 17,5-6). Je suis un vermisseau, non pas un homme (Psaumes, 21,7). Vermine et croûtes terreuses revêtent ma chair, ma peau se fend et suppure (Job, 7,5). Dieu, mon Dieu, tourne-toi vers moi et aie pitié de moi, contre toi, toi seul, j'ai péché, ce qui est mal à tes yeux, je l'ai fait (Psaumes, 85,16 et 50,6) ». Et enfin : « Que Dieu ait l'âme qu'il a créée. La Nature a reçu son dû. Dans l'attente de la résurrection et de la vie éternelle des deux (de l'âme et du corps). Parce qu'il est nécessaire que ce qui est corrompu connaisse l'incorruptibilité et que le mortel revête l'immortalité »[4].

2. Chapelles et oratoires

La mise au tombeau du Christ, conçue comme un groupe monumental, plus ou moins grandeur nature, sculpté dans la pierre, est un thème qui connut une grande vogue au XVe siècle en France et dans les pays voisins. La figure du Christ, telle qu'elle est représentée dans ces compositions, rappelle parfois l'effigie des morts dans les tombes contemporaines de laïcs, ce qui donne un certain poids à l'idée que les représentations de transis émaciés s'en sont inspirées. La structure architecturale des *Mises au tombeau* est également semblable à celle des tombes à enfeus, enfermées par des arcs plus ou moins décorés[5].

Les groupes français, recueillis et graves, semblent refléter la représentation sacrée des mystères liturgiques, qui affectèrent à tant d'égards l'art de la fin du Moyen Âge. Ce caractère introverti et méditatif tranche nettement sur l'expressionnisme de la sculpture allemande et des *Lamentations* italiennes, comme celle de Santa Maria della Vita et de la cathédrale de Bologne.

Contrairement aux *Saints Sépulcres*, qui télescopaient des éléments de la *Déposition* et de la *Visite des saintes femmes au tombeau*, les *Mises au tombeau* sont conçues comme une narration historique[6]. L'un des premiers (1433, ou un peu plus tardif) et meilleurs exemples se trouve dans la cathédrale de Fribourg, en Suisse : le corps à l'horizontale du Christ tranche sur le rythme vertical des saints qui se tiennent derrière et à côté de la tombe. Au-dessous, la silhouette grotesque et déformée des soldats endormis est l'image symbolique du mal vaincu. Ces soldats furent introduits dans ces groupes sous l'influence des représentations du Saint Sépulcre, puisqu'ils n'appartenaient pas au récit historique de la mise au tombeau. Ils sont assez rares dans ces monuments français typiques.

Les groupes français de la *Mise au tombeau* trouvent leur apothéose dans la magnifique composition de l'abbatiale Saint-Pierre-Saint-Paul, à Solesmes (1494-1498), où le groupe des personnages est enfermé dans la niche d'un ensemble architectural qui supporte la *Crucifixion*, tandis que des prophètes et des anges présentent les instruments de la Passion du Christ. Les pilastres sont ornés de candélabres italianisants, qui faisaient alors leur apparition dans l'art français. Le chagrin des pleurants se cristallise dans la figure contemplative et d'une beauté presque classique de Madeleine, assise à terre devant le Sépulcre.

La grande vogue de ces groupes s'explique par leur fonction religieuse en rapport avec les tombes et les prières pour les défunts. « La plupart des *Mises au tombeau*... semblent avoir été commandées par des donateurs privés... afin d'être placées près d'un autel auquel on devait dire des messes pour le repos de leur âme, et au voisinage duquel ils se faisaient inhumer, eux et leur famille. À l'origine, la grande majorité de ces *Mises au tombeau* étaient donc installées dans des chapelles privées, qui donnaient sur une nef latérale ou sur une partie de la nef, un peu à l'écart des grands axes de l'église. Certaines *Mises au tombeau* étaient commandées pour des hospices ou les chapelles de cimetières réservées aux services funèbres[7]. »

En Angleterre, notamment, la coutume des prières pour le repos des âmes et des messes à célébrer près des tombes contribua au développement d'édifices funèbres spécifiques, connus sous le nom de *chantries*, c'est-à-dire de fondations de messes pour le repos de l'âme du fondateur[8]. On en trouve dans nombre d'églises importantes, mais nulle part elles ne sont aussi nombreuses ni d'une aussi grande qualité artistique que dans la cathédrale de Winchester.

Ces oratoires étaient généralement rattachés à l'église ou construits à l'intérieur et se distinguaient des autres chapelles en ce qu'elles étaient spécifiquement consacrées à la célébration de messes pour le repos de l'âme de leurs fondateurs, afin de leur épargner les tourments du Purgatoire. Les oratoires connurent un grand essor en Angleterre au cours du XIVe siècle et furent encouragés par les ordres mendiants. « Il n'était dans la cité (de Londres) de paroisse qui n'eût ses oratoires ; il en fut fondé près de 350 au cours du XIVe siècle[9]. »

S'il arrivait aussi que des oratoires fussent fondés sans lien

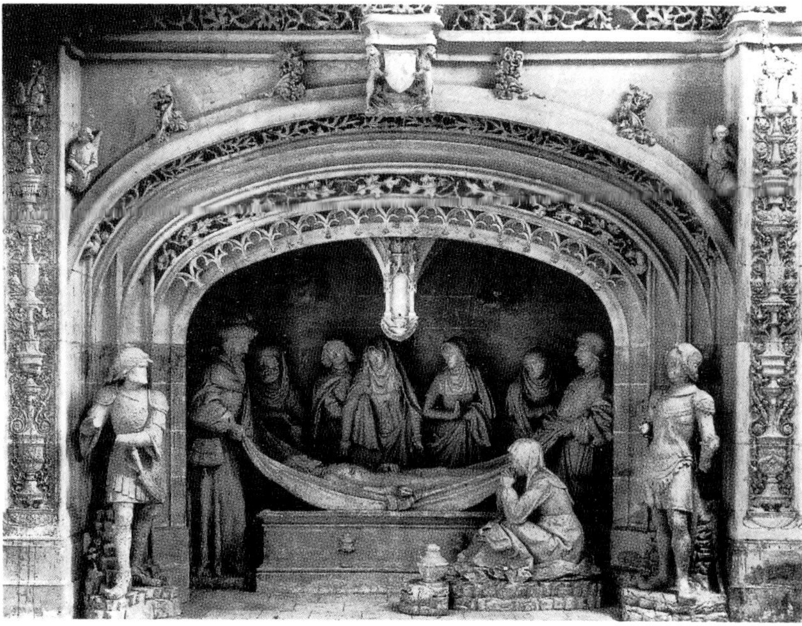

Sculpteur français, 1494-1498. *Mise au tombeau*. Solesmes, abbatiale Saint-Pierre-Saint-Paul.

aucun avec des églises, sur certains ponts, par exemple, c'est dans les églises qu'ils trouvèrent leur forme artistique originale et leurs qualités spécifiques. Les tombes devant lesquelles on chantait des messes furent progressivement pourvues de baldaquins et d'écrans au point d'en faire des unités spatiales distinctes. Au tout début du XIVe siècle (1404), par exemple, fut construit l'oratoire de l'évêque William de Wykeham (fondateur du New College d'Oxford) dans la cathédrale de Winchester : une arcade entre deux piliers de la nef a été dissimulée par trois arcs et leurs tympans d'ogives qui s'élèvent jusqu'à la corniche et à la balustrade.

La partie inférieure est pourvue d'une fenêtre trilobée qui, tout en étant transparente, sépare de la nef centrale l'oratoire, qui occupe une section de la nef latérale. Au pied du magnifique gisant d'albâtre polychrome de l'évêque, trois minuscules chantres passent leur vie à prier pour l'âme du fondateur (œuvre exécutée dans les années 1399-1403).

L'oratoire de Warwick (1422) à Tewkesbury est une structure entièrement transparente à deux niveaux, pourvue d'un baldaquin élaboré (endommagé par un incendie en 1829). Les successeurs

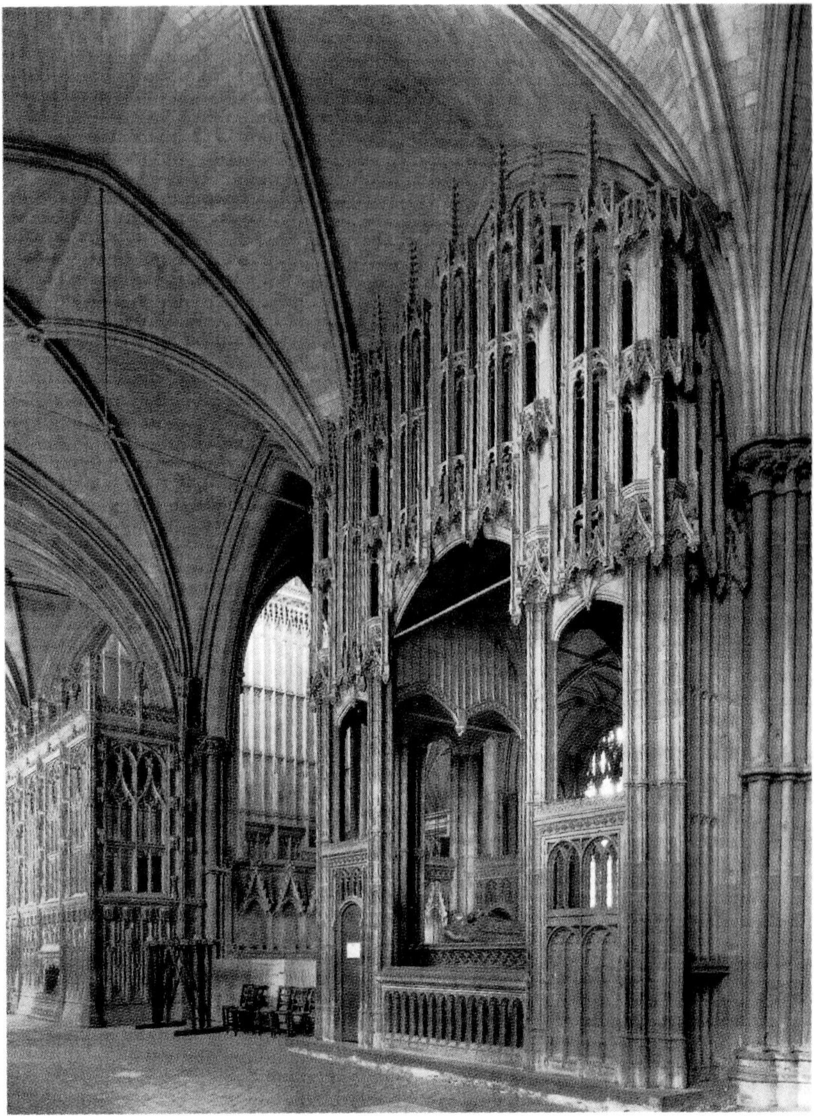

Chapelle funéraire des évêques Beaufort (mort en 1447) et William de Wyneflete (mort en 1470). Cathédrale de Winchester.

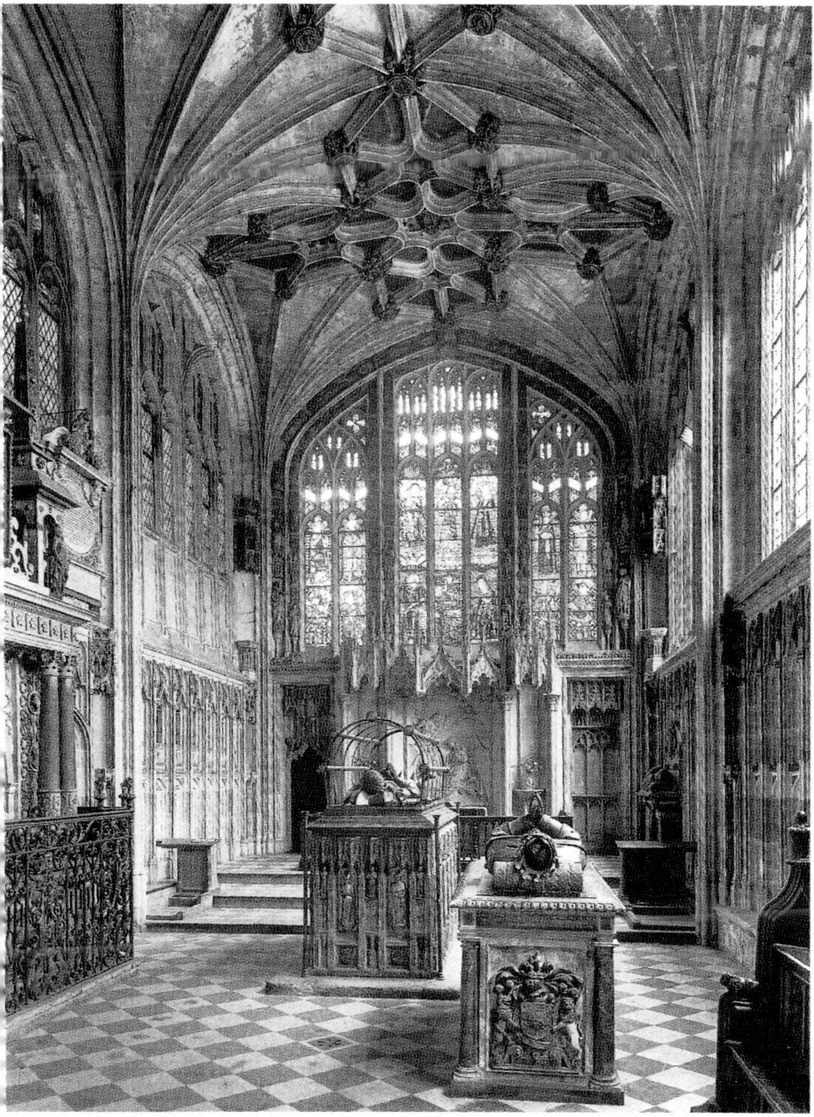

Chapelle funéraire (1443-1465) de Richard Beauchamp, comte de Warwick (mort en 1439) dans l'église collégiale Notre-Dame de Warwick.

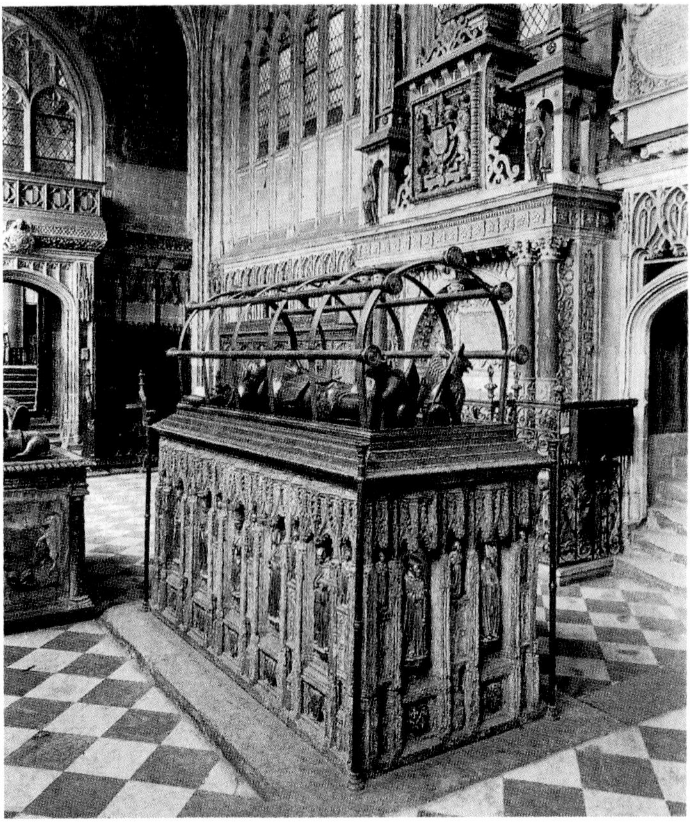

Sépulcre de Richard Beauchamp dans l'église Notre-Dame de Warwick.

de Wykeham à Winchester, l'évêque Beaufort puis l'évêque William de Wyneflete, moururent respectivement en 1447 et en 1470. La structure des deux oratoires, érigés sur leurs tombes et pourvus de riches baldaquins, mais aussi décorés de pinacles et de fenêtres trilobées, est ouverte par une grande arcade, de telle façon que les gisants appartiennent à l'espace de l'église tout en étant protégés par leurs baldaquins symboliques[10].

Il en va tout autrement de l'oratoire plus tardif de l'évêque Fox († 1528), conçu comme un grand écrin protégé par une fenêtre trilobée perpendiculaire, au point de former un édifice à part entière au sein de l'église. Richard Beauchamp, comte de Warwick

(† 1439), exigea un espace encore plus indépendant en commandant, dans son testament, que fût bâtie pour lui une chapelle funéraire dans la collégiale Notre-Dame de Warwick. Érigée entre 1443 et 1465 puis consacrée en 1475, cette chapelle est l'une des mieux conservées des familles anglaises du Moyen Âge[11] et consiste en une salle isolée pourvue de fenêtres décorées de vitraux et dont les meneaux sont ornés de personnages sculptés. Le gros œuvre de marbre de la tombe de Beauchamp comprend cinq personnages de cuivre doré sur chacun de ses côtés les plus longs, et deux, sur les côtés les plus courts : ils représentent les parents du défunt en pleurants. Le gisant est lui aussi en cuivre doré : il a les yeux grands ouverts, et ses mains, jointes dans la position d'un orant, sont d'un modelé naturaliste d'une grande finesse. Il regarde la Vierge, la Reine des Cieux, installée au centre de la voûte curviligne et de ses arêtes en forme étoilée. La structure métallique au-dessus de lui – qui donne une idée de protection – avait une fin pratique : elle supportait le drap brodé dont on le recouvrait pendant les fêtes.

3. Gloire mondaine et peur de l'au-delà

Dans ces *chantries* anglais, les effigies des défunts sont le plus souvent du même type : allongées sur leur tombe, les yeux ouverts sur la gloire du Paradis. L'accoutrement ecclésiastique ou chevaleresque, la splendeur des oratoires, la lumière de l'albâtre et la beauté des vitraux entouraient les défunts d'une gloire quasi sensuelle. Le souvenir de l'importance terrestre était ainsi conjugué à la perspective de la vie éternelle.

Au XVe siècle, les tombeaux royaux et impériaux les plus représentatifs avaient cette même forme. Le plus grandiose, malgré son effet assez séculier, est peut-être le gigantesque monument de l'empereur Frédéric III dans la cathédrale Saint-Étienne de Vienne. Pour le réaliser, l'empereur fit appel à un sculpteur originaire des Pays-Bas, l'un des plus grands artistes du milieu du siècle : Nikolaus Gerhaert de Leyde, qui avait d'abord travaillé à Trèves (*cf.* p. 385). Pris par d'autres commandes, le sculpteur hésita d'abord à venir : il ne s'attela à son œuvre qu'en 1469, peu avant sa mort en 1473. Il trouva néanmoins le temps d'achever le dessin général du tombeau mais aussi d'en exécuter la partie la plus importante : l'effigie allongée de l'empereur qui fut donc exécutée vingt ans avant la mort de celui-ci (1493). Le travail autour de ce monument fort complexe, avec des centaines de personnages sculptés dans le marbre rouge de Salzbourg, qui ornent les parois du sarcophage et l'enceinte de marbre, se poursuivit jusqu'en 1513 sous la direction de Max Valmet puis de Michael Trichter, auquel on attribue la balustrade.

La qualité de la sculpture dans les reliefs n'atteint pas celle de la pierre tombale proprement dite, avec l'effigie de l'empereur : c'est tout de même de la belle ouvrage de la part des élèves de Gerhaert et l'effet général force l'admiration. Il n'y en a pas moins quelque chose d'étrange : la *tumba* reposant sur une plate-forme à laquelle on accède par quelques marches, l'effigie du défunt se retrouve si haut qu'elle est invisible des fidèles qui se tiennent dans la chapelle des Apôtres où elle se trouve. Les auteurs du projet n'avaient cure que l'image de l'empereur fût visible des vivants. Ce qui paraît d'autant plus exceptionnel que, loin d'exprimer le soliloque du défunt avec Dieu, la pierre tombale fut avant tout conçue comme l'expression des catégories terrestres de la puissance politique.

L'empereur gît dans sa cape, la tête à l'abri d'un modeste dais décoratif ; il est allongé mais représenté en position debout, la tête couronnée soutenue par un oreiller. Il tient dans ses mains le globe royal et le sceptre. Son corps émerge à peine des creux profonds de la pierre, entourée d'une multitude de boucliers ornés des armoiries et des lions héraldiques. Les symboles politiques de la puissance impériale sont au moins aussi importants que la représentation de l'homme. Il s'agit d'une conception triomphale, au sens terrestre du terme, que l'on comprendra mieux en rappelant que ce tombeau est celui du premier Habsbourg à être monté sur le trône de l'Empire allemand. De surcroît, les armoiries recouvrent aussi les parois latérales de la pierre qui repose sur le tombeau proprement dit. Au total, on dénombre 37 armoiries, dont certaines correspondant à des territoires qui n'appartenaient plus aux Habsbourg lorsque fut érigé le monument. Sur le tombeau, les reliefs représentent les fondations religieuses de Frédéric, tandis que les statues des sept Électeurs qui le portèrent sur le trône impérial légitiment sa fonction de manière appuyée[12].

Cette obsession de l'héraldique trouva une forme monumentale dans le « mur d'armoiries » *(Wappenwand)* de la chapelle Saint-Georges de Wiener Neustadt (1453), la résidence préférée de Frédéric : placée dans une niche, sa statue est au centre de cet

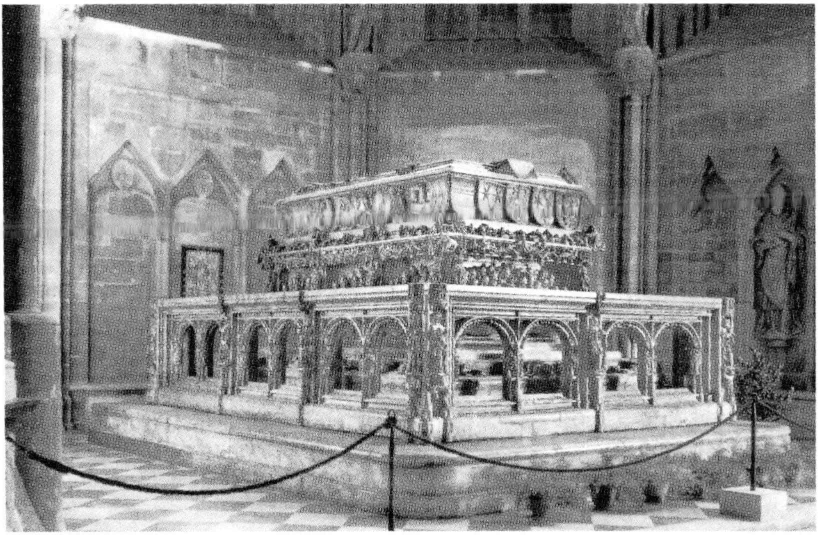

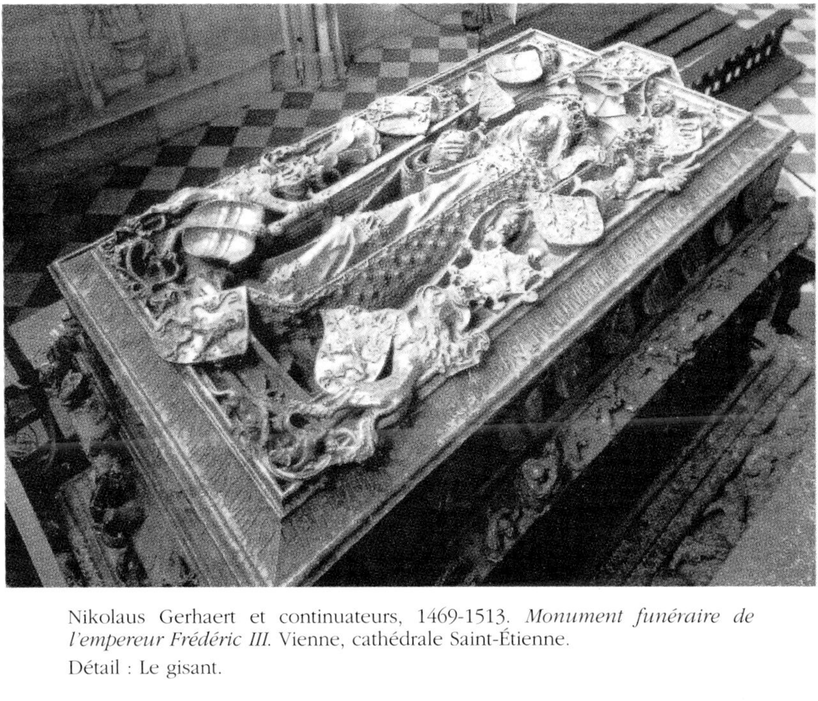

Nikolaus Gerhaert et continuateurs, 1469-1513. *Monument funéraire de l'empereur Frédéric III.* Vienne, cathédrale Saint-Étienne.

Détail : Le gisant.

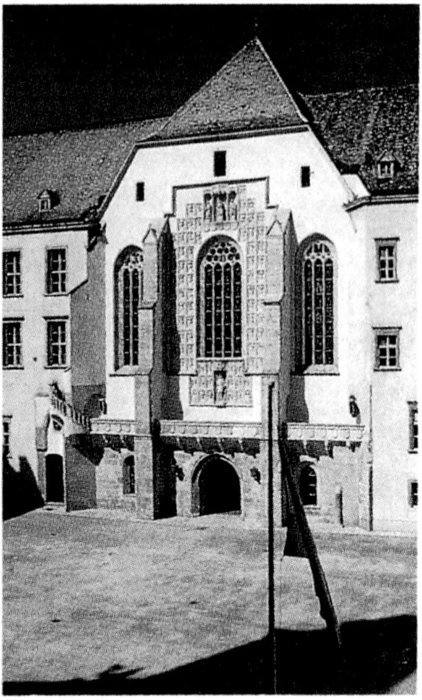

La façade d'armoiries de la chapelle Saint-Georges du château de Wiener Neustadt.

immense déploiement d'armoiries décoratives en relief. Il en est 14 qui correspondent aux terres des Habsbourg ; les 96 autres relèvent de la fantaisie.

On a pensé que, dans le projet d'origine, le tombeau devait être protégé par un baldaquin[13]. On n'en a aucune preuve directe, mais le fait est qu'un monument, dont on s'accorde généralement à dire qu'il a été influencé par la tombe de Vienne, en possède un. Je veux parler de la composition funéraire de Cracovie, œuvre de Veit Stoss, sculpteur d'origine allemande qui travailla dans la capitale polonaise de 1477 à 1496 : il s'agit du monument du roi polonais Casimir IV Jagellon, réalisé vers 1492 dans un marbre rouge de même nature que celui de Salzbourg employé pour le monument de Frédéric et qui se trouve dans la chapelle de la Sainte-Croix de la cathédrale Wawel à Cracovie.

Il n'est pas exclu que, dans une certaine mesure, le tombeau de Cracovie s'inspire bel et bien de celui de Vienne, d'autant que les monarques polonais de cette époque affirmaient fortement leur souveraineté et leur indépendance vis-à-vis de l'Empire romain germanique. L'adaptation d'un même dispositif eût été une façon d'accentuer ces tendances[14]. Mais les similitudes sont rares – le matériau employé étant peut-être la plus importante – tandis que les différences sont légion. Non seulement le tombeau de Cracovie fut conçu dès l'origine pour se dresser dans un angle de la chapelle, et non dans un espace libre comme le tombeau de Vienne ; mais, conformément à la tradition des tombeaux royaux polonais de la cathédrale de Cracovie, il était aussi pourvu d'un baldaquin. Toutefois, la différence capitale concerne sans doute le contenu même de l'œuvre.

L'élément héraldique et officiel y a certes sa place : les pleurants, figurés en relief sur les parois du sarcophage, représentent les différents groupes sociaux de la nation et arborent les armoiries des provinces polonaises qui pleuraient la mort du roi. Le monarque revêt le manteau solennel du couronnement, les insignes royaux à la main et la couronne sur la tête. Mais il est loin d'être l'image de la seule *dignitas* royale. Sous le tourbillon de plis de la chasuble – qui appartiennent au gothique tardif – le corps du roi semble s'animer : son visage aux yeux grand ouverts arbore une expression tout à la fois douloureuse et dynamique, très différente de la sérénité des rois et des chevaliers français qui se prêtent au rituel de l'*adoratio perpetua* ou de l'empereur Habsbourg, raide et solennel. S'agit-il de l'instant de la mort physique et de la douloureuse agonie, du *transitus*, du passage d'une réalité à une autre ? Ou le propos est-il d'opposer le destin humain du roi à la splendeur de sa charge telle que la symbolisent ses emblèmes ? La décoration des chapiteaux du baldaquin comprend des images qui rappellent que la rédemption accomplie par le Christ a ouvert aux justes la voie du ciel. Le fermoir de l'habit sur la poitrine du roi personnifie l'*alma mater* : une femme qui donne naissance à un enfant[15]. Serait-ce cette foi en la renaissance à une vie nouvelle, l'image du ciel qui apparaît au-dessus du roi moribond sous la forme d'un baldaquin symbolique, qui donne tant de vie au personnage ?

Des tombeaux du même type furent aussi érigés pour les couples royaux ou aristocratiques : à la cathédrale de Bamberg, Tilman Riemenschneider travailla de 1499 à 1513 au double tombeau de l'empereur Henri VII et de l'impératrice Cunégonde. À la chartreuse de Miraflores, près de Burgos en Espagne, Gil de Siloe érigea un extraordinaire monument pour le roi Jean II de Castille et la reine Isabelle du Portugal. Leur fille, Isabelle la Catholique, commanda le tombeau à l'artiste, qui dessina l'ensemble en 1486 ; l'exécution de ce monument insolite dura de 1489 à 1493, sa forme étoilée résultant de la combinaison de deux rectangles disposés suivant un angle de 45° l'un par rapport à l'autre. L'étoile à huit

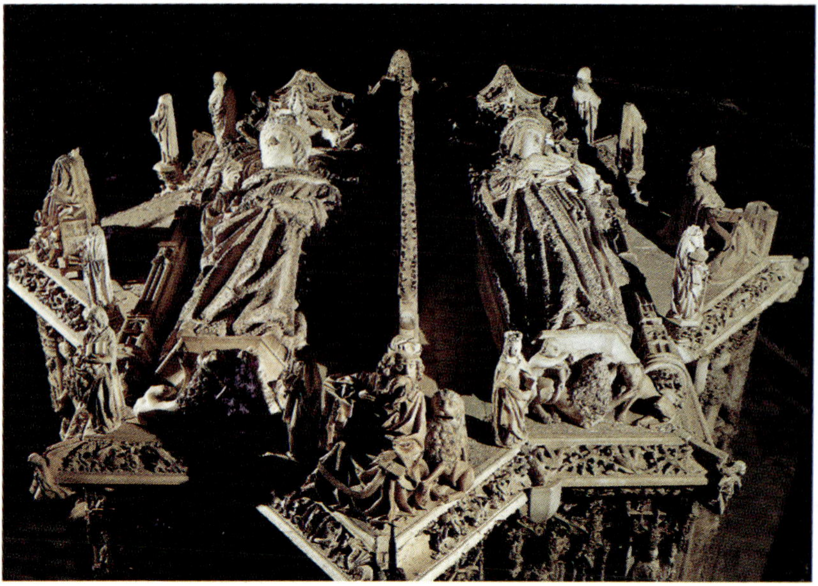

Gil de Siloe, 1486-1493. *Tombeau de Jean II de Castille et d'Isabelle du Portugal.* Chartreuse de Miraflores, près de Burgos.

Girolamo da Fiesole et Michel Colombe, après 1499. *Tombeau de François II de Bretagne.* Cathédrale de Nantes.

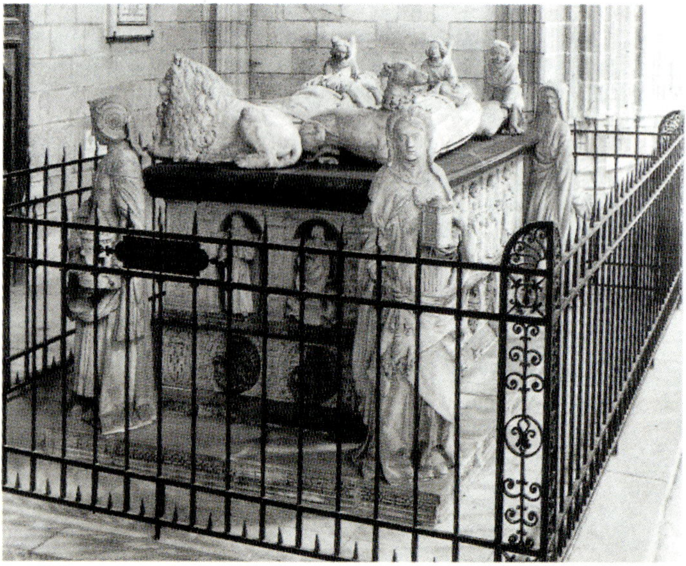

pointes se retrouve dans l'ornementation musulmane, dont Gil de Siloé a fort bien pu s'inspirer.

La composition du tombeau trahit une retenue, un détachement, typiquement hispaniques. Le roi défunt et sa reine reposent tout près l'un de l'autre mais sont séparés par un élément décoratif légèrement saillant. Sculptée dans l'albâtre, avec un visage où aucune émotion ne vient troubler le calme de l'éternité, Isabelle du Portugal est toute concentrée sur le livre de prières qu'elle a entre les mains. Elle est parée de riches ornements : la couronne, la robe, le manteau, l'oreiller – tout est saturé d'ornements, couvert de motifs et, d'une certaine manière, dématérialisé.

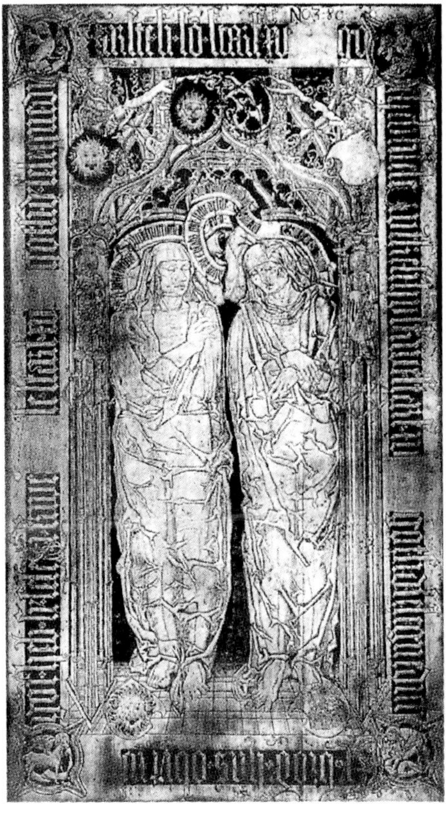

Bernt Notke, autour de 1508. *Dalle funéraire à la mémoire de Harmen Hutterock et de sa femme, Metke Bonhoff*, laiton gravé. Lübeck, Église Notre-Dame.

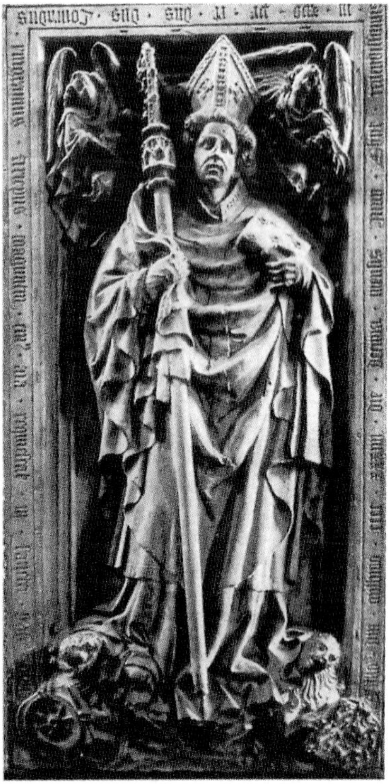

Pierre tombale de l'archevêque Conrad von Daun, mort en 1434. Cathédrale de Mayence.

Ce type de composition funéraire persista dans le Nord après même que les artistes italiens que l'on avait fait venir en France eurent introduit une ornementation classicisante et une conception idéalisante de la figure humaine. Commencé en 1499 à la cathédrale de Nantes, le monument à François II de Bretagne, œuvre de l'Italien Girolamo da Fiesole et du Français Michel Colombe, présente une telle combinaison : gisants, animaux symboliques et anges, propres à la tradition nordique, vont de pair avec un tombeau classicisant et la personnification des vertus propre à la fin du XVe siècle.

Partout où l'influence italienne ne se fit pas sentir, les formes traditionnelles persistèrent jusqu'à la fin du XVIe siècle. Vers 1508, dans l'église Notre-Dame de Lübeck, le sculpteur Bernt Notke exécuta un monument funéraire pour Harmen Hutterock et son épouse, Metke Bonhoff. Il s'agit d'une dalle de laiton gravé : forme très populaire dans le Nord, en particulier dans les Flandres et en Angleterre. Au contraire des chevaliers et de leurs compagnes assez raides sur les dalles anglaises (celle de John de Creke et de sa femme Alyne, à Westley-Waterless, dans le Cambridgeshire, vers 1325), Notke a représenté le bourgmestre de Lübeck et son épouse sous la forme de cadavres totalement emmaillotés. Si les rois et les chevaliers allongés sur leur tombe étaient souvent représentés en position debout, le choix est ici à l'opposé : Hutterock et son épouse sont représentés à l'abri d'un baldaquin flamboyant, fait d'une fenêtre trilobée et de branchages. À leurs pieds s'étend un dallage d'une perspective approximative et en raccourci, sur lequel ils ne sauraient manifestement se tenir debout ; leurs mains inertes reposent sur leur sein et leur linceul enveloppe leur corps tout entier, comme s'ils étaient allongés et non debout. Les êtres humains sont déjà totalement sous l'empire de la mort.

Les tombes de la fin du Moyen Âge adoptaient des formes diverses. Les plaques de cuivre ou de laiton – comme celles de Notke – pouvaient être disposées à l'horizontale ou à la verticale. Il y avait aussi des dalles en relief que l'on insérait dans le carrelage, à moins qu'elles ne fussent surélevées à l'horizontale à l'aide de quelque support : on a parlé à ce propos de « plates-tombes ». La position allongée des défunts n'est pas toujours en accord avec le dessin des plis de leurs habits et ils sont parfois représentés comme s'ils se tenaient debout, alors même que leur tête repose sur un coussin. Par la suite, nombre des dalles à l'origine conçues pour être disposées à l'horizontale furent redressées pour être insérées dans un mur. Mais on trouve aussi des dalles de pierre, conçues pour être debout : quelques sculptures sépulcrales importantes de la période qui nous intéresse appartiennent à ce groupe.

L'inscription qui court autour de la tombe de l'archevêque Conrad von Daun († 1434), dans la cathédrale de Mayence, est placée de telle façon qu'on ne pouvait la lire qu'en tournant autour d'elle, si la tombe se trouvait en position horizontale ; dans sa position actuelle, elle n'est guère lisible (car la partie horizontale supérieure de l'inscription est vue à l'envers)[16]. Ce qui prouve que l'œuvre a été conçue pour être à l'horizontale et que l'archevêque était couché. Néanmoins, ses solennels habits liturgiques tombent en pesantes cascades, tout à fait dans l'esprit du style gothique international, et se condensent à la base, où les deux lions héraldiques servent de piédestal à l'archevêque. Les deux anges, qui portent des encensoirs à droite et à gauche de sa tête, prouvent que nous sommes en présence d'une vision de la béatitude future de l'archevêque qui ne dément cependant en rien sa dignité terrestre, ecclésiastique et séculière (il était *Rheingraf*). De la masse imposante de l'habit liturgique émerge la tête belle et délicate de l'homme, qui lève les yeux au ciel avec une expression inspirée.

Si, dans la conception des tombeaux à deux niveaux, la personnalité du défunt était scindée – le transi manifestant son humilité d'homme, mais aussi représenté dans toute la dignité des fonctions qu'il avait assumées de son vivant –, le désir du salut de l'âme et le besoin de manifester la gloire terrestre s'interpénètrent dans ces autres tombeaux (ceux de Conrad von Daun et du roi Casimir IV).

Œuvre d'un maître de l'extrême fin de la sculpture gothique, Tilman Riemenschneider, et exécutée entre 1496 et 1499, la tombe de l'évêque Rudolf de Scherenberg († 1495), dans la cathédrale de Wurtzbourg, porte à sa perfection le type du tombeau à figure debout. Le prince-évêque défunt est entouré d'ornements architecturaux, d'anges, de lions et d'armoiries ; au-dessus de sa tête semble planer un baldaquin compliqué formé de nervures entrecroisées. La figure est moins plastique que celle de Conrad von Daun ; le manteau est brisé en plis distribués de manière capricieuse, anguleuse et dure. Il tient une magnifique crosse de la main gauche et une grande épée dans la main droite. Ces formes, ces attributs et ces ornements ménagent un espace libre autour de l'élément central de la composition, la tête même de l'évêque, chef-d'œuvre qui témoigne du plus grand talent dans la représentation de l'âge. Le visage épiscopal creusé de rides respire la force et la vivacité spirituelles. On y sent moins la jubilation mystique, cependant, que dans le regard inspiré de l'évêque de Mayence : nous sommes devant le monument d'un puissant dignitaire. La polychromie du visage – jadis bien plus marquée – possède un réalisme saisissant : les pupilles sont nettement tournées à gauche – touche inattendue qui donne un aspect éphémère à une image de permanence.

Une autre possibilité s'offrait aux artistes. Au lieu de représenter le défunt au repos, plus ou moins mort, les yeux ouverts ou clos, sur une dalle à l'horizontale ou à la verticale, ils préféraient parfois le représenter agenouillé, adressant ses prières à Dieu en un geste d'adoration perpétuelle. Au départ, ces images apparurent sous la forme de portraits de donateurs dans des compositions votives, dans divers tableaux et reliefs sur des thèmes religieux, comme les effigies de donateurs devant les figures de saints sur le tympan des églises qu'ils avaient fondées. Mais ce n'est pas seulement le fait que ces compositions fussent placées dans un contexte funéraire ni les inscriptions qui signalaient leur caractère d'épitaphe. Rappelons que des épitaphes de ce type sortirent de

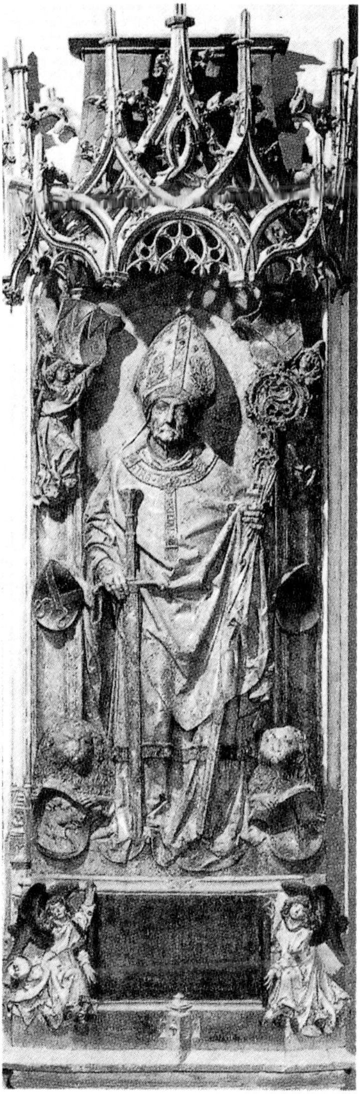

Tilman Riemenschneider, 1469-1499. *Tombe de l'évêque Rudolf de Scherenberg*, mort en 1495. Cathédrale de Würtzburg.

l'atelier de Tournai dans les premières années du siècle ou plus tard : ainsi peut-on citer l'exemple du grand sculpteur d'Ulm, Hans Multscher, et de son excellent modèle d'épitaphe du duc de Bavière Louis le Barbu en 1435 (Munich).

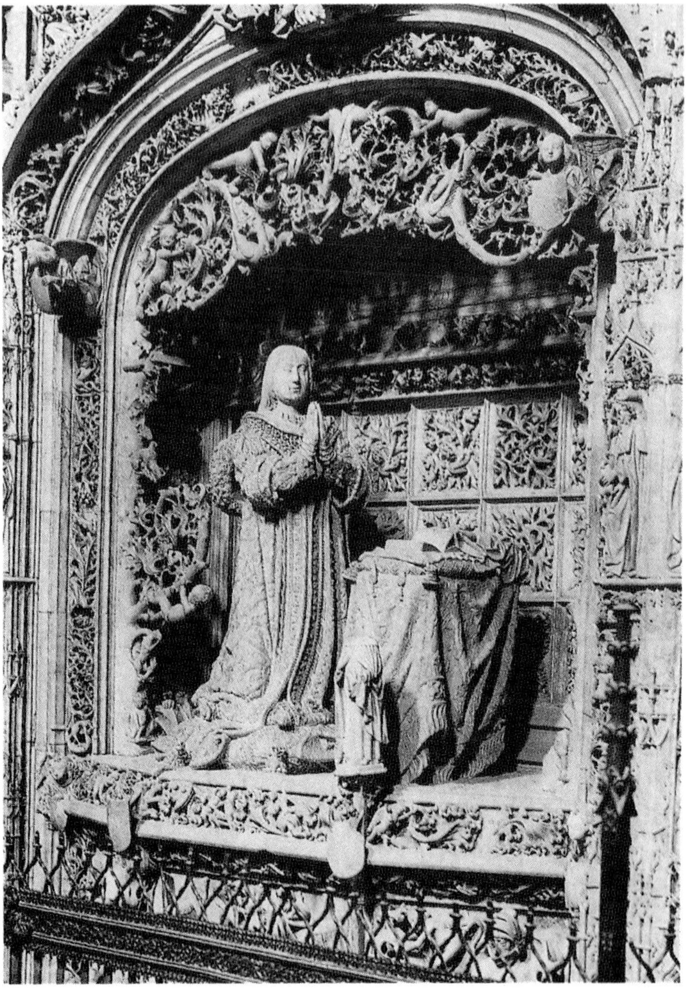

Gil de Siloe, 1489-1493. *Tombeau de l'Infant Alphonse*, Chartreuse de Miraflores, près de Burgos.

Enfin, de telles tombes étaient parfois réalisées en ronde bosse. On en trouve en Italie aussi bien qu'en Espagne : en 1467-1480, à l'abbaye de Guadalupe, la tombe d'Alonso de Velazco et de sa femme, œuvre d'Egas Cueman ; plus tard, le monument de l'Infant Alonso, réalisé par Gil de Siloe à la Chartreuse de Miraflores, près de Burgos, où se trouvaient également la tombe d'Isa-

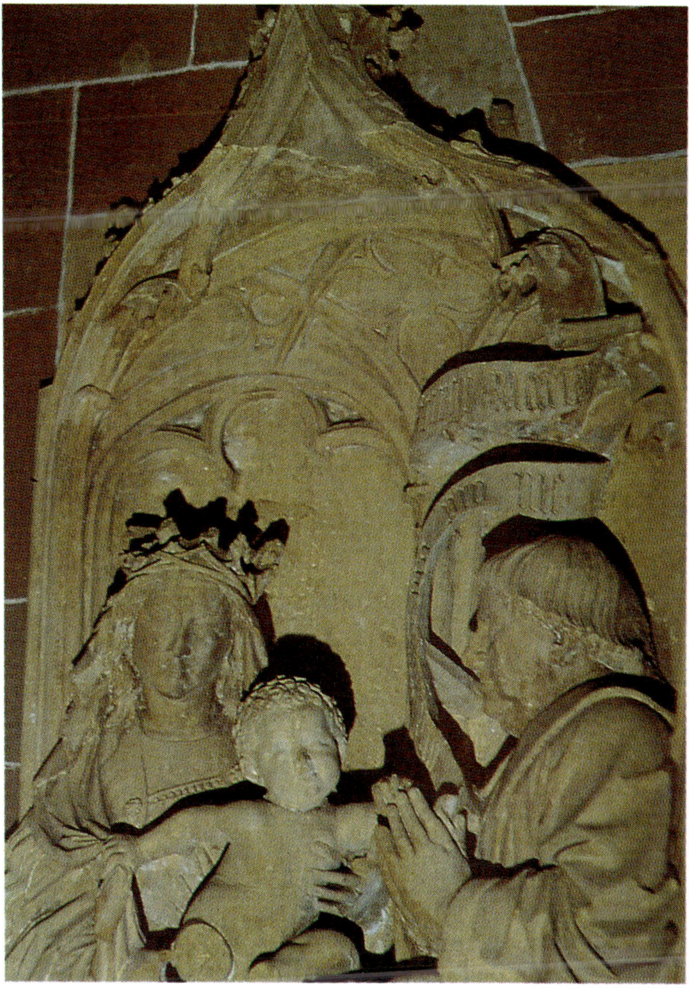

Nikolaus Gerhaert, 1464. *Tombeau du chanoine Conrad von Busnang*. Cathédrale de Strasbourg.

belle et celle de Jean II (1483-1493) ; sans oublier le monument de ce même sculpteur à Burgos pour Juan de Padilla (vers 1500-1505). Les défunts sont tous représentés en prière, les mains jointes, agenouillés sur une plate-forme architecturale sous une arche richement ornementée : ils appartiennent déjà à l'antichambre d'un autre monde, dont la beauté et la sacralité s'expri-

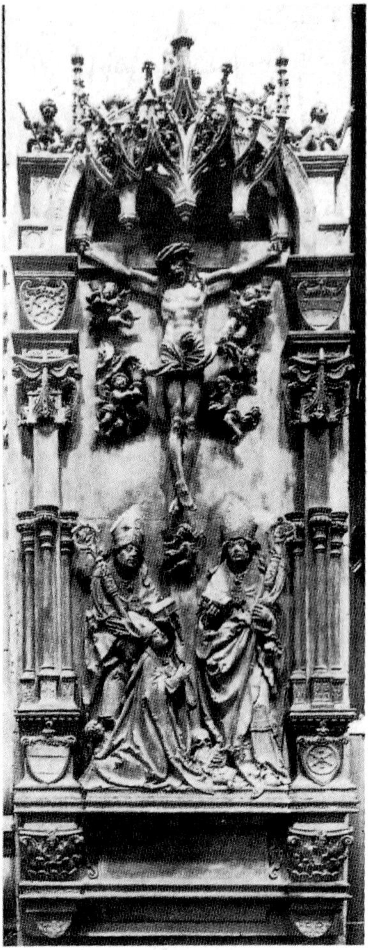

Hans Backofen. *Monument funéraire de l'archevêque Uriel von Gemmingen,* mort en 1514. Cathédrale de Mayence.

ment à travers la profusion d'ajours fleuris typiques du gothique tardif.

On trouve dans le Nord une version de défunt en adoration, probablement d'origine hollandaise : l'épitaphe du chanoine Conrad von Busnang, à la cathédrale de Strasbourg, réalisée en 1464 par le même Nikolaus Gerhaert de Leyde qui, par la suite, conçut et exécuta en partie le tombeau de Frédéric III à Vienne. L'épitaphe de Busnang se situe dans un lieu assez malcommode pour être vue dans de bonnes conditions : scellée en haut d'un mur de la chapelle Saint-Jean, elle est mal éclairée. Il ne s'agit pas moins d'un chef-d'œuvre tant la représentation est naturaliste et la composition vivante. À gauche la Vierge à l'Enfant, à droite le chanoine sont représentés en buste derrière un parapet, dans une niche fermée par une voûte gothique. L'Enfant se conduit de manière émouvante et humaine : d'une main, il soulève le voile de la Vierge ; de l'autre, il essaie, dirait-on, de séparer les mains jointes du chanoine. Le visage plein, rond et jovial de Busnang se caractérise par une pénétration typiquement hollandaise. À la différence du défunt espagnol, le chanoine est admis aussitôt en la présente de la divinité. De même que le chancelier Rolin ou le chanoine Van der Paele des tableaux de Van Eyck, il partage l'espace sacré avec la Vierge. Du moins espère-t-il le faire dans l'éternité, si sa prière, inscrite sur le rouleau, est entendue : « *Ora prece pia pro nobis, Virgo Maria* ».

Le tombeau le plus monumental de ce type est celui que réalisa le sculpteur allemand Hans Backofen pour l'archevêque Uriel von Gemmingen († 1514) dans la cathédrale de Mayence. L'archevêque – figure relativement petite – est agenouillé au pied de la *Crucifixion* et à ceux de deux saints diocésains, Martin et Boniface, qui apparaissent comme les piliers du groupe. Le sculpteur a introduit de manière fort ingénieuse dans sa composition le symbole mortuaire du crâne : le crâne d'Adam, traditionnellement placé au pied de la Croix, est associé au livre, à la crosse, aux gants liturgiques de l'archevêque et à ses bagues dans un ensemble saisissant dans lequel Panofsky a reconnu une « vanité »[17], qui apparaît au cœur même du groupe entre les deux saints patrons, tout près de l'archevêque agenouillé. De cette façon – qui n'est pas rare dans les compositions sépulcrales – est établi entre Adam et le défunt un lien qui souligne l'espoir de salut à travers la Passion du Christ.

4. Livres de prières et livres d'orgueil

À la fin du XVe siècle, l'uniformité assez monotone de l'art funéraire s'enrichit non seulement de l'introduction de figures agenouillées en adoration, mais aussi de l'élargissement de la gamme d'activités des défunts représentés. Ce qui ouvrit la voie à certaines variations, notamment à la transition de la figure étendue à la figure couchée, le buste relevé, s'appuyant sur ses coudes – une image qui devait connaître un grand succès à la Renaissance.

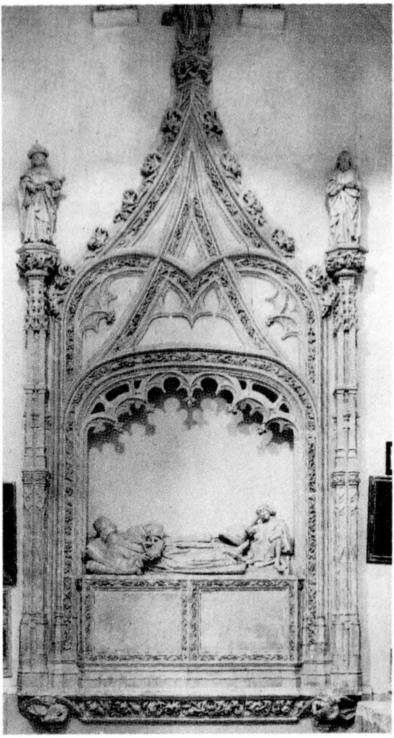

Tombeau de Don Iñigo Lopez de Mendoza, mort en 1479. Guadalajara, église Saint-Ginès.

Il semble que ce type soit apparu en Espagne, où l'on trouve en tout cas les premiers exemples : Don Roberto de San Esteban à San Martín (Salamanque), Don Iñigo Lopez de Mendoza († 1479) à San Ginés (Guadalajara), et Don Martín Vasquez de Arce († 1486) à Sigüenza. Chacun d'eux représente un pas en avant dans le passage du gisant au sens strict à la figure « accoudée » du demi-gisant. Confortablement installée à la manière d'un vivant, cette figure pouvait aussi, de manière très réaliste, se plonger dans la lecture d'un livre. Depuis quelque temps déjà, en effet, on avait pris l'habitude de mettre des livres ouverts entre les mains des défunts : à Fontevrault, la reine d'Angleterre Aliénor d'Aquitaine (morte en 1204) tient entre ses mains un livre de prières ouvert. Mais elle a les yeux clos et le livre a donc une fonction purement symbolique – le signe qu'elle prie – comme dans les multiples tombes où des dignitaires ecclésiastiques tiennent dans leurs mains un livre fermé (par exemple, l'effigie de Conrad von Daun, à Mayence).

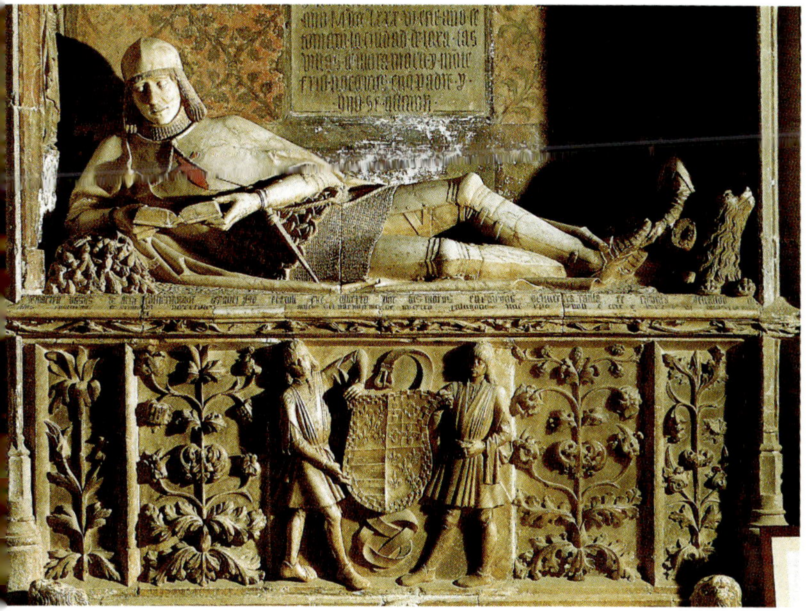

Tombeau de Don Martín Vasquez de Arce, mort en 1486. Cathédrale de Sigüenza, chapelle Sainte-Catherine.

Parmi les exemples espagnols, celui de Salamanque montre le défunt légèrement tourné vers l'extérieur et la tête, à peine surélevée, appuyée sur la main. Dans le tombeau de Mendoza, le personnage redresse le buste et tient un livre ouvert entre les mains, mais le défunt médite plutôt qu'il ne lit. Le tombeau le plus parfait de tous – celui de Don Martín Vasquez de Arce à la cathédrale de Sigüenza – donne une représentation convaincante de l'action : les jambes confortablement croisées, il est plongé dans sa lecture : « Rarement la tranquillité de la lecture a été représentée de manière si touchante. Dans le repos éternel, le jeune homme paraît totalement oublieux de ce qui l'entoure. Que lit-il ? » demande Henriette 's Jacob[18]. « Un traité sur le salut de son âme ou quelque auteur humaniste ? » Il n'y avait pas l'ombre d'un doute pour Panofsky, qui parle d'« esprit de sombre piété » et du rôle que jouaient les « livres religieux »[19]. Mais, pour lui, la composition des chevaliers lisant « dérivait de la représentation des poètes mélancoliques ou des philosophes allongés dans leur lit », que les bois gravés français avaient rendue populaire à l'époque. Dans ces monuments espagnols, l'humeur mélancolique est fortement soulignée par la présence d'écuyers en deuil, qui jouent ici le rôle des pleurants, blottis aux pieds du défunt.

La magistrale sculpture d'albâtre de la chapelle Sainte-Catherine, dans la cathédrale de Sigüenza, œuvre d'un artiste anonyme fortement influencé par les Flamands, représente Don Martín Vasquez de Arce, un chevalier de Saint-Jacques mort à vingt-cinq ans en se portant aux secours des citoyens de Jaén qui combattaient à Grenade[20]. Dans la lunette au-dessus de son effigie, un Christ qui attend la mort est peint sur le mur. Rien ne permet de penser que Vasquez dût être à jamais plongé dans la lecture de textes séculiers plutôt que dans des livres de prières.

On trouve pourtant dans l'art funéraire du XVe siècle d'autres livres : des œuvres humaines, et non plus divines. Avec la propagation des idées humanistes en Italie mais aussi en Europe septentrionale, « les livres apparurent de plus en plus comme des symboles de la vie culturelle »[21]. L'attitude n'est plus prospective, mais rétrospective et il s'agit alors de commémorer le défunt en rappelant – entre autres choses – l'œuvre intellectuelle qu'il a accomplie. Dès 1408, à Saint-Sauveur, dans le quartier londonien de Southwark, « John Gower fut représenté la tête appuyée sur les trois volumes qui avaient fait sa réputation : *Speculum meditantis*, *Vox clamantis*, et *Confessio amantis* »[22]. Mais cette expression d'orgueil se trouve contrebalancée, il faut le préciser, par les figures – la Charité, la Grâce, et la Piété – des vertus peintes dans la niche du tombeau et les inscriptions qu'elles présentent sur des rouleaux :

> En toy qui est fitz de dieu le pere
> Sauvez soit que gist souz cest piere (Charité)
> O bon Jesu fait ta mercie
> A lalme dont le corps gist icy (Grâce).
> Pour la Pitie Jesu regarde
> Et met cest alme en sauve garde (Piété)[23].

En 1418 s'éteignit Magnus Schmiechen, docte juriste et curé de la paroisse de Straubing. La pierre tombale qui se trouve dans son église le représente jovial et allongé parmi un grand nombre de livres, dont un ouvert sur sa poitrine. Il a les yeux clos et donne l'impression d'avoir interrompu sa lecture l'espace d'un instant. On trouve plusieurs tombes de ce genre en Italie et dans le Nord, par exemple celle de Johannes Mainberger († 1475), professeur de

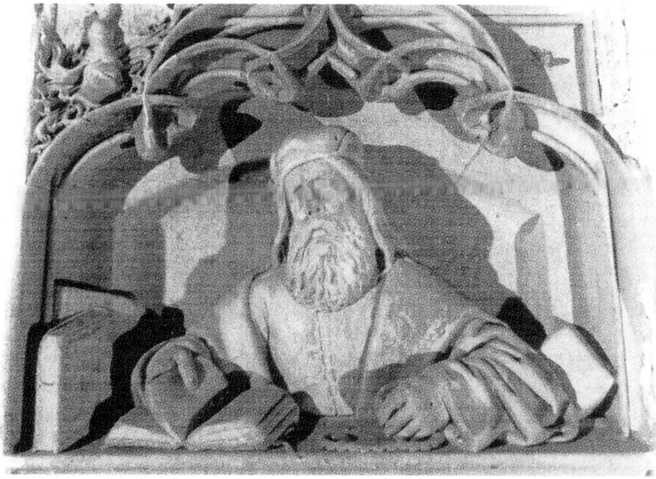

Monument funéraire du Dr Adolf Occo, mort en 1503. Augsbourg, cloître de la cathédrale.

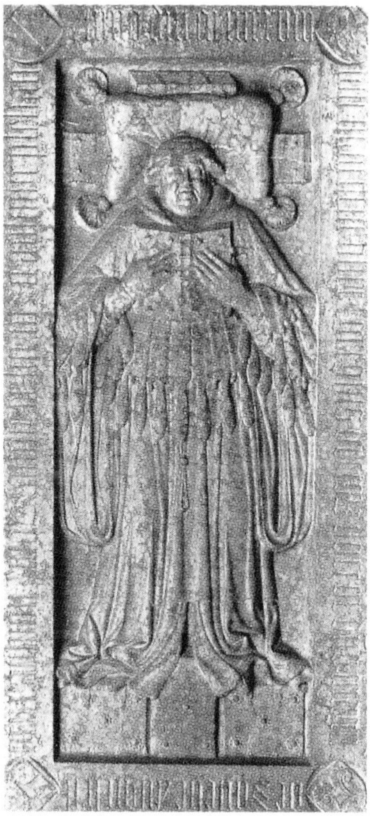

Pierre tombale de Magnus Schmiechen, mort en 1416. Straubing, église Saint-Jacques.

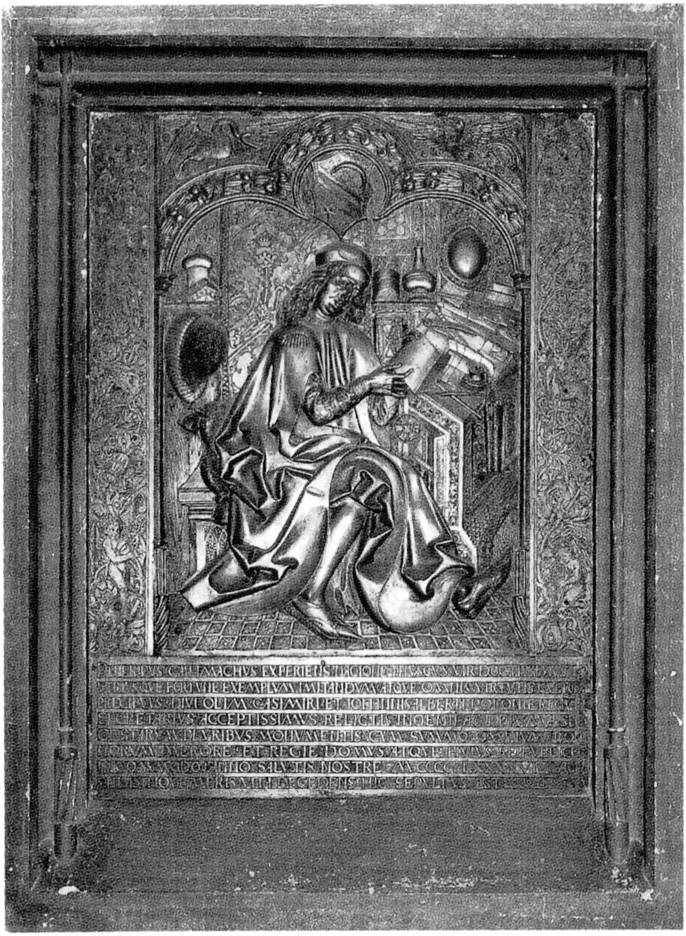

Veit Stoss, vers 1500. *Épitaphe de Filippo Buonaccorsi*, dit *« Callimaque »*. Cracovie, église des Dominicains.

droit canon à l'université d'Ingolstadt, dont il était recteur, ou celle de Georg Zingel († 1508), professeur de théologie, qui fut probablement réalisée sur le modèle de la première : toutes deux se trouvent à Notre-Dame d'Ingolstadt. Une tradition voulait que l'on mît les livres du défunt dans sa tombe[24] et cette coutume semble avoir été à l'origine de l'idée assez étrange des tombes que nous venons de citer. En tout cas, les livres n'étaient pas tant des symboles de piété – comme dans les tombes des chevaliers espagnols

– que des symboles d'étude et de culture qui étaient là pour rappeler la profession intellectuelle du défunt. En 1503, un docteur d'Augsbourg, Adolf Occo, fut représenté dans le cloître de la cathédrale de sa ville, le buste à l'abri d'une fenêtre trilobée typique du gothique tardif : il feuillette ses livres tout en tenant un rosaire à la main.

Un bon exemple d'épitaphe, qui appartient au premier humanisme par son contenu et au gothique tardif par sa forme, nous est offert par la dalle de bronze de Filippo Buonaccorsi, dit « Callimaque », humaniste italien qui fréquenta la cour royale de Cracovie. L'épitaphe, qui est toujours restée dans l'église des frères dominicains de Cracovie – où Callimaque fut enseveli, bien qu'il ne fût pas originaire de cette ville – fut exécutée par l'atelier de Vischer, à Nuremberg, d'après un dessin de Veit Stoss. Fort débattue, la date de l'exécution se situe probablement entre 1496 et 1500.

L'humaniste est dans son cabinet d'étude dans une composition qui rappelle beaucoup les représentations des évangélistes ou de saint Jérôme. Outre ses livres, il dispose de quoi écrire, de ciseaux, de boîtes et de récipients, de documents munis de sceaux, sans oublier son miroir convexe – lointain écho des miroirs peints des Pays-Bas. Plus proche du réalisme septentrional, le style de l'effigie ne porte aucune trace d'influences antiques. Des motifs italianisants apparaissent néanmoins sur le cadre décoratif (peut-être un peu plus tardif) et l'esprit général de l'ouvrage permet de voir dans l'épitaphe de Callimaque un exemple précoce de monuments où l'accent porte sur l'œuvre intellectuelle accomplie et la gloire terrestre que les livres valent au héros humaniste. Ces livres et l'orgueil de leur auteur commençaient alors à éclipser les livres de prières qui symbolisaient depuis des siècles la piété humaine et l'espérance d'une béatitude éternelle dans l'au-delà.

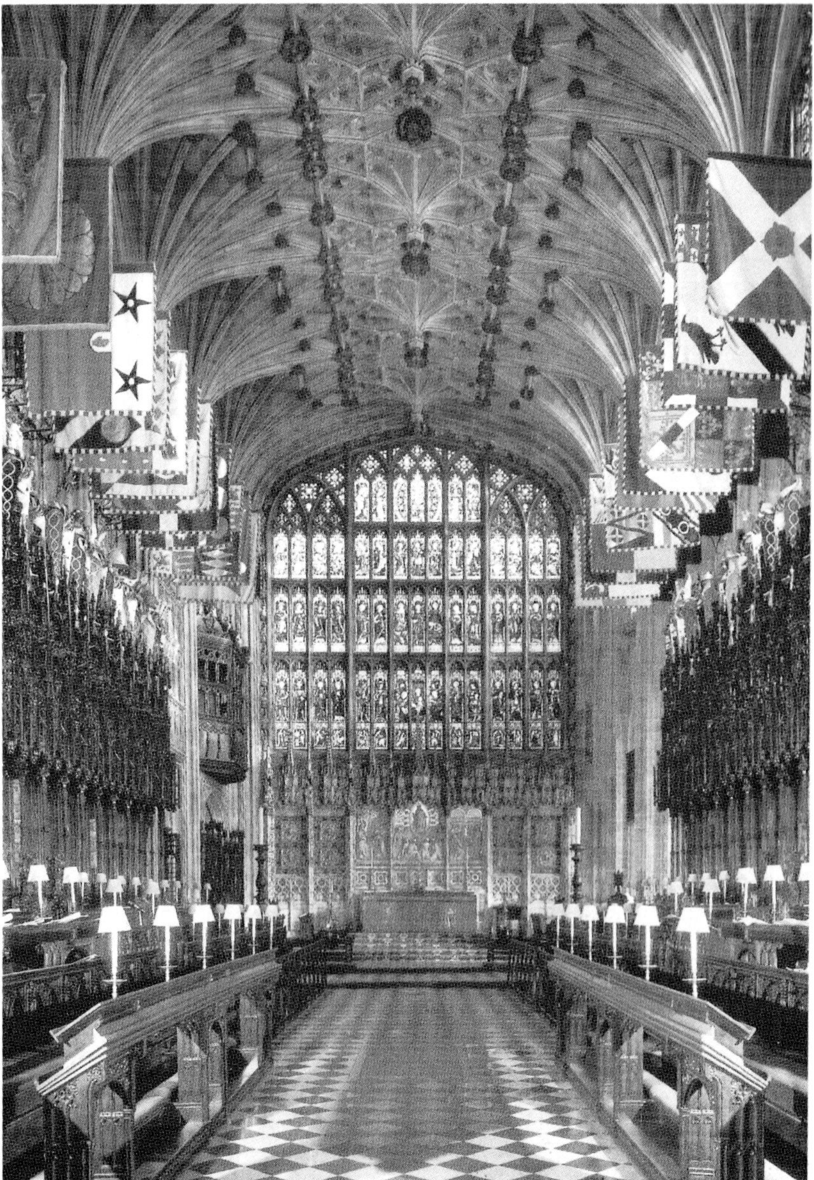

Le chœur, côté est, de la chapelle Saint-Georges du château de Windsor.

Chapitre VII

CITÉ, CHÂTEAU, ÉGLISE

1. L'ordre citadin

Publié à Nuremberg en 1493, le *Liber Chronicarum* de Hartmann Schedel comprend une centaine de gravures sur bois qui représentent des villes contemporaines telles que Lübeck ou Nuremberg. Il s'agit en fait d'une chronique visuelle des cités européennes à la fin du Moyen Âge. Parmi ces xylographies, nous le savons, d'aucunes furent reprises sous des noms divers, ce qui laisse sceptique quant à leur fiabilité. Mais les cas de cette nature demeurent peu nombreux. En règle générale, ces gravures donnent une image fidèle de la physionomie réelle des villes. Nous voyons la cité entourée de remparts, parfois dominée par le château du seigneur et toujours hérissée de clochers qui constituent un élément capital de leur ligne d'horizon.

À l'aube du XVe siècle, la plupart des villes européennes existaient déjà. Leur ordre matériel, social et politique était déjà bien établi. D'aucunes plongeaient leurs racines dans la période romaine, d'autres s'étaient développées dans le Haut ou le Bas Moyen Âge. Le XVe siècle vit prospérer de nombreuses villes, qui n'étaient pas seulement des centres commerciaux ou bancaires mais aussi des centres de production. Les artisans y avaient leurs ateliers tandis que se développaient les manufactures pré-industrielles, dans les textiles notamment. La Hanse, la puissante union commerciale des villes d'Europe du Nord, associait des marchands d'Allemagne centrale et septentrionale, mais aussi de Scandinavie, des Pays-Bas, d'Angleterre et de Pologne.

Ces cités ne cessaient de se développer à l'abri de leurs murailles qu'il fallait régulièrement repousser. Autour des tours et des portes (la Puerta de Serranos, à Valence, 1392-1398 ; Holstentor à Lübeck, 1466-1478) s'articulaient les remparts. Des mar-

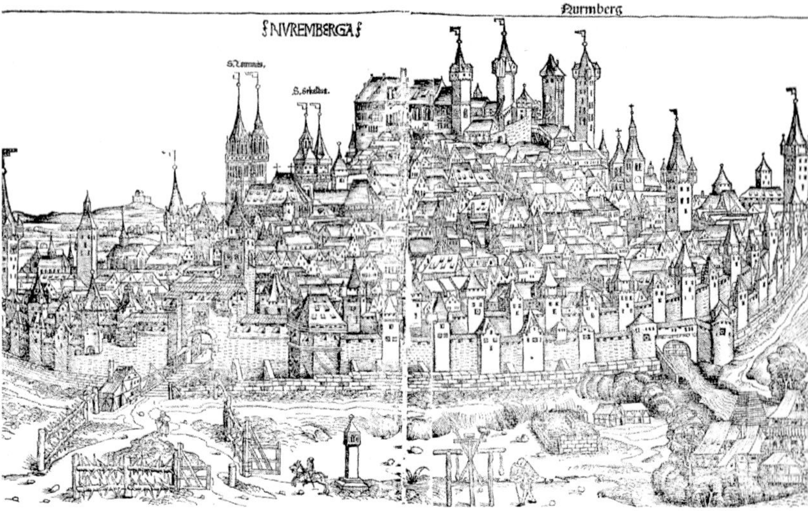

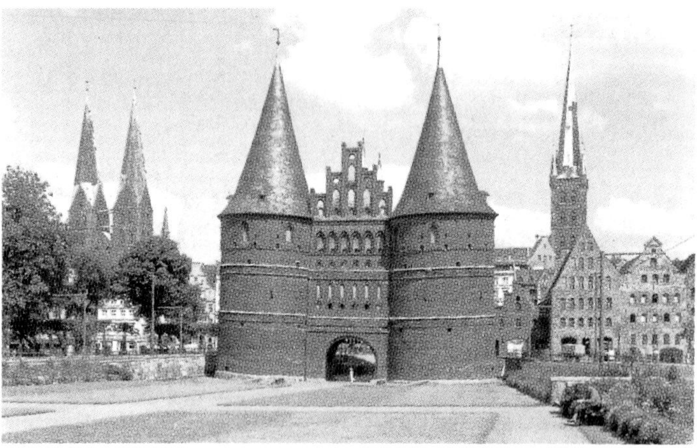

chés rythmaient l'espace et l'aménagement fonctionnel de la cité ; le marché servait « tout à la fois d'agora, d'acropole, de théâtre et de stade »[1].

L'organisation de la ville ménageait un espace privé et un espace public[2] : l'espace public comprenait des édifices qui servaient à certains groupes de citoyens, sinon à tous. L'hôtel de ville était le principal d'entre eux, situé soit sur la place du marché, soit dans son voisinage. La bascule publique se trouvait à proximité et divers bâtiments commerciaux s'agglutinaient tout autour :

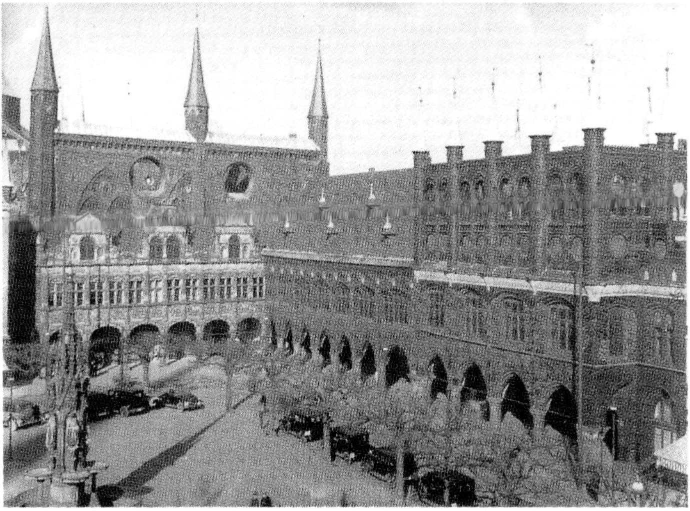

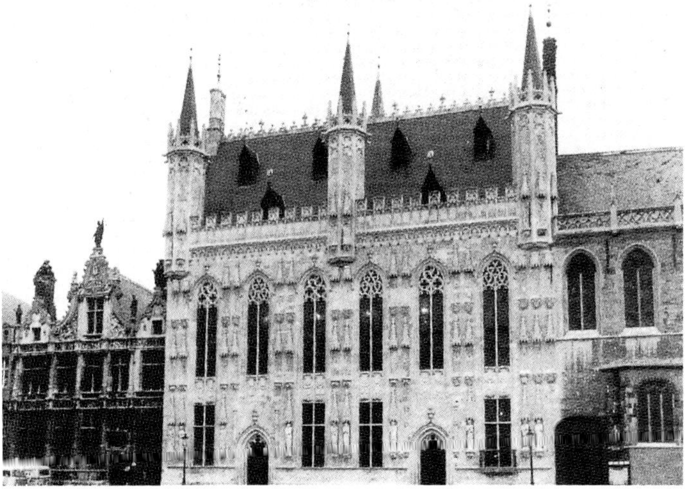

L'hôtel de ville de Lübeck (1435-1444 et 1570).
Façade de l'hôtel de ville de Bruges (1376-1387).

Page de gauche : Vue de Nuremberg ; xylographie de Hartmann Schedel dans le *Liber Chronicarum*, Nuremberg, 1493.
En bas : le Holstentor à Lübeck (1466-1478).

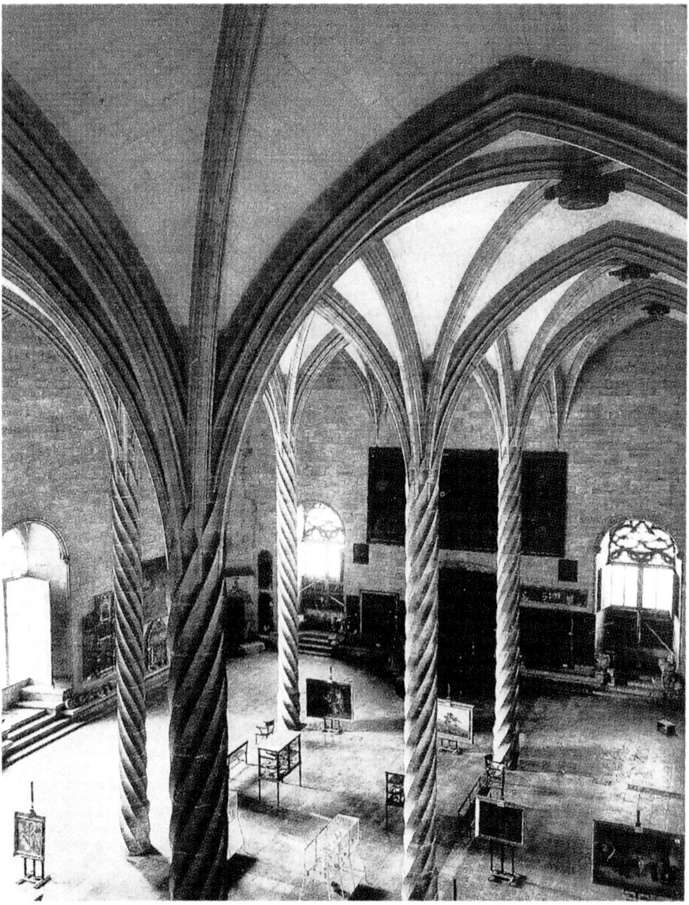

Guillermo Sagrera, 1426 et années suivantes. Vue intérieure de la Lonja (autrefois Bourse aux denrées) à Palma de Majorque.

par exemple, les bâtiments de la corporation des drapiers et les entrepôts spécialisés.

Tout au long du XVe siècle furent édifiés d'importants hôtels de ville, de Tangermünde (façade de 1430, œuvre de H. Brunsberg) à Barcelone (Palacio de la Generalidad, premier quart du XVe siècle ; Casa de la Ciudad, 1400-1402) tandis que des édifices plus anciens étaient agrémentés de nouveaux bâtiments représentatifs et parfois splendides : à Lübeck, par exemple, qui fut longtemps le centre de la Hanse. Divers édifices furent érigés à des fins spécifiques : le Gürzenich, à Cologne, pour les assemblées,

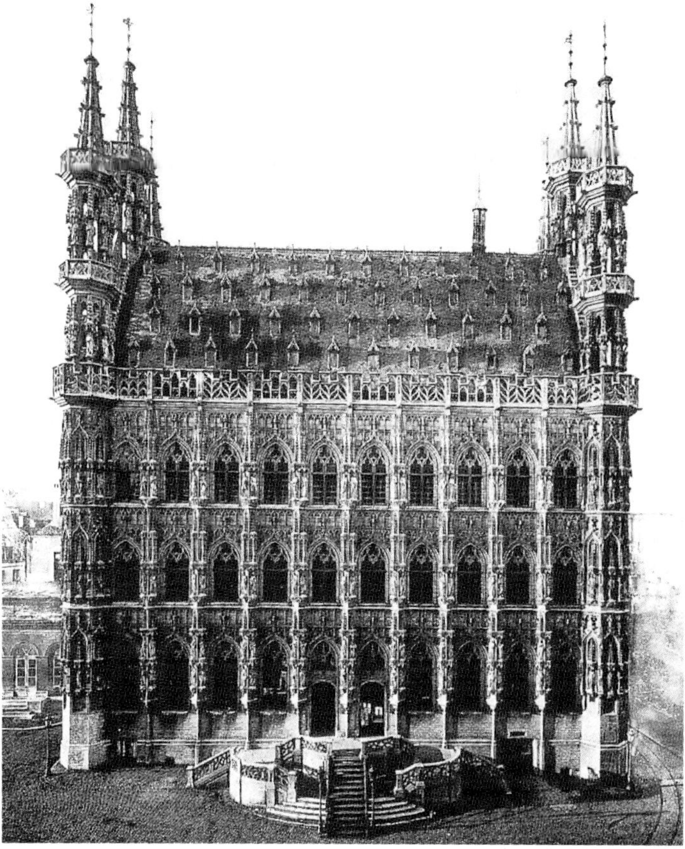

Mathijs de Layens (1448-1463). Extérieur de l'hôtel de ville de Louvain.

ou en Espagne, la *lonja*, la chambre de commerce avec deux nefs ou plus, haute et spacieuse, construite à Barcelone dès le XIVe siècle ; d'autres furent édifiées plus tard à Valence et à Palma de Majorque (cette dernière étant l'œuvre de Guillermo Sagrera, à partir de 1426).

L'extérieur de l'hôtel de ville devait mettre en évidence la richesse et la puissance de la cité. Celui de Tangermünde, réalisé par Heinrich Brunsberg, a une façade étroite avec trois fenêtres et une belle et sobre décoration de briques tandis que les hôtels de ville des Pays-Bas arboraient à l'extérieur de riches sculptures.

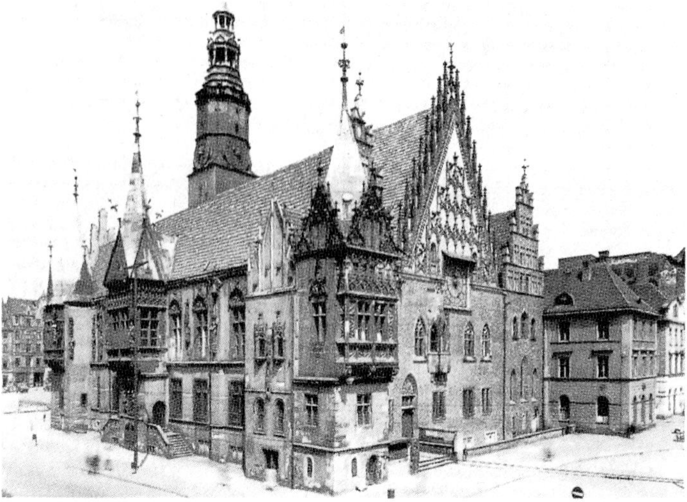

L'hôtel de ville de Wrocław, transformé dans les années 1471-1504 par Hans Berthold, Jost Tauchen, Briccius Gausske et Paul Preusse.

Le « mur de statues » inauguré sur la façade de l'hôtel de ville de Bruges à la fin du XIVe siècle (1376-1387) et ses six fenêtres séparées par les accents verticaux des niches qui abritent les statues trouvèrent à Bruxelles un développement monumental (œuvre de Jacob van Thienen, 1402) avec le magnifique beffroi de Jan van Ruysbroek (1449-1454) et sa réalisation la plus parfaite à Louvain. Entre 1448 et 1463, en effet, Mathijs de Layens y érigea une merveilleuse architecture décorée : la forme régulière de l'édifice est recouverte d'une grille d'ajours, de niches, de statues et de baldaquins qui évoque une pièce d'orfèvrerie et donne l'impression d'un écrin très précieux de reliques et de joyaux. Loin de présenter le moindre caractère défensif, l'édifice est le plus bel ornement qui soit de la place conçue comme un espace public et, en tant que siège de l'autorité municipale, il symbolise la prospérité commune.

À l'Est, le plus important des hôtels de ville se trouve peut-être sur la place de Wrocław, en Silésie, qui depuis le XIVe siècle n'appartenait plus à la Pologne mais au royaume de Bohême. Au contraire de Bruges ou de Bruxelles, où l'hôtel de ville se trouve pris entre les autres maisons sur un côté de la place, à Wrocław il s'élève au beau milieu de la place, jouxtant un groupe de maisons qui forment un îlot en son centre.

Les bâtiments plus anciens des XIIIe et XIVe siècles furent entièrement transformés et agrandis entre 1471 et 1504 par divers architectes locaux, tels Hans Bertold et Jost Tauchen, ou non comme Bricius Gausske de Görlitz et Paul Preusse du cercle d'Arnold de Westphalie à Meissen. À la différence des hôtels de ville ordinaires des Pays-Bas, l'hôtel de ville de Silésie présente une irrégularité charmante et fantaisiste, où l'extérieur est à l'image de l'aménagement intérieur. Les encorbellements pittoresques, les frontons, les frises sculptées, les portails et les ajours ne suivent jamais un ordre symétrique tandis qu'à l'intérieur la grande diversité des voûtes concourt à l'effet général.

Il ne reste rien de la décoration peinte de l'hôtel de ville de Wrocław détruit au XIXe siècle. En revanche, nous connaissons mieux les programmes de décoration artistique des autres hôtels de ville, qui assumaient diverses fonctions sociales, dont la plus importante était l'administration de la justice. À Wrocław, la salle où siégeait la cour était aussi la plus splendide et les images qui la décoraient étaient associées à ses fonctions. Dans nombre d'hôtels de ville, des représentations du Jugement dernier offraient un modèle aux juges et aux autres fonctionnaires honnêtes de la cité dans l'accomplissement des tâches que leur confiait la société. Ailleurs, comme à Bruxelles, d'autres exemples étaient introduits.

Les peintures murales, exécutées en 1439 (ainsi que le rapporte une inscription) pour l'hôtel de ville de Bruxelles, comptent parmi les œuvres les plus célèbres de Rogier Van der Weyden ; elles représentent la *Justice de Trajan* et la *Justice d'Archambault*, exemples légendaires de juges ayant fait preuve de droiture, destinés à inspirer ceux qui avaient pour charge de rendre la justice. Les peintures ont été détruites en 1695 lors du siège de Bruxelles par les Français, mais il en existe une reproduction tissée – peut-être très transformée – conservée parmi les tapisseries réalisées au début de la seconde moitié du XVe siècle, aujourd'hui au Musée historique de Berne. Il existe aussi au Louvre un dessin qui reproduit partiellement cette composition monumentale.

Les peintures sur bois de l'un des grands maîtres des Pays-Bas, Dirk Bouts, natif de Haarlem et actif à Louvain, trahissent une conception très différente. En 1468, au cours des travaux pour l'hôtel de ville de Louvain, la municipalité lui passa commande de quatre grandes peintures (324 cm de haut) avec des exemples de Justice et d'un petit *Jugement dernier* pour la salle du conseil municipal. Le *Jugement dernier* fut probablement terminé vers 1471 ; deux ans plus tard, Bouts avait également fini un grand panneau de la *Justice* ; un autre demeurait inachevé à sa mort, en

1475, et le programme resta donc incomplet. Il ne subsiste qu'un panneau du *Jugement dernier* (à Lille) ; les deux grandes peintures de bons juges, que la commune vendit au XIXe siècle, sont désormais au musée de Bruxelles et permettent de nous faire une idée du caractère monumental de l'ensemble perdu.

Les sujets des panneaux conservés sont tirés de légendes médiévales que Geoffroy de Viterbe a recueillies dans son *Panthéon* et dont l'artiste eut connaissance par l'intermédiaire du théologien de Louvain Jan van Haeght. C'est l'histoire d'un comte à la cour d'Othon III qui ne se laisse point séduire par l'impératrice, laquelle se venge en l'accusant de tentative de viol. Le comte est exécuté mais la comtesse subit l'épreuve du jugement de Dieu et établit l'innocence de son époux. Dans sa justice, l'empereur ordonne alors l'exécution de l'impératrice. C'est ce dramatique épisode, qui a valeur de *memento* pour les juges, que Dirk Bouts a raconté dans deux panneaux avec une puissante mise en scène et une remarquable pénétration psychologique.

Les protagonistes agissent et réagissent avec sérieux et retenue suivant un rythme grave que scandent des personnages minces et allongés. C'est l'habileté de la représentation qui donne à l'histoire sa force de conviction. L'espace représenté dans l'épreuve de l'innocence semble s'ouvrir derrière le cadre ajouré. À ces ajours curvilignes et dorés qui appartiennent à l'espace de l'observateur correspond à l'autre extrémité de la pièce une ouverture identique qui donne sur le paysage. Ces ajours appartiennent donc au cadre du tableau en même temps qu'à la réalité imaginaire du palais impérial tel qu'il est représenté.

À la fin du Moyen Âge, l'hôtel de ville était le siège de l'ordre judiciaire de la ville. L'étude du droit, pour établir les lois et les appliquer, était nécessaire aux fonctionnaires et constituait une discipline des plus importantes. Fondée en 1364, l'université de Cracovie comptait onze chaires, dont huit de droit. Les universités se multiplièrent en Europe du Nord au cours du XVe siècle, généralement à l'initiative des princes. Elles constituaient un élément architectural et social important de la ville : à Paris, la rive gauche était alors, comme aujourd'hui, celle des étudiants.

Malheureusement, il ne subsiste pas grand-chose en Europe continentale de ces anciennes universités. En Angleterre, en revanche, elles ont été bien conservées. Inspirées de l'architecture monastique, leurs célèbres cours carrées, comme celle du Magdalen College d'Oxford (à partir de 1474), suivent la tradition des cloîtres tandis que les vestibules des Colleges, comme celui de la Divinity School dans cette même université (1480-1483), s'inspi-

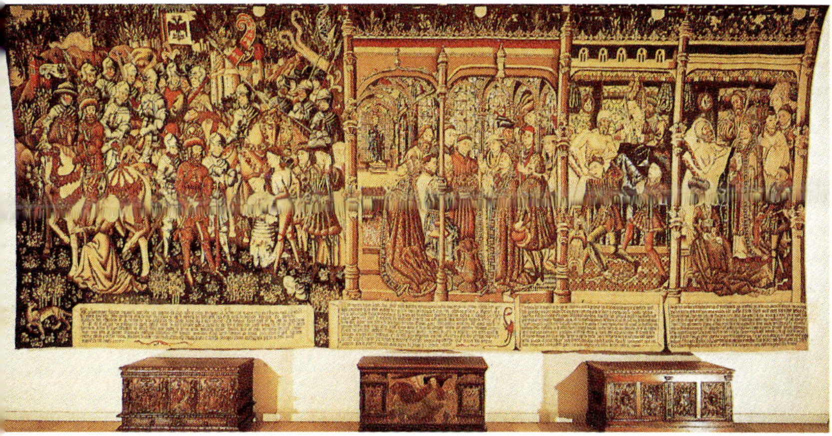

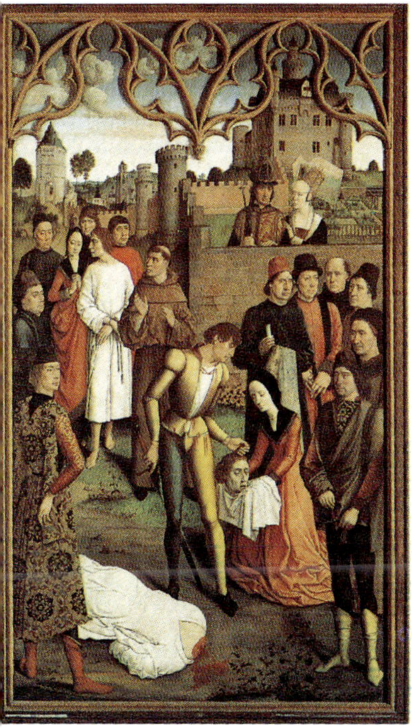

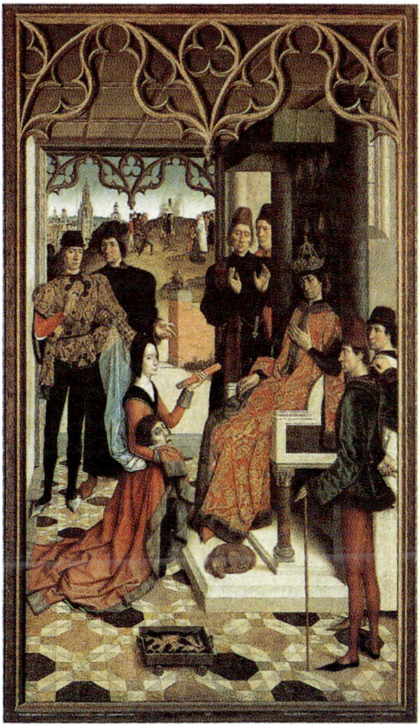

D'après Rogier Van der Weyden. *La Justice de Trajan* et *La Justice d'Archambault*; tapisserie tissée au début de la seconde moitié du xve siècle d'après des fresques réalisées en 1439. Berne, Historisches Museum.

Dirk Bouts et atelier, 1468-1475. *La Justice d'Othon III*; peinture sur bois de l'hôtel de ville de Louvain. Bruxelles, Musées Royaux des Beaux-Arts.

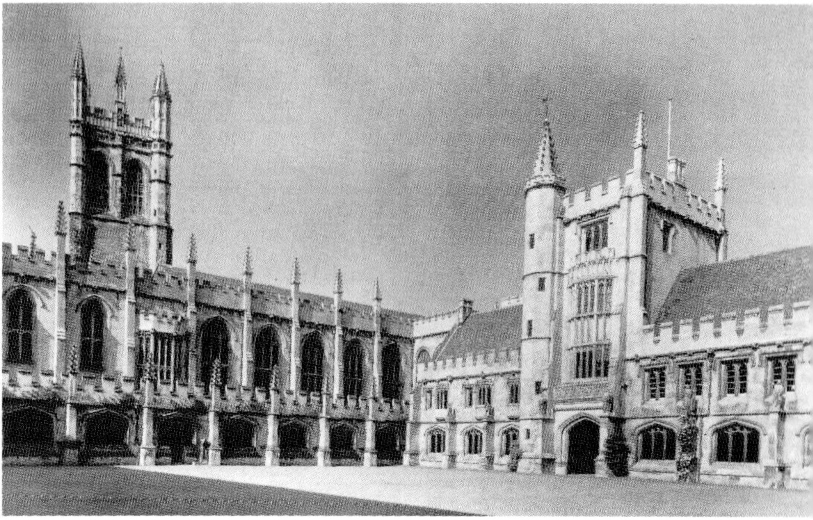

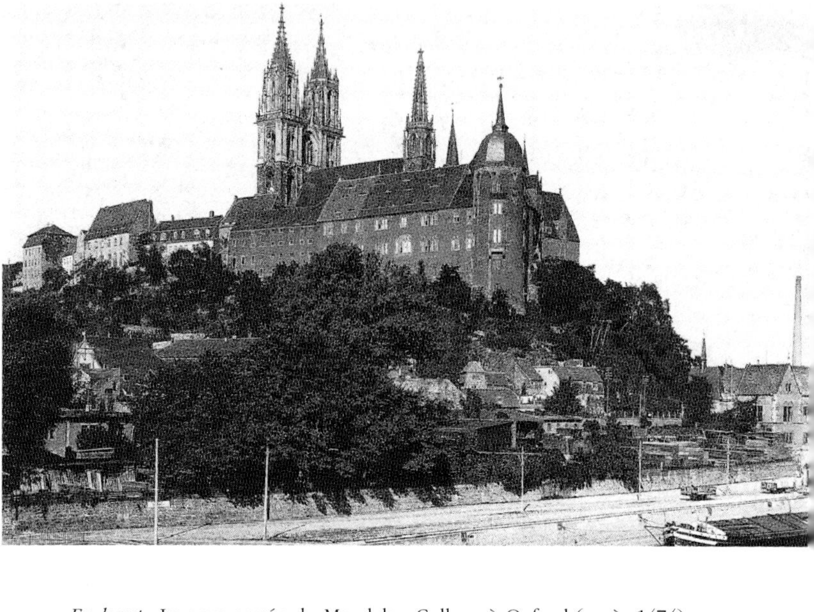

En haut : La cour carrée du Magdalen College à Oxford (après 1474). Arnold de Westphalie, 1471-1481. Château d'Albrechtsburg à Meissen. *Page de droite :* Détail de l'intérieur.

rent des réfectoires ou des autres salles intérieures des monastères. À Oxford, le modèle fut donné par le New College (1379) avec son mur plein de statues.

À Salamanque, le bel édifice de l'université, construit au début du xve siècle, porte déjà, à l'extérieur, l'empreinte des formes italiennes de la Renaissance ; mais la bibliothèque et les peintures murales des voûtes, attribuées à Fernando Gallego et inspirées des xylographies illustrant l'édition vénitienne du *Poeticon astronomicon*[3] de Caius Julius Hyginus, ont été exécutées à la fin du xve siècle. En Europe centrale et orientale, le seul exemple de bâtiment universitaire bien conservé du xve siècle est le Collegium Maius de Cracovie. Commencé avant le milieu du siècle avec une cour en forme de cloître et pour l'essentiel achevé entre 1492 et 1497, puis agrandi dans la première moitié du siècle suivant, le Collegium a une certaine originalité : les murs extérieurs sont pourvus de pignons à degrés et les arcades qui donnent sur le cloître sont surmontées d'un promenoir et dotées d'encorbellements.

En Angleterre, cependant, le nombre de collèges et d'universités du xve siècle est considérable et c'est parmi ces édifices que l'on trouve l'œuvre architecturale la plus marquante et la plus sublime de l'époque : la chapelle du King's College, à Cambridge, fondée par Henri VI et construite entre 1446 et 1515 (la voûte est de John Wastel).

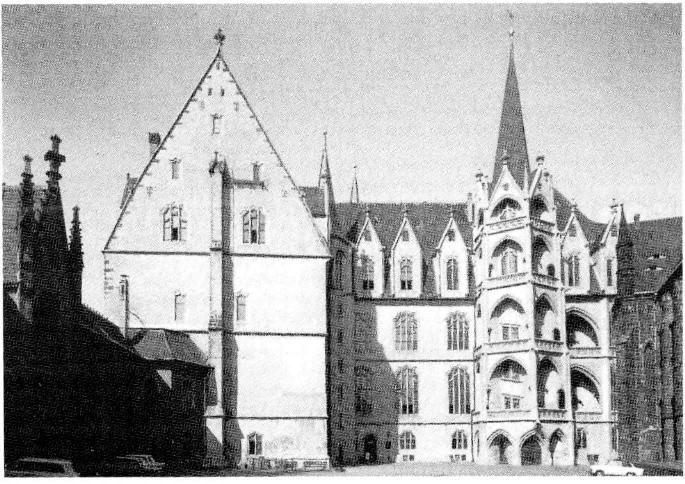

Naturellement l'architecture ecclésiastique avait sa place dans la ville médiévale, et pas seulement dans les chapelles des collèges. Au contraire même, celles-ci étaient assez rares. Pour ce qui est des édifices religieux, il existait en fait trois grands types d'église : les cathédrales, les églises paroissiales et celles des ordres monastiques. Les grandes cathédrales étaient le siège de l'évêque, mais elles n'en abritaient pas moins des chapelles, des autels et d'autres fondations de chevaliers, voire de bourgeois et de leurs organisations, de leurs guildes et de leurs corporations qui appartenaient organiquement au monde de la cité. Les églises paroissiales, en revanche, étaient le domaine exclusif des bourgeois : on y trouvait force chapelles familiales, mais aussi des épitaphes et des fondations d'associations bourgeoises, sociales et religieuses.

Sauf en Angleterre, les cathédrales se trouvaient au centre (mais hors de l'enceinte la plus ancienne), l'église paroissiale la plus importante se dressait au voisinage immédiat de la place principale du marché, souvent à l'un des angles. Les derniers venus, les ordres mendiants, restaient loin du centre, généralement hors les murs de la ville. D'aspect et de forme extérieure modestes, sans clocher ni décoration, ces églises des franciscains, des dominicains et des frères augustins contribuaient à structurer le visage des cités de la fin du Moyen Âge.

Les maisons particulières, celles de « l'espace privé », étaient habituellement de dimensions et de formes assez voisines ; au XVe siècle, l'uniformité des façades, étroites avec trois ou cinq fenêtres, était quasi générale. Pourtant, la ville était loin de présenter un visage uniforme. Les volumes gigantesques des églises interrompaient la longue succession des maisons bourgeoises parmi lesquelles les pignons à degrés bizarrement décorés, ornés de briques préformées et parfois recouverts de vernis de couleur, introduisaient une certaine diversité. Seuls les plus puissants des bourgeois pouvaient se permettre, moralement et matériellement, de construire des palais, comme la superbe résidence que Jacques Cœur se fit construire à Bourges entre 1443 et 1451.

En France, en Angleterre et en Allemagne, les cathédrales avaient été pour la plupart érigées avant et le XVe siècle ne devait enrichir que leur mobilier et leur ornementation. En Espagne, cependant, plusieurs cathédrales furent construites (sinon toujours achevées) au cours de ce siècle : la construction de la cathédrale de Séville commença en 1402 pour ne s'achever qu'en 1506. De même, les cathédrales de Salamanque, de Ségovie et la Seo de Saragosse ne furent terminées qu'au XVIe siècle. Les églises commémorant des victoires militaires formaient un cas à part : en 1385, Jean Ier du Portugal fonda la magnifique Santa Maria da Vitória, à Batalha, afin de commémorer sa victoire sur la Castille. La construction demanda beaucoup de temps et la partie la plus insolite, l'immense mausolée de l'est qu'y ajouta le roi Duarte, resta inachevée *(capelas imperfeitas)*. La victoire des Rois Catholiques sur le Portugal, en 1476, fut en revanche à l'origine de la fondation à Tolède de San Juan de los Reyes, moins monumentale mais intéressante par ses formes architecturales.

Reste une dernière catégorie d'édifices qu'il faut mentionner : celle des châteaux qui existaient déjà et autour desquels s'était parfois constituée une agglomération. Ces châteaux, qui appartenaient aux princes, aux rois ou aux empereurs, se trouvaient à la périphérie immédiate de l'enceinte : tel était le cas à Paris, avec le château sur l'île de la Cité et avec le Louvre, hors les murs, à l'ouest; il en allait de même à Vienne, à Nuremberg, à Gand et à Meissen. Il existait naturellement des châteaux construits plus loin de la ville, mais seuls nous intéressent ici ceux qui déterminaient l'horizon de la cité, qui vivait et se développait à leur ombre : le Burg impérial, à Nuremberg, le château de l'Électeur à Heidelberg et la résidence du roi à Cracovie.

Telles étaient donc les anciennes et les nouvelles fonctions des œuvres architecturales dans la ville de la fin du XVe siècle. Mais qu'en est-il de leurs formes spécifiques, de leurs structures et de leur contribution à la conception de l'espace et de la décoration?

2. Espace et décoration : style perpendiculaire et style flamboyant

Dans son livre de 1913, Kurt Gerstenberg s'est efforcé de caractériser la spécificité de l'architecture gothique tardive telle qu'elle se développa aux XIVe et XVe siècles[4]. S'il est difficile de le suivre lorsqu'il affirme que ce gothique « spécifique » *(Sondergotik)* était exclusivement allemand, on peut accepter comme point de départ son énumération des caractéristiques architecturales du XVe siècle, qui dit l'essentiel. Nous tâcherons cependant d'étoffer sa description et son analyse de manière à englober les aspects les plus importants du phénomène dans l'Europe entière, l'Italie exceptée.

Dans l'architecture ecclésiastique gothique de la fin du XVe siècle, les églises-halles remplacent souvent les basiliques; le transept disparaît et les travées prennent de tout autres dimensions. Le mouvement directionnel de l'espace perd de sa force. L'impression de mouvement persiste, mais loin de s'attacher à une direction précise, elle s'étend dans plusieurs directions. Elle est – entre autres choses – le fruit de la complication croissante des modèles décoratifs des nervures de la voûte. Une certaine mobilité des formes remplace le mouvement rectiligne rythmé par les arches transversales qui séparent les travées. La dynamique longitudinale mais aussi verticale est réduite ; à Saint-Laurent de Nuremberg, les deux rangées de fenêtres du chœur soulignent l'élément horizontal. De même, l'aspect extérieur de l'édifice est organisé par des accents horizontaux répétés : corniches, balustrades, galeries et frises. Visible en Allemagne, cette tendance est encore plus marquée en Angleterre.

Le répertoire des formes utilisées à l'intérieur est toujours plus diversifié : les piliers sont ronds, octogonaux ou concaves, à facettes, à moins que leur forme en spirale ne souligne que l'espace n'est pas dirigé vers un point mais s'étale et tourne sans direction précise. Populaires dans les châteaux comme dans les églises, les escaliers ouverts en spirale se laissent interpréter comme l'expression d'idées analogues. C'est un phénomène que l'on retrouve en Allemagne, par exemple dans la nef de la cathédrale de Brunswick (1469), en France dans le transept de Saint-Nicolas-de-Port (1494-1535) ou à Saint-Séverin (1489-1494), à Paris, ainsi qu'en Espagne et au Portugal (*cf.* pp. 272, 298 et suiv.).

La fusion des divers compartiments de l'espace en un tout organique trouve sa contrepartie dans le traitement spécifique des éléments formels et structurels : ici aussi, ils se fondent et s'interpénètrent. Les nervures disparaissent dans les murs ou, parfois, se croisent et suivent leur cours, comme si rien ne pouvait contenir leur dynamique. Tel est le cas dans l'escalier, dit « des Cavaliers », du château de Prague.

Plusieurs solutions spécifiques, qui eurent un rôle important dans l'architecture continentale, étaient apparues un siècle plus tôt en Angleterre. L'arc en ogive et les ajours curvilignes, élément fondamental de ce que l'on a appelé le stade flamboyant du gothique tardif en architecture, virent le jour en Angleterre dans la première moitié du XIVe siècle : dans la chapelle Notre-Dame de la cathédrale d'Ely (1321-1349), chef-d'œuvre dans l'histoire du gothique « décoré », mais aussi, entre autres, dans le baldaquin de la « tombe Percy » de la cathédrale de Beverley (vers 1342-1345). On trouve également des nervures curvilignes dans les voûtes de Sainte-Marie Redcliffe, à Bristol, dès 1320 et à Sainte-Marie d'Ottery, dans le Devonshire, après 1337.

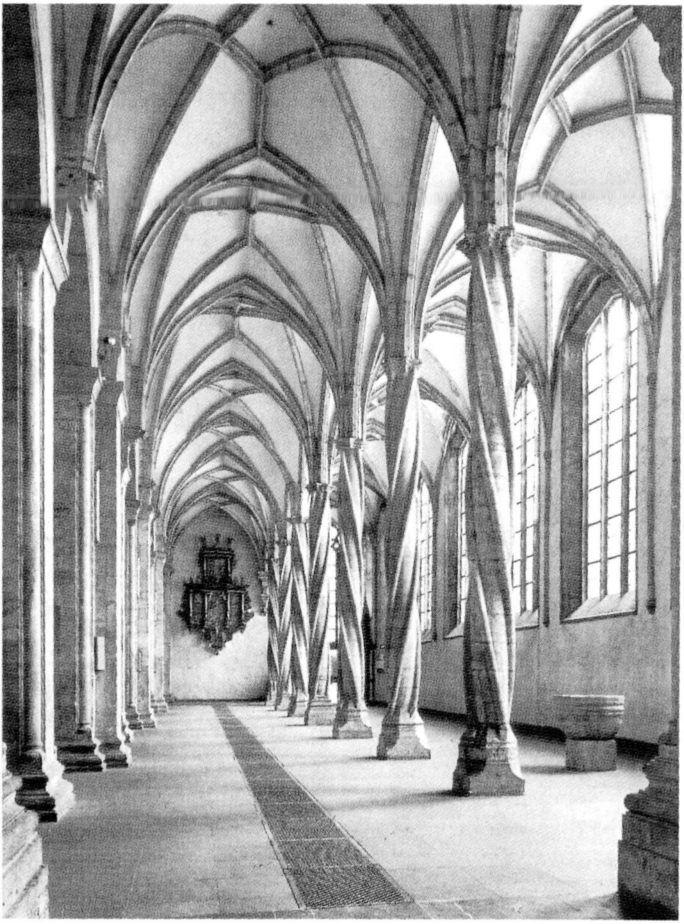

Intérieur de l'aile nord de la cathédrale de Brunswick avec colonnes en spirale (1469).

Un motif particulier, qui s'est développé en Angleterre au XIVe siècle, ne devait pas être repris dans les autres pays européens : la voûte en éventail qui devint un élément esthétique caractéristique de l'architecture anglaise aux XVe et XVIe siècles. Apparue au milieu du XIVe siècle, elle fut appliquée pour la première fois sur grande échelle dans des constructions relativement basses telles que la galerie du cloître de la cathédrale de Gloucester (commencé avant 1377 et achevé avant 1407). Cette construction marque la naissance du style dit « perpendiculaire », dont la galerie de Gloucester forme l'intérieur le plus cohérent et le plus unifié. Pour la première fois, les murs et les voûtes sont recouverts de ces éléments filiformes, délicats et purement décoratifs. Le même motif, qui protège les fenêtres, est répété sur les murs opposés puis est repris sur les surfaces courbes de la voûte. Au lieu d'être érigée comme une structure de nervures formées de trames diverses, la voûte devient une combinaison de moitiés de cônes à facettes multiples qui naissent entre les arches de la nef et se rencontrent au milieu de la voûte. Entre quatre demi-cônes subsiste un espace plat et horizontal (un losange concave) décoré de huit motifs ronds. Chaque moitié de cône est couverte de motifs ajourés dont les noyaux se multiplient en séries superposées : les deux noyaux du mur deviennent seize sur la voûte. Ainsi l'unification des surfaces et de l'espace est-elle totale.

La poussée verticale est réduite par la frise horizontale qui court à mi-hauteur du mur ; le mouvement de l'espace est neutralisé par l'absence de nervures longitudinales, tandis qu'au lieu de séparer les travées comme les nervures transversales de la voûte à croisées d'ogives, chaque demi-cône contribue à son unification en participant à la formation de deux travées en même temps. On a l'impression d'avoir affaire à une construction de bois, car tout, dans cette composition, se résout en motifs linéaires ; c'est à peine si on voit le fond, il n'y a pas de murs, seule existe une grille de bâtons.

Cette construction révolutionnaire, qui se développa dans la seconde moitié du XIVe siècle, ne devait être reprise sur une plus grande échelle qu'aux XVe et XVIe siècles. On en trouve une application précoce à l'abbaye de Sherborne (dont le chœur a été reconstruit entre 1436 et 1459), où « l'intérieur montre une voûte à éventail extrêmement riche avec un réseau étoilé de nervures courtes (liernes) en pointe qui occupent l'espace entre les cônes »[5].

Construite entre 1480 et 1483 par William Orchard, la voûte de la Divinity School d'Oxford est une autre application importante du système. Aux prises avec des dimensions plus grandes mais aussi avec un poids supérieur, l'architecte y introduisit des éléments structurels éprouvés dans les constructions de bois, les fameuses *hammer beams* ou charpentes à blochets (poutres sortant du mur). Quatre arches transversales, en partie déguisées, portent la voûte tandis que les formes coniques, qui à Gloucester naissent du mur même, pendent ici des voûtes comme de fantastiques stalactites décorées de sculptures héraldiques et figuratives mais aussi des monogrammes des commanditaires.

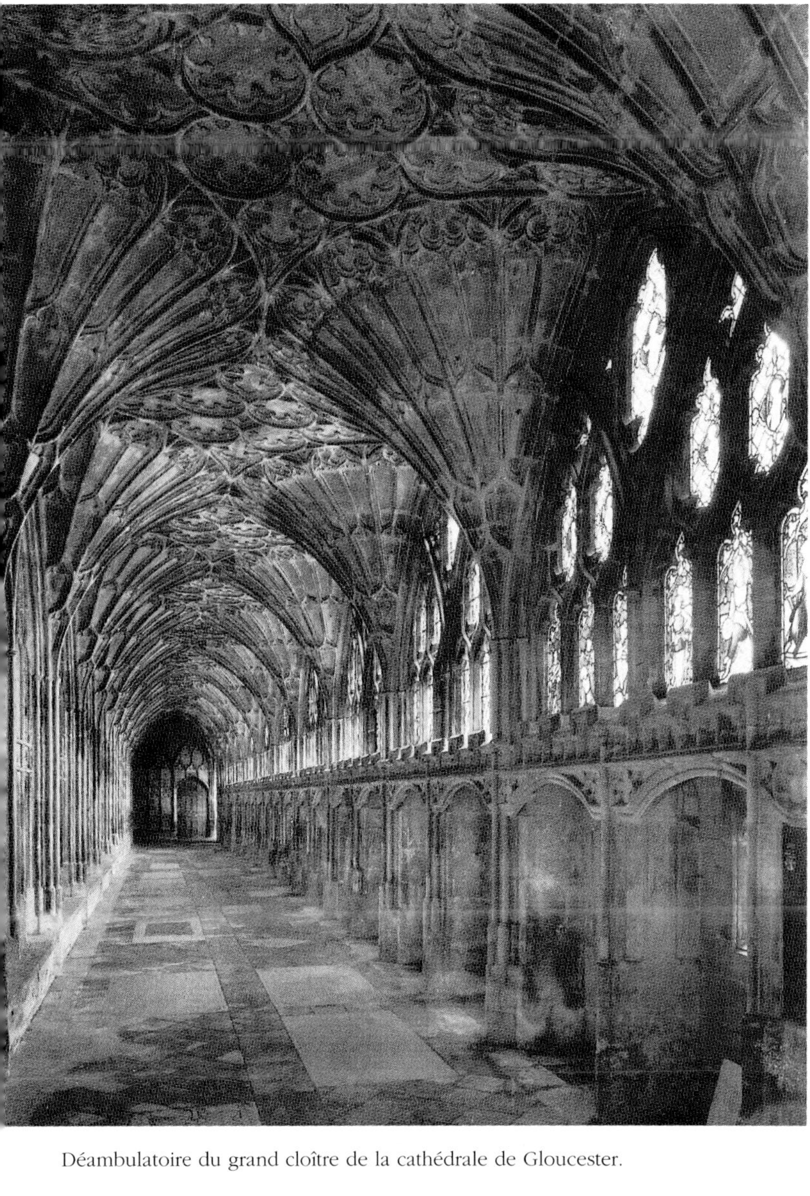

Déambulatoire du grand cloître de la cathédrale de Gloucester.

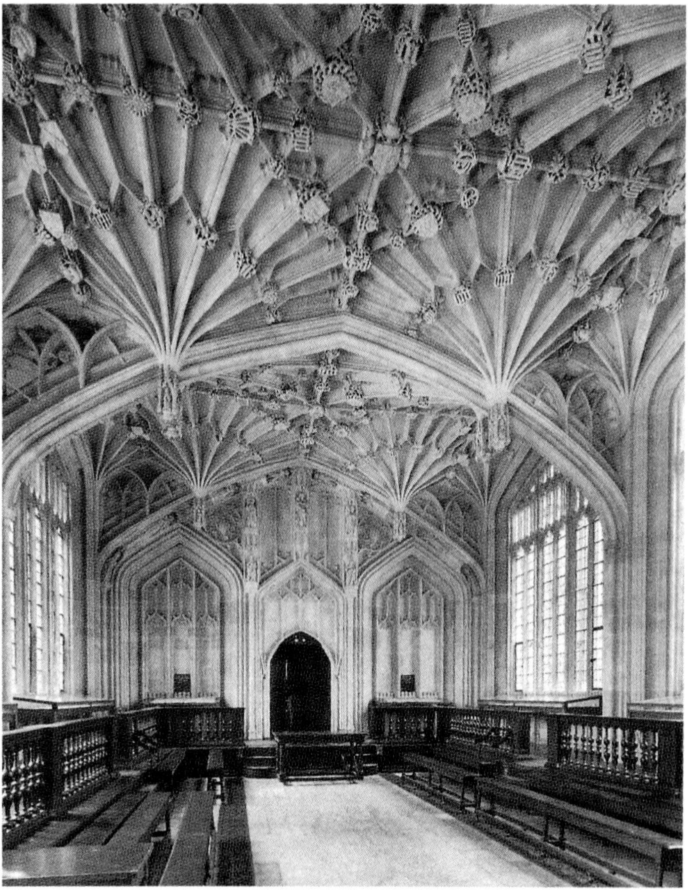

William Orchard (1480-1483). Intérieur de la Divinity School d'Oxford.

Toutefois, la hauteur de la salle était ici fort limitée. Ce n'est que lorsque la voûte en éventail eut les faveurs du roi qu'elle put être introduite dans des édifices vraiment monumentaux. Plus précisément, dans deux chapelles royales : celle de Henri VII, à Westminster, et celle du King's College, à Cambridge. La chapelle de Westminster (1503-1519) est un édifice assez petit et très haut (quatre travées et un chœur), dont les murs sont coupés à mi-hauteur par une large zone de décoration sculptée séparant les

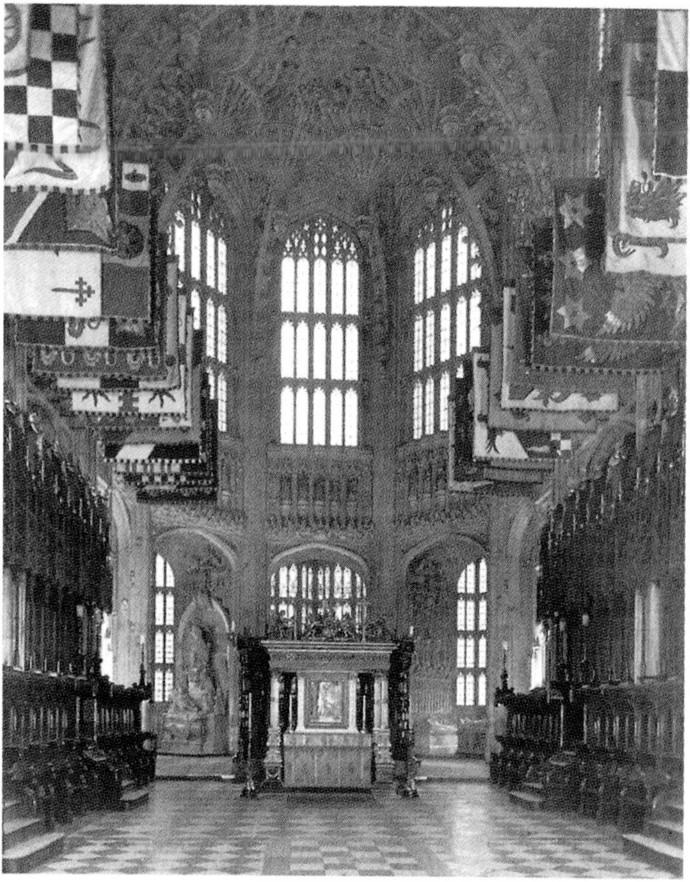

Chapelle de Henri VII dans l'abbaye de Westminster, à Londres.

immenses fenêtres qui, de tous côtés, éclairent d'une puissante lumière l'intérieur et les arcs qui donnent sur les chapelles adjacentes. Les murs semblent disparaître aux yeux de l'observateur extérieur : les formes ondulantes des chapelles sont couvertes d'un réseau très dense de barres verticales et horizontales. La voûte se compose de formes coniques suspendues et de clés de voûte et se trouve renforcée par de puissants arcs de pierre, partiellement invisibles, semblables à ceux de la Divinity School d'Oxford.

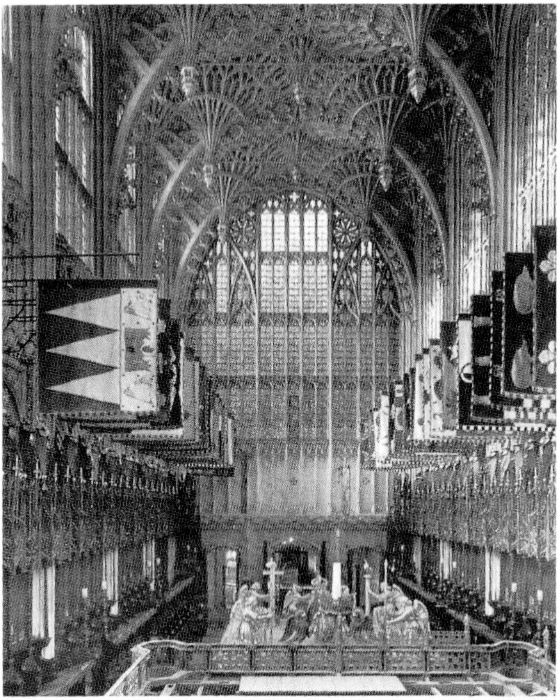

Chapelle de Henri VII dans l'abbaye de Westminster, à Londres.

L'idée de l'architecture perpendiculaire monumentale semble presque réalisée dans la chapelle du King's College de Cambridge qui fut commencée bien plus tôt, en 1446, mais qui ne fut achevée qu'en 1515 par John Wastel. Les formes employées sur une petite échelle dans les cloîtres de Gloucester y furent adaptées à de tout autres dimensions. La nature de la construction exigeait le renfort d'arcs transversaux qui prennent ici naissance entre les baies, s'élèvent jusqu'à la partie frontale de chaque demi-cône en éventail pour redescendre de l'autre côté. Mais même si leur présence souligne un peu plus la division entre les travées, l'absence de nervures longitudinales ralentit le rythme de l'unité spatiale. Au contraire, la grille unifiée qui enferme l'espace sur les côtés (dans la partie supérieure, ce sont les remplages des baies ; en bas, le rideau de barres qui sépare les chapelles du chœur de la nef) n'attire pas moins l'attention que la fenêtre de l'extrémité est.

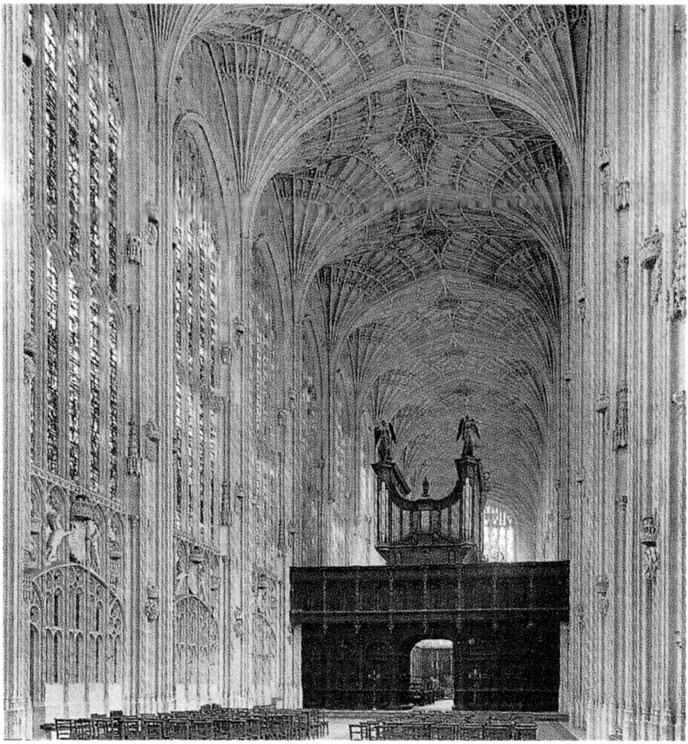

Intérieur de la chapelle du King's College de Cambridge (après 1446, terminée par John Wastel en 1515).

Vue extérieure du sud, chapelle du King's College, à Cambridge.

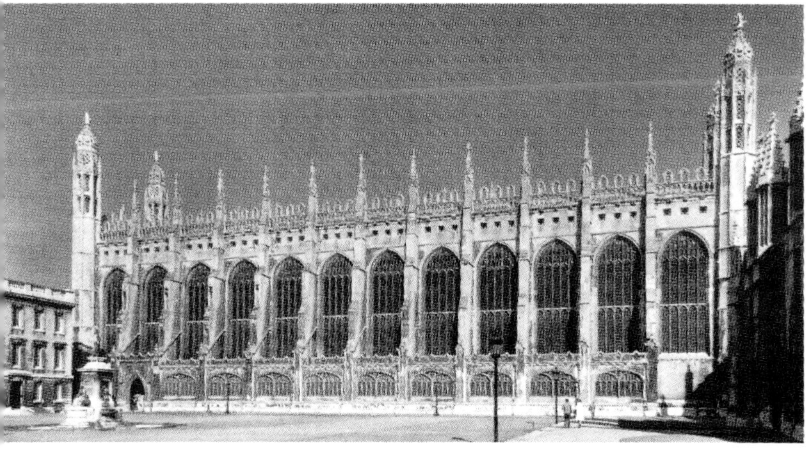

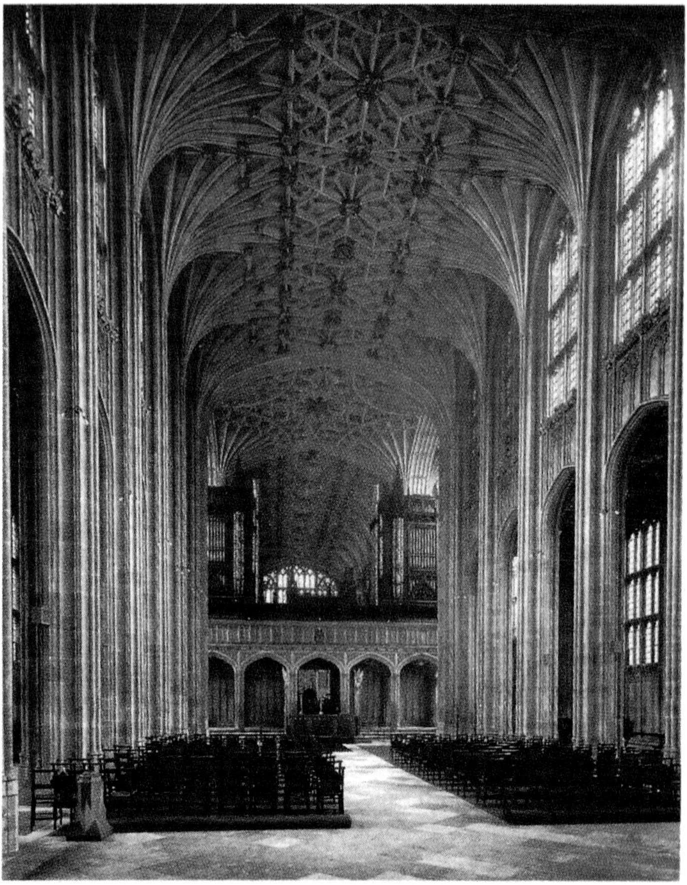

Intérieur, côté est, de la chapelle Saint-Georges au château de Windsor.

L'intérieur ressemble à un univers enchanté sans murs, clos et pourtant ouvert, tout plein d'une lumière sublime qui filtre à travers le rideau ajouré du réseau perpendiculaire.

Le manque d'intérêt pour le mouvement longitudinal trouve un parallèle dans la conception de la forme et de la situation extérieures : la longue façade méridionale de la chapelle qui ferme le rectangle est au moins aussi importante que le côté ouest qui consiste en deux tours octogonales encadrant une immense baie occupant tout l'espace qui les sépare. Ce motif était lui aussi apparu au XIVe siècle, mais c'est John Wastel, architecte génial, qui

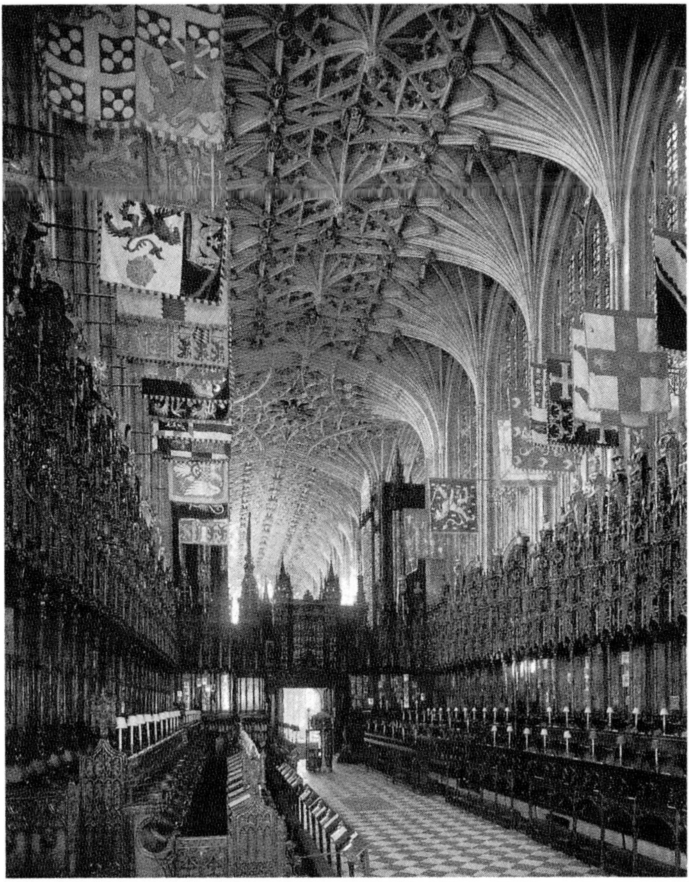

Le chœur, côté ouest, de la chapelle Saint-Georges au château de Windsor.

sut insérer en un tout harmonieux toutes ces vieilles inventions.

La fascinante impression de magnificence et d'exubérance résulte de l'emploi de formes d'une délicatesse extrême et de l'application d'éléments préfabriqués produits en grand nombre : les remplages des baies, les réseaux perpendiculaires qui isolent les chapelles et les demi-cônes des voûtes en éventail avec les nervures taillées dans la pierre se répètent à l'identique dans les douze travées de la chapelle.

Autre chapelle royale, la chapelle Saint-Georges fut construite dans le château de Windsor à l'initiative d'Édouard IV, qui voulait en faire sa chapelle funéraire en même temps qu'un lieu de cérémonies pour l'Ordre de la Jarretière (à partir de 1475). La construction fut terminée sous Henri VIII et les voûtes sont l'œuvre de William Vertue (1506-1511). Les voûtes en éventail ont été ici délaissées au profit d'une autre invention du XIVe siècle : un dense réseau de nervures suspendu, telle une toile d'araignées, au-dessus de l'espace du chœur. Une voûte à liernes aussi compliquée avait déjà été édifiée dans le chœur de la cathédrale de Gloucester, dans les années 1337-1377. En l'occurrence – comme dans le cas de la voûte en éventail de la chapelle du King's College à Cambridge – les architectes actifs autour de 1500 n'inventèrent pas de solutions nouvelles, mais adoptèrent et perfectionnèrent celles qui avaient été mises au point plus d'un siècle auparavant.

Ce type de voûte, comme les arches transversales de la chapelle de Westminster ou celles de la Divinity School d'Oxford, semblait inspiré des structures de bois, très développées en Angleterre où elles étaient plus populaires que partout ailleurs en Europe. Parmi ces « charpentes à blochets », il en est de particulièrement imaginatives, comme les doubles charpentes de Waffham, dans le Norfolk (1454 ou plus tard), de Woolpit, dans le Suffolk, ou de Saint-Wendreda à March (Ely Island, vers 1500). Au-dessus d'intérieurs blancs d'une grande simplicité s'élèvent de magnifiques structures dynamiques en bois foncé, légèrement doré, au milieu des anges qui battent des ailes ; des anges sculptés décorent les corbeaux et les nœuds de la charpente de bois : on n'en compte pas moins de cent vingt à March[6] ! Ces majestueux baldaquins de bois font penser à un immense navire et s'accordent à la perfection avec les nefs de l'église.

Si nous quittons l'Angleterre pour le continent, ce sont les formes curvilignes et non plus perpendiculaires qui caractérisent le plus l'architecture de la fin du XIVe siècle. Les formes flamboyantes et curvilignes apparurent certes bien plus tôt en Angleterre, mais elles ne devinrent jamais la base de l'architecture anglaise alors qu'elles dominent si bien l'architecture de la fin du Moyen Âge et la décoration en France qu'elles valurent à l'art de toute la période l'appellation de « style flamboyant ». Les tendances décoratives qui conduisirent en Angleterre à voiler les baies et les murs, à les transformer en réseaux cellulaires, en systèmes de grilles et de revêtements compartimentés ne possèdent pas ce dynamisme coulant qui fut au contraire typique de la décoration gothique tardive en mainte région d'Europe centrale et occidentale.

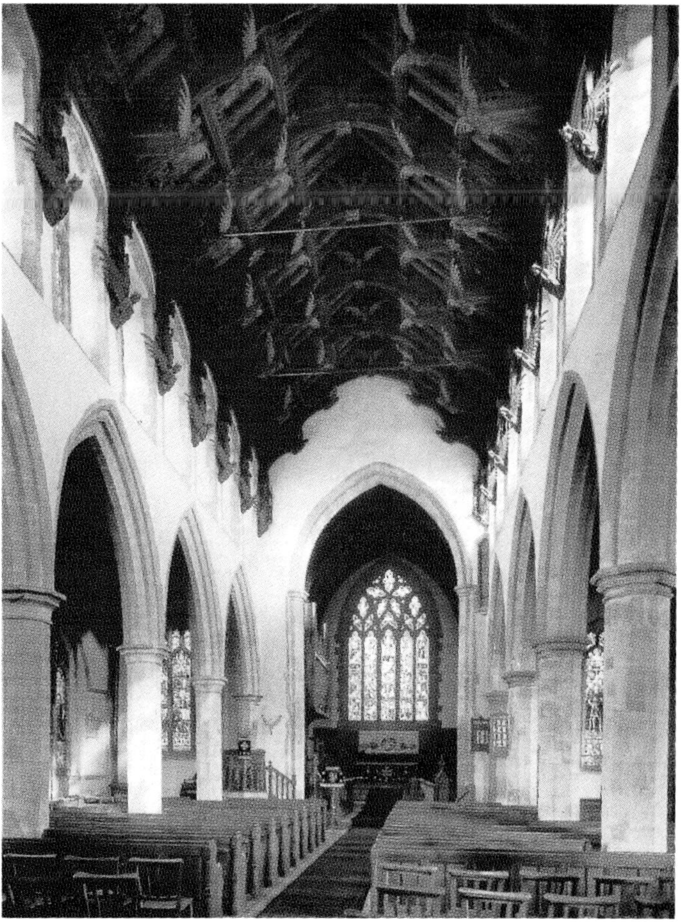

Intérieur de l'église Saint-Wendrea, à March, Ely Island, vers 1500.

La tendance à éliminer les murs massifs et à changer les volumes architecturaux en structures aériennes et transparentes trouva aussi des partisans en France parmi les architectes, mais elle s'exprima autrement. Les façades des églises y furent en effet transformées en séries de baldaquins qui donnent sur l'extérieur et sont ainsi disposés qu'ils forment des angles légers les uns par rapport aux autres. Tel est le cas de la face ouest de Saint-Maclou, à Rouen (façade de 1500-1514) et de Notre-Dame d'Alençon (vers 1500). Il semble que dans ces structures, qui représentent peut-être

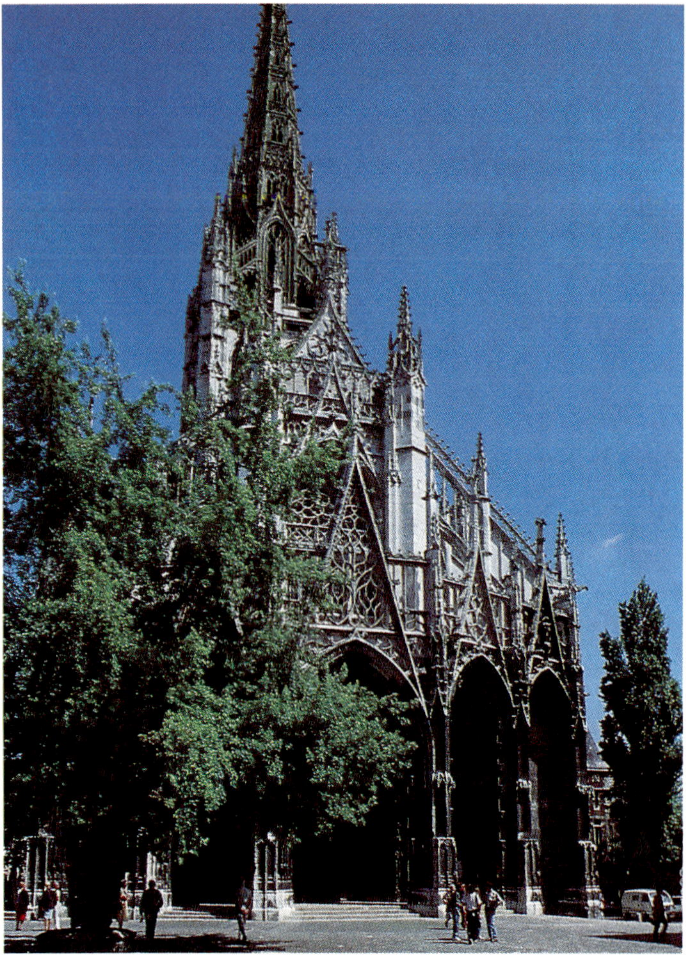

Flanc et abside de l'église Saint-Maclou de Rouen, 1500-1514.

une image de la Porte du ciel, « l'édifice ne saurait purement et simplement s'arrêter, mais doit se dissoudre. D'où cette rafale familière de courbes et de pointes gracieuses par lesquelles la présence physique se retire peu à peu tandis que la masse dense des matériaux se dissout dans l'air vide »[7]. Parfois les nefs, de formes sobres et retenues, sont pourvues de portiques qui présentent un caractère exubérant et transparent comme la façade sud des cathédrales d'Albi et de Louviers (toutes deux autour de 1500).

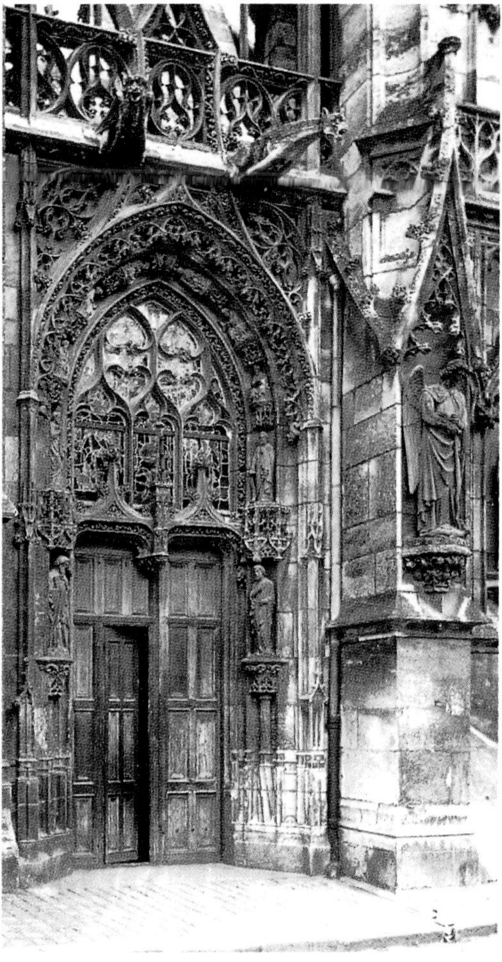

Détail de la décoration architecturale de la cathédrale de Louviers.

Dans ces constructions, dans les remplages des baies et les arcades des cloîtres, les lignes flamboyantes deviennent prédominantes, surtout à l'aube du XVIe siècle tandis que se manifeste un grand nombre de variations autour des formes curvilignes : par exemple dans les ajours de la façade de la chapelle du Saint-Esprit à Rue (après 1480), de la cathédrale de Toul (1496) et de celle de Tours (achevée en 1484), de l'église de la Trinité à Vendôme (finie vers 1506), de Saint-Wulfram d'Abbeville (les travaux de la façade

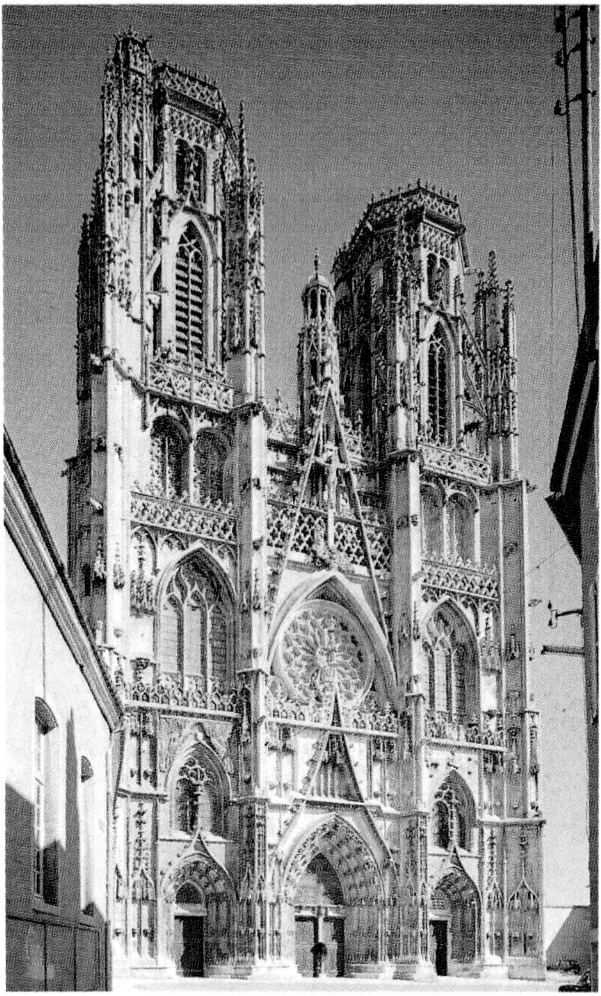

Façade de la cathédrale de Toul, 1496.

commencèrent en 1488), mais aussi dans la façade nord de la cathédrale d'Évreux, dans les lignes coulantes qui dessinent la forme de la tour de Saint-Ouen à Rouen (avant 1440), dans les roses et leurs entrelacs des cathédrales d'Amiens, de Sens (façade nord), de Beauvais (façade sud) et de Rodez, ou dans la Sainte-Chapelle à Paris (1485).

La même technique organique de dessin qui communique une sorte d'animation aux formes domine dans certaines voûtes d'Europe centrale. Parmi celles-ci, la majeure partie suit le modèle en étoile ou en grille inspiré du dessin de Parler à Prague : une forme très marquée, par exemple à Sainte-Marie de Gdansk, dont la voûte est des années 1499-1502. Parfois, ces réseaux sont très réguliers et étroits : ainsi au monastère de Maulbronnn, en Allemagne (1493), et donnent une impression d'unité spatiale peu commune. Mais dans d'autres cas, l'échafaudage angulaire des

La voûte de la nef de l'église Sainte-Marie, à Gdansk, 1499-1502.

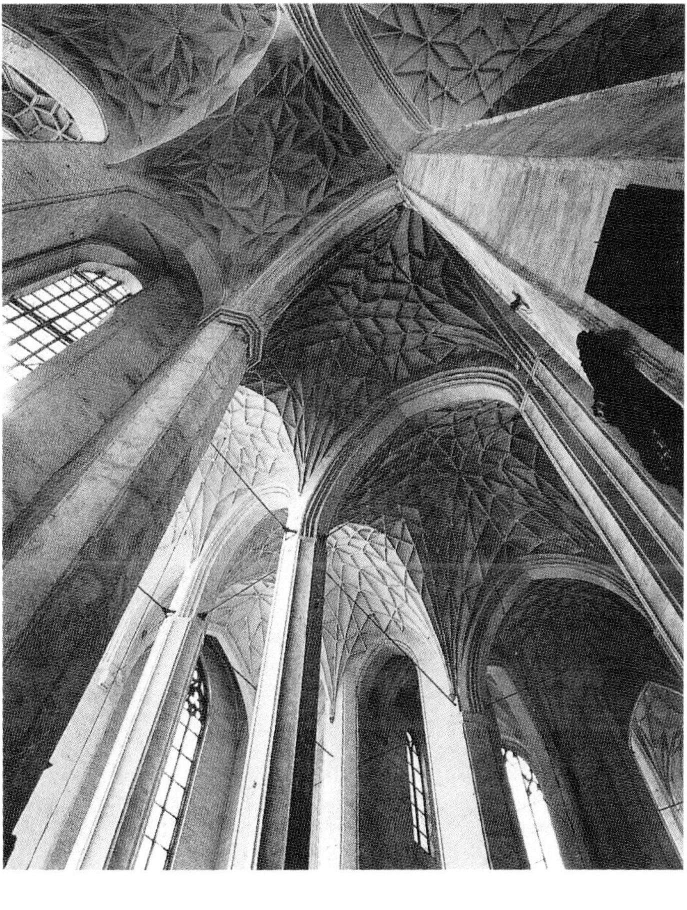

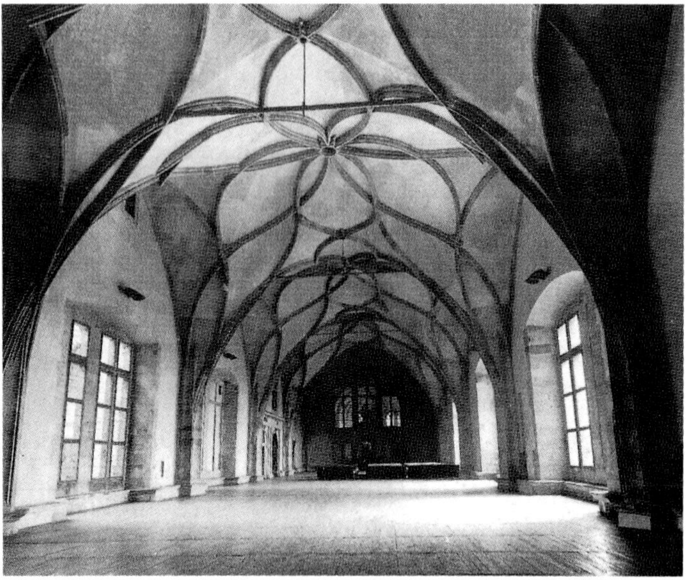

Benedict Ried, 1493-1502. Intérieur de la salle de Ladislas au château Hradshin de Prague.

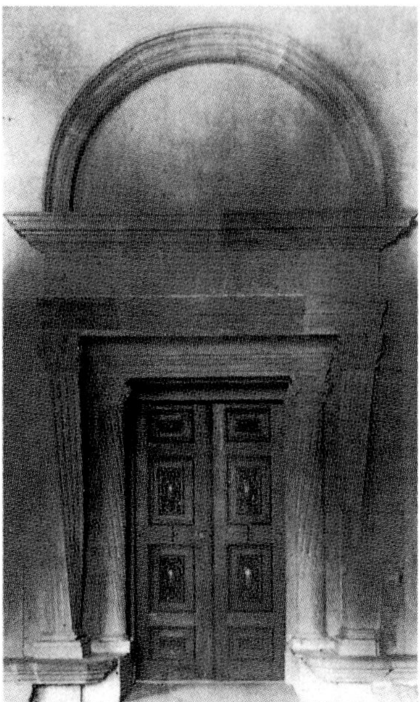

Benedict Ried, vers 1500. Porte de communication entre la salle de Ladislas et la salle du Vieux Parlement au château Hradshin de Prague.

nervures évoque des êtres vivants : de grosses nervures serpentent à travers les voûtes empreintes d'un dynamisme encore inconnu jusqu'alors. Après certains essais, comme celui des voûtes de la chapelle du Prince à Meissen (construite par Moysses d'Altenbourg dans les années 1443-1446), c'est en Autriche et en Bohême que fut accompli le pas décisif. Dans les années 1445-1452, Stephan Krumenauer construisit le chœur de l'église paroissiale de Saint-Jacques, à Wasserburg, où il introduisit le dessin coulant des nervures, mais il le fit en plâtre en les traitant comme des éléments purement décoratifs. À partir de 1500, les nervures curvilignes apparaissent fréquemment en Autriche et en Bohême.

En Bohême, c'est le grand architecte Benedict Ried qui adopta les nervures curvilignes pour les utiliser dans plusieurs de ses ouvrages. Entre 1493 et 1503, Ried transforma une partie du vieux palais de Prague en un splendide vestibule pour les tournois – le plus vaste de l'époque – pour le compte du roi Ladislas II, de la famille royale lituano-polonaise des Jagellon. Le dynamisme de la voûte procède de l'application et du soutien des nervures curvilignes qui donnent une impression d'élasticité et de vie. C'est à cette même époque, vers 1493, que Ried introduisit des formes renaissantes pour la configuration extérieure des fenêtres. Il s'agit là d'un exemple assez précoce, que l'on peut expliquer par le fait qu'en 1490 Ladislas devint aussi roi de Hongrie et que Ried le suivit à Buda, où il put étudier les œuvres des architectes et des sculpteurs italiens.

Dans l'un des portails intérieurs du vestibule de Ladislas, Ried produisit une sorte d'image symbolique de fusion des deux styles : le portail toscan classique aux colonnes cannelées en contient un autre plus petit, avec des arcs géométriques en ogive. Dans une autre porte, cette synthèse des deux styles prend une forme plus organique : le répertoire des formes appartient au classicisme de la Renaissance italienne, dans une version assez robuste, mais les pilastres sont entortillés en spirale comme les nervures gothiques des voûtes de Ried. Si jamais on a pu parler d'esprit du temps, c'est bien le cas ici. Le temps historique de Ried était encore apparemment très différent de celui de ses contemporains italiens.

Les tournois du vestibule de Ladislas exigeaient des escaliers que l'on pût monter à cheval. Construite sous l'égide de Ried, la voûte de cet escalier a une composition de nervures qui ne sont pas conçues comme un tout organique et fluide, mais comme un ensemble de segments qui se coupent et se croisent suivant des angles variables pour former un motif d'un plan presque symétrique, mais plutôt étrange quand on y jette un coup d'œil au passage. Les nervures ont tendance à se séparer de la voûte, comme tel est en effet le cas dans certains édifices. Peter Parler avait déjà recouru à la clé de voûte suspendue dans la sacristie de la cathédrale de Prague ; cependant, il ne s'agit plus ici des seules clés de voûte, mais aussi de toutes les nervures comme à Sainte-Marie de Pirna (deuxième quart du XVIe siècle), dans l'église du château de Meisenheim (Rhénanie, début du XVIe siècle) ou dans l'église paroissiale de Most en Bohême. Nous aurons l'occasion d'y revenir (voir la section 4 de ce chapitre).

En Autriche, par exemple, Anton Pilgram employa des nervures curvilignes dans le siège actuel de l'Administration Régionale de la Basse-Autriche, à Vienne (1515) et dans ses ouvrages de micro-architecture à l'intérieur de la cathédrale de Vienne ; sous son influence, elles firent également leur apparition dans plusieurs églises autrichiennes : par exemple à Königswiesen, autour de 1520, à Weistrach dans l'église paroissiale du début du XVIe siècle. Les découpures fluides connurent un vif succès, de même que les voûtes à nervures curvilignes durant l'ultime phase de l'architecture et de la décoration gothiques. Elles se propagèrent à l'ouest et dans le Nord : il en est un exemple significatif en Rhénanie supérieure avec la nef nord de l'aile ouest du cloître de la cathédrale de Bâle, daté de la seconde moitié du XVe siècle (mais cette datation semble trop précoce). À Annaberg, en Saxe, Jacob Hayemann de Schweinfurt, qui travailla sous la houlette de Ried en Bohême, bâtit entre 1515 et 1525 la voûte de l'église Sainte-Anne, l'une des plus impressionnantes de la période, en forme de rose à six grands pétales, dont les contours, marqués par les nervures, se recoupent et suivent leur cours capricieux à travers la voûte et le long des pilastres. À moins que ce ne soit le contraire : les nervures, pareilles à des pousses, jaillissent des tiges de piliers et rampent en suivant une trajectoire sinueuse sur la surface courbe de la voûte. L'église était devenue un jardin sacré enchanté.

Le dernier type de voûte du gothique tardif est la voûte à alvéoles, qui semble être apparue en Saxe et dont on trouve les premiers exemples dans le travail d'Arnold de Westphalie au château d'Albrechtsburg, à Meissen (1471-1481). La voûte est brisée en une structure à facettes cristalline et sophistiquée ; à Meissen, dans la Grande Chambre, ces facettes sont encore bordées de nervures, mais dans d'autres intérieurs, par exemple dans la « chambre de la vieille duchesse » au deuxième étage, les facettes sont totalement dépourvues de nervures. D'autres voûtes à alvéoles furent construites ailleurs en Saxe sur ce modèle et, de là, elles se diffusèrent en Bohême, en Allemagne et en Pologne.

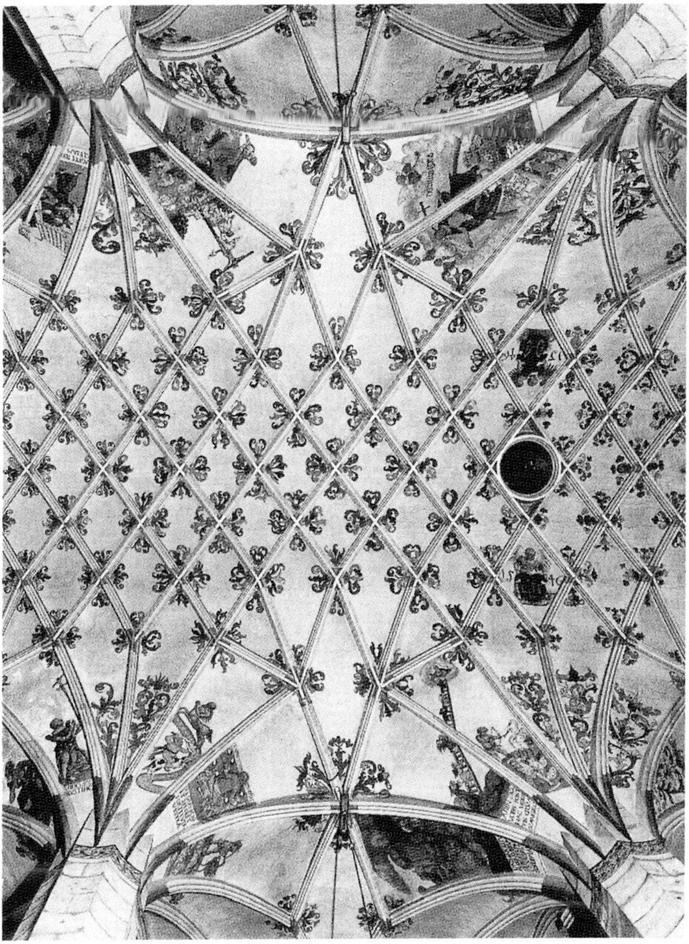

Voûte de la nef de l'église Sainte-Marie de Pirna (deuxième quart du XVIe siècle).

La forme effilée et anguleuse de cette voûte correspond à la manière dont sont construites les portes et les fenêtres, structurées par des montants à facettes comme du cristal et par des nervures linéaires qui s'interpénètrent. En introduisant une qualité tridimensionnelle dans la structure des voûtes ainsi transformée en une espèce de ruche, les architectes obtinrent des effets dramatiques d'ombre et de lumière suivant des motifs géométriques.

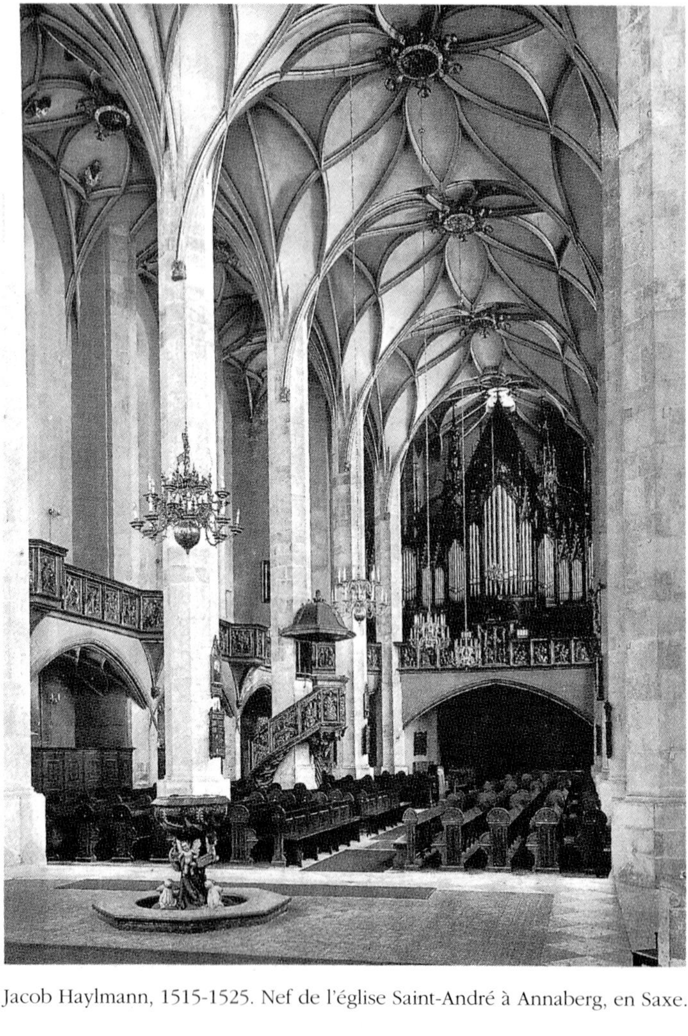

Jacob Haylmann, 1515-1525. Nef de l'église Saint-André à Annaberg, en Saxe.

Cette façon de construire les voûtes se propagea rapidement en Europe de l'Est, à Varsovie, à Wilno et en Prusse orientale. À Kętrzyn, près d'Olsztyn, aujourd'hui dans le nord de la Pologne, l'église paroissiale, qui fut agrandie à partir de 1470 en forme d'église à vestibule, fut agrémentée en 1515 d'une magnifique voûte à alvéoles du Maître Matz. D'immenses baldaquins à facettes sont comme suspendus avec leur motif étoilé conçu de manière

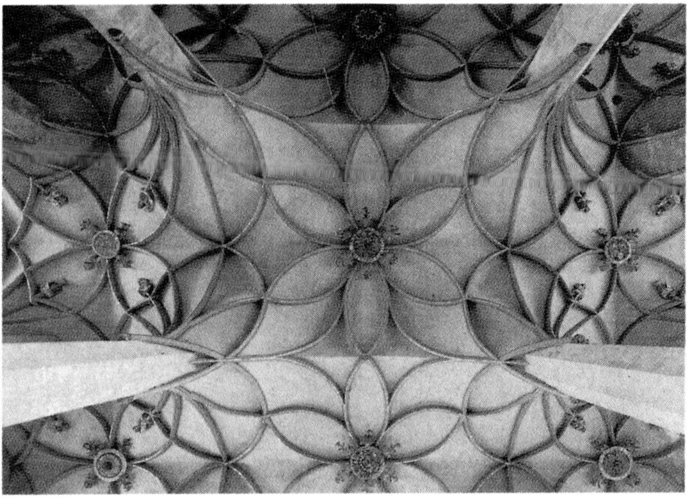

Détail de la voûte de la nef de l'église Saint-André à Annaberg.

Arnold de Westphalie, 1471-1481. La « Salle de la vieille duchesse » au château d'Albrechtsburg à Meissen. *À gauche* : Détail.

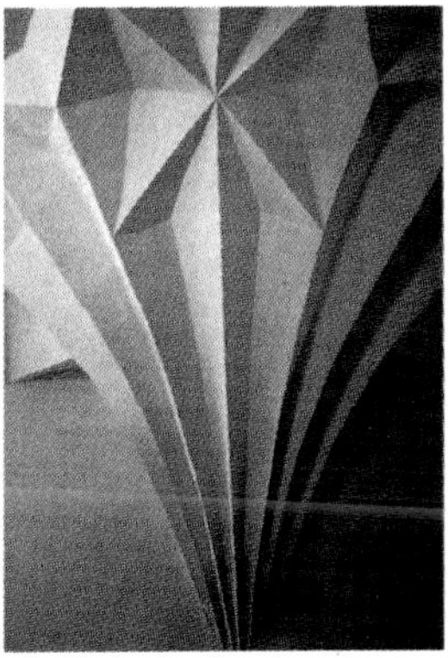

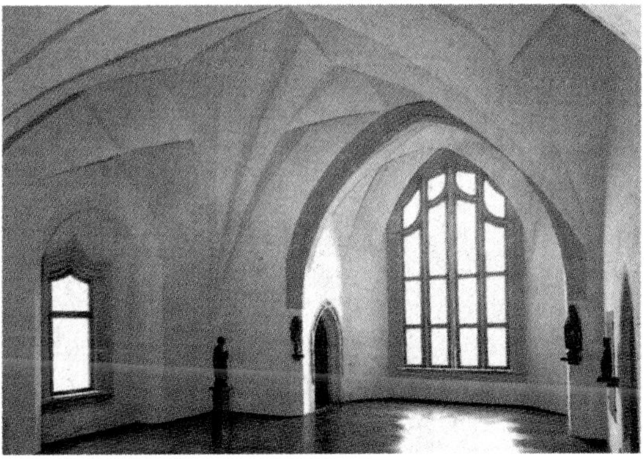

assez traditionnelle. En Bohême, la voûte à alvéoles est assez courante : elle est largement employée dans les cloîtres (c'est aussi le cas dans le Collegium Maius de l'Université de Cracovie ou à la cathédrale de Meissen) et dans les réfectoires. De même, l'architecture profane des villes en usa abondamment en Europe centrale et orientale.

Les problèmes de l'espace suscitèrent moins d'intérêt dans la

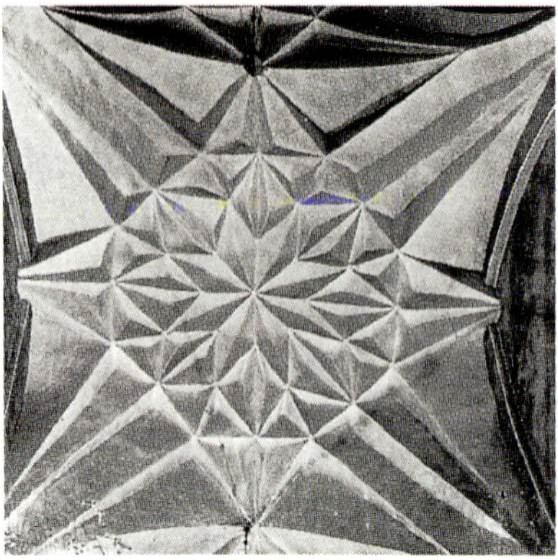

Maître Matz, 1515. Voûte de la nef de l'église paroissiale de Kętrzyn, près d'Olsztyn.

Cathédrale de Séville. *Page de droite :* Intérieur de la cathédrale de Séville.

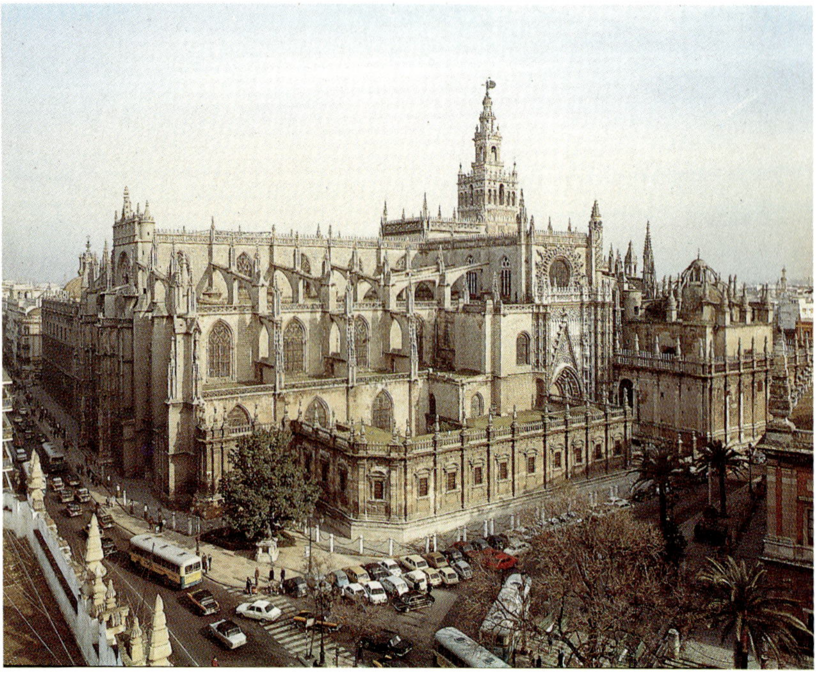

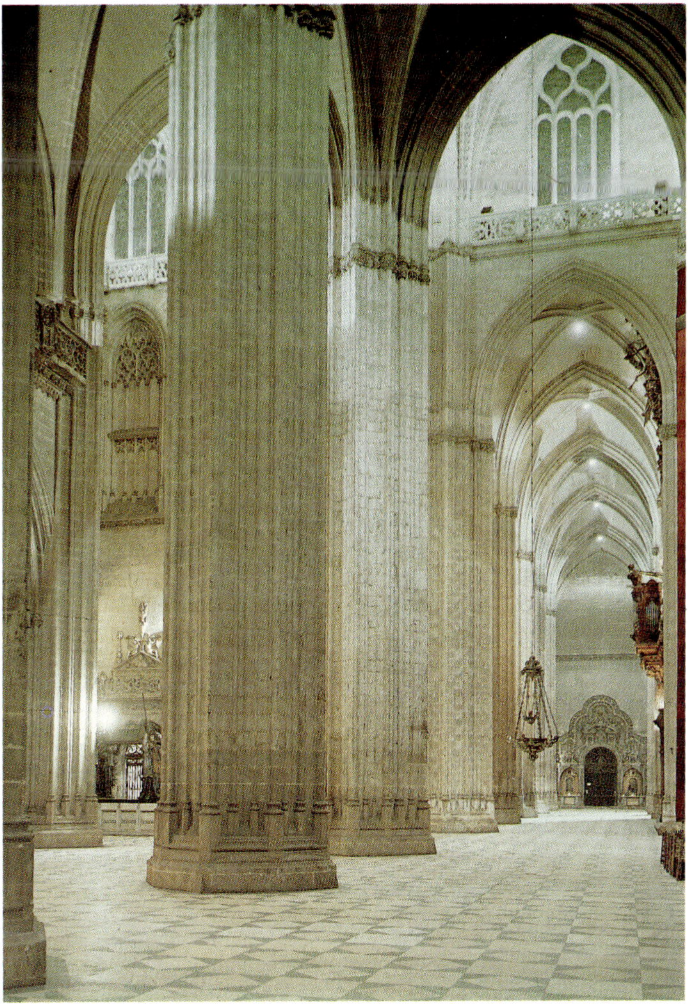

péninsule Ibérique. Les constructions demeurèrent assez simples. Les nouvelles grandes cathédrales fondées dans une atmosphère conservatrice adoptèrent des formes traditionnelles. Celle de Séville, conçue vers 1400 et construite au fil du siècle avec cinq nefs, deux ensembles de chapelles latérales et une tour séparée (vestige d'une mosquée), est en fait une immense basilique, dont la largeur totale est le double de la hauteur. Les arcs rampants, de conception assez massive et légèrement inclinés dans la partie supérieure, soulignent le volume massif de l'ensemble[8].

Ainsi qu'en témoignent la voûte et l'organisation de la surface, les bâtisseurs s'intéressèrent visiblement aux motifs décoratifs. On trouve parfois des nervures curvilignes, généralement associées à des nervures rectilignes qui dessinent des étoiles, avec un résultat tout autre qu'en Europe centrale et orientale, par exemple, dans la coupole de San Juan de los Reyes à Tolède, construite entre 1476 et 1496 par Juan Guas. Parfois, cependant, la curvilinéarité crée un effet décisif sur l'impression générale de mobilité qui se dégage de l'intérieur : ainsi dans les cathédrales de Ségovie et de Plasencia ou dans les collégiales de Berlanga de Duero et de Roa (XVIe siècle). Dans la cathédrale de Séville, le rôle des nervures courbes sur la voûte est limité, mais dans la nef centrale au-dessus du chœur les nervures sont décorées d'entrelacs qui donnent un effet particulièrement précieux à cette portion de la voûte. On retrouve les réseaux fluides dans les baies de la nef centrale et la balustrade qui en fait le tour. Elles sont généralement fréquentes dans les baies des cloîtres et des églises.

Les voûtes des coupoles à la croisée du transept, où les nervures se croisent et forment des étoiles à huit pointes, sont typiquement hispaniques : ainsi à la cathédrale de la Seo de Saragosse ou à celle de Burgos, où des entrelacs compliqués se trouvent pris dans les angles de l'étoile et où une autre étoile plus petite, tournée à un seizième du cercle, est disposée de telle façon que ses pointes forment des angles avec celles de l'étoile plus grande. De toute évidence, elles sont inspirées des formes décoratives de l'art islamique.

La composition des ajours et la décoration des surfaces sont plus ingénieuses. Dans les cloîtres de la cathédrale de Ségovie, les dentelles qui remplissent les arcs font penser à un grand peigne espagnol avec de précieuses découpures. Dans le monastère franciscain de San Juan de los Reyes à Tolède, la forme des arcs – qui rappellent les « arcs à rideaux » – au premier niveau du cloître (l'œuvre de Juan Guas, peut-être) est très personnelle ; son toit plat à caissons est dans le style *mudejar*, où l'influence islamique est très perceptible.

Le patio du Collège Saint-Grégoire de Valladolid fut construit entre 1487 et 1496, puis transformé à partir de 1504. La colonnade inférieure est formée de colonnes en spirale – motif très répandu dans les pays ibériques, non seulement dans les espaces des *lonjas* comme à Palma de Majorque (œuvre de Guillermo Sagrera, commencée en 1426) et à Valence (1482), mais aussi dans les

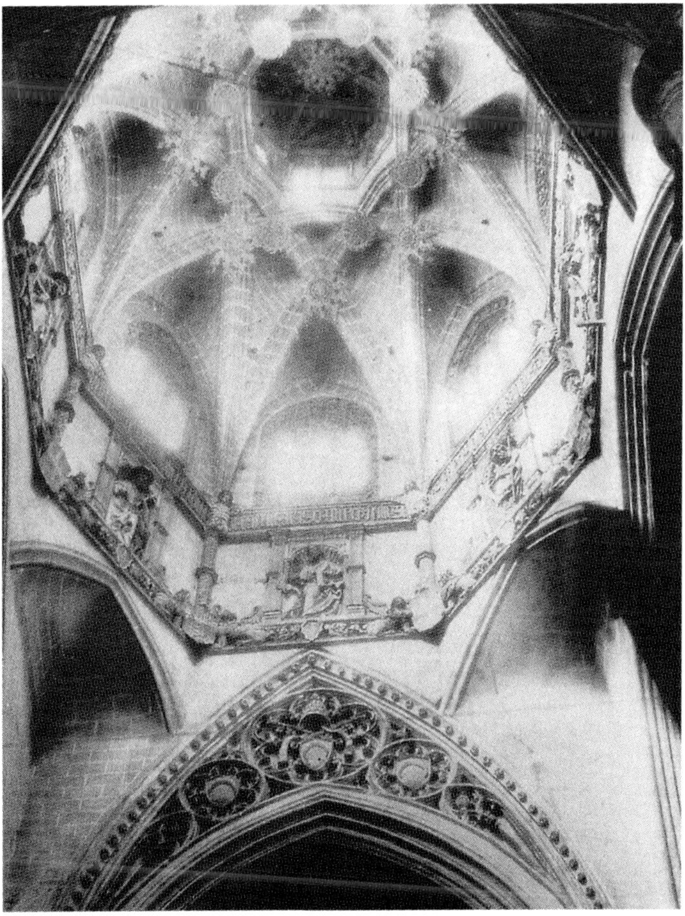

La coupole à la croisée de la nef de la cathédrale la Seo, à Saragosse (projet d'Enrique Egas, construite probablement par Juan Botero entre 1505 et 1520).

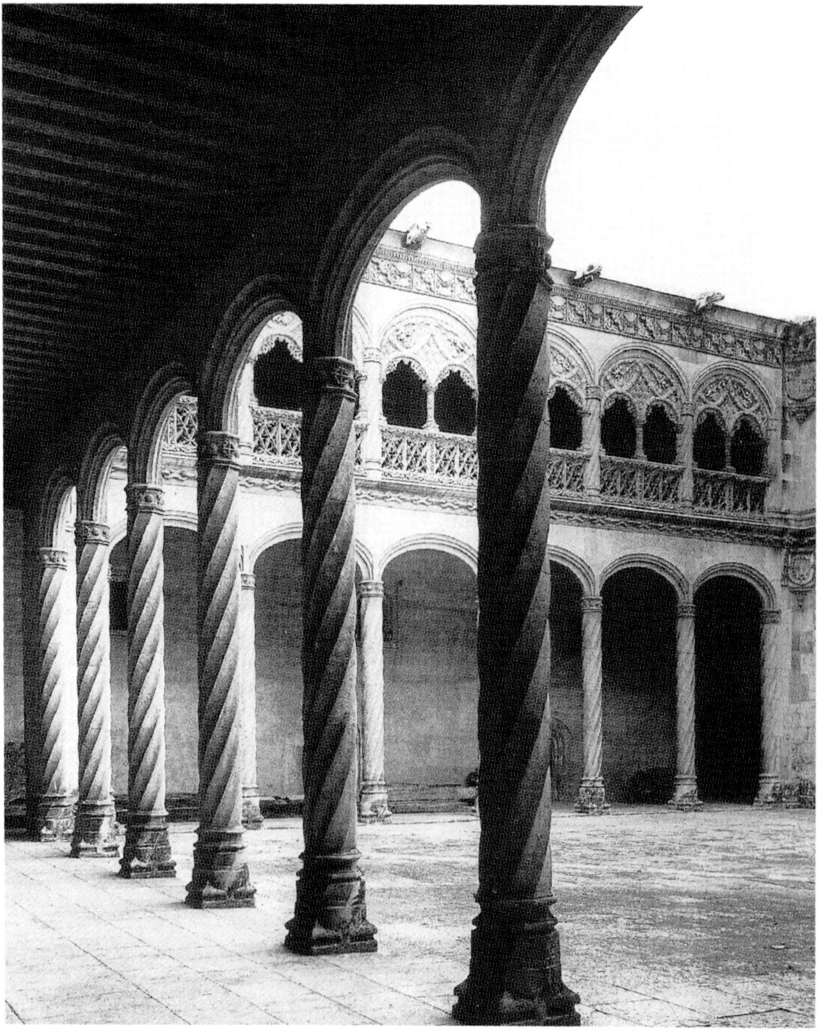

Le « patio » du Collège Saint-Grégoire de Valladolid, 1487-1496 ; 1504 et années suivantes.

Page de droite : Attribué à Gil de Siloe et Diego de la Cruz, 1487-1496. Façade du Collège Saint-Grégoire de Valladolid.

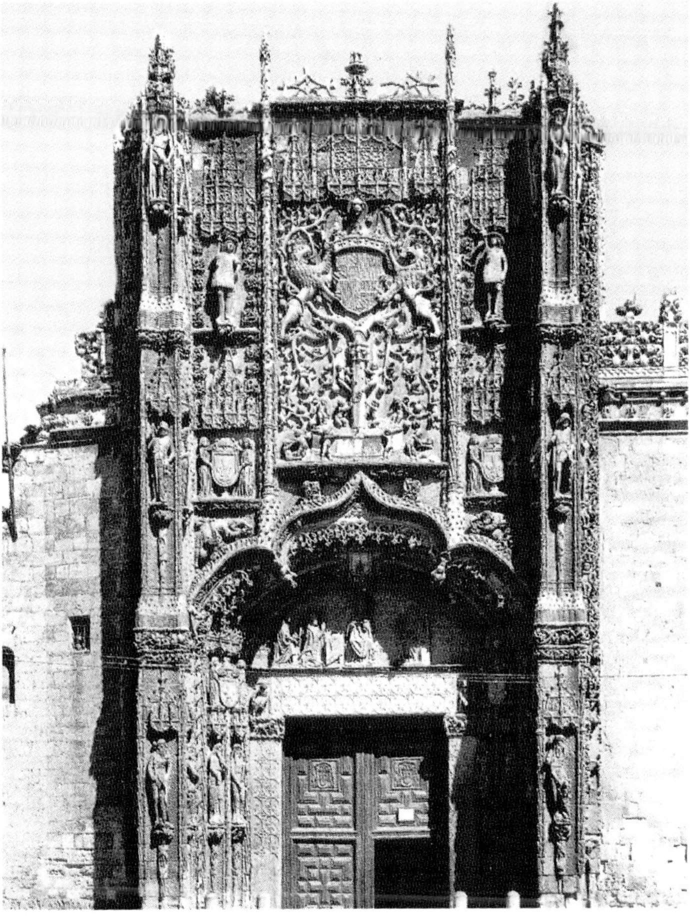

palais (Palais de l'Infantado à Guadalajara, cour et colonnes du premier niveau, à partir de 1480), dans l'architecture monastique (par exemple au monastère franciscain de Setúbal au Portugal, œuvre de Diego Boytac, achevé autour de 1498) et dans les églises (Santiago de Villena, après 1491 ; église paroissiale d'Utiel, 1517). Enfin, dans la cathédrale d'Orihuela, refaite à la fin du XVe siècle, les colonnes mais aussi les nervures sont en spirale.

À l'étage du patio du Collège Saint-Grégoire de Valladolid, la décoration des arcs, œuvre de Simon de Cologne, est entièrement différente : des guirlandes et des *putti* trahissent des influences italiennes. La spécificité de la décoration espagnole réside dans la profusion des armoiries des Rois Catholiques, qui forment une frise au-dessus des arcs. Les armoiries sont aussi un motif dominant dans l'abondante ornementation sculptée des deux façades de Valladolid : celle de l'église du monastère de San Pablo, presque un retable extérieur, si l'on peut dire, ou une tapisserie de pierre tendue entre deux tours simples, et celle du Collège Saint-Grégoire, qui appartient au même ensemble ; le portail, avec son tympan, est dominé par le symbolisme politique de la partie supérieure de la façade. Le grand écu royal que portent l'aigle et les deux lions se détache sur le grand grenadier du fond – probablement en mémoire de la récente reconquête de Grenade – entouré d'un essaim de *putti* et de sauvages. Le portail du collège de Valladolid est très probablement l'œuvre de Gil de Siloe et de Diego de la Cruz, construit entre 1487 et 1496 ; il s'agit d'un excellent exemple du caractère « plateresque » de la décoration hispanique à cette époque, proche du travail d'orfèvrerie. Des formes épaisses et sèches remplissent le rectangle de la façade avec une densité qui vibre sous le soleil méditerranéen.

L'héraldique est aussi un motif dominant de la décoration de la façade du monastère cistercien de l'église de Miraflores, près de Burgos, tandis que les motifs flamboyants semblent envahir les murs depuis les fenêtres et les portes et égayent la surface étincelante de la chapelle Saint-Georges du Palacio de la Generalidad à Barcelone (1432-1434).

La synthèse la plus haute de ces tendances décoratives – le « plateresque » espagnol – est représentée dans l'art portugais du temps du roi Emmanuel Ier (1495-1521) avec le style dit « manuélin ». L'un des chefs-d'œuvre de cette époque est sans conteste la décoration de l'église de Batalha, commencée en 1385 ; le monastère de Belém, près de Lisbonne, en est un autre. Magnifique ensemble avec la chapelle funéraire de Jean Ier et de la reine Philippa de Lancastre, l'abbaye de Batalha est l'œuvre de plusieurs architectes, dont un certain Maître Huguête, probablement anglais, l'influence du style perpendiculaire étant manifeste dans la façade ouest de l'église.

Le vrai chef-d'œuvre aurait dû être le grand mausolée octogonal à chapelle qui, conçu comme l'extrémité est de l'église derrière le chœur, resta inachevé. C'est aujourd'hui une curiosité – les *capelas imperfeitas* demeurant une attraction touristique – mais la qualité des décorations des portails et des ajours du cloître est exceptionnelle (le cloître est l'œuvre d'Alfonso Domingues et de Diego Boytac, au début du XVIe siècle).

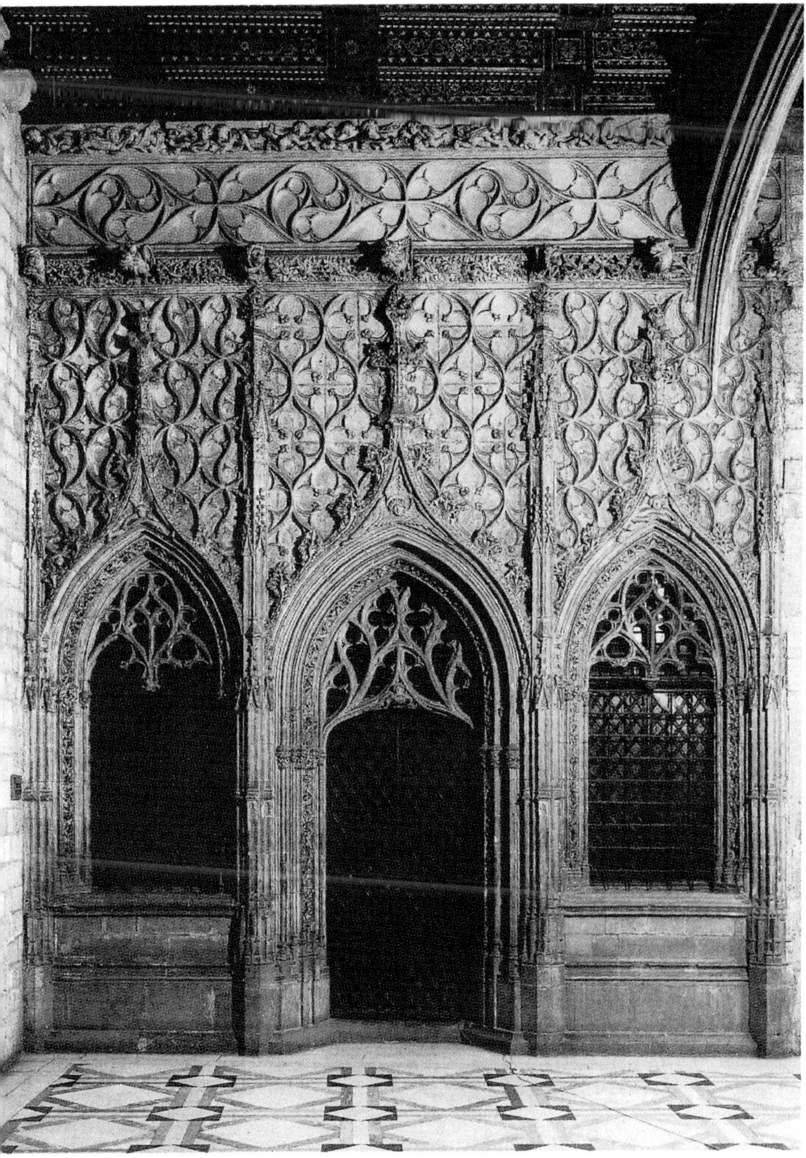

Façade de la chapelle Saint-Georges du palais de la Generalidad à Barcelone, 1432-1434.

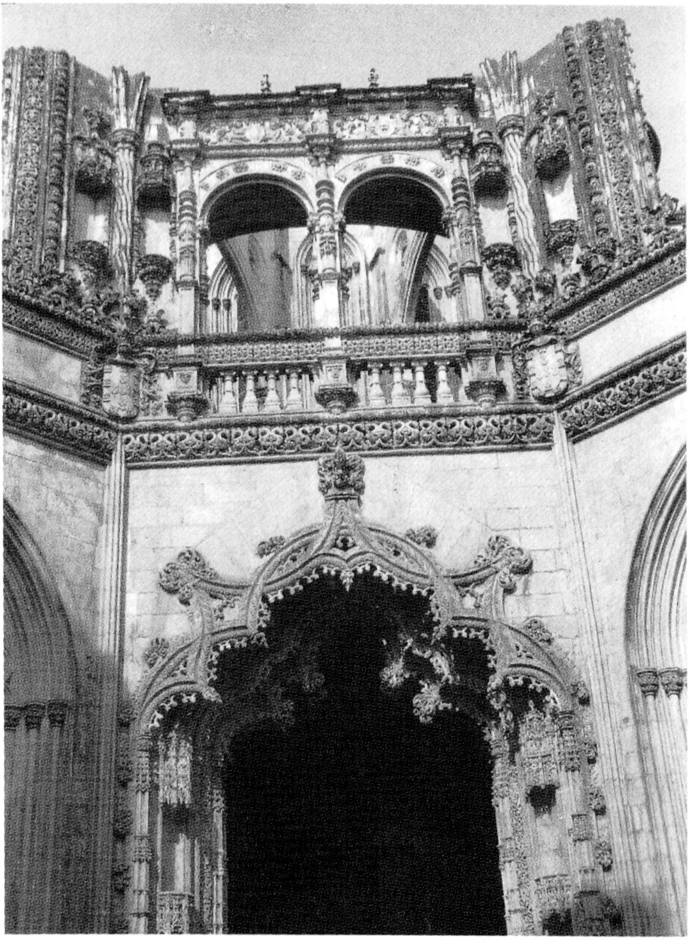

Loin de la forme typique du gothique tardif, la décoration de Batalha consiste en formes plastiques pleines et abondantes et multiplie les allusions à des signes symboliques, tels que la Croix de l'Ordre du Christ sous laquelle naviguent les vaisseaux portugais et la sphère armillaire, emblème personnel d'Emmanuel Ier. Œuvre de Mateus Fernandes le Vieux, le grand portail entre le mausolée et le chœur de l'église est une merveille de juxtaposition

Maître Huguête, 1402-1438. Grande fenêtre du mur ouest de l'abbaye de Batalha.

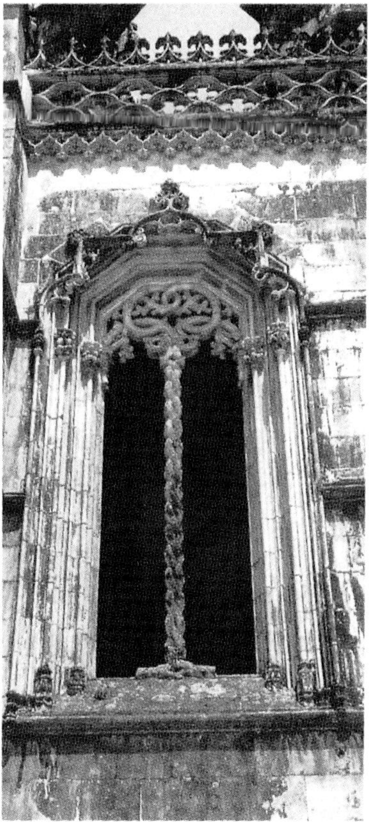

Page de gauche : Mateus Fernandes le Vieux, 1480-1515. Porte d'accès aux *« capelas imperfeitas »* de l'abbaye de Batalha.

polyphonique de dix moulures de formes différentes qui rappellent des sources exotiques au même titre que les autres motifs de la décoration. Il est généralement admis que la connaissance de l'art asiatique, que les navigateurs rapportèrent de leurs lointains voyages, a influencé ces décorations portugaises.

À Belém, qui se trouve aujourd'hui dans le périmètre de Lisbonne, une autre belle construction – celle du monastère des Hiéronymites, commencé par Diego Boytac en 1502 et poursuivi par João de Castilho en 1517 – est pourvue d'une église-halle pleine d'une mystérieuse lumière, d'un portail puissant et dynamique tout en formes verticales, et de cloîtres célèbres, où la conception du gothique tardif se mêle à d'évidents motifs italia-

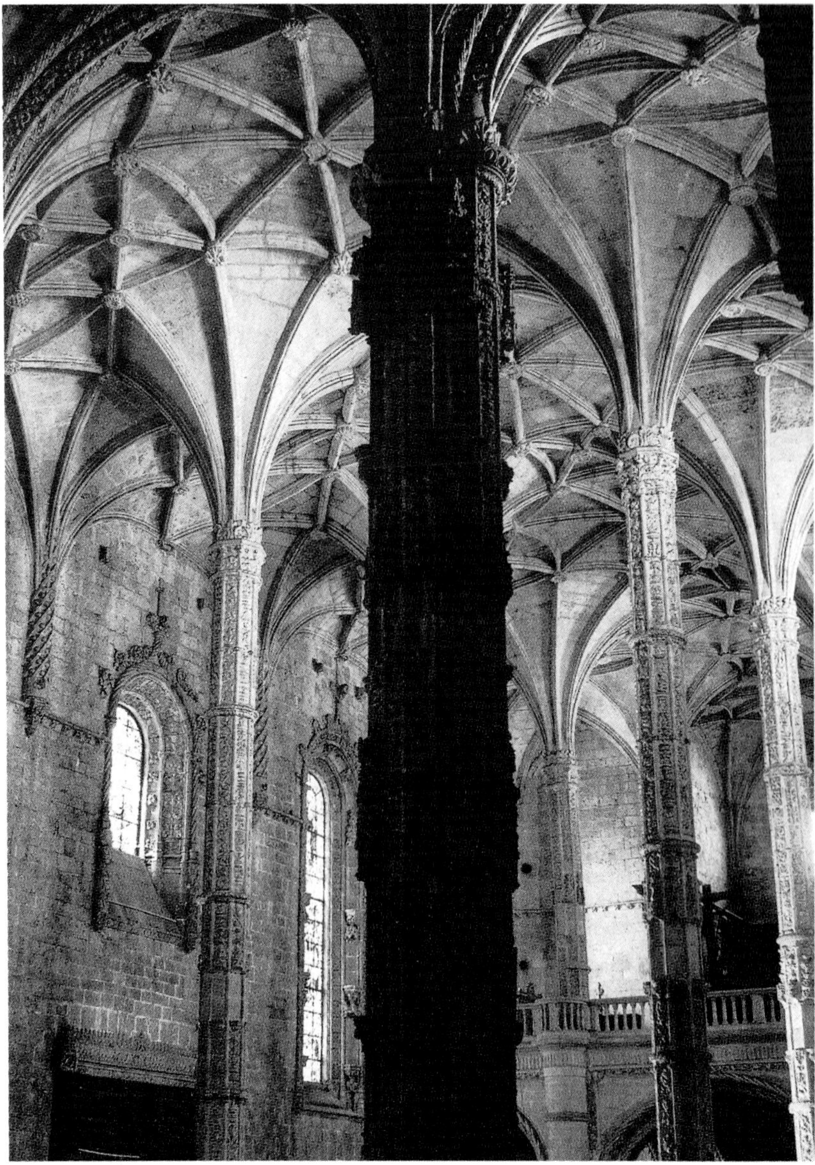

Diego Boytac et João de Castilho, 1500. Église du monastère des Hiéronymites à Belém.

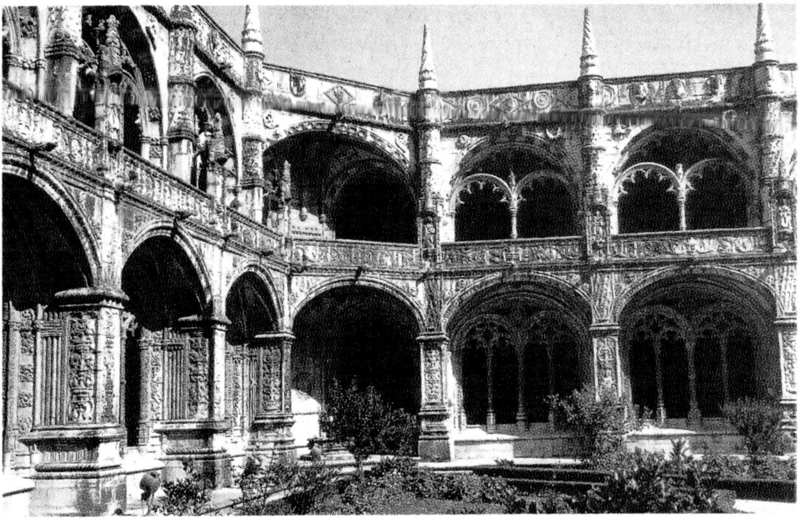

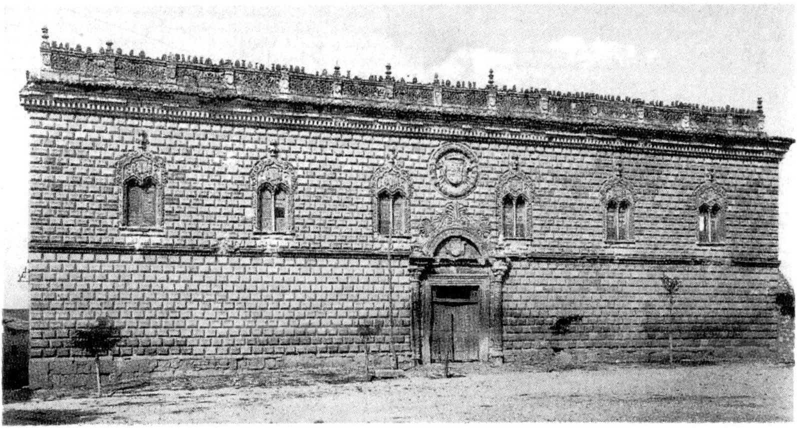

En haut : Vue du cloître depuis le « patio » au monastère de Belém.
En bas : Lorenzo Vázquez, 1492-1495. Palais Medinaceli à Cogolludo, près de Guadalajara.

nisants, que l'on retrouve également dans l'ornementation des pilastres de l'église.

En Espagne, avant la fin du XVe siècle, le style de la Renaissance italienne ne produisit pas seulement des éléments de décor, mais aussi des édifices entiers. Entre 1492 et 1495, par exemple, Lorenzo Vázquez édifia à Cogolludo (Guadalajara) le palais Medinaceli, bloc décoré de bossages rustiques et d'un portail classique ; seuls les formes étranges des fenêtres et les enchevêtrements compliqués de l'attique rappellent que le gothique tardif n'était pas encore éteint.

3. Micro-architecture

Il semble que le même principe ait prévalu dans l'érection de tours immenses et puissantes ou des structures fragiles et délicates qui, à la fin du XVe siècle et au début du siècle suivant, allaient proliférer partout dans les églises et les chapelles. Les objets de toute sorte nécessaires à la bonne marche des fonctions ecclésiastiques reçurent des superstructures décoratives conçues en termes architecturaux. Sur un plan économique, la nature des commandes connut un changement notable : ce sont désormais les petits objets et les entreprises moins ambitieuses qui prédominèrent. Mais « la dimension réduite fut contrebalancée par l'enrichissement des détails, un traitement sophistiqué des matériaux et des dessins audacieux... À compter de 1400, les petites commandes devaient représenter autour de 25 % de la production des ateliers du Nord »[9].

Les tabernacles et les ostensoirs prirent la forme de tours tandis que celles-ci devinrent, à leur tour, semblables à des pièces d'orfèvrerie : ce processus se soldant, au bout du compte, par une tendance à la fragmentation des formes. Ainsi, pour Filarete, l'architecture gothique septentrionale de la fin du Moyen Âge subit sans conteste l'influence des orfèvres[10].

En règle générale, ce dynamisme décoratif et expressif ne prit pas un caractère monumental. Quand bien même les dimensions étaient considérables, le traitement formel excluait toute monumentalité. Une incroyable unité formelle résultait de l'application du même principe de division, de décomposition, d'interpénétration cristalline de formes géométriques ; celles-ci sont sans relation aucune avec une réalité existante mais créent une réalité propre douée d'une vie intrinsèque qui propage les formes aux divers niveaux d'interdépendance hiérarchique et engendre des structures qui – par un curieux renversement – paraissent appartenir au monde animé de la vie organique. Des formes transparentes qui délimitent l'espace sans le fermer : des édifices qui ne sont

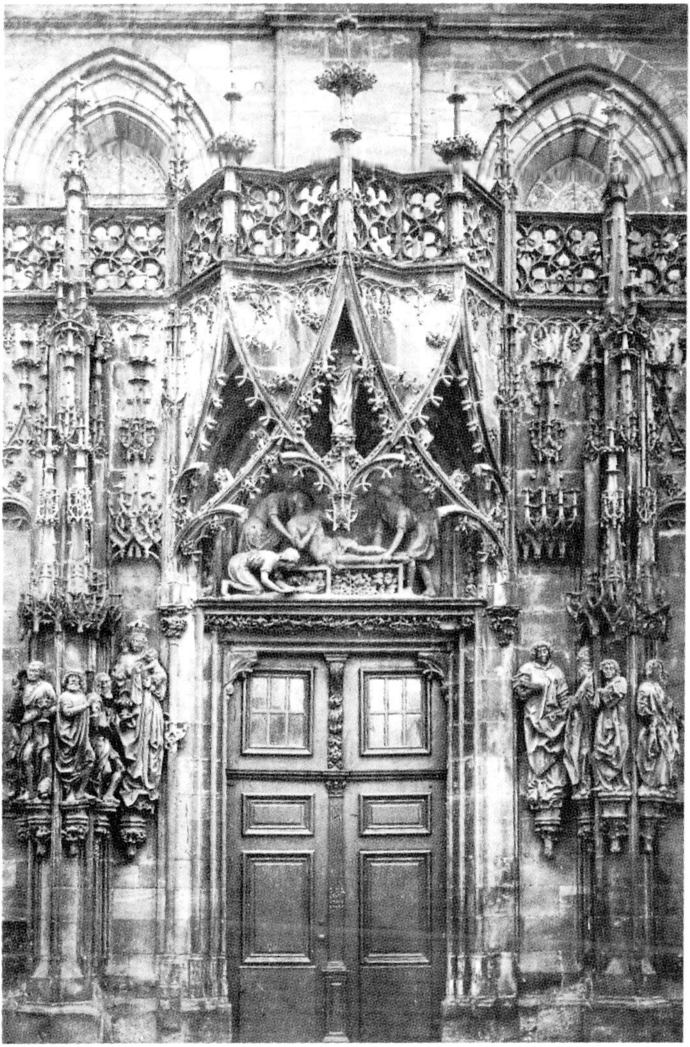

Jacob van Landshut, 1495-1505. Portail de la chapelle Saint-Laurent, cathédrale de Strasbourg.

pas des édifices, des sculptures qui ne sont pas des sculptures ; pas d'enveloppes pures ni de solides purs, mais une matière poreuse qui laisse l'espace la pénétrer, qui participe à l'existence de l'espace autant qu'à celle de la masse solide. L'ombre et la lumière produisent leurs effets changeants sur ces petites tours, ces tout petits et ingénieux nœuds de nervures et ces entrelacs flamboyants.

Cet univers de formes pouvait revêtir une signification sacrée. Les visions de la Jérusalem Céleste que décrivait la littérature médiévale étaient « hors de portée de tout bâtisseur. Dans le Nord, leurs images d'édifices resplendissants, irrationnels, devinrent tellement extravagantes qu'elles ne pouvaient être réalisées que dans le domaine structurellement indulgent d'édifices dont les élévations extraordinairement audacieuses exigeaient de petites dimensions »[11].

L'ajout de constructions ainsi conçues à des édifices plus anciens est un trait caractéristique de la fin du XVe siècle et de l'aube du XVIe ; nous avons déjà signalé des exemples de ce type en France. Mais on en trouve également en Allemagne, où l'une des portes les plus ingénieuses est celle de la chapelle Saint-Laurent de la cathédrale de Strasbourg, œuvre de Jacob van Landshut (1495-1505). Le baldaquin qui la surmonte est formé de trois arcs en ogive disposés comme trois faces d'un octogone ; leurs nervures se croisent et, sous les points d'intersection, paraissent littéralement voler dans l'espace. De ces nervures jaillissent d'autres nervures courbes séparées comme des branches mais qui se terminent en moignons. On saurait difficilement souligner de manière plus évidente le souci d'une structure et d'un espace qui se rencontrent et s'interpénètrent, d'un mariage du vide et de la matière. (Le portail devait être refait par la suite.)

Cette même tendance se manifeste avec plus de vigueur encore dans les édifices. La préférence pour le type architectural des églises-halles produisit des intérieurs où les piliers se dressent dans l'espace et en deviennent les noyaux ; le fait n'est jamais plus impressionnant que dans le cas des colonnes torses comme à Brunswick ou dans celui des *lonjas* hispaniques (voir page 298). Elle est aussi notable dans les églises à deux nefs dont les pilastres se dressent dans l'axe de l'intérieur et plus encore dans les rares églises asymétriques : par exemple dans les églises octogonales assez fréquentes dans le nord de l'Autriche (à Eggelsberg, notamment, vers 1420-1436) et en Bavière.

Cette propension de l'architecture à pénétrer dans l'espace intérieur trouva à s'exprimer dans les clés de voûte suspendues et les nervures volantes qui convergent vers elles (tel était déjà le cas dans la sacristie de la cathédrale Saint-Guy de Prague, en 1368, œuvre de Peter Parler, et dans la chapelle Sainte-Catherine de la cathédrale Saint-Étienne à Vienne, en 1393). Les sculptures elles-

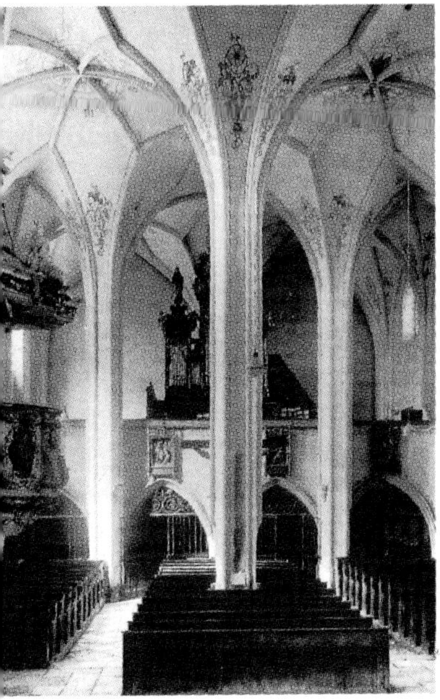
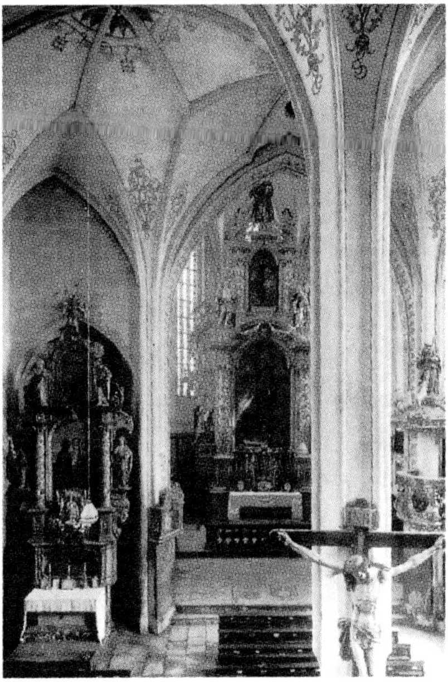

Intérieur de l'église paroissiale d'Eggelsberg, 1420-1436.

mêmes avaient tendance à être séparées des murs, mais aussi du sol pour entrer dans l'espace. À Saint-Laurent de Nuremberg, au beau milieu du chœur-halle érigé par Konrad Heinzelmann et Konrad Roritzer (1439-1477), est suspendue au-dessus de la tête des fidèles une des sculptures les plus insolites de tous les temps : une immense *Annonciation* enfermée dans une guirlande de roses taillée dans le bois par Veit Stoss, de retour en Allemagne après son séjour à Cracovie (1517-1519). Cette donation d'un riche patricien, Anton Tucher, est suspendue dans l'espace du chœur inondé de lumière par des fenêtres hautes et larges. On a pu dire de ce groupe qu'il n'était « rien d'autre qu'un chandelier monumental »[12], mais si l'on regarde depuis la nef, qui est loin, on dirait plutôt un retable dématérialisé, avec des personnages suspendus dans l'espace qu'ils saturent d'une aura de sainteté. Le groupe flotte dans l'espace au-dessus de la *Crucifixion* de Veit Stoss, sur l'autel ; l'*Annonciation* est bien sûr liée à la *Crucifixion*, comme le début et la fin de la mission du Christ sur terre, l'annonce et l'accomplissement de la Rédemption de l'humanité. Tout laisse à penser

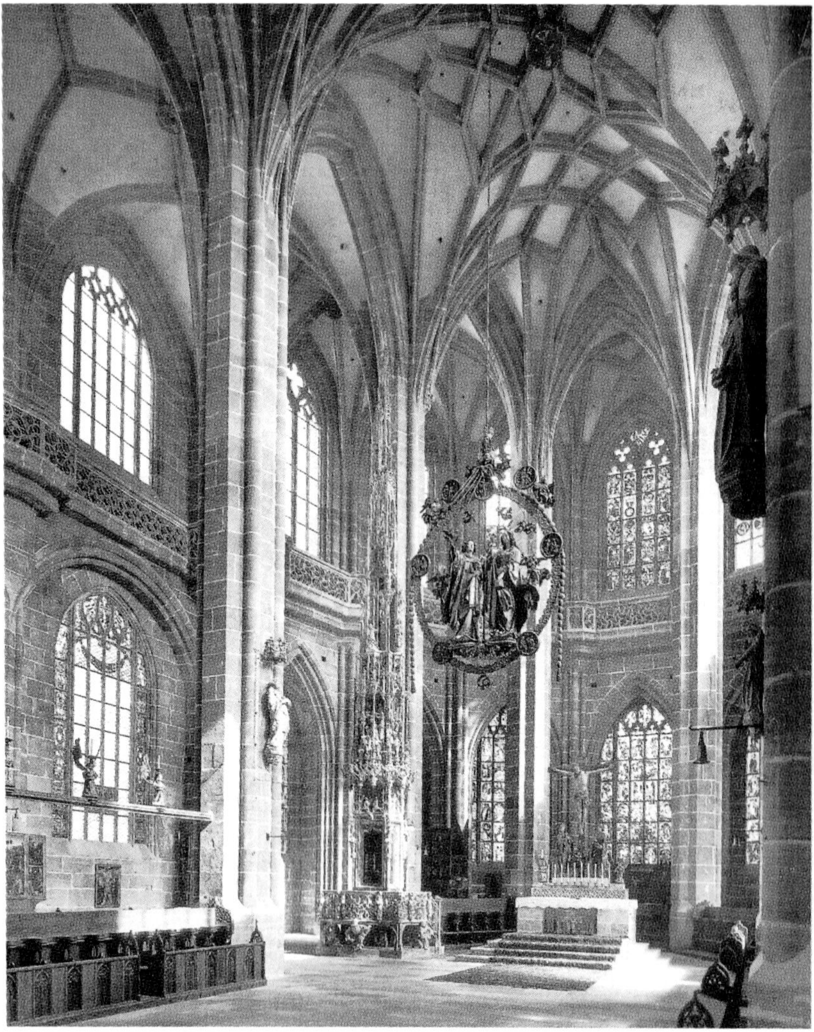

Vue intérieure de l'abside de l'église Saint-Laurent de Nuremberg, avec le groupe sculpté de Veit Stoss, 1517-1519, suspendu dans la partie médiane de la nef et le tabernacle d'Adam Kraft, 1493-1496.

Page de droite : Détail, l'*Engelsgruss*, en bois taillé et peint, représentant la scène de l'*Annonciation* dans la couronne du Rosaire.

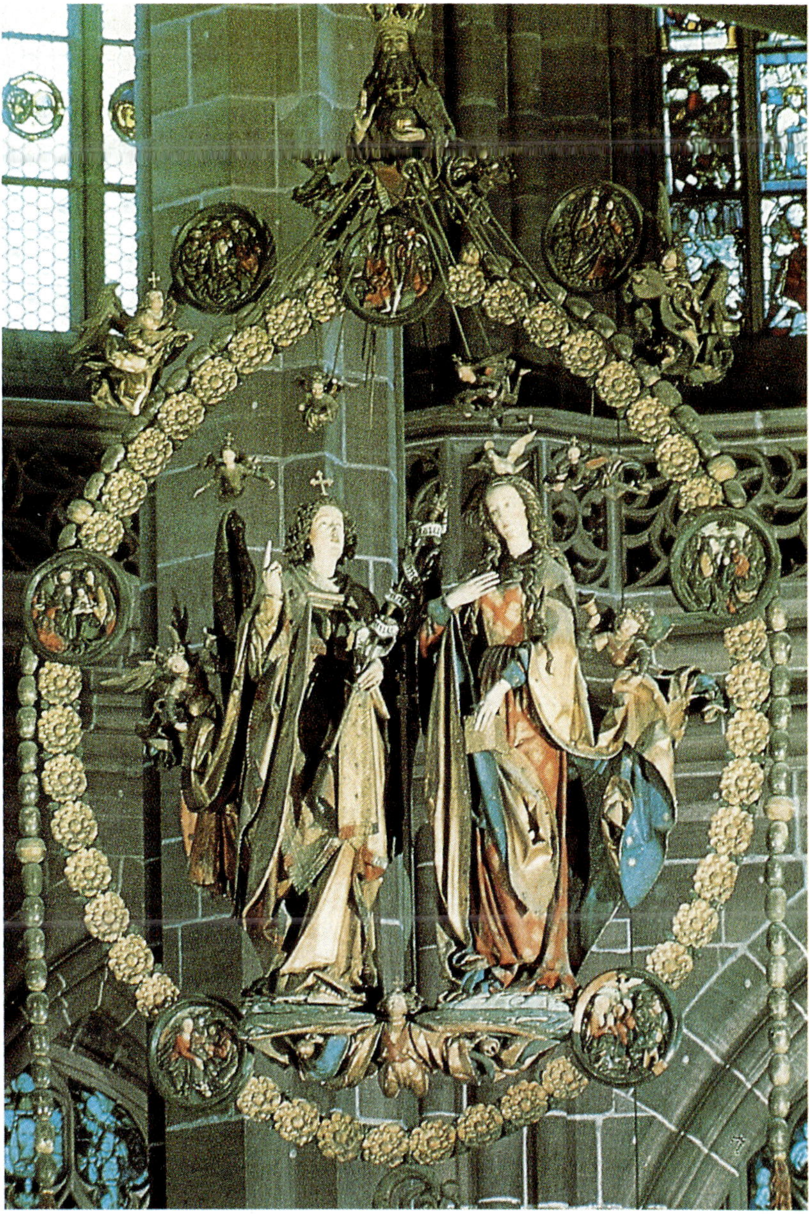

que le groupe était couvert d'un voile que l'on ne retirait que les jours de fête.

À gauche, au dernier pilier avant la courbe du chœur, l'incroyable structure du tabernacle d'Adam Kraft (1493-1496) s'élève vers la voûte. La plus haute des tiges semble manquer de force pour transpercer l'arche entre les nefs ; au départ de l'arc, elle en épouse la forme : solution qui prouve que le sculpteur a voulu que son œuvre fût perçue comme une création élastique, presque vivante. Adam Kraft en personne et ses deux apprentis sont agenouillés sur la pierre qui sert de base et supporte la construction complexe du tabernacle. De nombreuses sculptures (plus de quatre-vingt dix figures) représentent des scènes de la vie et de la Passion du Christ : en haut apparaît le Christ ressuscité avec l'étendard de Sa victoire.

Les tabernacles étaient l'un des types de micro-architecture les plus populaires du gothique tardif, en particulier dans les pays germaniques : Bâle (1437), Ulm (1462-1471), Lübeck (Notre-Dame, 1476-1479), Dinkelsbühl (1480-1481), Coire (1484), Ratisbonne (1493) précèdent le chef-d'œuvre de Kraft, à Nuremberg. Plusieurs tabernacles sont des œuvres plus tardives. Les fonts baptismaux étaient un autre élément de mobilier nécessaire aux églises. À la fin du xve siècle, ces fonts se transformèrent à l'occasion en objets majestueux et compliqués, parfois protégés par des baldaquins décoratifs, comme à Saint-Sever d'Erfurt (1467), où un échafaudage de croisées d'ogives rattache les quatre piliers qui s'élèvent autour des fonts. À Fribourg, en Suisse, octogone et carré s'interpénètrent dans des fonts petits mais beaux, tandis que la structure polyphonique des fonts baptismaux de la cathédrale de Strasbourg (œuvre de Jodokus Dotzinger, 1453), qui servirent de modèle aux précédents, fait tout naturellement penser à un monde végétal de lianes qui recouvrent de leurs formes coulantes le noyau géométrique de la construction.

L'intérieur des églises était traditionnellement divisé par des jubés placés entre la nef et le chœur. C'était là une tradition fort ancienne. Au cours de la période qui nous intéresse s'affirma en ce domaine une tendance à l'unification de l'espace et l'on construisit donc moins de jubés. Dans certains d'entre eux trouvèrent à s'exprimer les meilleures tendances décoratives de l'époque, en particulier dans les églises françaises les plus tardives : à la cathédrale d'Albi, autour de 1500, à la Madeleine de Troyes, de 1508 à 1516, dans l'église de Brou à Bourg-en-Bresse autour de 1513 (œuvre de l'architecte et sculpteur flamand Loys van Boghem). Le jubé de Troyes est un merveilleux pont de toutes

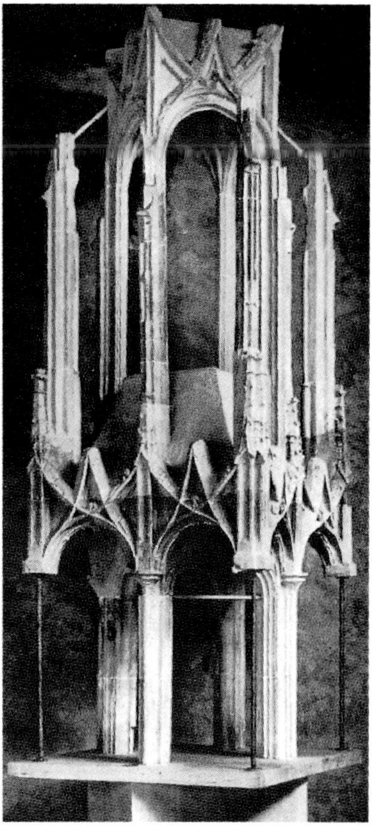

Tabernacle (1437) de la cathédrale de Bâle.

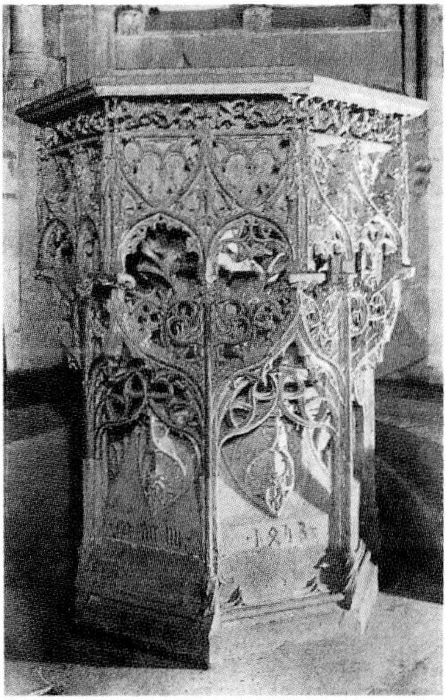

Jodokus Dotzinger, 1453. Les fonts baptismaux, cathédrale de Strasbourg.

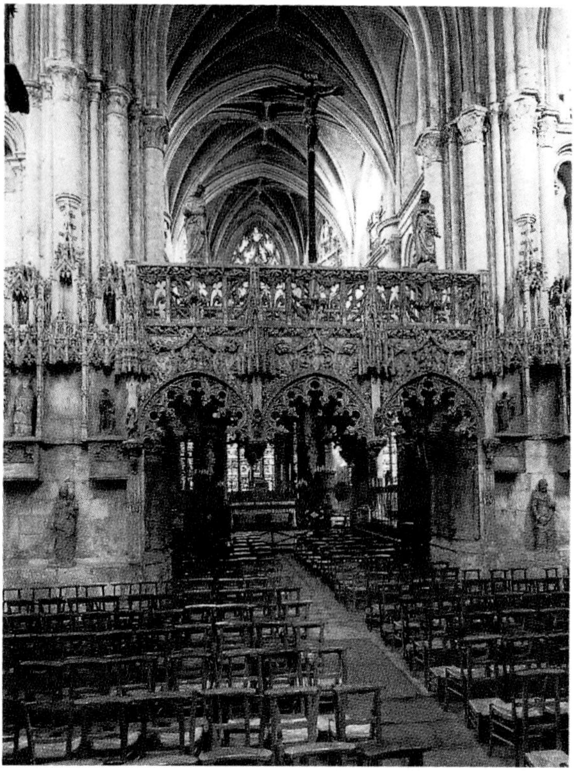

Jubé sculpté entre la nef et le chœur de l'église de la Madeleine à Troyes, 1508-1516.

petites formes flamboyantes, dont les trois arches flottent sans support en travers de la nef. À Bourg-en-Bresse, le jubé est une composition bien plus contenue, surtout en comparaison de la frise décorative des tombeaux que le même architecte construisit dans cette église avec le sculpteur Conrad Meit de Worms pour Marguerite d'Autriche, pour sa mère Marguerite de Bourbon et pour son mari Philibert le Beau de Savoie (1526-1532).

Les chaires faisaient également partie de l'indispensable mobilier traditionnel des églises. Il en est de splendides de la fin du XVe siècle et du début du siècle suivant : de véritables pièces d'orfèvrerie en pierre, agrémentées d'éléments gothiques tardifs et décorées de représentations symboliques et historiques, voire

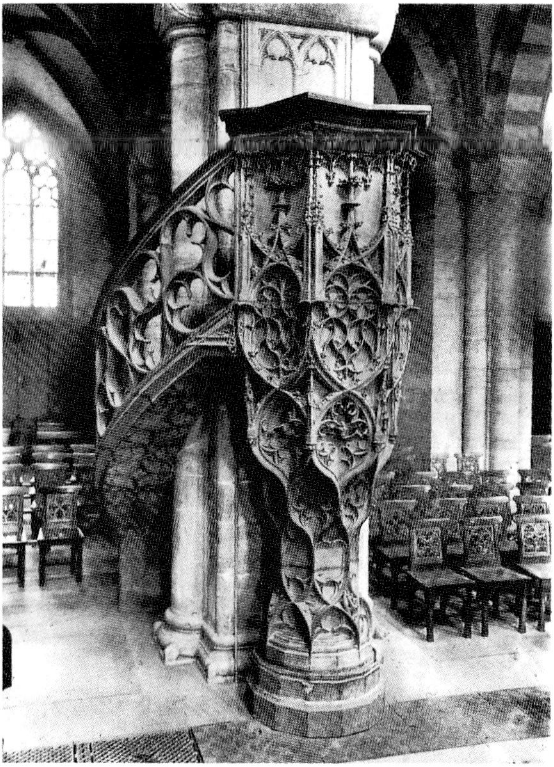

Hans von Nussdorf, 1486. Chaire de la cathédrale de Bâle.

de simples entrelacs – comme la chaire de la cathédrale de Bâle (1486, œuvre de Hans von Nussdorf) – qui couvrent cinq faces de sa forme octogonale. Seule la corniche, qui limite la composition au sommet, présente des plantes et des personnages. Reste le jeu dynamique et flamboyant des entrelacs sur un fond de pierre neutre en accord avec les ajours de la balustrade de l'escalier.

Architecte et sculpteur viennois à cheval entre le XVe et le XVIe siècle, Anton Pilgram, originaire de Brno en Moravie, introduisit dans sa chaire de la cathédrale Saint-Étienne l'effigie des quatre Docteurs de l'Église, conçus comme les représentants des quatre tempéraments, suivant une conception largement reçue chez les humanistes. Les coudes reposant sur des parapets, ils

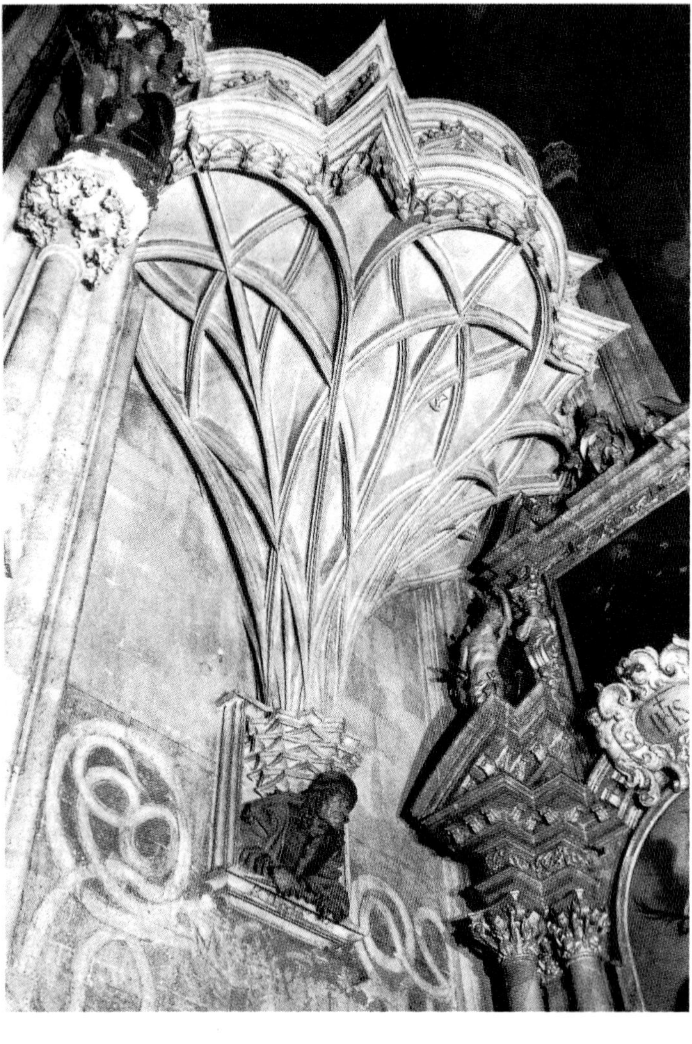

émergent de niches ouvrant sur une zone couronnée de baldaquins compliqués et sont soutenus par des ajours à trois dimensions qui jaillissent d'un tronc commun puis s'interpénètrent ingénieusement. Leur réalisme incisif contraste avec le monde fantastique et visionnaire qui les entoure (d'avant 1513). Le même architecte construisit une extraordinaire console d'orgue dans la cathédrale de Vienne, sorte de grand pied de calice ou de taber-

Anton Pilgram, avant 1513. Chaire de la cathédrale Saint-Étienne à Vienne.

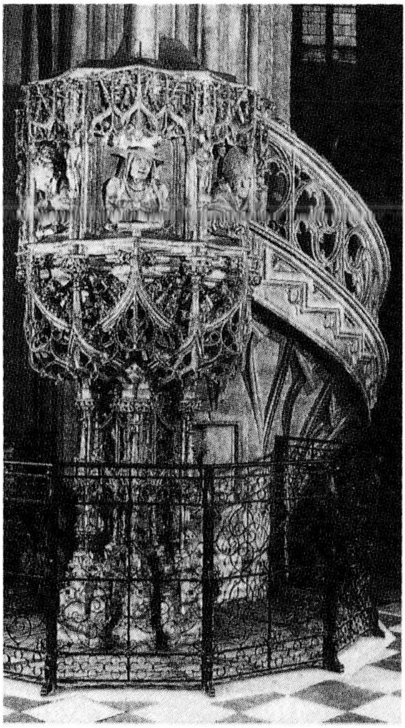

Page de gauche : Anton Pilgram, 1513. Structure de soutènement de l'orgue de la cathédrale Saint-Étienne à Vienne.

nacle renversé et fixé au mur (1513)[13]. La chaire et le support de l'orgue, agrémenté d'un portrait du maître, témoignent tous deux de l'individualité de l'artiste qui s'affirma à la lumière de l'Europe du Nord. De même qu'Adam Kraft, Anton Pilgram soutient en effigie son œuvre et participe ainsi à la création comme l'instrument de Dieu. Ses compas et ses règles attestent sa qualité d'architecte : il appartient à un type, à une catégorie déterminée de personnes dans le système social de la fin du Moyen Âge. Toutefois, la caractérisation de son visage et de ses traits transgresse l'universalisme du premier Moyen Âge et appartient à la pensée concrète et nominaliste de l'époque.

4. Nature et imagination

Deux modes, le géométrique et l'organique, l'abstrait et le concret, dominent l'imagination décorative de la fin du XVe siècle et de l'aube du siècle suivant. L'univers des entrelacs, des nervures et des rosaces faites de formes sèches, dures et cristallines –

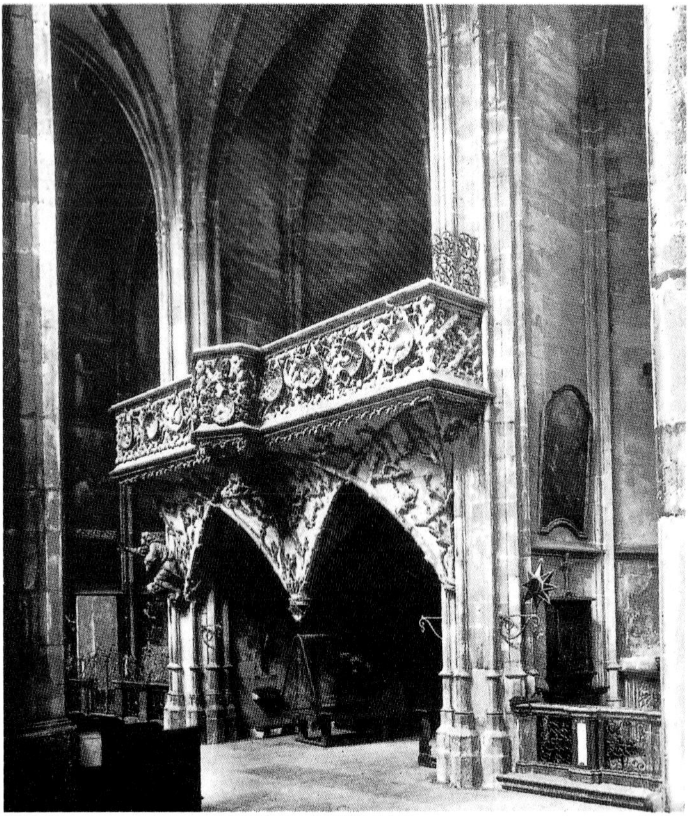

Hans Spiess et Benedict Ried, vers 1490-1493. La loggia-oratoire du roi Ladislas II dans la cathédrale Saint-Guy à Prague.

bâtons, polyèdres, arches, voûtes d'ogives – côtoie un autre monde, dans lequel les formes naturelles sont adaptées aux mêmes fonctions. Des troncs d'arbres, des branches et des feuilles se substituent aux piliers, aux nervures et aux trèfles. Bon nombre d'œuvres d'art de ces deux siècles sont en vérité des fantaisies d'architecture naturaliste.

Cette variation naturaliste de la décoration architecturale s'est développée tout au long du XVe siècle pour s'épanouir dans les dernières décennies et au début du siècle suivant. La décoration naturaliste est habituellement associée à l'Allemagne, mais elle se répandit aussi largement en Europe et connut un vif succès en

Bohême, dans les pays germaniques, en France, en Espagne et au Portugal. L'une de ses versions les plus spectaculaires se trouve en Bohême, dans la loggia-oratoire érigée pour le roi Ladislas II Jagellon dans la cathédrale Saint-Guy de Prague par Hans Spiess et Benedict Ried de 1490 à 1493 : il s'agit d'un balcon soutenu par une espèce de treillis de branches sèches entremêlées. Il est exact, cependant, que les exemples les plus saisissants se trouvent en Allemagne.

Nous avons déjà évoqué la voûte à nervures de l'église-halle Sainte-Anne d'Annaberg, en Saxe, en observant que l'intérieur de l'église avait été transformé en une image du jardin sacré. De fait, d'aucuns ont suggéré qu'il fallait voir dans ces formes végétales qui décorent les églises des images symboliques du Saint Jardin du Paradis[14]. On a récemment fait valoir dans la littérature liturgique de la fin du Moyen Âge certains propos où l'on retrouve cette conception de l'Église conçue comme un jardin clos (*Ecce basilica, sive ecclesia divina hortus conclusus est*, écrit Meffreth, théoricien de la liturgie)[15]. Le symbolisme traditionnel de l'église conçue comme l'image des Cieux laisse place au symbolisme naturel de l'église-jardin, sans qu'il y ait cependant la moindre contradiction entre les deux idées. À Annaberg, le motif de nervures curvilignes en forme de branches dessine sur la voûte de grandes étoiles avec des pétales semblables à ceux d'une fleur.

Le pavillon céleste parsemé d'étoiles s'identifie au jardin céleste plein de fleurs[16]. Chaque pilier déploie son flot de nervures en une forme pareille à un arbre qui pourrait être l'arbre symbolique de la vie. Ce type de voûte, on l'a vu, se retrouve dans certaines églises importantes des régions minières de Saxe et de Bohême (Annaberg, Chemnitz, Pirna, Most, Kutná Horá) et l'on a pu suggérer un lien entre l'idée de l'arbre de vie, profondément enraciné dans la terre, et l'activité des mineurs[17].

Dans la cathédrale de Freiberg, en Saxe, Hans Witten (longtemps connu sous le monogramme H. W.) réalisa entre 1510 et 1515 une chaire unique, traditionnellement baptisée, de manière approximative, « chaire tulipe ». Son iconographie et donc sa forme proviennent d'une légende locale suivant laquelle le prophète Daniel – patron des mineurs – aurait cherché de l'or sur un arbre : un ange serait alors apparu pour lui conseiller de chercher plutôt dans la terre[18]. Cette plante fantastique, dont la chaire a pris la forme, a dû être en même temps conçue comme un arbre de vie, avec des anges sur les branches inférieures et les Docteurs de l'Église qui émergent des pétales de la grande fleur du sommet. Au pied de cette plante bizarre, qui rappelle les fleurs étranges

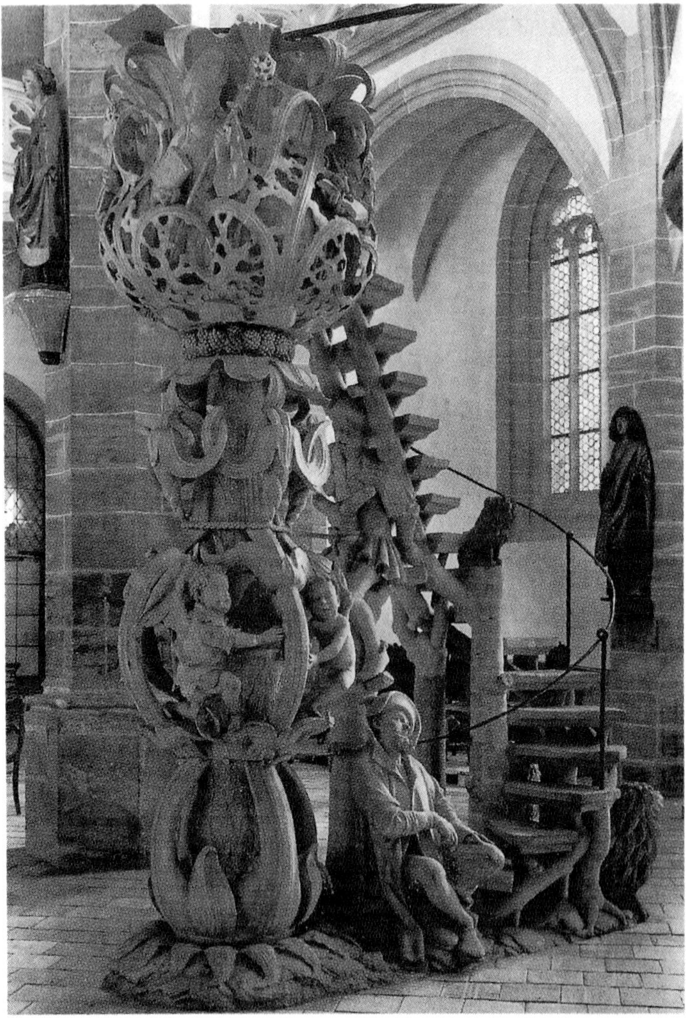

des peintures de Jérôme Bosch, le prophète Daniel se repose comme un pèlerin fatigué. Un jeune mineur qui continue manifestement à chercher le trésor grimpe à l'arbre qui soutient les marches de la chaire. Ces marches exceptées, toutes les formes sont des formes naturelles empruntées à l'univers des plantes, des fruits et des fleurs. Deux lions, attributs de Daniel, se cachent sous les branchages qui portent l'escalier.

Page de gauche : Hans Witten, 1510-1515. La « chaire tulipe » de la cathédrale de Freiberg en Saxe.

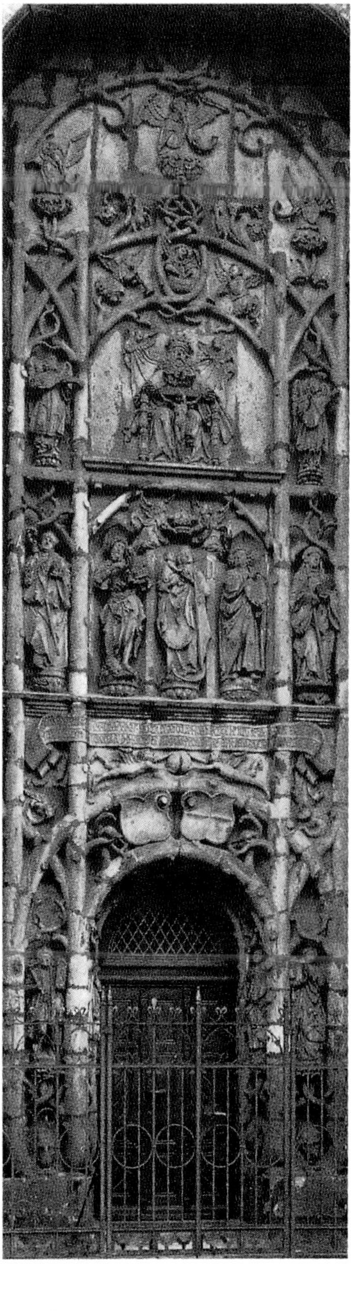

Portail nord de l'église du château de Chemnitz commencé par Hans Witten autour de 1503, poursuivi et terminé par Franz Maidburg.

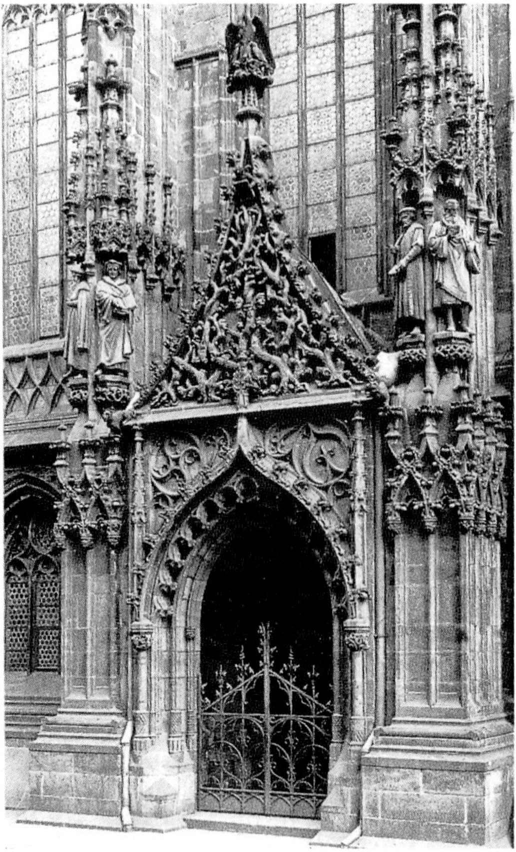

Le portail *(Astewerkportal)* de l'église Sainte-Marie à Zwickau, début du XVIe siècle.

Le même Hans Witten est l'auteur du portail nord de l'église du château de Chemnitz, commencé dans les années 1503-1505, et achevé après sa mort par Franz Maidburg. De grands troncs d'arbre, deux de chaque côté, aux branches coupées en forment la structure. En bas et au sommet, ils sont attachés les uns aux autres par des branches qui naissent de l'un des troncs pour se mêler à celles qui naissent de l'autre côté. Au milieu, on reconnaît des scènes religieuses. Entre les troncs et les branches, des saints et des anges reposent ou volent. Une fois encore, on a fait valoir

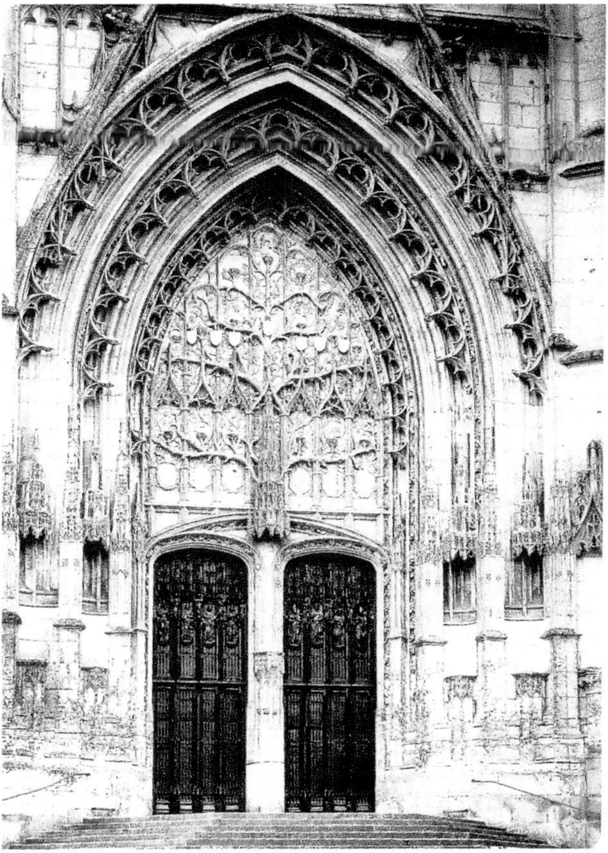

Tympan nord de la cathédrale de Beauvais, 1532.

que les arbres, les plantes et les branches, dans la culture de la fin du Moyen Âge et plus tard dans le folklore, étaient liés à des fonctions apotropaïques : « les représentations de bois et d'arbres figurent en bonne place parmi les accessoires de l'exorcisme »[19]. Cela vaut aussi, semble-t-il, pour les sauvages et pour les dames qui grimpent aux branches dans le chœur de l'église Sainte-Marie de Pirna, en Saxe, où apparaissent aussi un dragon et un serpent.

Sur d'autres portes également, les branches avaient sans doute une fonction apotropaïque analogue. Les décorations de ce type abondent. Non loin de Chemnitz, dans l'église Sainte-Marie de Zwickau, la pointe d'un arc en ogive qui enferme la porte traverse la corniche horizontale dans le triangle au-dessus et se démultiplie en une trame complexe de branches entremêlées.

En France, le tympan nord de la cathédrale de Beauvais (1532) est un exemple complexe d'interpénétration organique des éléments architecturaux et naturalistes. Le deuxième, le quatrième et le sixième des sept arcs en ogive ont des nervures en forme de branchages, tandis que les premier, troisième, cinquième et septième ont des découpures architecturales. Par ailleurs, du champ central se répandent à l'horizontale d'épaisses branches sèches qui perforent les formes verticales des arcs. Leurs subtiles ramifications dessinent sur le fond des motifs capricieux. Le même motif

À gauche : Porte de la sacristie de l'abbaye d'Alcobaça.

À droite : Fenêtre de la façade occidentale du monastère de l'Ordre du Christ à Tomar, autour de 1510.

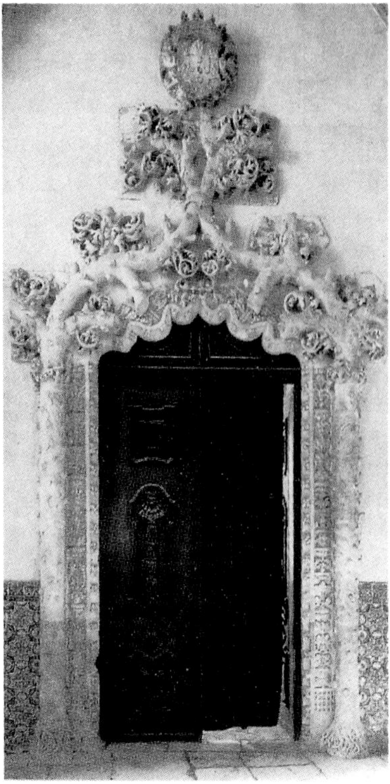

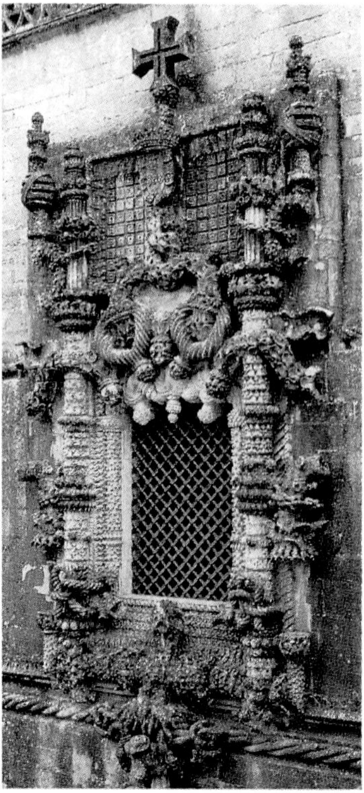

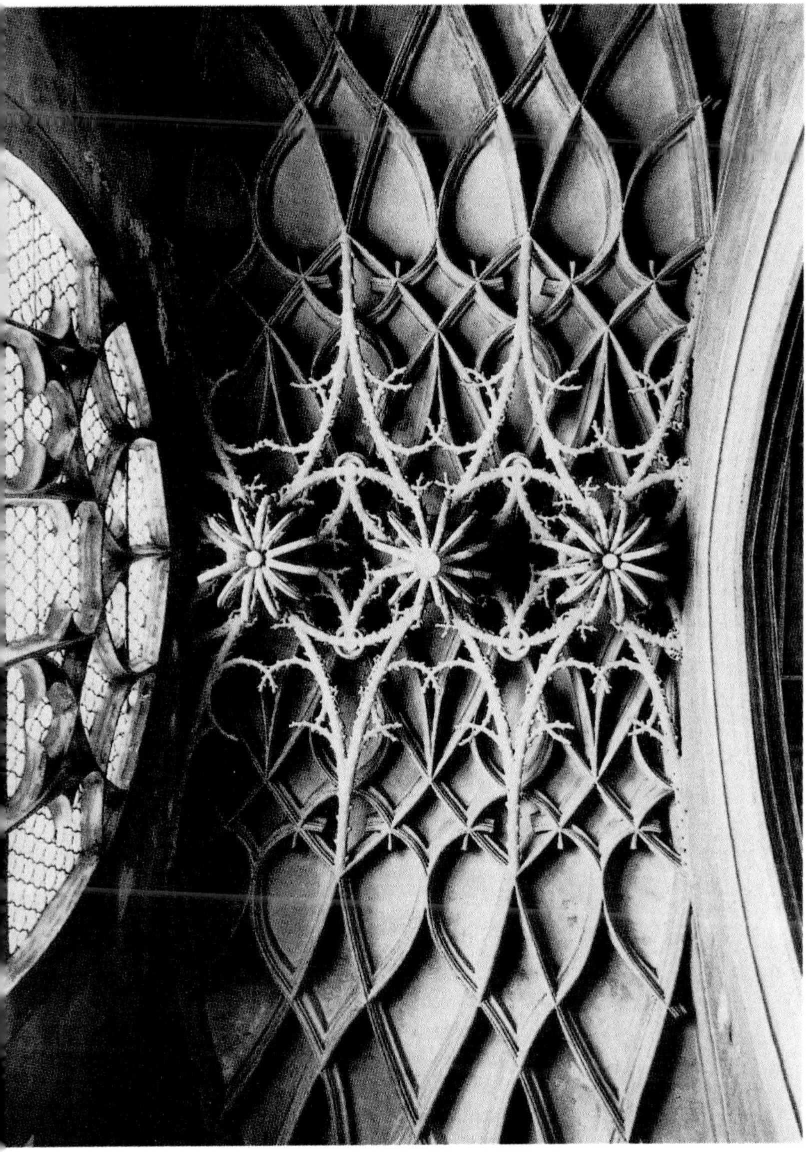

Structure de la voûte de l'église Notre-Dame d'Ingolstadt, 1510-1520.

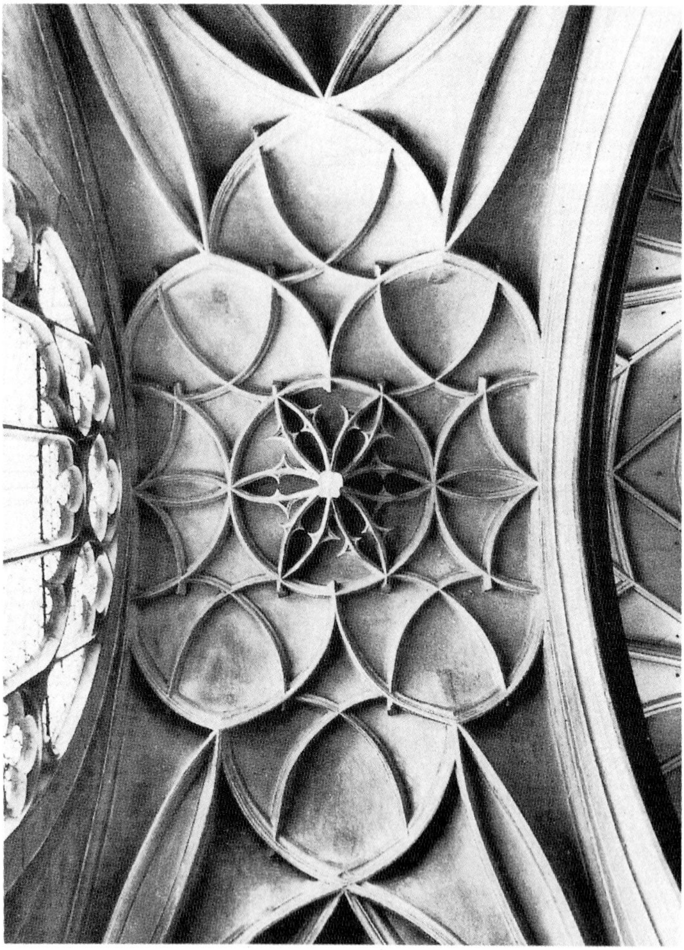

Structure de la voûte de l'église Notre-Dame d'Ingolstadt, 1510-1520.

se répète par trois fois dans la partie supérieure du tympan. L'ambiguïté des formes procure assurément un certain plaisir, mais elle peut également avoir une signification apotropaïque au sens traditionnel. À Avignon, au-dessus du portail assez simple du Palais du Roure, s'étend un grand champ où l'entremêlement des branches forme des entrelacs plats.

Au Portugal, dans la sacristie de l'abbaye d'Alcobaça, les deux arbres qui forment la structure de la porte s'épanouissent en feuillages et en ramifications très différents des branches sèches de Beauvais et de Zwickau. Les troncs sortent de terre avec de multiples racines, qui contribuent à créer une étrange impression de réalité. Le plus célèbre exemple de travail à branchages, au Portugal, est la fenêtre ouest du monastère de l'Ordre du Christ à Tomar (peu après 1510). Toutes sortes de créatures de la mer s'enroulent autour de colonnes et de découpures fantastiques, tandis que l'ensemble repose sur une figure humaine prise dans un grand enchevêtrement de cordages de marine d'où sortent des racines, des branches et des feuilles de plantes de mer exotiques. On trouverait difficilement exemple plus compliqué de coexistence de la nature et de l'imagination, en l'occurrence encouragée par l'expérience des voyages d'exploration.

Ces deux éléments se mêlent peu ou prou dans la quasi-totalité des pays européens. Ainsi que nous l'avons vu, les formes naturalistes peuvent assumer des fonctions diverses : des plus générales – le bois béni, le jardin sacré – aux plus spécifiques, comme la « chaire tulipe » de Freiberg. Nature et abstraction coexistent de manière saisissante dans les merveilleuses voûtes des chapelles de Notre-Dame d'Ingolstadt, dans le sud de l'Allemagne (1510-1520) : les nervures se métamorphosent en branches sans cesser pour autant d'être des éléments architecturaux. Les nervures curvilignes créent un fond d'où les clés de voûte pendent comme des stalactites. Une incroyable polyphonie de formes transparentes suspendues dans l'espace produit un jeu d'ombres complexe et donne une impression de mouvement qui naît de l'interpénétration compliquée de formes ornementales et naturalistes.

Aby Warburg voyait dans « les accessoires en mouvement la pierre de touche de l'influence de l'Antiquité »[20]. Cette tendance à donner un mouvement à tout, et pas seulement aux draperies mais aussi aux éléments architecturaux et aux motifs naturalistes transformés en parties structurelles ou décoratives de l'édifice, était une tendance générale à la fin du XVe siècle et sembla toujours plus affirmée hors d'Italie. Les artistes de la fin du gothique s'efforçaient de donner vie à tout ce qu'ils représentaient ou inventaient, et les branches de pierre ne sont pas moins chargées de dynamisme et d'énergie que les ajours et les voûtes.

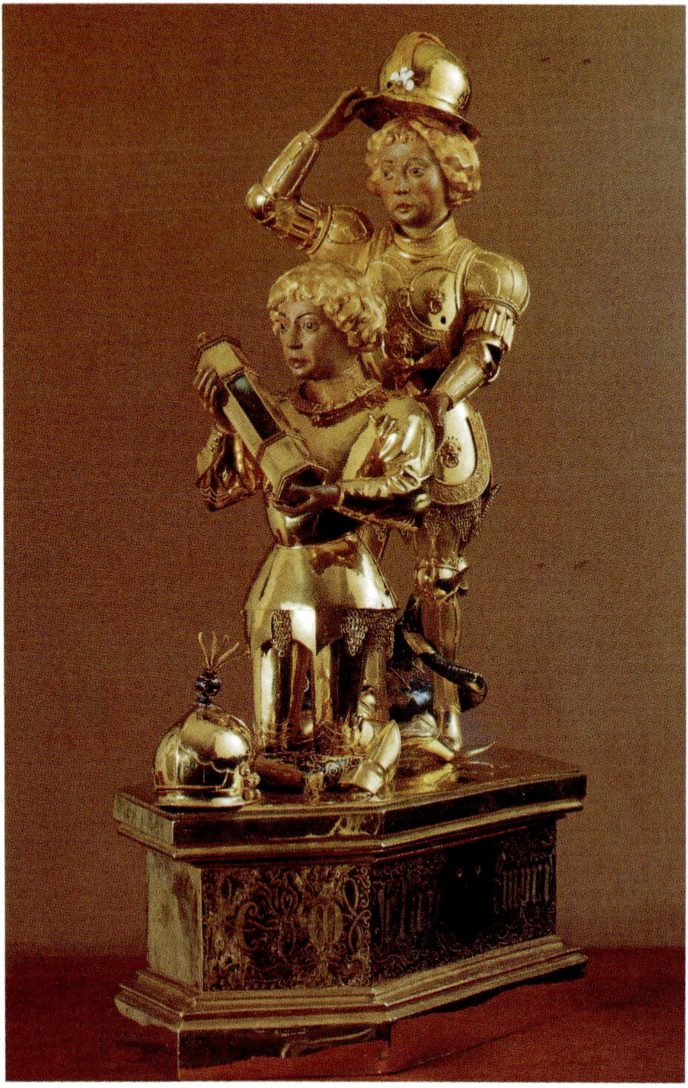

Gérard Loyet, 1471. Reliquaire du doigt de saint Lambert, avec saint Georges présentant Charles le Téméraire (?) au saint. Or partiellement émaillé, Liège, Trésor de la cathédrale.

Chapitre VIII

FASTE ET FANTAISIE

1. Trésors des princes et de l'Église

Parmi les 443 illustrations qui ornent la *Chronique de Lucerne* (1507-1513) de Diebold Schilling, une enluminure montre une partie du butin pris en 1476 par les Suisses après leur victoire sur Charles le Téméraire à Grandson. On ne voit que des échantillons, qui représentent symboliquement l'un des plus gros butins et des plus célèbres de l'histoire[1] : meubles précieux, costumes, étendards, pièces d'orfèvrerie, céramiques, joyaux, triptyques ne donnent qu'un aperçu de centaines d'objets d'art, de tapisseries, d'armes, de canons, de tentes et d'habits. Le duc et sa suite aimaient à voyager avec leurs trésors, meublaient leurs tentes militaires de précieuses tapisseries et s'entouraient du luxe habituel de la cour. Les Suisses s'emparèrent à la fois du trésor du duc et de sa sacristie, des trésors ecclésiastiques, acquérant d'un seul coup les richesses profanes et liturgiques les plus magnifiques de toute l'Europe occidentale. Les collections artistiques des ducs de Bourgogne représentent le fruit le plus typique du mécénat princier au XVe siècle, voué à satisfaire le faste et l'imagination.

Johan Huizinga a donné une description suggestive de ce monde artistique particulier avec lequel les princes du XVe siècle se coupèrent de la réalité : le monde de l'art opposait sa beauté fantastique et son artifice à un univers de misère et de violence. On recherchait le faste en recourant à des matériaux précieux et en cultivant la virtuosité technique ; c'est souvent dans la réalisation de tâches extrêmement difficiles que se manifeste le plus grand talent.

La majeure partie des produits artistiques du XVe siècle appartiennent à des catégories fonctionnelles d'objets constituées dans les périodes précédentes, mais des tendances qui remontaient au

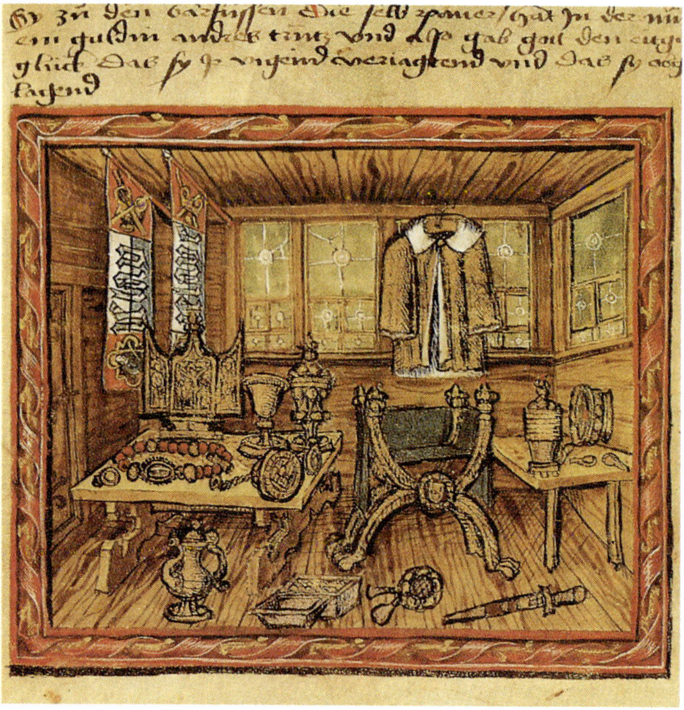

Représentation du butin pris par les Suisses à la bataille de Grandson en 1476; enluminure du fol. 100 v. de la *Chronique de Lucerne* de Diebold Schilling, 1507-1513. Lucerne, Zentralbibliothek.

Atelier bourguignon, XVᵉ siècle. Chasuble, du Trésor de la Toison d'or. Vienne, Weltliche Schatzkammer.

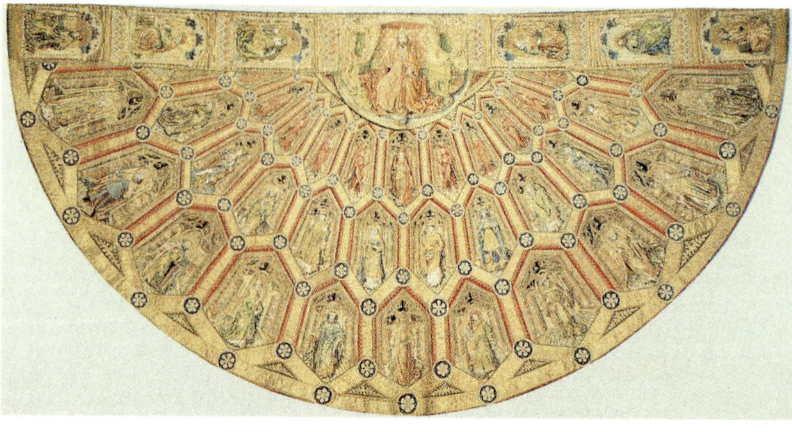

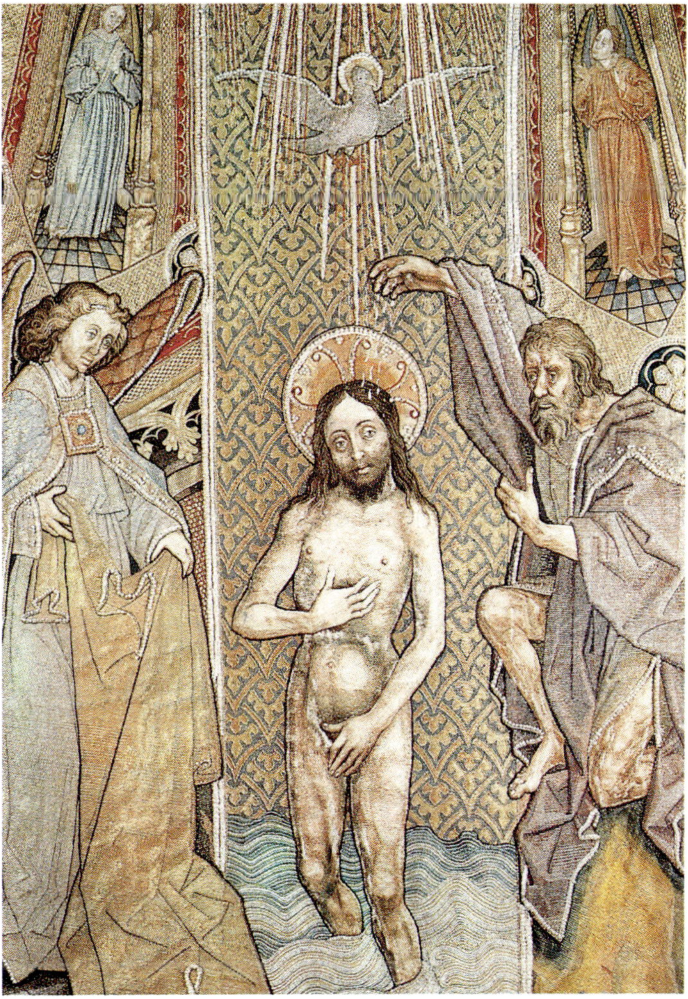

Le Baptême du Christ sur la chasuble du Trésor de la Toison d'or. Vienne, Weltliche Schatzkammer.

XIVe siècle connurent souvent alors des développements extrêmes. Le mobilier ecclésiastique et les objets liturgiques, moins exposés au danger d'être fondus que les biens des princes, comptent parmi les exemples les plus précieux des arts décoratifs. La série de magnifiques chasubles, de dalmatiques et de devants d'autel brodés d'or, qui appartenaient à la Chapelle du Trésor de la Toison d'or – actuellement à la « Schatzkammer » de Vienne –, appliquait les résultats formels et iconographiques de la peinture flamande au milieu du XVe siècle à la décoration des vêtements ecclésiastiques. L'influence de Rogier Van der Weyden puis celle de Hugo Van der Goes sont particulièrement sensibles en ce domaine.

Le modèle de base de la décoration des chasubles et des dalmatiques est une série de losanges hébergeant des figures de saints comme le feraient des niches architecturales. Sur les orfrois comme sur le fond, les chasubles comprennent de grands personnages qui participent à la narration, à la transfiguration du Christ par exemple. Sur les devants d'autel, les figures des saints Évangélistes et des Pères de l'Église apparaissent dans des intérieurs de type eyckien avec des livres et des pupitres.

La minutie des objets met particulièrement en évidence l'habileté et la finesse d'exécution. Les « tours de force » les plus spectaculaires sont sans doute les représentations religieuses de toute petite dimension gravées dans des grains de rosaire en buis. La

Page de droite : Atelier de Bruges, seconde moitié du XVe siècle. Chandelier en laiton avec la *Vierge à l'Enfant.* Bruges, Hôpital Saint-Jean.

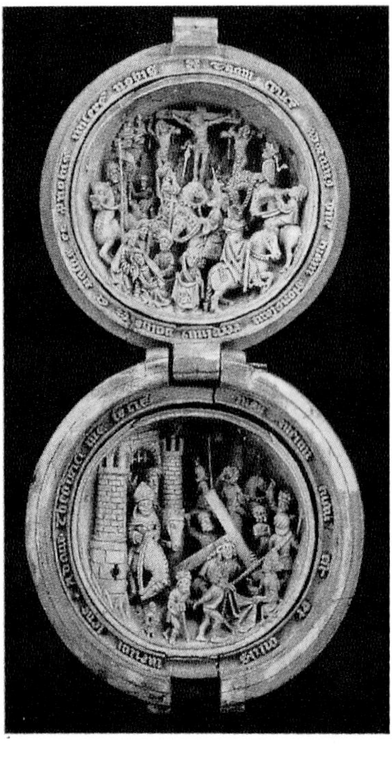

Adam Dirksz, début du XVIe siècle. *Crucifixion* taillée dans un grain de rosaire en buis. Copenhague, Statens Museum for Kunst.

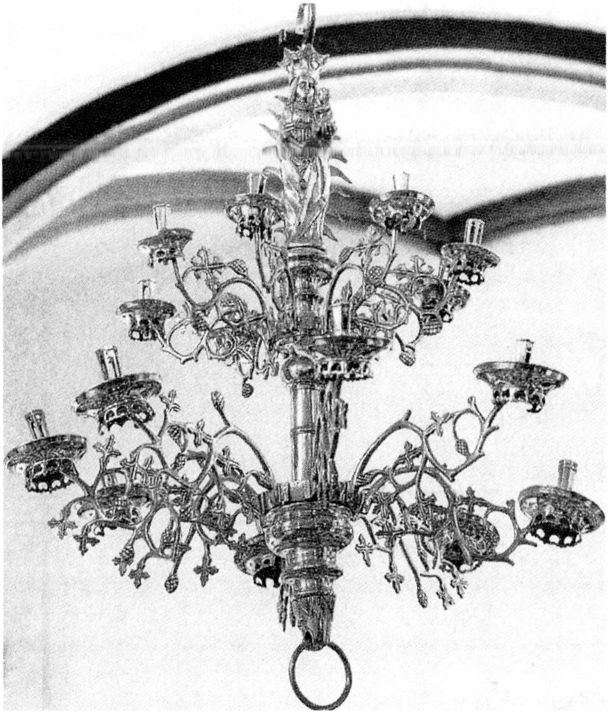

Crucifixion et la *Montée au Calvaire* sont les thèmes les plus courants de ces objets souvent incroyables par ce qu'ils supposent d'adresse technique et de patience. Le Statens Museum for Kunst de Copenhague possède une perle de rosaire décorée des scènes habituelles et qui ne mesure que 5 cm de diamètre ; elle est signée par Adam Dirksz, qui semble avoir fait de ce genre d'objets sa spécialité : la seule scène de la *Crucifixion* ne compte pas moins de vingt personnages. Au total, près de quatre-vingts petites sculptures – essentiellement des perles de rosaire – ont été attribuées à ce maître, probablement flamand, et à son cercle. Adam Dirksz travailla de la fin du XVe siècle jusque vers 1530[2].

La demande était forte pour ces produits fascinants et cette richesse a sans doute contribué à l'essor de la production de masse en certains domaines déjà connus au XIVe siècle : ainsi des ivoires français, par exemple, ou des pièces émaillées de Limoges. La dinanderie flamande, les reliefs d'albâtre anglais et les épitaphes de pierre de Tournai (dont il a déjà été question), les tapisseries d'Arras et celles de Tournai, dites « mille fleurs », étaient très recherchés. La production, parfois de haute qualité, était surtout remarquable par son volume ; et sur le plan de l'inventivité, rares étaient donc les pièces très originales.

Cependant, même parmi les produits de masse des ateliers, fondés sur des dessins faits pour un usage répété, on trouve des œuvres d'une qualité artistique hors du commun, dont un grand nombre est conservé dans les trésors des églises. L'ostensoir devint une forme populaire à partir du XIVe siècle ; au siècle suivant, l'habitude d'exposer l'hostie sur l'autel se solda par une production considérable de ce type d'objets, de formes souvent similaires mais d'une grande finesse d'exécution. Les ostensoirs avaient généralement une forme architecturale assez semblable à celles qui étaient courantes dans la micro-architecture et notamment à celles des tabernacles de pierre (cf. *supra*, p. 308). Le goût du luxe et de l'imagination trouvait un excellent exutoire dans ces objets précieux.

En 1474, Hans Rissenberg signa un ostensoire d'argent doré, de 112 cm de haut, en forme de tour complexe et délicatement structurée : en 1477, c'est l'église Saint-Nicolas de Tallin qui était en possession de l'ouvrage. Son centre est formé d'un cylindre de verre dans lequel est placée l'hostie. Au-dessus, dans un petit écrin, est représentée la Vierge à l'Enfant sous le baldaquin d'une tour ajourée. Sur les côtés, des saints se tiennent dans des niches au-dessus desquelles de subtiles décorations micro-architecturales soutiennent la tour centrale (Ermitage, Saint-Pétersbourg).

Dans les années 1490, Jörg Seld réalisa une autre magnifique pièce du même type, quoique un peu plus petite (105 cm de haut), qui se trouve dans l'église paroissiale de Tiefenbronn[3]. L'élan vertical est encore plus prononcé et, dans l'ensemble, la composition ressemble fort à un tabernacle architectural. Ces deux ostensoirs ne sont que des spécimens pris parmi une multitude d'objets du même type, souvent excellents.

Les calices ont toujours été des objets liturgiques nécessaires au service divin et ornés en conséquence. La tendance générale étant à une décoration toujours plus riche et abondante, leur ornementation devint de plus en plus magnifique. Un exemple précoce de calice nous vient de Muszkowice (Moschwitz), en Silésie (actuellement au musée archidiocésain de Wrocław) : réalisé vers 1400, il a une forme plutôt architecturale et son nœud se compose de six micro-chapelles qui abritent, chacune, deux saints ; quant au pied, il est conçu comme un cône articulé en six niches avec

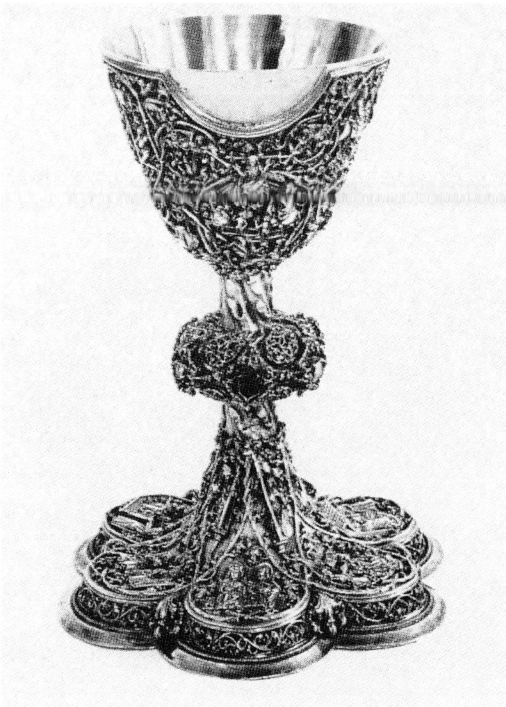

Orfèvre allemand, 1494. Calice en or décoré de branches et de feuillages. Brunswick, église des Franciscains.

baldaquins et saints. L'église des frères franciscains de Brunswick possède un calice doré, cannelé et bosselé ; plus tardif – il fut réalisé en 1494 –, sa décoration est entièrement naturaliste : sa surface intérieure est faite de branches, de délicates plantes rampantes, de feuillages entremêlés dans le grouillement desquels on distingue de petits personnages. Aux deux seuls endroits où le pied du calice n'est pas recouvert par cet ornement – juste au-dessus et en dessous du nœud –, sa forme est celle d'un tronc d'arbre tordu. L'imitation des formes naturelles, de la forêt et des plantes, qui était habituelle dans la décoration architecturale, avait donc conquis également l'imagination des orfèvres. L'usage des reliquaires – une fois encore, des objets fonctionnels – s'était généralisé dès l'aube du Moyen Âge. Au XVe siècle, cependant, leur forme – anthropomorphique ou architecturale – se diversifia considérablement. Parmi les tout premiers reliquaires, il est des œuvres du début du XIVe siècle d'une finesse et d'une beauté surprenantes :

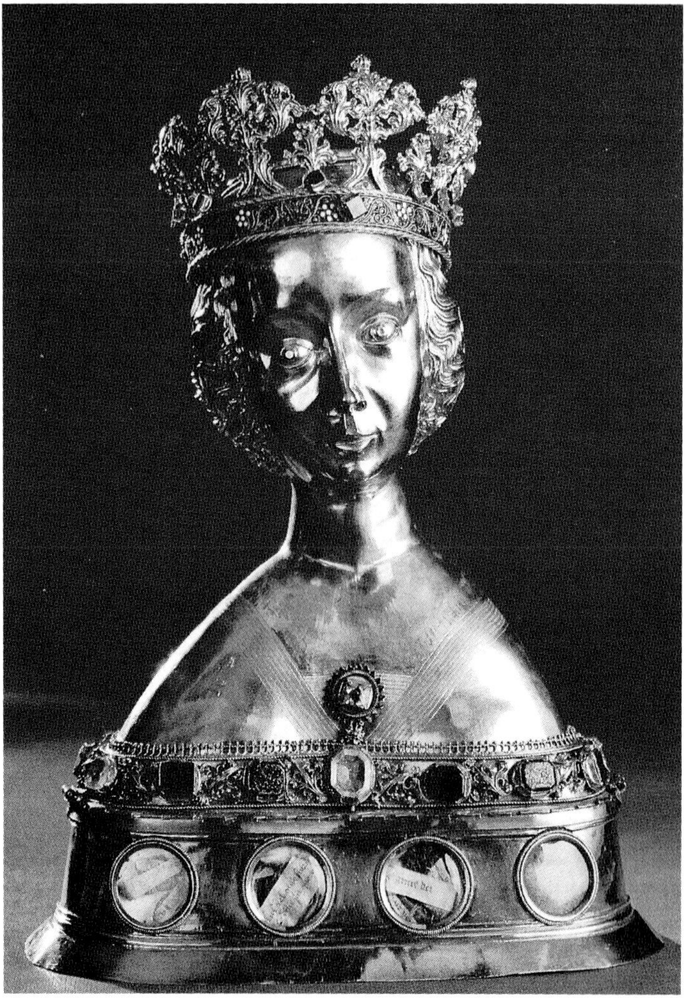

Buste-reliquaire de sainte Dorothée en argent ; exécuté vers 1420 ; la couronne fut ajoutée vers 1500. Varsovie, Muzeum Narodowe, provenant de la cathédrale de Wrocław.

par exemple, le buste de sainte Dorothée à la cathédrale de Wrocław (vers 1420 ; la couronne ayant été rajoutée vers 1500), reliquaire dont la forme humaine, d'un charme et d'une douceur extraordinaires, est typique du « beau style bohémien et silésien de l'époque (Muzeum Narodowe, Varsovie).

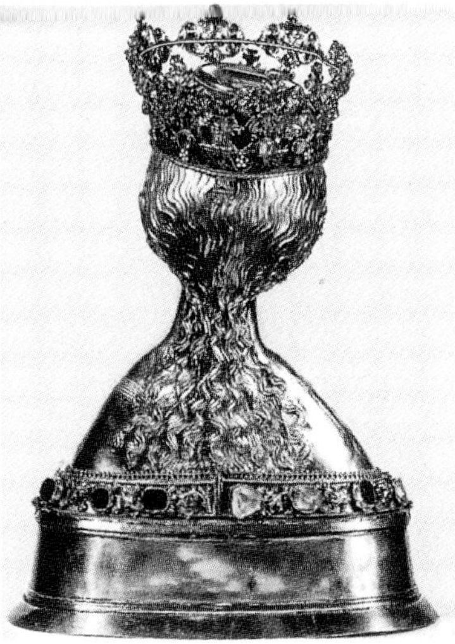

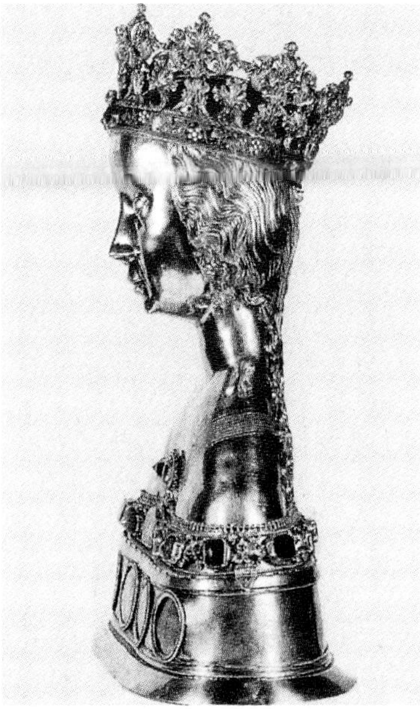

On connaît d'autres exemples plus tardifs, où l'humanisation des représentations hiératiques trahit un esprit différent : saint Martin (vers 1500) dans l'église de Cochem sur la Moselle, présente un contraste entre le torse peu articulé et couvert d'un brocart, d'une part, le visage de l'autre, dont la majestueuse et grave noblesse rappelle la sculpture italienne du style de Donatello. Le reliquaire français de sainte Fortunade, à la fin du XVe siècle (église de Sainte-Fortunade, en Corrèze), surprend par son refus de tout ornement et sa concentration sur l'expression légèrement capricieuse de la jeune femme, dont la position asymétrique rehausse encore l'attrait de son visage quasi moderne.

Les formes architecturales des reliquaires connurent cependant une plus large diffusion. En règle générale, il s'agissait de cassettes en forme de maisons, parfois surmontées de décorations intriquées et flamboyantes, mais aussi de personnages sculptés et de reliefs, comme le reliquaire en argent de saint Gervais et saint Protais, dans la cathédrale Saint-Étienne de Breisach en Rhénanie, réalisé en 1496 par un orfèvre de Strasbourg, Peter Berlin. Le

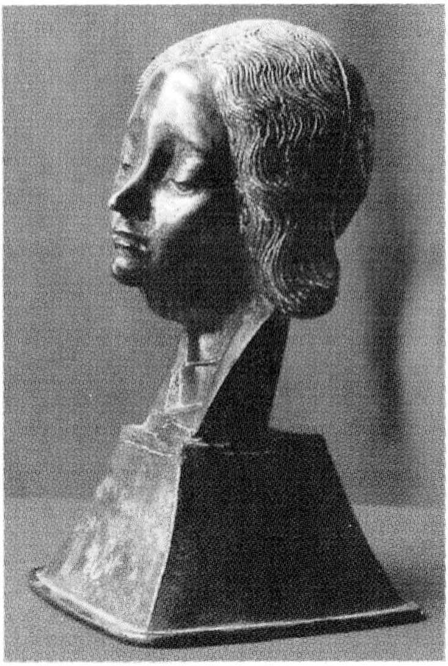

Reliquaire en argent de sainte Fortunade, fin du XVe siècle. Sainte-Fortunade (Corrèze).

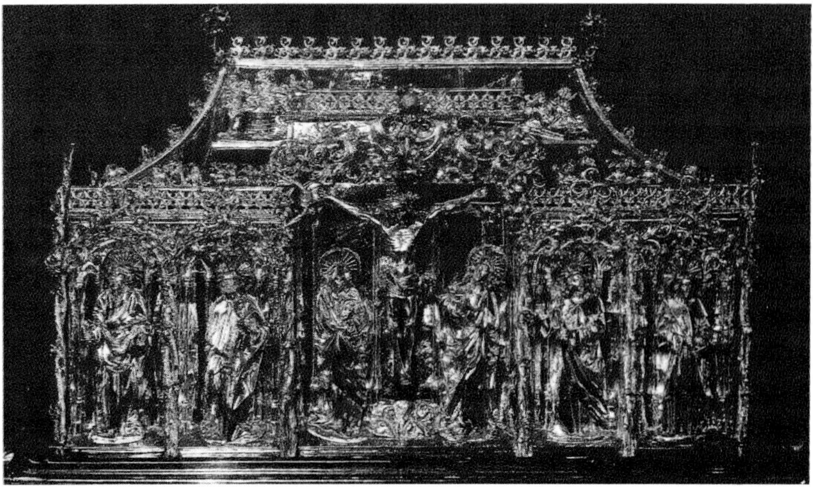

Peter Berlin, 1496. Reliquaire en argent de saint Gervais et de saint Protais. Breisach, cathédrale Saint-Étienne.

Page de droite : 1/ Orfèvre bourguignon du deuxième quart du XVe siècle. Horloge fabriquée pour Philippe le Bon. Nuremberg, Germanisches Nationalmuseum.

2/ Manufacture de Manisés (Valence), seconde moitié du XVe siècle. Grand vase de majolique à lustre métallique avec des écus figurant des lions. Paris, Musée National du Moyen Âge.

reliquaire repose sur quatre lions et scintille de la lumière qui se reflète comme un immense joyau, visible de loin dans le côté droit de l'abside.

Une œuvre exceptionnelle de ce type est le reliquaire de sainte Ursule, de 1489, à l'hôpital Saint-Jean de Bruges, parce que le scintillement doré de ses ornements rehausse la beauté de peintures pareilles à des miniatures. Cette micro-chapelle (87 cm de haut, 93 cm de large et 33 cm de profondeur) a des pinacles ornementés aux angles de la tour et des fleurons au sommet des tympans ; des découpures forment une crête au faîte du toit, tandis que sur les parois des peintures illustrent l'histoire de sainte Ursule.

Ces peintures fort célèbres sont l'œuvre du maître de Bruges, Hans Memling, originaire de Rhénanie, le plus proche disciple de Rogier Van der Weyden et son successeur. Généralement doux, son style gagne en intensité dramatique et en réalisme dans ces scènes où sainte Ursule et ses légendaires onze mille vierges souffrent le martyre avec, à l'arrière-plan, la cathédrale de Cologne

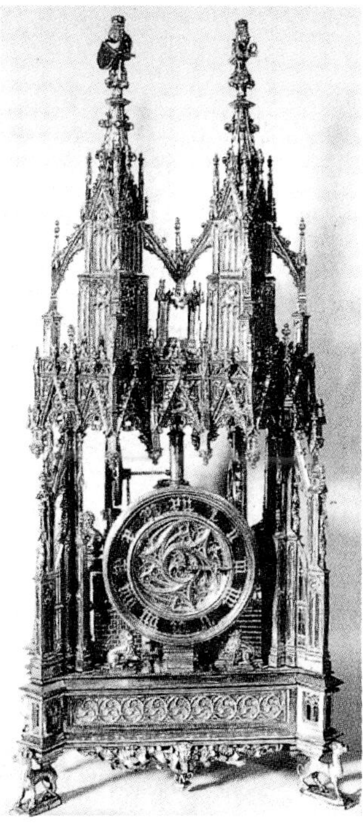
1

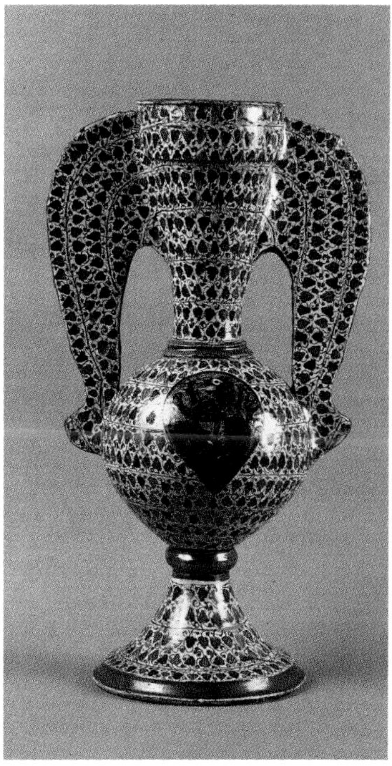
2

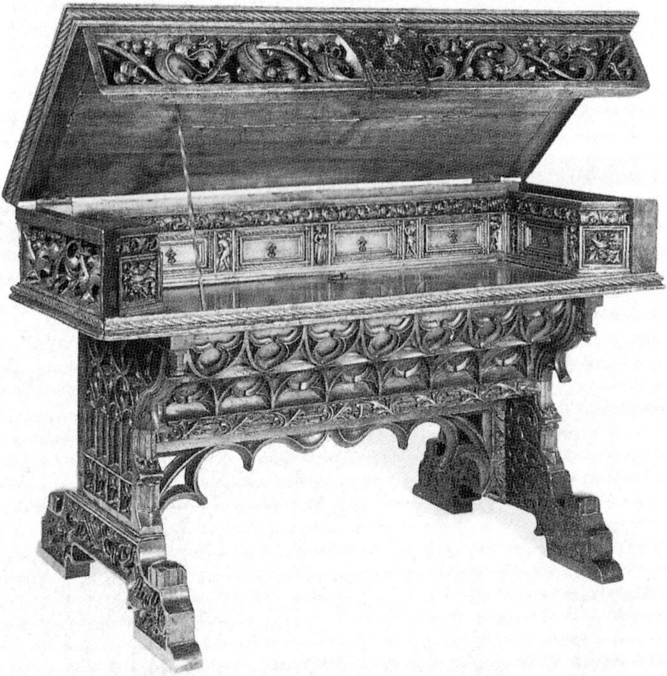

Écritoire en noyer sculpté (troisième quart du XVe siècle) de l'abbaye de Wettingen. Zurich, Landesmuseum.

Page de droite : Hans Memling, 1489. Châsse-reliquaire de sainte Ursule, avec des scènes du *Martyre de la sainte.* Bruges, Hôpital Saint-Jean.

inachevée et d'autres églises de la ville. Les représentations architecturales sont toutes petites, extrêmement précises et véridiques, tandis que les armures métalliques des soldats reflètent l'action sur leurs surfaces polies. Bien qu'elle contienne les reliques d'une sainte et qu'elle ait été commandée par deux religieuses, l'œuvre revêt un caractère profane avec son histoire animée et colorée, propre à attirer l'attention des fidèles.

Une atmosphère chevaleresque règne également autour du reliquaire doré réalisé par Gérard Loyet à Lille (Liège, Trésor de la cathédrale), dont Charles le Téméraire fit présent en 1471 à la cathédrale Saint-Lambert de Liège. Le duc Charles est agenouillé avec, entre les mains, la cassette qui contient, en guise de relique, un doigt de saint Lambert. C'est saint Georges qui le présente. Les

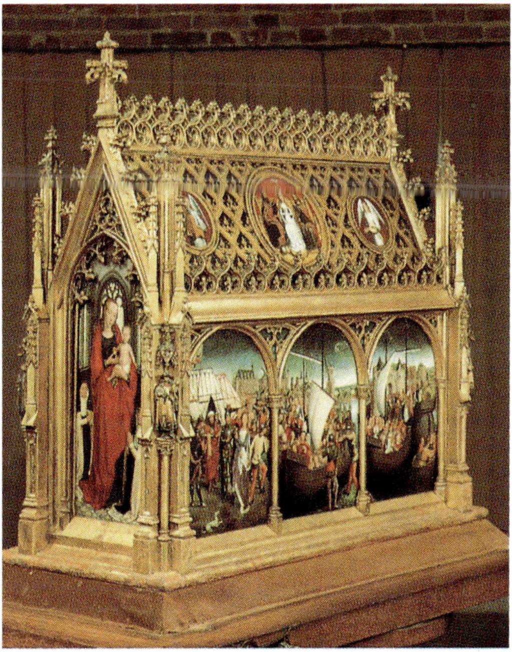

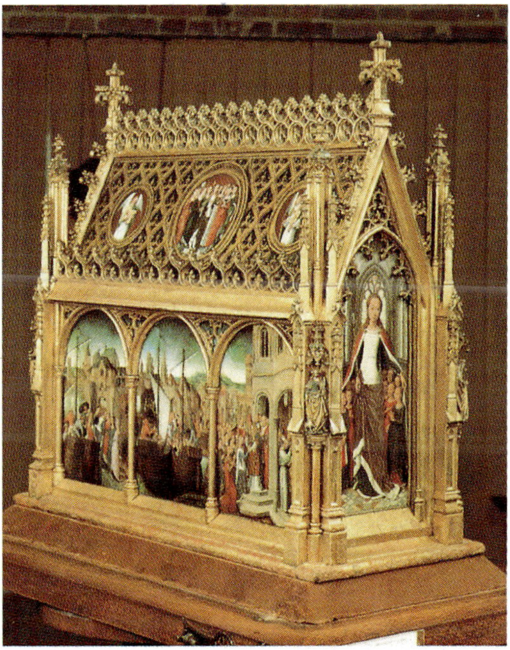

deux personnages sont habillés en chevaliers. La ressemblance avec le groupe d'Altötting se limite au donateur, parce que la Vierge est absente du reliquaire de Liège. Sans doute était-il placé devant une sculpture qui constituait l'objet d'adoration. Avec cette œuvre, nous touchons à la sphère profane.

Naturellement, les trésors profanes ne le cédaient en rien aux trésors sacrés, mais ils survécurent avec plus de difficulté. Les plus célèbres furent les Trésors de Bourgogne et ce qu'il en reste atteste de leur qualité. C'est à ceux-ci qu'appartient l'horloge de table en forme de façade à deux tours faite dans la seconde moitié du XIVe siècle pour Philippe le Bon : au sommet de chacune des tours, un lion porte les armes de Philippe le Bon et l'emblème de la Toison d'or.

Partiellement dorée et ornée d'émaux et de cristal, la coupe d'argent de Vienne (Kunstgewerbe Museum), dont Charles le Téméraire fit peut-être présent à l'empereur Frédéric III en 1473 lors de leur rencontre à Trèves, est une œuvre bourguignonne.

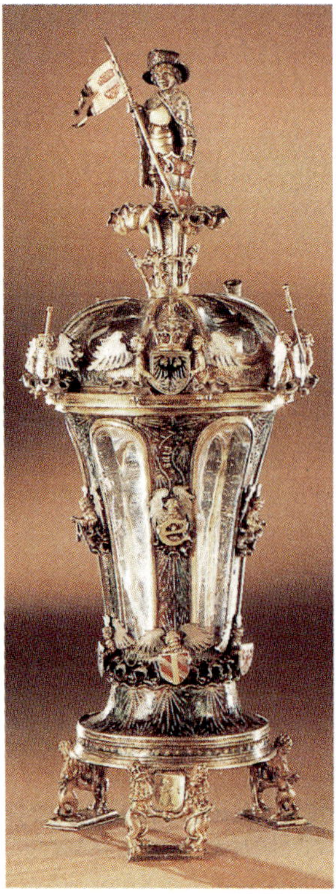

Orfèvre bourguignon, seconde moitié du XVe siècle. Chope de grand apparat de l'empereur Frédéric III ; or, émail et cristal. Vienne, Kunstgewerbe Museum.

Les armoiries, supportées par des anges et des lions en haut de la coupe et en bas, sont celles des provinces que gouvernait l'empereur. Sur le couvercle, on reconnaît les insignes du pouvoir royal : la couronne, le sceptre et le globe. Autour de la coupe, cinq anges arborent les lettres A.E.I.O.U., la devise de l'empereur. L'obsession héraldique à laquelle nous avons fait allusion en évoquant la tombe de Frédéric III (*cf.* p. 240) détermine ici la totalité du « programme de travail » de l'objet, coiffé par un porte-étendard.

Tous les domaines de la vie humaine et toutes sortes d'objets participaient de cette quête du luxe. Dans les merveilleux plats de Valence, les motifs ornementaux dorés d'inspiration musulmane restèrent à l'honneur. Le mobilier ecclésiastique – les stalles, par exemple (*cf.* pp. 191-193, 390-392) – mais aussi des pièces qui n'avaient rien à voir avec le service divin furent décorés avec un grand raffinement : une écritoire de noyer sculpté, du troisième quart du XVe siècle, en provenance du monastère de Wettingen (actuellement au Landesmuseum de Zurich) est ornée de figures humaines. Mais sa principale décoration consiste en découpures taillées qui transforment cet objet pratique en un chef-d'œuvre de menuiserie. Les formes linéaires sont transformées en formes végétales et, dans l'effet final, la géométrie rivalise avec la nature.

Dans la seconde moitié du XVe siècle, la collection de livres devint plus que jamais l'un des domaines de prédilection du mécénat artistique, que ce soit en Europe occidentale, à la cour de Bourgogne, aux Pays-Bas, en Italie, parmi les humanistes et les princes, ou au centre et à l'est du continent, dans la Buda de Mathias Corvin, qui commanda des livres enluminés à des centres italiens (Attavante) tandis que fut créé dans la capitale hongroise un *scriptorium* propre à satisfaire les exigences du roi bibliophile.

Vers 1448, les *Chroniques de Hainaut*, de Jacques de Guise, furent agrémentées d'une célèbre miniature dédicatoire (de 44 cm sur 31), que l'on attribue à Rogier Van der Weyden. C'est la seule illustration de livre que nous connaissions dans toute l'œuvre du maître. Mais si elle se conforme à la vieille tradition des miniatures dédicatoires, l'action symbolique cède la place à une scène de la vie de cour au XVe siècle prise sur le vif, dans un intérieur conçu de manière convaincante comme une partie d'un espace clos, où Philippe le Bon, qui se tient sous un baldaquin, reçoit le livre même qu'illustre cette image des mains de son traducteur, Jean Wauquelin, agenouillé, à côté d'un groupe de dignitaires de la cour : Charles le Téméraire, encore garçon, à la droite du duc, le chancelier Rolin, fondateur de l'hospice de Beaune (*cf.* pp. 146, 169, 173), et à gauche l'évêque de Tournai, Jean Chevrot.

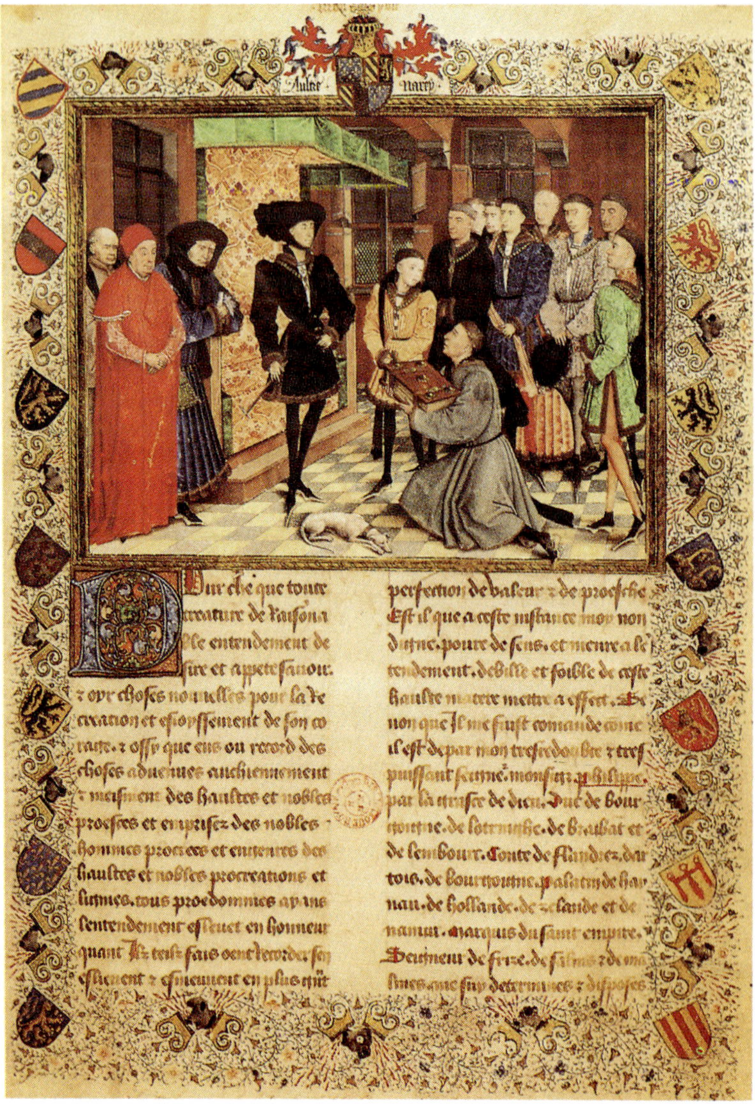

Attribué à Rogier Van der Weyden, autour de 1448. *Jean Wauquelin présente à Philippe le Bon sa traduction des Chroniques de Hainaut, de Jacques de Guise*; enluminure dédicatoire du fol. 1 du ms. 9242. Bruxelles, Bibliothèque Royale.

Il s'agit de textes historiques (comme les *Antiquités judaïques* de Flavius Josèphe et la *Fleur des histoires* de Jean Mansel) ou religieux, mais les plus nombreux sont peut-être les fabuleux recueils d'histoires des dieux classiques et des héros (*La Théséide* de Boccace, 1468, par exemple, illustrée par le Maître du roi René) ou les romans allégoriques (tel le *Livre du Cuer d'Amour Espris* – *cf.* pp. 28, 186-187 – illustré par ce même Maître). Le *Roman de la Rose*, écrit au XIIIe siècle par Guillaume de Lorris et Jean de Meung, et les œuvres de Christine de Pisan marquent le triomphe des symbolismes compliqués et des images exotiques. Les images chevaleresques eurent une influence décisive sur les œuvres profanes, tant dans le champ des enluminures de livres illustrés que dans le champ des œuvres monumentales et des tapisseries sorties des manufactures florissantes des Flandres, et surtout de celles d'Arras en Artois.

2. Allégories du monde chevaleresque

À l'aube du XVe siècle, écrivait R. A. d'Hulst, Philippe le Hardi possédait l'une des plus belles et des plus riches collections de tapisseries existantes. Il en avait de toutes sortes. Leur entretien et leur conservation étaient confiés à une équipe spéciale. Les autres ducs de Bourgogne prenaient eux aussi des mesures analogues afin de protéger leurs collections. En 1440, Philippe le Bon alla jusqu'à ériger à Arras un édifice voûté dans l'intention d'y abriter son immense collection de tapisseries. Pas moins de six personnes, aidées par une douzaine d'assistants, furent chargées de leur conservation[4]. Ces quelques faits témoignent de l'importance des tapisseries parmi les trésors artistiques de la Maison de Bourgogne, dont le mécénat contribua si largement au développement de l'art au XVe siècle.

Les tapisseries accompagnaient les ducs dans tous leurs déplacements. Les « chambres » – autrement dit, ces ensembles qui formaient la décoration unifiée de pièces entières – étaient transportées d'un château à l'autre et participaient ainsi au confort et à la beauté des demeures princières. On les emportait également dans les campagnes militaires pour les suspendre dans les tentes. Le butin dont les Suisses s'emparèrent à Grandson comprenait quelques-unes des plus belles œuvres tissées de cette période. Du fait de leurs fonctions, les tapisseries étaient souvent produites en

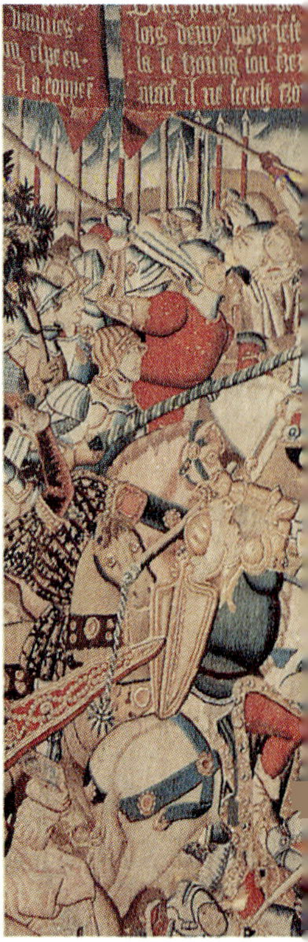

Manufacture des Flandres, XVe siècle. Tapisserie décorée de scènes de batailles de *La Chanson de Roland*. Bruxelles, Musée Royal du Cinquantenaire.

série, ou par paires, et leur sujet était généralement choisi sans perdre de vue le nombre d'éléments nécessaires pour former la série.

L'imagination populaire du XVe siècle était riche en images. D'aucunes appartenaient au domaine de l'iconographie religieuse de la fin du Moyen Âge. Les autres trouvaient leurs origines dans divers thèmes légendaires, historiques ou allégoriques, populaires chez les doctes ou les petites gens. La mythologie classique est un domaine thématique qui n'a jamais manqué d'exciter la curiosité des hommes, même si les formes qu'elle prit au XVe siècle sont assez éloignées des formes antiques : les sujets antiques s'exprimaient en effet sous des formes non antiques, tandis que les formes antiques, pour employer une expression chère à E. Panofsky et à F. Saxl, servaient à exprimer des sujets non antiques[5].

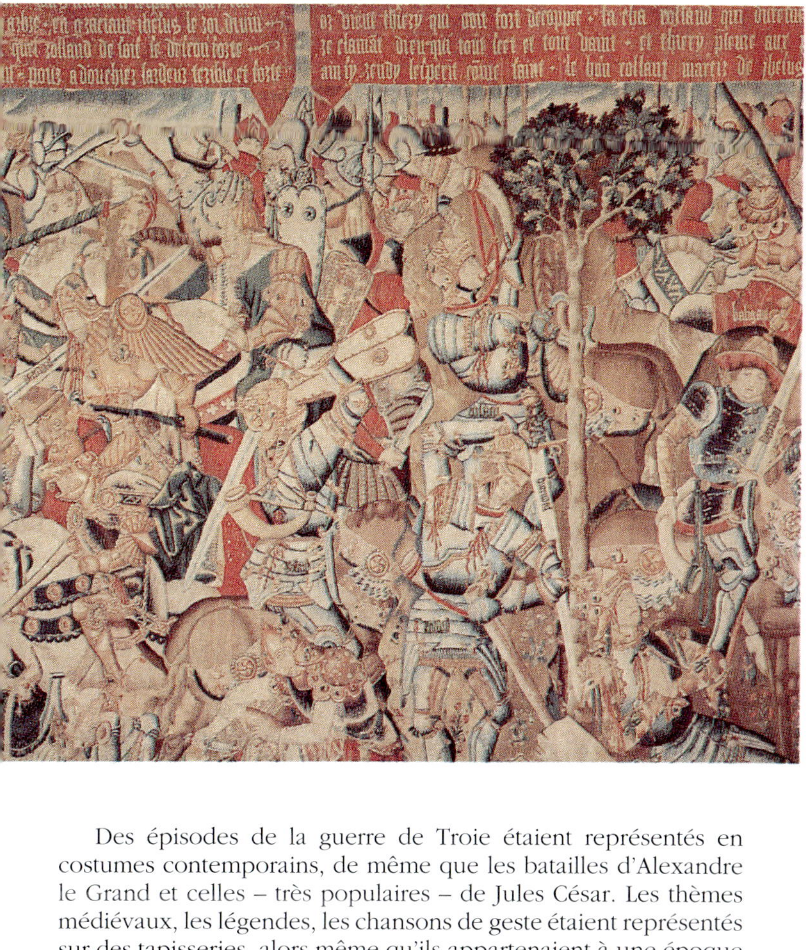

Des épisodes de la guerre de Troie étaient représentés en costumes contemporains, de même que les batailles d'Alexandre le Grand et celles – très populaires – de Jules César. Les thèmes médiévaux, les légendes, les chansons de geste étaient représentés sur des tapisseries, alors même qu'ils appartenaient à une époque antérieure : toujours actuels, les poètes de cour et les conteurs ne cessaient de les répéter. Les scènes de *La Chanson de Roland* sont le thème d'une belle œuvre du XVe siècle à Bruxelles (Musée du Cinquantenaire). Dans la collection du duc de Berry se trouvaient les tapisseries des *Neuf preux*, en partie conservées au Metropolitan Museum of Art de New York.

Dans la technique de la tapisserie, cette œuvre de la fin du XIVe siècle est peut-être la meilleure formulation d'un thème fort populaire à la fin du Moyen Âge, lorsque fut constituée la série

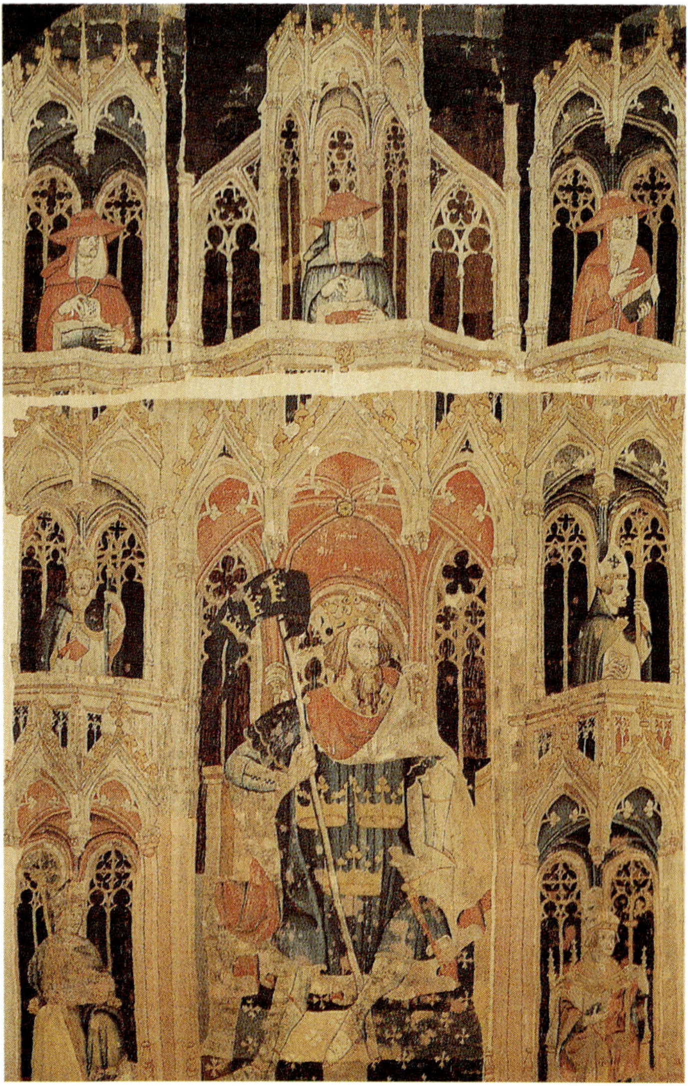

Manufacture française de la fin du XIVe siècle. *Le roi Arthur* représenté avec des dignitaires ecclésiastiques dans l'une des tapisseries des *Neuf Preux* tissée pour Jean de Berry. New York, The Metropolitan Museum of Art, The Cloisters Collection.

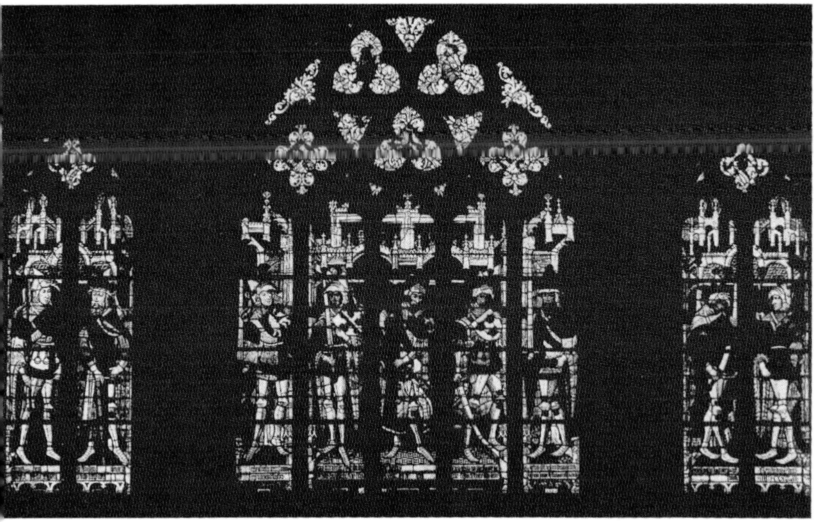

Les *Neuf Preux* des vitraux de la loggia du Palais de la Cité à Lunebourg.

des grands – hommes ou femmes : à la suite de Plutarque, avant les *viri illustres* de la Renaissance, ou en parallèle. Sont représentés ceux qui, par leur vertu, pouvaient être considérés comme les personnages les plus représentatifs des trois grands âges de l'histoire humaine : *ante legem*, avant Moïse, *sub lege*, après Moïse, *sub gratia* après l'avènement du Christ et la rédemption de l'humanité. Les *neuf preux* et les *neuf preuses* de tous les temps formaient le panthéon des héros et des héroïnes païens, juifs et chrétiens : Jules César, Hector et Alexandre, qui avaient pour contrepartie Lucrèce, Veturia et Virginie ; Josué, David et Judas Maccabée, qui allaient de pair avec Esther, Judith et Yaël ; et enfin, Godefroy de Bouillon, Charlemagne et le roi Arthur, auxquels étaient juxtaposées sainte Hélène, sainte Élisabeth de Thuringe et sainte Brigitte de Suède.

Ces sujets étaient repris en tapisseries, certes, mais aussi en estampes (la série la plus populaire à l'aube du XVIe siècle était l'œuvre de Hans Burgkmair), voire en vitraux (le groupe des hommes étant seul représenté sur les vitraux de la loggia de l'hôtel de ville de Lunebourg, 1420).

En Europe septentrionale, les tapisseries étaient le pendant artistique des fresques en Italie. Elles permettaient la décoration monumentale des églises comme des châteaux. La gamme des sujets était considérable : portraits (*Le duc d'Orléans et Valentine de Milan*, à Paris, Musée des Arts Décoratifs), héraldique, mythologie, légendes, histoire sainte et profane. Et ces œuvres ornaient les églises et les châteaux, les hôtels de ville et les chapelles, les cabinets de travail des princes et les chambres des dames. La coutume voulait que l'on renouvelât les tapisseries suivant les périodes de l'année : en 1352, Jean le Bon possédait ainsi diverses séries de tapisseries pour Pâques, pour la Toussaint et pour Noël[6]. La part des sujets profanes est considérable parmi les œuvres conservées et les sources confirment en effet que nombre de tapisseries avaient des thèmes non religieux ; l'histoire contemporaine était elle aussi représentée, en particulier les batailles.

Les idéaux chevaleresques ne trouvaient pas à s'accomplir uniquement sur les champs de bataille, mais aussi dans les tournois, les grandes pompes et peut-être, par-dessus tout, dans la chasse : cette fort ancienne forme de « happening » goûtée de la poignée de privilégiés qui en avaient les moyens. La Chasse était certainement le sport le plus populaire de l'aristocratie au XVe siècle et nombreuses sont les tapisseries qui lui sont consacrées. On en trouve un bon exemple dans la tenture (actuellement au Victoria and Albert Museum) de la seconde moitié du XVe siècle : attribuée à Jean de Walois, elle fut probablement tissée à Arras : *La Chasse à l'ours et au sanglier*. Cette pièce de plus de dix mètres de long compte une trentaine de personnages en pleine action : gentilshommes à la chasse en compagnie de leurs dames, rabatteurs, chevaux et chiens, sans oublier leurs victimes : des ours et des

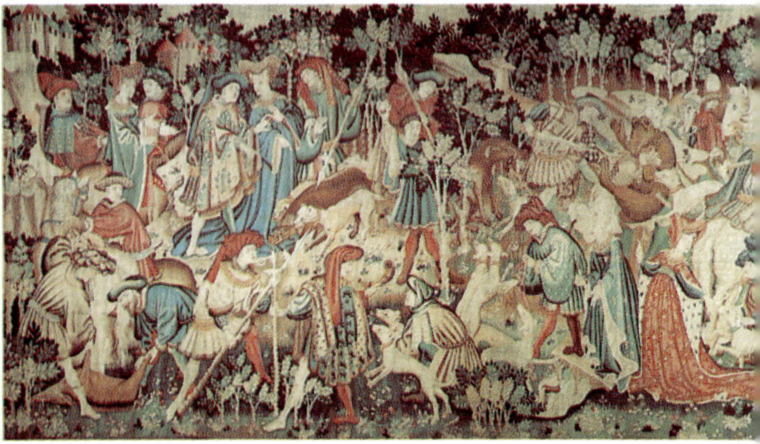

sangliers. Malgré la taille, la diversité et la densité des indications visuelles, cette immense tapisserie ne manque pas d'unité. Les personnages sont disposés sur deux rangs, l'un au-dessus de l'autre ; des buissons et des fleurs parsèment la prairie qui occupe le premier plan, tandis que des branches d'arbre et de lointains châteaux ferment l'horizon, ne laissant apparaître qu'une étroite bande de ciel. Comme il était de règle au XVe siècle, la tapisserie n'avait pas de bordure. Les couleurs sont claires et soutenues, mais des traits verticaux denses et épais ménagent des transitions d'un champ de couleur à l'autre comme à travers les dents d'un peigne. C'est cette composition spécifique qui donne l'idée d'un passage progressif et assure l'unité visuelle de l'ensemble.

La chasse avait un rôle important. Parmi ses divers attributs, le plus important, d'un point de vue artistique, était peut-être la corne, qui était l'objet de décorations fantastiques. Dans le trésor de la cathédrale d'Esztergom, en Hongrie, est conservée une corne qui appartenait à l'empereur Sigismond, mort en 1437, et qui proviendrait d'un atelier rhénan ou bourguignon des débuts du siècle. La sertissure est d'argent doré, la décoration en émail champlevé et la ciselure comprend des sujets héraldiques, des anges et des nus antiquisants qui chevauchent des lions ou des griffons.

La *Corne Oldenbourg* (1430-1460), au château de Rosenborg à Copenhague, est probablement une commande du roi du Danemark, Christian Ier, fondateur de la dynastie des Oldenbourg : elle se caractérise par une incroyable combinaison de formes architecturales minuscules et de représentations figuratives de caractère

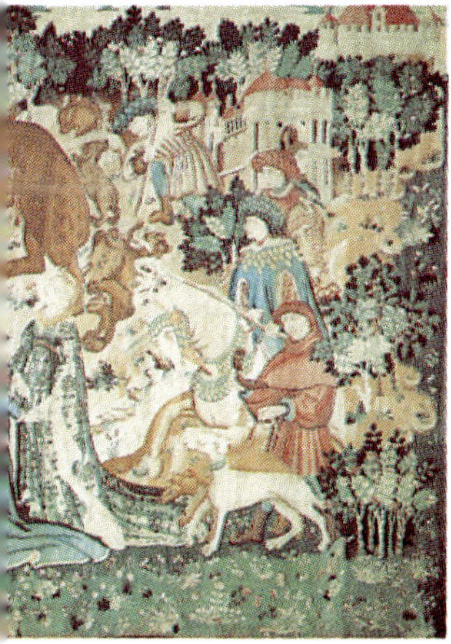

Grande tapisserie de la *Chasse à l'ours et au sanglier*, Victoria and Albert Museum, Londres. Attribuée à Jean de Walois, probablement tissée dans une manufacture d'Arras dans la seconde moitié du XVe siècle.

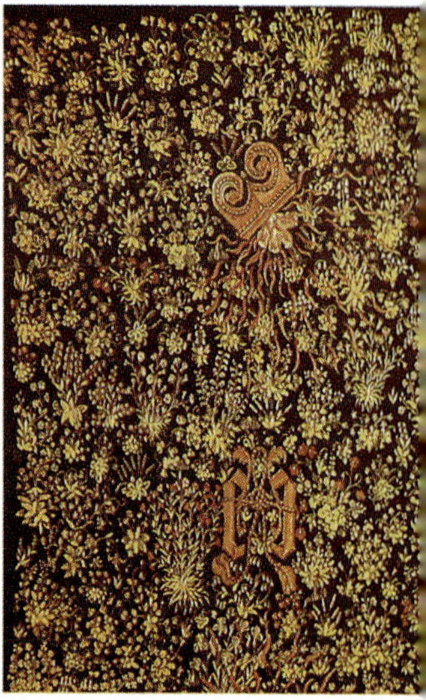

Jean de Haze, manufacture de Bruxelles, 1466. *Tapisserie « mille fleurs », avec les armes et le chiffre de Charles le Téméraire.* Berne, Historisches Museum.

chevaleresque ou fantastique, tandis que des inscriptions reprennent des prières et des invocations religieuses. La fonction originale de la corne – celle de coupe – disparaît, tandis que l'objet devient un véritable chef-d'œuvre d'images et de motifs décoratifs.

Le monde chevaleresque, qui touchait lentement à sa fin, était partagé entre le regard nostalgique sur sa tradition et le désir de ranimer sa splendeur qui était en train de passer. Ainsi virent le jour des formes plus somptueuses de cérémonial et de nouveaux symboles de dignité propres à ranimer le sentiment de sa valeur exceptionnelle et à cultiver les sentiments chevaleresques dans la noblesse.

De nouveaux ordres chevaleresques très fermés se constituèrent en nombre dans toute la France, mais rares sont ceux qui survécurent longtemps, hormis le célèbre ordre de la Toison d'or, que Philippe le Bon de Bourgogne fonda le 10 janvier 1430 : s'il évoquait l'histoire classique des Argonautes et de Jason, l'allusion à la toison biblique de Gédéon n'était pas moins claire.

La Toison d'or était généralement suspendue à un collier d'or parsemé d'ornements en émail et formée de « briquets » et de pierres à feu, devise de Philippe le Bon. Portés à l'origine par 31 « gentilshommes de renom et d'armes, sans reproche », ces colliers sont de beaux exemples de la joaillerie au XVe siècle (l'un

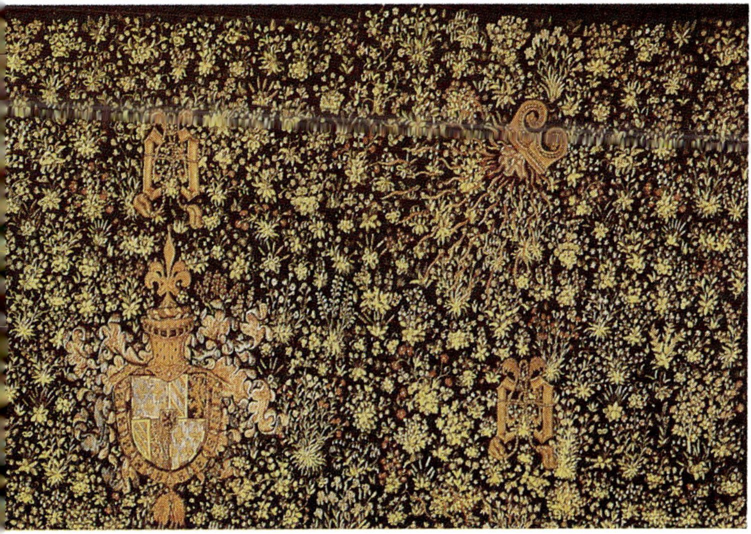

d'eux, fait en 1430 dans un atelier du sud des Pays-Bas, fait partie de la collection du prince de Croÿ-Rœulx, au Rœulx).

Au centre de la superbe tapisserie du Musée Historique de Berne – probablement tissée avant 1466 par Jean de Haze, à Bruxelles, pour Charles le Téméraire –, les armes ducales sont entourées par le collier du grand maître de l'Ordre de la Toison d'or sur un fond entièrement couvert de fleurs, représentées avec un grand souci de réalisme. Au-dessus des armes, mais aussi à droite et à gauche, figure le monogramme CC, tandis qu'aux quatre angles on reconnaît des pierres à feu et des briquets qui crachent le feu, devise que Charles avait hérité de son père (on ne voit plus aujourd'hui que deux briquets, car la partie inférieure de la tapisserie a été découpée).

C'est là l'un des plus somptueux exemples des tapisseries *mille fleurs* qui cherchaient à recréer sur les murs des châteaux l'impression que donnait le spectacle de la nature en fleurs. À la laine et à la soie se mêlent des fils d'or et d'argent, dont l'usage se fit plus fréquent vers la fin du siècle. La vogue du symbolisme complexe touchait tous les domaines de la vie, y compris celui de l'amour. Les idéaux de l'amour courtois n'étaient pas moins vivants et significatifs que ceux de la chevalerie. Les romans chevaleresques tournaient autour des pélerinages d'amour et de la vie nouvelle

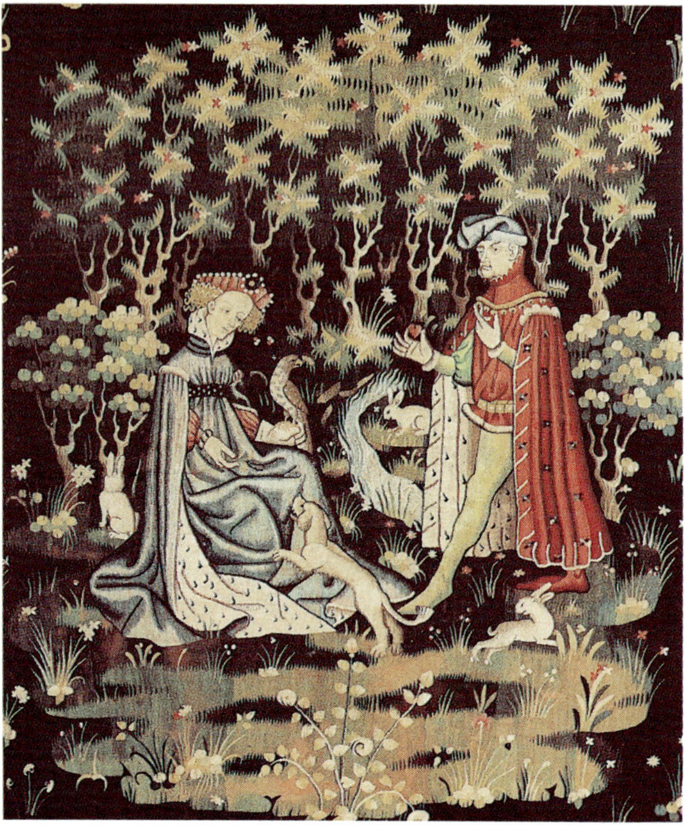

Manufacture d'Arras (?), début du XVe siècle. Tapisserie du *Don du cœur*. Paris, Musée National du Moyen Âge.

qu'engendrait l'amour spirituel à travers la connaissance du sacré ; ils introduisaient aussi l'idée de rêve, par exemple dans le *Roman de la Rose*, dans l'enluminure française du début du XVe siècle (British Library, Londres, Edgerton, ms. 1069, fol. 1), dans le *Livre du Cuer d'Amour Espris* (*cf.* pp. 128, 186-187) du roi René, la *Vita nuova* de Dante ou l'*Hypnerotomachia Poliphili*, de Francesco Colonna.

Au nombre des allégories de l'amour figurait le motif du jardin qui aurait pu être celui de l'amour et de la vertu : *hortus deliciarum* ou *hortus conclusus*. Les idéaux de l'amour courtois envisagé comme connaissance spirituelle et dévotion s'exprimaient dans des manifestations rituelles et symboliques : ainsi dans le *Don du cœur* (tapisserie du XVe siècle, probablement tissée à Arras ; à Paris, Musée national du Moyen Âge). Autrement plus sensuelle est l'approche du *Roman de la Rose*, qui déboucha sur la première grande querelle littéraire qu'ait connu la France et dans laquelle s'engagèrent d'éminents intellectuels comme Jean Gerson et de grands poètes comme Christine de Pisan.

Dans les lettres et dans les arts, l'opposition entre les Vices et les Vertus, la virginité – qui attire la licorne – et l'amour sensuel s'exprimait sur un mode allégorique. L'antique idée de la psychomachie, de l'affrontement des Vices et des Vertus, resurgit dans la splendide tapisserie réalisée autour de 1500, qui se trouve aujourd'hui dans la cathédrale de Palencia. Le mystérieux et périlleux appel de l'amour, qui amène les hommes et les femmes à se conduire de manière irrationnelle, fit l'objet d'une considération permanente : la toute petite peinture allemande du *Charme d'amour* (Leipzig, Musée des Beaux-Arts) en est un exemple, de même que les images de la série sur la Puissance des femmes *(Weibermacht)* : Phyllis à cheval sur Aristote, Samson défait par Dalila, Holopherne occis par Judith apparaissent sur des estampes, des tapisseries et dans la décoration. Des créatures fantastiques, des tournois de chevaliers, des allégories de l'Amour sont gravés sur les écrins que l'on offrait à la jeune épousée et qui connurent un grand succès en Rhénanie aux XIVe et XVe siècles sous le nom

Manufacture des Flandres, vers 1500. Tapisserie avec *Scène de bataille entre les Vices et les Vertus*. Palencia, cathédrale.

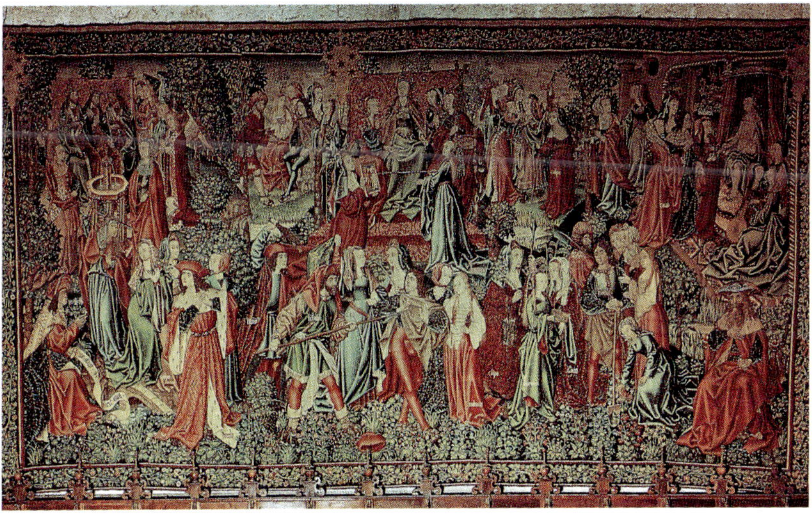

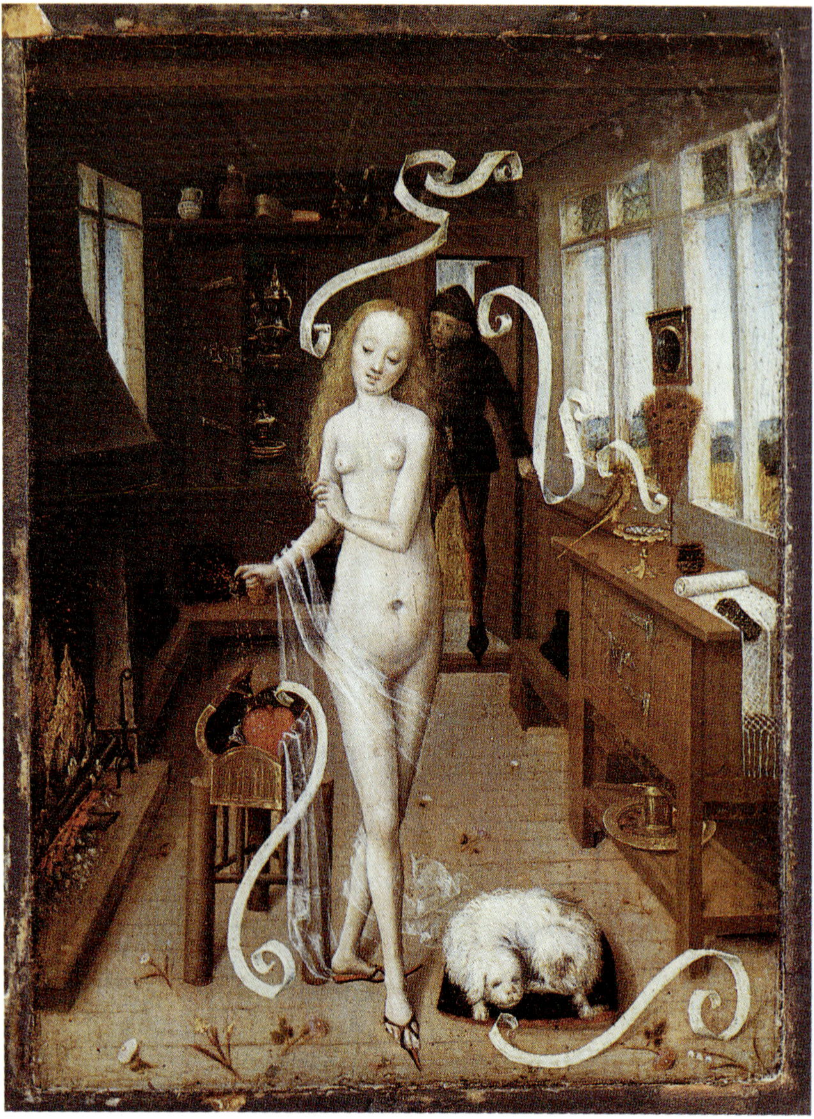

Artiste allemand, vers 1480. *Charme d'amour.* Peinture sur bois. Leipzig, Museum der Bildenden Künste.

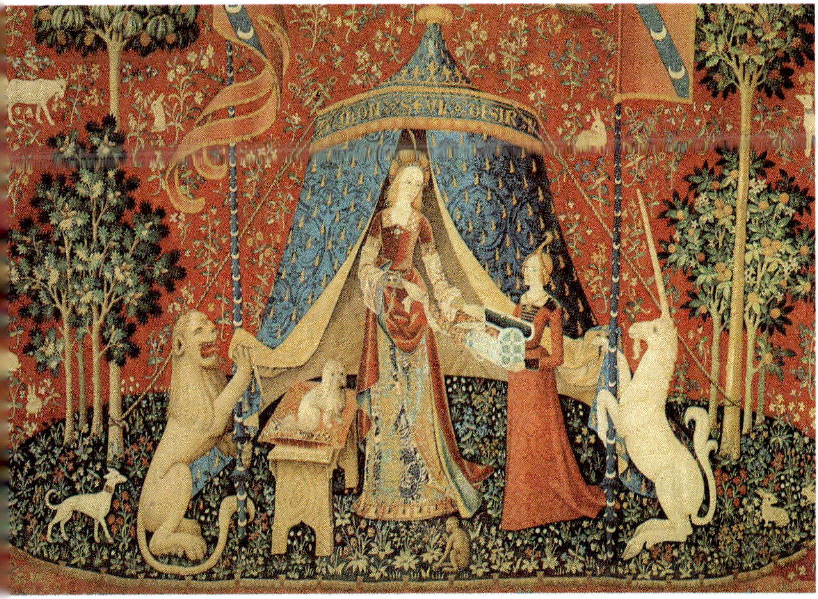

Manufacture des Flandres, 1484-1500. L'une des six tapisseries de la série de *La Dame à la licorne* tissée pour Jean Le Viste. *La dame renonce au collier.* Paris, Musée National du Moyen Âge.

de *Minnekästchen* (voir celui de la page 377). Dans toutes ces images, les personnifications empruntées à la poésie érotique (*Frau Minne*, la Dame de l'Amour) ou à la mythologie classique (Amour, Vénus et Cupidon) participent à la création d'un fascinant monde érotique sur un mode allégorique : le *locus amœnus* – pays de fleurs, de prairies, de cours d'eau et de bois – devant le jardin de l'amour et présentent une sorte de substitut terrestre de l'idée spiritualisée du paradis.

La fameuse série des six tapisseries de *La Dame à la Licorne* (Paris, Musée National du Moyen Âge) est une allégorie assez formalisée de la Vertu. Sans doute furent-elles tissées dans quelque centre flamand, que l'on n'a pu encore identifier, pour un commis de l'État d'extraction bourgeoise, Jean Le Viste, entre 1484 et 1500, date de sa mort. Cinq tapisseries représentent une figure allégorique de dame entre le lion et la licorne qui arborent les attributs chevaleresques (très en vue, signe que le commanditaire, nouveau venu dans les rangs de la chevalerie, a manifestement une attitude

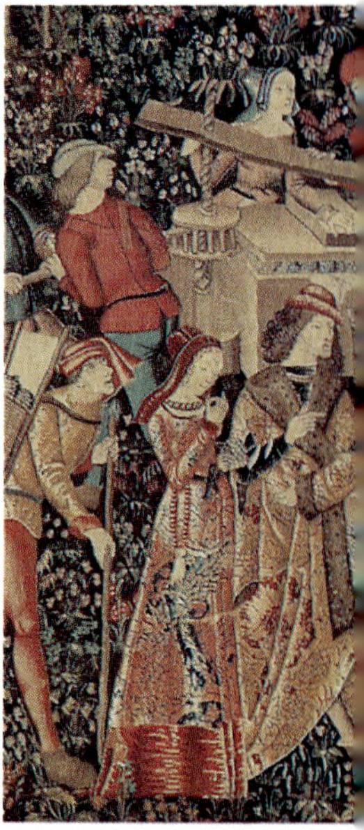

Manufacture bourguignonne (?) du XVe siècle. *Tapisserie avec scènes de vendanges (ibid.).*

de nouveau riche) : des lances avec les étendards décorés aux armes de Le Viste, trois croissants de lune.

Les dames personnifient les cinq sens, thème qui allait devenir de plus en plus populaire au fil des siècles suivants. La sixième tapisserie, introduction ou conclusion de la série, représente la dame et sa compagne à l'entrée de la tente : elle dépose son précieux collier dans la cassette que lui tend la servante. Sur la tente on peut lire : *« À mon seul désir »*. Autrement dit, il appartient à la volonté humaine de déterminer l'usage des sens et de les brider. La dame qui se défait de son précieux collier renonce symboliquement aux plaisirs des sens. Une autre série de tapisseries, perdues mais qui nous sont connues par des textes, appartenait au cardinal de Liège, Erard de la Marck, et représentait les cinq sens de l'homme, avec une allégorie où figuraient les mots *liberium arbitrum* : on retrouvait donc toujours cette même idée de liberté de la volonté humaine qui devait choisir avec sagesse afin d'éviter que la raison ne fût sous l'empire des sens[7].

Du point de vue artistique, *La Dame à la licorne* mêle les *mille*

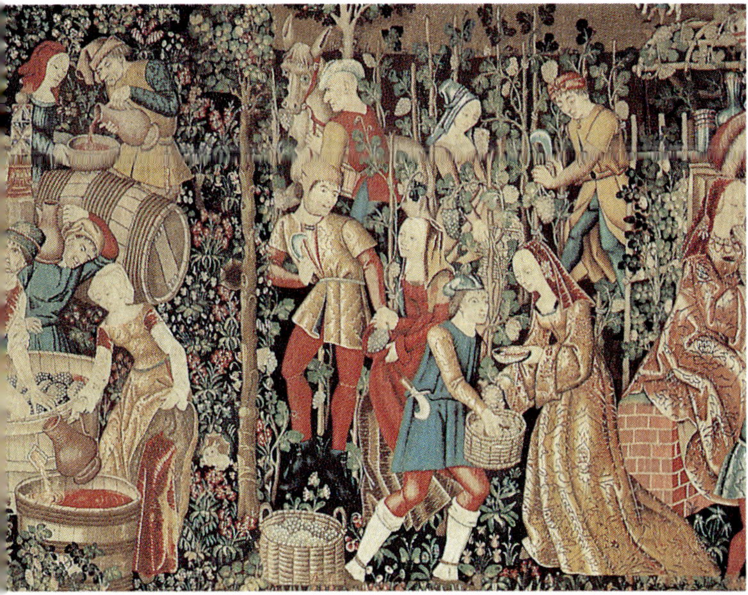

fleurs et le type figuratif des tapisseries. Sur un fond rose ou rouge parsemé de fleurs, d'animaux et d'oiseaux flotte un ovale bleu foncé en forme d'île au centre de la tapisserie. Ainsi est-il clairement indiqué que les représentations appartiennent au monde idéal alors que sont exaltées les qualités décoratives.

Si élégantes, raffinées et subtilement composées qu'elles soient, ces allégories du monde chevaleresque contiennent des parcelles de réalité observées avec la plus grande attention et représentées avec une habileté croissante. Les chiens des tapisseries de chasse (comme celle des Cloisters, au Metropolitan de New York) sont dessinés avec des lignes calligraphiques incisives, mais d'autres tapisseries présentent des caractéristiques différentes. Un vif intérêt est perceptible pour la représentation des travaux saisonniers dans les champs. La tapisserie réalisée autour de 1500 dans la région de la Loire (Paris, Musée du Louvre), sur le thème du *Travail de la laine*, représente des dames et des gentilshommes de la cour qui dirigent les activités des campagnards, tandis que la magnifique tapisserie des *Vendanges* (peut-être bourguignonne ; Paris, Musée National du Moyen Âge, XVe siècle) montre

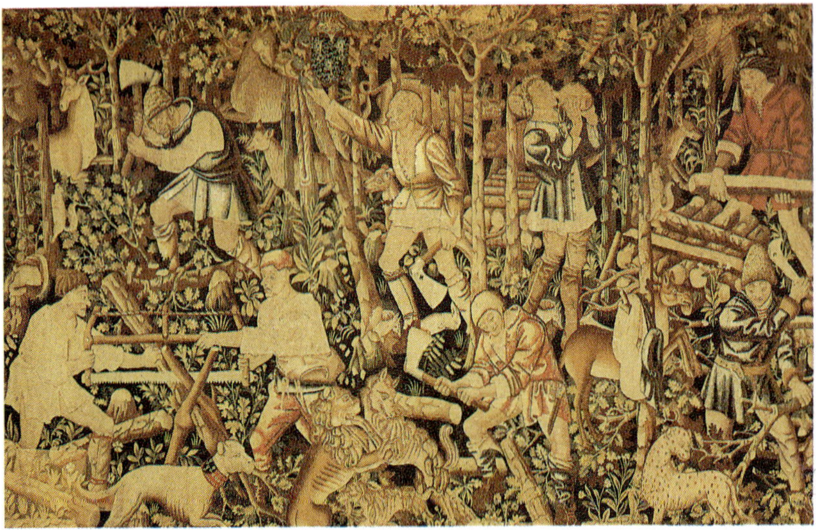

Manufacture de Tournai, vers 1460. *Tapisserie avec scènes de bûcherons au travail.* Paris, Musée des Arts décoratifs.

aussi des bûcherons au travail, formant un vif contraste avec les seigneurs et les dames qui leur rendent visite.

Les tapisseries les plus intéressantes et les plus révélatrices sont cependant celles qui furent tissées à Tournai vers 1460 (Paris, Musée des Arts Décoratifs) et où l'on ne voit que des paysans au travail. L'image de la vie humble des petites gens y acquiert, pour la première fois peut-être, une forme et des dimensions monumentales.

3. *Ars humilis*

Dans le Haut Moyen Âge, les petites gens – paysans et travailleurs – avaient leur place dans la vision féodale du monde et l'imagerie symbolique qui lui correspondait. Elles apparaissaient toujours dans le cycle des saisons, dans les images des travaux propres à chaque mois. Dans les enluminures des frères de Limbourg, par exemple, réalisées pour le duc Jean de Berry, leurs travaux sont subordonnés à l'ordre hiérarchique. On dirait que les paysans font partie de la nature, de son visage toujours changeant, perdus dans un espace que dominent les châteaux féodaux et l'ordre cosmique que symbolisent dans le ciel les signes astraux.

Dans les tapisseries des *Bûcherons*, nous avons affaire à autre chose. Ils occupent toute la surface de la tapisserie avec leur taille monumentale, leurs visages rudes et imposants : puissantes personnifications de la nature, ils sont vigoureux et presque menaçants. Il est assurément surprenant de trouver de semblables tapisseries dans les collections princières à côté de la *Geste d'Alexandre le Grand*, des séries de *Jules César* et des *Bons Juges* qui ornent les chambres des châteaux. Mais ce qui subsiste aujourd'hui de ces œuvres ne donne pas une idée juste de la popularité de l'objet au XVe siècle. Aby Warburg, qui a étudié ces tapisseries, a trouvé diverses références à ces ouvrages dans les sources bourguignonnes et a pu établir que les bûcherons appartenaient au répertoire iconographique typique de la célèbre manufacture de tapisseries de Pasquier Grenier, à Tournai, et que le duc Philippe le Bon passa commande de toute la série sur ce thème.

La commande du duc, en 1461, décrit précisément « une chambre de tapisseries » de lin et de soie, comptant neuf pièces et quatre pièces de mur entièrement couvertes de buissons et de feuilles ; chaque pièce devait représenter plusieurs personnes de grande taille, telles que des paysans et des bûcherons au travail comme s'ils œuvraient et travaillaient dans lesdits bois[8]. Conservée au Musée des Arts Décoratifs, à Paris, cette tapisserie fait apparaître en deux endroits les armes de la famille Rolin : celle du chevalier bourguignon qui figurait comme donateur du *Jugement dernier* dans le retable de Beaune, œuvre de Rogier Van der Weyden. En 1505, Philippe le Bel acquit du fils de Pasquier Grenier, Jean, la « chambre... à personnages de bûcherons » et la « chambre à personnages de vignerons ». On trouve dans les sources diverses références à ces œuvres[9].

La chambre, entièrement couverte de ces puissants et colossaux personnages de paysans au travail qui grouillaient dans les bois et les bosquets, devait susciter une impression de malaise, une espèce de frisson chez les visiteurs. Warburg reconnut dans ces personnages la contrepartie septentrionale des satyres italiens, mais dépouillée de toute saveur classique et de toute atmosphère arcadienne. Ces paysans sont des rustres, il n'y a pas de doute. Dans ces écrits théoriques, Albrecht Dürer parle des paysans comme du contraire même de la beauté : ils sont rudes, grossiers, balourds et effectuent un dur labeur, toutes qualités à l'opposé du raffinement, de l'élégance et de l'aisance luxueuse de la société

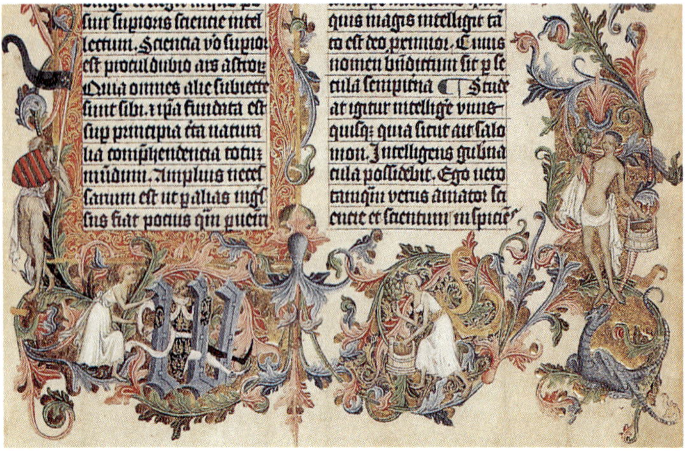

Enluminure bohémienne, vers 1400. *Jeune fille au bain*; enluminure de la première page du *Commentaire* de Ptolémée. Vienne, Österreichische Nationalbibliothek, ms. 2271, fol. 1 r.

de cour. Ils pouvaient aussi faire penser aux bouffons de cour et, par leur balourdise, jouer le rôle de fous qui amusaient la galerie des spectateurs raffinés[10].

Ces tapisseries étaient certainement l'exception parmi les autres sujets. Elles représentaient une situation spécifique, une espèce de cas marginal. Depuis longtemps déjà les marges – entendues de manière littérale ou métaphorique – offraient un espace de liberté vis-à-vis des règles iconographiques et du *decorum.* Déjà au temps de l'art roman, les scribes et les enlumineurs avaient pu introduire des motifs personnels et fantastiques dans les marges des manuscrits.

En architecture, les marges en question étaient les localités lointaines et secrètes où les artistes et les sculpteurs pouvaient laisser libre cours à leur imagination et introduire le grotesque ou des motifs vernaculaires sur les corbeaux, les clefs de voûte, les contreforts, les chapiteaux et les balustrades. Les trognes étranges et bizarres, les êtres hybrides, les gnomes et les grylles, les gargouilles et les monstres étaient connus des églises et des manuscrits médiévaux bien avant le XVe siècle. Dans les marges, dans les zones extrêmes, les plus éloignées du centre, on vit alors apparaître des créations fantastiques mais aussi des éléments de réalité étonnamment bien observés. Par exemple, les fascinantes « jeunes filles au bain » *(Bademädchen)* aux décolletés pleins de grâce des manuscrits bohémiens de l'époque de Wenceslas. Ou l'incroyable

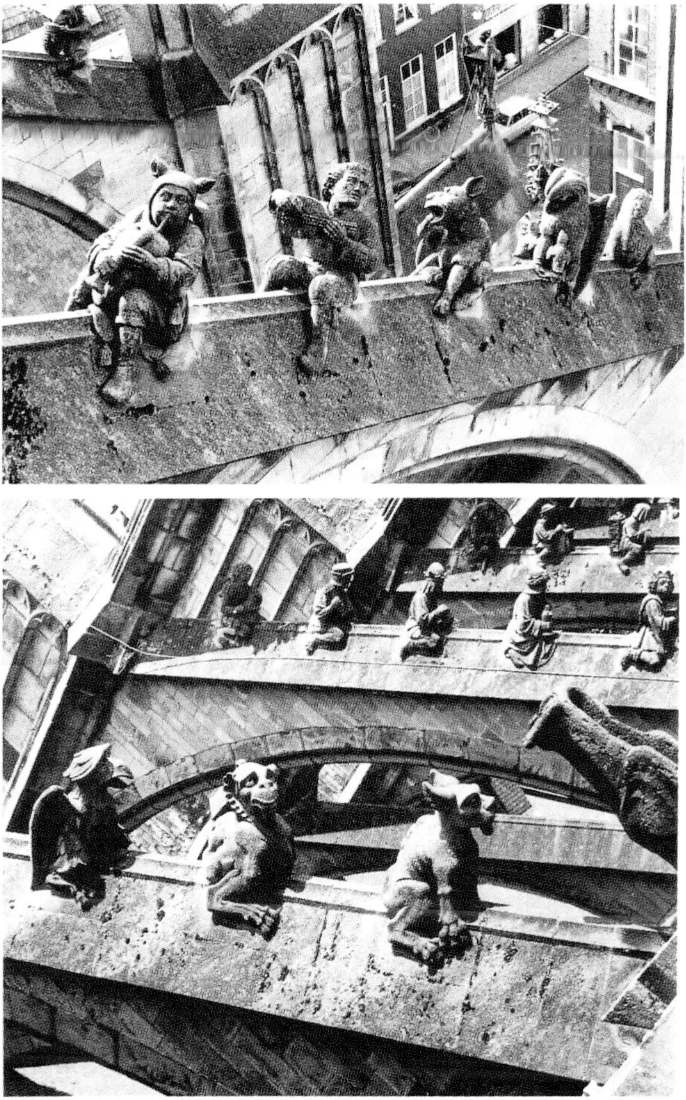

Personnages grotesques sur les arcs-boutants de la cathédrale de Bois-le-Duc.

cavalcade de figures taillées dans la pierre qui grouillent sur les arcs-boutants de la cathédrale de Bois-le-Duc : artisans, musiciens, artistes et sculpteurs entremêlés de grylles, de démons et de gargouilles. Ou encore les danseurs sur la balustrade à la base du toit de l'église Sainte-Barbe à Kutná Horá en Bohême, œuvre de Matias Rejsek (aube du XVIe siècle), et les impressionnantes sculptures sur bois qui ornent les miséricordes des stalles, autrement dit les saillies placées sous l'abattant des stalles permettant aux moines de s'appuyer pendant les longues heures des offices divins tout en donnant l'impression d'être debout.

Comme ces sculptures demeuraient invisibles dans la position habituelle, elles appartenaient à ce que nous avons appelé « l'espace marginal » de liberté. Dans ces décorations que l'on trouve en France et en Angleterre, en Espagne et en Allemagne, mais qui étaient plus particulièrement populaires aux Pays-Bas, fleurit le « genre satyrique » : critique sociale et moraliste qui va de pair avec un humour grossier et un fantastique populaire (oiseau à tête humaine : Breda, église Notre-Dame). Les exemples sont innombrables : moines fous et lubriques, dames sottes, moine dansant avec une nonne (Saint-Martin, à Venlo), hommes pourvus d'oreilles d'âne, fous jouant de la cornemuse (Breda, Notre-Dame ; Nederweert, Saint-Lambert), têtes étranges et grotesques (Saint-Bavon, à Haarlem ; l'église du monastère de Ter Apel), la série des proverbes (Saint-Martin de Venlo), motifs tirés de fables populaires comme le renard et la grue (San Pieter à Oirschot), chat plongé dans la lecture de la Bible à l'abri d'une draperie (Amsterdam, église Saint-Nicolas dite « Oudekerk »).

Le monde que révèlent ces sculptures est bien différent de l'iconographie de la fin du Moyen Âge, où l'évocation rudimentaire de la réalité naturelle fait bon ménage avec l'imagination. S'affirme ici la vision grossière et puissante d'un monde de désirs sensuels, de violence et de vices, de plaisirs simples et de bêtise ordinaire, sans aucune stylisation ni la moindre élégance.

Un coup d'œil à l'entour permet aux enlumineurs de dépeindre pour la première fois un vrai paysage local sans sujets historiques ni allégoriques : le paysage lui-même devient sujet. Dans le manuscrit brugeois des *Trésors des Histoires*, écrit et peint vers 1470-1480, nous voyons *La terre des Flandres*, représentée comme une simple campagne avec un moulin, des paysans au travail dans les champs et, à l'arrière-plan, une cité lointaine au bord de la mer[11].

Dans les marges, aux bords des enluminures flamandes, apparaissent dans la seconde moitié du XVe siècle toutes sortes de petits animaux – insectes, oiseaux, chenilles, mouches – mais aussi des

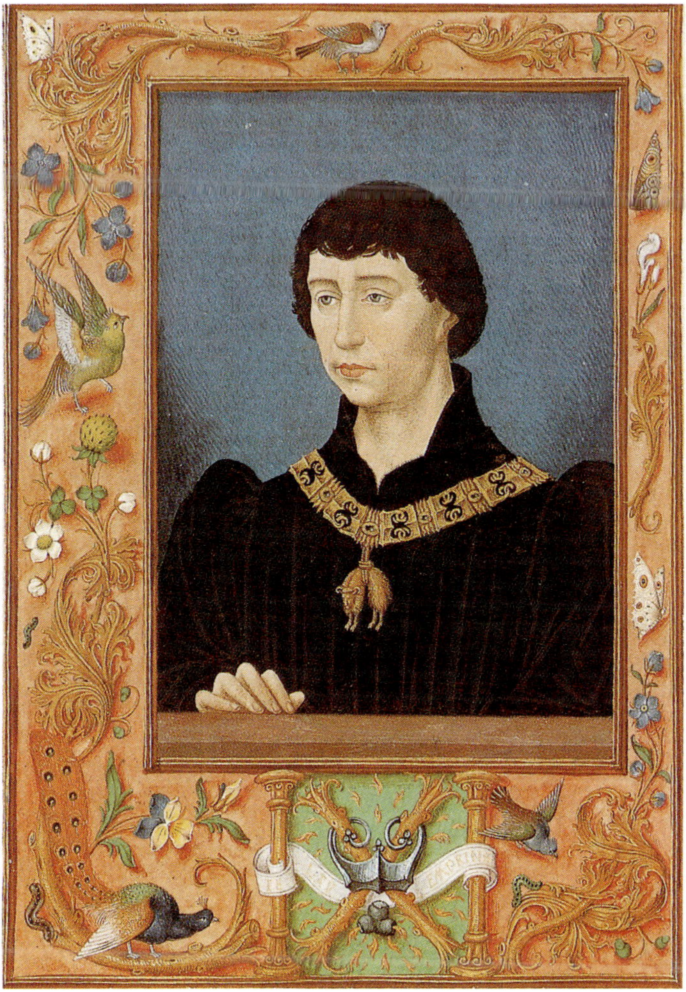

Portrait enluminé de *Charles le Téméraire* dans un cadre décoré de motifs animaliers et végétaux, *Livre des Statuts de l'Ordre de la Toison d'Or*, début du XVIe siècle. Vienne, Österreichische Nationalbibliothek, ms. 2606, fol. 70 v.

fleurs et des fruits, des branches et des feuillages qui attestent cette même observation aiguë de tout ce qui existe, quelle qu'en soit l'importance. Déjà les marges du *Livre d'Heures* de Catherine de Clèves, œuvre d'un Maître anonyme d'Utrecht que rendit célèbre cet ouvrage réalisé entre 1435 et 1445 (Pierpont Morgan Library, New York), sont pleines d'objets quotidiens, fabriqués ou naturels, comme des poissons ou des coquilles.

Cette tendance se fait plus marquée par la suite, par exemple dans le *Livre des Statuts de l'Ordre de la Toison d'or* (portrait de Charles le Téméraire, Vienne, Bibliothèque Nationale, Cod. Vind. 2606, fol. 70 v.) ou dans les enluminures du *Bréviaire d'Isabelle de Castille*, œuvre du Maître du *Livre de prières de Dresde* (vers 1495, Londres, British Museum, Ms. Add. 18851).

Dans certains cas, l'observation de la nature prend un tour presque pathétique. Dès les années 1440, un maître flamand – Simon Marmion[12], peut-être – avait représenté les quatre éléments dans le *Livre des propriétés des choses*, traduit à la fin du XIVe siècle du traité latin de Bartolomeus Anglicus. L'idée abstraite des éléments s'exprime dans une composition insolite et expressive (Londres, British Library, Cotton Ms. Aug. A XI, f. 52 v.), où la pensée abstraite se mêle à un sens profond de l'atmosphère, de la nature et des couleurs. On devine à l'horizon une côte rocheuse qui s'étend au centre de la composition tandis que le ciel bleu, à gauche, subit les assauts de flammes déchaînées qui viennent de droite. C'est un paysage d'une grande beauté, sévère et menaçante : une vision cosmique.

Bien que représentée sous forme de paysage, cette image des quatre éléments possède une sorte de mystérieuse puissance poétique qui devait exercer un attrait tout particulier sur l'observateur de la fin du XVe siècle. On allait recourir de plus en plus souvent aux images fantastiques pour en exprimer la réalité.

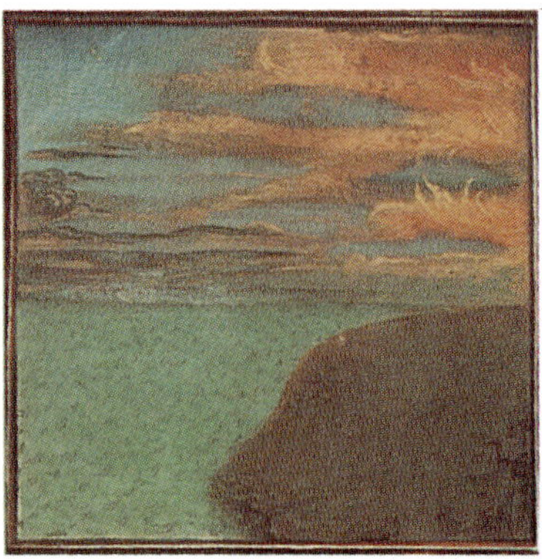

Simon Marmion (?), vers 1440. *Le feu.* Enluminure d'un manuscrit du *Livre des propriétés des choses.* Londres, British Library, Cotton Ms. Aug. A, fol. 52 v.

4. Récits de mystère et d'imagination

« Êtres composites, moitié hommes moitié animaux, les monstres ont un rôle dans la pensée et l'imagination de tous les peuples et de tous les temps. Partout, les monstres ont été crédités de pouvoirs divins ou de forces diaboliques du mal. Les monstres ont eu leur part dans les mythologies et les contes de fées, les superstitions et les prédictions. Dans les Merveilles de l'Orient, ce vieil héritage démoniaque a été tout à la fois préservé et pseudo-rationalisé. Mais leur obscure existence ethnologique a sombré dans le domaine de la magie chaque fois que l'effroi naturel qu'inspirait le monstre est passé au premier plan. » Voici ce qu'écrivait Rudolf Wittkower dans un article où il se penchait sur les images fabuleuses et traditionnelles des récits des voyageurs de la fin du Moyen Âge dans des pays lointains et exotiques[13].

Les images européennes de merveilles et de monstres renvoyaient aux idées et aux images des Grecs. Le *Physiologus*, texte grec du IIe siècle après Jésus-Christ qui interprétait les histoires d'animaux comme des allégories chrétiennes, en a conservé plusieurs des siècles durant. Dans l'imagination médiévale, ils vivaient dans des pays fabuleux et très lointains, la majeure partie en Orient, et dans les faits leur description se mêlait à des observations concrètes du monde des animaux exotiques, qui déterminaient dans bien des cas le type même des observations. Les manuscrits du XVe siècle, telle l'encyclopédie de Raban Maur, *De Universo* (Rome, Bibl. Vaticane, Pal. Lat. 291 f. 75 v.), reprennent les figures fabuleuses traditionnelles de peuples sans tête ou à tête d'animaux, d'hommes fantastiques pourvus d'un seul énorme pied grâce auquel ils se font de l'ombre quand ils sont allongés.

Ainsi qu'il advint de nombreux thèmes et images classiques (de ceux des *Métamorphoses* d'Ovide, par exemple), les représentations d'êtres monstrueux faisaient l'objet d'interprétations moralistes à la fin du Moyen Âge. « Le peuple à tête de chien et les monstres sans tête sont le symbole de l'humilité », par exemple[14]. De même dans la *Chronique du monde* de Hartmann Schedel (1493), déjà évoquée comme une illustration du réalisme, l'antique tradition des monstres est ressuscitée et, en même temps que d'autres sources, elle assura sa survivance jusqu'en pleins XVIe et XVIIe siècles.

Une autre source était les récits de voyages dans les pays exotiques, par exemple la description inventée de toutes pièces de voyages en Afrique et en Asie par Jean de Mandeville : ces

Enluminure représentant des êtres fantastiques d'un manuscrit du *De Universo* de Raban Maur, xve siècle. Cité du Vatican, Biblioteca Apostolica Vaticana, ms. Pal. lat. 291, fol. 75 v.

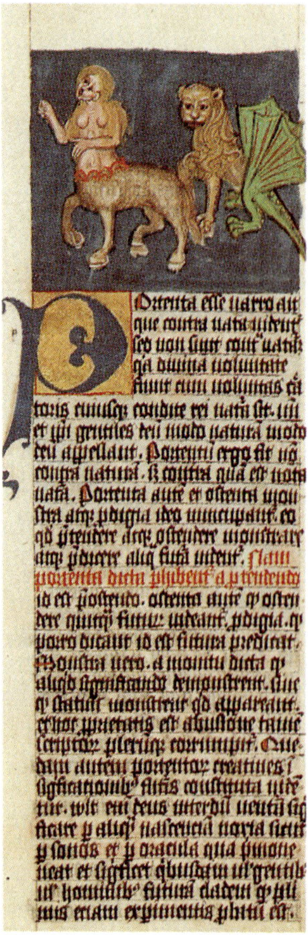

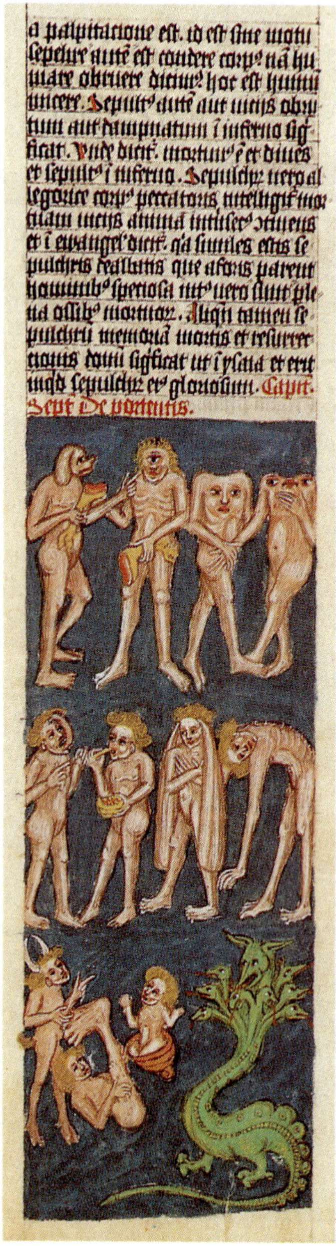

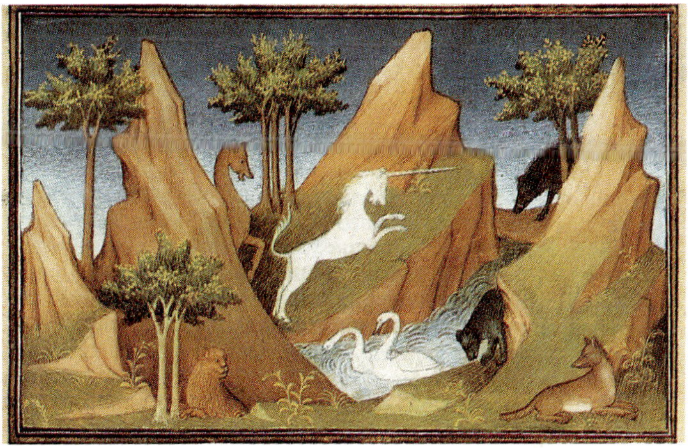

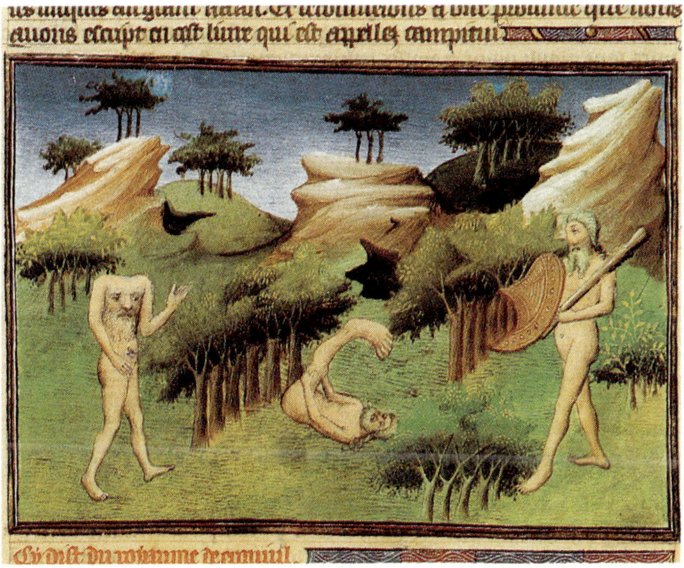

En haut : Maître de l'atelier de Boucicaut, 1413. *La licorne et les habitants de la Sibérie.*

En bas : Miniature du *Milione* de Marco Polo dans le *Livre des Merveilles*, Paris, Bibliothèque nationale, ms. fr. 2810, fol. 85 r. et 29 v.

récits composés au XIVe siècle devaient jouir d'une grande popularité dans les siècles suivants, tant sous forme manuscrite que sous forme imprimée. À l'aube du XVe siècle, le premier de l'an 1413, Jean sans Peur de Bourgogne offrit à Jean de Berry, en signe de paix entre les Armagnacs et les Bourguignons, un beau manuscrit qui avait été écrit et enluminé pour lui[15]. Ce *Livre des Merveilles* (Paris, Bibl. Nat., fr. 2810), qui réunit le *Milione* de Marco Polo, les *Voyages* de Mandeville et d'autres récits de voyages, est agrémenté d'enluminures réalisées dans l'atelier du Maître de Boucicaut, qui y mit lui-même la main, si bien que les 265 enluminures sont d'une qualité fort inégale. D'aucunes sont cependant excellentes et comptent parmi les plus beaux exemples de l'iconographie des merveilles et des monstres[16].

La description assez fidèle de Marco Polo est enrichie de motifs fantastiques traditionnels, tels que la licorne (fol. 85), introduite dans le groupe des « animaux sauvages », suivant la description sobre qu'en avait donnée Marco Polo. Les dragons (fol. 55 v.), les hommes à tête de chien des îles Adaman (fol. 76 v.) et les habitants de la Sibérie (fol. 29 v.) sont des images typiques, tandis que les observations réalistes sont entremêlées de motifs légendaires et fantastiques hérités d'une longue tradition. Conformément à celle-ci, les habitants de la Sibérie sont représentés comme des êtres monstrueux : des hommes sans tête, par exemple, un homme n'ayant qu'un seul et unique grand pied quand l'autre est un cyclope.

Parmi tous les êtres monstrueux et les créatures merveilleuses de l'art du XVe siècle, les plus populaires furent les sauvages, hommes ou femmes, dont les images connurent une vogue et une diffusion tout à fait extraordinaires. Des enluminures de Fouquet aux gravures de Dürer, des *Minnekästchen* à la décoration des stalles en passant par les pièces d'orfèvrerie et les tapisseries de la Suisse et du Rhin supérieur, les hommes et les femmes sauvages apparaissent avec une fascinante régularité, surtout dans les zones que nous avons qualifiées de « marginales ». Ces contreparties septentrionales de satyres antiques sont pourvues de significations diverses. Ces sauvages appartiennent certainement aux « êtres inférieurs », à la sphère de la nature non humaine : « exclus du projet divin de la Rédemption » ; il n'en convient pas moins de les asservir et de les subordonner aux puissances de la religion. « De même que les porteurs de chandeliers portent la divine lumière, ces supports des stalles viennent conforter la prière. Pris dans des vrilles ornementales, ils symbolisent le désir ardent de Rédemption »[17]. Relégués dans les zones inférieures des enluminures de

Fouquet pour le *Livre d'Heures* d'Étienne Chevalier (Chantilly), ils soutiennent les initiales, les armes et les monogrammes (par exemple dans la *Conversion de saint Paul*).

L'autre fonction des sauvages était apotropaïque ; ainsi apparaissaient-ils parmi les branchages sur certains portails : dans l'église du château de Chemnitz (1525), dans la décoration de la chaire de l'église Sainte-Anne d'Annaberg (1516) ou dans le portail de la Chambre dorée du château de Hohensalzbourg à Salzbourg (1501)[18]. À travers les hommes sauvages s'exprime une puissance démoniaque, la puissance des esprits des bois et la force du vent capable d'arracher les arbres. Quant aux femmes sauvages, elles possèdent des dons magiques de sorcellerie. Domestiquées et présentées sur ces portails, toutes ces forces pouvaient être utilisées à des fins apotropaïques[19]. Dans le reliquaire de saint Georges, réalisé vers 1480 par Bernt Notke pour la confrérie de Saint-Georges à Elblag (Elbing) et qui se trouve aujourd'hui à Hambourg (Museum für Kunst und Gewerbe), l'ensemble repose sur les épaules de quatre sauvages qui portent les armes de la Confrérie et brandissent vaillamment leurs cimeterres et leurs bâtons.

En même temps, cependant, les sauvages, hommes ou femmes, pouvaient symboliser une vie naturelle et libre dans les bois, une vie exempte de tout sentiment de culpabilité, de conflits et de péchés. Dans la tapisserie suisse de 1460, à Vienne (Österreichisches Museum für angewandte Kunst), les sauvages sont représentés au milieu d'animaux fabuleux et de banderoles sur lesquelles on peut lire : *« die welt ist wntrwen fol/mit dissen dierlin ist uns wol »,* ce qui veut dire : « la perfidie règne dans le monde, nous sommes bien en compagnie de ces bestioles ». Généralement symboles de péché, les animaux fantastiques prennent ici une valeur positive[20]. Il est significatif que dans les enluminures de Fouquet la position inférieure des sauvages soit partagée par les anges dont les situations ou les fonctions paraissent analogues aux leurs.

Dans les tapisseries de la fin du Moyen Âge, des sauvages, hommes et femmes, mènent une vie arcadienne et pastorale. Jadis personnifications de la violence, ils incarnent désormais la douce puissance de l'amour. La charmante « jeune fille bleue » (fragment d'une tapisserie alsacienne réalisée autour de 1500, Historisches Museum de Bâle) est couverte de cheveux bleus, qui ne laissent paraître que la tête, le cou, les seins et les mains, et porte sur la tête une couronne de fleurs, tel un pendant septentrional du *Printemps* de Botticelli : assise dans le *locus amœnus*, elle est entourée

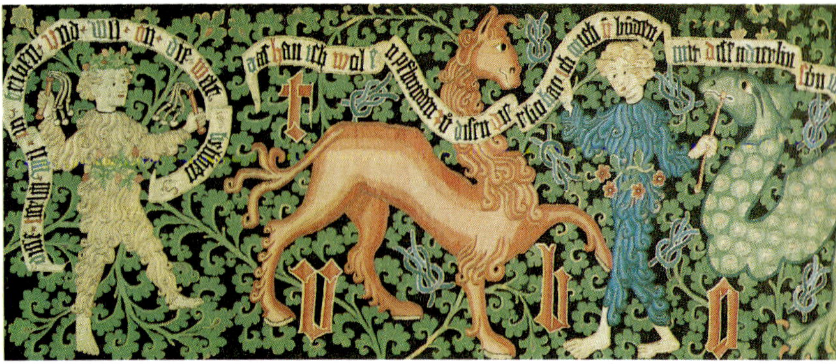

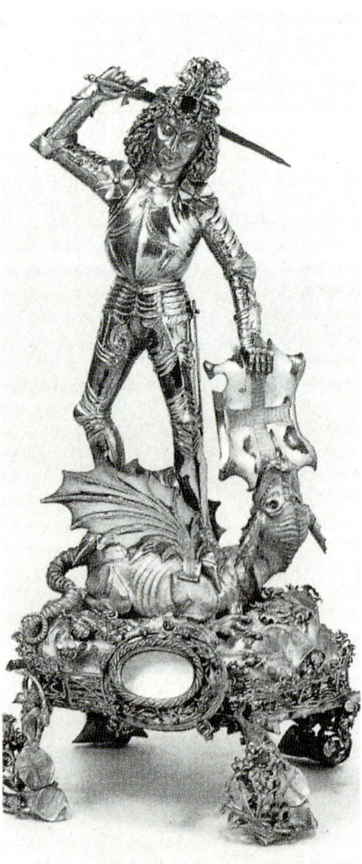

En haut : Manufacture suisse, autour de 1460. *Tapisserie avec des images de sauvages et d'animaux fantastiques.* Vienne, Österreichisches Museum für Angewandte Kunst.

Page de droite : Manufacture alsacienne, vers 1500. *Tapisserie à la « jeune fille bleue »*. Bâle, Historisches Museum.

À gauche : Bernt Notke, vers 1480. *Reliquaire de saint Georges.* Hambourg, Museum für Kunst und Gewerbe.

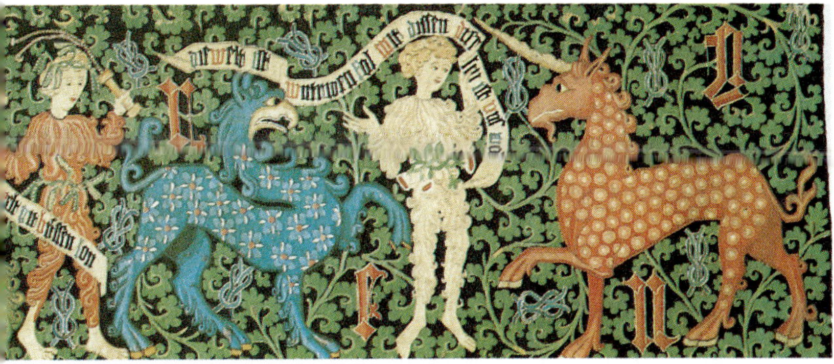

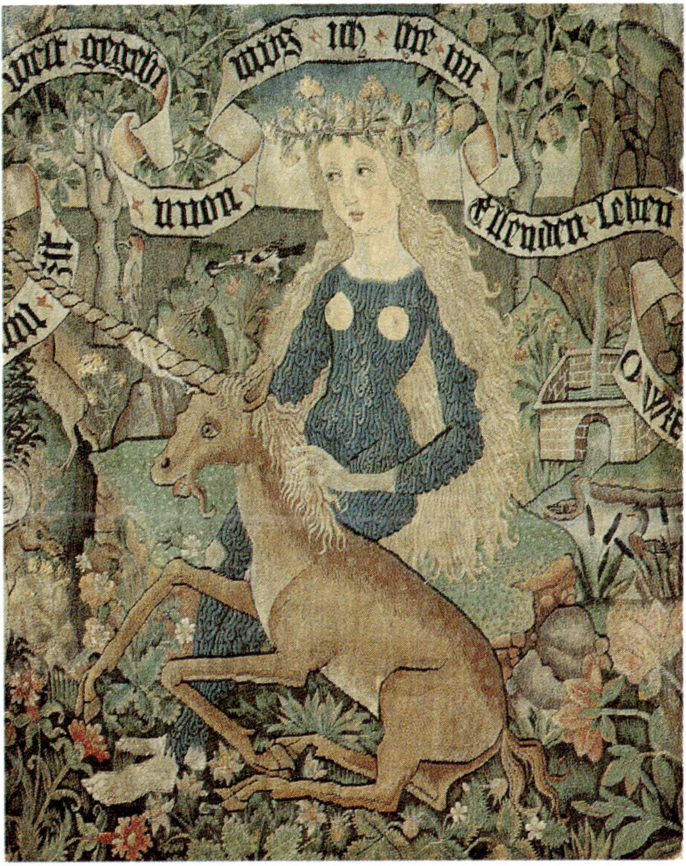

d'arbres en fleur, de buissons et d'oiseaux, tandis que l'on devine une source au second plan. Sur ses genoux repose une licorne fort conciliante. Partiellement conservée, l'inscription introduit une touche de mélancolie. Par son charme naturel, la vierge sauvage domestique ici la violence de la nature que représente la licorne. L'amour, la *Minne*, tempère les forces farouches et sauvages de la nature[21].

Cette image a tout l'air d'une allusion sécularisée à la Vierge dans le jardin clos du paradis. Une atmosphère semblable règne dans le fameux écrin rhénan de bois sculpté des années 1460-1470, conservé à Vienne au Kunsthistorisches Museum : sur le couvercle, la « reine » des sauvages est à cheval sur une licorne, au centre, tandis que les hommes continuent à chasser dans les bois. Sur les parois latérales de l'écrin se déploient des scènes de lutte et d'amour – d'enfants que l'on soigne et de chasse – au milieu de vrilles fantastiques et de plantes ornementales. Ces compositions qui s'inspirent d'estampes de maîtres allemands semblent opposer les scènes des parois qui représentent les conflits et les difficultés de la vraie vie aux songes pastoraux du couvercle, où domine l'amour en la personne de *Frau Minne*.

De même, les créatures aquatiques, monstres et merveilles de la mer, étaient considérées comme une espèce de peuplade sauvage, également mue par un besoin ardent d'amour, comme dans la célèbre gravure de Dürer (*Léviathan*, vers 1498), où un être pourvu d'une queue de poisson et d'une carapace de tortue arrache une belle jeune fille au monde des humains.

Les sauvages masqués intervenaient souvent dans les pièces de théâtre, les processions et les ballets des XVe et XVIe siècles, voire des siècles suivants. Ils avaient une place de choix dans le carnaval. Mais leur symbolisme était ambigu, comme celui de maint autre symbole largement utilisé. Dans une gravure de Dürer de 1503, le sauvage qui aborde une jeune « bourgeoise » est une puissance de mort et de destruction : le crâne qui orne son écu est on ne peut plus explicite. Une morale s'exprime également sur la gravure d'Israhel van Meckenem, réalisée autour de 1490 : l'amour « nouveau » s'y oppose à l'amour « faux », l'amour sensuel à l'amour spirituel et chevaleresque. L'idée qui, à cette même époque, obsédait les néo-platoniciens et les artistes italiens a trouvé ici une expression différente dans le langage du Nord. Dans le grouillement des feuilles d'acanthe, de petites figures humaines, dont le corps est presque sans toison, évoluent avec la vitalité de sauvages, brandissant leurs armes ou armant leurs arcs ; les deux couples cherchent à atteindre la fleur qui se trouve au sommet de

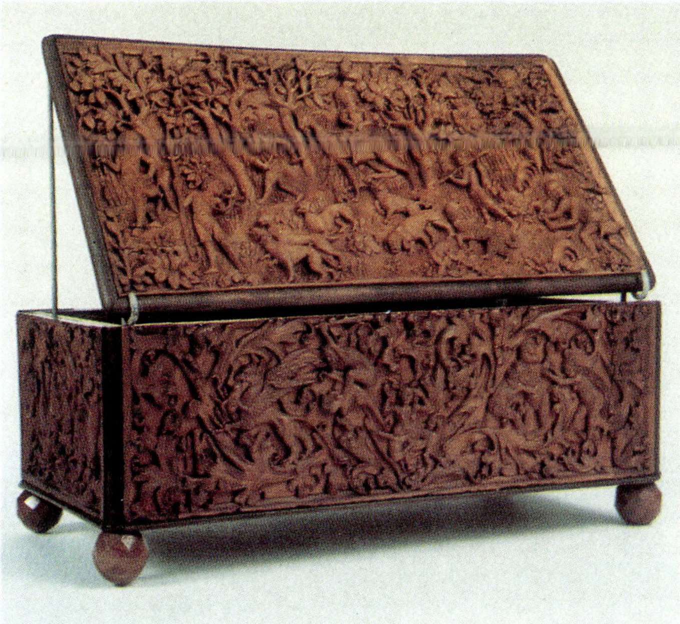

Sculpteur rhénan, vers 1460-1470. Coffret en buis avec hommes sauvages et animaux. Vienne, Kunsthistorisches Museum.

la plante, au-dessus de laquelle se tapissent de sinistres insectes. L'inscription donne la signification de la gravure : *« flore pulchro nobili apes mella colligunt / Et hoc vermes frivoli virus forte hauriunt »* (Sur les nobles et belles fleurs les abeilles récoltent le miel, où la vermine frivole puise un suc plus fort). Mues par leurs appétits sensuels, les petites figures humaines se contorsionnent à travers les feuillages immenses qui symbolisent la nature.

De ces estampes à l'idée de représenter, sur de grands panneaux peints, de complexes allégories morales des péchés et des vertus des hommes, il n'y avait qu'un pas.

Et ce pas ne fut franchi que par un seul artiste de génie dans la partie méridionale des Pays-Bas du Nord, à Bois-le-Duc, dans la ville même où d'innombrables figures grotesques grouillent sur les arcs-boutants de la cathédrale. Cet artiste n'est autre que Jérôme Bosch dont l'art, qui exprime une imagination puissante et un talent subtil, demeure énigmatique. Bosch consentit, semble-t-il, à ce que les motifs et les approches, qui trouvaient autrement à

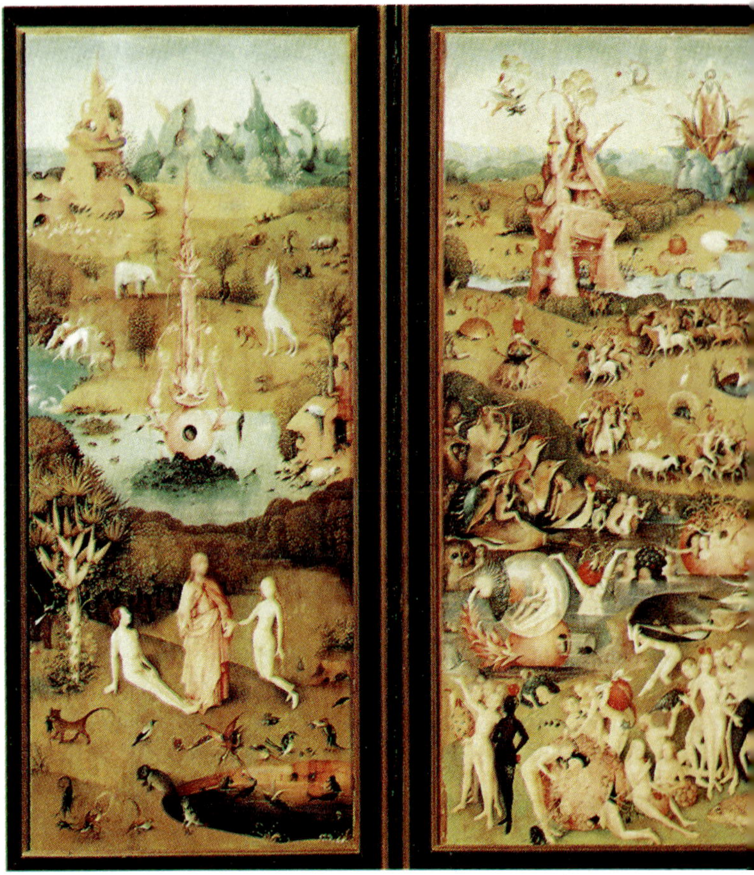

Jérôme Bosch, 1500-1510. *Le Jardin des délices.*

s'exprimer dans les « espaces marginaux », dominent sa peinture : le maître hollandais recourut au grotesque, au fantastique, aux proverbes et aux motifs fabuleux, mais aussi à l'imagerie astrologique comme à un matériau visuel pour élaborer une série d'images marquantes et insolites.

Des œuvres mineures comme *Le Fils prodigue*, *La Nef des fous* ou *Saint Jean à Patmos* furent peut-être peintes pour des collectionneurs privés et des humanistes. Le mystère demeure, cependant, autour de la fonction de ces triptyques, d'une conception

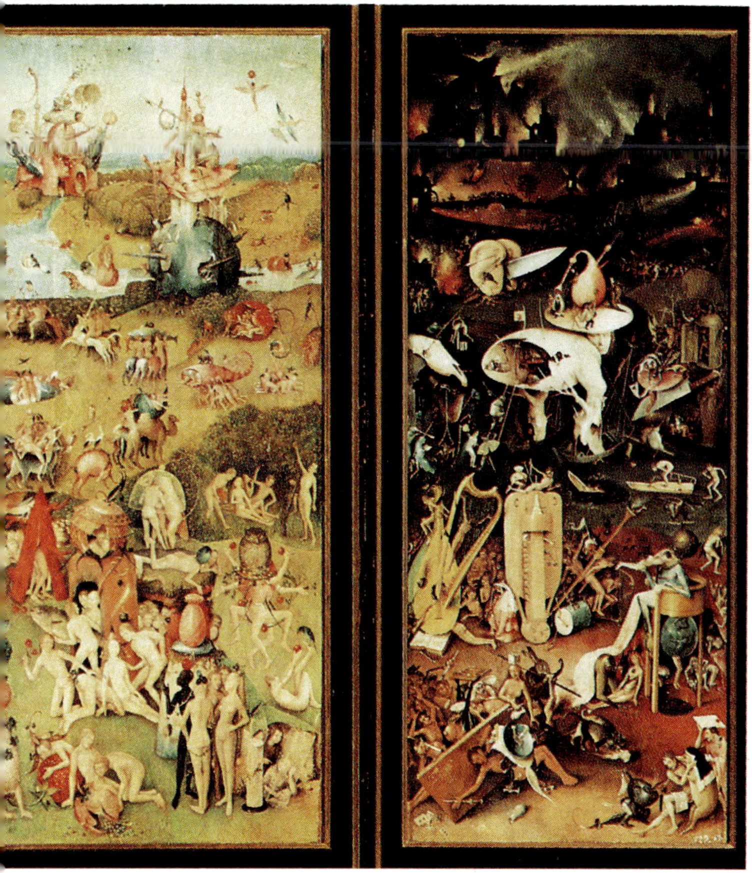

Peinture sur bois. Madrid, Musée du Prado.

peu orthodoxe, dont aucune église n'aurait pu parer ses autels. *Le Chariot de foin* (1503-1512, au Prado) – dont le centre est occupé par un grand chariot de foin – mesure 2,50 m sur 1,50 m quand il est ouvert tandis que l'œuvre la plus célèbre de Bosch, également au Prado, le grand triptyque du *Jardin des délices*, a près de 4 mètres de large pour 2,20 m de haut.

Mainte théorie a été avancée pour trouver la solution juste, mais aucune ne résiste à un examen critique : pas plus celle qui fait de Bosch le suppôt d'une secte hérétique secrète d'Adamites

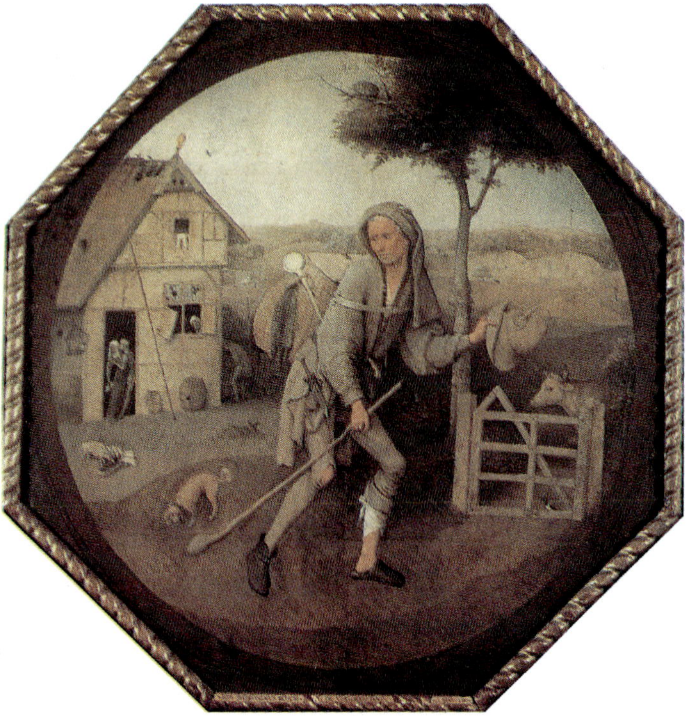

Jérôme Bosch, 1500-1516. *Le Fils prodigue.* Peinture sur bois. Rotterdam, Museum Boymans van Beuningen.

que celle qui s'efforce d'inscrire son œuvre apparemment insolite dans des catégories thématiques traditionnelles. Le symbolisme astrologique, tellement populaire et pas seulement dans les arts graphiques, a sans doute son importance dans les images de Bosch. Peut-être la clé symbolique permet-elle d'en interpréter certaines : *Le Fils prodigue* (1500-1516) serait ainsi, comme on l'a proposé dernièrement, l'un des « enfants de la Lune » qui se trouve sous le signe zodiacal du taureau[22], autrement dit un homme soumis à l'influence négative de la substance sublunaire. De même y a-t-il peut-être un fond de vérité dans l'idée que le *Le Jardin des délices* (1500-1510) aurait été conçu comme une image de l'harmonie entre l'homme et la substance sublunaire[23].

Quoi qu'il en soit, le symbolisme complexe et ésotérique à l'extrême des tableaux de Bosch ne pouvait être compréhensible que pour une poignée d'initiés. C'est avant tout pour leurs visions fantastiques et insolites, qui s'accordaient bien au goût espagnol, qu'on les admirait ou qu'on les achetait. Et, de fait, de nombreuses grandes œuvres de Bosch appartiennent à des collections espagnoles.

À coup sûr, l'imagination de Bosch était profondément moraliste et critique à l'égard de la sottise et des faiblesses humaines. Mais les idées profondes sont si ingénieusement masquées sous les charmes séduisants de la réalité poétique et sensuelle que les éléments mystérieux et terrifiants finissent par acquérir un attrait irrésistible. Dans les tableaux de Bosch, la bizarrerie symbolique a reçu la plus fascinante des formes, grâce au luxe des couleurs et à la subtilité de son coup de pinceau.

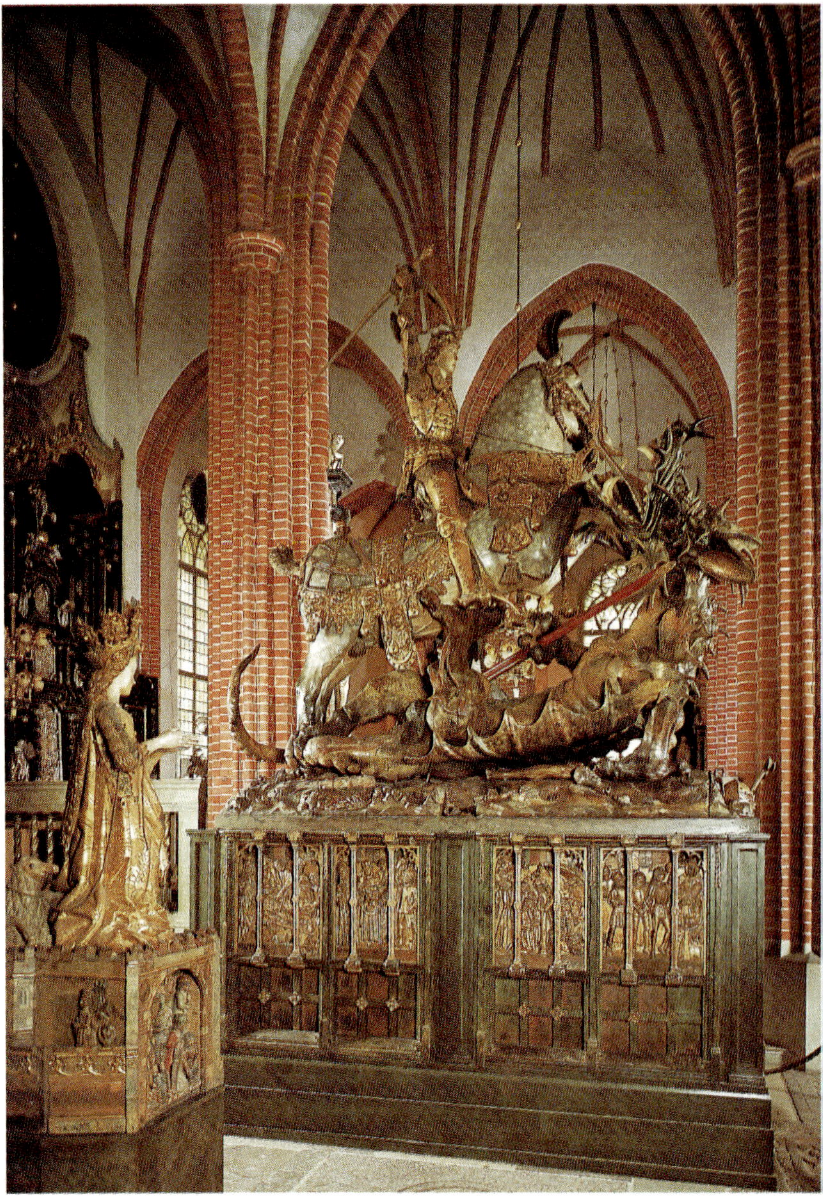

Bernt Notke. *Saint Georges combat le dragon devant la princesse en prière*; groupe sculpté consacré en 1489 dans la cathédrale Saint-Nicolas (Storkyrka) de Stockholm.

Chapitre IX

LE MONDE SCULPTÉ

1. Sous le signe de Nicolas de Leyde

Dans les pays germaniques, la sculpture en bois de tilleul, de noyer et de chêne est la technique artistique qui connut son apogée dans la seconde moitié du XVe siècle et à l'aube du XVIe. Jamais auparavant ni plus tard la popularité de cet art ne fut aussi extraordinaire, même si, bien entendu, on s'était déjà servi du bois pour les sculptures au Moyen Âge et que celui-ci allait être à nouveau le matériau favori de la sculpture religieuse allemande du rococo.

Les œuvres les plus importantes de l'art centre-européen de la fin du XVe siècle furent donc des sculptures en bois : de la Rhénanie jusqu'à Cracovie, d'Odense à Constance et de Stockholm à Levoča furent créés des stalles et des retables magnifiques dont beaucoup furent détruits, endommagés ou démembrés pendant la Réforme ou plus tard. Dans ces œuvres, le talent incomparable des sculpteurs va de pair avec une imagination dynamique et une forte expressivité ; un don merveilleux pour représenter les figures humaines et exprimer leurs sentiments ou leurs émotions faisait bon ménage avec une prédilection et un goût des formes compliquées, pour la profusion ornementale et florale qui créait un monde empli d'un charme insolite et d'une richesse déconcertante.

L'essor de la sculpture en bois en Europe Centrale dans les dernières décennies du XVe siècle trouvait apparemment ses racines dans les traditions locales de diverses régions artistiques d'Allemagne, et plus particulièrement dans les provinces rhénanes, en Souabe, en Franconie et en Autriche. Il semble toutefois qu'un grand artiste des Pays-Bas qui travailla dans divers centres allemands au cours des années 1460 ait été en l'occurrence une source

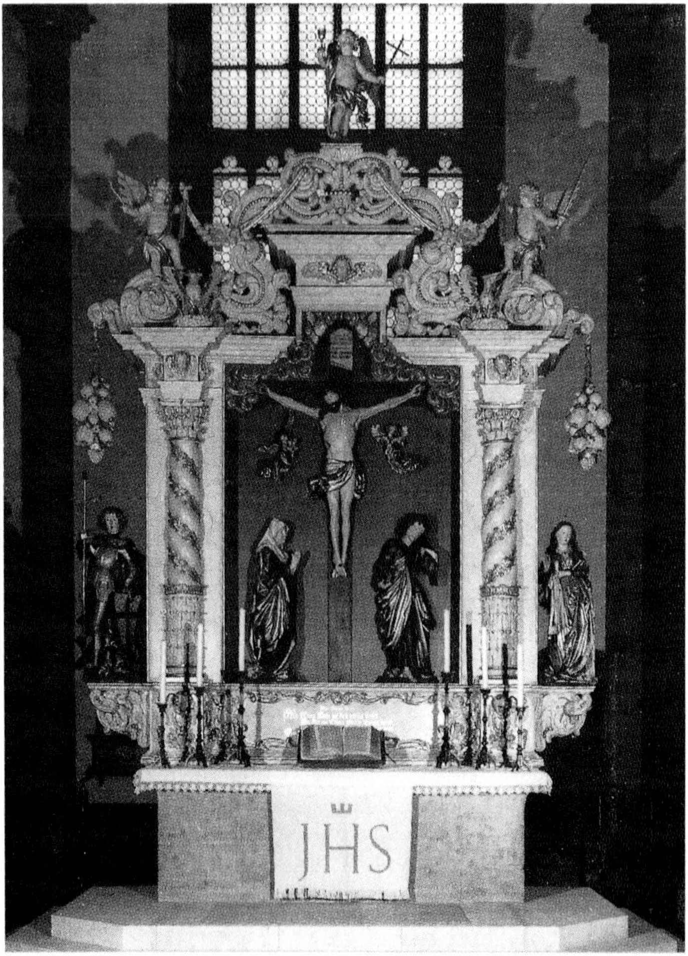

En haut et page de droite : Nikolaus Gerhaert (?), 1462. *Crucifixion*, avant et après la reconstitution du retable dans l'église Saint-Georges de Nördlingen.

d'inspiration fort importante et spécifique : Nikolaus Gerhaert dit Nicolas de Leyde, dont nous avons déjà parlé à propos de la tombe de Frédéric III, à Vienne, et de l'épitaphe Busnang de Strasbourg.

Toutes les œuvres signées ou associées au nom de Gerhaert sur la foi de documents sont des sculptures de pierre où les traditions des Pays-Bas se manifestent sans doute possible sous la

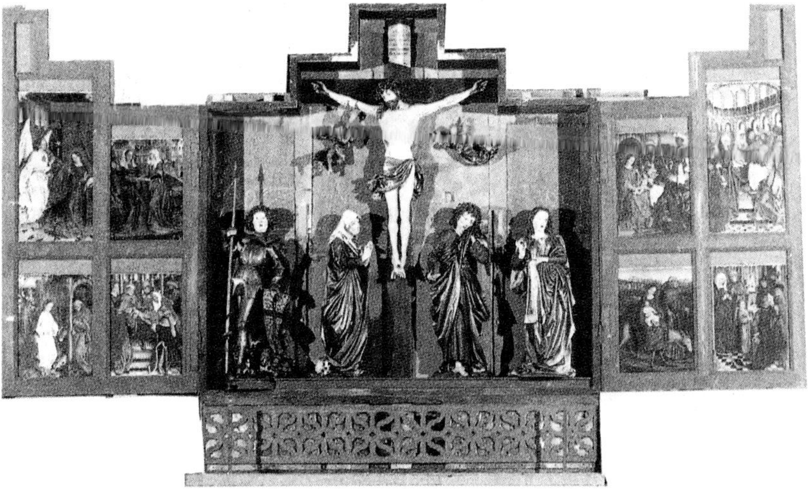

forme d'un intérêt aigu pour la réalité, mêlant, à la façon caractéristique de Jan Van Eyck, le réalisme et la capacité de créer en même temps une vision synthétique de la nature humaine. L'art de Gerhaert paraît remonter à la tradition néerlandaise de Claus Sluter. On sait que Gerhaert travailla à Strasbourg au début des années 1460, sa toute première œuvre qui nous soit connue étant la tombe de l'archevêque Jacob von Sierck, à Trêves, en 1462.

Certains spécialistes ont dernièrement proposé d'attribuer à Nikolaus le groupe de la *Crucifixion* du retable de Nördlingen, daté de 1462 d'après une inscription qui attribue l'œuvre à Friedrich Herlin. Ainsi pense-t-on que Herlin ne fut que le contractant et que les principaux personnages de la *Crucifixion* sont de la main de Gerhaert[1]. Il s'agirait de la seule sculpture de bois connue de toute l'œuvre de Gerhaert. Ce qui signifierait aussi que l'artiste serait venu plus tôt qu'on ne pensait dans la région centrale du Rhin, si l'œuvre de Nördlingen était déjà achevée en 1462.

Quoi qu'il en soit, hormis ces sculptures qui lui sont attribuées de manière hypothétique et hormis les tombes et l'épitaphe déjà évoquées, il existe d'autres œuvres importantes, en particulier les bustes provenant du portail de la Nouvelle Chancellerie de Strasbourg (Musée de l'Œuvre Notre-Dame, Strasbourg ; Liebighaus, Francfort), et le *Christ en croix* de pierre du cimetière de Baden-Baden, actuellement près de l'église du monastère (daté de 1467,

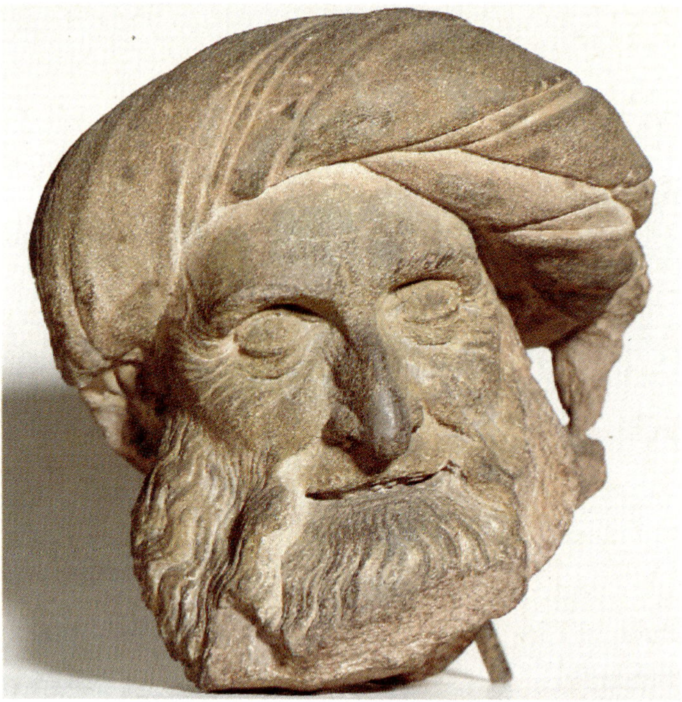

Nikolaus Gerhaert. *Tête de prophète* d'une statue de la Chancellerie de Strasbourg (Strasbourg, Musée de l'Œuvre Notre-Dame).

signé, transporté de Strasbourg à Baden-Baden et commandé par le chirurgien Hans Ulrich, ainsi que l'indiquent les armes de la base)[2]. Il existe aussi à Strasbourg un célèbre buste d'homme que l'on a longtemps attribué à Gerhaert et que l'on tient parfois même pour son autoportrait. De même que le *Christ en croix* de Baden-Baden, le groupe de sculptures à mi-hauteur de Strasbourg a eu dans les dernières décennies du siècle une influence large et diffuse sur la sculpture de bois en Allemagne.

Bien qu'endommagés et fragmentaires, les bustes ont un caractère singulièrement marqué, tant en ce qui concerne leur apparence physique que leur vie intérieure. De surcroît, ils sont représentés dans des positions et avec des gestes qui indiquent des positions éphémères, sujettes à de rapides changements. Si l'on veut bien apprécier leur portée révolutionnaire, il faut aussi examiner les moulages réalisés avant que les bustes ne souffrissent de graves dommages au cours du siège de Strasbourg, en 1870,

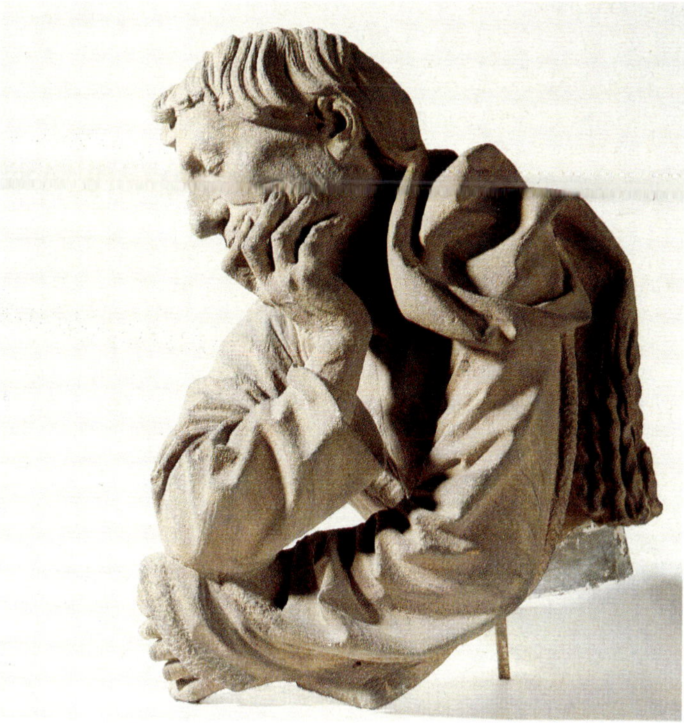

Nikolaus Gerhaert (?). *Buste d'homme accoudé* (autoportrait ?) *(ibid.)*

qui les ont privés de parties considérables, et notamment de leurs mains. Les bustes paraissent alors animés d'une extraordinaire énergie vitale : tournant autour de leur axe vertical comme en pleine action, les mains disposées de telle façon qu'elles font irruption dans l'espace environnant au point de constituer une unité d'espace et de contenu.

Malgré plusieurs tentatives, on n'a pu identifier la fonction originelle du buste de vieux, le « prophète », et d'une jeune femme, la « sibylle », dans la décoration du portail de la Nouvelle Chancellerie de Strasbourg. Le buste de l'homme, dont le menton repose sur la main droite, trahit une attitude mélancolique et une humeur contemplative et faisait peut-être partie de la même décoration. L'attribution à Nikolaus Gerhaert ne fait pas l'unanimité, mais l'œuvre est d'une telle qualité qu'elle a sans doute été créée dans le proche entourage du maître. Il est aussi vrai que l'œuvre semble appartenir à un stade un peu plus tardif de l'évolution artistique :

« L'épanouissement et la plénitude des traits ont fait place à une certaine mobilité nerveuse. Même le dynamisme direct des bustes du vieillard et de la femme est ici remplacé par un jaillissement en spirale qui est suggéré par le mouvement des deux bras, l'inclinaison du visage et la courbe que décrit la bordure de son manteau »[3].

La touche de modernité dans l'arrangement et dans l'expression du buste est saisissante, au point que l'on comprend que Walter Paatz, par exemple, ait cédé à la tentation de comparer le travail aux plus hautes réalisations contemporaines ou aux œuvres plus tardives de la Renaissance italienne[4].

À cette période d'activité de Gerhaert, à Strasbourg, appartient aussi le *Christ en croix* de Baden-Baden, qui représente une autre facette de son œuvre. Les bustes de Strasbourg débordaient de vitalité extérieure et de vie intérieure. Le *Christ en croix* exprime la paix profonde du triomphe sur la mort. La parfaite représentation de la souffrance physique est dominée par le calme intemporel du visage divin, que l'on ne saurait mieux qualifier que de « classique ». Peut-être le style synthétique de l'œuvre est-il en partie déterminé par sa surface usée pour avoir été exposée des siècles durant aux intempéries. Le sacrifice divin accompli, règne maintenant une grande paix. Le contraste est appuyé avec le dynamisme qui règne dans le monde physique. Le périzonium qui flotte au vent retient l'attention du spectateur qui est témoin des effets terribles du martyre, représenté avec un sens aigu du naturalisme.

Avant de répondre à l'empereur qui l'invitait à se rendre à Wiener Neustadt, où il réalisa la tombe sculptée de Frédéric III (*cf.* p. 240), Nikolaus se lança dans un grand projet de bois, c'est-à-dire dans un matériau qu'il n'avait pas l'habitude de travailler (excepté le groupe de la *Crucifixion* de Nördlingen qu'on lui a attribué à titre hypothétique), et exécuta un retable pour la cathédrale de Constance dans les années 1465-1466. Celui-ci fut détruit en 1531 au cours des troubles iconoclastes de la Réforme et toutes les tentatives pour en reconstituer la physionomie restent du domaine de la conjecture : fondées sur son influence présumée sur les œuvres qui nous sont parvenues, elles sont pour le moins hasardeuses.

Non que l'influence de Gerhaert ne fût pas importante. Rayonnant depuis Strasbourg et Constance, elle se fit sentir dans de larges régions de l'Allemagne et se manifesta, entre autres, dans les bustes de bois qui décorent les stalles du chœur à Constance (1477-1478), à Weingarten (vers 1477-1478) et à Ulm.

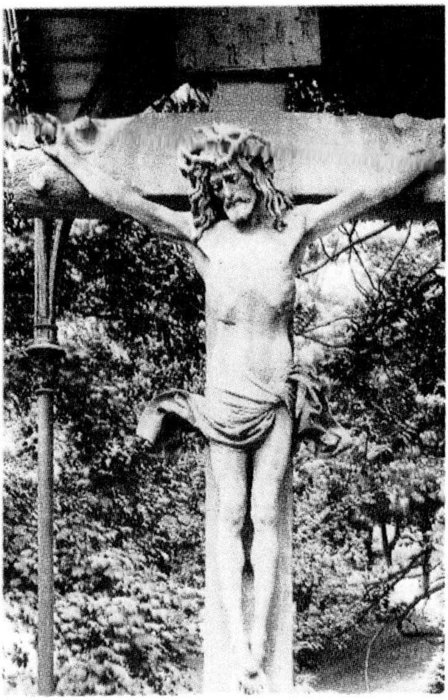

Nikolaus Gerhaert, 1467. *Christ en Croix* du cimetière de Baden-Baden (Baden-Baden, Église paroissiale).

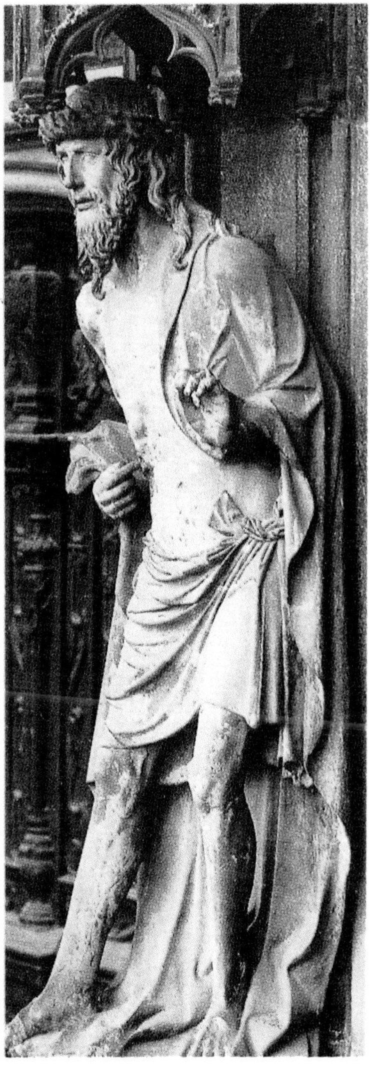

Hans Multscher, 1429. *Le Christ en «homme de douleurs»*. Ulm, portail ouest de la cathédrale.

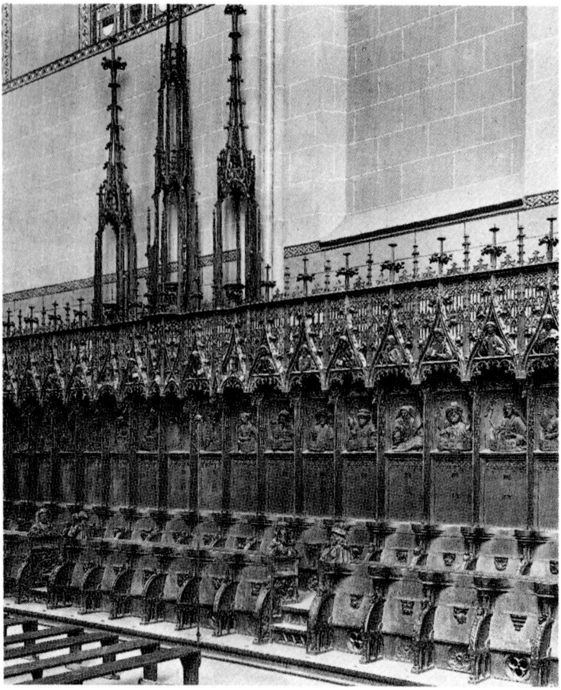

Jörg Syrlin le Vieux, 1469-1474. Stalles de bois avec personnages sculptés dans le chœur de la cathédrale d'Ulm. *Page de droite* : un détail : *Ptolémée.*

Ulm était un centre artistique héritier d'une longue tradition (et pas seulement dans le domaine de la xylographie : *cf.* pp. 204, 215), que dominait au milieu du siècle la personnalité artistique de Hans Multscher, auteur de certaines œuvres sculptées qui décorent la cathédrale de la ville (la statue du Christ en *Homme de douleurs* du portail ouest, 1429), du retable démembré de Landsberg (que nous avons déjà évoqué et décrit, pp. 156-157) et de celui de Vipiteno (Sterzing), dans le Tyrol du Sud (Haut-Adige) (1456-1458). De cette tradition mêlée aux enseignements que Nikolaus Gerhaert avait fait siens naquirent les magnifiques œuvres sculptées qui ornent le chœur de la cathédrale. À Ulm comme à Constance avaient été commandés en 1473 de grands retables ainsi que les stalles du chœur. Dans les deux villes, les retables furent victimes des iconoclastes pendant la Réforme. Quant aux stalles, elles n'ont été que partiellement conservées à Constance, tandis que celles d'Ulm, en excellent état, apparaissent comme l'un des chefs-d'œuvre de la sculpture allemande de l'époque.

Exécutées entre 1469 et 1474 sous la direction du sculpteur de bois Jörg Syrlin le Vieux, les stalles sont probablement l'œuvre de plusieurs personnalités réunies par un idéal commun et un même programme artistique, à tel point que le résultat n'est pas seulement excellent, mais possède aussi une unité organique. Le programme des stalles est de fait l'une des premières manifestations plastiques de l'humanisme allemand, bien avant Dürer (né en 1471). Sibylles, prophètes, philosophes et écrivains de l'Antiquité, sculptés dans du chêne noir, forment devant le spectateur une galerie de *viri illustres* pareils à des statues renaissantes de bronze. Certaines ont une individualité très marquée. Illustrant des attitudes et des disciplines diverses, elles n'ont rien d'abstrait, mais possèdent toutes les qualités de vraies personnes. Et ces qualités sont à l'image de la science ou de l'art qu'elles incarnent[5].

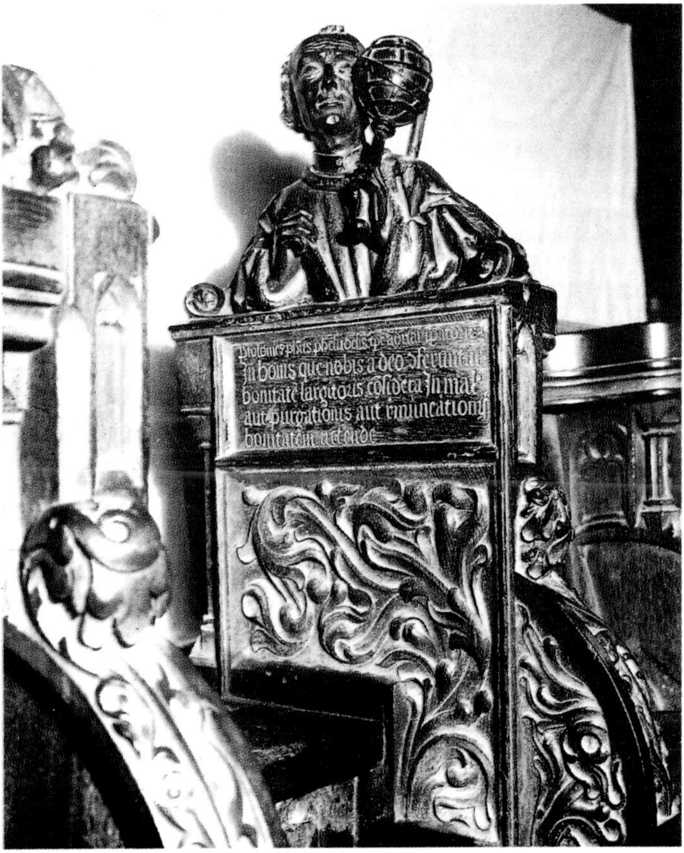

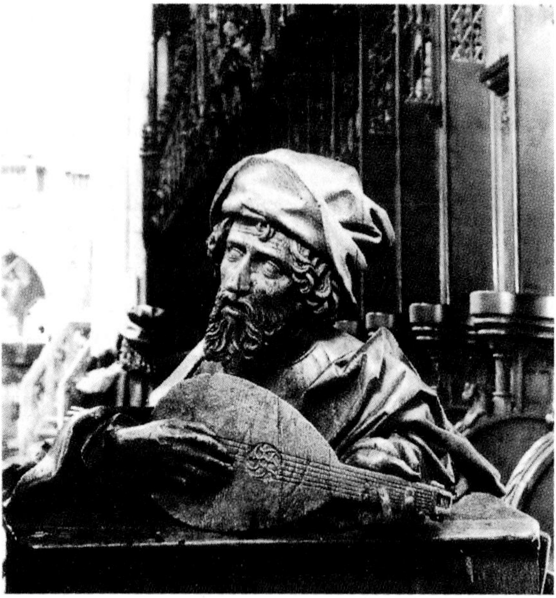

Détail d'une des stalles de la cathédrale d'Ulm : *Pythagore*.

Le rôle précis de Syrlin dans la réalisation des stalles reste controversé, mais certains spécialistes pensent que d'autres maîtres importants ont dû participer à cette entreprise ; l'un d'eux, le Maître des sculptures terminales (la sibylle libyque, par exemple) ne serait autre que Michel Erhart[6]. Laissons donc ces considérations aux spécialistes, car ce qui compte, au fond, c'est la magnificence d'une œuvre qui pour la première fois, au nord des Alpes, donne forme à l'idée humaniste : et il s'agit d'une forme tout à la fois achevée, expressive et mûre.

Un mariage spécifique de lyrisme et d'intellectualisme semble différencier ce chef-d'œuvre de la tradition issue de Gerhaert ; les stalles d'Ulm ont un côté rêveur, paisible, émotif, dépourvu de tout mouvement extérieur et de tout caractère dramatique : une qualité que l'on trouve rarement dans la sculpture allemande de l'époque, plutôt concentrée sur les problèmes de mouvement extérieur et d'expressivité.

Toutefois, les principales œuvres de bois sculpté ne sont pas associées aux stalles, mais à la tâche centrale de l'art religieux de la fin du Moyen Âge dans le Nord : le retable.

2. Le retable à volets

Aux Pays-Bas, les retables du XVe siècle sont surtout l'œuvre de peintres : nous avons déjà décrit et analysé les ouvrages les plus remarquables des frères Van Eyck, de Rogier Van der Weyden et de Hugo Van der Goes. On doit aussi d'importants retables à Dirk Bouts (triptyque de la *Cène*, Louvain), à Hans Memling (triptyque du *Jugement dernier*, Dantzig, et triptyque de la *Crucifixion*, à Lübeck), à Gérard David (triptyque du *Baptême du Christ*, Bruges) et à Jérôme Bosch (*cf.* pp. 377, 381). En Allemagne, vers la seconde moitié du XVe siècle, les retables à volets furent surtout l'œuvre d'ateliers de sculpture du bois. Des destructions intentionnelles ou accidentelles nous ont, hélas ! privés de plusieurs retables importants. Non seulement les deux premières grandes œuvres d'Ulm et de Constance furent victimes des iconoclastes, mais le retable de Nördlingen a été démembré, le retable de Passau, œuvre de Martin Kriechbaum (1512, autrefois à Saint-Paul, Passau) a été brûlé, et le retable de Schwaz, réalisé par Veit Stoss, s'est perdu. D'autres retables importants devaient connaître un sort analogue : ainsi ont disparu les retables de Michael Pacher, jadis à l'église des Franciscains de Salzbourg (il s'agissait peut-être des plus grands retables d'Allemagne méridionale), de Nikolaus Hagenower dans la cathédrale de Strasbourg (retable du *Corpus Christi*) et de Gregor Erhart (retable de *Notre-Dame*, Saint-Maurice, Augsbourg). Bien d'autres œuvres ont été conservées, mais pas dans la forme qui était la leur à l'origine ; ces retables sont aujourd'hui démantelés, dispersés ou incomplets : ainsi du retable des *Douze Apôtres* ou du retable de Münnerstadt de Tilman Riemenschneider.

Dans les régions plus éloignées du monde catholique romain ont cependant survécu, indemnes, des œuvres parfois extraordinaires : ainsi, le retable anonyme de *sainte Élisabeth*, 1474-1477, de la cathédrale Sainte-Élisabeth de Košice (à cette époque Kassa, du ressort de la Haute-Hongrie), dont les parties sculptées sont associées soit à Gregor Erhart, soit – hypothèse plus naturelle encore – à la région artistique de Vienne : les modifications ultérieurement apportées au retable ne facilitent pas sa définition stylistique ; ou encore le grand retable de Saint-Jacques à Levoča (jadis ville hongroise sous le nom de Löcse, dans l'actuelle Slovaquie), structure de plus de dix-huit mètres de haut érigée par le grand maître local Pavel de Levoča en 1507-1518[7].

Les œuvres qui nous sont parvenues ne sont pas moins abondantes et impressionnantes. Ces ouvrages puissants, auxquels ont collaboré des sculpteurs sur bois, des peintres, des menuisiers et des forgerons, représentent peut-être sous la forme la plus achevée les tendances propres à cette période dans les pays germaniques et dans les régions voisines d'Europe Centrale et d'Europe de l'Est. Les fondations de conseils municipaux, de cathédrales, de chapitres, de corporations, de paroisses et parfois même de particuliers sont avant tout des structures qui ont une fonction et une signification religieuses ; mais ce sont en même temps des monuments élevés à la fierté locale et aux ambitions diverses. Leurs dimensions se firent toujours plus grandes et leurs formes plus compliquées, fruit de la propension à surpasser les œuvres réalisées ailleurs.

Les retables sculptés apparaissent ainsi comme le résultat typique du mécénat bourgeois, car on ne connaît aucune fondation aristocratique en ce domaine. Certains retables d'importance furent réalisés pour des centres assez éloignés des lieux de pèlerinage – par exemple pour Kefermarkt (qui devint alors aussi une place marchande importante) et Sankt Wolfgang – démontrant ainsi que l'intention des mécènes était de faire étalage de la maturité culturelle de la ville.

L'espace des chœurs du gothique tardif se prêtait apparemment à l'accueil de telles structures, leur ossature architecturale constituant un monde artificiel sacré, une scène cachée par des tourelles et des pinacles dorés aux fonctions ornementales et sur lesquels on pouvait représenter les mystères de la religion chrétienne. Semblable à une façade de cathédrale transportée à l'intérieur, le retable focalisait l'attention des fidèles et, ses possibilités techniques de transformation aidant, déployait toute une richesse d'enseignements visuels. Contrairement aux retables d'Italie et d'Espagne, qui ne se fermaient pas, les retables du Nord sont pareils à des livres pour ceux qui ne savent pas lire : fermé les jours de la semaine, où l'on ne voyait que les formes contenues de la « couverture », le retable s'ouvrait le dimanche et les jours de fête et révélait sa splendeur intérieure en même temps que les mystères divins les plus hauts[8].

Il existe divers types de retables. Le premier consiste en deux volets qui ouvrent sur le corps central : ce genre de retable présente deux versions, celle de la semaine et celle des dimanches ; sur les volets pouvaient figurer des peintures (comme le retable de Košice, celui de Multscher à Sterzing-Vipiteno et celui de Landsberg), à moins que les peintures extérieures ne fussent associées à des reliefs à l'intérieur des volets (tel le retable de Michel Erhart à Blauberen, 1493-1494) ; parfois, des reliefs apparaissent dans la partie inférieure des volets, par exemple dans le retable de Cra-

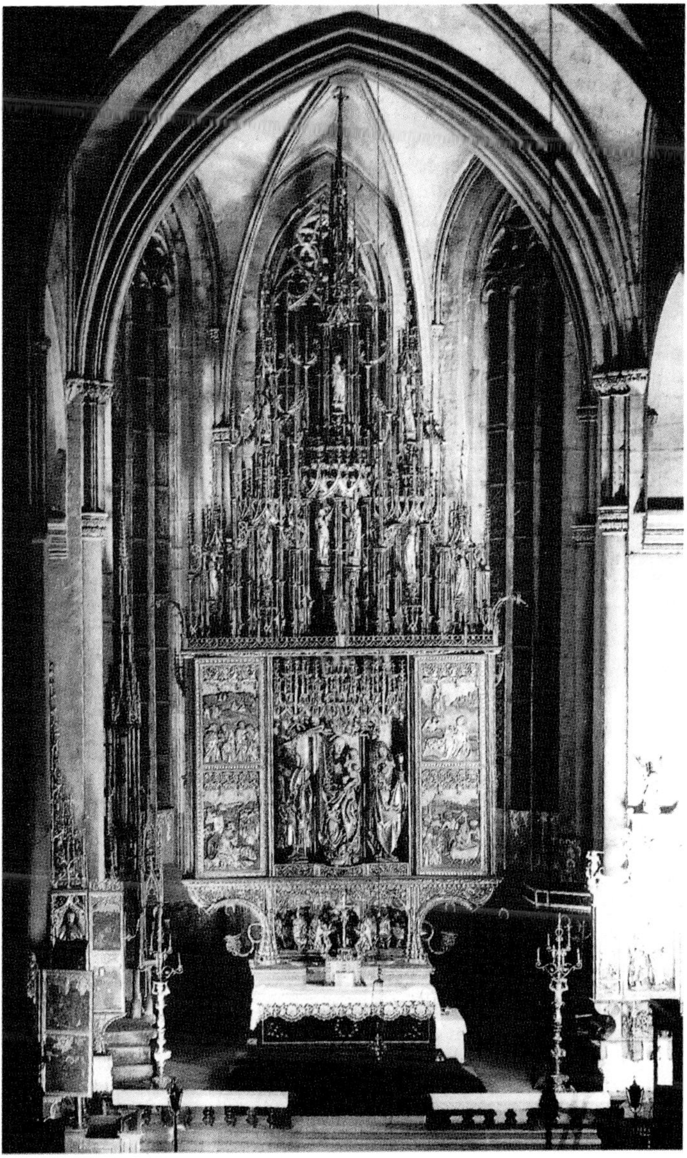

Pavel de Levoča, 1507-1518. Grand retable sculpté à volets. Levoča, église Saint-Jacques.

covie, œuvre de Stoss, qui appartient cependant à un autre type de retable.

Le deuxième type, que les spécialistes allemands nomment *Wandelaltar*, possède deux paires de volets, rendant ainsi possible un changement de vue. S'agissant de tels retables, trois versions étaient possibles, pour la semaine, le dimanche et les jours de fête. Dans les retables de ce type, les volets extérieurs sont généralement peints, tandis que les volets intérieurs associent peintures à l'extérieur et reliefs à l'intérieur. Parfois les deux paires de volets étaient peintes de part et d'autre : c'est le cas du retable de Pacher à Sankt Wolfgang. Il existe enfin un troisième type assez exceptionnel, pourvu d'une paire de volets fixes et d'une autre paire mobile. On trouve parfois d'étroits volets fixes, tandis que l'on ne recourait à des volets fixes de mêmes dimensions que les volets mobiles que dans les retables les plus importants. C'est le cas du retable de Veit Stoss, à Cracovie, où un « mur monumental » d'images en forme de douze reliefs de bois sculpté et polychromé ferme de manière majestueuse le chœur de l'église paroissiale Notre-Dame. Six autres scènes en relief figurent à l'intérieur des volets mobiles : au total, le retable comprend donc dix-huit scènes en relief et une grande scène monumentale, qui montre de grands personnages de bois sculpté sur la plate-forme de la partie centrale. Tout aussi exceptionnel est le *Wandelaltar* de Bernt Notke à la cathédrale d'Aarhus, qui possède une paire de volets peints fixes et deux paires de volets mobiles, la première peinte des deux côtés, la seconde peinte à l'extérieur et sculptée à l'intérieur. Le corps central comprend aussi des parties sculptées.

Le corps principal du retable reposait sur la prédelle qui l'élevait au-dessus de la table d'autel et qui pouvait être de conception diverse : peinte ou sculptée, avec ou sans volets. Le retable était coiffé d'une structure élaborée faite de tourelles et de pinacles agrémentés de sculptures. À propos des triptyques des Pays-Bas, nous avons souligné la supériorité de la peinture, les peintres se révélant capables de peindre la réalité concrète ou sculptée comme dans le retable de Rogier Van der Weyden pour la corporation des arbalétriers, de Louvain (*cf.* p. 134). À la fin du XVe siècle, en Allemagne, la peinture sur retable est manifestement subordonnée à l'expression de la forme tridimensionnelle. Si considérable qu'ait pu être alors la part de la peinture, les retables de cette époque, dans le centre et à l'est de l'Europe, marquent le triomphe de la sculpture en bois. L'espace dans lequel évoluent les sculptures est cependant isolé du chœur ou de la chapelle, délimité par des encadrements ornementaux et donc rarement

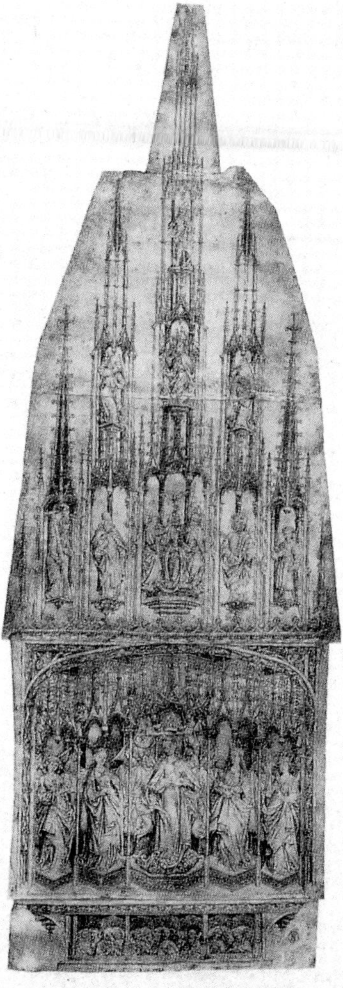

Jörg Syrlin le Vieux (?), 1473. Dessin pour le retable de bois de la cathédrale d'Ulm. Stuttgart, Württembergisches Landesmuseum.

accessible à la vue. En semaine, cet espace demeurait invisible et il n'était dévoilé aux fidèles que les jours de fête. Les volets ouverts, l'œil pouvait pénétrer dans l'espace sacré tout resplendissant d'or et de couleurs, débordant de formes expressives réalistes et d'ornements, qui semblaient vibrer des reflets de la lumière des chandelles sur leur surface brillante, tandis que les fidèles suivaient des yeux le motif complexe des découpures et des branches sinueuses.

De grandes statues de saints apparaissaient dans cet espace merveilleux et sacré. Dans les plus anciens retables, la structure du corps central demeure toujours la même : trois ou cinq compartiments abritent les statues, celle du centre étant généralement surélevée ou mise en évidence de quelque autre façon. Nous pouvons étudier cette structure typique sur l'exemple du retable perdu de la cathédrale d'Ulm, que l'on connaît par le *Riss* (projet) de 1473 attribué à Jörg Syrlin (Landesmuseum de Stuttgart).

En l'occurrence, les cinq personnages sont tout à la fois séparés et rattachés de manière fort subtile. Comme dans l'image typique de la *Sainte Conversation*, la Vierge à l'Enfant apparaît en compagnie de quatre saintes, une dans chacune des niches séparées les unes des autres par de minces colonnettes. La niche de la Vierge est la plus grande tandis que les niches des deux extrémités sont les plus étroites. La Vierge est aussi plus grande que ses compagnes, les deux saintes des extrémités reposant sur un socle plus bas. Enfin, un baldaquin compliqué et deux anges qui portent une couronne au-dessus de sa tête achèvent de mettre la Vierge en relief. Par ailleurs, l'unité du groupe est soulignée par la compo-

En bas et page de droite : Michel Erhart, 1493-1494. Retable à volets peints. Blauberen, église du monastère.

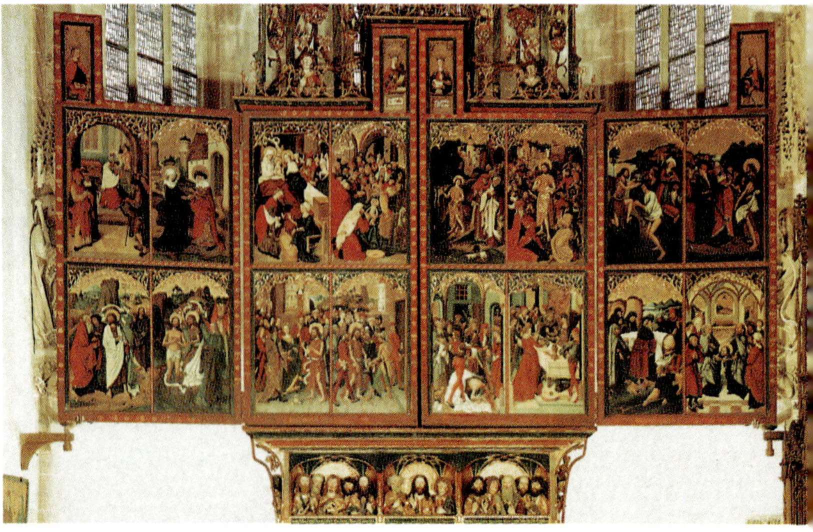

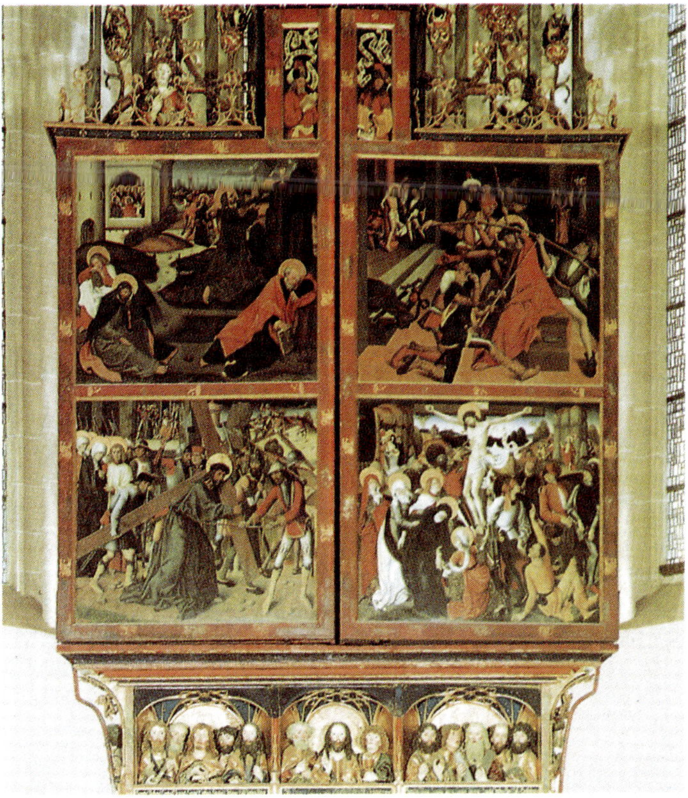

sition des ajours décoratifs à peine diversifiés et, plus encore, par la draperie que tiennent les anges derrière les saintes ; les anges sont disposés de telle façon que les colonnettes qui divisent l'espace les masquent partiellement, au point que chaque ange paraît appartenir à deux niches à la fois.

La prédelle n'est pas moins typique que le corps central sur le dessin du retable d'Ulm : on y voit le Christ entouré de ses douze apôtres. La structure supérieure consiste en cinq flèches ajourées avec trois zones où sont insérées des sculptures : dans la première, au-dessus du cadre du corps central, on reconnaît le *Couronnement de la Vierge*, au milieu, encadrée par deux saints ; dans la deuxième zone, plus élevée, Dieu le Père trône au centre tandis que sur les côtés deux archanges luttent avec des démons ; enfin, au sommet, qui se résume à l'unique flèche centrale, la figure du Christ ressuscité domine la composition.

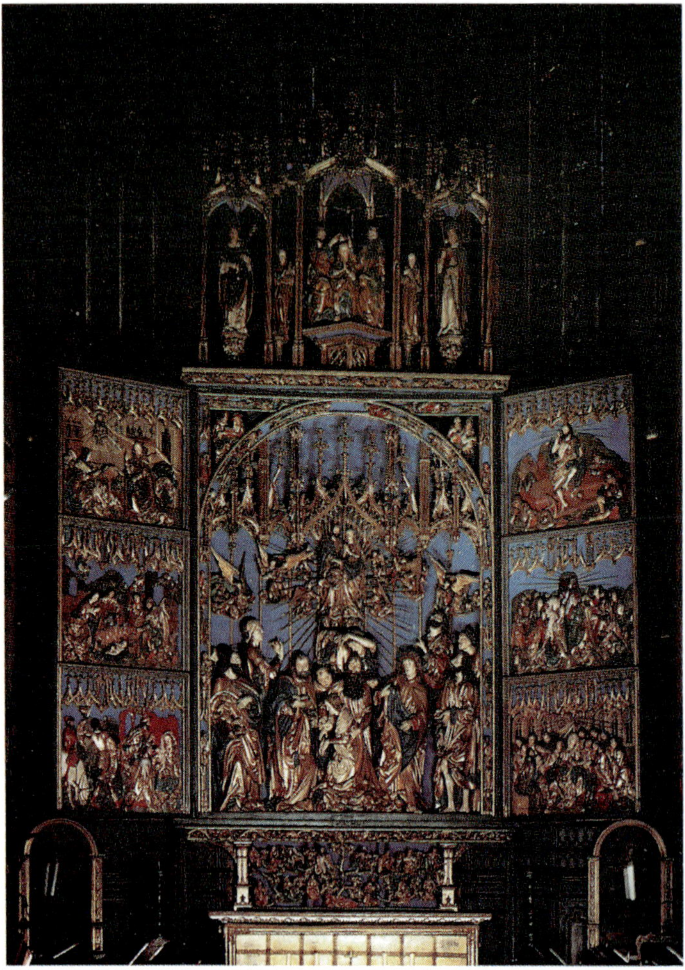

En bas et page de droite : Veit Stoss, 1493-1494. Retable de bois sculpté et peint de l'église Notre-Dame de Cracovie.

Le retable ayant disparu et faute de dessin qui en atteste, nous ignorons tout de la conception des volets. Mais tel n'est pas le cas de plusieurs autres retables : par exemple, du retable de Sankt Wolfgang, œuvre de Michael Pacher (1471-1481), ou du retable de Veit Stoss pour Notre-Dame de Cracovie (1477-1489), le plus grand qui nous soit parvenu. Le retable de Pacher est pourvu de deux paires de volets, si bien qu'on a l'impression d'avoir affaire à un retable peint quand la première est ouverte : le « mur » des huit tableaux masque au spectateur les splendeurs sculptées de l'intérieur. La face intérieure des volets est également peinte : quand ils sont ouverts, on découvre alors une composition carrée de bois sculpté, surmontée d'une structure ajourée avec une *Crucifixion* expressive et flanquée de part et d'autre de scènes peintes. Dans ce cas, il est aussi évident que la peinture et la sculpture appartiennent à deux stades de développement différents. Le

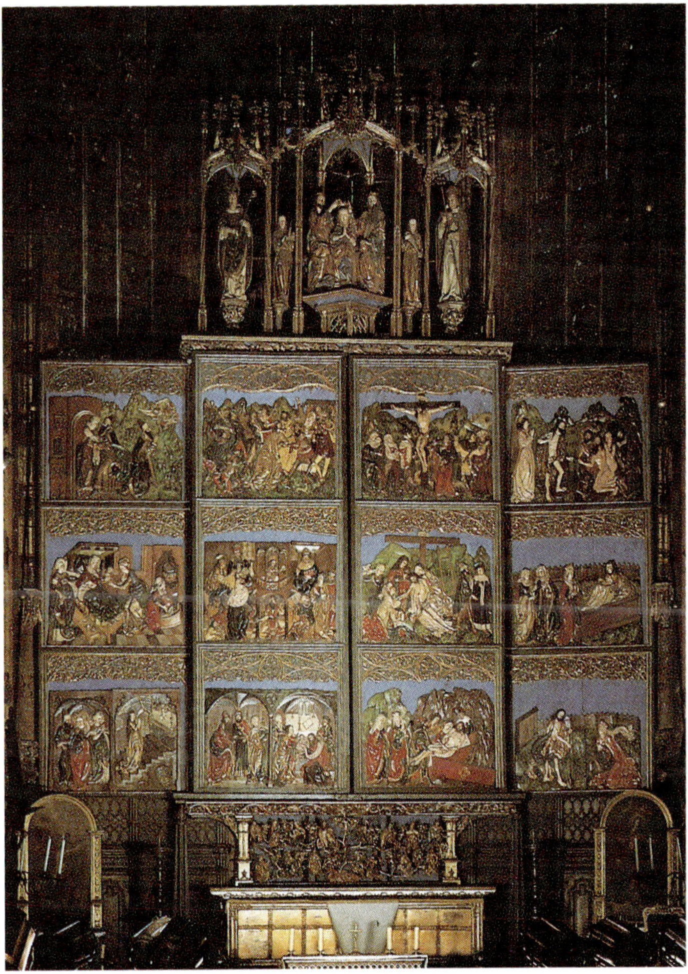

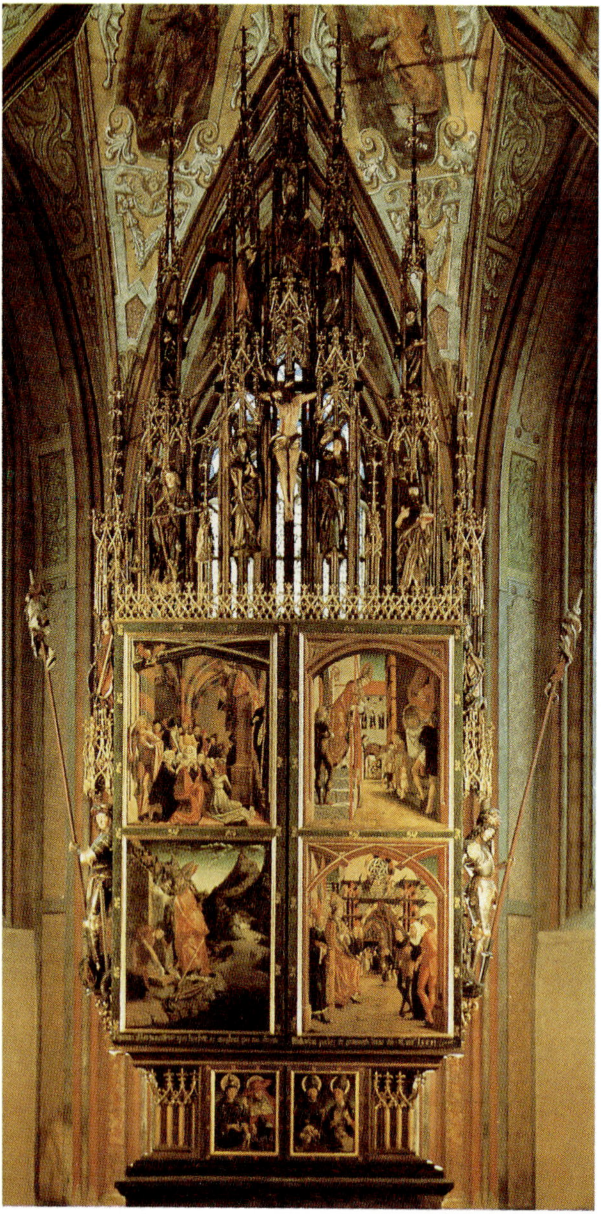

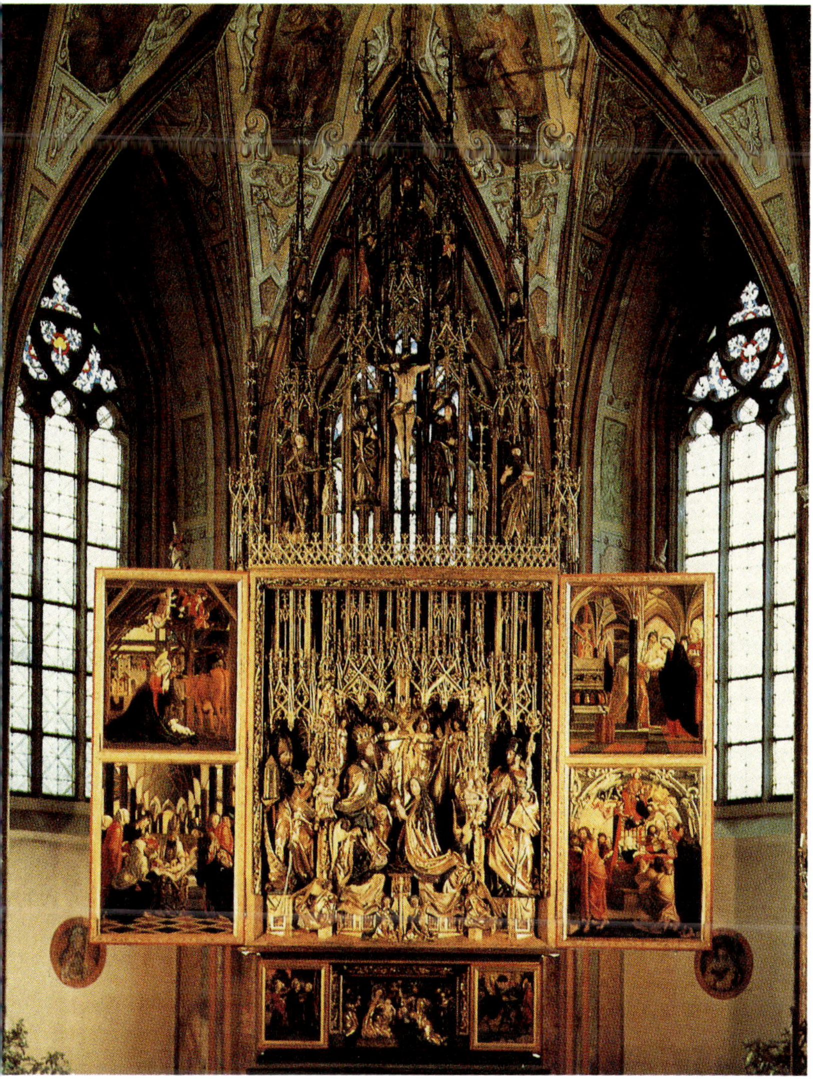

Michael Pacher, 1471-1481. Retable à volets peints et sculptés de l'église Sankt Wolfgang.

voyage de Pacher en Italie et sa familiarité avec l'art italien (Pacher travailla à Bruneck dans le Tyrol du Sud) eurent une influence considérable sur sa peinture, dans laquelle il prit exemple sur le sens aigu qu'avaient les Italiens de la perspective et leur habileté à construire un espace à trois dimensions sur la surface plane du tableau. Dans sa sculpture, en revanche, Pacher demeura imperméable à l'influence italienne.

D'autre part, son retable de Sankt Wolfgang est l'une des premières œuvres où le corps central du retable abrite non plus une série de sculptures isolées, mais un épisode de l'Histoire Sainte. Car si unis que fussent les personnages dans des œuvres telles que le retable de la cathédrale d'Ulm, ils n'en formaient pas moins une rangée de figures séparées. Au centre de l'œuvre de Pacher se trouve la scène du *Couronnement de la Vierge*, quasi incrustée dans la splendeur des ajours, des pinacles et des anges qui chantent ou qui, comme à Ulm, tiennent derrière le groupe une draperie décorée de couleur grenat.

C'est l'un des rares retables qui ne mette pas l'accent sur la composition centrale (le précédent retable de Pacher, à Gries près de Bolzano, représentait la même scène de manière symétrique). La colombe de l'Esprit Saint qui plane au-dessus du groupe est assez petite et presque absorbée dans le motif de lignes obliques ornementales qui organisent la zone décorative.

Deux fois plus onéreux que le retable de Pacher pour Sankt Wolfgang, le chef-d'œuvre de Veit Stoss pour l'église paroissiale de Cracovie va dans la même direction[9]. Les innovations artistiques des deux auteurs dépendent du contenu des retables, précisé dans les commandes. Sur les volets extérieurs du retable de Sankt Wolfgang, une inscription précise : *Benedictus abbas in mansee hoc opus fieri fecit ac complevit per magistrum Michaelem pacher de prawnegk anno dm. MCCCCLXXXI.* Autrement dit, c'est l'abbé Benedictus de Mondsee qui fit réaliser cette œuvre par l'intermédiaire de Pacher de Bruneck. Mais, naturellement, la manière de donner forme à l'idée, de la transformer en image, était tributaire de l'ingéniosité de l'artiste. Tenu par contrat de faire de la *Mort de la Vierge* la scène principale de son retable, Stoss transforma le schéma des cinq personnages en un récit vigoureux. Des traces des divisions traditionnelles n'en demeurent pas moins visibles : nous voyons en effet une première rangée de cinq personnages au milieu desquels la Vierge défaille et tombe à genoux ; un apôtre la soutient. Au-dessus de lui, un autre apôtre se tort les mains en un geste pathétique qui forme une espèce de couronne au-dessus de la tête de la Vierge. Derrière cette première rangée on reconnaît d'autres apôtres. Quoique liée à un schéma traditionnel, la composition possède une unité dynamique spécifique : le lien est intérieur et pas seulement extérieur, pour employer la terminologie d'Aloïs Riegl, plusieurs apôtres participant activement à l'événement qui se déroule au premier plan. Une poignée d'entre eux seulement lèvent les yeux au ciel, en direction de l'épisode suivant représenté au-dessus de leurs têtes dans un chœur d'anges en vol : l'*Assomption de la Vierge* dans le paradis doré des ajours et des pinacles sculptés[10]. Dans la prédelle, l'*Arbre de Jessé* rappelle la généalogie du Christ; dans la partie supérieure, très partiellement conservée, le *Couronnement* introduit une ultime note de triomphe dans le récit religieux. Les dix-huit scènes des volets du retable de Stoss sont des reliefs polychromes agrémentés d'ajours dorés et illustrent la participation de la Vierge à l'Incarnation du Christ et à l'œuvre de la Rédemption[11].

Le retable de Cracovie surpasse toutes les autres œuvres du genre par son expressivité, le caractère monumental de sa composition et la variété des personnages du panneau central, mais aussi par le nombre et le caractère incisif des scènes représentées sur les volets. Bien qu'il ait été retiré de l'église en 1939 pour être transporté en Allemagne, le retable est assez bien conservé. Seule a souffert sa riche superstructure. Si nous l'imaginons couronné de tours ajourées qui se dématérialisent dans l'espace et dans la lumière comme celles de Kefermarkt, Sankt Wolfgang, Rothenburg, Košice ou Levoča, il apparaît comme la plus parfaite incarnation de l'idée de retable en bois sculpté.

La qualité de la sculpture est en tout point évidente, les formes sont dynamiques et expressives, les drapés serpentants et riches. La peinture de Rogier Van der Weyden, a-t-on suggéré, pourrait être l'une des sources stylistiques de Veit Stoss et de son expressivité dramatique[12]. Rogier Van der Weyden s'était en effet montré capable de dominer la sculpture aussi bien que la peinture : il avait introduit la sculpture peinte dans son retable de Louvain et en avait fait l'ossature de ses compositions moins monumentales; dans ce cas précis, son style aurait contribué à former le langage d'un grand sculpteur.

Tilman Riemenschneider (*cf.* pp. 243, 248-249), le sculpteur de Würtzburg, représente quant à lui un style un peu plus tardif : ses œuvres de Rothenburg-sur-Tauber (retable du *Saint-Sang* de l'église Saint-Jacques) et de Creglingen (retable de l'*Assomption de la Vierge*, église Notre-Seigneur, vers 1505-1510) perfectionnent encore la conception artistique en introduisant le bois non peint, qui crée une impression mêlée de sophistication et de naturel, et

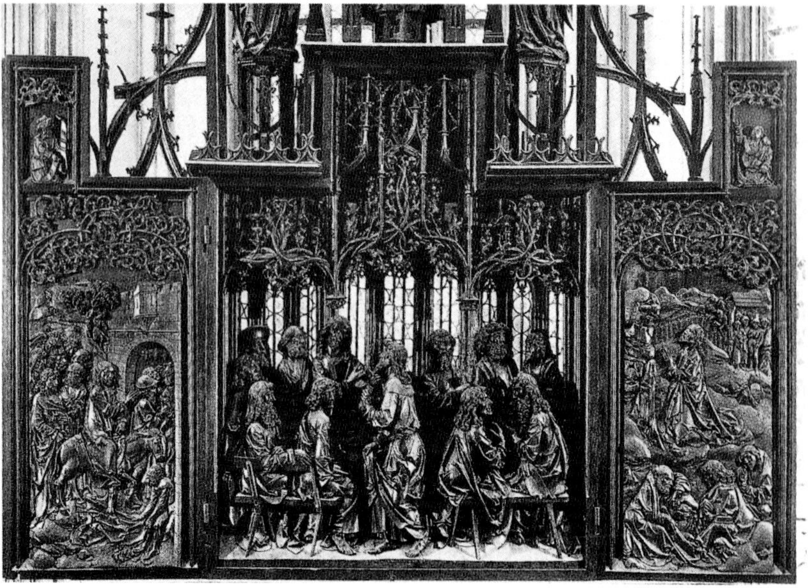

Tilmann Riemenschneider, 1504-1505. Retable de la *Cène* entre l'*Entrée de Jésus à Jérusalem* et la *Prière au jardin des Oliviers.* Rothenburg-sur-Tauber, église Saint-Jacques.

en imaginant un espace ouvert sur l'arrière. Les fenêtres qui se trouvent derrière le groupe de la *Cène* et celle de l'*Assomption* donnent une certaine transparence aux contours matériels des personnages tout en dissolvant les limites architecturales. Les ajours se composent de formes organiquement intriquées, pareilles à des branchages qui jaillissent des chapiteaux des colonnettes. Chaque retable de Riemenschneider comprend, au centre, une grande scène narrative, mais la composition des cinq figures arrangées de manière symétrique demeure ici aussi très perceptible. Toutefois, la position centrale n'apparaît pas toujours d'une importance capitale pour le contenu idéal de l'œuvre, car la figure qui se trouve dans l'axe du corps central du retable de Rothenburg est celle de Judas.

Au tournant du siècle, le style de la sculpture allemande se fit toujours plus compliqué, nerveux et raffiné, voire bizarre. Son caractère « fleuri »[13] prit un tour excessif. Tout ce qui était droit disparaît ; les formes architecturales se transforment en fantaisies sur des formes naturelles, les plis vibrent et tourbillonnent, la mobilité visuelle devient envahissante. Nombreux sont les artistes et les œuvres qui expriment ce stade de développement artistique.

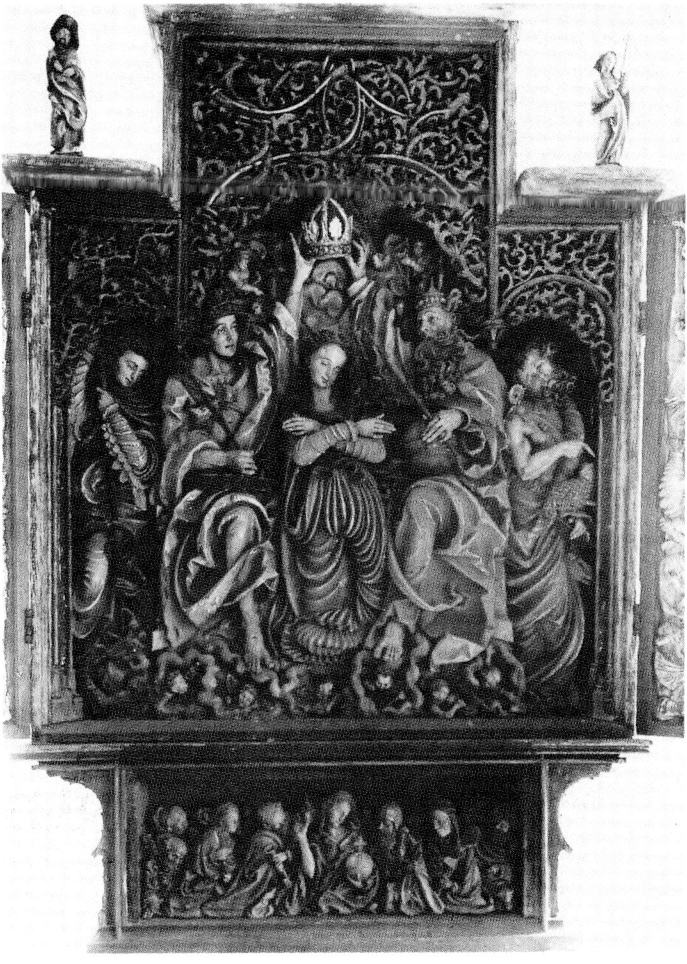

Élève du Maître H. L. Retable sculpté avec le *Couronnement de la Vierge*. Niederrottweil, église Saint-Michel.

On a toujours été tenté de voir dans cette transformation l'expression d'une crise de la culture allemande à la veille de la Réforme, mais une approche aussi générale ne va pas sans risque quand on sait qu'à la même époque Albrecht Dürer suivait une autre voie et créait une sorte de classicisme septentrional : sous l'influence italienne, certes, mais après 1500 cette influence était déjà partout sensible dans le Nord.

Un Maître anonyme, qui signait des lettres H. L. ses sculptures de bois d'une grande qualité, est le représentant le plus typique de la version de ce style « fleuri », expressif jusqu'à l'exaspération, en Allemagne méridionale. Il est connu par des burins et des xylographies, mais aussi et surtout pour avoir signé en 1526 un chef-d'œuvre : le *Couronnement de la Vierge* de la cathédrale Saint-Étienne de Breisach sur le Rhin. Les spécialistes ont beaucoup débattu de l'identité du Maître et d'aucuns ont suggéré que l'artiste qui signait H. L. n'était pas lui-même sculpteur. Certains spécialistes pensent en effet que son dessin a été exécuté par un autre artiste, peut-être – suivant une hypothèse récente – par l'auteur du retable de Mauer, près de Melk sur le Danube, en Autriche[14]. Une certaine unité se dégage cependant du retable de Breisach et l'on à peine à croire, en l'espèce, à un partage des tâches. L'œuvre de Breisach est d'une grande force, le bois conserve le plus souvent sa couleur naturelle, seules ayant été peintes certaines parties d'importance stratégique d'un point de vue expressif : le visage et le corps des saints.

Les vêtements semblent doués d'une vie propre, la chevelure de la Vierge et la barbe de Dieu le Père se soulèvent en mouvements impétueux qui leur donnent des formes serpentines. La douceur et la tension dramatique se mêlent étrangement, jusque dans les figures des saints Étienne, Laurent, Gervais et Protais, qui se tiennent paisiblement dans les niches des volets, tandis que de violentes rafales de vent semblent agiter leurs habits.

Un autre retable, de Niederrottweil – une toute petite localité voisine de Breisach –, provient de l'entourage du même Maître[15]. La partie centrale a tout l'air d'une imitation – légèrement inférieure – de la composition du *Couronnement de la Vierge* de Breisach, mais les reliefs des volets ont une force expressive peu commune ; le dessin est parfaitement maîtrisé et l'imagination qu'ils trahissent – en particulier le volet droit avec l'exécution de saint Jean et saint Michel qui se bat contre les démons – peut se comparer aux œuvres contemporaines de Grünewald.

De nombreux artistes productifs travaillèrent aussi en Allemagne septentrionale, les plus importants étant Bernt Notke (à Lübeck et à Stockholm), Claus Berg (à Lübeck et au Danemark) et Hans Brüggemann (à Husum). Non content de se mettre au service des cités allemandes, ils répondirent aussi à la demande des pays scandinaves, où se trouvent nombre des œuvres qui leur furent commandées. Le concept de retable était différent dans le Nord, de même qu'il l'était en 1400 dans les œuvres de Basse-Saxe, à Hambourg et en Westphalie. Comme aux Pays-Bas, le corps du

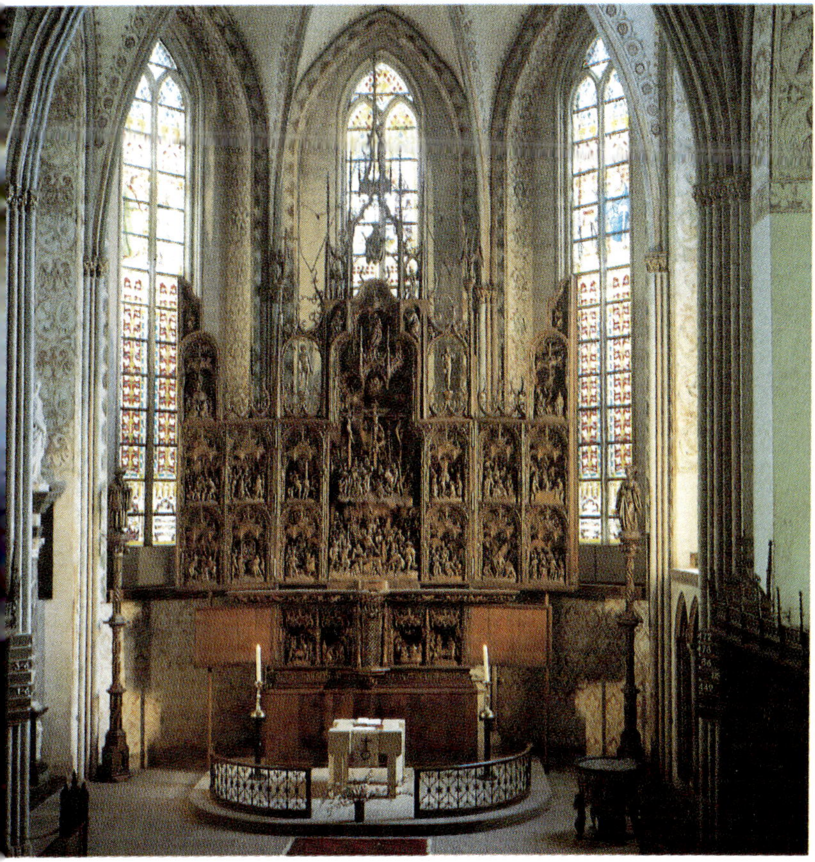

Hans Brüggemann, 1514-1521. Grand retable sculpté de l'église abbatiale de Bordesholm. Schleswig, cathédrale Saint-Pierre.

retable était généralement divisé en petits compartiments qui se prêtaient à la multiplication des scènes historiques. Œuvre de Hans Brüggemann, le retable de Bordesholm (1514-1521), qui se trouvait en 1666 à la cathédrale de Schleswig, est une composition de ce genre, truffée d'éléments du récit dramatique de la Passion. Claus Berg exécuta un grand retable de la *Toussaint* à l'église des Franciscains – devenue Sankt Knud, à Odense au Danemark (1517-1527).

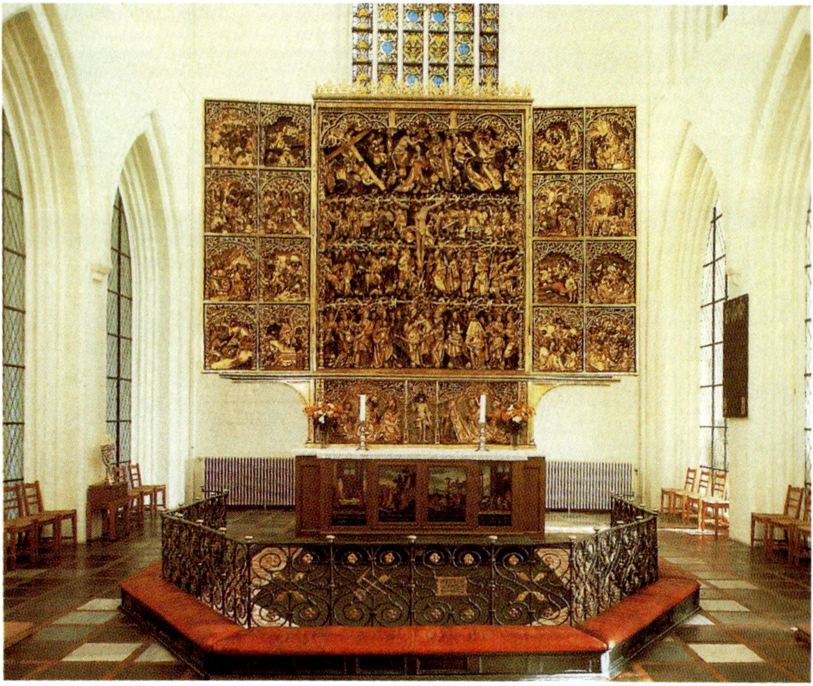

Claus Berg, 1517-1522. Retable de *la Toussaint* en bois sculpté et peint. Odense, église Sankt Knud.

Dans cette œuvre, les figures de bois doré des divers saints, qui sont impliqués dans la vie et la Passion du Christ, occupent toute la surface du panneau central et des deux volets, chacun divisé en huit par des encadrements. Dans le corps central, seules la composition et l'organisation suggèrent des lignes générales de partage en quatre rangées et trois bandes verticales, qui ne sont toutefois maintenues que de manière approximative. Les personnages plus ou moins grands sont d'une mobilité variable : les plus grands, qui sont aussi les moins dramatiques, se retrouvent tout en bas ; dans la troisième rangée, les personnages sont tout à la fois les plus expressifs et les plus petits ; le registre supérieur est consacré à la vision céleste dont le milieu est occupé par la scène du *Couronnement de la Vierge*. Au centre un *Christ en croix* relativement grand paraît ondoyer sur la trame épaisse des personnages entassés les uns sur les autres. Dans la prédelle, les figurines des membres de la famille royale du Danemark adorent l'*Homme de Douleurs*.

Dans le chœur blanc de l'église, que ferment des murs droits, le majestueux écran doré du retable ouvert est tout vibrant de vie ; de loin, on dirait une foule dorée, qui se précise à mesure qu'on s'en rapproche. La composition de Veit Stoss, qui représente le stade le plus harmonieux dans l'histoire des retables sculptés, frappe le spectateur sitôt qu'il franchit le seuil de l'église de Cracovie. Les grandes figures retiennent aussitôt son attention ; à Odense, c'est un *sacrum* scintillant qui s'offre de loin à la vue des fidèles.

Le sculpteur de Lubeck, Bernt Notke, qui fut le plus éminent des artistes actifs dans le Nord, fit montre d'une incomparable maîtrise dans la composition des groupes dramatiques. Consacrée en 1489, son œuvre exceptionnelle de Stockholm, le groupe de *Saint Georges combattant le dragon*, paraît être le meilleur exemple d'une tendance courante à cette époque : il ne s'agissait pas seulement d'exprimer des sentiments et des passions violentes ou de représenter le mouvement en donnant une certaine mobilité aux habits et aux ornements, mais aussi de créer l'illusion parfaite de la réalité.

3. L'illusion totale

Dès le XVe siècle, voire le XIVe, plus d'un artiste avait cherché à créer l'illusion en produisant des formes qui ne soient point des « figures » renvoyant à quelque autre réalité (à des saints, par exemple), mais qui passent pour la réalité même. Sous le porche sud de la cathédrale d'Exeter (autour de 1360) un roi et une jeune figure couronnée (on suppose qu'il s'agit d'Édouard III et du Prince Noir) se tiennent sur un balcon. Sur la façade du transept sud de l'église de Mülhausen, en Thuringe, les figures royales de l'empereur Charles IV, de la reine et de deux courtisans qui les accompagnent (un gentilhomme et une dame) regardent en bas, vers leurs sujets ébahis. Une autre datation, autour de 1380, a été avancée, auquel cas on aurait affaire au fils de Charles, Wenceslas, et à sa suite[16]. Loin d'être de simples « figures », ces sculptures veulent donner l'illusion de vraies personnes. Les plus célèbres solutions analogues du XVe siècle sont les gens qui regardent des fenêtres de la résidence de Jacques Cœur à Bourges (vers 1450) et ceux qui apparaissent sur les cheminées de la galerie des Marchands, au premier étage de ce même édifice.

Les bustes impressionnants qui décoraient le portail de la Chancellerie de Strasbourg, dus à Nicolas de Leyde (*cf.* p. 387), faisaient probablement partie d'une composition du même type, les éléments de la structure architecturale étant en effet rattachés aux parties restantes de ces sculptures. L'ouvrage de Strasbourg aurait été imité dans les années 1490 par le sculpteur Ludwig Juppe à Marbourg, où la décoration du portail du château trahit une conception semblable. Autre exemple de la même idée : les prophètes, qui se trouvent actuellement au musée de Haguenau. Parmi les autres réalisations illusionnistes plus tardives et mieux connues, il faut signaler les autoportraits d'architectes et de sculpteurs : par exemple, les célèbres autoportraits d'Anton Pilgram sous la tribune de l'orgue et sous la chaire de la cathédrale Saint-Étienne de Vienne (*cf.* p. 317). Pilgram regarde par la fenêtre représentée et répond certainement à une intention illusionniste : il fallait que le spectateur crût à la présence d'un homme de chair et d'os penché à la fenêtre. Dans des œuvres telles que l'autoportrait d'Adam Kraft, qui supporte l'extraordinaire structure du tabernacle de Saint-Laurent de Nuremberg, l'effet produit est sans doute d'une grande force, mais sans doute pas suffisant pour abuser le spectateur.

Placé sur le balcon au-dessus de la chapelle Saint-André de la cathédrale de Strasbourg, autour de 1496, l'autoportrait de Nikolaus de Haguenau (si l'identification est exacte) est peut-être la solution la plus ingénieuse et la plus sophistiquée. Le sculpteur ne s'est pas seulement représenté en train de regarder ce qui l'entoure : il considère d'un œil admiratif le *Pilastre des anges (Engelspfeiler)*, œuvre plus ancienne (vers 1230) et fort célèbre. Nous pouvons être certains que la méditation du sculpteur ne porte pas, ou pas seulement, sur le contenu religieux du chef-d'œuvre gothique. N'est-ce pas aussi un genre d'hommage rendu aux maîtres anciens, dont l'artiste se sentait peut-être l'humble élève et successeur ?

Dans les pays germaniques, ces tendances illusionnistes se manifestent précisément dans les deux régions où Nikolaus Gerhaert travailla un certain temps : en Alsace, plus particulièrement à Strasbourg, et à Vienne. On a peine à se défaire de l'idée que c'est lui qui introduisit en Allemagne cette solution, déjà connue à Bourges.

Sous une forme ou sous une autre, l'illusionnisme existait en de nombreux pays. Dans la décoration architecturale, par exemple, il apparaît en Espagne et en d'autres pays méditerranéens sous influence espagnole (la Sicile). Des éléments de déco-

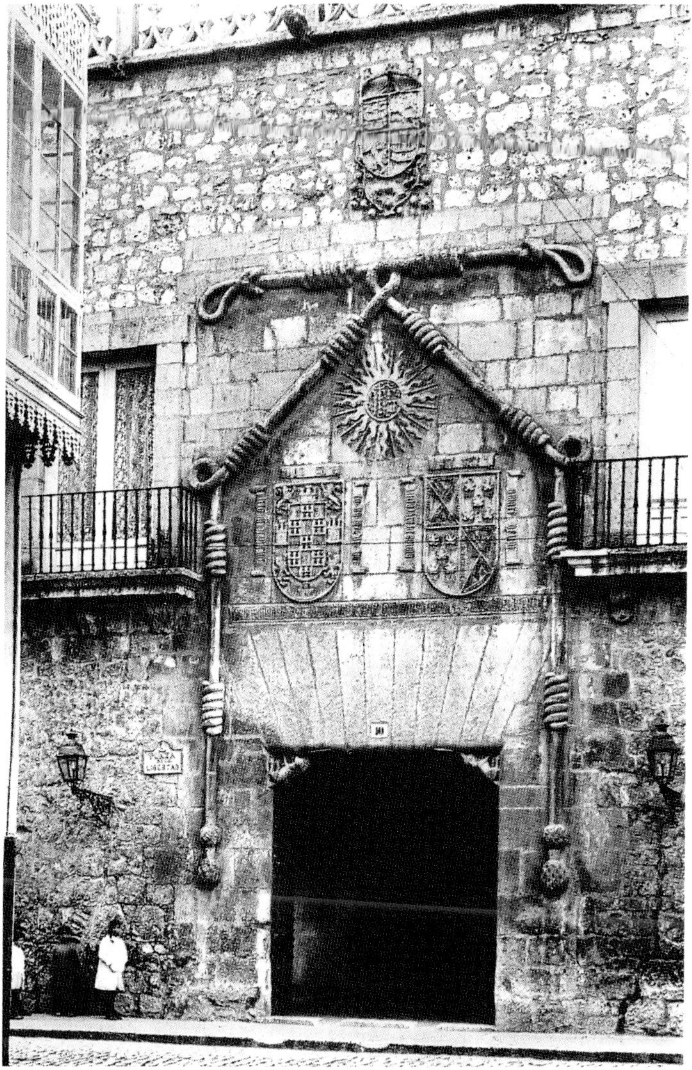

Porte de la « Casa del Cordón », XVe siècle, palais des Connétables de Castille à Burgos.

ration architecturale introduits au XVe siècle donnent parfois une illusion de réalité. En Allemagne, en Bohême ou en France dominait le branchage, alors que dans les pays ibériques on trouve des cordes, des chaînes et même des ceintures. Et ces objets ont parfois un sens bien précis. Ainsi a-t-on suggéré que la ceinture qui entre dans la décoration de la façade occidentale du monastère de Tomar, au Portugal, était une allusion au fait que le roi Henri VII d'Angleterre avait remis les insignes de l'Ordre de la Jarretière à Manuel, roi du Portugal[17]. Par ailleurs, les cordes, que l'on trouve à Tomar aussi bien qu'à la Casa del Cordón de Burgos, ou les chaînes – comme celles de la cathédrale de Murcie – répondaient sans doute aussi au désir des artistes de montrer qu'ils étaient capables de produire des effets surprenants.

En Espagne, l'extraordinaire naturalisme de la représentation semble parfois contraire à une « mise en scène » raisonnable. Sur sa tombe de l'ancienne cathédrale de Salamanque, par exemple, Diego de Anaya paraît allongé sur un matelas et des oreillers représentés avec beaucoup de minutie, mais il a revêtu une armure ; on peut penser que la situation représentée est celle d'un chevalier reposant dans une chapelle ardente. Souvent, on a multiplié les coussins sur lesquels reposent les défunts.

Dans la sculpture, la recherche de l'illusion avait diverses fonctions. L'une d'elles, très expressive, était le type iconographique de la tête tranchée de saint Jean-Baptiste offerte sur un plateau, qui fit son apparition au XIIIe siècle et se propagea au XIVe[18]. Ces sculptures virent le jour en Allemagne et connurent un grand succès en Angleterre, surtout sous la forme d'œuvres en albâtre. La tête de Cologne (vers 1500) en est un excellent exemple

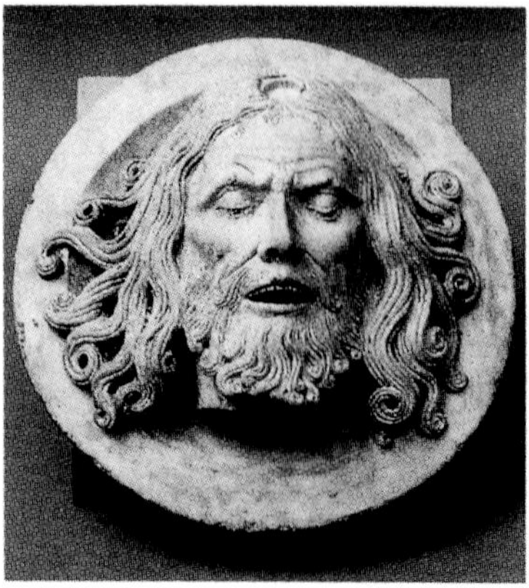

Sculpteur rhénan, vers 1500. *Tête de saint Jean*. Cologne, Schnütgen Museum.

(Schnütgenmuseum). Ces objets impressionnants et très spectaculaires étaient produits à l'aide de techniques illusionnistes : il fallait donner l'impression d'une vraie tête sur un plateau.

On peut trouver un mécanisme analogue, en un sens, dans une autre production spécifique de cette époque : les sculptures suspendues, qui donnent l'impression de planer en l'air, en particulier les statues de la Vierge ou du groupe de sainte Anne en compagnie de la Vierge et de l'Enfant Jésus. Parmi ces sculptures suspendues, les plus populaires sont celles de la Vierge du Rosaire : celle de Veit Stoss *(L'Annonciation entourée du Rosaire)* dans l'église Saint-Laurent de Nuremberg (*cf.* p. 311) et celle de Riemenschneider (1520-1521, église du Pèlerinage à Kirchberg, près de Volkach). Tout aussi stupéfiantes sont les créations à mi-chemin entre la sculpture et les grands chandeliers suspendus dans la salle des Princes de l'Hôtel de ville de Lunebourg *(La Vierge, saint Jean-Baptiste, sainte Catherine et sainte Ursule).* Dans cette série, l'usage de matériaux naturels, tels que les bois de cerf, contribue à renforcer l'impression de naturalisme fantastique. Bernt Notke recourut à un procédé analogue dans son œuvre très ingénieuse de la cathédrale Saint-Nicolas de Stockholm (Storkyrka) : un saint Georges aux prises avec le dragon.

Fondation du régent de Suède, Sten Sture, chef des Suédois dans leur lutte pour se libérer de la couronne danoise, cette stupéfiante sculpture fut consacrée le 31 décembre 1489. Nonobstant la richesse de son symbolisme politique et religieux, ce groupe est ce que l'on pourrait appeler un chef-d'œuvre d'illusion totale. La sculpture imite scrupuleusement tous les éléments de la réalité matérielle : le magnifique harnachement du cheval et l'armure du saint, les restes des victimes du dragon, les cadavres et les crânes, les coquilles et les petits dragons pareils à des reptiles qui grouillent sous les sabots du cheval – tout entretient chez le spectateur l'impression de se tenir devant quelque chose de bien réel, si fantastique et terrifiant soit-il. L'usage de divers matériaux, identiques aux choses qu'ils sont censés représenter, rehausse encore l'impression de réalité : la queue du cheval est en crins et la corne du dragon en vrais bois de cerf.

L'actuelle disposition du groupe de saint Georges est le fruit d'une reconstruction réalisée entre 1913 et 1932, sans que nous ayons la certitude qu'elle corresponde à l'agencement originel[19]. Il s'agissait certainement d'un retable de forme très originale, mais après la mort de Sten Sture, en 1503, la construction accueillit aussi sa tombe, qui fut placée à l'intérieur de la petite structure à chapelle soutenant le groupe principal. À l'origine, le monument assu-

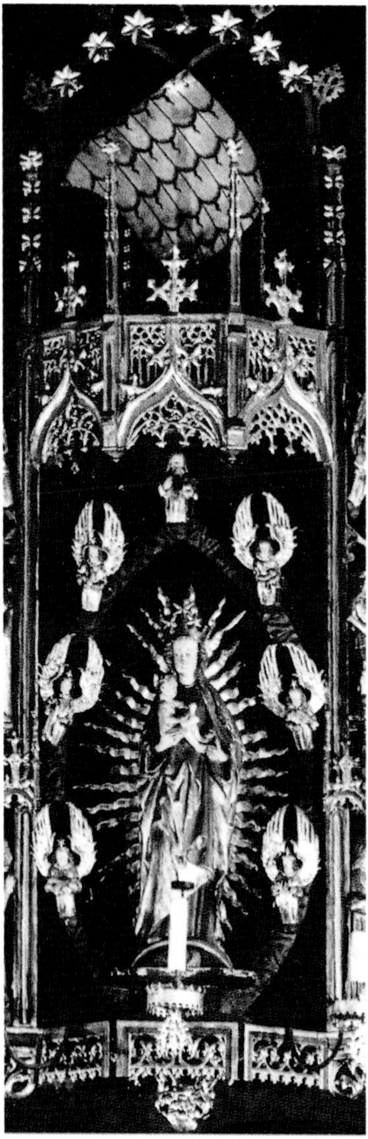

Sculpteur allemand, vers 1490. *Grand chandelier suspendu avec l'effigie de la Vierge à l'Enfant.* Lunebourg, église Saint-Jean.

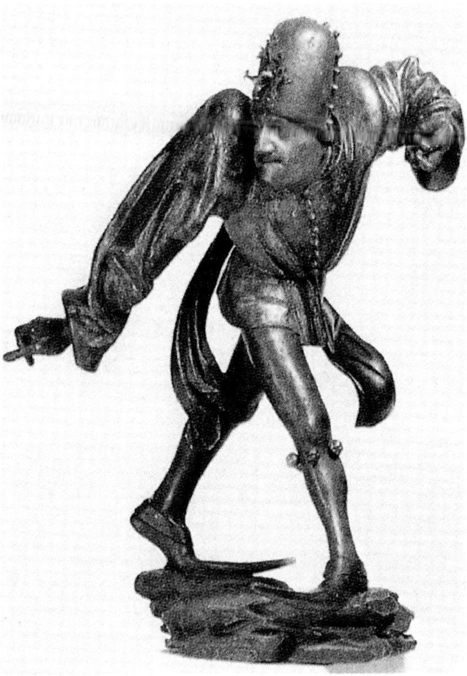

Erasmus Grasser, 1480. *Danseur mauresque* en bois taillé et peint. Munich, hôtel de ville.

mait trois fonctions : c'était d'abord une représentation du saint avec ses reliques, que le pape Alexandre VI offrit à Sten Sture en 1492 ; mais l'ouvrage avait en même temps une signification politique : en 1471, Sture avait eu le dessus sur les Danois dans la bataille de Brunkeberg, près de Stockholm, et c'est à saint Georges, auquel Sture avait adressé ses prières avant les hostilités, que l'on attribuait cette victoire. La deuxième signification de l'œuvre était donc liée à cette victoire.

Enfin, les armes de Sten Sture, imprimées sur le flanc du cheval, soulignaient directement le lien avec la personne de Sten Sture et sa tombe.

Le geste symbolique et quasi hiératique de saint Georges qui brandit son épée peut aussi revêtir de multiples significations : d'un point de vue théologique, il proclame la victoire de Dieu sur les puissances de l'enfer ; du point de vue politique, il exprime l'espoir d'un triomphe définitif des Suédois sur les Danois (car la victoire de Brunkeberg n'avait pas mis fin au conflit) ; et, sur un plan personnel, il dit l'espérance de Sten Sture : celle du triomphe sur la mort et du salut de son âme.

La forme riche et monumentale de cette sculpture septentrionale des plus originales est à la mesure de son symbolisme profond et multiple. Rarement la fantaisie de l'époque a trouvé une forme aussi marquante, le contenu symbolique de l'action paraissant ralentir le mouvement dramatique de la bataille. Le saint, dont l'épée est à jamais brandie en signe d'espérance, feint d'ignorer l'horrible monstre qui lutte désespérément avec le cheval : il regarde droit devant, vers la victoire finale assurée de Dieu sur le mal.

Les maîtres du Nord ne recherchaient pas moins que les Italiens ce qu'Aby Warburg appelait la « vie en mouvement », *bewegtes Leben* (*cf.* p. 329). Cette tendance se manifeste aussi naturellement dans le groupe de Notke à Stockholm. Mais on la retrouve aussi dans des œuvres plus modestes et moins monumentales, telles que la célèbre série des seize « danseurs mauresques » d'Erasmus Grasser (1480) pour la salle de danse de l'hôtel de ville de Munich.

L'histoire de la danse mauresque n'est pas tout à fait claire : il semble qu'elle soit apparue en Espagne de sources classiques et arabes pour gagner ensuite l'Angleterre et l'Allemagne au XIVe siècle. Grotesque, fantastique et très mouvementée, avec ses costumes exotiques et fantaisistes, on la retrouve dans des œuvres diverses, par exemple dans une gravure d'Israhel van Meckenem, sans qu'aucune n'égale en richesse et en diversité la série de Munich. Pour ce qui est de la représentation du mouvement, la danse mauresque appartient aux œuvres les plus avancées de cette période même si, à l'origine, les statues n'étaient pas isolées dans l'espace mais disposées contre les murs de la salle qu'elles étaient destinées à décorer. Dans ces ouvrages très expressifs, la « vie en mouvement » profane de l'époque trouva peut-être sa meilleure expression.

En peinture, c'est Leon-Battista Alberti qui, dans son *De Pictura*[20], se fit le chantre de cette quête de l'illusion totale en définissant la peinture comme une fenêtre ouverte dans le mur. Ce point de vue n'était pas inconnu des peintres du Nord, qui commençaient à réaliser des portraits où l'on voyait des personnages émergeant d'un parapet de pierre. Mais l'absence de fond bien défini excluait l'illusion totale. Dans la seconde moitié du siècle, des détails intérieurs et des espaces ouverts, visibles par la fenêtre, firent leur apparition dans les portraits de Dirk Bouts et de Hans Memling.

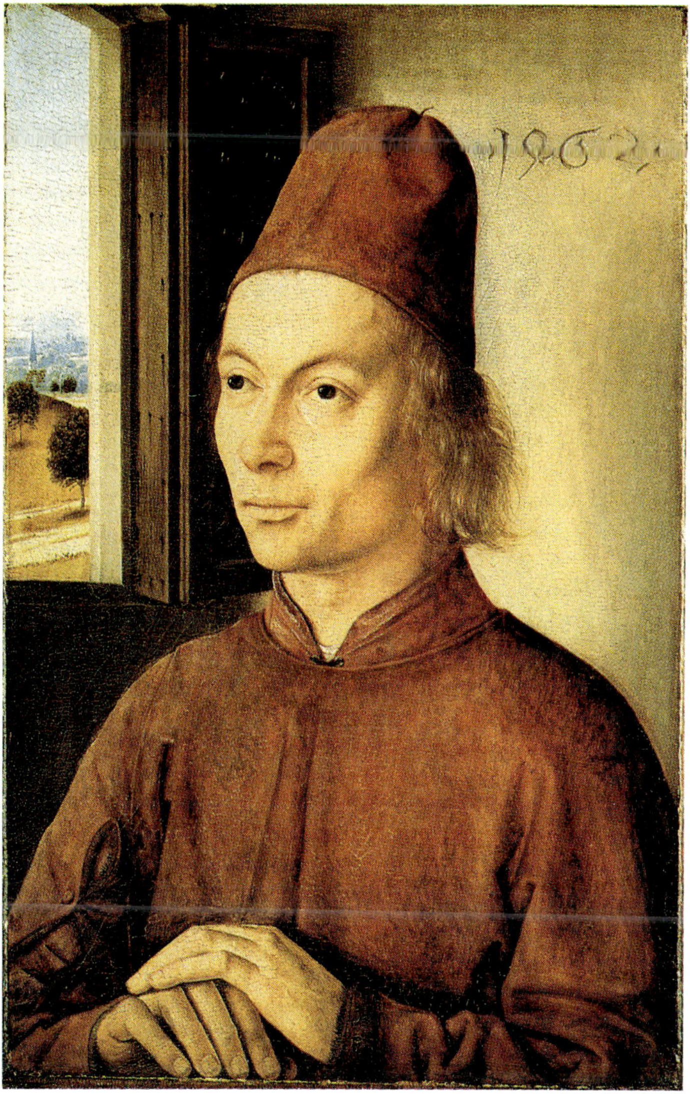

Dirk Bouts, 1462. *Portrait d'homme*. Londres, National Gallery.

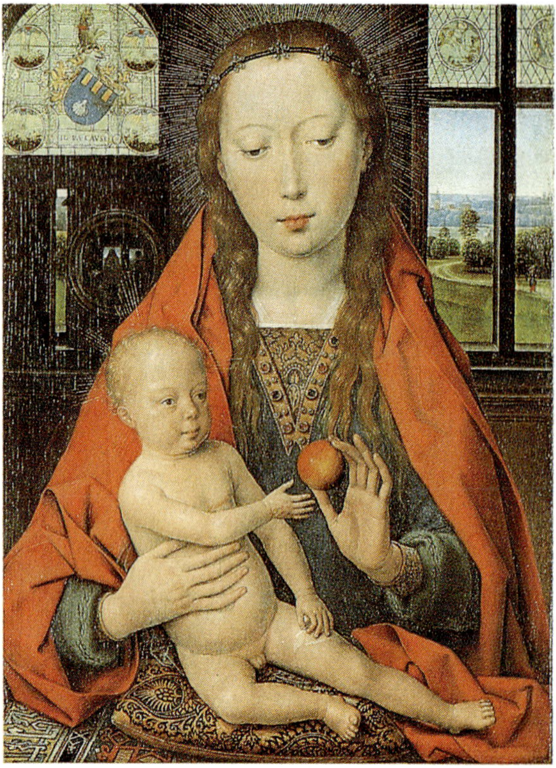

Hans Memling, 1487. Diptyque de *Martin van Nieuwenhove en prière*

Cette quête de l'illusion totale se manifeste parfois dans des diptyques, par exemple dans l'œuvre célèbre de Hans Memling, où l'on voit la *Vierge à l'Enfant* sur le panneau de gauche et le donateur, *Martin van Nieuwenhove*, sur celui de droite (Bruges, 1487). L'espace dans lequel les figures sont représentées est construit de manière plutôt insolite : la Vierge se montre de face et tourne le dos à une fenêtre ouverte dans un mur parallèle au plan du tableau ; à droite, le donateur, de trois quarts, est agenouillé, les mains jointes : il prie devant un mur raccourci perpendiculaire à celui que l'on voit derrière la Vierge. De tout évidence, on est dans l'angle d'une chambre. Les deux panneaux du diptyque ne montrent qu'une seule image, où les relations spatiales

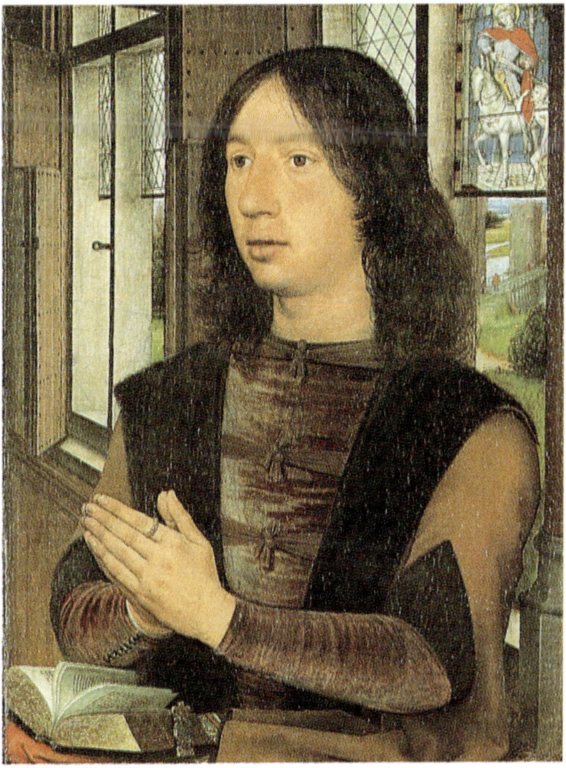

devant la Vierge à l'Enfant. Bruges, Hôpital Saint-Jean.

sont toutefois assez compliquées. On peut cependant dissiper le doute éventuel sur l'exactitude de l'interprétation en observant la scène qui se reflète sur le miroir rond que l'on aperçoit derrière la Vierge et dans laquelle on reconnaît, dans un espace unifié, le dos de la Madone et le donateur. Comme dans le portrait des *Époux Arnolfini* de Van Eyck, le miroir a un rôle important dans la construction de l'espace : en l'occurrence, il associe les deux scènes représentées séparément sur les deux panneaux du diptyque[21].

Les maîtres anonymes qui, autour de 1496, décorèrent la chapelle Smišek de l'église Sainte-Barbe de Kutná Horá, en Bohême, introduisirent dans la peinture murale un illusionnisme inattendu,

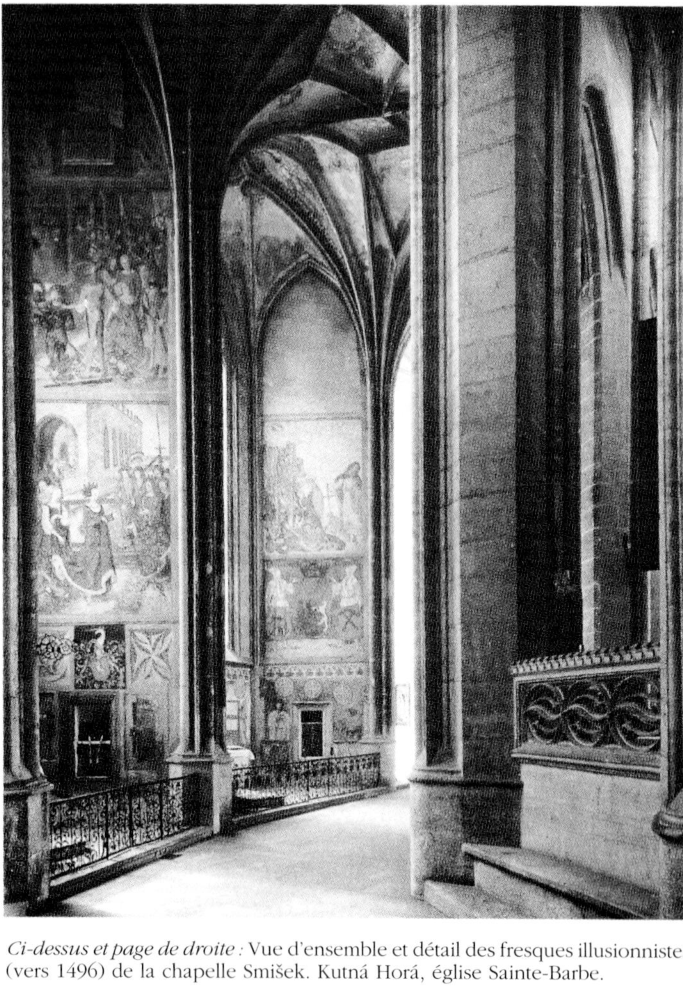

Ci-dessus et page de droite : Vue d'ensemble et détail des fresques illusionnistes (vers 1496) de la chapelle Smišek. Kutná Horá, église Sainte-Barbe.

de caractère presque italien. Les parties supérieures sont consacrées à des histoires symboliques sur le thème du salut, de la grâce et de la justice, probablement liées au fait que Michael Smišek, grand dignitaire et commanditaire de l'œuvre, avait été gracié en 1494 après avoir été condamné à mort. Les peintres ont sans doute cherché à créer l'illusion : face au spectateur, sur le mur du fond de la petite chapelle, une niche est peinte où trois personnes

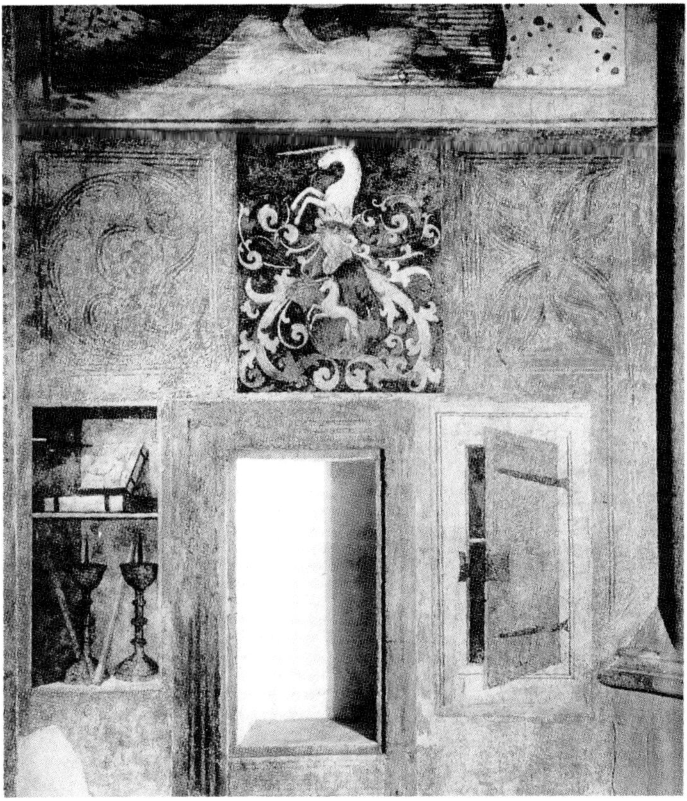

célèbrent un culte, allumant des cierges ou lisant des textes liturgiques. À droite, sur le mur opposé à l'autel, deux niches conçues de manière illusionniste enferment des chandeliers, des cierges et des livres. L'intention est manifestement de donner l'impression qu'il s'agit de la continuation de l'espace réel. Ce mur peint fait penser aux décorations des marqueteries italiennes avec des objets épars sur les étagères d'armoires entrouvertes.

Les enlumineurs cultivèrent aussi cette tendance illusionniste dans la première moitié du siècle (les *Heures de Catherine de Clèves*, 1434-1435, Pierpont Morgan Library, New York) et produisirent, dans la seconde, de merveilleuses pièces. Certains enlumineurs poursuivent la décoration des marges par des objets conçus comme des natures mortes : ainsi du Maître de Marie de Bour-

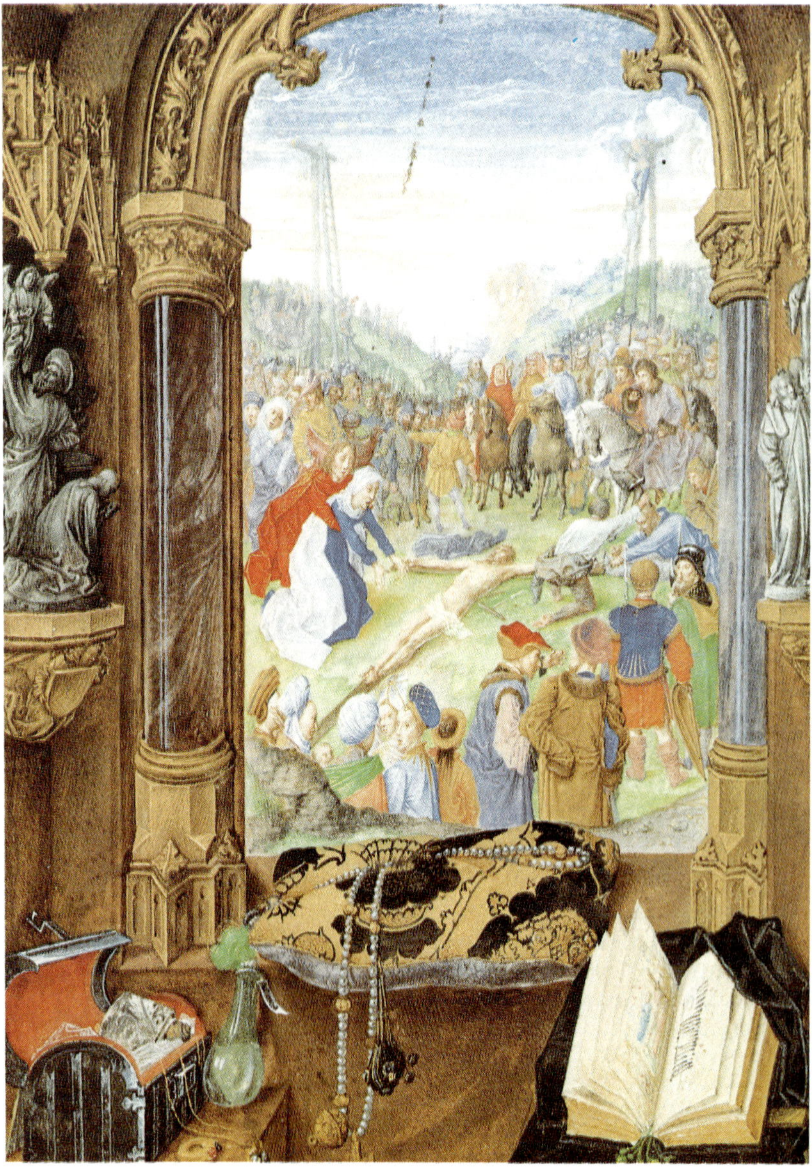

Maître de Marie de Bourgogne, 1477-1482. *Christ cloué sur la Croix*; miniature du fol. 43 v. des *Heures de Marie de Bourgogne*. Vienne, Österreichische Nationalbibliothek, Cod. 1857.

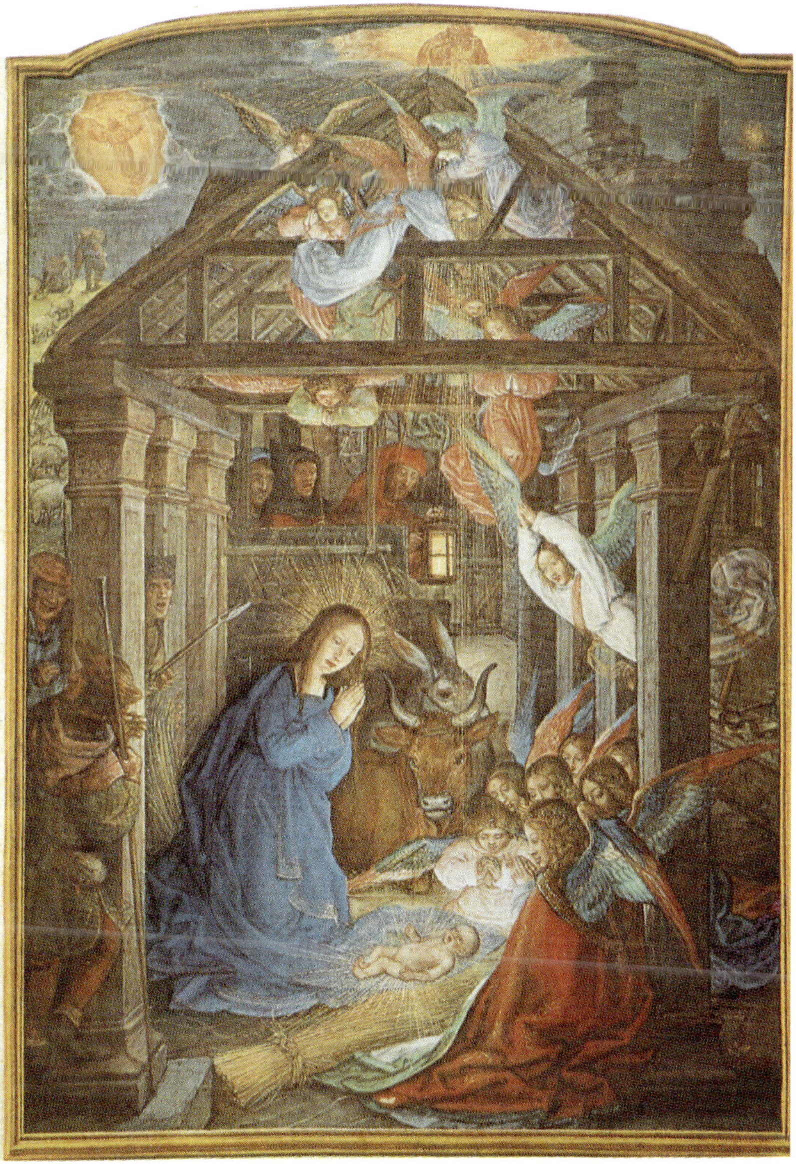

Enlumineur flamand, vers 1510. *Nativité* du *Bréviaire Grimani*, fol. 81, Venise, Biblioteca Marciana.

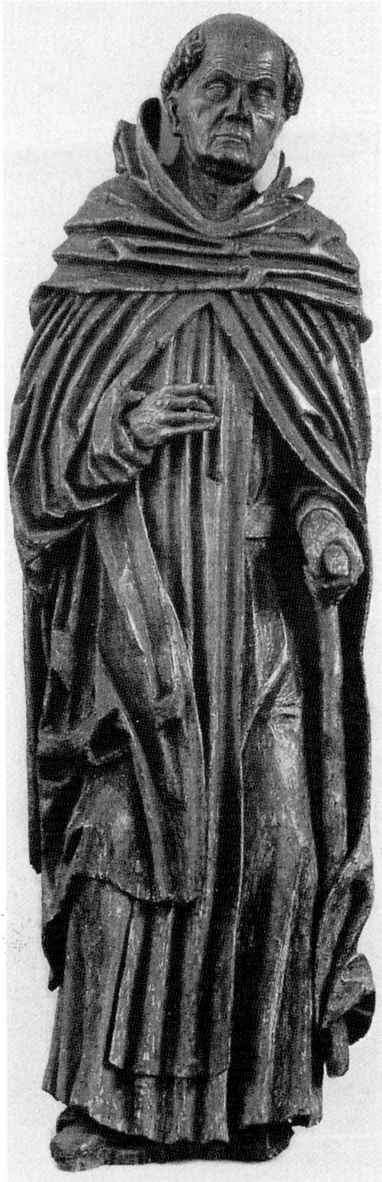

Anton Pilgram, *Saint dominicain*, avant 1511 ; bois sculpté. Brno Moravská Gclerie.

gogne dans les *Heures d'Engelbert de Nassau* (1485-1490, Bodleian Library, Oxford). Dans son chef-d'œuvre, les *Heures de Marie de Bourgogne* (1477-1482, Vienne, Österreichische Nationalbibl.), le même Maître a accompli un véritable « tour de force », qui laisse penser qu'il connaissait peut-être le point de vue d'Alberti sur l'image conçue comme une fenêtre ouverte. Les objets qui décorent les marges ne sont plus disposés dans des niches ou librement disséminés sur la surface, mais au contraire organisés comme un fragment d'espace intérieur, avec au centre une fenêtre par laquelle on voit le Christ cloué sur la Croix. Deux réalités se télescopent et chacune d'elles rehausse le caractère illusionniste de l'autre.

Alors que le Maître de Marie de Bourgogne fait comme si la réalité la plus proche ouvrait sur la réalité plus lointaine, le peintre flamand des enluminures du *Bréviaire Grimani* (vers 1510, Venise, Bibl. Marciana) suit la démarche inverse sur le folio 81 : l'insecte posé sur la page contredit la réalité des fleurs éparpillées dans les marges. Le monde de l'art et de la libellule – dont les ailes transparentes laissent voir les marges peintes – acquiert de ce fait un réalisme conçu sur un mode illusionniste encore plus surprenant[22].

Cette tendance à brouiller la ligne qui sépare le monde de l'art de l'univers quotidien de l'expérience incite aussi à apporter le plus grand soin dans le modelé d'œuvres qui, par définition, ne sauraient passer pour la réalité. Dans l'excellente statue de bois d'un *Saint dominicain*, œuvre d'Anton Pilgram (avant 1511, Brno, Moravská Gal.), le caractère incisif du visage lui confère une étincelle de vie. De même, le visage du buste-reliquaire bohémien de 1497-1500 est extraordinairement vivant et apparaît sans conteste comme l'un des chefs-d'œuvre de l'orfèvrerie de la fin de notre période.

Les artistes du « monde sculpté » avaient adopté des normes inédites et des techniques qui, tout en leur permettant de suivre leur chemin, leur permirent d'approcher des résultats obtenus par les artistes de la Renaissance italienne. S'ils conservèrent longtemps encore leur singularité, ces artistes assimilèrent peu à peu les leçons de l'Italie. La confrontation de ces deux approches différentes allait dominer l'art du XVIe siècle en Europe septentrionale.

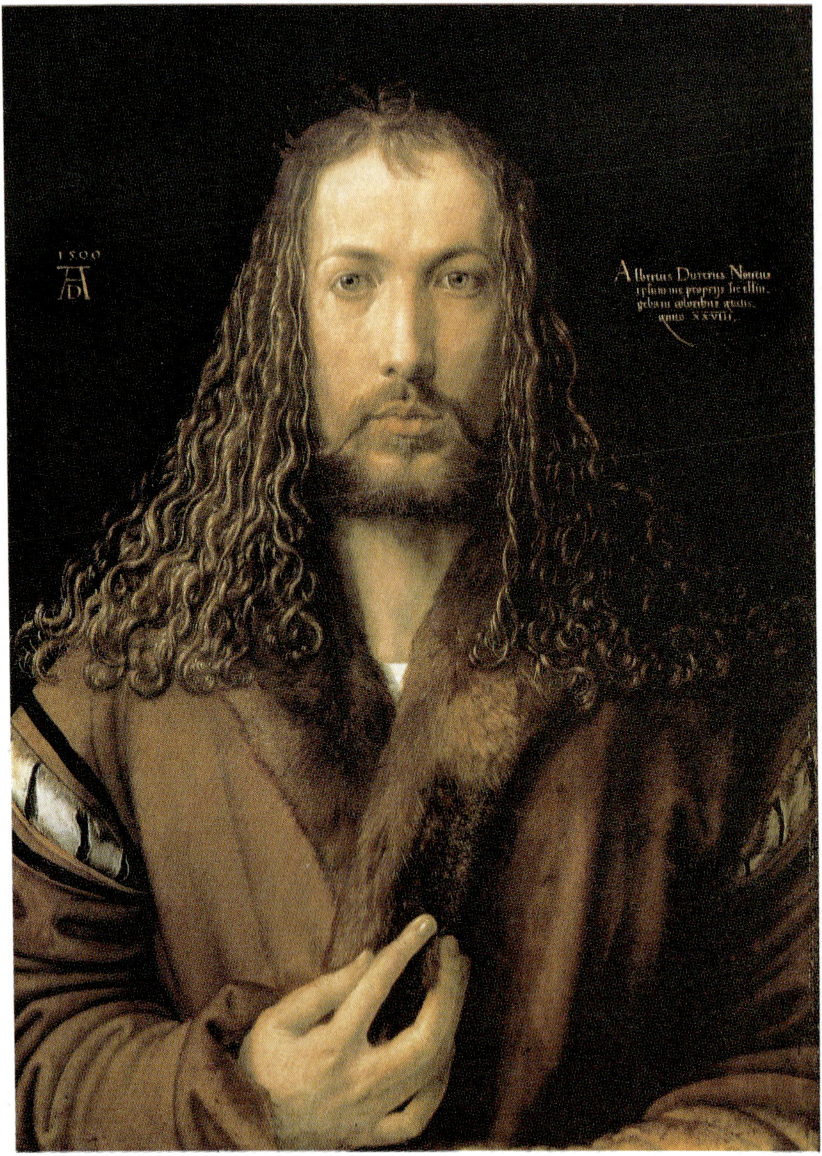

Albrecht Dürer, 1500. *Autoportrait*, peinture sur bois. Munich, Alte Pinakothek.

Chapitre X

CONCLUSION

1. Dans l'attente de la fin du monde

En 1498 vit le jour une œuvre d'art que l'on peut à juste titre présenter comme un symptôme du tournant entre deux grandes périodes de l'histoire culturelle de l'Europe. Albrecht Dürer, jeune artiste allemand de vingt-sept ans, publia cette année-là un recueil de quinze grandes gravures sur bois réunies sous le titre *Apocalypsis cum figuris*, où il présentait un cycle très concis d'illustrations de l'*Apocalypse* de saint Jean, dont le texte était imprimé au revers des pages. Expression des grands mouvements d'idées spirituelles typiques de l'automne du Moyen Âge, L'*Apocalypse* de Dürer est aussi symptomatique de la grande révolution des arts graphiques.

Comparons la gravure la plus célèbre de la série, *Les quatre cavaliers*, à l'image analogue de la *Bible* de Cologne, publiée en 1479 par Heinrich Quentell. Dans la représentation convaincante de l'espace et des personnages, la qualité artistique, la maîtrise de la technique graphique et la puissance de l'imagination, la différence est si grande que l'on est tenté de penser que toute une époque, et non une vingtaine d'années, sépare les deux œuvres. La gravure sur bois de Cologne est un pictogramme dont le spectateur doit lui-même rassembler les éléments, comme dans un rébus, où il faut déchiffrer et traduire en mots et en idées les diverses images de choses juxtaposées. Dans l'œuvre de Dürer, au contraire, nous sommes témoins d'une terrifiante réalité dynamique et visionnaire, dont la force de suggestion laisse une empreinte durable dans l'esprit du spectateur.

Quoique fort populaire dans l'Occident médiéval, le sujet de la suite de l'*Apocalypse* prit une signification particulière dans les dernières décennies du XVe siècle, juste avant l'an 1500 : une année qui promettait de grandes choses mais qui était aussi grosse d'éventuelles calamités. La magie des chiffres, associée aux idéologies millénaristes et au joachimisme, rendait possible toutes les attentes. Les gens étaient à l'affût des signes, décrits dans la Bible, annonçant les fins dernières : déjà, à l'aube du XVe siècle, les Hussites avaient cru à la fin imminente du monde. La Réforme, en Allemagne, et le désastre des guerres paysannes étaient apparus comme la conséquence naturelle des grands cataclysmes promis[1].

Dürer lui-même laissa la note suivante : « La chose la plus merveilleuse qu'il m'ait été donné de voir survint en 1503, quand des croix tombèrent sur diverses personnes, surtout sur des enfants. J'en ai vu une, dont j'ai reproduit ici la forme. La croix était tombée sur une jeune fille, une dénommée Eyrera, qui logeait derrière la maison de Pirckheimer [l'ami de Dürer] ; elle était tombée sur sa chemise, sur une toile de lin. La jeune fille en fut tellement effrayée qu'elle pleura et se plaignit beaucoup, parce qu'elle croyait qu'elle allait mourir. J'ai aussi vu une comète dans le ciel »[2].

Autour de 1500, on observa en maint endroit des « croix qui tombent ». La nouvelle en circulait vite et loin (il se trouva même un humaniste italien, Pic de la Mirandole le Jeune, pour y faire allusion). En Allemagne et aux Pays-Bas, ces mythes, dont on ne s'expliquait pas les origines naturelles, se propagèrent avec une grande excitation de type religieux. « Au cours de l'année 1501, nous entendîmes parler d'une pluie de croix le long du Rhin, en Souabe, au Tyrol, dans les villes de Basse-Germanie et plus loin encore, jusqu'aux frontières danoise et polonaise »[3].

En 1502, ce fut la peste. En 1503, on vit de nouveau apparaître des croix. Très répandue à l'époque, l'approche astrologique expliquait les événements comme l'effet de « conjonctions » de planètes. Calculée pour 1524, l'une de ces conjonctions avait suscité une véritable panique : le peuple attendait l'arrivée du Déluge ou le Jour du Jugement dernier[4].

Parmi les dessins de Dürer se trouve une aquarelle figurant un cauchemar qui terrorisa l'artiste et où l'on voit de gigantesques trombes d'eau qui tombent du ciel. Sous son dessin, l'artiste a écrit : « Et la première frappa la terre à environ quatre milles de moi, avec une grande violence et un terrible fracas, puis elle noya tout le pays. J'en fus tellement épouvanté que je me réveillai avant que ne tombassent les autres eaux. Elles étaient colossales. D'aucunes tombaient très loin, d'autres plus près, et elles venaient d'une telle hauteur qu'elles semblaient chuter à la même vitesse »[5]. Panofsky a justement souligné le dualisme quasi symbolique de cette description : « Même en proie à cet affreux cauchemar, Dürer ne peut

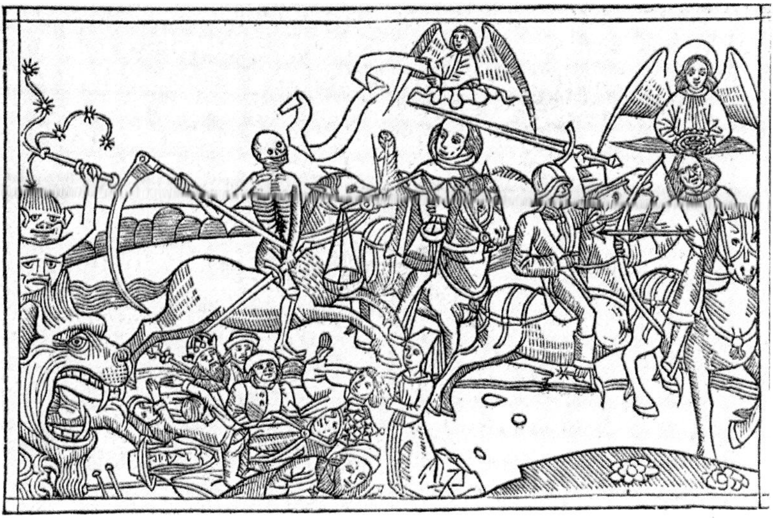

Les quatre cavaliers de l'Apocalypse, gravure sur bois de la Bible imprimée par Heinrich Quentell, Cologne, 1479.

Albrecht Dürer. *Description d'un cauchemar sous forme d'un ouragan.* Aquarelle et écriture autographe sur papier. Vienne, Kunsthistorisches Museum.

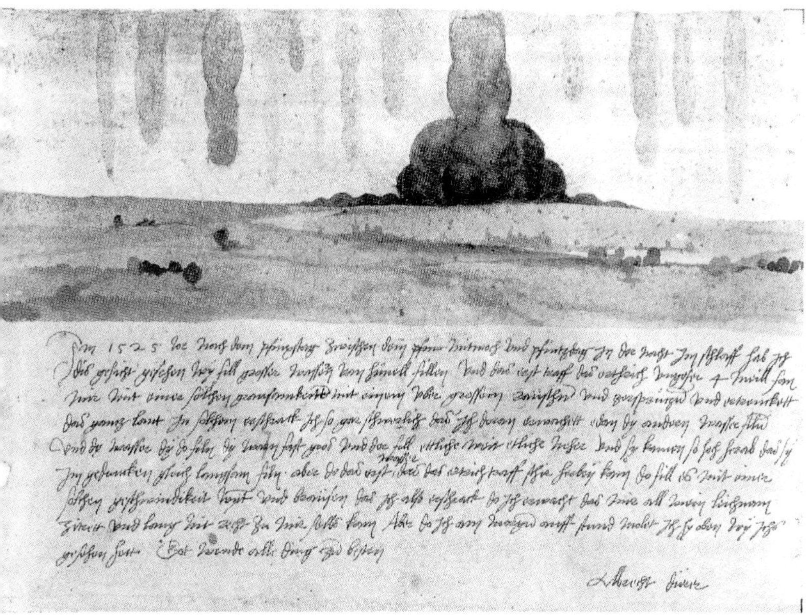

s'empêcher d'évaluer le nombre de milles qui le séparent de la catastrophe imaginaire ni d'établir un rapport logique entre la vitesse apparente des chutes d'eau, leur distance et leur hauteur »[6].

Ce dualisme – la croyance au merveilleux qui va de pair avec un esprit rationnel, l'imagination visionnaire associée à la maîtrise technique – est caractéristique de la période qui précède et qui suit l'année symbolique, 1500. C'est à cette période qu'appartiennent les maîtres de la sculpture du style « flamboyant » de l'Allemagne méridionale, ainsi que les maîtres de la peinture allemande de l'aube du XVIe siècle, tels que Grünewald, Altdorfer et Hans Baldung Grien. Mais l'histoire de leur peinture appartient déjà au XVIe siècle, de même que l'art de Dürer, dans une large mesure.

L'*Apocalypse* de Dürer ne fut pas tant un présage de la Réforme – comme l'ont prétendu plusieurs historiens[7] – qu'elle n'exprima l'attente des fins dernières, la peur de l'avènement de l'Antéchrist : malaise général qui ne régnait pas seulement au Nord, impressionné par la progression de plus en plus terrifiante des Turcs, mais aussi au cœur même de la Renaissance, en Italie, où les lugubres prédications de Savonarole et la saisissante figure de l'Antéchrist que peignit Signorelli à la chapelle Saint-Brice de la cathédrale d'Orvieto attestent des sentiments analogues[8].

Lorsqu'il se lança dans la plus monumentale œuvre d'art graphique religieux du Nord, Dürer avait déjà assimilé la tradition artistique allemande et néerlandaise. Son voyage d'apprentissage l'avait conduit à Colmar, où il avait souhaité s'instruire auprès de Schongauer. Le maître n'était plus en vie, mais Dürer put se nourrir de ses œuvres ou d'autres, par exemple celles du Maître du Livre de raison (*cf.* pp. 176-178, 213 et suiv.). Non content de dessiner des gravures pour le bois, il travailla aussi comme *Formschneider* – à la taille des planches –, transformant la technique de la gravure sur bois pour atteindre à une *maestria* permettant l'expression de motifs plus raffinés et compliqués. Dans cette technique, il imita le style sophistiqué de gravure sur métal développé par Schongauer[9].

L'assimilation complète des traditions septentrionales ne fut cependant qu'un facteur parmi d'autres des talents de Dürer. Le deuxième fut son voyage d'apprentissage qui le conduisit à Venise, où il devint le premier grand maître du Nord à tenir compte de l'œuvre accomplie par le *Quattrocento* italien et à en tirer les leçons. À travers l'art italien, Dürer se nourrit passionnément des motifs et des thèmes antiques. Au demeurant, c'est l'art du classicisme italien qui lui permit de donner une forme persuasive et suggestive au contenu fantastique de l'*Apocalypse* et à la tradition septentrionale des livres illustrés.

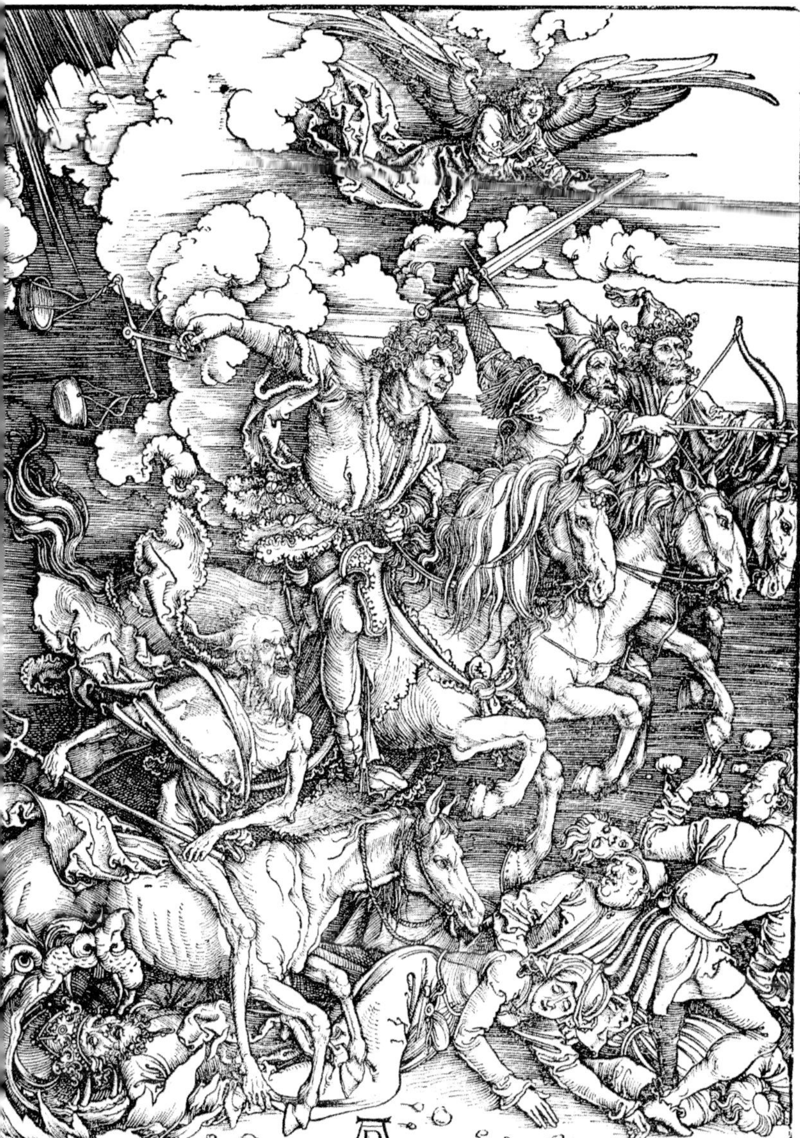

Albrecht Dürer, 1498. *Les quatre cavaliers de l'Apocalypse*, gravure sur bois de la série de l'*Apocalypse*. Nuremberg, Germanisches Nationalmuseum.

« C'est grâce à Mantegna, ou plus exactement aux modèles antiques transmis par Mantegna et ses élèves, que Dürer a pu donner réalité aux visions de saint Jean, sans détruire leur caractère fantasmagorique. [...] Pour matérialiser une vision dans une œuvre d'art, c'est-à-dire, pour la rendre explicite sans l'aide de signes conventionnels ni d'inscriptions, l'artiste doit répondre à deux exigences apparemment contradictoires. D'une part, il lui faut être un maître consommé du "naturalisme", car c'est seulement dans un univers manifestement régi par les lois de la nature que nous pouvons ressentir la suspension temporaire de ces lois – suspension qui est l'essence même du "miracle". D'autre part, cet événement miraculeux, il doit être capable de le transposer du plan de la réalité au plan de l'expérience visionnaire[10]. »

C'est grâce à l'amalgame des traditions septentrionales et classiques italiennes que Dürer parvint à cet extraordinaire mélange de naturalisme et d'imagination. Sitôt élaboré ce langage visuel spécifique, il put donner aux scènes religieuses les plus courantes de son temps des formes naturelles et convaincantes, bref « modernes ». Les suites graphiques de la *Vie de la Vierge* et de la *Passion du Christ* fournirent les versions classiques de ces sujets qui, pendant plusieurs générations, dominèrent l'imagination des artistes septentrionaux. L'art de Dürer est ainsi le résultat d'une synthèse parfaite entre le Nord, à la recherche de l'image naturelle, et la capacité italienne de saisir la beauté et la mobilité.

Dürer fut donc unique par son aptitude à mêler ces divers éléments en un style personnel ; dans l'œuvre de Michael Pacher, nous l'avons vu (*cf.* pp. 393, 396, 400 et suiv.), ceux-ci coexistaient quasi indépendamment les uns des autres. La période qui se situe autour de l'an 1500 révèle une pluralité de styles résultant d'un croisement fécond entre le Nord et l'Italie de la Renaissance, dont le rôle dominant se faisait maintenant sentir de manière décisive.

2. La polyphonie des styles

Dans l'ultime période de leur existence, les idiomes gothiques, architecturaux et décoratifs, connurent leur expansion territoriale maximale et subirent une profonde transformation sous l'influence vigoureuse de motifs italiens et antiques.

Partout dans l'immense empire d'outre-mer des Habsbourg d'Espagne se propagea le style gothique architectural ; ainsi trouve-t-on à Saint-Domingue, à Porto Rico, au Mexique et au

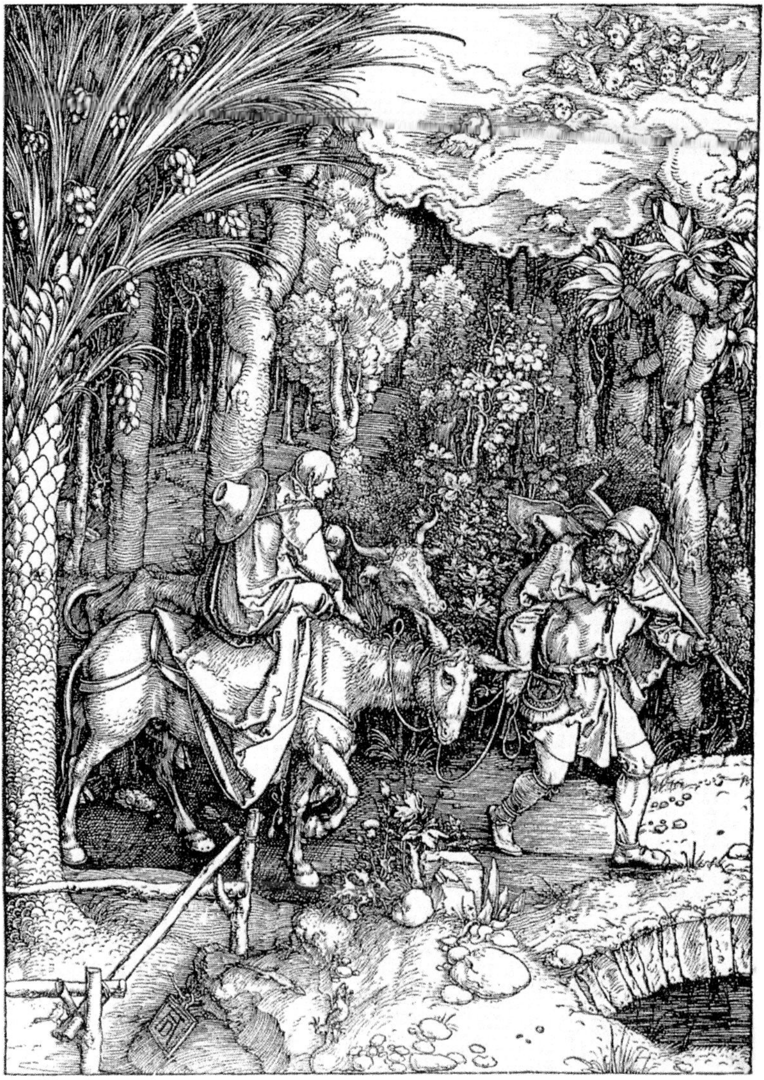

Albrecht Dürer, 1511. *La fuite en Égypte.* Gravure sur bois de la suite sur la *Vie de la Vierge.*

Pérou des exemples de gothique transplanté. Tout au long du XVIe siècle, au Mexique, les ordres mendiants des franciscains, des dominicains et des augustins bâtirent des églises à croisées d'ogives. Les splendides et riches croisements de nervures en étoile s'élèvent au-dessus de la nef et du chœur de l'église du monastère franciscain de Huejotzingo (Puebla) et du sanctuaire analogue de l'église d'Atlixco (Puebla). Un portail sophistiqué, de style gothique tardif, orne la façade de Huejotzingo, tandis que des fresques inspirées de gravures allemandes ou flamandes décorent les murs du cloître du monastère augustin d'Acolman. Une rosette gothique se déploie sur la façade d'une église du même ordre, à Yecapixtla (Morelos) et à Atotomilco (Hidalgo), tandis que de belles croisées d'ogives couronnent le haut cloître augustin de Yuriria (Michoacán)[11].

Dans ces provinces d'outre-mer, des formes et des structures de dates et d'origines diverses étaient utilisées quasi simultanément. À cette époque furent ainsi édifiées au Mexique des églises qui relèvent, dit-on, du *rinascimiento purista*. Et c'est avant tout

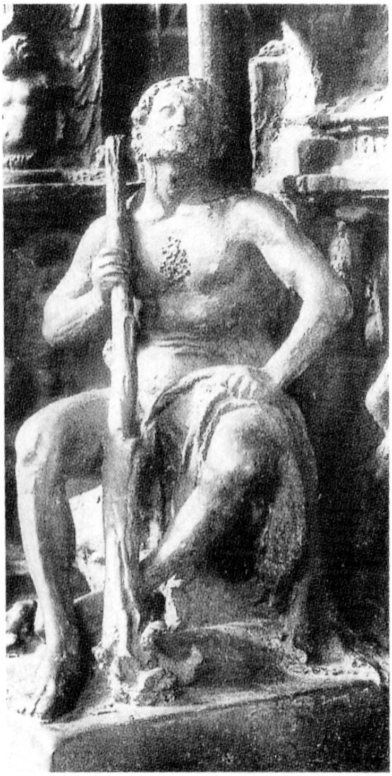

Peter Vischer l'Ancien. *Hercule*, détail de la tombe de saint Sébald, Nuremberg, église Saint-Sébald.

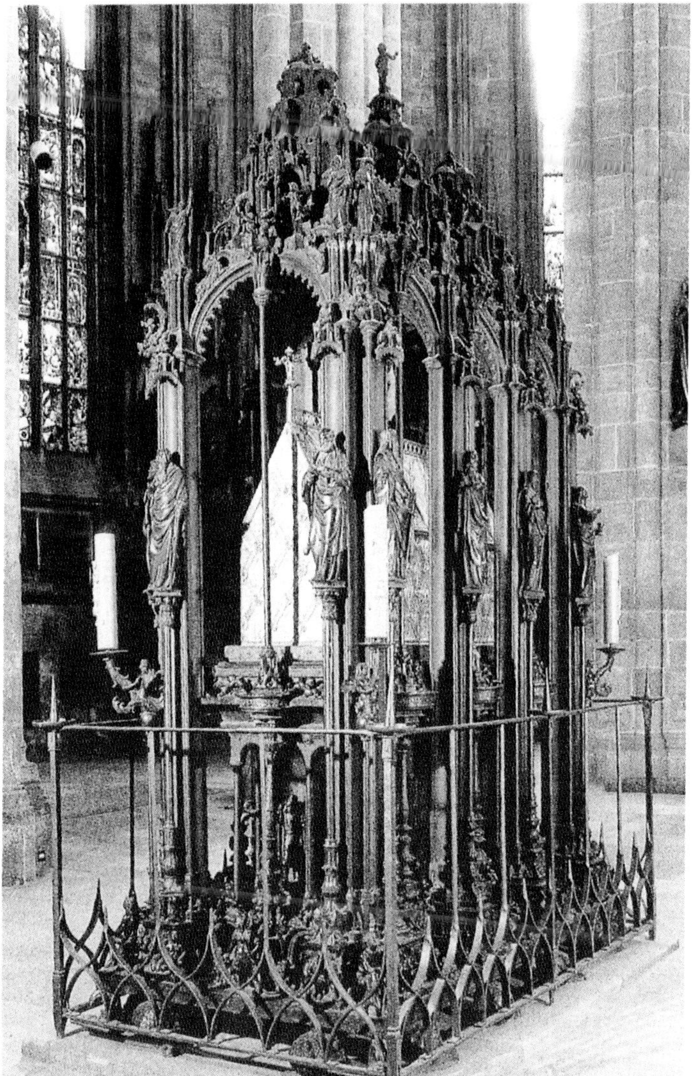

Peter Vischer l'Ancien et Hermann Vischer le Jeune, 1519. *Monument de l'urne-reliquaire de saint Sébald*, bronze, Nuremberg, église Saint-Sébald.

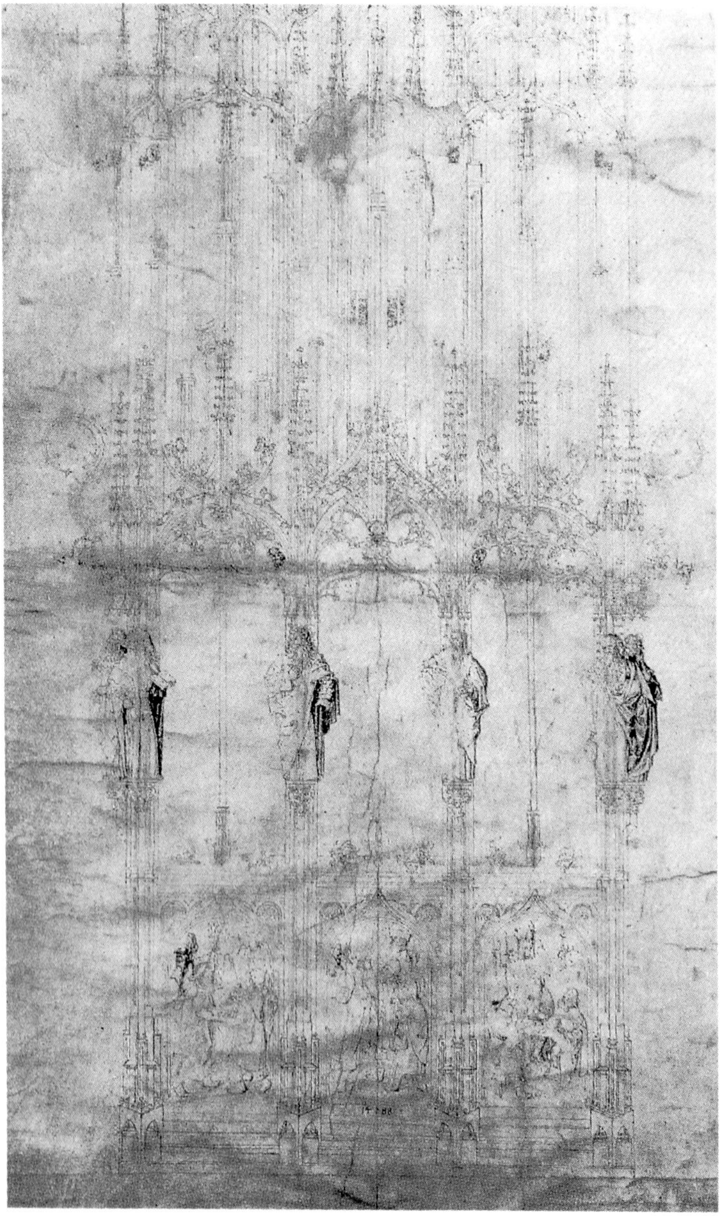

À droite et page de gauche : Attribués à Adam Kraft, 1488. *Dessins pour le projet de tombe de saint Sébald.* Vienne, Académie des Beaux-Arts.

l'avènement du baroque qui mit fin à l'usage de formes gothiques[12]. À la périphérie de l'Europe, le gothique persista jusqu'au XVIIe siècle en Pologne, en Espagne et en Angleterre. La situation était cependant différente dans les pays du continent où le gothique avait commencé à se développer : en France, aux Pays-Bas, en Allemagne. Il n'est pas question de décrire ici l'adaptation de la Renaissance hors de l'Italie au XVIe siècle. Je me contenterai de signaler quelques exemples de ce que j'appelle la « polyphonie des styles » dans les premières années du siècle, où les survivances du style du siècle précédent étaient encore très fortes.

Le *Tombeau de saint Sébald*, dans l'église du même nom à Nuremberg, est un excellent exemple de cette survivance[13]. Les très célèbres reliques du saint y étaient conservées dans un monumental reliquaire réalisé avant 1397. À la fin du XVe siècle germa l'idée de dresser un monument de bronze pour ces reliques. Le projet de 1488 (Académie des Beaux-Arts, Vienne) montre une énorme structure avec trois flèches transparentes de seize mètres de haut. Articulée sur quatre piliers, la tombe elle-même est décorée, sur ses côtés les plus longs, de trois reliefs qui relatent la vie de saint Sébald.

Sur les piliers auraient dû trouver place des figures de saints. Le dessin a été attribué à Adam Kraft, l'auteur du tabernacle de Saint-Laurent à Nuremberg (*cf.* pp. 312, 314), mais l'exécution en bronze fut probablement l'œuvre de Hermann Vischer l'Ancien, qui mourut la même année. C'est seulement en 1519 que son fils, Peter Vischer l'Ancien, signa l'œuvre accomplie en indiquant qu'il l'avait faite en collaboration avec son fils. L'ouvrage fut inauguré le 19 juin 1519 dans le chœur est de Saint-Sébald.

Le monument que nous possédons aujourd'hui est très différent de la structure toute en hauteur que nous connaissons par le dessin de 1488. Il n'a que cinq mètres de haut et, loin d'atteindre des hauteurs vertigineuses, il demeure à portée d'un regard humain. De loin, cependant, la richesse des détails et la multiplicité des éléments mineurs, la structure des tours, de la coupole et des pinacles suggèrent que nous sommes encore en présence d'une œuvre conçue et réalisée dans la tradition du gothique tardif. En revanche, l'ossature gothique est remplie de motifs figuratifs et ornementaux d'une autre origine. Non seulement la personnification des *Vertus* révèle une généalogie italienne, mais les *putti* qui font de la musique semblent provenir des toiles religieuses de Bellini ; la décoration de la tombe contient des motifs du monde antique et païen : les quatre Vertus cardinales sont représentées par Nemrod, Samson, Hercule et Thésée. De même, l'univers fantastique de la mythologie classique, avec les sirènes, les néréides et les divinités stellaires, trouve une introduction poétique dans la structure dont le dessein est de glorifier le saint chrétien et patron de la puissante cité du Nord.

Dans le monument à saint Sébald, l'harmonieuse unité de l'ensemble ne dépend pas seulement des principes italiens antiquisants, mais aussi de principes hérités du passé.

Ce qui ne veut pas dire que les artistes septentrionaux n'aient pas été, parfois, capables d'atteindre à un classicisme septentrional vraiment autonome. Un tel classicisme se manifeste en effet chez certains artistes néerlandais de la fin du XVe siècle, dans certaines œuvres de Gérard David et de Michiel Sittow (qui travailla à Tallin, en Espagne et, dans les Flandres, à Malines), dans les peintures de Juan de Flandes pour l'oratoire de la reine Isabelle de Castille et dans celles de Jean Hey – que l'on peut très vraisemblablement identifier au Maître de Moulins. Dans son triptyque pour la cathédrale de Moulins (1499-1501), par exemple, la tradition de monumentalité de la sculpture française et des tapisseries est pour beaucoup dans l'effet harmonieux si proche de la Renaissance italienne. Dans la sculpture, on peut signaler la *Tête d'homme* (vers 1510) de Gregor Erhart, au Victoria and Albert Museum, ainsi que le monument d'Élisabeth et de Hermann VIII de Henneberg (proba-

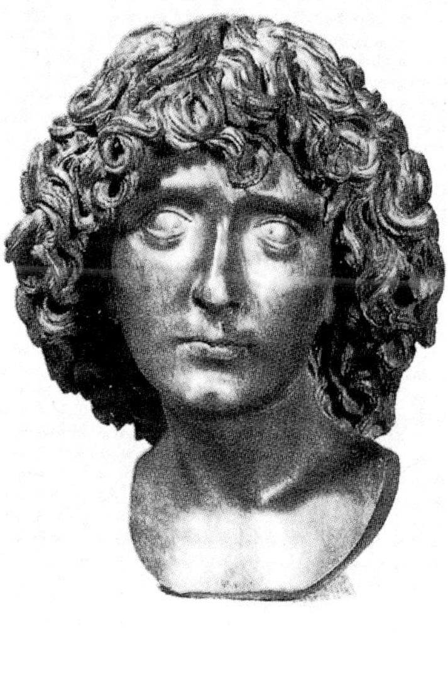

Gregor Erhart, autour de 1510. *Tête de jeune homme.* Londres, Victoria and Albert Museum.

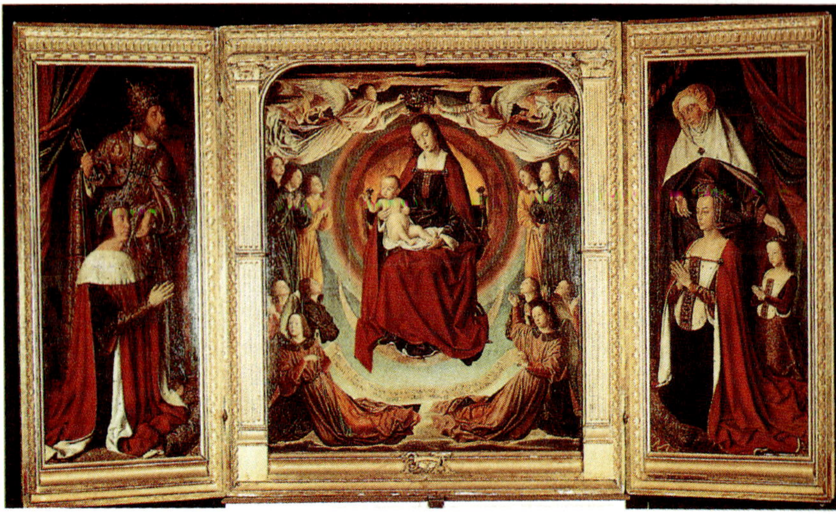

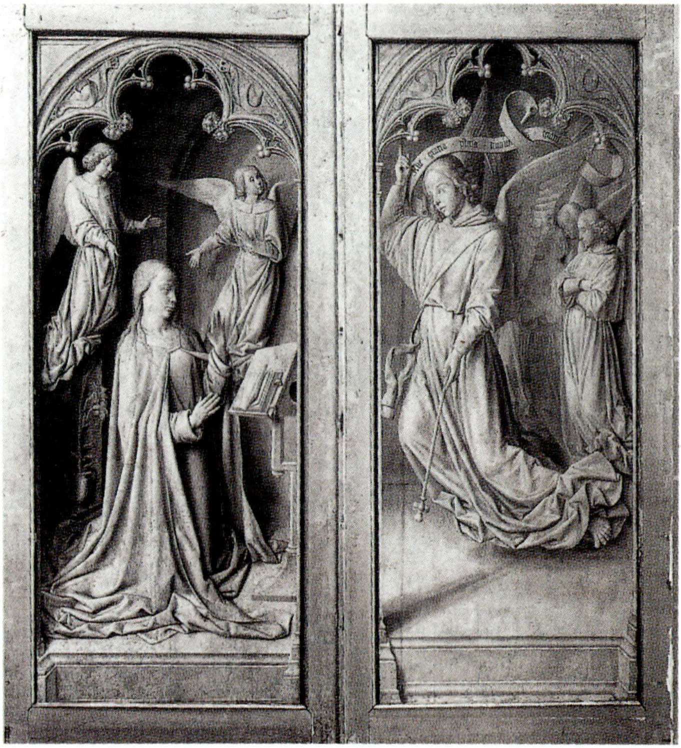

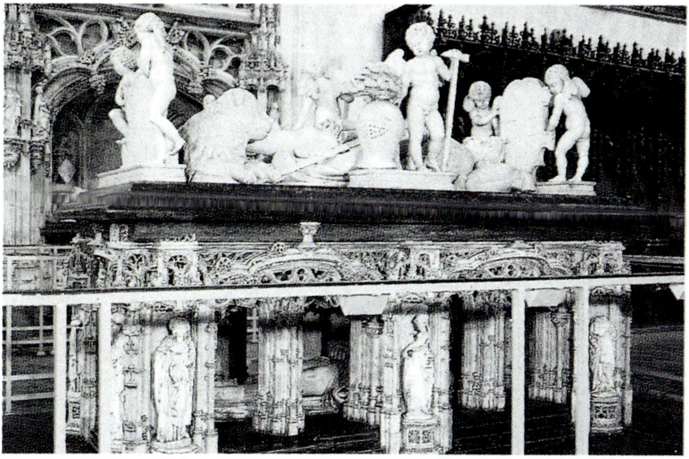

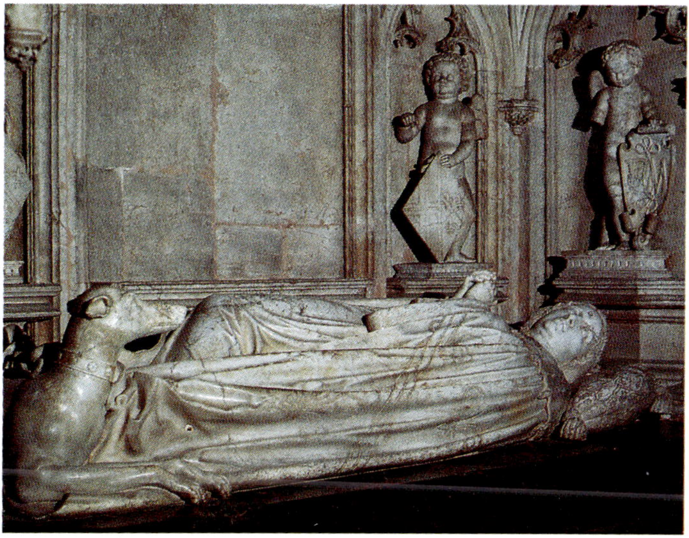

Conrad Meit et collaborateurs, 1526-1532. *En haut* : *Monument funéraire de Philibert le Beau de Savoie.*

En bas : *Tombeau de Marguerite de Bourbon*; église de Brou, près de Bourg-en-Bresse.

Page de gauche : Maître de Moulins (Jean Hey?), 1409-1501. Triptyque de *la Vierge à l'Enfant encadrée par les donateurs en prière.* Moulins, cathédrale.

Face extérieure du triptyque. *L'Annonciation.* Grisaille.

blement postérieur à 1507) à Röhmild, œuvre de Hermann Vischer le Jeune.

Toutes ces œuvres sont contemporaines de la sculpture « flamboyante » comme l'autel de la Vierge de Mauer, près de Melk (1510-1520), œuvre d'un maître anonyme, ou les œuvres de Hans Leinberger et de Hans Witten. La période d'activité de Riemenschneider et de Stoss couvre tout le premier quart du XVIe siècle. Entre 1526 et 1532, le magnifique ensemble de marbre et d'albâtre de Brou, près de Bourg-en-Bresse (œuvre de Conrad Meit et d'autres) est aussi caractéristique du style compliqué, décoratif et flamboyant typique du gothique tardif.

Parallèlement aux tendances classiques « autonomes » et aux survivances du gothique tardif flamboyant, il y eut des exemples toujours plus nombreux d'adaptation de la Renaissance italienne. De l'abbaye de Solesmes, où se trouve une *Mise au tombeau du Christ* (1496), aux portails Renaissance de Bohême et de Moravie (Tovačov, château, 1492 ; Moravská Třebová, château, portail, 1492 ; portraits des fondateurs en médaillons, 1495), les formes italiennes pénétrèrent toute l'Europe septentrionale et centrale.

Les artistes et mécènes de divers milieux semblaient disposés à accepter non seulement les formes italiennes, fondées sur la résurrection de l'Antiquité classique accomplie par les humanistes et les artistes italiens, mais aussi une attitude différente envers l'acte créatif et le rôle de l'artiste en général. Dürer, on le sait, consacra de longues années de sa vie à faire connaître à ses contemporains les idées fondamentales de la Renaissance italienne en préparant et en publiant lui-même des œuvres théoriques. Dans son *Autoportrait* de 1500 (Munich), le tout dernier qu'il ait peint, il a sans ambiguïté aucune identifié son visage à celui du Christ. On a beaucoup discuté du sens de ce portrait insolite et l'on ne saurait exclure qu'il ait eu à l'esprit une pieuse *imitatio Christi*. Mais il est difficile de se défaire de l'idée qu'une association avec la divinité de l'artiste a traversé l'esprit de Dürer[14].

Surtout quand nous savons que le grand philosophe allemand du XVe siècle, Nicolas de Cuse, a écrit dans son *De Beryllo* : « Il faut songer, comme l'a dit Hermès Trismégiste, que l'homme est un autre Dieu... en tant que créateur de la pensée et des œuvres d'art »[15].

Ainsi l'Europe du Nord entra-t-elle dans le *Cinquecento*, c'est-à-dire dans une période où de telles idées sur l'artiste et son œuvre ne cessèrent de se répandre et définirent pour les siècles à venir le concept d'art et sa place dans la société.

Notes

Chapitre I

1. R. S. LOPEZ, « Hard Times and Investment in Culture », dans W. K. FERGUSSON, R. S. LOPEZ, G. SARTON, R. H. BAINTON, L. BRADNER, E. PANOFSKY, *The Renaissance, Six Essays*, New York, 1962, p. 40.

2. *Ibid.*, p. 32.

Chapitre II

1. E. P. CHENEY, *The Dawn of a New Era : 1250-1450*, New York et Evanston, 1962 (1936), p. 337.

2. Erwin PANOFSKY, *Early Netherlandish Painting. Its Origins and Character*, Cambridge, Mass., 1953, p. 83 ; *Les Primitifs flamands*, trad. D. Le Bourg, Paris, Hazan, 1992, p. 165.

3. G. SCHMIDT a dernièrement proposé une date plus tardive : *cf.* G. SCHMIDT, « Peter Parler und Heinrich IV. Parler als Bildhauer », *Wiener Jahrbuch für Kunstgeschichte*, XXIII, 1970, p. 108-153, en particulier p. 112 *sq*.

4. *Cf.* R. SUCKALE, compte rendu de C. H. CLASEN, « Der Meister der schönen Madonnen », dans *Kunstchronik*, XXIX, 1976, p. 244-255.

5. H. BREDEKAMP, « Spätgotik in Salzburg », *Kunstchronik*, XXX, 1977, p. 158.

6. [Jean de Bruges a sans doute peint également le *Saint Christophe* sur le bas-côté du chœur de l'église Notre-Dame de Semur-en-Auxois, au cours des années 1371-1372. Voir F. JOUBERT, « Le Saint Christophe de Semur-en-Auxois : Jean de Bruges en Bourgogne ? », *Bulletin Monumental*, CL, 2, 1992, p. 165-177.]

7. *Le livre de faicts du bon messire Jean de Maingre, dit Boucicaut*, dans *Nouvelle Collection des mémoires pour servir à l'histoire de France depuis le* XIIIe *jusqu'au* XVIIIe *siècle*, J.-F. MICHAUD et J.-J.-F. POUJOU, éds., sér. I, II, Paris, 1850, p. 202-232 et p. 318, cité par M. MEISS, *French Painting in The Time of Jean de Berry. The Boucicaut Master*, Londres, 1968, p. 8.

8. PANOFSKY, *op. cit.*, p. 58 *sq.*; trad. fr. citée, p. 117 *sq.*

9. M. MEISS, *French Painting in the Time of Jean de Berry. The Limbourg and their Contemporaries*, New York, 1974.

10. L. BELLOSI, « I Limbourg precursori di Van Eyck. Nuove osservazioni sui 'Mesi' di Chantilly », *Prospettiva*, I, 1974, p. 24-34. Bellosi avance une hypothèse qui mérite considération : le « Maître du second cahier », successeur des frères de Limbourg, actif vers le milieu du XVe siècle, pourrait être le Maître du roi René (p. 33).

11. J. BONY, *The English Decorated Style. Gothic Architecture Transformed, 1250-1350*, Oxford, 1979, p. 67.

12. [Selon une hypothèse récente, acceptée par plusieurs spécialistes, Claus Sluter aurait travaillé dans sa jeunesse à Paris et sculpté les consoles de la Tour du Village au château de Vincennes vers 1375. Voir U. HEINRICHS-SCHREIBER, « Die Konsolenfiguren der Tour du Village in Vincennes. Ein unbekanntes Frühwerk Claus Sluters », *Jahrbuch der Berliner Museen*, 33, 1991, p. 99-105.]

13. A. LEGNER, « Der Albaster Altar aus Rimini », *Städel Jahrbuch*, N. S., II, 1969, p. 101-168.

14. *Ibid.*, p. 123.

15. G. VON DER OSTEN, « Vermutungen über die Anzahl der Altkölner Tafel- und Leinwandbilder », dans *Vor Stefan Lochner. Kölner Malerei, 1300-1430*, Cologne, 1974, p. 26-29.

16. F. G. ZEHNDER, « Der Meister der heiligen Veronika », *ibid.*, p. 37.

17. J. BOLAND, « Hamburg um 1400 », *Meister Francke und die Kunst um 1400*, Ausstellung zur Jahrhundert-Feier der Hamburger Kunsthalle, Hambourg, 1969, p. 15 ; H. W. GROHN, « Meister Francke-Urkunden und Meinungen », *ibid.*, p. 17.

18. O. PÄCHT, « Meister Francke Probleme », *ibid.*, p. 23.

19. D. L. EHRESMANN, « The Frankfurt Three Kings Portal, Madern Gerthner, and the International Gothic Style on the Middle Rhine », *Art Bulletin*, I, 1968, p. 301-308 ; H. BECK et H. BREDEKAMP, *Die mittelrheinische Kunst um 1400 am Mittelrhein. Ein Teil der Wirklichkeit*, Liebighaus, Museum alter Plastik, Francfort, 1975/1976, p. 54-56 ; W. BEEH, *Katalog*, *ibid.*, p. 173.

Chapitre III

1. M. MEISS, *French Painting in the Time of Jean de Berry. The Late XVIth Century and the Patronage of the Duke*, Londres, 1967, p. 8. [Sur le problème des peintres de cour, voir désormais M. WARNKE, *Hofkünstler : zur Vorgeschichte des modernen Künstlers*, Cologne, 1985 ; *L'Artiste et la Cour. Aux origines de l'artiste moderne*, trad. fr. S. Bollack, Paris, Maison des Sciences de l'Homme, 1989.]

2. E. PANOFSKY, *Early Netherlandish Painting. Its Origins and Cha-*

racter, Cambridge, Mass., 1953, p. 39 ; *Les Primitifs flamands*, trad. D. Le Bourg, Paris, Hazan, 1992, p. 81.

3. Cité par Jean BARTIER dans l'Avant-propos du catalogue de *La librairie de Philippe le Bon. Exposition organisée à l'occasion du 500ᵉ anniversaire de la mort du duc*, Bruxelles, 1967, p. V.

4. Voir M. MEISS, « Scholarship and Penitence in the Early Renaissance : the Image of St. Jerome », *Pantheon*, XXXII, 1974, p. 134-140, repris dans son *The Painter's Choice. Problems in the Interpretation of Renaissance Art*, New York, 1976, p. 189-202. [Pour l'Italie, voir D. RUSSO, *Saint Jérôme en Italie. Étude d'iconographie et de spiritualité, XIIIᵉ - XIVᵉ siècle*, Paris-Rome, La Découverte/École française de Rome, 1987.]

5. E. KOVÁCS, « L'Orfèvrerie parisienne et ses sources », *Revue de l'Art*, 28, 1975, p. 25-33, en particulier p. 31.

6. T. MÜLLER et E. STEINGRÄBER, « Die französische Goldemailplastik um 1400 », *Münchner Jahrbuch der bildenden Kunst*, III, F., V, 1954, p. 29-79, en particulier p. 66.

7. Cité par E. KOVÁCS, *op. cit.*, p. 27, d'après E. DESHAINES, *Documents et extraits divers concernant l'histoire de l'art dans la Flandre, l'Artois et le Hainaut avant le XVᵉ siècle*, IIᵉ Partie, 1374-1401, Lille, 1886, p. 827.

8. E. KOVÁCS, *ibid.*

9. M. MEISS, *French Painting in the Time of Jean de Berry. The Boucicaut Master*, Londres, 1968, p. 10 ; E. KOVÁCS, *op. cit.*, p. 31.

10. P. CSEFALVAY, « Das Horn des Königs Sigismund », dans *Peter Parler und der schöne Stil, 1350-1400. Europäische Kunst unter der Luxemburgen*, vol. II, Cologne, 1978, p. 465.

11. J. HUIZINGA, *L'Automne du Moyen Âge*, trad. du hollandais par J. Bastin, Paris, Payot, 1989, chap. 18, « L'art et la vie ».

12. Par exemple sur un verre, aujourd'hui perdu, exécuté vers 1400 et connu par un dessin fait pour Gaignières qui se trouve à la Bodleian Library à Oxford (MS Gaignières, 18361, fol. 63).

13. F. LYNA, « Les miniatures d'un ms. du "Ci nous dit" et le réalisme préeyckien », *Scriptorium*, vol. I, 1946-1947, p. 106-118.

14. L. L. M. DELAISSÉ, « Les miniatures du "Pèlerinage de la vie humaine" de Bruxelles et l'archéologie du livre », *Scriptorium*, vol. X, 1956, p. 233-250 ; citation p. 234-235.

15. M. MEISS, *French Painting in the Time of Jean de Berry. The Late XVIth Century and the Patronage of the Duke, op. cit.*, p. 160-169.

16. M. MEISS, *French Painting in the Time of Jean de Berry. The Limbourgs and their Contemporaries*, New York, 1974, p. 186.

17. *Ibid.*, p. 256-277.

18. *Ibid.*, p. 271.

19. « Je suis la Mort, grande princesse,/ qui met à bas la superbe de l'homme :/ De par le monde entier mon nom se répand./ La terre entière tremble à m'entendre... » Poème attribué à Jacopo ou à Piero Alighieri,

cité par J. Huizinga, « Die Figur des Todes bei Dante », *Wege der Kulturgeschichte, Studien*, Munich, 1930, p. 165.

20. Dans le *Psautier de Bonne de Luxembourg* (produit à Paris avant 1349), Metropolitan Museum of Art, collection des Cloisters, Inv. 69.86.

21. Cette section reprend en partie la substance de mon exposé sur « The Image of Death and Sepulchral Art in European Tradition » au Colloque International d'Histoire de l'Art consacré à l'art funéraire, qui eut lieu à Mexico en octobre 1980 ; à paraître prochainement dans les actes du Congrès.

22. E. Kantorowicz, *The King's Two Bodies*, Princeton, 1957 ; *Les Deux Corps du roi*, trad. J.-Ph. Genet et N. Genet, Paris, Gallimard, 1989, p. 310 *sq*.

23. Selon l'interprétation de K. Cohen, *Metamorphosis of a Death Symbol. The Transi Tomb in the Late Middle Ages and the Renaissance*, Berkeley-Los Angeles-Londres, 1973, p. 77-78, 83.

24. F. Fuhrmann, « Der Chor der Franziskanerkirche in Salzburg und sein "Massgrund" », dans *Festschrift Karl Oettinger*, éd. H. Sedlmayr et W. Messerer, Erlangen, 1967, p. 143-167, en particulier p. 167.

25. Voir E. Petrasch, « "Weicher" und "eckiger" Stil in der deutschen spätgotischen Architektur », *Zeitschrift für Kunstgeschichte*, XVI, 1951, p. 7-31.

26. W. Gross, « Mitteldeutsche Chorfassaden um 1400 », dans *Kunst des Mittelalters in Sachsen, Festschrift Wolf Schubert*, Weimar, 1967, p. 117-141.

27. *Cf.* A. Miłobedzki, dans *Peter Parler und der schöne Stil, op. cit.*, vol. II, p. 478-479.

Chapitre IV

1. « Mais il n'y a sans doute, dans cette œuvre, rien de plus admirable que le miroir peint dans ce panneau, dans lequel tout ce qui est décrit là, on peut le discerner comme dans un vrai miroir. » B. Fazio, *De Pictoribus*, manuscrit de la Biblioteca Nazionale de Rome, cité par M. Baxandall, *Giotto and the Orators. Humanist observers of painting in Italy and the discovery of pictorial composition : 1350-1450*, Oxford, 1971, p. 163-168 ; *Les Humanistes à la découverte de la composition en peinture*, trad. M. Brock, Paris, Éd. du Seuil, 1989, p. 134 et 231.

2. E. Panofsky, *Early Netherlandish Painting. Its Origins and Character*, Cambridge, Mass., 1953, p. 147-148 ; *Les Primitifs flamands*, trad. D. Le Bourg, Paris, Hazan, 1992, p. 275.

3. Voir J. Chydenius, *The Theory of Medieval Symbolism*, Societas Scientarium Fennica, Commentationes Humanarum Litterarum, XXVII, Helsingfors, 1960 ; S. Ringbom, « Devotional Images and Imaginative Devotions. Notes on the place of art in late medieval private piety », *Gazette*

des Beaux-Arts, VI/LXXIII, 1969, p. 159-170 (citation de Gerson à la page 165).

4. O. G. von SIMSON, « "Compassion" and "co-redemption" in Rogier Van der Weyden's "Descent from the cross" », *Art Bulletin*, XXXV, 1953, p. 9-16.

5. Le testament est cité dans E. DHANENS, *Van Eyck : the Ghent altar piece*, Londres, 1973, p. 24. En 1986, le retable a été transféré dans une autre chapelle sous la tour, où il est exposé sur une structure moderne et plus sûre.

6. *Cf. Le Journal de voyage d'Albert Dürer dans les Anciens Pays-Bas, 1520-1521*, traduit et commenté par J.-A. Goris et G. Marlier, Bruxelles, Weber, 1970, p. 91. *(N.d.T.)*

7. E. PANOFSKY, *op. cit.*, p. 180-182 ; trad. cit., p. 329-331.

8. [La cause semble entendue aujourd'hui, surtout depuis l'ouvrage d'A. CHÂTELET, *Jean Van Eyck enlumineur. Les Heures de Turin et de Milan-Turin*, Strasbourg, 1993.]

9. [La plupart des spécialistes s'accordent aujourd'hui pour l'identifier avec Barthélemy d'Eyck, peintre néerlandais qui travailla régulièrement pour le roi René entre 1447 et 1470. Voir Ch. STERLING, *Enguerrand Quarton, le peintre de la Pietà d'Avignon*, Paris, Réunion des Musées Nationaux, 1983, p. 173-180 ; M. LACLOTTE et D. THIÉBAUT, *L'École d'Avignon*, Paris, Flammarion, 1983 ; F. ROBIN, *La cour d'Anjou-Provence. La vie artistique sous le règne de René*, Paris, 1985 ; N. REYNAUD, « Barthélemy d'Eyck avant 1450 », *Revue de l'Art*, n° 84, 1989, p. 22-43.]

10. Texte publié par Charles STERLING dans *Le Couronnement de la Vierge par Enguerrand Quarton*, Paris, 1939, p. 25 *sq.* ; repris dans ID., *Enguerrand Quarton. Le peintre de la Pietà d'Avignon*, Paris, Éditions de la Réunion des Musées Nationaux, 1983, p. 201-202.

11. H. FOCILLON, « Quelques survivances de la sculpture romane dans l'art français », dans *Medieval Studies in Memory of Arthur Kingsley Porter*, Cambridge, Mass., 1939, vol. II, p. 455-466, repris in ID., *Moyen Âge. Survivances et réveils*, Montréal, 1943.

12. R. LONGHI, *Piero della Francesca*, Rome, 1927, nouvelle éd., Florence, 1963, p. 67, 71 ; *Piero della Francesca*, trad. Pierre Léglise-Costa, Paris, Hazan, 1989, p. 160, 166-167.

13. Ch. STERLING, « The Master of the "Landsberg" altar-wings », dans *Kunstwissenschaft Forschungen Otto Pächt*, Salzbourg, 1972, p. 150-165 ; « Pseudo-Multscher » : A. CHÂTELET, *Les Primitifs septentrionaux*, Genève, 1979, p. 105-118.

14. M. TEASDALE SMITH, « Conrad Witz's Miraculous draught of fishes and the Council of Basel », *Art Bulletin*, LII, 1970, p. 150-156.

15. J. ROGELIO BUENDIA, *Begegnung mit dem Prado*, Madrid, 1977, p. 114.

16. Ch. STERLING et J. ROSENWALD, « Les panneaux de Saint-Vincent et leurs énigmes », *L'Œil*, n° 115, 1968, p. 12-24 et 70.

17. P. H. Schabaker, « Petrus Christus' Saint Eloy : Problems of provenance, sources and meanings », *Art Quarterly*, xxxv, 1972, p. 103-120.

18. [Selon la critique récente, Charles Sterling excepté, la paternité de ce portrait reviendrait à Barthélemy d'Eyck. Voir la notice de D. Thiébaut dans le catalogue de l'exposition *Liechtenstein. The Princely Collections*, 1985-1986 ; Ch. Sterling, « Un portrait provençal méconnu », dans *Hommage à Hubert Landais*, Paris, 1987, p. 93-96.]

19. H. Focillon, « Le style monumental dans l'art de Jean Fouquet », *Gazette des Beaux-Arts*, vi/xv, 1936, p. 17-32, repris dans id., *Moyen Âge. Survivances et réveils*, *op. cit.*

20. Antonio Averlino dit Filarete, *Trattato di Architettura*, éd. J. Spencer, New Haven, Connec., 1965, vol. I, p. 120.

21. C'est A. Châtelet, *op. cit.*, p. 193-236, qui a avancé récemment l'idée du caractère synthétique de l'art de Fouquet.

22. Ch. Sterling, « Dix siècles de civilisation vus par Henri Focillon », *Renaissance*, revue trimestrielle publiée par l'École Libre des Hautes Études de New York, ii-iii, 1944-1945, p. 429.

23. J. Białostocki, « The eye and the window », dans *Festschrift für Gert von der Osten*, Cologne, 1970, p. 169.

24. [Une partie importante des spécialistes reconnaît aujourd'hui dans cet enlumineur le Maître de l'Annonciation d'Aix, c'est-à-dire Barthélemy d'Eyck. Voir la bibliographie sur Barthélemy d'Eyck citée *supra* note 9.].

25. L. Bellosi, « I Limbourg precursori di Van Eyck ? Nuove osservazioni sui "Mesi" di Chantilly », *Prospettiva*, n° 1, avril 1975, p. 24-34, en particulier p. 33.

Chapitre V

1. W. Benjamin, « Das Kunstwerk im Zeitalter seiner Technischen Reproduzierbarkeit », *Zeitschrift für Sozialforschung*, I, 1936, repris en volume sous ce titre, Francfort, 1955 ; « L'œuvre d'art à l'époque de sa reproduction mécanisée », *Écrits français*, présentés par J.-M. Monnoyer, Paris, Gallimard, 1991, p. 115-192.

2. E. Panofsky, *Albrecht Dürer*, Princeton, 1943, p. 18 ; *La Vie et l'art d'Albrecht Dürer*, trad. D. Le Bourg, Paris, Hazan, 1987, p. 31.

3. A. H. van Buren et S. Edmunds, « Playing Cards and Manuscripts : Some Widely Disseminated Fifteenth-Century Model Sheets », *Art Bulletin*, lvi, 1974, p. 12-310.

4. A. Omedeo, *Grafica fiamminga e renana del Quattrocento. Mostra di incisioni da collezioni italiane*, Institut Universitaire Hollandais d'Histoire de l'Art, Florence, 1969, p. 37-45.

5. E. Panofsky, *op. cit.*, p. 45 ; trad. franç., p. 81.

6. Pour une analyse du partage des tâches entre collaborateurs,

cf. l'article de V. M. STROCKA, « Albrecht Dürer und Wolfang Peurer », dans *Argo. Festschrift für Kurt Badt*, Cologne, 1970, p. 249-260.

7. E. PANOFSKY, *op. cit.*, p. 22; trad. franç., p. 38.

8. *Ibid.*

9. J. C. HUTCHINSON, « The Housebook Master and the Folly of the Wise Man », *Art Bulletin*, XLVIII, 1966, P. 73-78.

10. U. MIDDELDORF, « Martin Schongauers klassischer Stil », dans *Deutsche Beiträge zur geistigen Überlieferung*, Chicago, 1947, p. 94-117, et surtout p. 97 et figure 1.

11. *Spätgotik am Oberrhein. Meisterwerke der Plastik und des Kunsthandwerks : 1450-1530*, Karlsruhe, 1970, n° 205, p. 247.

12. *Ibid.*, n° 90, fig. 87; n° 311, fig. 86; n° 200, fig. 180; n° 10, fig. 11; n° 304, fig. 10.

13. M. DVOŘÁK, « Schongauer und die Nierderländer », dans DVOŘÁK, *Kunstgeschichte als Geistesgeschichte*, 2e éd., Munich, 1928, p. 149-189.

14. U. MIDDELDORF, *loc. cit.*, parle de classicisme à propos du résultat de cette ultime évolution de l'art de Schongauer.

15. E. PANOFSKY, *op. cit.*, p. 22; trad. franç., p. 37.

Chapitre VI

1. Fr. VILLON, *Le Grand Testament*, v. 305-324.

2. M. MEISS, « Atropos-Mors. Observation on a rare early humanist image », dans *Florilegium Historiale : Essays Presented to Wallace K. Ferguson*, Toronto, 1971, p. 151-152.

3. K. COHEN, *Metamorphosis of a Death Symbol. The Transi Tomb in the Late Middle Ages and the Renaissance*, Berkeley-Los Angeles-Londres, 1973, p. 87-89.

4. K. COHEN,*op. cit.*, p. 60.

5. W. H. FORSYTH, *The Entombment of Christ. French Sculptures of the Fifteenth and Sixteenth Centuries*, Cambridge, Mass., 1970, p. VII, 3.

6. *Ibid*, p. 13-14.

7. *Ibid*, p. 3.

8. J. EVANS, *English Art : 1307-1461, The Oxford History of English Art*, Oxford, 1949, p. 173-200 (Chap. IX : *Chantries and Colleges*).

9. *Ibid*, p. 177.

10. H.G. EVERS, *Tod, Macht und Raum als Bereiche der Architektur*, Munich, 1939, p. 105; F. MÖBIUS, « Über und unter dem Bogen. Zur Ausdruckbedeutung zweier Formzonen », *Festschrift Johannes Jahn*, Leipzig, 1958, p. 73-82.

11. T.S.R. BOASE, *Death in the Middle Ages. Mortality, Judgement and Remembrance*, New York-Londres, 1972.

12. E. HERTLEIN, « Das Grabmonument Kaiser Friedrichs III (1415-1493) als habsburgisches Denkmal », *Pantheon*, XXXIV, 1977, p. 294-305.

13. *Ibid*, p. 299.

14. P. Skubiszewki, « Der Stil des Veit Stoss », *Zeitschrift für Kunstgeschichte*, XLI, 1978 p. 93-135, en particulier p. 128-129.

15. M. Skubiszewska, « Death as Birth. The Symbol on the Tomb of the King of Poland », *Journal of the British Archaeological Association*, XXXVI, 1973, p. 43-51 et *Studia do Dziejòw Wawelu*, IV, 1978, p. 117-206 (*Program ikonograficzny nagrobka Kazimierza Jagiellonczyka w katedrze Wawelskiej* : résumé en anglais, p. 206-214).

16. K. Bauch, *Das mittelalterliche Grabmal. Figürliche Grabmäler des 11. bis 15. Jahrhunderts in Europa,* Berlin-New York, 1976.

17. E. Panofsky, *Tomb Sculptures,* New York, 1964, p. 68.

18. H.'s Jacob, *Idealism and Realism. A Study of Sepulchral Symbolism,* Leyde, 1954, p. 206.

19. E. Panofsky, *op. cit.*, p. 82.

20. A. Duran et J. Ainaud de Lasarte, *Escultura gótica,* Ars Hispaniae, VIII, Madrid, 1956, p. 338.

21. H.'s Jacob, *Ibid.*

22. *Ibid.* Sur le symbolisme du livre dans l'art funéraire, *Cf.* J. Białostocki, « Books of Wisdom and Books of Vanity », dans *In Memoriam J. G. van Gelder,* Utrecht, 1982, p. 37-67 et la version allemande publiée à Heidelberg, 1985.

23. J. Evans, *op. cit.,* p. 167, note 8.

24. K. Gerstenberg, « Das Bücherstilleben in der Plastik », *Deutschland-Italien. Festschrift Wilhem Waetzoldt,* Berlin, 1941, p. 135-159.

Chapitre VII

1. L. Mumford, *Culture of Cities,* New York, 1936, p. 36.

2. H. Saalman, *Medieval Cities,* New York, 1968, p. 28.

3. S. Sebastián et L. Cortés, *Simbolismo de los programas humanisticos de la universidad de Salamanca,* Salamanque, 1973, p. 13-26.

4. K. Gerstenberg, *Deutsche Sondergotik. Eine Untersuchung über das Wesen der deutschen Baukunst im späten Mittelalter,* Munich, 1913.

5. J. Evans, *English Art : 1307-1461,* The Oxford History of English Art, Oxford, 1949, p. 71.

6. W. Swaan, *Kunst und Kultur der Spätgotik,* Fribourg, Bâle et Vienne, 1978, p. 49.

7. G. Henderson, *Gothic,* Harmondsworth, 1967, p. 115.

8. W. Gross, *Gotik und Spätgotik, Epochen der Architektur,* Francfort, 1969, p. 212.

9. F. Bucher, « Micro-Architecture as the Idea of Gothic Theory and Style », *Gesta,* XV, 1976 (Essais en l'honneur de Sumner Mcknight Crosby), p. 71-89, citation de la page 74.

10. « *Gli orefici fanno loro a quella somilitudine e forma de' taberna-*

coli e de' turibili da dare incenso; et a quella somilitudine e forma fatti i dificij perché a quegli lavori paiano begli; et anche piu si confanno ne' loro lavori, che non fanno ne' dificij. E questo huso e modo anno avuto... da tramontani, cioè da Todeschi e da Francesi; e per queste cagioni si sono perdute. » ANTONIO AVERLINO dit FILARETE, cité par W. von ŒTTINGEN, *Antonio Averlino Filaretes Traktat über die Baukunst*, Vienne, 1890, p. 428.

11. F. BUCHER, *op. cit.*, p. 72.

12. T. MÜLLER, *Sculpture in the Netherlands, Germany, France and Spain : 1400 to 1500*, Baltimore, 1966, The Pelican History of Art, p. 188.

13. F. BUCHER, *op. cit.*, p. 82 (dessin pour tabernacle, Victoria and Albert Museum de Londres, fig. IV a).

14. K. ŒTTINGER, « Laube, Garten und Wald. Zu einer Theorie der süddeutschen Sakralkunst, 1470-1520 », dans *Festschrift Hans Seldmayr*, Munich, 1962, p. 201-228.

15. « Voici la basilique – ou même l'église – divine, qui est un jardin fermé. » M. KUTZNER, « Theologische Symbolik deutscher spätgotischer Hallenkirchen », dans *Wissenschaftliche Zeitschrift der E. M. Arndt-Universität Greifswald*, Gesellschafts-und Sprachwiss. Reihe XXIX, 1980, n. 2/3 (Mittelalterliche Backsteinbaukunst), p. 37-43 ; l'auteur cite Meffreth, *Opus sermonum tripartitum*..., Nurembergiae, 1496, *sermo* XLIV.

16. F. MÖBIUS, « Beobachtungen zur Ikonologie des spätgotischen Gewölbes », dans *Sachsen und Böhmen* (*Évolution générale et développements régionaux en histoire de l'art*, Actes du Congrès International d'histoire de l'art, Budapest, 1972, p. 557-567, en particulier p. 564).

17. *Ibid.*, p. 565.

18. W. HENTSCHEL, *Hans Witten, der Meister H. W.*, Leipzig, 1938, p. 61-80.

19. F. MÖBIUS, *op. cit.*, p. 563, où il est aussi question de l'église de Pirna.

20. A. WARBURG, « Sandro Botticellis "Geburt der Venus" und "Frühling" » (1893), dans *Gesammelte Schriften*, Leipzig-Berlin, 1932, p. 19 ; « "La Naissance de Vénus" et "Le Printemps" de Sandro Botticelli », dans *Essais florentins*, trad. S. Muller, Paris, Klincksieck, 1990, p. 63 (trad. légèrement modifiée).

Chapitre VIII

1. F. DEUCHLER, dans le catalogue *Die Burgunderbeute und Werke burgundischer Hofkunst*, Bernisches Historisches Museum, Berne, 1969, p. 31.

2. J. LEEUWENBERG, « De Gebedsnoot van Eewert Jansz, van Bleiswick en andere Werken van Adam Dirksz », dans *Miscellanea Jozef Duverger, Bijdragen tot de Kunstgeschiedenis der Nederlanden*, vol. II, Gand, 1968, p. 614-623.

3. Cette datation est suggérée par I. S. Weber, « Drei Aufrisse spätgotischer Monstranzen im Stadtarchiv Ulm », *Pantheon*, XXXVI, 1978, p. 16-31, en particulier p. 18.

4. R. A. d'Hulst, *Les Tapisseries flamandes*, Bruxelles, 1960, p. 32.

5. E. Panofsky et F. Saxl, « Classical Mythology in Medieval Art », *Metropolitan Museum Studies*, IV, 1933, p. 228-280 ; *La Mythologie classique dans l'art médiéval*, trad. S. Girard, Brionne, Gérard Monfort, 1990.

6. J. Evans, *Art in Medieval France*, Londres, 1948, p. 182.

7. A. Erlande-Brandenburg, *La Dame à la licorne*, Paris, Réunion des Musées Nationaux, 1978 ; Id., *La Dame à la Licorne*, Paris, M. Aveline, 1993.

8. A. Warburg, « Arbeitende Bauern auf burgundischen Teppichen » (1907), dans *Gesammelte Schriften*, vol. I, *Die Erneuerung der heidnischen Antike*, Leipzig, 1932, p. 226.

9. *Ibid.*

10. J. V. Schlosser, « Armeleutekunst alter Zeit », dans *Präludien*, Berlin, 1927, p. 305.

11. O. Pächt, « La terre des Flandres », *Pantheon*, XXXVI, 1978, p. 5.

12. *Ibid.*, p. 8.

13. R. Wittkower, « Marvels of the East : a Study in the History of Monsters » (1942), dans *Allegory and the Migration of Symbols*, Londres 1977, p. 74 ; ouvrage partiellement traduit en français sous le titre *L'Orient fabuleux*, trad. M. Hechter, Paris, Thames & Hudson, 1981.

14. *Ibid.*, p. 56.

15. M. Meiss, *French Painting in the Time of Jean de Berry : the Boucicaut Master*, Londres, 1968, p. 38.

16. R. Wittkower, « Marco Polo and the Pictorial Tradition of the Marvels of the East », *op. cit.*, p. 75-92.

17. J. Schewe, « Wilde Leute », *Lexicon der christlichen Ikonographie*, vol. IV, Rome - Fribourg, 1972, p. 531.

18. F. Möbius, « Beobachtungen zur Ikonologie des spätgotischen Gewölbes in Sachsen und Böhmen », dans *Évolution générale et développements régionaux en histoire de l'art*, Actes du XXIIe Congrès International d'Histoire de l'art, Budapest, 1969, Budapest, 1972, vol. I, p. 558.

19. L. Möller, « Einleitung », dans *Die wilden Leuten des Mittelalters*, Museum für Kunst und Gewerbe, Hambourg, 1963, p. x.

20. *Spätgotik am Oberrhein. Meisterwerke der Plastik und des Kunsthandwerks, 1450-1530*, Catalogue de l'exposition du Badisches Landesmuseum de Karlsruhe, 1970, p. 286, n. 255.

21. *Ibid.*, p. 293, n. 262.

22. A. Boczkowska, *Hieronim Bosch. Astrologiczna symbolika jegodzieł*, Wrocław-Varsovie, 1977, p. 46-55.

23. A. Boczkowska, « The Crab, the Sun, the Moon and Venus : Studies in the Iconology of Hieronimus Bosch's Triptych "The Garden of Earthly Delights" », *Oud Holland*, XCI, 1977, p. 197-231.

Chapitre IX

1. H. Schindler, *Der Schnitzaltar; Meisterwerke und Meister in Süddeutschland, Österreich und Südtirol,* Ratisbonne, 1978, p. 105-108; M. Baxandall, *The Limewood Sculptors of Renaissance Germany,* New Haven et Londres, 1980, p. 249-250.

2. M. Ohnmacht, *Das Kruzifix des Niclaus Gerhaert von Leyden in Baden-Baden von 1467,* Thèse, Munich, 1973. [Sur Nicolas de Leyde, voir désormais R. Recht, *Nicolas de Leyde et la sculpture à Strasbourg (1460-1525),* Strasbourg, 1987.]

3. R. Recht, « Études sur Nicolas de Leyde et la sculpture rhénane, I, Portail de la chancellerie de Strasbourg », *Revue de l'Art,* n° 9, 1970, p. 15-16, citation p. 22. [S. Guillot de Suduiraut fait le point sur la tête d'homme penché et sur le buste d'homme accoudé dans le catalogue de l'exposition (Paris, Musée du Louvre, 22 octobre 1991-20 janvier 1992), *Sculptures allemandes de la fin du Moyen Âge dans les collections publiques françaises, 1400-1530,* Paris, Réunion des Musées Nationaux, 1991, p. 79-84.]

4. W. Paatz, « Nicolaus Gerhaerts von Leiden », *Heidelberger Jahrbücher,* III, n° 3, 1959, p. 68-94.

5. W. Voege, *Jörg Syrlin der Altere und seine Bildwerke, II : Stoffkreis und Gestaltung,* Berlin, 1950.

6. M. Baxandall, *op. cit.,* p. 255-256, avec la bibliographie récente.

7. J. Homolka *et al., Majster Pavol z Levoče,* Bratislava, 1961.

8. H. Schindler, *op. cit.,* p. 15.

9. Les prix payés pour les retables sont indiqués par M. Baxandall, *op. cit.,* p. 62-63. [Sur le retable de Cracovie, voir désormais T. Chrzanowski, *Le Retable marial de Wit Stwose,* Varsovie, 1985; V. Funk, *Le Retable de Cracovie : l'œuvre de Veit Stoss,* Paris, 1986; L. Kalinowksi, *Wit Stwosz w Krakovie,* Cracovie, 1987; M. Stuhr, *Der Krakauer Marienaltar von Veit Stoss,* Leipzig, 1992.]

10. M. Kosińska-Lodyńska, « Ingenium et labor », *Biuletyn Historii Sztuki,* XLIII, 1981, p. 135-149, est le premier auteur à avoir signalé que tous les apôtres ne regardaient pas dans la même direction.

11. P. Skubiszewski, « Cykl wielkanocny w Ołtarzu Mariackim Wita Stosza », *Rocznik Historii Sztuki,* XII, 1981, p. 43-81.

12. P. Skubiszewski, « Der Stil des Veit Stoss », *Zeitschrift für Kunstgeschichte,* XLI, 1978, p. 93-135.

13. C'est à M. Baxandall, *op. cit., passim,* que l'on doit l'introduction de ce terme.

14. *Ibid.,* p. 299-300.

15. I. Krummer-Schroth, « Der Schnitzaltar in Niederottweil a K. », *Jahrbuch der Staatlichen Kunstsammlungen in Baden-Württemberg,* VIII, 1971, p. 65-96.

16. A. Simpson, « English Art during the Second Half of the Fourteenth

Century », dans *Die Parler und der schöne Stil*, IV, Colloque, Cologne, 1980, p. 133, et *Die Parler und der schöne Stil, 1350-1400*, Catalogue, II, Cologne, 1978, p. 560-561.

17. W. Swaan, *Kunst und Kultur der Spätgotik*, Fribourg-Bâle-Vienne, 1978, p. 203.

18. I. Combs Stuebe, « The Johannisschussel : From Narrative to Reliquary to Andachtsbild », *Marsyas*, XIV, 1968-1969, p. 1-16.

19. J. Roosval, *Riddar Sankt Göran i Stockolms stora eller Sankt Nicolai kyrka*, Stockholm, 1919 ; Id., *Nya Sankt Görans studier*, Stockolm, 1924 ; W. Paatz, *Bernt Notke und sein Kreis*, Berlin, 1939, p. 68-97, 368-373 ; D. Feldmann, « Zur Bedeutung von Notkes St. Georg Monument in Stockholm », *Konsthistorik Tidskrift*, XLV, 1976, p. 19-38.

20. Alberti, *De Pictura* (1435) ; trad. J.-L. Schefer, Paris, Macula, 1992.

21. *Cf.* J. Białostocki, « Man and Mirror in Painting : Reality and Transience », dans *Studies in Late Medieval and Renaissance Painting in Honor of Millard Meiss*, New York, 1977, p. 61-72 et surtout p. 65.

22. J. Lammers, « Innovation und Virtuosität », dans *Stilleben in Europa*, Catalogue d'exposition, Munster-Baden-Baden, 1979-1980, p. 493.

Chapitre X

1. Voir M. Reeves, *The Influence of Prophecy in the Later Middle Ages*, Oxford, 1969 ; G. Leff, « Prophecy in the Middle Ages », dans *Dictionary of the History of Ideas*, New York, 1973, III, p. 664-669 ; L. Grodecki, « Les quinze signes précurseurs de la fin du monde dans les vitraux allemands, français et alsaciens », dans *Kunst des Mittelalters in Sachsen. Festschrift Wolf Schubert*, Weimar, 1967, p. 292-299.

2. Ce texte de Dürer, extrait d'un fragment de son journal du Kupferstichkabinett de Berlin (fol. 59b), a été publié dans Dürer, *Schriftlicher Nachlass*, éd. I. H. Rupprich, Berlin, 1956, p. 36.

3. E. Gothein, « Die Kreuzwunder », dans *Reformation und Gegenreformation* (E. Gothein, *Schriften zur Kulturgeschichte der Renaissance, Reformation und Gegenreformation*, vol. II), Munich-Leipzig, 1924, p. 62-71, 282-283.

4. Voir A. M. Warburg, « Heidnisch-antike Weissagung in Wort und Bild zu Luthers Zeiten », dans *Sitzungsberichte der Heidelberger Akademie der Wissenschaften, Phil. hist. Klasse*, 26 Abh., Heidelberg, 1920 ; réédité dans A. M. Warburg, *Gesammelte Schriften*, Leipzig-Berlin, 1932, vol. II, p. 487-558 ; en franç., « La divination antique et païenne dans les écrits et les images à l'époque de Luther », dans *Essais florentins*, trad. Sybille Muller, Paris, Klincksieck, 1990, p. 245-294. Voir aussi E. H. Gombrich, *Aby M. Warburg. An Intellectual Biography*, Londres, 1970, le chapitre intitulé « The Haunted Reformation », p. 206-215, en particulier p. 209.

5. Texte publié dans Dürer, *op. cit.*, p. 214-215. Le dessin se trouve au Kunsthistorisches Museum de Vienne.

6. E. Panofsky, *Albrecht Dürer*, Princeton, 1943, p. 13 ; *La Vie et l'art d'Albrecht Dürer*, trad. D. Le Bourg, Paris, Hazan, 1987, p. 20.

7. Par cxemple, A. Thausing, *Albrecht Dürer*, Leipzig, 1876 ; Max Dvořák, *Kunstgeschichte als Geistesgeschichte*, Munich, 1923, p. 193-302 ; R. Chadraba, *Dürers Apokalypse : Eine ikonologische Deutung*, Prague, 1964 ; voir J. Białostocki, *Dürer and his Critics, 1500-1971*, Baden-Baden, 1986, p. 265-289.

8. Voir A. Chastel, « L'Antéchrist à la Renaissance », dans *Cristianesimo e Ragion di Stato* (Atti del II congresso internazionale di studi umanistici), Rome, 1952, p. 177-186 et Id., « L'Apocalypse en 1500 : la fresque de l'Antéchrist à la chapelle Saint-Brice d'Orvieto », *Bibliothèque d'Humanisme et Renaissance*, XIV, 1952, p. 124-140 ; ces deux études sont reprises, accompagnées d'une nouvelle introduction, dans A. Chastel, *Fables, formes, figures*, Paris, Flammarion, 1978, vol. I, p. 163-197. Voir aussi l'étude de E. Wadstein, *Die eschatologische Ideengruppe : Antichrist, Weltsabbat, Weltende und Weltgericht*, Leipzig, 1896.

9. *Cf.* Panofsky, *op. cit.*, p. 44-50 ; trad. franç., p. 80-91, pour une excellente caractérisation de la technique graphique de Dürer.

10. Panofsky, *op. cit.*, p. 55, 56 ; trad. franç., p. 96.

11. Voir G. Kubler, *Mexican Architecture in the Sixteenth Century*, 2 vol., New Haven, 1948. Sur le problème des traditions gothiques en particulier, *cf.* M. Toussaint, « Supervivencias góticas en la arquitectura mexicana del siglo XIV », *Archivio Español de Arte y Arqueologia*, XI, 1935, n. 31, p. 47-66.

12. Au Mexique, la plus ancienne croisée d'ogives conservée est celle de la *capilla abierta* de Tlaxcala (avant 1539). Le caractère de l'œuvre trahit un travail qui n'est pas celui d'un professionnel ; les formes sont archaïques, « et le profil des nervures rappelle celui du nord de la France au milieu du XIIe siècle ». *Cf.* G. Kubler, dans G. Kubler et M. Soria, *Art and Architecture in Spain, Portugal and their American Dominions : 1500 to 1800*, Harmondsworth, 1959, p. 70-71.

13. K. Pechstein, *Das Sebaldusgrab in Nürnberg*, Stuttgart, 1967 (avec la bibliographie précédente).

14. Voir R. Bainton, « Dürer and Luther as the Man of Sorrows », *Art Bulletin*, XXIX, 1947, p. 269-272 ; F. Winzinger, « Albrecht Dürers Münchner Selbstbildnis », *Zeitschrift für Kunstwissenschaft*, VIII, 1954, p. 43-64 ; D. de Chapeaurouge, « Theomorphe Porträts der Neuzeit », *Deutsche Vierteljahrschrift für Literaturwissenschaft und Geistesgeschichte*, XLII, 1968, p. 263-267.

15. Nicolaus Cusanus, *De beryllo*, par. 7, dans N. von Kues, *Werke*, Neuausgabe des Strassburgen Drucks von 1488, éd. P. Wilpert, Berlin, 1967, vol. II, p. 711.

Bibliographie

I. Ouvrages généraux

Rares sont les études d'ensemble de l'art du XVe siècle dans le Nord de l'Europe, à l'exception de E. LÜTHGEN, *Die abendländische Kunst des 15. Jahrhunderts,* Bonn, 1926, et de R. SCHNEIDER, « Les arts plastiques » dans R. SCHNEIDER et G. COHEN, *La Formation du génie moderne dans l'art de l'Occident, Arts plastiques. Arts littéraires,* Paris, 1936, pp. 151-455. Plus récent, Fr. W. FISCHER et J. J. M. TIMMERS, *Spätgotik. Zwischen Mystik und der Reformation,* Baden-Baden, 1971 ; J. BIAŁOSTOCKI, *Spätmittelalter und beginnende Neuzeit,* Propyläen Kunstgeschichte, VII, Berlin, 1972 (de même que l'ouvrage de SCHNEIDER, celui-ci porte également sur l'art italien) ; W. SWAAN, *The Late Gothic,* Londres, 1972 (avec d'excellentes photographies et une bonne toile de fond historique, mais l'étude laisse de côté l'Allemagne orientale, la Bohême, la Hongrie et la Pologne) ; K. M. SWOBODA, *Geschichte der bildenden Kunst,* III. *Die Spätgotik,* Vienne-Munich, 1978. [On se reportera désormais à l'ouvrage fondamental d'A. CHÂTELET et de R. RECHT, *Automne et renouveau, 1380-1500,* coll. « L'Univers des Formes », Paris, Gallimard, 1988.]

La plupart de ces publications emploient l'expression « gothique tardif » comme une étiquette, tandis que M. LEVEY, *Early Renaissance,* Harmondsworth, 1967, fait entrer l'art du Nord dans la catégorie de la première Renaissance tout en laissant de côté la sculpture allemande du gothique tardif. Cette dernière est rattachée à la Renaissance dans M. BAXANDALL, *The Limewood Sculpture of Renaissance Germany,* New Haven et Londres, 1980.

Parmi les ouvrages généraux sur l'art gothique et médiéval, l'art du XVe siècle occupe une place plus ou moins importante : modeste chez H. FOCILLON, *Art d'Occident. Le Moyen Âge roman et gothique,* Paris, 1938 ; rééd., Paris, Armand Colin, 1983, *cf.* le livre troisième « La fin du Moyen Âge », p. 273 sq. et l'étude sur « Le Moyen Âge dans la Renaissance italienne » ; importante dans l'ouvrage bref mais original de G. HENDERSON, *Gothic,* Harmondsworth, 1967.

II. Contexte culturel et religieux

Pour des indications générales sur l'histoire culturelle et intellectuelle et son contexte social et politique, *cf.* : E. P. CHENEY, *The Dawn of a New Era : 1250-1450,* New York et Evanston, 1962 (1936) et M. P. GILMORE, *The World of Humanism : 1453-1517,* New York, 1953, rééd. 1962. L'ouvrage célèbre de Johan HUIZINGA, *Herfsttij der Middeleeuwen. Studie over levens- en gedachten-vormen der veertiende en fijftiende eeuw in Frankrijk en de Nederlanden,* Haarlem, 1916 ; *L'Automne du Moyen Âge,* trad. J. BASTIN, Paris, Payot, 1989, a fortement influencé l'image que nous avons du XVe siècle en présentant la vie et l'art de cette époque suivant les catégories du déclin et de la chute. Cette conception tranche sur celle d'abord présentée par L. COURAJOD, *Leçons professées à l'école du Louvre, 1887-1896,* Paris, 1899-1903, puis H. FIERENS-GEVAERT, *La Renaissance septentrionale et les premiers maîtres des Flandres,* Bruxelles, 1905, et par certains spécialistes allemands qui voyaient dans cette période le répondant de la Renaissance italienne par son intérêt pour le naturalisme et l'individualité. On trouvera un tableau plus récent dans G. DUBY, *Fondements d'un nouvel humanisme, 1280-1420,* Genève, Skira, 1966, qui s'arrête cependant au début de notre période. L'ouvrage de R. W. SOUTHERN, *Medieval Humanism,* Oxford, 1970, est une étude approfondie de l'histoire intellectuelle. L'opposition entre le Nord et le Sud dans la vie intellectuelle du XVe siècle apparaît dans D. FREY, *Gotik und Renaissance als Grundlagen der modernen Weltanschauung,* Augsbourg, 1929, tandis que l'humanisme est un dénominateur commun pour A. CHASTEL et R. KLEIN dans leur ouvrage commun, *L'Europe de la Renaissance : L'âge de l'humanisme,* Bruxelles, 1963.

Certaines études présentent les caractéristiques essentielles de la période : E. KEYSER, « Das Wesen des Späten Mittelalters », *Deutsche Vierteljahresschrift für Literaturwissenschaft und Geistesgeschichte,* IX, 1931, pp. 363-388 ; H. SCHRADE, « Über Symbol und Realismus in der Spätgotik », *ibid.,* V, 1927 ; ID., « Künstler und Welt im deutschen Spätmittelalter », *ibid.,* IX, 1931, pp. 1-44. Pour une description de l'histoire spirituelle en Allemagne, voir K. BURDACH, *Vom Mittelalter zur Reformation. Forschungen zur Geschichte der deutschen Bildung,* Halle, 1893, et W. ANDREAS, *Deutschland vor der Reformation,* Stuttgart-Berlin, 1932.

Sur les mouvements religieux à caractère mystique et millénariste, *cf.* S. AXTERS, *Geschiedenis van de vroomheid in de Nederlanden,* III : *De Moderne Devotie,* Nimègue, 1941 ; R. R. POST, *The Modern Devotion – Confrontation with Reformation and Humanism,* Leyde, 1968 ; *L'attesa dell'età nuova nelle spiritualità della fine del medioevo* (1960) [Convegni del Centro di Studi sulla spiritualità medievale, 3], Todi, 1962 ; M. Reeves, *The Influence of Prophecy in the Later Middle Ages,* Oxford, 1969 ; I. Kähler, « Der Bordesholmer Altar zwischen Devotio moderna und Humanismus », *Das Münster,* XXXIII, 1980, n. 2, pp. 167-168 ; sur l'idée d'Antéchrist : E. Wadstein, *Die eschatologische Ideengruppe : Antichrist, Weltsabbat, Weltende und Weltgericht,* Leipzig, 1896 ; H. Preuss, *Die Vorstellungen vom Antichrist im späteren Mitelalter bei Luther in der konfessionellen Polemik,* Leipzig, 1906.

Sur les aspects sociaux de l'art religieux : H. Bredekamp, « Autonomie und Askese » dans *Autonomie der Kunst. Zur Genese und Kritik einer bürgerlichen Kategorie,* avec des contributions de M. Müller, H. Bredekamp, B. Hinz, F. J. Verspohl, J. Fredel, U. Apitzsch, Francfort, 1972, pp. 88-171 ; H. Bredekamp, *Kunst als Medium sozialer Konflikte. Bilderkämpfe von der Spätantike bis zur Hussitenrevolution,* Francfort, 1975, pp. 231-333.

Sur le théâtre : P. Weber, *Geistliches Schauspiel,* Stuttgart, 1894 ; G. Cohen, *Histoire de la mise en scène dans le théâtre religieux du Moyen Âge,* Paris, 2e éd., 1926. Sur le mysticisme et l'art : E. Benz, « Christliche Mystik und christliche Kunst », *Deutsche Vierteljahresschrift für Literaturwissenschaft und Geistesgeschichte,* XII, 1934, pp. 22-48 ; K. Haupt, « Mystik und Kunst in Augsburg und im östlichen Schwaben während des Spätmittelalters », *Zeitschrift des Historischen Vereins für Schwaben,* LIX-LX, 1969, pp. 1-100 ; H. Grundmann, *Religiöse Bewegungen im Mittelalter,* Darmstadt, 1961 ; J. Toussaert, *Le Sentiment religieux en Flandre à la fin du Moyen Âge,* Paris, 1963 ; B. Moeller, « Frömmigkeit in Deutschland um 1500 », *Archiv für Reformationsgeschichte,* LVI, 1965, pp. 5-31 (trad. en anglais dans *Pre-Reformation Germany,* G. Strauss éd., New York, 1972, pp. 13-42).

Sur les rapports entre les arts et la littérature : *cf.* F. D. Pickering, « Literatur und bildende Kunst », dans *Reallexicon der deutschen Literaturgeschichte,* 2e éd., Berlin, 1961, vol. II, pp. 613-698 ; et Id., *Literatur und darstellen de Kunst in Mittelalter,* Grundlagen der Germanistik, IV, Berlin, 1966.

Sur la poésie, surtout française : P. Champion, *Histoire poétique du* xve *siècle,* 2 vol., Paris, 1923. Autres sujets : A. L. Mayer, « Das Kirchenbild des späten Mittelalters und seine Beziehungen zur Liturgiegeschichte », dans *Vom christlichen Mysterium. Gesammelte Arbeiten zum Gedächtnis von Odo Casel,* Düsseldorf, 1951, pp. 274-302 ; A. D. Scaglione, *Nature and Love in the Late Middle Ages,* Berkeley et Los Angeles, 1963 ; A. H. Levi, éd., *Humanism in France at the End of the Middle Ages and in the Early Renaissance,* Manchester, 1970 ; J. Leclercq, « Zeiterfahrung und Zeitbegriff im Spätmittelalter », dans A. Zimmermann, éd., *Antiqui und Moderni. Traditionsbewusstsein und Fortschrittsbewusstsein im Späten Mittelalter,* Berlin et New York, 1974.

Sur les attitudes face à la mort : H. Döring-Hirsch, *Tod und Jenseits im*

Spätmittelalter, Berlin, 1927 ; H. PATCH, *The Other World according to descriptions in medieval literature,* Cambridge, Mass., 1950 ; R. HUGUES, *Heaven and Hell in Western Art,* Londres, 1958 ; J. KLEINSTÜCK, « Zur Auffassung des Todes im Mittelalter », *Deutsche Vierteljahresschrift für Literaturwissenschaft und Geistesgeschichte,* XXVIII, 1954, pp. 40-60 ; E. DUBRUCK, *The Theme of Death in French Poetry of the Middle Ages and the Renaissance,* La Haye, 1964 ; T. S. R. BOASE, *Death in the Middle Ages. Mortality, Judgement and Remembrance,* Londres, 1972. Un ouvrage systématique et collectif offre une bonne introduction à la culture artistique médiévale : J. EVANS, éd., *The Flowering of the Middle Ages,* Londres, 1966, rééd. 1967. L'ouvrage couvre une période plus vaste que celle qui retient notre attention ici.

Sur les idées théologiques dans l'art : M. R. MILES, *Image as insight : visual understanding in western Christianity and secular culture,* Boston, 1985.

III. Structures sociales et techniques de la production artistique

Les principales sources sur l'histoire de l'art aux Pays-Bas avant 1400 sont réunies dans C. DEHAISNES, *Documents et extraits divers concernant l'histoire dans la Flandre, l'Artois et le Hainaut avant le* XVe *siècle,* Lille, 1886, 2 vol. ; anthologies modernes des sources : T. G. FRISCH, *Gothic Art : 1140-1450, Sources and Documents,* Englewood Cliffs, 1971 ; W. STECHOW, *Northern Renaissance Art : 1400-1600. Sources and Documents,* Englewood Cliffs, 1966.

Sur les guildes et les ateliers : H. HUTH, *Künstler und Werkstatt der Spätgotik,* Augsbourg, 1925, rééd. augmentée, Darmstadt, 1967. K. GATZ, *Das Deutsche Malerhandwerk zur Blütezeit der Zünfte,* Munich-Leipzig, 1938 (avec une abondante bibliographie sur les guildes dans divers centres allemands) ; quelques études détaillées : M. HASSE, « Lübecker Maler und Bildschnitzer um 1500 », *Niederdeutsche Beiträge zur Kunstgeschichte,* III, 1964, pp. 285-289 (section : *Überfüllung im Gewerbe der Maler und Bildschnitzer zu Anfang des 16. Jahrhunderts) ;* A. EICHNER, *Die Kölner Malerzunft,* dans *Vor Stefan Lochner. Die Kölner Maler von 1300 bis 1430,* Wallraf-Richartz-Museum, Cologne, 1974 (catalogue d'exposition), pp. 15-17 ; M. HASSE, « Maler, Bildschnitzer und Vergolder in den Zünften des späten Mittelalters », *Jahrbuch der Hamburger Kunstammlungen,* XXI, 1976, pp. 31-41. K. ROSSACHER, « Technik und Materialen der Steingussplastik um 1400 », *Alte und Moderne Kunst,* IX, 1964, n. 72, pp. 12-15. [J. C. WILSON, « The Participation of Painters in the Bruges "Pandt" Market », *The Burlington Magazine,* CXXV, 1983, pp. 476-479 ; D. EWING, « Marketing Art in Antwerp, 1460-1560 : Our Lady's *Pand* », *The Art Bulletin,* LXXII, 4, 1990, pp. 558-584.]

Les problèmes spécifiques de la sculpture en bois sont traités par H. WILM, *Die gotische Holzfigur,* 3e éd., Stuttgart, 1962 et, tout récemment, par M. BAXANDALL, *The Limewood Sculptors of Renaissance Germany, op. cit.*, en particulier pp. 27-48 et 95-122. L'expérience d'un excellent historien et restaurateur a porté ses fruits dans J. TAUBERT, *Farbige Skulpturen : Bedeutung, Fassung, Restaurierung,* Munich, 1978

Sur les problèmes des ateliers d'architectes et des tailleurs de pierre mais aussi sur l'organisation des chantiers : J. HAASE, *Die Bauhütte des späten Mittelalters,* Munich, 1919 ; J. RIED, *Die Organisation einer Bauhütte,* Thèse, Munich, 1959. Sur les livres de modèles et de dessins, *cf.* surtout la section « Architecture : problèmes ». Ouvrage déjà ancien mais important : H. BECHTEL, *Wirtschftstil des deutschen Spätmittelalters : Der Ausdruck der Lebensform in Wirtschaft, Gesellschaftsaufbau und Kunst von 1350 bis um 1500,* Munich, Leipzig, 1930.

Sur le mécénat et les mécènes : N. LIEB, *Die Függer und die Kunst im Zeitalter der Spätgotik und frühen Renaissance,* Munich, 1952 ; R. DE ROOVER, *Money, Banking and Credit in Medieval Bruges,* Cambridge, Mass., 1948 ; W. SCHWEMMER, « Das Mäzenatentum der Nürnberger Patrizerfamilie Tucher », *Mitteilungen des Vereins für die Geschichte der Stadt Nürnberg,* LI, 1962, p. 24 sq. ; P. HIRSCHFELD, *Mäzene. Die Rolle des Auftraggebers in der Kunst,* s. l., 1968 ; *Städtewesen und Bürgertum als geschichtliche Kräfte. Gedächtnisschrift Fritz Rörig,* Lubeck, 1953 ; L. CAMPBELL, « The Art Market in the Southern Netherlands in the Fifteenth Century », *Burlington Magazine,* CXVIII, 1976, pp. 188-198. [F. ROBIN, *La Cour d'Anjou-Provence. La vie artistique sous le règne de René,* Paris, 1985.]

Sur la Hanse et son rôle dans les arts : P. DOLLINGER, *Die Hanse,* Stuttgart, 1966 ; G. F. HARTLAUB, « Zur hanseatischen Kunst des Mittelalters », *Zeitschrift für bildende Kunst,* N. F. XXXI, 1920, pp. 57-71 ; H. REINECKE, « Die Bedeutung der deutschen Hanse für die künstlerischen Beziehungen des niederdeutschen Raumes », *Rheinische Vierteljahrblätter,* VIII, 1938, p. 63 sq. ; S. STEINBERG, « Die bildende Kunst im Rahmen der hansischen Geschichte », *Hansische Geschichtsblätter,* LII, 1928, p. 31 sq. ; W. PLAGEMANN, « Hansische Kunstströmungen n'ch Skandinavien », *Hansische Geschichtsblätter,* LXXXVI, 1968, pp. 13-36 ; M. TAUCH, « Hanse und Kunst », dans *Hanse in Europa. Brücke zwischen den Märkten, 12-17. Jahrhundert.* Exposition, Stadtmuseum, Cologne, 1973, pp. 295-300 ; G. BINDING, « Die Architektur der Hansestädte », *ibid.,* pp. 285-294 ; N. ZASKE, « Zum Problem der Hansekultur und Hansekunst », *Hansische Studien,* III, Weimar, 1975, p. 265 sq.

Sur la position sociale de l'artiste : G. GURLITT, *Kunst und Künstler am Vorabend der Reformation,* Halle, 1890 ; A. MARTINDALE, *The Rise of Artist in the Middle Ages and Early Renaissance,* Londres, 1972 ; J. BARTIER, « L'artiste et sa clientèle au temps des ducs de Valois », *Bulletin de la Société des Amis du Musée de Dijon,* 1973-1975, éd. 1977, pp. 29-32. On trouvera également des matériaux intéressants dans R. et M. WITTKOWER, *Born under Saturn. The Character and Conduct of Artists : A Documented History from Antiquity to the French Revolution,* New York, 1963 ; *Les Enfants de Saturne. Psychologie et comportement des artistes de l'Antiquité à la Révolution française,* trad. D. ARASSE, Paris, Macula, 1985, bien que l'ouvrage porte surtout sur l'Italie.

H. BELTING, *Das Bild und sein Publikum im Mittelalter,* 1981. [L'ouvrage-clé est à présent celui de M. WARNKE, *Hofkünstler. Zur Vorgeschichte des modernen Künstlers,* Cologne, 1985 ; *L'Artiste et la Cour. Aux origines de l'artiste moderne,* trad. S. Bollack, Paris, Maison des Sciences de l'Homme, 1989.]

IV. Concepts et problèmes de style

Divers concepts suggérés pour classer parmi les divers styles l'art du XVe siècle font l'objet d'une analyse approfondie dans J. BIAŁOSTOCKI, « Late Gothic. Disagreements about the Concept », *Journal of the Archaeological Association,* III, XXIX, 1966, pp. 76-105.

Diverses contributions à la définition du concept de gothique tardif : A. SCHMARSOW, « Reformvorschläge zur Geschichte der deutschen Renaissance », *Berichte der Philologisch-historischen Classe der Königlichen Sächsischen Gesellschaft der Wissenschaften zu Leipzig,* 1899, pp. 41-79 (on a pu qualifier le gothique tardif de renaissant par sa nouvelle manière de sentir et de concevoir l'espace) ; E. HAENEL, *Spätgotik und Renaissance,* Stuttgart, 1899 ; W. NIEMEYER, *Der Formwandel der Spätgotik als das Werden der Renaissance* (Thèse, Leipzig, 1904) Munich, s. d. (ces deux derniers auteurs développèrent les idées de Schmarsow). K. GERSTENBERG, *Deutsche Sondergotik. Eine Untersuchung über das Wesen der deutschen Baukunst im späten Mittelalter,* Munich, 1913 (le gothique tardif est conçu comme la forme germanique du gothique). H. STIRNEMANN, *Der Stilbegriff der sogenannten Spätgotik in der deutschen Tafelmalerei,* Strasbourg, 1929 ; G. HOELTJE, *Zeitliche und begriffliche Abgrenzung der Spätgotik innerhalb der Architektur von Deutschland, Frankreich und England,* Thèse, Halle-Wittemberg, 1930 ; G. ANDRÉ, « Spätgotik oder Renaissance ? », dans son « Konrad Kuene und der Meister des Frankfurter Mariaschlafaltars », *Marburger Jahrbuch für Kunstwissenschaft,* 1938-39, éd. 1941, XI-XII, pp. 264-276 ; G. WEISE, « Stilphasen der architektonischen Entwicklung im Bereich der deutschen Sondergotik », *Zeitschrift für Kunstgeschichte,* XIII, 1950, pp. 68-80 ; E. PETRASCH, « "Weicher" und "eckiger" Stil in der deutschen spätgotischen Architektur, *Zeitschrift für Kunstgeschichte,* XVI, 1951, pp. 7-31 ; G. WEISE, « Il termine di "tardo gotico" nell'arte settentrionale », *Paragone,* III, 1952, n. 31, pp. 24-34 ; ID., *Beiträge zur Kunst- und Geistesgeschichte des Mittelalters,* Stuttgart, 1964.

Pour le gothique tardif conçu comme gothique baroque : V. BIRNBAUM,

« Barokní princip v dějinách architektury », *Styl,* 1924, repris dans son *Listy z dějin umění,* Prague, 1947, pp. 209-237 ; G. WEISE, « Das "gotische" oder "barocke" Stilprinzip der deutschen und der nordischen Kunst », *Deutsche Vierteljahresschrift für Literaturwissenschaft und Geistesgeschichte,* X, 1932, pp. 206-243 ; J. PEŠINA, « Studie k pozdně gotickému baroku », *Památky archeologické (skupina historická),* XLI, 1936-38, pp. 68-91.

Études spécifiques sur des problèmes de style : W. WORRINGER, « Spätgotisches und expressionistisches Formsystem », *Wallraf-Richartz-Jahrbuch,* II, 1925, pp. 1-8 ; A. WOLTERS, « Bemerkungen über einige Eigentümlichkeiten spätgotischer Bildgestaltung », *Festschrift für Adolf Goldschmidt,* Leipzig, 1923, pp. 75-82 ; G. WEISE, « Spätgotisches Schreiten und andere Motive spätgotischer Bildgestaltung », *Marburger Jahrbuch für Kunstwissenschaft,* XIV, 1949, p. 186 sq. ; J. CAMON AZNAR, « Gótico escolastico y gótico nominalista », dans *João Couto in memoriam,* Lisbonne, 1971, pp. 11-13.

Le concept de « style international autour de 1400 » a été largement débattu. La discussion a abouti à une magnifique exposition : *Europäische Kunst um 1400,* Kunsthistorisches Museum, Vienne, 1962, dont il existe une édition française, *L'Art européen vers 1400* (laquelle ne contient pas la bibliographie que possède l'édition allemande). Le catalogue réunit divers articles fondamentaux : A. LHOTSKY, « Le tournant de l'histoire vers l'an 1400 », pp. 5-28 ; H. SCHULTE-NORDHOLT, « Les problèmes spirituels et sociologiques vers 1400 », pp. 29-56 ; Ch. STERLING, « La peinture en Europe vers 1400 », pp. 71-82 ; J. PORCHER, « L'enluminure vers 1400 », pp. 147-150 ; L. GRODECKI, « Le vitrail vers 1400 », pp. 198-204 ; O. BENESCH, « Le dessin », pp. 214-219 ; E. MITSCH, « Les images xylographiques », pp. 248-251 ; C. Th. MÜLLER, « Plastik », pp. 264-274 ; P. VERLET, « L'orfèvrerie vers 1400 », pp. 327-329 ; D. KING, « Les tissus vers 1400 », pp. 378-384 ; B. THOMAS et O. GAMBER, « Le costume militaire et les armes aux environs de 1400 », pp. 430-434 ; E. HOLZMAIR, « La médaille vers 1400 », p. 444 ; B. KOCH, « L'art monétaire », p. 448 ; B. KOCH, « L'art du sceau », pp. 456-457.

En même temps parut une histoire du concept : L. CASTELFRANCHI VEGAS, « Fortuna storica del "gotico internazionale" », *Paragone,* XIII, 1962, n. 155, pp. 61-74 ; et de sa caractérisation : A. EMILIANI, « Gotico Internazionale », dans *Enciclopedia Universale dell'Arte,* VI, Venise, 1960, coll. 312-315.

Un article important dresse le bilan de l'exposition du point de vue tchécoslovaque : L. PEŠINA et J. HOMOLKA, « K problematice evropkého umění kolem roku 1400 », *Umění,* XI, 1963, pp. 161-203. Suivirent plusieurs petites expositions, dont la plus importante eut lieu ces mêmes années en Amérique, *The International Style. The Arts in Europe around 1400,* The Walters Art Gallery, Baltimore, 1962, introduction de Ph. VERDIER, pp. X-XV. Les problèmes du style international ont été effleurés dans le cadre des discussions sur la sculpture des « Belles Madones » et de la « Pietà », à la suite de l'exposition de Salzbourg (1965 et 1970), *cf.* les sections sur la « Sculpture » et « l'Iconographie ».

Les études tchécoslovaques ont introduit le concept de « beau style » à propos de l'atelier de Parler : J. HOMOLKA, « Einige Bemerkungen zur Entstehung des Schönen Stils in Böhmen », *Sborník Prací Filosofické fakulty Brněnske University,* XIII, (ŘADA UMĚNOVĚDNA, F. n. 8), 1964, *Festschrift A. Kutal,* pp. 43-59 ; tandis qu'une autre belle exposition fut organisée autour de cette notion : *Die Parler und der schöne Stil 1350-1400. Europäische Kunst unter den Luxemburgern,* par les soins de A. LEGNER, Cologne, 1978, I-III. Deux volumes vinrent compléter l'extraordinaire richesse des contributions au catalogue : *Resultatband,* Cologne, 1980, et vol. IV : *Das Internationale Kolloquium,* Cologne, 1980.

Il est toutefois évident que ces approfondissements laissent de côté les discussions abstraites sur les concepts stylistiques pour se concentrer sur les problèmes concrets de la fonction, de la signification et des relations artistiques. On avait déjà pu s'en rendre compte dans l'excellent catalogue de l'exposition *Kunst un 1400 am Mittelrhein. Ein Teil der Wirklichkeit. Austellung im Liebighaus Museum alter Plastik,* Francfort, 1975-76 (textes introductifs de H. BECK et de H. BREDEKAMP, catalogue de W. BEEH). Les deux catalogues (*Parler* et *Kunst am 1400 am Mittelrhein*) contiennent d'abondantes indications bibliographiques.

V. L'art des divers pays et régions

L'art du XVe siècle a naturellement sa place dans toutes les histoires générales de l'art de tous les pays. On se contentera de citer ici les livres et articles qui sont plus particulièrement et largement consacrés à ce siècle pour les diverses zones topographiques.

Sur la France : P. GANZ, *Das Wesen der französischen Kunst im späten Mittelalter 1350-1500,* Francfort, 1938 ; L. RÉAU, *L'Art gothique en France,* 2e éd., Paris, 1947 ; J. EVANS, *Art in Medieval France, 987-1498,* Oxford, 1948. L'ouvrage classique d'É. MÂLE, *L'Art religieux à la fin du Moyen Âge en France; étude sur l'iconographie du Moyen Âge et sur ses sources d'inspiration,* Paris, 1908, se concentre sur les problèmes iconographiques.

Sur l'Angleterre : J. EVANS, *English Art, 1307-1461,* Oxford History of English Art, Oxford, 1949 ; J. HARVEY, *Gothic England, A Survey of National Culture, 1300-1550,* 2e éd., Londres, 1948 ; *Medieval Art* dans *East Anglia, 1300-1520,* Norwich, 1973, sous la direction de P. LASKO et N. MORGAN. [D. WILLIAMS, éd., *England in the Fifteenth Century. Proceedings of the 1986 Harlaxton Symposium,* s. l., 1987.]

Sur l'Espagne : A. L. MAYER, *Gotik in Spanien,* Leipzig, 1928 ; A. L. MAYER, *El estilo gótico en España,* Madrid, 1929 ; E. LAMBERT, « El arte gótico en España », dans *Arte Gótico. Historia del Arte Labor,* VII, Barcelone, 1932 ; J. DE CONTRERAS DE LOZOYA, *Historia del arte hispánico,* III, Barcelone, 1940.

Sur les Pays-Bas : J. DUVERGER, *Brussel als kunstcentrum in de* XIVe *en de* XVe *eeuw*, Anvers, 1935 ; I. S. LEURS (éd.), *Geschiedenis van de Vlaamsche Kunst*, I, Anvers, 1937 ; *Bruxelles au* XVe *siècle*, Bruxelles, 1953 ; H. E. VAN GELDER et J. DUVERGER, éd., *Kunstgeschiedenis der Nederlanden. De Middeleeuwen en de zestiende eeuw*, I, 3e éd., Utrecht-Anvers, 1954 ; *Middeleeuwse kunst der noordelijke Nederlanden*, Rijksmuseum, Amsterdam, 1958 ; *Flanders in the Fifteenth Century*. Art and Civilization, Detroit, 1960. [A. ARNOULD – J. M. MASSING (éd.), *Splendours of Flanders. Late Medieval Art in Cambridge Collections*, cat. expo. Cambridge, Fitzwilliam Museum, juil.-sept. 1993, Cambridge, 1993.]

Les Pays-Bas étant venus grossir les possessions du duc de Bourgogne, certaines publications traitent conjointement des provinces des Pays-Bas et de la Bourgogne, par exemple : A. DE LABORDE, *Les Ducs de Bourgogne. Étude sur les lettres, les arts et l'industrie pendant le* XVe *siècle et plus particulièrement dans les Pays-Bas et le duché de Bourgogne*, I-III, Paris, 1849-1852.

Les ouvrages et expositions qui suivent sont tous consacrés à la culture artistique bourguignonne : O. CARTELLIERI, *Am Hofe der Herzöge von Burgund*, Bâle, 1926 ; H. SCHULTE NORDHOLT, « De Burgondische Kultur », dans *Allgemeene Geschiedenis der Nederlanden*, Utrecht, 1951, III, pp. 374-406 ; *Burgondsche Pracht van Philips de Stoute tot Philips de Schone*, exposition, Rijksmuseum, Amsterdam, 1951, ainsi que *Le Grand Siècle des Ducs de Bourgogne*, Musée des Beaux-Arts de Dijon, 1951 ; *La Toison d'Or. Cinq siècles d'art et d'histoire*, exposition, Musée Communal des Beaux-Arts, Bruges, 1962 ; *Die Burgunderbeute und Werke Burgundischer Hofkunst*, Bernisches Historisches Museum, 1963, 2e éd., 1969. [Le livre de J.-Ph. LECAT, *Le Siècle de la Toison d'Or*, Paris, Flammarion, 1986, fournit une abondante et excellente illustration.]

Le XVe siècle en Allemagne est l'objet de deux volumes de W. PINDER, *Die Kunst der ersten Bürgerzeit bis zur Mitte des 15. Jahrhunderts*, Leipzig, 1937, et *Die Kunst der Dürerzeit*, Leipzig, 1940. Étant donnée la division en entités politiques séparées, la recherche est particulièrement développée dans les pays germaniques. Certains problèmes touchant aux relations entre les entités sont traités par W. PAATZ, *Verflechtungen in der Kunst der Spätgotik zwischen 1360 und 1530. Einwirkungen aus den westlichen Nachbarländer auf Westdeutschland längs der Rheinlinie und deutschrheinische Einwirkungen auf diese Länder*, Heidelberg, 1967 (Abhandlungen der Heidelberger Akademie der Wissenschaften, Thèse, 1967).

Diverses expositions récentes ont été consacrées à l'étude de certaines régions au XVe siècle. Parmi les plus importantes : *Herbst des Mittelalters. Spätgotik in Köln und am Niederrhein*, Kunsthalle, Cologne, 1970 ; *Hans Holbein der ältere und die Kunst der Spätgotik*, Augsbourg, 1965 ; *Spätgotik am Oberrhein. Meisterwerke der Plastik und des Kunsthandwerks 1450-1530*, Badisches Landesmuseum, Karlsruhe, 1970 ; *Kunst um 1400 am Mittelrhein. Ein Teil der Wirklichkeit*, Liebieghaus Museum alter

Plastik, Francfort, 1975-1976; *Nürnberg 1300-1550. Kunst der Gotik und Renaissance,* éd. G. BOTT, Ph. DE MONTEBELLO, R. KASHNÍTC, W. D. WIXOM, Munich, 1986 (il existe une édition anglaise, *Gothic and Renaissance Art in Nuremberg : 1300-1550,* New York, Metropolitan Museum, 1986); [*Die Renaissance im deutschen Südwesten,* Badisches Landesmuseum, Karlsruhe, 1986, 2 vol.]

Sur l'Autriche, voir : *Die bildende Kunst in Österreich,* éd. K. GINHART, III : *Die gotische Zeit,* Baden près Vienne, 1938; *Die Gotik in Niederösterreich. Kunst, Kultur und Geschichte eines Landes im Spätmittelalter,* Vienne, 1963; *Gotik in Tirol. Malerei und Plastik des Mittelalters,* V. OBERHAMMER, éd., catalogue d'exposition, Innsbruck, 1950; Exposition, *Gotik in Österreich,* organisée par la ville de Krems an der Donau, 1967; *Spätgotik in Tirol. Malerei und Plastik von 1450 bis 1530,* Oberes Belvedere, Vienne, 1973; *Spätgotik in Salzburg,* Salzbourg, 1976; *Gotik in der Steiermark. Katalog der Landesausstellung,* Stift St. Lambrecht, 1978.

Sur l'Europe du Centre et de l'Est, beaucoup de matériaux importants ont été présentés au Colloque de Budapest, dont les actes ont été publiés sous le titre *Les Problèmes du gothique et de la Renaissance et l'art de l'Europe centrale, Actes des journées internationales d'histoire de l'art,* Budapest, 1965, *Acta Historiae Artium,* XIII, 1967, pp. 1-271.

Sur la Bohême, les études abondent, mais surtout en tchèque. Parmi les ouvrages généraux, les plus importants sont les suivants : A. MATĚJCĚK et D. LIBAL, A. KITAL, *Céské umění gotické,* I, Prague, 1949; V. DENKSTEIN et F. MATOŬS, *Jihočeska gotika,* Prague, 1953; Catalogue de l'exposition : *Jihočeska pozdní gotika 1450-1530,* éd. J. HOMOLKA, Hluboka, 1965; K. M. SWOBODA, éd., *Gotik in Böhmen,* Munich, 1969; *České umění gotické : 1350-1420,* éd. J. PEŠINA et J. HOMOLKA, Prague, 1970; A. KUTAL, *Česke gotické umění,* Prague, 1972 (également en allemand et en anglais); J. HOMOLKA, J. KRASA, V. MENCL, J. PEŠINA, J. PETRÁŇ, *Pozdně gotické umění v Cechach : 1471-1526,* Prague, 1978; J. HOŘEJŠÍ et J. VACKOVÁ, « Die Hofkunst zur Zeit der Jagellonen-Herrschaft in Böhmen », dans *Die Kunst der Renaissance und des Manierismus in Böhmen,* Prague, 1979, pp. 15-48 (également en anglais). Sur la Slovaquie : J. BAKOŠ, *Dejiny a koncepcie stredovekého umenia na Slovensku,* Bratislava, 1984.

Sur la Pologne : il n'existe pas d'ouvrage général sur le XVe siècle. *Cf.* le catalogue de l'exposition, *Sztuka w Krakowie w latach 1350-1550,* Cracovie, 1964; J. KEBLOWSKI, *Polska sztuka gotycka,* Varsovie, 1976. Les arts à l'époque des Jagellons ont dernièrement fait l'objet d'une exposition importante : *Polen im Zeitalter der Jagiellonen,* Schallaburg, 1986.

Sur la Hongrie : on s'est surtout intéressé aux arts au temps de Mathias Corvin. *Cf.* J. BALOGH, *A Muvészet Mátyás király udvarában,* I-II, Budapest, 1966 (avec un important recueil de sources); EADEM, *Die Anfänge der Renaissance in Ungarn : Matthias Corvinus und die Kunst,* Graz, 1975; *Matthias Corvinus und die Renaissance in Ungarn,* catalogue de l'exposition, Schallaburg, 1982. [R. Feuer – Tóth, *Art and Humanism in Hungary in the Age of Mathias Corvinus*, Studia Humanitatis, 8, 1990.]

Sur la Transylvanie : J. Balogh, *Az erdélyi renaissance*, I, pp. 1460-1541, Kolozsvár (Cluj), 1942.

Sur la Roumanie : V. Vătăşianu, *Istoria artei feudale in Tările Románe*, Bucarest, 1959 ; V. Dragŭt, *Arta gotica in Romania*, Bucarest, 1979

Sur le Danemark : F. Beckett, *Danmarks Kunst*, II, *Gotiken*, Copenhague, 1927 ; Sur la Norvège : E. S. Engelstad, *Senmiddelalderens kunst i Norge ca 1400 til 1539*, Oslo, 1936. Sur la Suède : A. Lindblom, *Sveriges konsthistoria från forntid till nutid, I : Från stenalderen till Gustav Vasa*, Stockholm, 1944.

Sur les déplacements et les voyages des artistes en Europe à la fin du Moyen Âge : *cf.* G. Troescher, *Kunst- und Künstlerwanderungen in Mitteleuropa 800-1800*, Baden-Baden, 1953-1954.

VI. Problèmes d'iconographie

Outre les manuels généraux d'iconographie comme ceux de K. Künstle, L. Réau, J. J. M. Timmers, le livre fondamental pour notre période reste celui de É. Mâle, *L'Art religieux à la fin du Moyen Âge en France*, Paris, 1908, déjà cité, qui couvre un territoire bien plus large que la France. En revanche, il n'existe pas d'ouvrage spécifique consacré à l'iconographie artistique en Europe, hors d'Italie, au xve siècle. Le nombre des études spécialisées est trop important pour qu'on puisse les citer toutes ici. On peut cependant signaler les domaines les plus importants : peinture de dévotion, iconographie de la mort et iconographie profane en voie de développement. Mais en premier lieu, le problème du symbolisme caché, analysé par Charles de Tolnay, *Le Maître de Flémalle et les frères van Eyck*, Bruxelles, 1938, popularisé et développé par E. Panofsky, *Early Netherlandish Painting*, Cambridge, Mass., 1953 ; *Les Primitifs flamands*, trad. D. Le Bourg, Paris, Hazan, 1992, a été analysé dans divers articles consacrés à des objets déterminés et à leur symbolisme : par exemple, I. Bergström, « Medicina, fons et scrinium. A Study in van Eyckean Symbolism and its Influence in Italian Art », *Konsthistorisk Tidskrift*, XXVI, 1957, pp. 1-20.

Les études pionnières les plus célèbres sont celles de M. Meiss, « Light as Form and Symbol in Some Fifteenth Century Paintings », *Art Bulletin*, XXVII, 1945, pp. 175-181 et de M. Schapiro, « Muscipula Diaboli, the Symbolism of the Mérode Altarpiece », *ibid.*, pp. 182-187, trad. par D. Arasse, « Le symbolisme du retable de Mérode », dans M. Schapiro, *Style, artiste et société*, Paris, Gallimard, 1982, pp. 147-170.

Pour une analyse récente du concept de symbolisme caché, *cf.* L. Silver, « Northern European Art of the Renaissance Era », *Art Bulletin*, LXVIII, 1986, pp. 518-520.

Sur la peinture de dévotion, voir entre autres : S. Ringbom, « Devotional

Images and Imaginative Devotions », *Gazette des Beaux-Arts,* VI-LXXIII, 1969, pp. 159-170 ; E. PANOFSKY, « Imago Pietatis. Ein Beitrag zur Typengeschichte des "Schmerzensmann" und der "Maria Mediatrix" », dans *Festschrift für Max J. Friedländer,* Leipzig, 1927, pp. 261-308 ; ID., « Jean Hey's "Ecce Homo". Speculations about its Author, its Donor and its Iconography », *Bulletin des Musées royaux des Beaux-Arts de Bruxelles,* n° 2-3, sept.-déc. 1956, pp. 94-138 ; G. VON DER OSTEN, *Der Schmerzensmann,* Berlin, 1935 ; R. BERLINER, « Bemerkungen zu einigen Darstellungen des Erlösers als Schmerzensmann », *Das Münster,* IX, 1956, pp. 97-117 ; R. BERLINER, « Arma Christi », *Münchner Jahrbuch der bildenden Kunst,* III F., VI, 1955, pp. 35-152 ; M. MEISS, « The Madonna of Humility », *The Art Bulletin,* XVIII, 1936, pp. 434-464 ; S. RINGBOM, « Icon to Narrative. The Rise of the Dramatic Close-Up in Fifteenth Century Devotional Painting », *Acta Academiae Aboensis,* 1965, rééd. Doornspijk, 1984 ; W. MESSERER, « Verkündigungsdarstellungen des 15. und 16. Jahrhunderts als Zeugnisse des Frömmigkeitswandels », *Archiv für Liturgiewissenschaft,* V, 1957-1958, p. 363 sq. ; R. SUCKALE, « Arma Christi. Überlegungen zur Zeichenhaftigkeit mittelalterlicher Andachtsbilder », *Staedel-Jahrbuch,* N. F. VII, 1977, pp. 177-208 ; G. TROESCHER, « Die "Pitié-de-Nostre-Seigneur" oder "Notgottes", *Wallraf-Richartz-Jahrbuch,* IX, 1936, pp. 148-168 ; L. KALINOWSKI, « Geneza Piety Średniowiecznej », *Prace Komisji Historii Sztuki Polskiej Akademii Umiejetnošci,* X, 1952, pp. 153-257 (récapitulatif des recherches antérieures de PINDER, LOSSOW, PASSARGE et d'autres).

Diverses études récentes ont apporté des matériaux nouveaux : T. DOBRZENIECKI, « Mediaeval Sources of the Pietà », *Bulletin du Musée National de Varsovie,* VIII, 1967, pp. 5-24 ; ID., « Gdansk Panel of the Pitié-de-Nostre-Seigneur : Notes on the Iconography », *ibid.,* X, 1969, pp. 29-54 ; ID., « Imago Pietatis. Its Meaning and Function », *ibid.,* XII, 1971, pp. 5-27. [F. O. BÜTTNER, *Imitatio Pietatis. Motive der christlichen Ikonographie als Modelle zur Verähnlichung,* Berlin, 1983.]

Sur le thème de l'Homme de douleurs, *cf.* T. DOBRZENIECKI, « Debilitatio Christi : A Contribution to the Iconography of Christ in Distress », *Bulletin du Musée National de Varsovie,* VIII, 1967, pp. 93-111.

Pour un tableau général de l'iconographie de la Passion : *cf.* J. H. MARROW, *Passion Iconography in Northern European Art of the Late Middle Ages and Early Renaissance. A Study of the Transformation of Sacred Metaphor into Descriptive Narrative,* Ars Neerlandica, I, Courtrai, 1980. Sur la « tête de saint Jean-Baptiste » : H. ARNDT et R. KROOS, « Zur Ikonographie der Johannesschüssel », *Aachener Kunstblätter,* XXXVIII, 1969, pp. 243-338 ; I. COMBS STUEBE, « The Johannisschüssel : From Narrative to Reliquary to Andachtbild », *Marsyas,* XIV, 1968-69, pp. 1-16 ; B. LANE, *The Altar and the Altarpiece. Sacramental Themes in Early Netherlandish Painting,* New York, 1984 ; C. HARBISON, « Visions and Meditations in Early Flemish Painting », *Simiolus,* XV, 1985, pp. 87-118. [*Christus im Leiden.*

Kruzifixe. Passionsdarstellungen aus 800 Jahren, Württembergisches Landesmuseum, Stuttgart, 1985.]

Sur l'iconographie de la mort : K. KÜNSTLE, *Die Legende der drei Lebenden und der drei Toten und der Totentanz,* Fribourg, 1908 ; E. DÖRING-HIRSCH, *Tod und Jenseits im Spätmittelalter,* Berlin, 1927 ; W. REHM, *Der Todesgedanke in der deutschen Literatur vom Mittelalter bis zur Romantik,* Halle/Saale, 1928 ; S. KOZÁKY, *Anfänge der Darstellungen des Vergänglichkeitsproblems,* Budapest, 1936-1944, I-III ; L. P. KUETZ, *The Dance of Death and the Macabre Spirit in European Literature,* New York, 1934 ; W. STAMMLER, *Der Totentanz. Entstehung und Deutung,* Munich, 1948 ; J. M. CLARK, *The Dance of Death in the Middle Ages and the Renaissance,* Glasgow, 1950 ; H. ROSENFELD, *Der mittelalterliche Totentanz. Enstehung-Entwicklung-Bedeutung,* Münster-Cologne, 1954 ; S. COSACCHI, *Makabertanz. Der Totentanz in Kunst, Poesie und Brauchtum des Mittelalters,* Meisenheim am Glan, 1965 (comptes rendus critiques de H. ROSENFELD dans *Archiv für Kulturgeschichte,* XLVIII, 1966, pp. 54-83 et de D. WUTTKE, dans *Anzeiger für deutsches Altertum und deutsche Literatur,* LXXVIII, 1967, pp. 125-130) ; W. ROTZLER, *Die Begegnung der drei Lebenden und der drei Toten,* Winterthur, 1961. Sur les motifs apocalyptiques : R. CHADABRA, « Apokalyptische Bildmotive zwischen Hussitentum und Reformation », dans *Der deutsche Bauernkriege und Th. Münzer* (Actes du Congrès, Leipzig, 1975), Leipzig, 1976, pp. 206-213. Sur l'iconographie funéraire, *cf.* la section « Sculpture », rubrique « art funéraire ».

Sur d'autres sujets de l'iconographie religieuse : R. HAMMERSTEIN, *Tanz und Musik des Todes, Die mittelalterlichen Totentänze und ihr Nachleben,* Berne-Munich, 1980 ; A. STRÜMPELL, « Hieronymus im Gehäuse », *Marburger Jahrbuch für Kulturwissenschaft,* II, 1925-26, pp. 173-252 ; V. SUSSMANN, « Maria mit dem Schutzmantel », *ibid.,* V, 1929, pp. 285-351 ; L. GROSSE, *Studien zum ikonographischen Stil der deutschen Kunst um 1400,* Thèse, Fribourg-en-Brisgau, 1937 ; E. H. KANTOROWICZ, « Die Wiederkehr gelehrter Anachorese im Mittelalter », dans *Corolla Ludwig Curtius,* Stuttgart, 1937, repris dans *Selected Studies,* Locust Valley, N. Y., 1965, pp. 339-351 ; R. BAUERREIS, *Arbor Vitae. Der Lebensbaum und seine Verwendung in Liturgie, Kunst und Brauchtum des Abendlandes,* Munich, 1938 ; H. FRIEDMANN, *The Symbolic Goldfinch, Its History and Significance in European Devotional Art,* New York, 1946 ; A. WECKWERTH, « Die Zweckbestimmung der Armenbibel und die Bedeutung ihres Namens », *Zeitschrift für Kirchengeschichte,* V. F., LXVIII, pp. 225-258 ; L. KRETZENBACHER, *Die Seelenwaage. Zur religiösen Idee vom Jenseitsgericht auf der Seelenwaage in Hochreligion, Bildkunst und Volksglaube,* Klagenfurt, 1958 ; M. TEASDALE SMITH, « The Use of Grisaille as a Lenten Observance », *Marsyas,* VIII, 1959, pp. 43-54 ; S. C. CHEW, *The Pilgrimage of Life,* New Haven, 1962 ; D. DE CHAPEAUROUGE, « Zur Symbolik des Erdbodens in der Kunst des Mittelalters », *Das Münster,* XVII, 1964, pp. 38-58 ; R. FÜGLISTER, *Das lebdende Kreuz.*

Ikonographisch-ikonologische Untersuchung der Herkunft und Entwicklung einer spätmittelalterlichen Bild-Idee und ihrer Verwurzelung im West, Eisiedeln-Zurich-Cologne, 1964 ; F. HÖLBÖCK, « Theologischer Hintergrund und theologische Aussage der "Schönen Madonnen", dans le catalogue de l'exposition, *Schöne Madonnen 1350-1450,* Salzbourg, 1965, pp. 45-57 ; E. GULDAN, *Eva und Maria. Eine Antithese als Bildmotiv,* Graz-Cologne, 1966 ; E. ROTH, *Der volkreiche Kavalrienberg in Literatur und Bildkunst des Spätmittelalters,* 2e éd., Berlin, 1967 ; W. HARMS, *Homo viator in Bivio. Studien zur Bildlichkeit des Weges,* Munich, 1970 ; G. CAMES, *Allégories et symboles dans l'Hortus Deliciarum,* Leyde, 1971 ; E. KAI SASS, « Pilate and the Title for Christ's Cross in Medieval Representations of Golgotha », *Hafnia,* 1972, pp. 5-67 ; R. COOK, *The Tree of Life. Symbol of the Centre,* Londres, 1974 ; R. HAMMERSTEIN, *Diabolus in Musica. Studien zur Ikonographie der Musik im Mittelalter,* Berne-Munich, 1974 ; B. DECKER, *Das Ende des mittelalterlichen Kultbildes. Retrospektive und Stilgenese in der Plastik Hans Leinbergers,* Thèse, Francfort, ms., 1976 ; I. L. McHARG, « The Garden as a Metaphysical Symbol », *Journal of the Royal Society for Encouragement of Arts, Manufactures and Commerce,* CXXVIII, 1980, pp. 132-143.

Sur l'iconographie profane, l'ouvrage de référence reste R. VAN MARLE, *Iconographie de l'art profane au Moyen Âge et à la Renaissance,* La Haye, 1932, I-II. Sur des problèmes spécifiques : sur l'homme sauvage, *cf.* R. BERNHEIMER, *Wild Men in Middle Ages,* Cambridge, Mass., 1952 ; *Die wilden Leute des Mittelalters,* catalogue de l'exposition, Museum für Kunst und Gewerbe, Hambourg, 1963, L. L. MÖLLER, éd. ; T. HUSBAND (avec G. GILMORE-HOUSE), *The Wild Man : Medieval Myth and Symbolism,* New York, 1980. [R. MELLINKOFF, *Outcasts. Signs of Otherness in Northern European Art of the Late Middle Ages* (California Studies in the History of Art, 32), Berkeley, 1993.]

Sur les couples mal assortis et les fous : J. HUTCHINSON, « The Housebook Master and the Folly of the Wise Man », *Art Bulletin,* XLVIII, 1966, pp. 73-78 ; A. G. STEWART, *Unequal Lovers : A Study of Unequal Couples in Northern Art,* New York, 1979.

Sur l'iconographie des arts : Ph. VERDIER, « L'iconographie des arts libéraux dans l'art du Moyen Âge jusqu'à la fin du quinzième siècle », dans *Arts libéraux et philosophie au Moyen Âge,* Montréal, 1969, pp. 305-355 ; K. MEYER BAER, *Music of the Spheres and the Dance of Death, Studies in Musical Iconology,* Princeton, 1970.

Sur les différents métiers et le travail : V. HUSA, J. PETRÁŇ, A. ŠUBRTOVÁ, *Homo Faber. Pracovní motivy ve starých vyobrazeních,* Prague, 1967 ; W. HAGER, *Das geschichtliche Ereignisbild. Beitrag zu einer Typologie des weltlichen Geschichtbildes bis zur Aufklärung,* Munich, 1939 ; M. M. FRIEDMAN, *Hunting Scenes in the Art of the Middle Ages and the Renaissance,* Thèse, Tel-Aviv, 1978.

Sur la critique sociale dans l'art : J. WERNER, *Die Passion des armen*

Mannes : soziale motive in der spätmittelalterlichen Kunst am Öberrhein, Fribourg, 1980. Sur les encyclopédies illustrées : F. SAXL, « Illustrated Medieval Encyclopedias », dans *Lectures,* Londres, 1957, pp. 228-254.

Sur les récits simultanés : E. KLUCKERT, *Die Erzählformen des spätmittelalterlichen Simultanbildes,* Thèse, Tübingen, 1974.

Sur l'iconographie fantastique : J. BALTRUSAITIS, *Le Moyen Âge fantastique. Antiquités et exotismes dans l'art gothique,* Paris, 1955, rééd. augmentée, Paris, Flammarion, 1981 ; ID., *Réveils et prodiges. Le gothique fantastique,* Paris, 1960, rééd. augmentée, Paris, Flammarion, 1988 ; R. WITTKOWER, *Allegory and the Migration of Symbols;,* Londres, 1977. Sur l'iconographie poétique et allégorique : C. S. LEWIS, *The Allegory of Love. A Study in Medieval Tradition,* Londres, 1936 ; rééd., 1958 ; R. S. LOOMIS, éd., *Arthurian Literature in the Middle Ages,* Oxford, 1959 ; J. FLEMING, *The Roman de la Rose. A Study in Allegory and Iconography,* Princeton, N. J., 1969. Voir aussi la section « L'enluminure ».

VII. L'art autour de 1400

L'art du dernier quart du XIVe siècle et des premières années du XVe en Europe Centrale (pays germaniques, slaves et hongrois compris) ont fait l'objet d'une étude magistrale dans le catalogue de l'exposition organisée à Cologne en 1978 : *Die Parler und der schöne Stil 1350-1400. Europäische Kunst unter den Luxemburgern. Ein Handbuch zur Ausstellung des Schnütgen-Museums in der Kunsthalle Köln,* éd. A. LENGER, Cologne, 1978, I-III, et dans les deux volumes qui l'ont accompagnée : IV, *Resultatband,* Cologne, 1980, et *Das internationale Kolloquium von 5. bis 12. märz 1979...,* Cologne, 1980. Ces publications comportent des bibliographies des précédentes contributions. Pour des commentaires critiques de l'exposition, *cf.* W. SAUERLÄNDER, H. FILLITZ, R. KROOS, F. RÄDLE, dans *Kunstchronik,* XXXII, 1979, octobre, pp. 361-395 ; D. GROSSMANN, dans *Zeitschrift für die Ostforschung,* XXVIII, 1979, pp. 67-80 ; R. RECHT, dans *Revue de l'art,* n° 46, 1979, pp. 68-74 ; R. RECHT et R. DIDIER, dans *Bulletin Monumental,* CXXXVIII, II, 1980, pp. 173-219.

La bibliographie relative au « style gothique international autour de 1400 » se trouve dans la section consacrée aux « problèmes de style ». On se bornera ici à signaler quelques contributions supplémentaires aux problèmes artistiques autour de 1400 : R. WALLRATH, « Über das Wechselseitige Verhältnis der deutschen Skulptur und Malerei um 1400 », dans *Mouseion, Festschrift O. Förtser,* Cologne, 1960, pp. 205-209 ; N. RASMO, *Gli affreschi della Torre dell'Aquila a Trento,* Rovereto, 1962 ; ID., *L'età cavalleresca in val d'Adige,* Milan, 1980 ; D. L. EHRESMAN, « The Frankfurt Three Kings Portal, Madern Gerthener, and the International Gothic Style on the Middle Rhine », *Art Bulletin,* L, 1968, pp. 301-308 ; G. RINGHAUSEN, « Kunst und

Wirklichkeitsdeutung um 1400 », *Staedel-Jahrbuch*, N. F. VI, 1977, pp. 209-230.

Sur le « réalisme préeyckien » : F. LYNA, « Les miniatures d'un ms. du "Ci nous dit" et le réalisme préeyckien », *Scriptorium*, vol. I, 1946-47, pp. 106-118 ; L. DELAISSÉ, « Les miniatures du "Pèlerinage de la vie humaine" de Bruxelles et l'archéologie du livre », *Scriptorium*, X, 1956, pp. 233-250.

VIII. L'architecture

Il n'existe pas d'ouvrage spécifique sur l'architecture du XVe siècle en général. W. GROSS, *Gotik und Spätgotik*, Francfort, 1969, lui consacre une place considérable mais est plutôt compact.

Sur l'architecture française du XVe siècle : F. CALI, *L'Ordre flamboyant et son temps. Essai sur le style gothique du XIVe au XVIe siècle*, Paris, 1967 ; et R. SANFAÇON, *L'Architecture flamboyante en France*, Québec, 1971. [L. E. NEAGLEY, "The Flamboyant Architecture of St.-Maclou, Rouen, and the Development of a Style", *Journal of the Society of Architectural Historians*, XLVII-4, déc. 1988, pp. 374-396 ; EADEM, "Elegant Simplicity : the Late Gothic Plan Design of St.-Maclou in Rouen", *The Art Bulletin*, LXXIV-3, 1992, pp. 395-422 ; J. FAVIÈRE, *L'Hôtel de Jacques Cœur à Bourges*, Paris, 1992.]

Sur l'Angleterre : G. WEBB, *Architecture in Britain : the Middle Ages* (The Pelican History of Art), Harmondsworth, 1956 ; J. H. HARVEY, « The Origin of the Perpendicular Style », dans *Studies in Building History in Honour of B. H. St. J. O'Neil*, éd. W. M. JOPE, Londres, 1961, pp. 134-165 ; M. M. TAMIR, « The English Origin of Flamboyant Art », *Gazette des Beaux-Arts*, VI-XXIX, 1946, pp. 257-268 ; J. H. HARVEY, « St. Stephen's Chapel and the Origin of the Perpendicular Style », *The Burlington Magazine*, CXXVIII, 1946, pp. 192-199 ; N. PEVSNER, « Perpendicular England » dans son *The Englishness of English Art*, Londres, 1956 ; H. BOCK, *Der decorated Style*, Heidelberg, 1962 ; J. BONY, *The English Decorated Style*, Oxford, 1979. [F. WOODMAN, *The Architectural History of King's College Chapel and its Place in the Development of Late Gothic Architecture in England and France*, Londres-Boston-Henley, 1986 ; N. COLDSTREAM, « Le "Decorated style" : recherches récentes », *Bulletin Monumental*, 147-I, 1989, pp. 55-80.]

Sur l'Allemagne : pour un tableau général, *cf.* F. W. FISCHER, *Unser Bild von der deutschen spätgotischen Architektur des XV. Jahrhunderts, mit Ausnahme der nord- und osteuropäischen Backsteingotik* (Sitzungsberichte der Heidelb. Akademie der Wiss., Ph.-Hist. Kl., 1964, 4 Abh.), Heidelberg, 1964.

Sur l'architecture septentrionale en briques, un complément est fourni par N. ZASKE, *Gotische Backsteinkirchen Norddeutschlands*, Leipzig, 1968 ; W. BUCHOWIECKI, *Die gotischen Kirchen Österreichs*, Vienne, 1952.

Problèmes spécifiques : K. GERSTENBERG, *Deutsche Sondergotik*, Munich,

1913 ; G. Rudolph, « Mitteldeutsche Hallenkirchen und die erste Stufe der Spätgotik », *Jahrbuch für Kunstwissenschaft,* 1930, pp. 137-175 ; R. Krautheimer, *Die Kirchen der Bettelorden in Deutschland,* Cologne, 1925 ; R. K. Donin, *Die Bettelordenskirchen in Österreich,* Baden près Vienne, 1935 ; S. Thurm, *Nordeutscher Backsteinbau Gotische Backsteinhallenkirchen mit dreiapsidialem Chorschluss,* Berlin, 1935 ; W. Gross, « Mitteldeutsche Chrofassaden um 1400 », *Kunst des Mittelalters in Sachsen. Festschrift Wolf Schubert,* Weimar, 1967, pp. 117-141 ; G. Weise, « Stilphasen der architektonischen Entwicklung im Bereich der deutschen Sondergotik », *Zeitschrift für Kunstgeschichte,* XIII, 1950, pp. 68-80 ; L. Behling, *Gestalt und Geschichte des Masswerks,* Halle, 1944, 2e éd., Cologne, 1978 ; J. van der Meulen, « Die baukünstlerische Problematik der Salzburger Franziskanerkirche. Baukünstlerische Systematik als Hilfsmittel für die Baugeschichtliche Analyse », *Österreichische Zeitschrift für Kunst und Denkmalpflege,* XIII, 1959, pp. 52-59 ; B. Ulm, « Der Begriff "Donauschule" in der spätgotischen Architektur », *Christliche Kunstblätter,* 1962, n. 3 ; F. W. Fischer, *Die spätgotische Kirchenbaukunst am Mittelrhein, 1410-1520,* Heidelberg, 1962 ; J. Büchner, *Die spätgotische Wandpfeilerkirche Bayerns und Österreichs,* Nuremberg, 1964 ; W. Buchowiecki, « Die Wiener Dombauhütte zwischen 1380 und 1430. Der Hochturm von St. Stephan in Wien », *Alte und Moderne Kunst,* VII, n. 56/57, 1962, pp. 4-9 ; F. Fuhrmann, « Der Chor der Franziskanerkirche in Salzburg und sein "Masgrund" », dans *Festschrift Karl Oettinger,* Erlangen, 1967, pp. 143-176 ; Th. Hetzer, « Über norddeutsche Gotik », dans *Festschrift Werner Gross,* Munich, 1968, pp. 15-24 ; W. Götz, *Zentralbau und Zentralbautendenz in der gotischen Architektur,* Berlin, 1968 ; G. Ringhausen, « Die spätgotische Architektur in Deutschland unter besonderer Berücksichtigung ihrer Beziehungen zu Burgund im Anfang des 15. Jahrhunderts », *Zeitschrift des deutschen Vereins für Kunstwissenschaft,* XXVII, 1973, pp.RS63-78 ; J. Julier, *Studien zur spätgotischen Baukunst am Oberrhein,* Heidelberg, 1978 ; A. Kamphausen, *Backstein Gotik,* Munich, 1978 ; *Mittelalterliche Backsteinbaukunst. Greifswalder Kolloquium 1978,* « Wissenschaftliche Zeitschrift der E. M. Arndt-Universität Greifswald », Gesellsch. u. Sprachwiss. Reihe, XXIX, 1980, n. 2-3, pp. 3-135.

Sur certains architectes allemands en particulier :

– Hinrich Brunsberg : W. Casen, « Hinrich Brunsberg und die Parler », dans *Neue Beiträge zur Architektur und Kunstgeschichte Schwabens, Julius Baum gewidmet,* Stuttgart, 1952, pp. 48-57 ; N. Zaske, « Hinrich Brunsberg, ein ordenspreussicher Baumeister der Spätgotik », *Baltische Studien,* N. F. XLIV, 1957, pp. 49-72 ; N. Zaske, « Hinrich Brunsberg, Werk und Bedeutung », dans *Mittelalterliche Backsteinbaukunst, op. cit.,* 1980, pp. 83-94.

– Hans von Burghausen, dit Stettheimer : F. Dambeck, *Hans Stettheimer und die Landshuter Bauschule,* Landshut, 1957 ; T. Herzog, « Meister Hanns von Burghausen, gen. Stettheimer, sein Leben und Wirken », *Ver-*

handlungen des Historischen Vereins für Niederbayern, LXXXIV, 1958 ; J. W. COOK, « A New Chronology of Hanns von Burghausen's Late Gothic Architecture », *Gesta,* XV, 1976, pp. 76-104.

– Mattaeus Ensinger : L. MOJON, *Der Münsterbaumeister Matthäus Ensinger,* Berne, 1967.

– Krumenauer : E. EGG et M. MAYER, « Stefan Krumenauer und Tirol », *Das Münster,* VII, 1954, pp. 93-95.

– Pilgram : R. FEUCHTMÜLLER, *Die spätgotische Architektur und Anton Pilgram. Gedanken zu neuen Forschungen,* Vienne, 1951.

– Puchspaum : B. GRIMSCHITZ, *Hanns Puchspaum,* Vienne, 1947.

Espagne : pour un tableau général, *cf.* L. TORRES BALBÁS, *Arquitectura gótica* (Ars Hispaniae VII), Madrid, 1952. Sur des régions et des problèmes spécifiques, *cf* : D. ANGULO IÑIGUEZ, *Arquitectura mudéjar sevillana de los siglos XIII, XIV y XV,* Séville, 1922 ; G. CARLOS VILLACAMPA, « La capilla del Condestable de la catedral de Burgos », *Archivio español de Arte y Arqueologia,* IV, 1928, pp. 25-44 ; G. WEISE, *Studien zur spanischen Architektur der Spätgotik,* Reutlingen, 1933 ; G. WEISE, « Die Hallenkirchen der Spätgotik und der Renaissance in mittleren und nördlichen Spanien », *Zeitschrift für Kunstgeschichte,* IV, 1935, pp. 214-227 ; P. LAVEDAN, *L'Architecture gothique religieuse en Catalogne, Valence et Baléares,* Paris, 1935 ; *L'Architecture gothique civile en Catalogne,* Mataró, 1935 (ouvrage collectif) ; H. E. WETHEY, « Guillermo Sagrera », *Art Bulletin,* XXI, 1939, pp. 44-60 ; A. GASCÓN DE GOTOR, *La Seo de Zaragoza, estudio histórico arqueológico,* Barcelone, 1939 ; G. WEISE, *Die spanischen Hallenkirchen der Spätgotik und Renaissance,* vol. I, Tübingen, 1953 ; G. ALOMER, *Guillem Sagrera y la arquitectura gótica del siglo XV,* Barcelone, 1970. [J. AINAUD, *El Palau de la Generalitat de Catalunya,* Barcelone, 1989 ; Ph. ARAGUAS et A. PEROPADRE MUNIESA, « La "Seo del Salvador" ; église cathédrale de Saragosse, étude architecturale, des origines à 1550 », *Bulletin Monumental,* 147-IV, 1989, pp. 281-305 ; Ph. ARAGUAS, « *Bene fondata et supra firmam petram.* Mutations et interférences stylistiques à la cathédrale de Saragosse », *Revue de l'Art,* 95, 1992, 1, pp. 11-24 ; S. L. SANABRIA, "A Late Gothic Drawing of San Juan de Los Reyes in Toledo at the Prado Museum of Madrid", *Journal of the Society of Architectural Historians,* LI-2, 1992, pp. 161-173.]

Sur l'architecture gothique tardive dans les colonies espagnoles, en particulier au Mexique, *cf.* : D. ANGULO IÑIGEZ, « The Mudéjar Style in Mexican Architecture », *Ars islamica,* II, 1935 ; M. TOUSSAINT, « Supervicien-cias góticas en la arquitectura mexicana del siglo XVI », *Archivio español de arte y arqueologia,* XI, 1935, pp. 47-66 ; G. KUBLER, *Mexican Architecture in the Sixteenth Century,* New Haven, 1948, I-II ; R. J. MULLEN, *Dominican Architecture in Sixteenth Century Oaxaca,* Tempe, Arizona, 1975 ; L. BANTEL et M. B. BURKE, *Spain and New Spain : Mexican Colonial Arts in Their European Context,* Corpus Christi, Texas, Art Museum of South Texas, 1979.

Belgique : S. Brigode, *Les Églises gothiques de Belgique,* Bruxelles, 1947.

Suède : E. Lundberg, *Byggnadskonten i Sverige under medeltiden,* Stockholm, 1940.

Hollande : M. D. Ozinga, *De gotische kerkelijke bouwkunst,* Amsterdam, 1953.

Bohême : V. Mencl, *Česka architektura doby lucemburské,* Prague, 1948 ; G. Fehr, *Benedikt Ried,* Munich, 1961.

Pologne : Z. Dmochowski, *The Architecture of Poland. An Historical Survey,* Londres, 1956 ; A. Milobedzki, « Późnogotyckie typy sakralne w architekturze ziem polskich », dans *Późny gotyk,* Varsovie, 1965, pp. 83-112 ; Z. Swiechowski, « Strefy i regiony w póznogotyckiej architekturze Polski », *ibid.,* pp. 113-140 ; T. Mroczko, *Architektura gotycka ziemi chelmińskiej,* Varsovie, 1980.

Silésie : H. Tintelnot, *Die mittelalterliche Baukunst Schlesiens,* Kitzingen, 1951.

Hongrie : L. Gerevich, « Mitteleuropäische Bauhütten und die Spätgotik », *Acta Historiae Artium,* V, 1958, pp. 241-282 ; D. et V. Mencl, « O učasti Slovenska na vzniku pozdné gotické architektur », *Umění,* IX, 1938, pp. 15-21 ; V. Mencl, « Die Kaschauer Kathedrale », *Sudöst-Forschungen,* VIII, 1943, p. 137 sq. ; E. Marosi, « Die zentrale Rolle der Bauhütte von Kaschau. Studien zur Baugeschichte der Pfarrkirche St. Elisabeth um 1400 », *Acta Historiae Artium,* XV, 1969, pp. 27-75 ; E. Marosi, « Stiltendenzen und Zentren der spätgotischen Architektur in Ungarn », *Jahrbuch des Kunsthistorischen Instituts der Universität Graz,* VI, 1971, pp. 1-38 ; K. Kahoun, *Neskorogotická architektura na Slovensku a stavitelia východného okruhu,* Bratislava, 1973 ; J. Žáry, *Dvojlodové Kostoly na Spiši,* Bratislava, 1986 ; G. Entz, *Gotische Baukunst in Ungarn,* Budapest, 1974.

Problèmes artistiques généraux, supranationaux, dans l'histoire de l'architecture : W. Braunfels, *Monasteries of Western Europe : The Architecture of the Orders,* Princeton, 1980 ; L. Behling, *Gestalt und Geschichte des Masswerks,* Halle, 1944, 2e éd., Cologne, 1978 ; W. Götz, *Zentralbau und Zentralbautendenz in der gotischen Architektur,* Berlin, 1968 ; M. Reichenbacher, *Das Ast- und Laubwerk,* Nuremberg, 1969 ; J. Büchner, « Ast- Laub- und Masswerkgewölbe der endenden Spätgotik. Zum Verhältnis von Architektur, dekorativer Malerei und Bauplastik », *Festschrift Karl Oettinger,* Erlangen, 1967, pp. 265-302 ; H. G. Franz, « Die Fensterrose und ihre Vorgeschichte in der islamischen Kunst », *Zeitschrift für Kunstwissenschaft,* X, 1-2, 1956, pp. 1-22 ; W. Beeh, « Zur Bedeutungsgeschichte des Turms », *Jahrbuch für Aesthetik,* VI, 1961, pp. 177-206 ; J. Büchner, « Unsymmetrische Raumformen im spätgotischen Kirchenbau Süddeutschlands und Österreichs », dans *Festschrift für Peter Metz,* Berlin, 1965, pp. 265-281 ; H. J. Kunst, « Die Entstehung des Hallenumgangschores », *Marburger Jahrbuch für Kunstwissenschaft,* XVIII, 1969, pp. 1-104 ; H. J. Kunst, « Zur Ideologie der Hallenkirche als Einheitsraum », *Architectura,* I, 1971, pp. 38-53 ; H. Sedlmayr, « Säulen mitten im Raum » (1948), dans *Epochen und Werke, Gesammelte Schriften,* I, Vienne-Munich, 1959, pp. 199-201 ; K. OETTINGER, « Laube, Garten und Wald. Zu einer Theorie der süddeutschen Sakralkunst 1470-1520 », *Festschrift Hans Sedlmayr,* Munich, 1962, pp. 201-228. [*Les Bâtisseurs des cathédrales gothiques,* catalogue d'exposition sous la direction de R. RECHT, Strasbourg, 1989.]

Problèmes d'ateliers et de conception . O. KLETZL, *Planfragmente aus der deutschen Bauhütte von Prag in Stuttgart und Ulm,* Stuttgart, 1939 ; H. KOEPF, *Die gotischen Planrisse der Wiener Sammlungen,* Vienne-Cologne-Graz, 1969 ; P. BOOZ, *Der Baumeister der Gotik,* Munich-Berlin, 1956 ; F. BUCHER, « Micro-Architecture as the "Idea" of Gothic Theory and Style », *Gesta,* XV, 1976, pp. 71-89 ; F. BUCHER, « "Micro-Architecture" as the Idea of Gothic Theory and Style », *Actas del XXIII Congreso Internacional de Historia del Arte,* Grenade, 1973, III, Grenade, 1978, pp. 487-489 ; F. BUCHER, *Architector. The Lodge Books and Sketchbooks of Medieval Architects,* I, New York, 1979.

Problèmes de voûtes : le livre de référence est celui de K. H. CLASEN, *Deutsche Gewölbe der Spätgotik,* Berlin, 1958, compte rendu critique de N. PEVSNER dans *Art Bulletin,* XLI, 1959, pp. 333-336. Autres contributions : V. MENCL, « Vznik a vývoj gotické kroužené klenby », dans *Ročenka kruhu pro pestování dějín umění za rok 1934,* Prague, 1935 ; F. E. HOWARD, « Fan-Vaults », *Archaeological Journal,* LXVIII, 1911, p. 1 sq. ; T. KUBÁTOVÁ, « Sklípová klenba », *Památky archeologické,* XLIII, 1948 (Historie) éd. 1949 ; M. BRYKOWSKA, « Sklepenia krysształowe », dans *Późny gotyk,* Varsovie, 1965, pp. 243-260 ; K. H. CLASEN, « Deutschlands Anteil am Gewölbebau der Spätgotik », *Zeitschrift des deutschen Vereins für Kulturwissenschaft,* IV, 1937, pp. 163-185 ; M. et O. RADA, « Sklípková klenba a prostor », *Umění,* VIII, 1960, pp. 437-465 ; M. RADOVÁ ŠTIKOVÁ, « Sklípková klenba », *Umění,* VI, 1958, pp. 217-238 ; V. KOTRBA, « Komposiční šéma kleneb Petra Parléře v Chrámu Sv. Víta v Praze », *Umění,* VII, 1959, pp. 254-270 ; V. MENCL, *České středověke klenby,* Prague, 1974 ; J. MUK, « Konstrukce a tvar středovekych kleneb », *Umění,* XXV, 1977, pp. 1-23 ; C. A. MENCL, « Die Konstruktion der figurierten Gewölbe in der deutschen Spätgotik », *Architectura,* I, 1933, pp. 107-114 ; W. C. LEEDY, JR., « The Origins of Fan Vaulting », *Art Bulletin,* LX, 1978, pp. 207-213 ; ID., *Fan Vaulting : A Study of Form, Technology and Meaning,* Santa Monica, Californie, 1980.

IX. La sculpture

Il n'existe pas d'histoire exhaustive de la sculpture au XVe siècle. Les problèmes fondamentaux sont abordés dans E. MURBACH, *Form und Material in der spätgotischen Plastik,* Bâle-Stuttgart, 1943.

Pays spécifiques :

Angleterre : A. GARDNER, *English Medieval Sculpture,* Cambridge, 1951 ;

L. Stone, *Sculpture in Britain : The Middle Ages* (Pelican History of Art), Harmondsworth, 1955.

France : M. Aubert, *La Sculpture française au Moyen Âge*, Paris, 1946 ; J. Roussel, *La Sculpture française. Époque gothique*, Paris, 1930 ; M. de Bevotte, *La Sculpture française à la fin de la période gothique dans la région de Toulouse, d'Albi et de Rodez, 1400-1520*, Paris, 1936 ; J. Boccador, *Statuaire médiévale en France de 1400 à 1530*, I-II, Zoug, 1974 ; A. Erlande-Brandenburg, « Jean de Cambrai, sculpteur de Jean de France, duc de Berry », *Fondation E. Piot. Monuments et mémoires*, LXIII, 1980, pp. 145-176 ; S. K. Scher, « André Beauneveu and Claus Sluter », *Gesta*, VII, 1968, pp. 3-14 ; H. Bober, « André Beauneveu and Mehun-sur-Yèvre, *Speculum*, XXVIII, 1953, pp. 741-753 ; P. Pradel, « Les sculptures du Palais ducal de Bourges et du château de Mehun », dans *Humanisme actif. Mélanges d'art et de littérature offerts à Julien Cain*, Paris, 1968, I, pp. 359-364. [W. H. Forsyth, *The Entombment of Christ. French Sculpture of the Fifteenth and Sixteenth Centuries*, Cambridge, Mass., 1970 ; J. Boccador, *Statuaire médiévale en France de 1400 à 1530*, Zoug-Neuilly, 1974 ; J. Baudoin, *Les Grands Imagiers d'Occident*, Nonette 1983 ; Id., *La Sculpture flamboyante en Champagne-Lorraine. Sculpteurs et imagiers*, Nonette, 1990 ; Id., *La Sculpture flamboyante en Normandie et Ile-de-France*, Nonette, 1992 ; M. Beaulieu - V. Beyer, *Dictionnaire des sculpteurs français du Moyen Âge*, Paris, 1992 ; A. et J. Sangouard - D. Rousseau, *La Mise au tombeau de Monestiès*, Dourgue et Laval, 1992.]

Lorraine : H. D. Hofmann, *Die lothringische Skulptur der Spätgotik. Hauptsrömungen und Werke, 1390-1520*, Sarrebruck, 1962.

Bourgogne : A. Humbert, *La Sculpture sous les ducs de Bourgogne, 1361 à 1483*, Paris, 1913 ; M. Aubert, *La Bourgogne, la sculpture* (Les richesses d'art de la France), Paris, 1930 ; H. David, *De Sluter à Sambin. Essai critique sur la sculpture et le décor monumental en Bourgogne au* XV*e* *et au* XVI*e* *siècles. La fin du Moyen Âge*, Paris, 1933 ; G. Tröscher, *Claus Sluter und die burgundische Plastik um die Wende des XV. Jahrhunderts*, Fribourg, 1932 ; Id., *Die burgundische Plastik des ausgehenden Mittelalters und ihre Wirkungen auf die europäische Kunst*, Francfort, 1940 ; A. Liebreich, *Claus Sluter*, Bruxelles, 1936 ; H. David, *Claus Sluter*, Paris, 1933, rééd. 1951 ; H. J. J. Scholtens, « De Chartreuse bij Dijon en haar kunstenaars 1379-1411 », *Oud-Holland*, LXXXI, 1966, pp. 119-144 ; W. Mersmann, « Jacques de Baerze und Claus Sluter », *Aachener Kunstblätter*, XXXIX, 1969, pp. 149-159 ; P. Quarré, *Jean de la Huerta et la sculpture en Bourgogne au milieu du* XV*e* *siècle*, Dijon, 1972 ; Id., *Claus de Werve et la sculpture en Bourgogne dans le premier tiers du* XV*e* *siècle*, Dijon, 1976; Id, *La Sculpture en Bourgogne à la fin du Moyen Âge*, Fribourg, 1978 ; *Höhepunkte burgundischer Bildhauerkunst im Späten Mittelalter*, Würzbourg, 1978. [K. Morand, *Claus Sluter, artist at the Court of Burgundy*, Londres, 1991 ; U. Heinrichs-Schreiber, « Die Konsolfiguren der Tour du Village in

Vincennes. Ein unbekanntes Frühwerk Claus Sluters », *Jahrbuch der Berliner Museen,* 33, 1991, pp. 99-105.]

[Savoie : Cl. Lapaire et S. Aballéa (éd.), *Stalles de la Savoie médiévale,* Genève, 1991.]

Pays-Bas : J. J. M. Timmers, *Houten Beelden. De Houtsculptuur in de Noordelijke Nederlanden tijdens de late Middeleeuwen,* Amsterdam-Anvers, 1949 ; D. P. R. A. Bouvy, *Middeleeuwensche Beeldhouwkunst in de Noordelijke Nederlanden,* Amsterdam, 1957 ; P. Rolland, *La Sculpture tournaisienne,* Bruxelles, 1944 ; J. de Borchgrave d'Altena, *Les Retables brabançons,* Bruxelles, 1942 ; D. Roggen, « Beeldhouwkunst, Einde der XIV en XV eeuw », *Geschiedenis van de Vlaamsche Kunst,* I, Anvers-La Haye, 1937, p. 236 sq. ; T. Müller, *Sculpture in the Netherlands, Germany, France and Spain 1400 to 1500,* Harmondsworth, 1966. [*Laat-Gotische beeldsnijdkunst uit Limbourg en Grensland,* catalogue d'exposition, Provinciaal Museum voor Religieuse Kunst, Sint-Truiden, 1990 ; J. Ziegler, *Sculpture of Compassion. The Pietà and the Beguines in the Routhern Low-Countries, c. 1300-c. 1600,* Institut historique belge de Rome (Études d'histoire de l'art, fasc. 6), 1992 ; *Late Gothic Sculpture from Limburg and Borderland,* II, Proceedings of the Symposium (Saint-Trond), Bruxelles, 1993 ; *Antwerpse retabels 15 de-16 de eeuw,* cat. expo. sous la direction de Hans Nieuwkoop, Anvers, Museum voor Religieuze Kunst, 1993.]

Espagne : R. de Orueta, *La escultura funeraria en España,* Madrid, 1969 ; A. L. Mayer, *Mittelalterliche Plastik in Spanien,* Munich, 1922 ; A. Durán y Sanpere, *Los retablos de piedra,* Barcelone, 1934 ; *La escultura en Andalucia* (Laboratnrio de arte de la Universidad de Sevilla), I-III, Séville, 1927 ; Don Ramiro de Pinedo, *El simbolismo en la escultura medieval española,* Madrid-Barcelone, 1930 ; H. E. Wethey, *Gil de Siloe and His School. A study of Late Gothic Sculpture,* Cambridge, Mass., 1936 ; A. Durán Sanpere et J. Ainaud de Lasarte, *Escultura gótica* (*Ars Hispaniae,* VIII), Madrid, 1956.

Portugal : R. dos Santos, *A escultura em Portugal, I : Séculos XII a XV,* Lisbonne, 1948.

Sur les pays scandinaves : A. Andersson, *Medieval Wooden Sculpture in Sweden,* III : *Late Medieval Sculpture,* Stockholm, 1980 ; C. A. Nordman, *Medeltida skulptur i Finland,* Helsinki, 1964.

Sur la Hongrie ancienne (Slovaquie et Transylvanie comprises) : J. Rados, *Magyar oltárok,* Budapest, 1938 ; M. Aggházy, *Alte Holzfiguren in Ungarn,* Budapest, 1958 ; Gh. Arion, *Sculptura gotiča din Transilvania,* Cluj, 1974 ; J. Bakoš, « Koncepcje dejin stredovekého drevného sochárstva Slovenska do polovice 15. storočia », *Umění,* XXVII, 1979, pp. 322-245, 427-452. Les sculptures très endommagées récemment découvertes au château de Budapest ont été étudiées et analysées dans les articles et ouvrages suivants : L. Zolnay et E. Szakál, *Der gotische Skulpturenfund in der Burg von Buda,* Budapest, 1976 ; L. Zolnay, « Der gotische Skulpturenfund von 1974 in der Burg von Buda », *Acta Historiae Artium,* XXII,

1976, pp. 173-331 ; E. Marosi, « Vorläufige kunsthistorische Bemerkungen zum Skulpturenfund von 1974 in der Burg von Buda », *ibidem*, pp. 333-373.

Slovénie : E. Cevc, *Srednjeveška plastika na Slovenskem*, Ljubljana, 1963 ; Id., « Der schöne Stil in Slovenien », dans *Die Parler und der schöne Stil, Kolloquiumband*, Cologne, 1980, pp. 125-128.

Bohême : J. Opitz, *Sochařství v Čechách za doby Lucemburků*, Prague, 1935 ; J. Opitz, *Die Plastik in Böhmen zur Zeit der Luxemburger*, Prague, 1936 ; A. Kutal, *České gotické sochařství 1350-1450*, Prague, 1962 ; G. Schmidt, « Peter Parler und Heinrich IV. Parler als Bildhauer », *Wiener Jahrbuch für Kunstgeschichte*, XXIII, 1970, pp. 108-153 ; R. Haussherr, « Zu Auftrag, Programm und Büstenzyklus der Prager Domchores », *Zeitschrift für Kunstgeschichte*, XXXIX, 1971, pp. 21-46 ; A. Schädler, « Peter Parler und die Skulptur des schönen Stils », dans *Die Parler und der schöne Stil*, III, Cologne, 1979, pp. 17-25 (l'auteur attribue à Peter Parler la belle Madonne de Toruń et soutient que c'est Parler qui aurait créé ce type de sculpture).

Silésie : E. Wiese, *Schlesische Plastik vom Beginn des XIV. bis zur Mitte des XV. Jahrhunderts*, Leipzig, 1923 ; H. Braune et E. Wiese, *Schlesische Malerei und Plastik des Mittelalters*, Leipzig, 1929.

L'État des Chevaliers Teutoniques : K. H. Clasen, *Die mittelalterliche Bildhauerkunst im Deutschordensland Preussen*, Berlin, 1939 (I-II).

Pologne : J. E. Dutkiewicz, *Malopolska rzeźba średniowieczna, 1300 do 1450*, Cracovie, 1949 ; M. Walicki, éd., *Polska sztuka gotycka*, catalogue d'exposition, Varsovie, 1935.

Pays germaniques : ouvrages généraux : W. Pinder, *Die deutsche Plastik des XV. Jahrhunderts*, Munich, 1924 ; Id., *Die deutsche Plastik vom ausgehenden Mittelalter bis zum Ende der Renaissance*, Handbuch für Kunstwissenschaft, Berlin-Neubabelsberg, 1929, I-II ; W. Paatz, *Prolegomena zu einer Geschichte der deutschen spätgotischen Skulptur im 15. Jahrhundert* (Abhandl. der Heid. Akad. des Wiss., Ph.-hist. Klasse) Heidelberg, 1956 ; T. Müller, *Sculpture in the Netherlands, Germany, France and Spain 1400-1500* (Pelican History of Art), Harmondsworth, 1966 ; G. von der Osten, H. Vey, *Painting and Sculpture in Germany and the Netherlands, 1500-1600* (Pelican History of Art), Harmondsworth, 1969 ; W. Paatz, *Süddeutsche Schnitzaltäre der Spätgotik*, Heidelberg, 1963 ; H. Schindler, *Der Schnitzaltar : Meisterwerke und Meister in Süddeutschland, Österreich und Südtirol*, Ratisbonne, 1978 ; M. Baxandall, *The Limewood Sculptors of Renaissance Germany*, New Haven et Londres, 1980. [O. Demus, *Die Spätgotische Altäre Kärntens. Auf Grund von Vorarbeiten von G. Müller – Guttenbrunn – Schimke und E. Herzig – Oberheidacher*, Klagenfurt, 1991 ; *Sculptures allemandes de la fin du Moyen Âge dans les collections publiques françaises*, 1400-1530, catalogue d'exposition sous la direction de S. Guillot de Suduiraut (Paris, Louvre, 1991-1992), Paris, 1991 ; *Conservation et restauration des sculptures médiévales alle-*

mandes, Actes du Colloque, Louvre, 6-7 décembre 1991, sous presse, 1993.]

Régions particulières : Th. MÜLLER, *Gotische Skulptur in Tirol,* Bolzano, 1976 ; J. RASMUSSEN, *Die Nürnberger Altarbaukunst der Dürerzeit,* Hambourg, Thèse, 1974 ; W. DEUTSCH, « Die Konstanzer Bildschnitzer der Spätgotik und ihr Verhältnis zu Niklaus Gerhaerts », *Schriften des Vereins für Geschichte des Bodensees und seiner Umgebung,* LXXXI, 1963, pp. 11-129 ; LXXXII, 1964, pp. 1-110 ; E. ZIMMERMANN, Y. M. FRITZ, F. WIELANDT, R. KAHSNITZ, « Spätgotik am Oberrhein. Meisterwerke der Plastik und des Kunsthandwerks 1450-1530. Forschungsergebnisse und Nachträge zur Ausstellung im Badischen Landesmuseum 1970 », *Jahrbuch der staatlichen Kunstsammlungen in Baden-Württemberg,* IX, 1972, pp. 89-202 ; A. MILLER, *Allgäuer Bildschnitzer der Spätgotik,* Kempten, 1969 ; A. LEGNER, « Plastik », dans *Die Kunst der Donauschule 1490-1540, Oberösterreichisches Museum,* Linz, 1967, p. 148 sq. ; *Spätgotik in Salzburg : Skulptur und Kunstgewerbe 1400-1530,* Salzburger Museum Carolino Ausgusteum, Salzbourg, 1976. [E. EGG, *Gotik in Tirol. Die Flügelaltäre,* Innsbruck, 1985 ; *Meisterwerke Massenhaft,* cat. expo., Stuttgart, Württenburgisches Landesmuseum, Stuttgart 1993.]

Les principaux sculpteurs allemands :

– les Erhart : G. OTTO, *Gregor Erhart,* Berlin, 1943 ; A. Broschek, *Michael Erhart,* Berlin, 1973.

– Nikolaus Gerhaert : O. WERTHEIMER, *Nicolaus Gerhaert,* Berlin 1929 ; L. FISCHEL, *N. G. und die Bildhauerkunst der Spätgotik,* Munich, 1944 ; W. PAATZ, dans *Heidelberg Jahrbücher,* 1959, n. 3, pp. 68-94 ; R. RECHT, « Études sur Nicolas de Leyde et la sculpture rhénane », *Revue de l'Art,* n° 9, 1970, pp. 21-26 ; n. 13, 1971, pp. 25-31 ; H. P. HILGER, « Der Hochaltar von St. Georg in Nördlingen : Bericht über Colloquium 1972 », *Kunstchronik,* XXVI, 1973, pp. 198-204, 209-215 ; A. SCHÄDLER, « Studien zu Nicolaus Gerhaert von Leiden », *Jahrbuch der Berliner Museen,* XVI, 1974, pp. 46-82. [Et surtout R. RECHT, *Nicolas de Leyde et la sculpture à Strasbourg (1460-1525),* Strasbourg, 1987.]

– Grasser : P. H. HALM, *Erasmus Grasser,* Augsbourg, 1928 ; J. MÜLLER, *Studien zum Frühwerk des Bildhauers Erasmus Grasser : Die Arbeiten für das Münchner Rathaus und Altarskulptur,* Munich, Thèse, 1970.

– Maître H. L. : I. KRUMMER-SCHROTH, « Der Schnitzaltar in Niederottweil a. K. », *Jahrbuch der Staatlichen Kunstsammlungen in Baden-Württemberg,* VIII, 1971, pp. 65-96.

– Kraft : W. SCHWEMMER, *Adam Kraft,* Nuremberg, 1958.

– Kriechbaum : M. HASSE, « Zum Werk des Meisters von Kefermarkt », *Zeitschrift für Kunstwissenschaft,* I., 1947, pp. 89-97 ; F. OBERCHRISTI, *Der gotische Flügeraltar zu Kefermark,* 2e éd., Linz, 1923.

– [Lederer : Ph. DÜSSLER, Th. MÜLLER, A. SCHÄDLER, *Jörg Lederer. Ein Allgäuer Bildschnitzler der Spätgotik,* Kempten, 2e éd., 1982.]

– Leinberger : V. LIEDKE, *Hans Leinberger,* Munich, 1976.

– Maître de Mauer : R. Feuchtmüller, *Die Schnitzaltar in Mauer bei Melk,* Vienne, 1955.
– Multscher : K. Gerstenberg, *Hans Multscher,* Leipzig, 1928 ; M. Schröder, *Das plastische Werk Multschers in seiner chronologischen Entwicklung,* Tübingen, 1955 ; M. Tripps, *Hans Multscher : seine Ulmer Schaffenszeit 1427-1467,* Weissenkorn, 1969. [I. Dietrich, *Hans Multscher. Plastische Malerei - malerische Plastik. Zum Einfluß der Plastik auf die Malerei der Multscher - Retabel,* Bochum, 1992.]
– Notke : W. Paatz, *Bernt Notke und sein Kreis,* Berlin, 1939 ; E. Moltke, *Bernt Notke altertavle i Århus domkirke och Tallinntavlen,* Copenhague, 1970, I-II.
– Pacher : E. Hempel, *Michael Pacher,* Vienne, 1931, I-II ; O. Pächt, « Die historische Aufgabe Michael Pachers », *Kunstwissenschaftliche Forschungen »,* I, 1933, pp. 95-132, repris dans *Methodisches zur kunsthistorischen Praxis,* Munich, 1977, pp. 59-106 ; N. Rasmo, *Michael Pacher,* Milan, 1969 ; L. Mallé, *Michael Pacher,* Turin, 1977. [M. Koller-N. Wibiral, *Der Pacher-Altar in St. Wolfgang. Untersuchung, Konservierung und Restaurierung 1969-1976* (Studien zu Denkmalschutz und Denkmalpflege, XI), Vienne, 1981.]
– Pilgram : K. Oettinger, *Anton Pilgram und die Bildhauer von St. Stephan,* Vienne, 1951.
– Riemenschneider : H. Schrade, *Tilmann Riemenschneider,* I-II, Heidelberg, 1927 ; K. Gerstenberg, *Tilmann Riemenschneider,* Munich, 1941 ; J. Bier, *Tilmann Riemenschneider : die frühen Werke,* Würzburg, 1925 ; Id., *Tilmann Riemenschneider : die späten Werke in Stein,* Vienne, 1973 ; Id., *Tilmann Riemenschneider : die späten Werke in Holz,* Vienne, 1978 ; H. Meurer, « Bericht über das Kolloquium zum Frühwerk Tilman Riemenschneiders in der Berliner Skulpturengalerie, 1978 », *Kunstchronik,* XXXI, 1978, pp. 223-229. [*Tilmann Riemenschneider – Frühe Werke,* Mainfränkisches Museum, catalogue d'exposition, Würzbourg, 1981 ; H. Krohm, *Zum Frühwerke Tilmann Riemenschneiders. Eine Dokumentation,* Berlin, 1982.]
– Stoss : M. Lossnitzer, *Veit Stoss,* Leipzig, 1912 ; E. Lutze, *Veit Stoss,* Berlin, 1938, 4e éd., 1968 ; P. Skubiszewski, *Rzeźba nagrobna Wita Stosza,* Varsovie, 1957 ; Sz. Dettloff, *Wit Stosz,* I-II, Vroclaw, 1961 ; P. Skubiszewski, « Der Stil des Veit Stoss. Die Quellen und die Krakauer Periode », *Zeitschrift für Kunstgeschichte,* XLI, 1978, pp. 93-133 ; J. Kowalczyk, « Filippo Buonaccorsi e Vito Stoss », dans *Italia, Venezia e Polonia tra medio evo e età moderna,* Florence, 1980, pp. 247-269 ; Z. Kępiński, *Veit Stoss,* Varsovie-Dresde, 1981 ; P. Skubiszewski, *Veit Stoss und Polen,* Nuremberg, 1983 ; *Veit Stoss in Nürnberg. Werke des Meisters und seiner Schule in Nürnberg und Umgebung,* catalogue d'exposition sous la direction de R. Kahsnitz (Nuremberg, Germanisches Nationalmuseum), Munich, 1983 ; *Veit Stoss. Die Vorträge des Nürnberger Symposions,* éd. R. Kahsnitz, Munich, 1985 ; P. Skubiszewski, *Veit Stoss,* Varsovie, 1985 [G. Sello et A. Hirmer, *Veit Stoß,*

Munich, 1988 ; M. STUHR, *Der Krakauer Marienalter von Veit Stoss,* Leipzig, 1992.]

– Syrlin : W. VOEGE, *Jörg Syrlin der Altere und seine Bildwerke,* II : *Stoffkreis und Gestaltung,* Berlin, 1950 ; W. DEUTSCH, « Der ehemalige Hochaltar und das Chorgestühl : zur Syrlin- und zur Bildhauerfrage », dans *600 Jahre Ulmer Münster : Festschrift,* Ulm, 1977, pp. 242-322.

– Vischer : S. MELLER, *Peter Vischer der ältere und seine Werkstatt,* Leipzig, 1925 ; H. STAFSKI, « Die Vischer-Werkstatt und ihre Probleme », *Zeitschrift für Kunstgeschichte,* XX, 1958, pp. 1-26 ; H. STAFSKI, *Der jüngere Peter Vischer,* Nuremberg, 1962 ; K. PILZ, *Das Sebaldusgrabmal,* Munich, 1970.

[M. FUCHS, *La Sculpture en haute Alsace à la fin du Moyen Âge, 1456-1521,* Colmar, 1987.]

[– Nicolas de Haguenau : C. HECK et R. RECHT, *Le Retable d'Issenheim avant Grünewald. Les sculptures de Nicolas de Haguenau,* Colmar, Musée d'Unterlinden, 1987 ; *Le Retable d'Issenheim et la sculpture au nord des Alpes à la fin du Moyen Âge,* Actes du Colloque de Colmar (1987), réunis et présentés par C. HECK, Colmar, Musée d'Unterlinden, 1989.]

Problèmes spécifiques :

– Les « Belles Madones » : W. PINDER, « Zum Problem der Schönen Madonnen um 1400 », *Jahrbuch der Preussischen Kunstsammlungen,* XLIV, 1923, pp. 148-172 ; A. FEULNER, « Der Meister der schönen Madonnen », *Zeitschrift des deutschen Vereins für Kunstwissenschaft,* X, 1943, pp. 19-48 (avance l'hypothèse que les « belles Madones » seraient l'œuvre d'un seul sculpteur, idée plus tard développée par CLASEN). *Schöne Madonnen 1350-1450,* catalogue d'exposition, Salzbourg, Domoratorien, 1965 (exposition importante avec comptes rendus critiques de A. LEGNER, dans *Pantheon,* XXIII, 1965, p. 42 sq., de K. ROSSACHER, dans *Alte und moderne Kunst,* X, 1965, pp. 2-5 et de l'organisateur D. GROSSMANN, dans *Mitteilungen der Gesellschaft für Salzburger Landeskunde,* CVI, 1966, pp. 71-144). K. H. CLASEN, *Der Meister der schönen Madonnen. Herkunft, Entfaltung und Umkreis,* Berlin-New York, 1974, avance l'idée que toutes ces sculptures seraient l'œuvre d'un seul artiste ; l'idée a été réfutée par divers critiques. D. GROSSMANN, « Die Breslauer "Schöne Madonna" und ihr Typus in Westdeutschland », *Staedel Jahrbuch,* N. F. VI, 1977, pp. 231-264 ; P. BLOCH, *Madonnensbilder,* Berlin, 1984.

– Sur le type de la « Belle Pietà » : *Stabat Mater. Maria unter dem Kreuz in der Kunst um 1400* (exposition), Salzburger Dom, Salzbourg, 1970 ; E. BACHER, « Zur Frage der Vesperbilder des weichen Stils », *Österreichische Zeitschrift für Kunst und Denkmalpflege,* XXIV, 1970, pp. 175-188 ; A. KUTAL, « Erwägungen über das Verhältnis der horizontalen und schönen Pietàs », *Umění,* 1972, pp. 485-520 ; G. SCHMIDT, « Vesperbilder um 1400 und der "Meister der schönen Madonnen" », *Österreichische Zeitschrift für Kunst und Denkmalpflege,* XXXI, 1977, pp. 94-114.

– Les retables : outre les études citées à propos des écoles nationales, *cf.* les études et articles suivants : H. LÜTZELER, « Vom Sinn der spätmittelalterlichen Schnitzaltäre », *Hochland,* XXXIII, 1936, II, n. 12, pp. 537-551 ; E. Hempel, « Die Flügelaltarschrein. Ein Stück deutscher, flämischer und nordischer Kunst », *Jomsburg,* II, 1938, pp. 137-151 ; K. Schulz, *Studien zum deutschen Altar des späten Mittelalters,* Würzbourg, 1939 ; M. Hasse, *Der Flügelaltar,* Dresde, 1941 ; H. Wildenhof, *Der Wandel des Schnitzaltares vom letzten Drittel des 14. Jhdts bis zum Ende des weichen Stils,* Thèse, Francfort, 1972 ; W. Wegner, *Der deutsche Altar des späten Mittelalters,* Munich, 1941. [H. Schindler, *Der Schnitzaltar : Meisterwerke und Meister in Süddeutschland, Österreich und Tirol,* Ratisbonne, 1978 ; L. F. Jacobs, « The Marketing and Standardization of South Netherlandish Carved Altarpieces : Limits of the Role of the Patron », *The Art Bulletin,* LXXI, 1969, pp. 203-229 ; J. Rosenfeld, *Die nichtpolychromierte Retabelskulptur als bildreformerisches Phänomen im ausgehenden Mittelalter und in der beginnenden Neuzeit,* Ammersbeck bei Hamburg, 1990 ; *Forschung zum Flügelaltar des späten Mittelalters,* Colloque de Mümerstadt, 1-3 oct. 1990, 1992 ; C. Perier d'Ieteren et A. Born, *Retables en terre cuite des Pays-Bas (XVe-XVIe siècles). Étude stylistique et technologique,* cat. expo. Université libre de Bruxelles, 1992, Bruxelles, 1992.]

La sculpture funéraire, qui constitue une partie importante de la production plastique du XVe siècle dans le Nord, est étudiée dans trois ouvrages généraux, dont le champ ne se limite pas, cependant, au seul XVe siècle : H.'s Jacob, *Idealism and Realism. A Study of Sepulchral Symbolism,* Leyde, 1954 ; E. Panofsky, *Tomb Sculptures,* New York, 1964 ; et K. Bauch, *Das mittelalterliche Grabmal. Figürliche Grabmäler des 11. bis 15. Jahrhunderts in Europa,* Berlin-New York, 1976.

– Problèmes spécifiques : H. W. Macklin, *Monumental Brasses,* Edimbourg, 1953 (édition revue) ; M. Burckhard Meier, *Das spätmittelalterliche Wanddenkmal in Deutschland und den Niederlanden,* Thèse, Fribourg, 1955 ; E. H. Kantorowicz, *The King's Two Bodies. A Study in Medieval Political Theology,* Princeton, 1957 ; *Les Deux Corps du roi,* trad. J.-Ph. Genet et N. Genet, Paris, Gallimard, 1989 ; H. Colvin, *Royal Tombs and Monuments 1066-1485. History of King's Works,* Londres, 1963 ; A. Weckwerth, « Der Ursprung des Bildepitaphs », *Zeitschrift für Kunstgeschichte,* XX, 1957, pp. 147-185 ; P. Schoenen, « Epitaph », dans *Realexikon zur deutschen Kunstgeschichte,* V, Stuttgart, 1967, pp. 874-921 ; P. Quarré, éd., *Les Pleurants dans l'art du Moyen Âge en Europe,* Dijon, 1971 (Musée des Beaux-Arts ; 2e éd. revue et complétée) ; K. Cohen, *Metamorphosis of a Death Symbol. The Transi Tomb in the Late Middle Ages and the Renaissance,* Berkeley-Los Angeles-Londres, 1973 ; F. A. Greenhill, *Incised Effigial slabs,* I-II. *A Study of Engraved Stone Memorials in Latin Christendom, c. 1100 to c. 1700,* Londres, 1976.

– Sur la survivance des transis au XVIe siècle : L. Pressouyre, « Sculptures funéraires du XVIe siècle à Châlons-sur-Marne », *Gazette des Beaux-Arts,* VI/LIX, 1962, pp. 143-152.

Autres problèmes : M. Coppens, *Thoughts in Stone. The Cathedral Basi-*

lica of St. John, Bois-le-Duc et Amsterdam, 1948 ; W. PAATZ, « Stammbaum der gotischen Alabasterskulptur 1316-1442 », dans *Kunstgeschichtlichen Studien für Hans Kauffmann,* Berlin, 1956, pp. 127-135 ; P. THOBY, *Le Crucifix des origines au Concile de Trente,* Nantes, 1959 ; supplément, 1963 ; A. A. SCHMID, « Schreinmadonnen », dans *Lebendiges Mittelalter. Festgabe W. Stammler,* Fribourg, 1960, pp. 130-162 ; K. GERSTENBERG, *Die deutschen Baumeisterbildnisse des Mittelalters,* Berlin, 1966 ; G. et J. TAUBERT, « Mittelalterliche Kruzifixe mit schwenkbaren Armen. Ein Beitrag zur Verwendung von Bildwerken in der Liturgie », *Zeitschrift des deutschen Vereins für Kunstwissenschaft,* CCIII, 1969, pp. 77-121.

[Pour la polychromie : M. KOLLER, « Bildhauer und Maler. Technologische Beobachtungen zur Werkstattpraxis um 1400 anhand aktueller Restaurierung », *Kunsthistorisches Jahrbuch Graz,* XXIV, 1990, pp. 135-161.]

Pour les reliquaires et les miséricordes, voir la section consacrée aux « arts décoratifs ».

X. La peinture

J. DUPONT et C. GNUDI, *La Peinture gothique,* Genève, 1954 ; Th. MUSPER, *Gotische Malerei nördlich der Alpen,* Cologne, 1961 ; A. CHÂTELET, *Les Primitifs septentrionaux,* Genève, 1979, brosse un tableau général. Plus détaillé et accompagné d'une bonne bibliographie, l'ouvrage de Ch. D. CUTTLER, *Northern Painting from Pucelle to Bruegel. Fourteenth, Fifteenth, and Sixteenth Centuries,* New York, sans date (préface datée de 1968). Sur certains problèmes généraux : O. PÄCHT, « Gestaltungsprinzipien der westlichen Malerei des XV. Jahrhunderts », *Kunstwissenschaftliche Forschungen,* II, 1933, pp. 75-100, repris dans O. PÄCHT, *Methodisches zur kunsthistorischen Praxis,* Munich, 1977, pp. 17-58 ; M. S. BUNIM, *Space in Medieval Painting and the Forerunners of Perspective,* New York, 1940 ; W. SCHÖNE, *Über das Licht in der Malerei,* Berlin, 1954.

Sur les diptyques et les triptyques dans la peinture du xve siècle, voir K. LANKHEIT, *Das Triptychon als Pathosformel,* Heidelberg, 1959 ; W. KERMER, *Studien zum Diptychon in der sakralen Malerei von den Anfängen bis zur Mitte des sechzehnten Jahrhunderts* (Thèse, Tübingen, 1966), Düsseldorf, 1967.

Peinture des Pays-Bas : M. J. FRIEDLÄNDER, *Die Altniederländische Malerei,* Berlin-Leyde, 1924-1937 ; éd. anglaise révisée, *Early Netherlandish Paintings,* 14 vol., Bruxelles-Leyde, 1967-1976. Cet ouvrage est d'une importance fondamentale pour la présentation des matériaux et l'interprétation stylistique. Sur les caractères historiques et iconographiques, l'ouvrage de base est celui d'E. PANOFSKY, *Early Netherlandish Painting,* Cambridge, Mass., 1953 ; *Les Primitifs flamands,* trad. D. Le Bourg, Paris, Hazan, 1992. La publication récente la plus importante sur la peinture des Pays-Bas du nord, mais touchant aussi les problèmes de l'art flamand est d'A. Châtelet, *Les Primitifs hollandais. La peinture dans les Pays-Bas du Nord au xve siècle,* Fribourg, 1980 ; sur les jugements italiens relatifs à la peinture flamande : P. Torresan, *Il dipingere di Fiandra : la pittura neerlandese nella letteratura artistica italiana del Quattro- e Cinquecento,* Modène, 1981.

Autre source importante pour cette région : G. J. Hoogewerff, *De Noord-Nederlandsche Schilderkunst,* I, La Haye, 1936. Quelques problèmes : A. Sjölblom, *Die koloristische Entwicklung in der niederländischen Malerei des 15. und 16. Jahrhunderts,* Berlin, 1928 ; S. N. Blum, *Early Netherlandish Triptychs. A Study in Patronage,* Berkeley, 1966 ; M. Meiss, *The Painter's Choice. Problems in Interpretation of Renaissance Art,* New York, 1976, pp. 3-59 (reprise d'études récentes) ; G. Künstler, « Vom Entstehen des Einzelbildnisses und seiner frühen Entwicklung in der flämischen Malerei », *Wiener Jahrbuch für Kunstgeschichte,* XXVII, 1974, pp. 20-64 ; K. M. Birkmayer, « The Arch Motif in Netherlandish Painting of the Fifteenth Century », *Art Bulletin,* XLIII, 1961, pp. 1-20, 90-112 ; J. Folie, « Les œuvres authentifiées des primitifs flamands », *Bulletin de l'Institut Royal du Patrimoine Artistique,* VI, 1963, pp. 183-256 ; P. Coremans, R. J. Gettens, J. Thissen, « La technique des "primitifs flamands". Étude scientifique des matériaux, de la structure et de la technique picturale », *Studies in Conservation,* I, 1952, pp. 1-29 ; R. Brenstedt, *Die Entstehung und Entwicklung des Nachtbildes in der abendländischen Malerei,* Göttingen, Thèse, 1966 ; L. Castelfranchi Vegas, « I rapporti Italia-Fiandra », *Paragone,* 1966, n. 195, pp. 9-24 et n. 201, pp. 42-69 ; P. Philippot, « La fin du xve siècle et les origines d'une nouvelle conception de l'image dans la peinture des Pays-Bas », *Bulletin des Musées Royaux des Beaux-Arts,* XI, 1962, pp. 3-38 ; Id., *Du xve siècle à la Renaissance. Contribution à l'interprétation de la peinture néerlandaise,* Paris, 1959 ; Id., « Les grisailles et les "degrés de réalité" de l'image dans la peinture flamande des xve et xvie siècles », *Bulletin des Musées Royaux des Beaux-Arts de Belgique,* XV, 1966, pp. 225-242 ; Id., *Pittura fiamminga e Rinascimento italiano,* Turin, 1970 ; L. Castelfranchi Vegas, *Italia e Fiandra nelle pittura del Quattrocento,* Milan, 1983 ; trad. franç., *Italie et Flandres dans la peinture du xve siècle,* Milan, Jaca Book, 1984 ; E. J. Mundy, *Painting in Bruges 1470-1550. An Annotated Bibliography,* Boston, 1985. [M. Grams-Thieme, *Lebendige Steine. Studien zur niederländischen Grisaillemalerei des 15. und frühen 16. Jahrhunderts,* Cologne et Vienne, 1988. H. Verougstraete-Marcq et R. van Schoute, *Cadres et supports dans la peinture flamande aux xve et xvie siècles,* Heure-le-Romain, 1989.]

L'iconographie a été décrite par C. M. J. H. I. Smits, *De Iconografie van der Nederlandsche Primitieven,* Amsterdam, 1933, mais la masse des publications depuis lors est telle que nous ne disposons pas aujourd'hui d'un tableau complet de l'iconographie de la peinture des Pays-Bas au xve siècle. Le monumental *Corpus de la peinture des anciens Pays-Bas méridionaux* est publié par le Centre National de Recherches « Primitifs

Flamands», à Bruxelles (16 volumes publiés). [Le répertoire des peintres flamands du quinzième siècle, également publié à Bruxelles, en est à son quatrième volume.]

Monographies sur les principaux maîtres :

– Jan et Hubert van Eyck : W. H. WEALE, 1908 et 1912, avec M. BROCKWELL ; L. BALDASS, 1952 ; A. CHÂTELET et G. T. FAGGIN, 1969 ; E. DHANENS, 1980. [O. PÄCHT, éd. M. SCHMIDT-DENGLER, 1989 ; H. BELTING-D. EICHBERGER, *Jean van Eyck als Erzähler. Frühe Tafelbilder im Umkreis der New Yorker Doppeltafel,* Worms, 1983 ; C. HARBISON, *Jan van Eyck, The Play of Realism,* Londres, 1991 ; A. CHÂTELET, *Jean van Eyck enlumineur. Les Heures de Turin et de Milan-Turin,* Strasbourg, 1993.]

– Van der Weyden : M. DAVIES, 1972 ; L. CAMPBELL, 1980. Également importants : M. SONKES, *Dessins du XVe siècle : Groupe van der Weyden,* Bruxelles, 1969, et T. H. FEDER, «A Reexamination through Documents of the first fifty years of Rogier van der Weyden's Life», *Art Bulletin,* XLVIII, 1966, pp. 416-431. [J. R. J. VAN ASPEREN DE BOER *et al., Underdrawing in Paintings of the Roger van der Weyden and Master of Flémalle Groups,* Zwolle, 1992.]

– Maître de Flémalle, que la plupart des spécialistes identifient à Robert Campin : Ch. DE TOLNAY, *Le Maître de Flémalle et les Frères van Eyck,* Bruxelles, 1939 ; M. S. FRINTA, 1966 ; M. DAVIES (dans son livre sur van der Weyden, 1972). Voir aussi L. CAMPBELL, «Robert Campin, the Master of Flémalle and the Master of Mérode», *Burlington Magazine,* CXVI, 1974, pp. 634-636 ; *Le Dessin sous-jacent dans la peinture. Colloque III : le problème Maître de Flémalle-Van der Weyden,* Louvain-la-Neuve, 1981 ; V. VINES, «Jacques Daret : some questions of iconography», *Australian Journal of Art,* 1978, n. 1, pp. 41-57.

– Petrus Christus : P. SCHABACKER, 1974 ; U. PANHANS-BÜHLER, 1978. [J. M. UPTON, *Petrus Christus, His Place in Fifteenth Century Flemish Painting,* University Park et Londres, 1990.]

– Van der Goes : F. WINKLER, 1964. [J. SANDER, *Hugo van der Goes. Stilentwicklung und Chronologie,* Mayence, 1992.]

– Bouts : W. SCHÖNE, 1938 ; et l'exposition *Dirk Bouts en zijn tijd,* Louvain, 1975.

– Memling : L. BALDASS, 1942 ; M. J. FRIEDLÄNDER, 1949 ; M. EEMANS, 1970 ; K. B. MCFARLANE, 1971 ; J. BIAŁOSTOCKI, *Musées de Pologne,* Corpus des Primitifs Flamands, Bruxelles, 1966 ; B. LANE, 1980.

– Jérôme Bosch : Ch. DE TOLNAY, 1965 ; P. REUTERSWÄRD, 1970 ; W. FRÄNGER, 1975. Voir aussi J. SNYDER, éd., *Bosch in Perspective,* Englewood Cliffs, 1973 ; *Jheronimus Bosch,* Noordbrabants Museum (catalogue de l'exposition), I-II, Bois-le-Duc, 1967 ; A. SPYCHALSKA BOCZKOWSKA, «Material for the Iconography of Hieronymus Bosch's Triptych-The Garden of Delights», *Studia Muzealne,* Poznań, V, 1966, pp. 49-95 ; J. ROWLANDS, *The Garden of Earthly Delights : Hieronymus Bosch : A Study on the St. Anthony Triptych,* Stockholm, 1979.

– Colyn de Coter : C. PERIER D'IETEREN, *Colyn de Coter et la technique picturale des peintres flamands du XVe siècle,* Bruxelles, Lefebvre & Gillet, 1985.

Sur la peinture française : Ch. STERLING, *La Peinture française. Les primitifs,* Paris, 1938 ; ID., *La Peinture française : Les Peintres du Moyen Âge,* Paris, 1942 (sous le pseudonyme de Ch. JACQUES) ; G. RING, *A Century of French Painting, 1400-1500,* Londres, 1949 ; F. M. TOVELL, *Flemish artists at the Valois Court,* Toronto, 1950 ; A. CHÂTELET et J. THUILLIER, *La Peinture française de Fouquet à Poussin,* Genève, Skira, 1963 ; M. LACLOTTE, *L'École d'Avignon,* Paris, 1960 ; C. GARDET, *De la peinture du Moyen Âge en Savoie,* I-III, Annecy, 1965-69 ; M. HUILLET D'ISTRIA, *La Peinture française de la fin du Moyen Âge 1480-1530,* Paris, 1961 ; M. ROQUES, *Les Apports néerlandais dans la peinture du Sud-Est de la France,* Bordeaux, 1963 ; Y. BONNEFOY, *Peintures murales de la France gothique,* Paris, 1954 ; L. GRODECKI, *Les Vitraux des églises de France,* Paris, 1948 ; G. TROESCHER, *Burgundische Malerei. Maler und Malwerke um 1400 in Burgund, dem Berry mit Auvergne und in Savoyen mit ihren Quellen und Ausstrahlungen,* Berlin, 1966, I-II ; M. LACLOTTE et D. THIÉBAUT, *L'École d'Avignon,* Paris, Flammarion, 1983. [Ch. STERLING, *La Peinture médiévale à Paris, 1300-1500,* 2 vol., Paris, Bibliothèque des Arts, 1986 et 1990 ; voir aussi la section XI : *L'Enluminure.*]

– Sur Fouquet : P. WESCHER, 1947 et C. PERLS, 1940. Voir aussi : Ch. STERLING et C. SCHEFER, *Les Heures d'Étienne Chevalier de Jean Fouquet,* Paris, 1971 ; O. PÄCHT, « Jean Fouquet : A Study of His Style », *Journal of the Warburg and Courtauld Institutes,* IV, 1940-41, pp. 85-102 ; K. SCHWAGER, « Über Jean Fouquet und sein verlorenes Porträt Papst Eugens IV », dans *Argo. Festschrift Kurt Badt,* Cologne, 1970, pp. 206-234 ; N. REYNAUD, éd., *Jean Fouquet,* Les dossiers du département des peintures, Paris, Réunion des Musées Nationaux, 1981 ; [F. AVRIL, M.-Th. GOUSSET, B. GUENÉE, *Les Grandes Chroniques de France, reproduction intégrale en fac-similé des miniatures de Fouquet. Manuscrit 6465 de la Bibliothèque Nationale de Paris,* Paris, Philippe Lebaud, 1987.]

– Sur Quarton : Ch. STERLING, *Enguerrand Quarton. Le peintre de la Pietà d'Avignon,* Paris, Réunion des Musées Nationaux, 1983.

Angleterre : T. BORENIUS et E. W. TRISTRAM, *Englische Malerei des Mittelalters,* Florence-Munich, 1927 ; M. RICKERT, *Painting in Britain : The Middle Ages* (The Pelican History of Art), Harmondsworth, 1954 ; Ch. WOODFORD, *English Painted and Stained Glass,* Oxford, 1954.

Espagne : Ch. R. POST, *A. History of Spanish Painting,* Cambridge, Mass., II-XII, 1930-1958 ; J. GUDIOL RICART, *Pintura Gótica* (Ars Hispaniae IX), Madrid, 1955 ; J. AINAUD DE LASARTE, *Pittura spagnuola,* Bergame, 1964 ; J. CAMÓN AZNAR, *Pintura medieval española* (Summa Artis, XXII), Madrid, 1966 ; M. DEL CARMEN LACARRA *et al., La pintura gótica en la Corona de Aragón,* Saragosse, 1980. [J.-B. SOBRÉ, *Behind the Altar. The Development of the painted retable in Spain, 1350-1500,* Missouri, 1989.]

Sur certains artistes : Bermejo : E. Tormo y Monzo, 1926 ; Gallego : J. Gaya Nuño, 1958 ; Huguet : J. Gudiol Ricart, J. Ainaud de Lasarte, 1948, J. Ainaud de Lasarte, 1955 ; Martorell : J. Gudiol Ricart, 1959 ; Borrassá : J. Gudiol Ricart, 1953 ; Juan de Flandres : E. Bermejo, 1962.

Portugal : V. Correia, *Os pintores portugueses dos séculos XV e XVI*, Coimbra, 1928 ; R. dos Santos, *Os primitivos portugueses : 1450-1550*, 2e éd., Lisbonne, 1957. Sur Gonçalves : R. dos Santos, 1955 ; A. de Gusmao, 1957 ; Ch. Sterling, J. Rosenwald, « Les panneaux de Saint Vincent et leurs énigmes », *L'Œil*, 1968, n. 159, pp. 12-24 et p. 70.

Suède : H. Cornell et S. Wallin, *Stockholmer Malerschulen des 15. Jahrhunderts*, Stockholm, 1961 ; A. Lindblom, *La Peinture gothique en Suède et en Norvège*, Stockholm, 1916.

Pologne : M. Walicki, *La Peinture d'autels et de retables en Pologne au temps des Jagellons*, Paris, 1937 ; Id., *Malarstwo polskie XV wieku*, Varsovie, 1938 ; Id., *Malarstwo polskie. Gotyk, Renesans, wczesny Manieryzm*, Varsovie, 1961 ; J. Gadomski, *Gotyckie malarstwo tablico w Malopolsce : 1420-1470*, Varsovie, 1981.

Gdansk : W. Kussin, *Spätgotische Tafelmalerei in Danzig*, Thèse, Erlangen, 1937 ; W. Drost, *Danziger Malerei vom Mittelalter bis zum Ende des Barock*, Berlin-Leipzig, 1938 ; A. S. Labuda, *Malarstwo tablicowe w Gdańsku w drugiej potowie XV w.*, Varsovie, 1979.

Bohême : A. Matějček, *Česka malba gotická. Deskové malířství 1350-1450*, Prague, 1950 ; J. Pešina, *Česka malba pozdní gotiky a renesanse, deskové malířství 1450-1550*, Prague, 1950 (en allemand, 1958) ; A. Matějček et J. Pešina., *Czech Gothic Painting 1350-1450*, Prague, 1950 ; J. Cibulka, « Cezské stejnodeskové polyptychy z let 1350-1450 », *Umění*, XI, 1963, pp. 4-24.

Hongrie : D. Radocsay, *A közepkori Magyarország falképei*, Budapest, 1954 ; Id., *A közepkori Magyarország táblaképei*, Budapest, 1955 ; en allemand : *Götische Tafelmalerei in Ungarn*, Budapest, 1963.

Sur les pays germaniques : A. Stange, *Deutsche Malerei der Gotik*, I-IX, Munich-Berlin, 1933-1961 ; Id., *Kritisches Verzeichnis der deutschen Tafelbilder vor Dürer*, I-III, Munich, 1967-1978 ; H. P. Landolt, *La Peinture allemande. Le Moyen Âge tardif*, Genève, 1966. Le vieil ouvrage de F. Burger, H. Schmitz, I. Beth, *Die deutsche Malerei vom aussgehenden Mittelalter bis zum Ende der Renaissance*, I-III, Handbuch für Kunstwissenschaft, Wildpark Potsdam, 1913-19, est riche mais date désormais.

Sur des régions particulières : O. Pächt, *Österreichische Malerei der Gotik*, Vienne, 1929 ; H. Busch, *Meister des Nordens, Die altniederdeutsche Malerei 1450-1520*, Hambourg, 1943 ; *Westphälische Maler der Spätgotik 1440-1490*, Landesmuseum, Münster, 1952 (éd. P. Pieper) ; *Kölner Maler der Spätgotik (Der Meister der Bartholomäus-Altares, Der Meister des Aachner Alteres)*, Cologne, 1961 ; *Vor Stefan Lochner. Die Kölner Maler von 1300 bis 1430*, Cologne, 1974 ; H. G. Gmelin, *Spätgotische Tafelmalerei in Niedersachsen und Bremen*, *Niedersächsisches Landesmuseum*

Hannover, Munich, 1974. [F. G. Zehnder, *Katalog der altkölner Malerei (Katalog des Wallraf-Richartz-Museum,* XI), Cologne, 1990 ; C. Grimm et B. Konrad, *Die Fürstenberg Sammlungen Donaueschingen. Altdeutsche und schweizerische Malerei des 15. und 16. Jahrhunderts,* Munich, 1990.]

Sur certains peintres en particulier :

– S. Lochner : O. H. Förtser, 3e éd., 1952 ; K. Witz : W. Überwasser, 2e éd., 1942 ; J. Gantner, 1942 ; [F. Deuchler, « Konrad Witz, la Savoie et l'Italie. Nouvelles hypothèses à propos du retable de Genève », *Revue de l'art,* 71, 1986, pp. 7-16 ; Ch. Sterling, « L'influence de Konrad Witz en Savoie », *ibid.,* pp. 17-32].

– Moser : H. May, 1967 ; R. Haussherr, « Der Magdalenenaltar in Tiefenbronn, Bericht über die wissenschaftliche Tagung 1971 », *Kunstchronik,* XXIV, 1971, pp. 177-212.

– Maître Francke : B. Martens, 1929 ; *Meister Francke und die Kunst um 1400,* Ausstellung... Hamburger Kunsthalle, Hambourg, 1969.

– La peinture dans l'atelier de Multscher : Ch. Sterling, « The Master of the "Landsberg" Altar Wings », dans *Kunstwissenschaftliche Forschungen Otto Pächt,* Salzbourg, 1972, pp. 150-165.

– Pacher : voir rubrique « Sculpture ».

– Schongauer : voir rubrique « Arts graphiques ».

– Dürer : E. Panofsky, 1943 et rééd., trad. franç., Paris, Hazan, 1992 ; F. Anzelewsky, *Dürer, Gemälde,* Berlin, 1971.

Sur certains problèmes spécifiques : O. Pächt, « Zur deutschen Bildauffassung der Spätgotik und Renaissance », *Alte und moderne Kunst,* I, 1952, pp. 70-78, repris dans Id., *Methodisches zur kunsthistorischen Praxis,* Munich, 1977, pp. 107-120 ; E. Buchner, *Das deutsche Bildnis der Spätgotik und der frühen Dürerzeit,* Berlin, 1953 ; W. Pilz, *Das Triptychon als Kompositions und Erzählform in der deutschen Tafelmalerei von den Anfängen bis Dürerzeit,* Munich, 1970.

XI. L'enluminure

Ouvrages généraux : D. Diringer, *The Illuminated Book,* Londres, 1958, rééd. 1967 ; L. M. Delaissé, « Towards a History of the Medieval Book », *Divinitas,* II, 1967, pp. 423-435 ; Id., « The Importance of Books of Hours for the History of Medieval Book », dans *Gatherings in Honor of Dorothy E. Miner,* Baltimore, 1974, pp. 203-226 ; C. F. Bühler, *The Fifteenth-Century Book : The Scribes, the Printers, the Decorators,* Philadelphie, 1960 ; *Manuscripts in the Fifty Years After the Invention of Printing,* éd. J. B. Trapp, Londres, 1983 ; J. Badckhouse, *Books of Hours,* Londres, 1985. [J. J. G. Alexander, *Medieval Illuminators and their Methods of Work,* Londres et New Haven, 1993 ; voir aussi la section X : *La Peinture.*]

Sur l'espace franco-bourguignon, qui comprenait les Pays-Bas au XVe siècle, l'ouvrage le plus important est celui de M. Meiss, *French Pain-*

ting in the Time of Jean de Berry, I-II, Londres, 1967 ; III, Londres, 1968, IV-V, New York, 1974. L'ouvrage va bien au-delà des promesses du titre et aurait pu être signalé parmi les ouvrages généraux. Encore sur l'enluminure française : J. PORCHER, *L'Enluminure française,* Paris, 1959. Plus anciens : H. MARTIN, *La Miniature française du XIIIe au XVe siècle,* Paris, sans date, et A. BLUM et Ph. LAUER, *La Miniature aux XVe et XVIe siècles,* Paris, 1930. [Voir aussi J. PLUMMER, *The Last Flowering : French Painting in Manuscripts 1420-1530,* New York, 1982 ; E. KÖNIG, *Französische Buchmalerei um 1450 : Der Jouvenal-Maler, der Maler der Genfer Boccacio und die Anfänge Jean Fouquets,* Berlin, 1982 ; F. AVRIL et N. REYNAUD, *Quand la peinture était dans les livres. L'enluminure française à l'aube de la Renaissance, 1440-1520,* cat. expo. Paris, Bibliothèque Nationale, 16 oct. 1993-16 janv. 1994, Paris, 1993.]

Pays-Bas : P. DURRIEU, *La Miniature flamande au temps de la Cour de Bourgogne (1415-1530),* Bruxelles-Paris, 1921 ; F. WINKLER, *Die flämische Buchmalerei des 15. und 16. Jahrhunderts. Künstler und Werke von den Brüdern van Eyck bis zu Simon Bening,* Leipzig, 1925 ; F. LYNA, *De Vlaamse miniatur van 1200 tot 1530,* Bruxelles-Amsterdam, 1933 ; A. W. BYVANCK et G. J. HOOGEWERFF, *La Miniature hollandaise dans les manuscrits des XIVe, XVe et XVIe siècles,* La Haye, 1926, I-III ; L. M. J. DELAISSÉ, *Le Siècle d'or de la miniature flamande. Le mécénat de Philippe le Bon,* catalogue de l'exposition, Bruxelles, 1959 ; ID., *La Miniature flamande à l'époque de Philippe le Bon,* Milan, 1956 ; U. FINKE, « Utrecht – Zentrum nordniederländischer Buchmalerei », *Oud-Holland,* LXXVIII, 1963, pp. 27-66 ; L. M. J. DELAISSÉ, *A Century of Dutch Manuscript Illumination,* Berkeley, 1968 ; J. H. MARROW, « Dutch Manuscript Illumination before the Master of Catherine of Clèves », *Nederlands Kunsthistorisch Jaarboek,* XIX, 1968, pp. 51-113 ; G. I. LIEFTINCK, *Boekverluchters uit de Omgeving van Maria van Bourgondie, c. 1475-c. 1485,* Verhandl. Vlaamse Academie, XXXI, 1969, n. 66, Bruxelles, 1969, I-II. [K. VAN DER HORST et J.-Chr. KLAMT, *Masters and Miniatures.* Proceedings of the Congress on Medical Manuscript Illumination in the Northern Netherlands, Utrecht, 1989, Doornspijk, 1991 ; Th. KREN (éd.), *Margaret of York, Simon Marmion and the Visions of Tondal,* Malibu, 1991.]

Autre contribution importante sur l'œuvre des Limbourg, postérieure à l'ouvrage de MEISS : L. BELLOSI, « I Limburg precursori di Van Eyck ? Nuove osservazioni sui Mesi di Chantilly », *Prospettiva,* 1975, n. 1, pp. 24-34. Sur les *Heures de Catherine de Clèves :* J. PLUMMER, 1966 ; F. GORISSEN, 1967 et 1973, et R. GALKINS, *Distribution of Labor. The Illuminators of the Hours of Catherine of Clèves and Their Workshop,* Philadelphie, 1979. Sur l'enluminure dans la littérature profane : A. KUHN, « Die Illustrationen des Rosenromans », *Jahrbuch der Kunsthistorischen Sammlungen Wien,* XXXI, 1913-1914, pp. 1-66 ; O. SMITAL et E. WINKLER, *Herzog René von Anjou, Livre du Cuer d'amour épris,* Vienne, 1926, I-III ; L. SCHÄFER, « Die Illustrationen zu den Handschriften der Christine de Pisan », *Marburger Jahrbuch für Kunstwissenschaft,* X, 1937, pp. 119-208. [Sandra L. HINDMAN, *Christine de Pizan's "Epistre Othea". Painting and Politics at the Court of Charles VI,* Pontifical Institute of Medieval Studies, Studies and Texts 77, Toronto, 1986.]

Bohême : J. KVĚT, « Vznik národnibo slohu v české knižní malbe gotické », dans *Přispěvky k dějinam umění,* Acta Universitatis Carolinae, Prague, 1960, p. 31 sq. ; A. GÜNTHEROVÁ, J. MIŠIANIK, *Illuminierte Handschriften aus der Slowakei,* Prague, 1952 ; H. SHARON, « Illuminated Manuscripts at the Court of King Wenceslaus IV of Bohemia », *Scriptorium,* IX, 1955, pp. 115-124 ; J. KRÁSA, *Die Handschriften König Wenzels IV,* Prague, 1971.

Pologne : B. MIODOŃSKA, *Illuminacje krakowskich rekopisów z I polowy XV wieku w Archiwum Kapituly Metropolitalnej na Wawelu,* Cracovie, 1967 ; H. PIEŃKOWSKA, « Średniowieczna pracownia miniatorska w Krakowie », *Rocznik Krakowski,* XXXII, 1951, pp. 45-58.

Angleterre : E. G. MILLAR, *La Miniature anglaise,* II : *La miniature anglaise aux* XIVe et XVe *siècles,* Paris, 1928 ; M. RICKERT, *La miniatura inglese dal XIII al XV secolo,* Milan, 1961 ; L. F. SANDLER, *A Survey of Manuscripts Illuminated in the British Isles,* VI, Londres-Oxford (sous presse).

Espagne : P. BOHIGAS, *La ilustración y la decoración del libro manuscrito en Cataluña. Periodo gótico y Renacimiento,* I, Barcelone, 1965 ; J. DOMÍNGUER BORDONA, *Manuscriptos con pinturas,* I-II, Madrid, 1933.

Hongrie : I. BERKOVITS, *Illuminated manuscripts from the Library of Matthias Corvinus,* Budapest, 1964 ; ID., *Illuminierte Handschriften aus Ungarn vom 11. bis 16. Jahrhundert,* Budapest, 1968.

XII. Esquisses, dessins, livres de modèles

Les dessins du XVe siècle sont surtout étudiés dans les catalogues des collections auxquelles ils appartiennent, par exemple : O. BENESCH, *Beschreibender Katalog der Handzeichnungen in der graphischen Sammlung Albertina. Die Zeichnungen der niederländischen Schulen des XV. und XVI. Jahrhunderts,* Vienne, 1928 ; E. BOCK et M. J. FRIEDLÄNDER, *Handzeichnungen deutscher Meister des 15. und 16. Jahrhunderts,* Berlin, 1923 ; F. LUGT, *Inventaire général des dessins des écoles du Nord. Maîtres des Anciens Pays-Bas nés avant 1550,* Musée du Louvre, Paris, 1968 ; [E. STARCKY, *Musée du Louvre. Cabinet des dessins. Inventaire général des écoles du Nord. Écoles allemande, des Anciens Pays-Bas, flamande, hollandaise, et suisse,* XVe-XVIIIe *siècles. Supplément aux inventaires publiés par Fritz Lugt et Louis Demonts,* Paris, 1988] ; K. G. BOON, *Netherlandish Drawings of the XVth and XVIth centuries,* La Haye, 1978, I-II. Pour des histoires générales du dessin : J. MEDER, *Die Handzeichnung,* 2e éd., Vienne, 1923 ; trad. anglaise, 1980 ; Ch. DE TOLNAY, *History and Technique of Old Master Drawings,* New York, 1943 ; L. Grassi, *Storia del disegno,* Rome, 1947.

Quelques études spécialisées : O. Fischer, *Geschichte der deutschen Zeichnung und Graphik,* Munich, 1951 ; Z. Drobná, *Die gotische Zeichnung in Böhmen,* Prague, 1956 ; F. J. Sánchez Canton, *Dibujos españoles, : Siglos X-XV,* Madrid, 1930 ; A. Stange, *Der Hausbuchmeister,* Baden-Baden et Strasbourg, 1958 ; O. Pächt, « Der Weg von zeichnerischen Buchillustration zur eigenständigen Zeichnung », *Wiener Jahrbuch für Kunstgeschichte,* XXIV, 1971, pp. 178-184 ; B. Weber, *Studien zum gezeichneten Bildnis der Spätgotik,* Bâle, 1975, thèse.

Sur les livres de modèles et d'esquisses : R. W. Scheller, *A Survey of Medieval Model Books,* Haarlem, 1963 ; H. Kreuter-Eggemann, *Das Skizzenbuch des « Jacques Daliwe »,* Munich, 1964 ; U. Jenni, *Das Skizzenbuch der internationalen Gotik in den Uffizien,* Graz, 1969 ; Id., « Der Übergang vom mittelalterlichen Musterbuch zum Skizzenbuch der Neuzeit », dans *Die Parler und der schöne Stil,* III, Cologne, 1979, pp. 139-141. Voir également la section « Architecture ».

XIII. Le vitrail

[Outre les volumes du *Corpus Vitrearum Medii @evi,* on consultera B. Kurmann-Schwarz, *Französische Glasmalereien um 1450. Ein Atelier in Bourges und Riom,* Berne, 1988 ; G.-M. Leproux *et al., Vitraux parisiens de la Renaissance,* cat. expo., Paris, 1993 ; voir aussi la section X : *La Peinture.*]

XIV. Les arts graphiques

J. Laran, *L'Estampe,* Paris, 1959, 2 vol., est le seul à brosser une histoire générale, alors que, généralement, les diverses techniques sont traitées séparément. Le catalogue le plus complet est celui de A. Bartsch, *Le peintre-graveur* (I-XXI), Vienne, 1803-1821 ; dernière édition, Leipzig, 1922 (à New York a commencé la publication d'une édition illustrée, *The Illustrated Bartsch*).

Xylographie : A. M. Hind, *An Introduction to the History of Woodcut, with a Detailed Survey of Work done in XVth Century,* I-II, Londres, 1935, rééd. 1963 ; W. L. Schreiber, *Handbuch der Holz- und Metallschnitte des XV. Jahrhunderts,* I-VIII, Leipzig, 1926-1930, 3e éd., 1969 ; A. Schramm, *Der Bilderschmuck der Frühdrücke,* I-XXIII, Leipzig, 1920-43 ; P. Heitz, éd., *Einblattdrücke des fünfzehnten Jahrhunderts,* vol. IC, Strasbourg, 1899-1942 ; H. Th. Musper, *Der Holzschnitt in fünf Jahrhunderten,* Stuttgart, 1964.

Gravure sur métal : M. Lehrs, *Geschichte und kritischer Katalog des deutschen, niederländischen und französischen Kupferstichs im XV. Jahrhundert,* I-IX, Vienne, 1908-1934 ; A. M. Hind, *A History of Engraving and Etching,* 3e éd., Boston, 1923, rééd. 1963 ; M. Geisberg, *Der Kupferstisch der Frühzeit,* Leipzig, 1923.

Pays-Bas : A. J. J. Delen, *Histoire de la gravure dans les anciens Pays-Bas,* I : *Des origines à 1500,* Paris, 1924 ; W. M. Conway, *The Woodcutters of the Netherlands in the Fifteenth Century,* Cambridge, 1884 ; M. J. Schretlen, *Dutch and Flemish Woodcuts of the Fifteenth Century,* Londres, 1925, rééd., 1969 ; Th. Musper, *Die Urausgabe der holländischen Apokalypse und Biblia Pauperum,* Munich, 1961, I-III ; F. W. H. Hollstein, *Dutch and Flemish Etchings, Engravings and Woodcuts, c. 1450-1700,* Amsterdam, 1949-, 41 vols. parus.

Allemagne : F. W. H. Hollstein, *German Engravings, Etchings and Woodcuts, c. 1400-1700,* Amsterdam, 1954-, 33 vols. parus ; J. Bier, « Riemenschneider's use of graphic sources », *Gazette des Beaux-Arts,* VI/L, 1957, pp. 203-222 ; *Grafica fiamminga e renana del Quattrocento,* éd. A. Omedeo, Florence, 1969 ; W. Worringer, *Die altdeutsche Buchillustration,* Munich, 1912 ; [M. Hébert, *Inventaire des écoles du Nord, Bibliothèque Nationale, Département des estampes,* Paris, 1982-1983, 2 vols.]
– Sur Maître E. S. : W. Pinder, « Zur Vermittler-Rolle des Meisters E. S. in der deutschen Plastik », *Zeitschrift für bildende Kunst,* LVI (N. F. XXXIII), 1921, p. 129 sq., repris dans Id., *Gesammelte Aufsätze,* Leipzig, 1938, pp. 60-83 ; E. Hessig, *Die Kunst des Meisters E. S. und die Plastik der Spätgotik,* Berlin, 1935 ; O. Fischer, *Geschichte der deutschen Graphik und Zeichnung,* Munich, 1951 ; A. Shestack, *Master E. S. Five hundred anniversary exhibition,* Philadelphie, 1967 (catalogue de l'exposition) ; W. Bühler, *Der Kupferstichalphabet des Meisters E. S.,* Strasbourg, 1934 ; M. Geisberg, *Der Meister der Berliner Passion und Israhel van Meckenem,* Strasbourg, 1903 ; [*Meister E. S. Ein Oberrheinischer Kupferstecher des Spätgotik,* catalogue de l'exposition sous la direction de H. Bevers, Berlin et Munich, 1987 ; *Graveurs allemands du XVe siècle,* catalogue d'exposition sous la direction de P. Jean-Richard, Paris, Louvre, 1991-1992, Paris, 1991].
– Sur Martin Schongauer : J. Baum, *Martin Schongauer,* Vienne, 1948. [A. Shestack, *The Complete engravings of Martin Schongauer,* New York, 1963 ; *Le beau Martin,* catalogue d'exposition sous la direction d'A. Châtelet, Colmar, Musée d'Unterlinden, 1991 ; et la note bibliographique de C. Heck, « Martin Schongauer et l'art du XVe siècle au nord des Alpes : nouveaux intérêts et nouvelles recherches », *Bulletin Monumental,* 150-III, 1992, pp. 265-273.]

France : A. Blum, *Les Origines de la gravure en France,* Paris, 1927 ; F. Courboin, *Histoire illustrée de la gravure en France,* I-III, Paris, 1923-26.

Espagne : M. Kurz, *Handbuch der iberischen Bilddrucke des 15. Jahrunderts,* Leipzig, 1931.

Angleterre : E. Hodnett, *English Woodcuts 1480-1535,* Londres 1935.

Autres problèmes : H. Th. Musper, *Der Einblattholzschnitt und die*

Blockbücher des 15. Jahrhunderts, Stuttgart, 1976, et avec L. WICKENS, dans *Anzeiger des germanischen Nationalmuseum,* 1978, pp. 7-23 ; A. WECKWERTH, « Die Zweckbestimmung der Armenbibel und die Bedeutung ihres Namens », *Zeitschrift für Kirchengeschichte,* IV. F. LXVIII, 1957, pp. 225-258 ; H. ZERNER, « L'art au Morier », *Revue de l'art,* 1971, n. 11, pp 7-30 ; H. LEHMANN-HAUPT, *Gutenberg and the Master of Playing Cards,* New Haven, 1966 ; *Israhel van Meckenem, Goldschmied und Kupferstecher,* Stadt Bocholt (exposition), Dortmund, 1953 ; *Vom Leben in Späten Mittelalter. Der Hausbuchmeister oder Meister des Amsterdamer Kabinetts,* exposition, Amsterdam et Francfort, 1985, éd. J. P. FILEDT KOK *et al.*

XV. Les arts décoratifs

Histoires générales : H. KOHLHAUSSEN, « Das Kunstgewerbe der Gotik », dans Th. BOSSERT, éd., *Geschichte des Kunstgewerbes aller Zeiten und Völker,* V, Berlin, 1932, pp. 367-480 ; G. LEHNERT, *Geschichte des Kunstgewerbes,* III, *Das Kunstgewerbe der gotischen Zeit,* Berlin, 1926 ; H. KOHLHAUSSEN, *Europäisches Kunsthandwerk,* II : *Gotik und Spätgotik,* Francfort, 1970.

Travail sur métal :

– Reliquaires : J. BRAUN, *Das christliche Altargerät,* Munich, 1932 ; J. BRAUN, *Die Reliquiare des christlichen Kultes und ihre Entwicklung,* Fribourg, 1940 ; E. MEYER, « Reliquie und Reliquiar im Mittelalter », dans *Eine Gabe der Freunde für C. G. Heise,* Berlin, 1950, pp. 55-66 ; E. KOVÁCS, *Kopf-reliquiare des Mittelalters,* Leipzig, 1964 ; H. KELLER, « Der Flügelaltarschrein als Reliquienschrein », *Studien zur Geschichte der europäischen Plastik (Festschrift Th. Müller),* Munich, 1965, pp. 125-144.

– Autres travaux d'orfèvrerie : Th. MÜLLER et E. STEINGRÄBER, « Die französische Goldemailplastik um 1400 », *Münchner Jahrbuch der bildenden Kunst,* III, F. V., 1954, pp. 29-79 ; J. M. FRITZ, *Gestochene Bilder,* Cologne-Graz, 1966 ; E. STEINGRÄBER, « Nachträge und Materialen zur französisch-niederländischen Goldschmiedekunst des frühen XV. Jahrhunderts », dans *Anzeiger des Germanischen Nationalmuseums,* 1969, pp. 29-39 ; H. KOHLHAUSSEN, *Nürnberger Goldschmiedekunst des Mittelalters und der Dürerzeit, 1240-1540,* Berlin, 1968 ; C. HERNMARK, *The Art of the European Silversmith 1430-1830,* I, New York-Londres, 1978 ; W. PAATZ, *Spectrum Universitatis. Europäische Universitätsszepter,* Heidelberg, 1953. [J. M. FRITZ, *Goldschmiedekunst der Gotik in Mitteleuropa,* Munich, 1982 ; J. M. CRUZ VALDOVINOS, *Platería en la Época de los Reyes Católicos,* cat. expo. Madrid, Fundación Central Hispano, Madrid, 1992.]

Tapisserie : R. A. D'HULST, *Tapisseries flamandes du XIVe au XVIIe siècles,* Bruxelles, 1960 ; D. HEINZ, *Europäische Wandteppiche,* I : *Von den Anfängen der Bilderwirkerei bis zum Ende 16. Jahrhunderts,* Brunswick, 1963 ; R. A. WEIGERT, *La Tapisserie française,* Paris, 1956 ; B. KURTH, « Die Blütezeit der Bildwirkerkunst zu Tournai und der Burgundische Hof »,

Jahrbuch der kunsthistorischen Sammlungen, Wien, XXXIV, 1917, pp. 53-110 ; M. B. Freeman, *The Unicorn Tapestries,* New York, 1976. [F. Joubert, *La Tapisserie médiévale au Musée de Cluny,* Paris, 1987, avec bibliographie ; G. Delmarcel et E. Duverger, *Bruges et la tapisserie,* cat. expo., Bruges – Mouscron, 1987 ; A. Erlande – Brandenburg, *La Dame à la Licorne,* Paris, 1993.]

Vêtements : M. Beaulieu, J. Bayle, *Le Costume en Bourgogne de Philippe le Hardi à la mort de Charles le Téméraire,* Paris, 1956 ; J. Evans, *Dress in Medieval France,* Oxford, 1962 ; M. Scott, *The History of Dress Series : Late Gothic Europe, 1400-1500,* Londres et Atlantic Highlands, N. J., 1981.

Vêtements liturgiques : J. V. Schlosser, *Der burgundische Paramentenschatz des Ordens des Goldenen Vliesses,* Vienne, 1912.

Stalles et miséricordes : P. Quintero de Atauri, *Sillerías de coro en las iglesias españolas,* Cadix, 1928 ; B. von Tieschowitz, *Das Chorgestühl des Kölner Domes,* Berlin, 1930 ; Jr. J. S. Witsen Elias, *Koorbanken, Koorhekken en Kansels* (dans la série De Schoonheid van ons land), Amsterdam, 1946 ; G. B. Remnant, *A Catalogue of Misericords in Great Britain,* Oxford, 1969 ; H. Meurer, *Das Klever Chorgestühl und Arnt Beeldesnider,* Düsseldorf, 1970 ; D. et H. Kraus, *The Hidden World of Misericords,* Londres, 1976 ; I. Mateo Gómez, *Temas profanos en la escultura gótica española : las sillerías de coro,* Madrid, 1979. [Voir aussi la section IX : *La Sculpture.*]

Écrins et boîtes : H. Kohlhaussen, *Minnekästchen im Mittelalter,* Berlin, 1928.

Cette bibliographie a été établie en 1981, puis augmentée de quelques compléments en 1987. Pour des indications ultérieures, on se reportera à L. Silver, « Northern European Art of the Renaissance Era », *Art Bulletin,* LXVIII, 1986, pp. 518-535 ; et S. Hindman, *The Illustrated Book : An Addendum to the State of Research in Northern European Art, ibid.,* pp. 536-542.

[La présente édition française complète la bibliographie jusqu'en 1993.]

Index des noms de lieux

Index des noms de personnes

Source des illustrations

A.C.L. (Bruxelles), 108 (1), 265.
Albertina (Vienne), 201 (1, 2).
Amelot J. F. (Seilhac), 340 (1).
Anders Jörg P. (Berlin), 138, 159, 174, 185 (1), 156.
Archiv Münster Bauamt (Ulm), 389 (b), 391, 392.
Artothek (Planegg), 72, 428.
Austin James (Laon), 106 (1).

Babey Maurice, 375.
Bayerische Staatsbibliothek (Munich), 184, 203.
Bergström Per (Stockholm), 382.
Beyer Christoph (Weimar), 177.
Biblioteca Apostolica Vaticana (Cité du Vatican), 370 (1, 2).
Biblioteca Marciana (Venise), 425.
Bibliothèque Municipale (Grenoble), 228.
Bibliothèque Nationale (Paris), 40, 41, 80, 97, 183, 194, 197 (1, 2), 199, 204 (1, 2), 208 (1, 2), 209, 211, 220, 221, 224, 225, 229, 371 (1, 2).
Bibliothèque Royale Albert Ier (Bruxelles), 95 (2), 346.
Bibliothèque Universitaire (Liège), 431 (1).
Bischöfliches Dom- und Diözesenmuseum (Mayence), 252.
Böhm (Venise), 216.
British Library (Londres), 368.
British Museum (Londres), 89.
Brüdern Jutta (Brunswick), 275, 337.
Bulloz (Paris), 43, 29.

Champollion (Hervé), 153, 251, 286, 443 (1).
C.N.M.H.S./Arch. Phot. Paris/Spadem, 57, 235, 244 (2), 287, 316.
C.N.M.H.S. Lefevre-Pontalis/Arch. Phot. Paris/Spadem, 325.

Dagliorti, 61 (2).
Deutsche Fotothek (Dresde), 119, 120 (b), 121, 271, 294, 295 (1, 2), 322.
Diözesan Bauamts (Augsbourg), 257 (1).

Edelmann Ursula (Francfort), 65.
Erzbischöfliches Dom- und Diözesanmuseum (Vienne), 318, 319.

Feuillie J./C.N.M.H.S./Spadem, 51.
Fischer, J., 116.
Fotostudio Otto (Vienne), 344.
Fotowerbung M. Bernhard (Straubing), 105, 231, 257 (2).
Fournier-Gonnard (Moulins), 442.

Germanisches Nationalmuseum (Nuremberg), 17, 77, 78, 217, 341 (1), 431 (1), 433, 435.
Giraudon (Paris), 22, 48, 49, 52 (1, 2), 98, 99, 181, 189.
Gundermann (Würzbourg), 249.

Haller Marianne (Vienne), 332 (b), 333.
Hauptamt für Hochbauwesen (Nuremberg), 312, 313.
Hausser (Wolfegg), 212.
Hintze Rolf, 114 (1).
Historisches Museum (Bâle), 223 (1, 2).
Hochbauamt (Nuremberg), 436, 437.
Hofstetter-Dia (Ried im Innkreis), 402, 403.

Kersting A. F. (Londres), 236, 237, 238, 260, 270 (1), 277, 278, 279, 280, 281 (1, 2), 282, 283, 285.
Kleinhempel Ralph (Hambourg), 31, 75.
Kunsthistorisches Museum (Vienne), 34 (1), 101 (1, 2), 377, 431 (2).

La Goélette (Paris), 146, 147, 173.

Maertens Hugo (Bruges), 335.
Marburg (Marburg a.d. Lahn), 25, 28, 33, 36, 79, 95 (1), 112, 113 (1), 120 (1), 122, 125, 126, 270 (b), 290 (b), 323, 324, 326 (a), 340 (b), 395, 407, 422.
Mas (Barcelone), 70, 135, 162, 163, 244 (a), 250, 254, 255, 264, 296, 297, 299, 300, 301, 303, 304, 305, 306, 307, 357, 413.
Metropolitan Museum of Art (New York), 14, 104, 130/131, 350.
Moravska Galerie (Brno), 426.
Mudrak Attila (Esztergom), 69, 92.

Achevé d'imprimer
Collection 02 / N° Édition 01
Dépôt légal 7705 - 11/1993
ISBN 2-253-06542-0
Imprimé en Italie par G. Canale & C. S.p.A. - Borgaro T.se - Torino
Photocomposition : COMPOFAC - PARIS
Photogramme : LA COMPOGRAVURE - PARIS

31/3052/3